1 MONTH OF
FREE
READING

at

www.ForgottenBooks.com

By purchasing this book you are eligible for one month membership to ForgottenBooks.com, giving you unlimited access to our entire collection of over 700,000 titles via our web site and mobile apps.

To claim your free month visit:

www.forgottenbooks.com/free480620

ISBN 978-0-656-21134-0
PIBN 10480620

Briefe

der

Kurfürstin Sophie von Hannover

an die

Raugräfinnen und Raugrafen zu Pfalz.

Herausgegeben

von

Eduard Bodemann.

Veranlaßt
und unterstützt

durch die
K. Archiv-Verwaltung.

———— • ◆ • ————

Leipzig

Verlag von S. Hirzel

1888.

Vorwort.

～～～～～

Den im 26. Bande dieser Publicationen von mir herausgegebenen Briefen der Kurfürstin Sophie von Hannover an ihren Bruder, den Kurfürsten Karl Ludwig von der Pfalz, lasse ich hier die Briefe derselben an die Kinder dieses Kurfürsten, die Raugräfinnen und Raugrafen zu Pfalz, folgen. Jene Briefe endeten mit dem Tode des Kurfürsten Karl Ludwig im Jahre 1680, diese beginnen in demselben Jahre und gehen bis zum Jahre 1712. Es finden sich aber in diesen Briefen einige Lücken: es liegen keine Briefe vor aus den Monaten Februar und März 1702, aus der Zeit von Ende November 1704 bis zu Ende des Jahres 1707, von Juli 1710 bis Mitte Juli 1711 und von Ende März 1712 bis zum Tode der Kurfürstin Sophie am 8. Juni 1714; was sich daraus erklärt, daß in den betreffenden Zeiten die Raugräfinnen beide, oder später, nach dem Tode der Raugräfin Amalie, deren Schwester Louise bei der Kurfürstin Sophie zu Herrenhausen lebten, wie aus den Adressen der in der Bibliothek des litterarischen Vereins zu Stuttgart herausgegebenen Briefe der Herzogin Elisabeth Charlotte von Orléans an die Raugräfinnen zu constatieren ist. Durch diese Lücken entbehren wir leider etwaige Auslassungen der Kurfürstin über interessante, in die betreffenden Jahre fallende Ereignisse; so im Jahre 1705 über die Todesfälle: der Königin Sophie Charlotte von Preußen, des Herzogs Georg Wilhelm von Celle und des Kaisers Leopold I., über die Vermählung des hannoverschen Erbprinzen Georg (II.) August mit der geistreichen Prinzessin Karoline von Ansbach, im Jahre 1706 über die Vermählung der hannoverschen Prinzessin Sophie Dorothee mit dem Preußischen Kronprinzen Friedrich Wilhelm (I.); über den Fortgang des nordischen Kriegs und des spanischen Erbfolgekriegs und über die Ereignisse der Zeit, die Succession in England betreffend.

Was die Provenienz des Materials betrifft, so stammt ein Theil desselben aus dem Königlichen Staatsarchiv zu Hannover, den größesten Theil
aber verdanke ich der großen Güte und Gewogenheit des — seitdem leider
im Mai dieses Jahres verstorbenen — Grafen Kurt Degenfeld-Schönburg,
welcher mir die Originalbriefe aus seinem Familienarchive zu Eybach auf
die liberalste Weise zu meiner Benutzung hierher nach Hannover mittheilte.

Die Briefe sind, bis auf wenige französische, alle in deutscher Sprache
geschrieben. Die orthographischen Besonderheiten sind beim Abdruck bei-
behalten, nur die fehlende Interpunktion und, wo es das Verständnis zu
erfordern schien, die in den französisch geschriebenen Briefen gänzlich fehlen-
den Accente sind ersetzt.

Was zur Erklärung des Sachlichen und Sprachlichen mir nöthig
schien, habe ich in den Noten gegeben, und das ausführliche Register wird
den Leser in den Stand setzen, das reiche Material der Briefe schnell und
sicher zu beherrschen.

Hannover, am 28. Oktober 1888.

Dr. Eduard Bodemann,
Königl. Rath u. Bibliothekar zu Hannover.

Einleitung.

Auf dem ehelichen Leben des Kurfürsten Karl Ludwig von der Pfalz lag ein dunkler Schatten[1]). Seine Gemahlin Charlotte, die Tochter des Landgrafen Wilhelm von Hessen-Kassel und der hochsinnigen Amalie, erwiederte die Liebe des Kurfürsten mit Kälte und stolzer Zurückhaltung; ihre Launenhaftigkeit und ihr widerstrebender Sinn ließ kein harmonisches Zusammenleben aufkommen. Zuletzt mehrten sich die Misverhältnisse derart und ward die Abneigung des Kurfürsten gegen seine Gemahlin so stark, daß er seine Neigung dem anmuthigen und reichbegabten Hoffräulein derselben, Louise von Degenfeld, zuwandte und diese sogar am 6. Januar 1658 als zweite Gemahlin, mit dem ihr verliehenen Titel „Raugräfin zu Pfalz", antrauen ließ. Aus dieser zwanzigjährigen morganatischen Ehe entsprossen 14 Kinder, von denen aber 6 schon in früher Kindheit verstarben; bei dem Tode der Raugräfin im Jahre 1677[2]) waren noch 5 Söhne und 3 Töchter, welche den Titel „Raugrafen und Raugräfinnen zu Pfalz" beibehielten, am Leben: Karl Ludwig, geboren 1658, Karoline, geb. 1659, Louise, geb. 1661, Amalie, geb. 1663, Karl Eduard, geb. 1668, Karl Moritz, geb. 1670, Karl August, geb. 1672, und Karl Kasimir, geb. 1675. Von den Raugrafen, welche alle ein früher Tod dahinraffte, haben sich mehrere in den Kriegen der Zeit ausgezeichnet und auf dem Schlachtfelde ihren Tod gefunden; von den Raugräfinnen vermählte sich die älteste, Karoline, mit dem Grafen Mainhart von Schönburg, dem Sohne des berühmten Marschalls unter Ludwig XIV., die beiden Schwestern derselben, Louise und Amalie, blieben unvermählt[3]). Mit schweren Sorgen über die Zukunft dieser Kinder war die Raugräfin Louise gestorben und hatte noch auf dem Sterbebette dieselben der Fürsorge der Kurfürstin Sophie von

---

1) Vgl. Bd. 26 dieser Publicationen.
2) Vgl. Bd. 26 dieser Public., Br. 297 f.
3) Vgl. das Register unter den einzelnen Raugrafen u. Raugräfinnen.

Hannover innigst empfohlen[1]). Als dann Kurfürst Karl Ludwig am
28. August 1680 starb, hinterließ er diese Kinder ohne gesicherte Sub-
sistenzmittel. In Betreff ihrer Versorgung war der in andern Stücken so
schnell entscheidende und fest beharrende Kurfürst unentschlossen und wandel-
bar geblieben. Er gedachte, aus Lehen, welche künftig ihm heimfallen
würden, oder aus ersparten Gütern den Kindern eine neue Raugraffschaft
zu errichten, kam aber nicht dazu. Durch seine, oft übertriebene, haus-
hälterische Sparsamkeit kam es, daß er an den dokumentlich ausgefertigten
und von dem volljährigen Kurprinzen Karl mitbewilligten Anweisungen
auf gewisse Landesfälle, aus welchen nach und nach das Kapital zu einer
bescheidenen Versorgung seiner raugräflichen Kinder erwachsen sollte, so oft
änderte und künstelte, daß sein Sohn Karl nach dem Tode seines Vaters,
welcher selbst sie nicht durchgeführt hatte, sie für kraftlos ansah und gegen
sein früher gegebenes Wort durch einen Machtspruch aufhob. Er sowohl
wie nach seinem baldigen Tode (1685) sein Nachfolger wollten selbst die
billigsten Ansprüche der jungen raugräflichen Kinder nicht gelten lassen.
Da war es die Kurfürstin Sophie von Hannover, welche sich der unglücklichen verwaiseten Kinder ihres so innig geliebten seligen Bruders als ein
wahrer Schutzengel, erhabenen Herzens und mit unermüdlicher Großmuth
annahm. Diese Liebe und Fürsorge der Sophie für dieselben zeigen alle
die nachfolgenden Briefe, welche sie seit dem Todesjahre ihres Bruders an
die Raugräfinnen und Raugrafen richtete. Auf Sophiens und ihres Gemahls Ernst August Geheiß betrieben wiederholt Gesandte von Hannover
die Sache der verwaiseten Kinder mit Eifer und Nachdruck zu Heidelberg,
freilich ohne großen Erfolg. Aber so lange die Kurfürstin Sophie lebte,
konnten sie jederzeit auf ihren Schutz, auf ihre Empfehlung, auf ihren
Kredit und ihre Gelder zählen. Und die Art und Weise, wie die Kurfürstin ihre Hülfe bot, die Einkleidung, welche sie ihren Geschenken gab,
um nicht auf irgend eine Weise ihre „herzlieben Basen und Neffen" zu
demüthigen, erhöhte den Werth eines jeden Beweises ihres edlen Herzens[2]).

Aber auch in andern Beziehungen sind diese Briefe von großem Interesse und Werth. Bieten dieselben auch keine große rein politische Aus-
beute und Aufschlüsse, so doch werthvolle Beiträge zur Geschichte politisch
bedeutender Persönlichkeiten jener Zeit und liefern uns ein interessantes
und in hohem Grade unterrichtendes Kulturbild jener Tage. Besonders
auch das Leben und Treiben an den deutschen Fürstenhöfen am Ende des

---

1) Vgl. Bd. 26 dieser Public., Br. 297, wo Kurf. Karl Ludwig an Sophie von
der Raugräfin schreibt: »Elle m'a prié de vous dire qu'elle recommende ses pauvres
enfants et les miens à vostre compassion et de ne vouloir souffrir qu'on leur
fasse tort en ce qui leur a esté ordonné par moy et confirmé par mon fils« etc.

2) Vgl. die Briefe und das Register.

17. und Anfange des 18. Jahrhunderts tritt uns aus ihnen anschaulich
entgegen. Ein besonders reiches Material bieten uns die Briefe für das
Leben der Kurfürstin Sophie und gewähren uns höchst interessante Einblicke
in deren Charakter und ganze Persönlichkeit; lebensvoll spiegelt sich ihr
ganzes Wesen in diesen Briefen ab, welche, wie die im 26. Bande dieser
Publicationen herausgegebenen Briefe an ihren Bruder, sprühen von Geist
und Humor, launiger Munterkeit, Witz und drastischer Ausdrucksweise.

Übrigens muß ich, was den Inhalt der Briefe betrifft, auf die Briefe
selbst und das angefügte ausführliche Register verweisen. Nur auf ein
paar Punkte muß ich hier näher eingehen, welche für die Kurfürstin Sophie
besonders charakteristisch und in dem Register nicht näher erörtert und
specificiert worden sind: die Stellung und das Verhalten der Sophie zu
der Katastrophe mit der hannoverschen Kurprinzeß Sophie Dorothee und
Graf Königsmarck, sodann zu dem preußischen Hofe, namentlich zu dem
Großen Kurfürsten und dessen Nachfolger Friedrich I., und schließlich zu
der Succession in England.

Was zunächst die in der Nacht vom 1. auf den 2. Juli 1694 zu
Hannover eingetretene unglückselige Katastrophe mit Königsmarck betrifft,
so war die der hannoverschen Regierung dadurch erwachsene Verlegenheit
bekanntlich groß und suchte man von Anfang an alle betreffenden Nach-
forschungen möglichst zu hintertreiben und verweigerte alle Aufschlüsse darüber. Auch die Kurfürstin Sophie giebt in ihren Briefen an ihre so vertraute Nichte, die Raugräfin Louise, der sie sonst ihr ganzes Herz öffnet,
über diese Katastrophe keinen weiteren Aufschluß und läßt sie in Dunkel-
verhüllt. Am 24. Juni 1694 schreibt sie an die Raugräfin Louise[1]: an
ihrem Hofe zu Hannover gehe es gar still her, der Kurprinz Georg Ludwig
sei nach Berlin gereist und dessen Gemahlin Sophie Dorothee habe das
dreitägige Fieber. Der Graf Christof Philipp Königsmarck sei jetzt in
Hannover, um als ernannter sächsischer Generalmajor seine Übersiedelung
nach Dresden zu rüsten. Vier Tage darauf meldet sie derselben[2]: die
Kurprinzeß Sophie Dorothee habe noch das Fieber, ihr Gemahl sei zu
Berlin, wo seine Schwester Sophie Charlotte „ihm eine Komödie von ihren
Damen und Cavalieren will spielen lassen". Nach der dann eingetretenen
Katastrophe schreibt sie am 15. Juli der Raugräfin Louise[3]: sie habe
längere Zeit nicht geschrieben, weil sie „ziemlichen Verdruß" gehabt habe
über Sachen, wovon sie „kein Journal machen werde". Auf dem Holz-
markte zu Hannover, wo man alle Zeitungen höre[4], sage man, daß die
Hexen von Dresden den Grafen Königsmarck weggeführt hätten; seit

---

1) Br. 121.   2) Br. 122.   3) Br. 125.
4) Wo auch die Gräfin Platen wohnte.

14 Tagen sei dieser verschwunden und kein Mensch wisse, wo er hinge-
kommen sei! Die in die Katastrophe mit verwickelte Hofdame der Sophie
Dorothee, Eleonore von Knesebeck, sitze in Arrest. Der Gemahl der Kurprinzeß aber, Georg Ludwig, vergnüge sich recht wohl bei seiner Schwester
in Berlin, wisse von allem, was in Hannover vorgegangen sei, nic t und
werde sehr davon überrascht werden; er müsse sich aber mit vielen andern
„Heroen" trösten, denen es mit ihren Gemahlinnen nicht besser gegangen
sei. Am Schlusse des Briefs bittet Sophie dann noch die Raugräfin, sie
möge in ihrer Antwort nichts verlauten lassen, als ob sie über die Sache
von ihr, der Kurfürstin, etwas gehört hätte. Drei Wochen später schreibt
Sophie an dieselbe Raugräfin[1]): „Ich habe wohl gedacht, daß das, was
hier vorgegangen, durch die ganze Welt ein groß Geschrei machen würde.
Man kann den Leuten das Maul nicht stopfen. Mit Königsmarck ist es
so hergegangen: wie seine Leute gesagt haben, soll er den Abend melancho-
lisch gewesen sein und gethan haben, als wolle er schlafen; sein Secretär
hat aber gesehen, daß er ganz allein ausgegangen ist. Als er in acht
Tagen nicht wiedergekommen, sind sie erst zu dem Feldmarschall Podewils
gegangen und haben diesem gesagt, daß ihr Herr verloren wäre. Sie
haben ihn überall suchen lassen, ohne ihn zu finden. Mein Herr[2]) hat
alle seine Sachen versiegeln lassen, damit nichts davon wegkommen sollte,
nur seine Briefschaften hat er davon nehmen lassen. Im übrigen danke
ich für Ihren Antheil an unserm Verdruß; aber man muß sich damit
trösten, daß Gott Alles zum besten thut. Wenn die Frau ihren Mann
nicht leiden kann, ist sie besser von ihm, als bei ihm. Die Knesebeck, die
so viel Böses gestiftet, sitzt auf dem Lande[3]) gefangen." Sophie berichtet
dann noch, daß der Kurfürst Friedrich August von Sachsen einen Gesandten,
den Oberst Bannier, geschickt habe und verlange, „mein herzlieber Herr
solle ihm Königsmarck wieder schaffen; mein herzlieber Herr hat aber dem
Kurfürsten von Sachsen versichert, daß das nicht in seiner Macht stehe."
Wieder drei Wochen später, am 26. August[4]), schreibt Sophie: „Hier
denkt man nicht mehr an verdrießliche Sachen. Denen, die mir davon
schreiben, gebe ich zur Antwort: daß, weil die Kurprinzessin ihren Mann
nicht hat leiden können, beide Väter für gut befunden haben, sie von ihm
weg zu thun und sie allein wohnen zu lassen, nämlich auf einem Schloß
Lauenau... Der Verlust von Königsmarck muß von guten Freunden für
eine aparte Sache gehalten werden, obschon die ganze Welt weiß, was die
Glocke geschlagen hat." Dann am 4. Oktober[5]) schreibt sie der Raugräfin
Louise: „Was meinen Sohn, den Kurprinzen betrifft, so ist er begoutiert

---

1) Br. 126.   2) Der Kurfürst Ernst August von Hannover.
3) Auf dem Schlosse Scharzfels am Harz.   4) Br. 127.   5) Br. 128.

vom Heirathen, so daß er noch zur Zeit böse wird, wenn man davon sagt; sonst glaube ich nicht, daß er einen Korb würde zu fürchten haben." Am 13. Januar 1695[1]) meldet die Kurfürstin, daß die Ehescheidung zwischen Georg Ludwig und Sophie Dorothee fertig sei und das Urtheil dahin laute, daß der Kurprinz wieder heirathen dürfe, Sophie Dorothee aber nicht. Für diese bitte man auch nicht mehr im Kirchengebet weder zu Celle noch zu Hannover. Und in einem Briefe vom 4. März 1695[2]) meldet Sophie, daß Sophie Dorothee nun wieder im Lande ihres Vaters, des Herzogs Georg Wilhelm, zu Ahlden sei, auf dieselbe Weise, wie früher zu Lauenau, und erwähnt noch, daß man in Celle Opern von italienischen Komödianten „in bourlesque agiren" lasse. — Dies ist alles was wir aus den Briefen der Kurfürstin Sophie über jenes Ereignis erfahren.

Wie sehr das politische Urtheil der Kurfürstin durch persönliche Vor-eingenommenheit bestimmt und oft irre geleitet ward, haben wir schon aus ihren Briefen an ihren Bruder, den Kurfürsten Karl Ludwig von der Pfalz[3]), aus ihren Auslassungen über den Großen Kurfürsten ersehen, wo wieder-holt ihr großes Übelwollen gegen denselben, ein aus Neid und Mißtrauen gemischtes Gefühl, das Bestreben, denselben herabzusetzen, uns entgegentritt. Die wirkliche Bedeutung dieses Fürsten wußte sie nicht zu würdigen. Zwischen den beiden damals mächtig aufstrebenden und ihre Herrschaft zu erweitern suchenden Höfen zu Berlin und Hannover traten oft aus Neid und Eifer-sucht hervorgegangene Reibungen und Spannungen ein. Wie sehr der Kur-fürstin Sophie namentlich die Persönlichkeit des Großen Kurfürsten anti-pathisch war, zeigen auch in diesen Briefen wiederholte, von Ärger und Spott erfüllte Auslassungen über denselben. Besondere Familienereignisse reizten Sophie noch mehr auf. Der Kurfürst Friedrich Wilhelm hatte sich nach dem Tode seiner ersten Gemahlin Louise (von Oranien) wiedervermählt 1668, mit Dorothea, der Wittwe des Herzogs Christian Ludwig von Celle, welche ihm dann sieben Kinder gebar. Eifersüchtig auf die bevorzugten Söhne des Kurfürsten aus erster Ehe versuchte Dorothea, das Testament des Kurfürsten, welches nach dem alten Hohenzollerschen Hausgesetze dem ältesten Prinzen Friedrich (I.), welcher sich 1684 mit Sophiens einziger Tochter Sophie Charlotte vermählt hatte[4]), die gesammten Länder des Kurhauses ungetheilt zusprach, zu Gunsten ihrer Söhne umzustoßen. Ja man beschuldigte sie, ihr Haß gegen die Kinder ihres Gemahls aus erster Ehe habe sie sogar zu Vergiftungsversuchen gegen dieselben getrieben; ein jüngerer Bruder des Kurprinzen Friedrich, der Markgraf Ludwig, war 1687 plötzlich nach einem Balle bei der Kurfürstin gestorben. Als nun der Kurprinz Friedrich mit

---

1) Br. 130.   2) Br. 131.   3) Bd. 26 dieser Publicationen.
4) Vgl. Br. 39. 41.

seiner Gemahlin Sophie Charlotte Berlin mied und im Sommer 1687 nach
Hannover kam und dadurch den Zorn seines Vaters erregt hatte, schrieb die
Kurfürstin Sophie am 6. Juli 1687[1]) an die Raugräfin Karoline: „Der
gute Kurprinz bekommt einen Haufen böser Briefe von seinem Vater, welcher
ihn verfluchen will, wenn er nicht wieder nach Berlin komme, was jener
auch gerne thun würde, wenn das Gift, »poudre de succession«, nicht dort
im Schwange ginge und der Kurprinz schon selber in Gefahr davon gewesen,
aber durch Gegengift errettet wäre. Der arme Markgraf Ludwig hat aber
so elendiglich sterben müssen, und es ist nun zu Berlin verboten, davon
zu sprechen; so daß es kein Wunder ist, daß der Kurprinz gern an einem
Orte ist, wo er vor Gift sicher sein kann, denn Solches ihm von seinen
besten Freunden gerathen ist". In kindlichem Gehorsam kehrte auch Kurprinz Friedrich mit seiner Gemahlin nach Berlin zurück[2]). — Als der Große
Kurfürst am 26. April 1688 gestorben war, theilt Sophie hocherfreut dem
Raugrafen Karl Ludwig mit[3]), wie der alte Kurfürst »de la meilleure grace
du monde« seinem Sohne Platz gemacht habe; spöttelnd schreibt sie an
Leibniz, wie der Kurfürst mit größester Standhaftigkeit gestorben sei, nachdem er seine Ärzte mit verschiedenen Titeln belegt hätte, und die Höflich-
keit desselben gegen ihre Tochter Sophie Charlotte beim letzten Abschiede
sei so groß gewesen, daß er sich bei ihr entschuldigt habe, seine Nachtmütze
nicht abnehmen zu können. Und in noch ungedruckten Briefen an ihre
Tochter Sophie Charlotte, vom 13. und 15. Mai 1688, schreibt die Kurfürstin Sophie: sie habe die Kurfürstin-Wittwe, Dorothea, schon einmal in
gleichem Falle, als ihr erster Gemahl, Herzog Christian Ludwig von Celle,
starb, getröstet; damals habe dieselbe die größesten Anstrengungen gemacht,
ohnmächtig zu werden, jetzt werde sie wohl in allem Ernste betrübt sein.
Sophie theilt dann noch mit, wie sie in Hannover die Vorzimmer und ihren
Wagen mit schwarzem Tuche hätten ausschlagen lassen; ihr Minister Otto
Grote habe gesagt: der Verstorbene, welcher ihnen die Freude gemacht habe,
zu sterben, verdiene solche Dankbarkeit! Kurze Zeit darauf berichtet Sophie
an die Raugräfin Louise, wie nun zu Berlin eine große Änderung zum
Bessern eingetreten sei.

Aber auch unter der Regierung des Schwiegersohns der Sophie, des
Kurfürsten und nachherigen Königs Friedrich I, fehlte es nicht an manchen
politischen Störungen der guten Eintracht zwischen Berlin und Hannover,
ja auch der Eintracht zwischen Friedrich und seiner Gemahlin Sophie Charlotte. Am 23. Nov. 1689 schreibt der Kurfürst Friedrich an König Wilhelm III. von England[4]): „Das Haus Braunschweig-Lüneburg will uns

---

1) Br. 59.   2) Vgl. Br. 64.   3) Br. 73.
4) Vgl. Droysen, Gesch. der preuß. Politik, IV¹, 72.

vom Elbhandel ausschließen, sich bis an die Thore von Lübeck und an die
Ostsee ausdehnen und das absolutum dominium im niedersächsischen Kreise
auch gar mit Heranziehung der Prätensionen Heinrich des Löwen gleich dem
Könige von Frankreich mit seinen Reunionen spielen, in summa, wohin
wir sehen oder gehen, finden wir das Haus Braunschweig-Lüneburg uns
im Wege liegen, und kreuzen sie uns am kaiserlichen Hofe und überall".

Als im Jahre 1697 zu Berlin die bekannte Katastrophe mit dem
Minister Danckelmann eintritt, meldet die Kurfürstin Sophie dieses mit
freudiger Genugthuung ihrer vertrauten Raugräfin Louise und berichtet
u. a.[1]): „Der Mann muß viel versäumt haben, denn er wollte Alles allein
thun und trank sich alle Nachmittage voll, hatte also nur den Morgen, um
zu arbeiten. Es ist so ein Haufen von fourberie von ihm an den Tag
gekommen, daß der Kurfürst selber mir schreibt, er wäre bei den Haaren
dazu gezogen, Solches zu thun, und ist der Kurfürst so gütig gewesen,
seiner Gemahlin alles zu erzählen was Danckelmann gesagt hat, die Kurfürstin Sophie Charlotte schlecht bei ihm zu machen. Nun haben sie sich
lieber als jemals, da der Kurfürst sieht, wie er in Bezug auf seine Gemahlin als auch auf Andere betrogen ist . . . Er hat den Kurfürsten zu
überreden gesucht, die Kurfürstin wolle Alles regieren, sie liebe ihr Haus
Hannover mehr als das von Brandenburg, werde auch ihre Söhne übel
hannoverisch erziehen lassen". Am 10. Oktober 1701 schreibt Sophie dann
wieder an die Raugräfin Louise[2]): „Zu Berlin geht es wunderlich her;
wer den einen Tag ein Favorit ist, wird am andern in's Gefängnis gesetzt. . . Meine Tochter ist immer auf dem Lande in ihrem Lützenburg, kehrt
sich an nic t, was am Hofe geschieht, den Stein, den sie nicht heben kann,
läßt sie liegen". Am 1. Sept. 1702 schreibt sie derselben Raugräfin[3]):
„Es ist zu Berlin ein intriganter Hof", und am 18. Juli 1704[4]): „Zu
Berlin ist des Königs Geburtstag sehr gefeiert worden. Ihre Maj. hatten
ein Kleid an ganz mit Knöpfen von Brillanten garniert, so Ihre Maj.
neulich gekauft haben. Da hat man sehen können, wo das Geld hinkommt,
welches Dero Noblesse geben muß".

Am 1. Februar 1705 war die hochbegabte, geistreiche Königin Sophie
Charlotte gestorben; ihre Mutter, die Kurfürstin Sophie, war untröstlich.
Als dann drei Jahre darauf der König Friedrich zu einer dritten Vermählung
schreitet mit der Prinzessin Sophie Louise von Meklenburg, ergeht sich die Kurfürstin Sophie darüber wiederholt mit sarkastischem Spotte[5]): „Der Einzug der
neuen Königin in Berlin soll am 26. November [1708] sein; dem Könige ist
am meisten um die Ceremonien zu thun . . ., er soll sehr verliebt sein, auch

---

1) Br. 179. 180.   2) Br. 234.   3) Br. 252.
4) Br. 294.   5) Vgl. die Br. 320—324. 328 f. 331.

schon einen Ochsenkopf mit zwei großen Hörnern bekommen haben durch
diese Alliance zum voraus. . . Es wird von der Prinzessin Sophie Louise
viel Gutes und Böses gesagt, es mag auch Beides wohl wahr sein; wohl
dem, der sich bessert. . . Wenn der Braut ihre Historie in Verse gesetzt werden
sollte, würde man viel Material dazu haben; der Graf Wartenberg sowohl
als alle Leute in Berlin wissen es wohl, Wartenberg aber ist froh, an
seinem Herrn einen Kameraden zu haben. . . Inmittelst gehet die große Pracht
zu Berlin vor sich; wie man bei großen Herrn pflegt zu credenzen, so, wie
man sagt, hat es an der Braut nicht gefehlt und wird der König viel Arbeit
verrichtet gefunden haben. . . Die Herrlichkeit zu Berlin hat nun ein Ende,
vielleicht auch die Freude im Bette. Auf uns ist der König von Preußen
böse, hat auch unsern Neujahrsbrief nicht annehmen wollen, weil wir ihn
nicht auch Herzog von Mecklenburg tituliert haben. . . Von des Königs guter
Ökonomie habe ich nie gehört, aber wohl, daß seine Leute große Gagen
haben, welche nicht bezahlt werden; hier in Hannover giebt man nicht so
viel, bezahlt aber richtiger".

Hoch erfreut aber ist die Kurfürstin Sophie, als ihrer Enkelin Sophie
Dorothea, der Gemahlin des preußischen Kronprinzen Friedrich Wilhelm,
am 24. Januar 1712 ein Prinz geboren ward, der nachherige König Friedrich der Große. Am 28. Januar 1712 schreibt sie der Raugräfin Louise[1]):
„Ich weiß, Ihr werdet euch mit mir freuen, daß die Kronprinzessin einen
Sohn hat. Wenn nur Gott ihm das Leben gönnt und ihn vor den Doktoren behütet. Er soll schön und stark scheinen. Die liebe Kronprinzessin
ist den 24. Januar um 8 Uhr krank worden, und zwischen 11 und 12 ist
das Kind dagewesen, und weil es ein großes Kind ist, hat es Ihrer Liebden
viel Mühe gekostet, aber nun ist die Freude desto größer. Als der Kammerherr v. Brand unvermuthet mit der guten Nachricht kam, tranken wir alle
aus großen Gläsern die Gesundheit. Der König soll bei der Nachricht vor
Freude gezittert haben. Ich hoffe, daß dieser Prinz leben und glücklich
sein wird".

Die Stellungnahme der Kurfürstin Sophie zu der Succession in England wird noch immer verschieden dargestellt. Wir wollen sehen, wie dieselbe nach den in den nachfolgenden Briefen uns entgegentretenden Auslassungen der Kurfürstin in Wirklichkeit war.

Als Wilhelm von Oranien den König Jakob II. vertrieben und selber
den englischen Königsthron bestiegen hatte, mußte ihm, um das Gewonnene
zu behaupten und die Regeneration der englischen Verfassung zu sichern,
daran liegen, die protestantische Thronfolge für England fest zu stellen.
Dieses geschah dann im Jahre 1689 durch die Declaration of rights, wo

_____

1) Br. 374.

nach der Thron an die nächste erbberechtigte proteſtantiſche Perſönlichkeit fallen ſollte. Da alſo der katholiſch getaufte Sohn Jakobs II. ausge- ſchloſſen war, von den beiden lebenden Töchtern Jakobs: Marie, Gemahlin Königs Wilhelm III., und Anna, Gemahlin des Prinzen Georg von Dänemark, die erſtere kinderlos war, die andere bisher alle geborenen Kinder verloren hatte, ſo war die nächſte Erbin die Kurfürſtin Sophie von Hannover. An dieſe ſchrieb König Wilhelm damals: »Vous êtes si in- tereſſée en ce qui peut concerner le bien de ces royaumes, puisque selon les apparances un de vos fils y regnera un jour, que je puis faire conte que je trouverai des bons alliés à toute la maison de Lunebourg«. Er fordert ſie ſodann auf, jede Unterſtützung von ſeiner Seite verſprechend, ihre Rechte auf die Succeſſion zu vertreten. Sophie zeigte ſich auch durch- aus nicht abgeneigt und ablehnend, ſondern benutzte ſogleich alle ihre Be- kanntſchaften und Verbindungen mit einflußreichen Perſönlichkeiten und Parlamentsmitgliedern in England, um dieſe brieflich zur Mitwirkung bei Conſtatierung ihrer Rechte aufzufordern. Und es gelang ihr auch, neben dem Könige Wilhelm noch viele eifrige Anhänger in England zu gewin- nen. Da machte den damaligen Verhandlungen über die Angelegenheit die Geburt eines Sohnes der Prinzeſſin Anna, des Herzogs von Gloceſter, und die darauf folgende Vertagung des Parlaments ein Ende und die Succeſſion des Hauſes Hannover ſchien in weite Ferne gerückt. Sophie, damals 59 Jahre alt, glaubte von Anfang an, wohl nicht hoffen zu kön- nen, die engliſche Königskrone ſelber noch zu tragen, wohl aber erhoffte ſie die Krone für eines ihrer Kinder oder Kindeskinder. »Je ne suis plus« — ſchrieb ſie an Burnet, den Erzbiſchof von Canterbury — »d'un age à penser à d'autre royaume que celuy des cieux, et pour mes fils ils doivent tousjours estre dediés au Roy et au royaume«. In der ganzen Succeſſions-Angelegenheit bewahrte die Kurfürſtin Sophie ſtets die ihr eigene unerſchütterliche Ruhe; die vielen politiſchen Schwierigkeiten der Zeit nöthigten das Haus Hannover, der Succeſſion gegenüber vorſichtig zu verfahren und eine ruhig abwartende Politik zu üben. Doch er- ſcheint die Kurfürſtin in ihren Briefen öfter mißmuthig und unzufrieden, daß die Angelegenheit anfangs ſo langſam und mit ſo wenig Erfolg für ſie und ihre Kinder fortſchreitet. Am 14. December 1696 ſchreibt ſie an die Raugräfin Louiſe[1]), welche damals bei ihrem Schwager, dem Grafen Mainhart v. Schönburg, in London lebte: „Man weiß in England nicht mehr, daß ich in der Welt bin, denn auf meine Familie, wie es ſcheint, will man die Krone nimmer kommen laſſen". Da ſtarb am 10. Auguſt 1700 der eilfjährige Herzog von Gloceſter, und da nun von der Prinzeſſin

---

1) Br. 157.

Anna keine Descendenz mehr zu erwarten war, kam für die Succeffion die Kurfürstin Sophie allein wieder in Frage. Aber in Folge jenes Todes fanden in England die größesten Parteiumtriebe und Aufregungen statt und die hannoverfche Succeffion stand in Frage. In refervierter, ja refignierter Haltung fchreibt Sophie am 29. Auguft 1700 an die Raugräfin Louife[1]): „Der Herzog von Glocefter wird fehr beklagt, denn was mich betrifft, fo denke ich mehr an's Himmelreich als an das von England; das Parlament hat mich auch zur Succeffion nicht genannt, fonft würde ich gewiß die Stimme vom Herzog von Schönburg[2]) für mich haben oder vielmehr meine Kinder, aber mein Sohn, der Kurfürft[3]), findet fich nun glücklicher und verlangt die Krone nicht; ich habe aber noch drei andere Söhne, da könnten fie die Wahl haben".[4]) Das dann am 22. Februar 1701 zu London beginnende Parlament richtete fogleich eine Adreffe an den König Wilhelm mit der Bitte, er möge Vorfchläge zur Regelung der Succeffion thun. Der König empfahl, nach dem kinderlofen Tode der Prinzeffin Anna als Nächftberechtigte zur Krone die Kurfürftin Sophie und ihre Nachkommenfchaft anzuerkennen. Die Parlamentsverhandlungen hierüber zogen fich in die Länge. In ängftlicher Ungeduld fchreibt am 4. April 1701 die Kurfürftin an Raugräfin Louife[5]): „Die Freude, meine herzliebe Bas, kommt gar zu früh und können Sie aus dem, was der Herzog von Schönburg fchreibt, felber abnehmen — weil er fchreibt, daß er fleißig dazu helfen wolle —, daß es noch gar keine Richtigkeit hat mit der englifchen Succeffion, in meine Familie zu kommen, denn, wie es fcheint, werden fie mich nicht nennen und allezeit eine freie Hand behalten wollen";

---

1) Br. 219.

2) Der Graf Mainhart v. Schönburg, der Gemahl der Raugräfin Karoline, war 1690 für feine ausgezeichneten Verdienfte in der Schlacht am Boynefluß zum Herzog von Leinfter und Peer von Jrland ernannt.

3) Georg Ludwig.

4) In gleichem Sinne fchreibt Sophie zu derfelben Zeit an Leibniz: »Si j'eſtois plus jeune, j'aurois lieu de me flatter d'une couronnne, mais à present, si j'avois le choix, j'aimerois mieux d'accroiſtre mes années que d'accroiſtre ma grandeur«, und an den englifchen Gefandten Stepney: »Si j'eſtois trente années plus jeune, j'aurois aſſez bonne opinion de mon sang et de ma religion pour croire qu'on penseroit à moy en Angleterre. Mais comme il y a peu d'apparence que je survive à deux personnes beaucoup plus jeunes, quoyque plus maladives que moy, il est à craindre qu'après ma mort on regardera mes fils comme des eſtrangers et dont l'aisné est beaucoup plus accouſtumé à trencher en souverain que le pauvre Prince de Galles.. Je ne suis pas si philosophe ou si étourdie, comme vous pouvez croire, que je n'aime entendre parler d'une couronne et que je ne faſſe reflexion sur ce jugement solide que vous faites sur ce sujet. Il me semble qu'en Angleterre il y a tant de factions, qu'on ne puiſſe eſtre aſſuré de rien«.

5) Br. 224.

und am 14. April beklagt Sophie wieder, daß sie die Erbschaft des englischen Thrones wegen ihres Alters wohl nicht mehr erleben werde: „Ich sehe wohl", schreibt sie der Raugräfin [1]), „daß Sie eher informiert gewesen ist, als ich, von dem, was in England für mich und meine Descendenten beschlossen ist. Es ist ein Elend für mich, daß ich zu alt dazu bin ... Ich empfange einen Haufen Briefe auf meine Royauté, so daß ich die Mühe davon habe und den Nutzen niemals haben werde". Und am 5. Juni 1701 meldet sie [2]): „Die Akte von der Succession ist im Oberhaus noch nicht passiert". Bald darauf aber, am 22. Juni, ward vom Parlament das Gesetz beschlossen: Act for the further limitation of the crown and better securing the rights and liberties of the subjects, demzufolge nach des Königs Wilhelm Tode die Prinzessin Anna, nach deren kinderlosem Ableben aber die Kurfürstin Sophie und deren Nachkommenschaft, wofern diese protestantisch sei, die Krone erben sollte. Diese Akte mußte dann im Juli 1701 der Graf Macclesfield in feierlicher Gesandtschaft nach Hannover überbringen, zugleich der Wappenherold King dem Kurfürsten Georg Ludwig den Hosenbandorden überreichen. Am 14. August schreibt Sophie an die Raugräfin Louise [3]): „Ich habe schier so viel Briefe wie ein Kartenspiel mit Lord Macclesfield empfangen. Morgen wird dieser in Ceremonie seine Audienz bei mir haben, die Akte vom Parlament zu überliefern; der Herold ist noch nicht kommen, den Orden an meinen Sohn zu überliefern". Reich beschenkt ward die Botschaft von Hannover entlassen.

Bald darauf reisete der Herzog Georg Wilhelm von Celle, begleitet von seinem Enkel Georg August, zu König Wilhelm von England nach Loo. Hier versprach Letzterer, für die Kurfürstin Sophie als die präsumtive Thronerbin ein Jahrgehalt vom Parlament zu erwirken und die Kurfürstin selber oder den Kurprinzen nach England kommen zu lassen. Diese Absicht theilte der König auch der Prinzeß Anna mit, welche darauf — der Wahrheit nicht entsprechend — mittheilte, daß sie guter Hoffnung sei. So mußte König Wilhelm jenen Plan verschieben. Am 7. September 1701 schreibt die Kurfürstin an die Raugräfin Louise [4]): „Von meiner Reise nach England wird nicht geredet, auch nicht von meinem Enkel". Am 15. Oktober 1701 theilt Sophie derselben Raugräfin mit [5]), daß die Herzogin von Orléans den König Jakob in St. Germain besucht habe und dieser dem Könige Wilhelm und seiner Tochter Marie alles vergeben habe, was sie gegen ihn gethan hätten. „Das ist", schreibt sie, „recht christlich, wird ohne Zweifel eine ewige Krone besitzen, denn ich glaube, Gott wird

---

1) Br. 225. 2) Br. 228. 3) Br. 231.
4) Br. 232. 5) Br. 236.

die gute Intention des Königs ansehen und nur die bösen Leute strafen, die den einfältigen König in dies Unglück gebracht haben. Die Papisten können nicht reich sein, welches des Prinzen von Wales Unglück mit ist, welcher so eiferig papistisch erzogen und von Frankreich protegiert wird, so daß England auf meine Posterität hat gedenken wollen.. Die Herzogin von Orléans schreibt, daß der König von Frankreich dem König Jakob versprochen hat, den Prinzen von Wales als König von England anzuerkennen. Wie sich dieses mit dem Ryswykschen Frieden reimt, wo Wilhelm als König anerkannt ist, ist schwer zu begreifen".

Die berechtigten Hoffnungen der Kurfürstin Sophie wurden vereitelt durch den im März 1702 eingetretenen Tod des Königs Wilhelm. Seine Nachfolgerin, die Königin Anna, schreibt zwar sogleich an Sophie, daß sie für das Haus Hannover dieselben Gesinnungen hege, wie ihr Vorgänger[1]); aber die Kurfürstin scheint der Wahrheit jener Worte nicht recht getraut zu haben; am 2. April 1702 schreibt sie an die Raugräfin Louise[2]): „Die jetzige Königin von England hat mir sofort versichert, daß sie dieselbe Gnade für mich und mein Haus haben würde, wie der vorige König. Dieses hat mir ein Handschreiben an Ihre Maj. gekostet. Ob man mich wird in England verlangen, wird die Zeit lehren". Und am 13. April schreibt sie derselben[3]): „Von der Reise nach England wird weder in England noch hier geredet, weder für meinen Enkel noch für mich. Die Königin Anna ist noch wohl, obschon man Ihrer Maj. linke Hand hat küssen müssen, weil die andere wegen des Podagra verbunden war". Die Kurfürstin bedauert dann noch, daß der Schwager der Raugräfin, der Herzog von Schönburg, für ihre Sache in England nicht werde wirken können; „derselbe", schreibt sie, „wird so viel Anderes zu thun haben, daß er an mich nicht denken wird". „Übrigens", setzt sie resigniert hinzu, „denke ich, es ist gleich, ob ich hier sterbe oder in England". Der früheren Versprechungen Wilhelms III. in Betreff eines Jahrgelds für Sophie und der Überkunft nach England wird jetzt nicht mehr gedacht. Bei Gelegenheit der Bewilligung des Kroneinkommens der Königin Anna schreibt die Kurfürstin am 15. April 1702 an Raugräfin Louise[4]): „Ich habe von einem guten Freunde vernommen, daß das Parlament Ihrer Maj. der Königin nicht allein das Einkommen vom seligen König gegeben, sondern ihr noch dazu ihre vorherige Revenue gelassen hat und auch die Revenue vom Herzog von Glocester, in der Absicht, daß ihre Maj. von sich selber diese zwei letzten Beträge verwenden sollte, mich und meinen Enkel nach England zu

---

1) Vgl. Br. 242, N., S. 223 f.   2) Br. 242.   3) Br. 243.
4) Br. 244.

berufen. Ob dies nun geschehen wird, soll die Zeit lehren." Es geschah
aber nicht; die Königin Anna hatte, wie Sophie am 27. April der Rau-
gräfin mittheilt [1]), über jenen Gesammtbetrag von 100000 Pf. Sterl. für
das erste Jahr verfügt zu Gunsten der Landeslasten; die Kurfürstin schreibt:
„Die Reise nach England ist sehr unsicher, denn die Königin ist immer
schwanger von drei Monaten, und so lange Ihre Maj. Hoffnung macht,
Kinder zu bekommen, wird sie dem Lande keine neuen Unkosten machen.
Um die Unterthanen zufrieden zu stellen, hat Ihre Maj. ihnen von dem
Ihrigen 100000 Pf. auf einmal gegeben, was sie sehr beliebt macht".
Dann am 10. Mai 1702 schreibt Sophie der Raugräfin [2]): „Was Ihnen
vertraulich aus England berichtet wird, wird man mit der Zeit sehen, ob
es eintreffen wird, allein es scheint, als ob man bei diesem Kriege Aus-
gaben scheue, und hat auch vielleicht der Königin Umgebung nicht gern,
daß eine Verwandte ihr im Wege stehet, denn ich höre von nichts dergleichen, als ob das Parlament mich gern in England hätte. Sie scheinen
mit ihrer Königin sehr wohl zufrieden zu sein". Und fünf Tage später
schreibt sie [3]): „In England ist viel Veränderung: Alle, die König Wilhelm
zugethan gewesen sind, nimmt die Königin in Dienst. Ich glaube nicht,
daß ihre Umgebung mich oder meinen Enkel in England wünschen".

Aber die Kurfürstin Sophie war die gesetzlich anerkannte Thronerbin
und es mußte etwas geschehen, dies zu documentieren. Die Königin Anna
ließ den Namen der Kurfürstin in das sonntägliche Kirchengebet aufnehmen.
Auf diesen Akt beschränkte sich in den ersten Regierungsjahren der Königin
Anna ihre Thätigkeit für Sicherung der Succession des Hauses Hannover
in England. „Aus England", schreibt Sophie am 6. Juni 1702 der Raugräfin Louise [4]), „höre ich nichts, als daß man in den Kirchen für mich betet.
Dieses hat mir einen Brief an die Königin gekostet, dafür zu danken".
Ihren Unmuth darüber, daß man sie nicht nach England einlade, drückt
die Kurfürstin in mehreren Briefen des Jahres 1702 an die Raugräfin
aus, so am 19. Juni [5]): „In England betet man eine Weile für mich.
Meine Freunde meinen ja, das Parlament werde machen, daß man mich
nach England einladet. Mir gilt Alles gleich, in der Welt habe ich wenig
Zeit übrig", am 5. August [6]): „Aus der englischen Sache wird wol nic t
werden, denn bei Hof hat man mich nicht gern in England, Mylady Marlborough ist selber gern die zweite Frau in England, denn sie regiert Alles",
und am 1. September [7]): „Ich habe hier einen Hof von Engländern und
Schottländern, habe sie mit einer Komödie regaliert, wußte sie sonst nicht

1) Br. 245.   2) Br. 246.   3) Br. 247.   4) Br. 248.
5) Br. 249.   6) Br. 251.   7) Br. 252.

zu divertieren. Es ist gar keine Aussicht, daß man mich in England verlangen wird, also muß ich mit dem Orte, wo ich bin, zufrieden sein, bin
es auch gar wohl". Von einer Einladung der Kurfürstin nach England
verlautet nic t mehr. „In England", schreibt Sophie am 24. September
1702 an die Raugräfin¹), „ist bei dieser Regierung Alles geändert und denkt
man nicht an mich", und drei Wochen später²): „Es ist nun keine Aussicht,
daß das Parlament oder die Königin mich nach England berufen werden,
denn Ihre Maj. sind ganz gesund und sehen die nicht gern, welche sie be-
erben sollte. Wenn ich jünger wäre, ginge ich aber bei Ihrer Maj. Leben
hin. Prinz Georg soll nicht so krank sein, als man ihn macht; die Königin,
wie man sagt, will ihm gern den Königstitel geben, so uns nicht verdrießen
könnte, wenn er doch sterben würde".

Die unfreundliche Stellung der Königin Anna zu der Kurfürstin Sophie zeigte sich immer mehr; sie vermied, den Namen ihrer Nachfolgerin in
ihrer Umgebung zu nennen, ihre Briefe an dieselbe beschränkten sich auf
nothwendige Gratulationen und Condolationen, die Übersiedelung der Sophie
nach England wußte sie auf alle Weise zu verhindern, Anträge auf Jahr-
gelder für die Kurfürstin oder deren Sohn wurden abgelehnt. Sophie war-
tete aber nicht passiv ab, sondern war auch, mit gebotener Vorsicht, thätig
für ihre Rechte. Die politische Correspondenz mit den einflußreichsten Persönlichkeiten in England ward fortgesetzt, und sie erhielt von dort viele Betheuerungen der Anhänglichkeit. Daß ihr von England jedes Jahrgeld
verweigert wurde, empfand die Kurfürstin besonders drückend bei den verschiedenen bei ihr eintreffenden Gesandtschaften, welche nach der Sitte jener
Zeit mit kostbaren Geschenken verabschiedet zu werden pflegten, und war ihr
um so schmerzlicher, als ihre Söhne Maximilian und Christian, welche in
der kaiserlichen Armee standen, ihre Hülfe stark in Anspruch nahmen. Als
Lord Winchelsea im Februar 1703 als Gesandter der Königin Anna in
Hannover erschien, um der Kurfürstin nur „Complimente" zu überbringen,
welche sie mit Diamanten bezahlen mußte, schreibt sie an die Raugräfin
Louise³): „Mylord Winchelsea ist eben angekommen, ich habe ihn aber noch
nicht gesehen. Er wird wohl kein Jahrgeld für mich mitbringen, welches
ich doch gern hätte, um meinen Sohn Christian, so es am meisten nöthig
hat und am besten anwendet, geben zu können. Ich hoffe, daß der Gesandte bald wieder weggehen wird, hat auch gar nichts zu sagen als daß
er das Compliment beantwortet, so Graf Platen der Königin von uns gebracht hatte". Und in unmuthiger Resignation schreibt sie am 4. März
1703⁴): „Fieber, Husten und Schnupfen haben mich viel mehr beunruhigt,

---

1) Br. 253.   2) Br. 256.   3) Br. 267. 268.   4) Br. 269.

als die englische Affaire, denn ich sehe wohl, daß für meine Person ich doch nimmer davon profitiren werde zu meiner Kinder Besten", und am 30. April[1]): „Man thut nic t in England für mich oder meine Kinder".

Mit weiser Politik blieb Sophie in vorsichtiger Zurückhaltung, mischte sich nicht in die englischen Angelegenheiten und vermied eine besondere Parteistellung zu den Whigs oder Torys. Am 15. April 1703[2]) theilt sie der Raugräfin Louise eine Äußerung des englischen Residenten Davenant mit: man hätte sie in England als ganz einer besonderen Fraction zugethan geschildert, er hätte es aber anders gefunden. „Ich hatte", schreibt sie, „keine Zeit, mehr zu fragen, aber daß ich von meiner Succession nichts habe, weiß ich". Am 5. Juli desselben Jahres schreibt sie an die Raugräfin[3]): J'ai étée fachée d'apprendre, que le nom de Torys et de Whigs dure encore avec beaucoup de vehemence. Davenant m'assure, qu'ils sont tous deux pour cette maison, mais il est facheux de ne sçavoir le moyen pour le contenter tous deux et pour les concilier. Je puis dire en verité que personne ne s'est jamais adressé icy pour faire des factions«, und acht Tage später[4]): „Wir sind Herrn Davenant sehr verbunden, daß er von hier in England Alles gerühmt hat, wenigstens kann man nic t Übeles von unsern Gesinnungen sagen, denn wir keiner Fraction zugethan sind, sondern alle ehrlichen Leute lieben, die Verdienste haben".

Je mehr sich herausstellte, daß nichts geschah, um im Falle des Todes der Königin Anna die Thronfolge in der gesetzlich festgestellten Weise zu verwirklichen, und daß auf irgend welche Zuneigung der Königin Anna nicht zu rechnen war, desto schwächer werden die Hoffnungen der Kurfürstin Sophie, desto stärker nun, bei aller scheinbaren Resignation, in den Briefen an die Raugräfinnen ihre unmuthigen Auslassungen. Sie schreibt am 21. Juni 1703 an die Raugräfin Amalie[5]): „Es ist wohl keine Aussicht, daß ich jemals werde nach England kommen; die Königin begehrt mich nicht und die wird wohl länger leben als ich. „„Krackende Wagens ghan lang"" sagen die Holländer, und die Gesunden, wie ich Gott Lob und Dank bin, sterben oft am ersten. Alles stehet bei Gott, ich halte mich so ruhig als ich kann, das erhält gesund", und an die Raugräfin Louise am 24. Juni[6]): „Es ist wahr, daß England ein angenehmes Land ist. Sollte ich jemals hinkommen, wäre es wohl gut; aber ich sehe wenig Aussicht dazu. Unter uns gesagt: ich bin bange, daß die Königin Anna nicht aufrichtig gegen unser Haus ist und ihren Bruder uns vorzieht, denn wir sind in Schott-

---

1) Br. 273.   2) Br. 270.   3) Br. 281.   4) Br. 283.
5) Br. 279.   6) Br. 280.

land gar nicht genannt worden, wo man für den Prinzen von Wales sein
soll. Ich habe zwar gute Freunde in England und man meint nicht, daß
es ohne Wirken für mich in England würde hergehen, sollte die Königin
sterben, die jetzt aber sehr gesund ist; ich habe mir also keine unnöthige
Sorge hierüber zu machen". Und an die Raugräfin Amalie wieder schreibt
Sophie am 18. Januar 1704[1]): „Die guten Engländer meinen, daß ich
an nichts als an die Krone England gedenke, und sie ist mir noch niemals
im Traume vorgekommen. Ich wollte nur, daß es im Reiche besser stände
und unser gnädigster Kaiser besser bedient wäre".

Aus den Jahren 1704 bis 1708 liegen keine Briefe der Kurfürstin an
die Raugräfin aus dem im Vorwort angegebenen Grunde vor, daher auch
keine Auslassungen derselben über die Succession. Da bisher alle jene von
König Wilhelm gegebenen Versprechungen unerfüllt geblieben waren und
für die fernere Sicherung und Ausführung der Successionsakte nic t geschehen war, so entstand die berechtigte Frage: ob es der Königin Anna
mit der hannoverschen Thronfolge wirklich Ernst sei? Um hierüber Klar-
heit zu erhalten, richtete die damals 75jährige Kurfürstin Sophie am 5.
November 1705 an Burnet, den Erzbischof von Canterbury, ein Schreiben, worin sie sich bereit erklärt, Alles zu thun, was ihre Anhänger in
England wünschen, und, wenn es das Parlament für nöthig erachte, nach
England hinüberzukommen. Dabei wünscht sie aber die größesten Rücksichten
auf die Wünsche der Königin Anna zu nehmen. Es wurde dann auch im
Parlament das wichtige Gesetz zur Sicherung der protestantischen Erbfolge
in England durchgebracht am 11. April 1706: Act for the better security
of her Majestys person and government and of the succession to the
crown of England in the protestant line, wodurch die frühere Successionsakte wiederholt, Jeder mit der Strafe des Hochverraths bedroht wurde,
welcher den Prätendenten anerkenne, und bestimmt wurde, daß unmittelbar
nach eintretendem Tode der Königin Anna, wenn der Thronfolger noch
nicht in England sein sollte, die sieben höchsten Staatsbeamten unter Vor-
sitz des Erzbischofs von Canterbury die Regierung zu führen und die Ver-
pflichtung hätten, auf der Stelle Alles zu besorgen, was zur Proclamation
und Anerkennung der Kurfürstin Sophie nöthig sei. Lord Halifax überreicht dann die Akte zu Hannover in feierlicher Audienz am 30. Mai 1706.

Was die den Rechten der Kurfürstin Sophie am meisten entgegen-
stehende Persönlichkeit des Prätendenten betrifft, so hielt jene diesen nicht
für gefährlich, was er nur werden konnte, wenn eine fremde Macht oder
eine wichtige politische Partei ihn für eigene Zwecke benutzte. Im März

---

1) Br. 287.

1708 versuchte der Prätendent, Prinz Jakob, von Dünkirchen aus unter dem angenommenen Namen „Ritter von St. Georg" eine Invasion in Schottland. Am 22. März schreibt Sophie, voll Mitleid für ihren unglücklichen Verwandten, an die Raugräfin Louise[1]: „Der Prinz von Wales ist zu Dünkirchen; wer weiß, ob Gott ihn nicht erheben wird, der so unschuldig leidet". Bekanntlich scheiterte das Unternehmen, indem des Prätendenten vermeintlicher Gönner, Ludwig XIV., ihn im Stiche ließ und die Landung nicht gestattete. Daher schreibt die Kurfürstin am 19. April an die Raugräfin[2]: „Die Avanture vom Chevalier de St. George werden Sie schon aus den Zeitungen vernommen haben. Es wäre mir sehr leid gewesen, wenn man ihn gefangen hätte; er soll schon wieder zu St. Germain sein. Ich glaube, der König von Frankreich hat ihn in April geschickt, um dadurch eine Diversion zu machen, denn wenn solch ein Anschlag hätte glücken sollen, hätte man ihn nicht so öffentlich machen müssen und der König hat es an alle seine Minister sagen lassen, es zu publicieren". Dann klagt die Kurfürstin in den Briefen der nächsten zwei Jahre wieder öfter darüber, daß man weder sie noch den Kurprinzen nach England einlade, auch ihnen kein Jahrgeld zahle; so am 7. Oktober 1708[3]): „An dem, was man Ihr aus England geschrieben hat, ist nichts. Die aber mit der Königin unzufrieden sind, machen sie bange, daß sie mich berufen wollen, wovor Ihrer Maj. ganz bange sein soll. Sonst denkt man wenig an mich in England"; am 18. April 1709[4]): „Der Kurprinz meint nicht, daß man ihn in England wird haben wollen, so lange die Königin lebt. Man giebt uns auch kein Geld von dort. Wenn man mich traktierte, wie es einer Prinzeß von Wales gebührt, wollte ich meinen Hof mit englischen Fräuleins und Cavalieren einrichten, wie es die Prinzeß Anna gethan hat. Aber dies sind chateaux en Espagne, ich bin zu alt"; und am 11. Mai 1709[5]): „Auf England mache ich wenig Reflexion, denn seitdem Sie von hier sind, höre ich nichts mehr aus dem Lande, als was in den Zeitungen steht."

Der Kurfürst Georg Ludwig hatte im Januar 1710 sein Commando am Oberrhein niedergelegt, da alle seine Mahnungen in Wien vergeblich gewesen waren, die in der Stellung ihres Contingents säumigen Reichsstände anzuhalten. Man versuchte nun von England aus, den Kurfürsten für sich zu gewinnen durch den Antrag des Commando's in den Niederlanden. Zu diesem Zwecke und um auch die Zustimmung des Kurfürsten als des muthmaßlichen Thronfolgers zu der Friedenspolitik des englischen Ministeriums zu gewinnen, erschien im September 1711 der Graf Rivers in

---

1) Br. 311.   2) Br. 312.   3) Br. 322.
4) Br. 340.   5) Br. 342.

Hannover mit den Friedenspräliminarien und zugleich mit Betheuerungen
der Anhänglichkeit von Shrewsbury und Oxford. „Wir haben hier", schreibt
Sophie am 10. November 1711 an die Raugräfin Louise[1]), „Mylord
Rivers gehabt. Derselbe hat Handschreiben von der Königin und von Mylord Oxford mitgebracht, die ich habe beantworten müssen. Der Kurfürst
schickt Bothmer wieder nach England". Diesem Gesandten v. Bothmer ward
eine ausführliche Denkschrift für die Minister in England mitgegeben, die
Sicherung der hannoverschen Succession betreffend. Diese Denkschrift galt
in England für ein Werk der Whigs und rief große Aufregung hervor.
Daher schreibt die Kurfürstin Sophie im December 1711 an die Raugräfin[2]): „In England soll eine große Spaltung sein zwischen Whigs und
Torys; daß das Parlament so oft verschoben wird, gefällt auch nicht. Ich
werde keine Succession erleben, mache mir deswegen gar keine Sorgen. Das
Memorial, welches Bothmer an die Minister der Königin übergeben hat,
ist ohne sein Wissen zu London in mehr als tausend Exemplaren gedruckt
und soll den meisten Leuten in England gefallen haben. Daß Viele in
England für den Prinzen von Wales sind, daran kann man nicht zweifeln;
Alles stehet bei Gott, der wird es machen, wie es sein soll."

Während der Zeit hatte sich in England seit 1710 der Sturz der Whigs
unter Marlborough und Godolphin, und die Erhebung der Torys unter
Oxford und Bolingbroke vollzogen. „Der Herzog von Marlborough", schreibt
Sophie am 4. Februar 1712 an Raugräfin Louise[3]), „hat wenig Dank für
alle die Reputation, so er dem englischen Wappen erworben hat". Das
Ministerium der Torys glaubte nun der Kurfürstin einen Beweis geben zu
müssen, daß es auch ihm mit den Versicherungen Ernst sei, welche schon
Rivers früher gegeben hatte. Am 15. März 1712 ward ein neues Gesetz,
die Succession noch sicherer zu stellen, vollzogen: die Act of precedence,
wodurch bestimmt ward, daß die Kurfürstin Sophie und ihre Familie im
Range unmittelbar nach der Königin Anna folgen und dem Erzbischof von
Canterbury vorangehen sollte. Auch diese Akte ward durch einen eigenen Gesandten, Thomas Harley, feierlich in Hannover überreicht. Aber sonst blieb
das Verhalten der Königin Anna zu dem hannoverschen Hause kühl, ja
unfreundlich, und Sophie setzte kein großes Vertrauen in Alles, was von
derselben kam; der Verlauf der Dinge in England erschütterte das Vertrauen noch mehr. Sie schreibt in der Beziehung im Februar 1712 an
die Raugräfin Louise[4]): „Ihr habet gar recht, zu sagen, daß es besser zu
Hannover für mich ist, als in England. Die Herzogin von Orléans hat
neulich den englischen Hof in St. Germain besucht und alle königlichen Per-

---

1) Br. 367.		2) Br. 370. 371.		3) Br. 376.		4) Br. 376.

sonen lustig und gesund gefunden; sie haben auch in langer Zeit kein besser
Spiel gehabt. Wenn die Krone von Großbrittanien zu kaufen ist, wie es
scheint, kann Frankreich sie besser bezahlen als wir, die es nicht machen
werden wie König August von Polen." Und über die Nachricht, daß Harley
als englischer Gesandter kommen werde, schreibt sie[1]): „Es wird ein Gesandter von England kommen, welcher Schriften mitbringen soll, die ich
mit Gold werde bezahlen müssen, wie früher. Was es bedeuten soll, weiß
ich nicht, denn ich habe schon ein großes Patent vom König Wilhelm,
welches Lord Macclesfield gebracht hat". Und kurze Zeit darauf, am 3. März
1712, schreibt die Kurfürstin an die Raugräfin[2]): „Lord Strafford [Raby]
und ich correspondieren fleißig, sind aber nicht in Allem eins. Aus England sind in zwei Posten keine Briefe gekommen; man wird auch nicht viel
Tröstliches darin finden. Sie dürfen des Volkes wegen nicht anders bei
Hofe sagen, als daß sie die Succession aus diesem Hause verlangen, aber
wenn Frankreich die Oberhand hat, wird wol nichts daraus werden. Für
mich werde ich es doch nicht erleben und bin mit meinem Stande sehr wohl
zufrieden und danke Gott, der mich bisher gesund leben läßet. Ich höre
noch nic t von dem Gesandten Harley, verlange auch nicht danach, denn
er wird mehr holen als bringen".

Dieses ist die letzte Äußerung der Kurfürstin Sophie in unsern Briefen,
die Succession betreffend, da mit dem Jahre 1712 die Briefe derselben an
die Raugräfin Louise aufhören, weil diese seitdem bei der Kurfürstin in
Herrenhausen sich wieder befand. Der weitere Verlauf der Angelegenheit
ist bekannt. Am 29. Februar 1714 schreibt Sophie an Leibniz: »Ma mort
seroit plus belle, si selon vos voeux mes os seroient enterrés à West-
minster, mais il est vray, que mon esprit qui gouverne jusqu'icy encore
mon corps, à present ne me donne point de si tristes pensées et que
les discours de la succession me chagrinent; mais il se faut remettre
à la Providence«. Im April 1714 kam jener Harley abermals als englischer Gesandter nach Hannover, dieses Mal mit einem besondern Auftrag
an die Kurfürstin: »Il m'avoit«, schreibt diese am 20. Mai 1714 an Leibniz,
»offert une pension de la Reine, que j'ay fort honnêtement refusée, y
disant, que j'en souhaitois une par le bon plaisir de sa Majesté et du
Parlament comme heritière présumtive de la couronne«. Von han-
noverscher Seite forderte man auch den Aufenthalt eines Mitgliedes des
Kurfürstlichen Hauses in England. Aber dieses lehnte die Königin ab und
schrieb am 19. Mai 1714 dieserhalb einen bittern Brief an Sophie, welche
durch denselben tief und schmerzlich gekränkt ward.

Drei Tage nach dem Empfange jenes Briefs ward die Kurfürstin Sophie,

---

1) Br. 377.   2) Br. 378.

deren Greisenalter bis dahin in rüstiger Kraft des Leibes und heller Frische
des Geistes geblühet, plötzlich auf einem Abendspaziergange in ihrem geliebten Garten zu Herrenhausen vom Schlage getroffen und verschied leichten
Todes, wie sie einst gewünscht, nach wenigen Augenblicken am 8. Juni 1714
in einem Alter von 83¾ Jahren. Die königliche Krone von England,
deren bevorstehende Erbschaft in den letzten Jahren ihr Sinnen und Handeln
so lebhaft in Anspruch genommen hatte, sollte ihr nicht mehr zufallen. —
Zwei Monate nach ihrem Tode starb auch die Königin Anna von England,
und ihr Thron ging auf Sophiens Sohn, den Kurfürsten Georg Ludwig,
über.

Briefe

der

Kurfürstin Sophie von Hannover

an die

Raugräfinnen und Raugrafen zu Pfalz.

1.

An die Raugräfin Karoline in Heidelberg.

Hanover den 2. Juni 1680.

1680
Juni 2

Hochwolgeborne Grefin, hertzliebe undt werte frewlen bas. Ich bin heute ser erfrübt worden mit das angnheme zeichen von mein beßien[1]) undt Dero frewlen schwester affection, so sie mir durch Dero schöne arbeit haben bezeugen wollen, sage Dieselbige gantz binstlich Dank undt mügte an meiner seiten so gelücklich sein, durch angnheme binsten solges widerum zu erkännen. Ich arbeite zwar auch, aber mein arbeit ist nicht so schön, ban wir sein etwas grober in diß Knackwurst- undt schinckenlant; ich mag aber sein wo ich wolle, so wirbt es mir alzeit lieb sein, Dieselbige unb Dero früwlen schwestern zu binen, ban ich werde alzeit von hertzen sein

Dero ser affectionirte fründtwillge bas
Sophie.

2.

An die Raugräfin Karoline in Manheim.

À Hanover le 14. de Sept. 168[0][2]).

168[0]
Sept. 14

Vous pouvez croire, en quel estat la surprise et l'affliction m'ont mise d'avoir perdue une des personnes du monde[3]), pour lequel j'avois le plus de respect et d'attachement, sans avoir seullement sceu qu'il estoit malade. Je sçay la perte que vous autres et Mes[sieurs] vos freres y ont faite. Je vous prie d'estre bien persuadée de l'affection que j'ay pour vous toutes, qu'aucune consideration me fera changer. Faites moy sçavoir, en quoi je vous puis estre utile et donnés moy occasion de randre du service à des personnes que feu Mr. mon frere a aimé si tendrement.

Sophie.

Je vous prie, mendés moy, comme tout cet[4]) passé; si Mr. l'Electeur n'a rien dit pour moy. Je suis si consternée, que je n'en sçaurois revenir.

---

1) = Bäschen.   2) Im Orig. ist die 0 vergessen.
3) Der Bruder der Kurf. Sophie, Kurfürst Karl Ludwig v. d. Pfalz starb am 28. Aug. 1680.   4) = s'est.

3.

An die Raugräfinnen Karoline, Louise und Amalie.

Hanover ben 27. Sept. 1680.

Hochwolgeborne frailen, allerliebste beßien. Ich habe Dero sembtliches
schreiben ser wol emfangen undt zweivele nicht, sie werden nun schon aus
meinem schreiben vernommen haben den Wilen, so ich habe, Dieselbige in alles
was ich kan meine affection zu beweisen. Ich habe auch schon an J. L. die
junge Courfürstin[1]) undt an J. L. ben itzigen Courfürsten[2]) vor ihnen geschrieben: daß ich nicht zweivelte, J. L. würden Dero gutt naturel undt ge-
nereusitet an ihnen bezeugen, auch J. L. des Courfürsten[3]) testament in
alles nachkommen, ba ohne zweivel in wirbt stehen, wie es mit ihnen alle sol
gehalten werden. Ehe solges wirbt geöffnet sein, werden sie nichts resolviren
können; vielleicht wirbt J. L. der Courfürst und J. L. die Courfürstin hirauf
zukommen, daß ich noch müntlich mit dieselbige werde sprechen können. Vor
bissem, wie J. L. der Cour Prins[4]) noch unmündig waren, hatten J. L. der
Courfürst selig meinen Herrn[5]) zum exsecuteur des testaments mit genent;
ob es aber tharbey ist geblieben, weis ich nicht. Ich bitte, sie wolln mich doch
alle particulariteten schreiben, wie es sich mit mein[es] Hr. Bruder des Courfürsten kranckheit undt bedrübten tobtfall ist hergangen. Ich kan es nicht
aus bem sin[6]) bringen; es wirbt mir noch ein Trost sein, alles zu wissen undt
baß (wie der Reutter hatt gesagt) J. L. selig ben tobt nicht gefült haben. J. L.
selig haben mir ein zeit her schir alzeit von Dero tobt geschrieben[7]), balt serieux
balt en railliant, habe mir aber nicht ein können bilden, baß so balt ernst
tharaus werden solte. Gott hat J. L. in ruhe gesetzt, ba sie leiber in disser
welt nichts als facherien hatten; bis es auch an mir kombt, werde ich alzeit sein

ihrer alle fründtwilge trüwe bas

Sophie H. z. B. u. L.

4.

An die Raugräfin Karoline in Manheim.

Hanover ben 11/1. Oct. 1680.

... Ob ich schon nicht ohne trenen[8]) die relation, so sie mir geschickt,
habe lesen können, ist sie mir doch ser lieb gewessen undt bitte sie, sie wolle doch
Baron von Degenfelt[9]) tharvor fründtlich banck sagen. Es ligt mir ihm[10])

---

1) v. d. Pfalz: Wilhelmine Ernestine.   2) Karl.   3) Karl Ludwig.
4) Der jetzige Kurfürst Karl.   5) Herzog Ernst August.   6) = Sinn.
7) Vgl. die letzten Briefe des Kurf. im 26. Bande der Publicationen a. d. K. Preuß.
Staatsarchiven: E. Bodemann, Briefw. der Herzogin Sophie von Hannover mit ihrem
Bruder b. Kurf. Karl Ludw. ꝛc.
8) = Thränen.   9) Ferdinand v. Degenfeld.   10) = im.

fin[1]), wan man J. L. den Courfürsten selig hette aber gelassen, were vielleicht enderung kommen, allein wan ein Ungelück sein sol, so schickt sich alles tharzu. Die verwittibte Courfürstin[2]) sol ser betrübt sein undt nicht aus ein dunckeln kammer kommen, sehe hiraus, daß J. L. nun vermuttlich keine annimositet werden haben gegen die, so mein Herr bruder selig so hoch geliebt. Mein bruder Prins Rupert[3]) schreibt mir auch, J. L. hetten eine ser gutte affection an dem itzigen Courfürsten[4]) gegen alle die sembtliche Rawgrafische kinder ver-spürt. Ich bitte, sie wolle mich doch in confidence schreiben, ob es war[5]) ist, daß J. L. der Courfürst selig eine schweizerische metres [sich] hatten zugelegt[6]), da Dieselbige einmals in Dero schreiben an mir tharvon haben gedagt, allein wie ich einmal an Dieselbige schrieb[7]), daß gesagt wurde, J. L. hetten sich an ein schweizerin trawen lassen, antwortete Dieselbige anders nic t als, wan sie wüßten, wer solges gesagt hette, sie ihm con[8]) de batton wolten lassen geben, so daß ich solges alzeit vor eine fabel gehalten; was man hirvon gesagt hatt. Inmittels bitte ich, wan die D[octo]ren was rec t auffetzen von J. L. dem Courfürsten selig, es mir doch auch zu schicken[9]), dan ich mir einbilde, man wirdt alles gesundt inwendig bey Dieselbige gefunden haben; es ist zwar ein schlechter trost. Ich bitte, sie wolle nur ohne seremonien schreiben undt glauben, daß ich alzeit bestendig werde sein

Dero ser fründtwilge trüwe das
Sophie.

---

1) = Sinn.   2) v. d. Pfalz: Charlotte.

3) Der berühmte Pfalzgraf Rupert „der Cavalier", als 3. Sohn des Kurf. Friedr. V. 1619 zu Prag geboren. Vgl. über ihn v. Spruner, „Pfalzgr. Rupert", u. v. Treskow, „Leben des Pr. Ruprecht v. d. Pfalz".

4) Karl.   5) = wahr.

6) Kurf. Karl Ludwig hatte sich nach dem Tode der Raugräfin Louise ein Frl v. Berau als Mätresse genommen; vgl. Häusser, „Gesch. der Rhein-Pfalz", 2. Ausg., II, S. 686.

7) Am 27. Mai 1680 schrieb die Herzogin Sophie an ihren Bruder, den Kurfürsten: »Les gazettes disent, que vous vous accommodez d'une Suisse; c'est signe de santé, et j'espere, qu'elle vous participera des ses forces pour ocmenter vostre vigeur et chaleure naturelle, que la jeunesse communique à ce qu'on dit par l'exhalaison«; vgl. Public. a. d. K. Preuß. Staatsarch., XXVI, S. 420; u. am 11. Aug. 1680 schrieb sie: »Il faut aussi que je parle de la Suisesse, qu'on dit que vous avez espousé de la main gauche. J'ay dit qu'elle pourroit bien eschofer vos pieds, sans cela que c'est un signe de bonne santé, si vous aimés encore [les belles, que vous avez bien besoin de recreation apres tous les chagrins que les François vous donnent«; vgl. a. a. O. S. 434.

8) = coups.

9) Dieses geschah; vgl. die ausführl. Berichte über den Tod des Kurf. Karl Ludwig im 26. Bande der Public. a. d. K. Preuß. Staatsarchiven, S. 435 ff.

5.

An die Raugräfin Karoline [in Manheim].

Hanover den 13/3. Oct. 1680.

. . . Sie werden aus den Worten, so der itzige Courfürst[1]) hatt belieben an mir zu schreiben, verspüren, daß sie ursag haben, confidence zu J. L. zu haben, dan J. L. mir die ehr haben gethan zu schreiben mit diffen Worten: „Was sonsten die Raugräffliche kinder anbetrift, so werden [wir] trüwlich aufs aller raisonabelste undt billigst suchen zu handeln, insunderheit mit den freu= leins, die allezeit wol mit mir undt meiner gemahlin gestanden seynt, undt haben sie gar kein ursach, sich meinentwegen zu befahren, daß ich wider raison undt billigkeit mit ihnen, die doch unschulbig sint, solte verfahren."

Ich hoffe, die Courfürstin fraw Mutter[2]) wirdt disse gutte sentimenten in Dero Herrn sohn nicht endern, weil J. L. pretendiren, ser sensible zu sein von unser ungelück, undt, wie ich hoffe, eine generositet wirdt suchen, ihnen allerseits nicht zuwider zu sein. J. L. haben mich ihr leit lassen klagen, undt wie ich vernommen, daß dieselbige sich betrübt erzeigten, habe ich an J. L. geschriben undt auch ser fründtliche antwort empfangen, berichten mir auch, wie daß J. L. der Courfürst instendig begeren, J. L. solten aufs schlü= nigste nach Heydelberg kommen; welges J. L. aber etwas aufgeschoben, weil Dieselbige mit der traur nicht fertig könten werden. Jhm[3]) übrigen kan ich mich gar nicht einbilden, daß der selige Courfürst kein testament solte nach= gelassen haben zu Dero sembtlich avantage, da J. L. sie so hoch geliebt haben, mügte dan wissen, ob bey lebzeit J. L. etwa etwas eigenes ihnen geschenkt zum underhalt, dero stant auszufüren; J. L. waren jha so prudant undt sorgfeltig in allen sachen, daß es mir unmüglich vorkombt, daß Dieselbige solges bis aufs letzte solten aufgehoben haben, welges sunsten ser betrübt würde sein. Wo ich Dieselbige allerseits in binen kan, werde ich es nicht lassen. Sie schreibe mir doch fleißig, wie alles herghett und wie J. L. der Courfürst sie versorgen wirdt, auf daß, wan mein beutel nötig, der zwar nicht gar groß, doch auf allen fall, wan es nötig, zu Dero binsten mag sein. Sie sage mir auch, wer von den rebten[4]) sambt dem Baron[5]) von Degenfelt es mit ihnen helt. Den letzten bericht habe ich auch bekommen, stimbt aber nicht recht mit dem ehrsten überein; es tröst mir zwar etwas, daß nic t ist negligirt worden, aber es schmerzt mir gar ser, daß so vielfeltiger chagrin ohne zweivel al das geblüt verhert hatte undt J. L. keine ruhe als die ebige[6]) hatt geniffen können. Bis ich die auch erwerbe, werde ich alzeit sein

Dero ser fründtwilge affectionirte bas

Sophie.

_____

1) Karl v. d. Pfalz.   2) Charlotte.   3) = Jm.
4) = Räthen.   5) Ferdinand.   6) = ewige.

Ich bitte, sie wolle doch die sembtliche Herrn rede meinentwegen bitten, wan etwa briffe von mir under J. L. des Courfürsten selig sachen gefunden würden, sie mir doch wieder zu schicken, dan ich oft ein hauffen Narrenpossen geschriben, wie auch andere familiare sachen, so ich nicht gern gesehen hette von Jedermann.

6.

An die Raugräfin Karoline in Friedrichsburg.

Hanover ben 7/17. Nov. 1680.

1680
Nov. 7/17

... Ich schicke hirbey ein schreiben an Baron Ferdinant undt bitte, sie wolle ihm sagen, daß ich sein schreiben wol erhalten undt ihm grossen danck tharvor sage, und bitte, er wolle mit schreiben continuiren und sich versichert halten, daß ich diejenigen, so mein Hr. bruder selig truw verharren, alzeit estimiren werde undt die verachten, die das widerspil spüren lassen durch ihre eigen lacheté ohne expresen beßhel von J. L. dem Courfürsten. Ich fürgte, daß das Französche gelt auch bey denselbigen grossen plaz wirdt finden; Gott gebe, daß alles wol mag gehen undt ich occasion finden, ihnen zu erweisen, daß ich bin

Dero affectionirte fründtwilge bas
Sophie H. z. B. u. L.

[Der beiliegende Brief an den Freiherrn Ferdinand v. Degenfeld lautet:]

Hanover ben 7/17. Nov. 1680.

1680
Nov. 7/17

Ser werter Herr Baron. Ich hoffe, er wirdt nicht ungern die mühe auf sich nhemen, J. L. dem Courfürsten meinentwegen alle selbsterwünschte gelückseligkeit zu Dero angetretene Regirung zu wünschen. Ich hette zwar solches durch einen expresen sollen thun lassen, weil ich aber hir bey J. L. gern habe erineren wollen Dero gutte intention gegen die Rauwgrefflichen kinder, welches durch vielfeltige gescheften mügte verhindert werden, undt Nimans besser von dero sachen informirt ist als er, habe ich ihm hirin employiren wollen, nicht zweivelnt, J. L. der Courfürst wirdt dero Herrn Vatter[s] selig willen, so wol nach dem todt als Dieselbige so rümlich beim leben gethan, nachkommen undt die gutten kinder, die J. L. protexion so hoch nöttig, nicht underdrücken lassen. Wie ich vernehme, soll auch getattelt werden, daß J. L. der Courfürst Dero Rauwfreilen so viel zum brautschaz gelassen, als J. L. die Herzugin von Orleans[1]) gehatt, undt dügt mir, sie solten billig ehr noch ehnmal so viel haben als weniger, ban eine Cour Prinzeßin kan wol einen

---

1) Elisabeth Charlotte, Tochter des Kurf. Karl Ludwig.

Man bekommen ohne geldt, wie bey Madame [1]; gescheien, dan J. L. der Herzog
von Orleans kein dote begert undt vielleicht keine bekommen hette, wan ich
nicht bey J. L. selig dem Courfürsten hette angehalten. J. L. mügten doch
J. L. der Courfürstlichen fraw Mutter [2]) Dero pension volgen lassen; worauf
J. L. selig auch replicirten, J. L. der Courfürstin dotte were nicht bezahlt
worden, als weren J. L. auch nicht schuldig, J. L. etwas zu geben. Ich
antworte[te] wieder [3]); wan M[onsieu]r [4]) auch so sägte, würde Madame übel
tharan sein; tharauf schickten J. L. selig M[onsieu]r das geldt stracks hin,
welger noch ser verwundert tharüber war. Nun hatt mir J. L. die Courfürstin
beliebt zu tesmoigniren, daß J. L. gern sehen, daß die Raumfreilen wol
verheiratt würden, bin also versichert, J. L. werden auch gern sehen, daß
ihnen zukombt was J. L. selig der Courfürst schon beliebt haben bei Dero
Herrn Batter[s] leben zu confirmiren. Ich zweivele auch nicht, J. L. die
Courfürstin wirdt ihm auch wegen disser Sache gern audienz verstatten undt
wirdt seine Person ohne zweivel nicht unangnehm sein, weil er meinem geliebten Herrn undt mir schir allein secondirten, wie J. L. undt ich den Heiratt
verlangten von J. L. mit dem damaligen Cour Princen. Madame befilt mir
auch in allen briffen, ich solte doch jha der Raumgrefflichen kinder interes
helfen soutenieren, dan solges noch alles were, worin wir unsere trüwe affection
J. L. dem Courfürsten selig könten erweisen. . . . Er wolle doch Mr. Hachenberg [5]) meinentwegen fründtlich grüßen undt ihm die gemelte sach aufs beste
meinentwegen recommendiren; ich werde gewis mich nicht unbanckbar erzeigen;
ich kenne ihn allein von allen redten [6]), weil er bey uns zu Osnabruck war,
undt hoffe auch ihn noch zu Hanover zu sehen, wan JJ. LL. der Courfürst
undt Courfürstin uns die ehr werden thun zu besuchen. . . .

Sophie, H. z. Br. u. L.

7.

An die Raugräfin Karoline [in Manheim].

Hanover den 9. Nov. 1680.

1680
Nov. 9

. . . Wir sein gestern ein meil von hir gewessen, um J. L. die junge
Courfürstin [7]) aufzuwarten, welge mit affection von ihnen allen geredt hatt,
scheint aber als wan J. L. vermeinten, der Courfürst selig hette bey lebzeiten
vor seine Raumgreffliche kinder gesorgt undt gelt vor dieselbige bey gelegt;

---

1) = Herzogin von Orléans.   2) Charlotte.

3) Vgl. Public. a. d. Kgl. preuß. Staatsarch., Bd. 26, S. 395. 398 f. 404. 410.

4) = Herzog von Orléans.

5) Paul Hachenberg, der frühere Erzieher u. nachherige Rathgeber des Kurf. Karl;
vgl. über ihn Häusser a. a. O., II, S. 689.   6) = Räthen.

7) Wilhelmine Ernestine, auf ihrer Rückreise von Kopenhagen nach Heidelberg.

welges wol gutt were, wan folges geschehen were; weil sie mir aber nic t
tharvon schreibt und J. L. der Courfürst selig ihmer[1]) unruhe ihm[2]) lant
gehatt, kan ich solges schwerlich gelauben. . . . Man sagt auch, daß schon
grosse Verenderungen zu Heydelberg sollen vorgangen sein; hir ist man
tharüber verwundert und meint man, daß man so viel respect vor J. L. des
Courfürsten memoire schulbig were, die leute, so J. L. treuw gebint haben
undt J. L. gehorsam gewessen, nicht so auf ein stutz solte abbancken. Wie
man hir sagt, sol der geheime rabt B[aron][3]) von Degenfelt undt Fabricius[4])
mit von den abgebancten sein, welge mir am klügsten beybe in bero charge
vorkommen, so ich thar gesehen habe; mügte wissen, wer under J. L. dem
Courfürsten nun alles regirt. Ich halte nicht [bafür], baß die alte Courfürstin
mit ber jungen wirbt reisen, weil ber König von Dennemarc[5]) nicht haben
wil, baß J. L. berselbigen sollen cediren am britten ort, sunsten meinen J. L.,
bie alte Courfürstin würbe sich de generositet piquiren, ihnen alles gutts zu
thun; hoffe sie wirbt auch von alles bericht thun. . . .

                                                                    Sophie.

                                    8.

                An die Raugräfin Karoline in Manheim.

                                        Hanover ben 28/19. Nov. 1680.   1680
                                                                     Nov. 28/19
. . . Ich habe Dero schreiben vom 9. Nov. fer wol erhalten undt alles
wol verstanden, ob ich schon nicht auf alles antworte, und wil ich hoffen, baß
J. L. des Courfürsten gutt naturel prevaliren wirbt. J. L. die Courfürstin
fraw Mutter[6]) schreiben mir auf Dero suject mit bissen worten: „Was die
Rauwgresliche fr[äulein] anlangt, haben solche mir selbsten geschriben undt
meine[r] protexion sich ergeben; geleich ich ban nie gesinbt gewessen, an ihnen
vengence zu suchen, werbe E. L. beshel ich besto besser hirinn gehorgen können. Ich habe alles bem hochsten Gott übergeben, ber wirbt hirinnen alles
nach seinem heiligen rabt dirigiren. Ich vermeine, mein gel. sohn L[iebben][7])
habe E. L. auch schon ber gestalt geschriben auf ber materi, baß Dieselbe
satisfait mit sein werben. Was ihre grandeur anbelangt, tharzu werbe ich
weber pour ou contre sein, obgeleich burch ihre Mutter[8]) ich in äusserste
oprobre gesetzet worben".
    Ich habe mich vor bisse genebige declaration bebanckt. Ob bieselbige aber
wol würben sein ihm[9]) schloß, wan J. L. thar werben sein, zweivele ich an,

_____

1) = immer.   2) = im.   3) Ferbinanb.
4) Joh. Lubwig F., Prof. b. Theol. in Heibelberg.
5) Christian V.   6) Charlotte.   7) Kurf. Karl v. b. Pfalz.
8) Die Raugräfin Louise.   9) = im.

ban alle stunden sein nicht gleich unbt pflegen dieselbige freundtlicher zu sein, wan J. L. die leute selten sehen; vielleicht wirdt aber die Courfürstin fraw Mutter Dero hoff apart halten unbt J. L. die junge Courfürstin ihnen die ehr günnen, bey hoff zu sein, welges ser gutt were. Ich bin fro, daß der Rauwgraf[1] balt zu haus wirdt sein. Wan man etwa meine briffe wirdt lesen wollen, so ich an den Courfürsten selig geschrieben, wirdt man auch finden, baß ich gefürgt, es würde jalusi verursachen, baß er reisen dürfte, disses aber dem Cour Prinsen abgeschlagen warbt; es auch J. L.'s kindern schaden dürfte, baß J. L. die Courfürstin[2] unbt meiner schwester der abdissin[3] nichts folgen lißen. Es ist sunsten nichts tharin, ba ich mich vor zu scheuwen habe; allein weil ich gar frey geschrieben unb oft ein hauffen raillerien, J. L. selig zu divertiren, mügte ich eben nicht, baß andere als J. L. der Courfürst oder Dero gemallin tharüber lachen solten. Ich habe auch oft auf J. L. zwete heiratt raisonnirt, ba Dieselbige gern von hörten, es aber nicht ohne grosse inconveniensen binlich gefunden[4] unbt befürgt, es mügte J. L. selig nur noch mer sorgen verursachen, ist auch so, wie man gesehen, tharbey verblieben. Ich bin Baron Ferdinant vor seine vorsorg obligirt, ich habe aber meine briff nur brennen wollen, weil sie nicht wert sein zu verwaren, insonderheit wan sie von villen solten sansurirt[5] werden. Adieu, meine liebe frewlen, ich verbleibe alzeit . . .

Sophie.

9.

An die Raugräfin Karoline in Manheim.

Hanover ben 28. Nov./8. Dec. 1680.

1680
Nov. 28/
Dec. 8

. . . Ich erinnere mich gar wol, wie J. L. der Courfürst als Courprins zu Osnabruck waren, mir selber erzelten, baß Dieselbige wegen der Rauwgrefflichen kinder unberhalt alles richtig mit Dero Herrn Vatter gemacht hetten. Wan dem nicht also were unbt J. L. der Courfürst selig hetten dieselbige nicht versorgt, so hetten sie allerseits ursag, alleine auf des itzigen Courfürsten genad zu trauwen, nun aber auf J. L. gerechtigkeit, ba ich nicht an zweivelen wil, wan J. L. die sach recht vorgebracht wirdt unbt vor augen gestelt, wie genereux mein hertzlieber Herr der Herzog[6] ist geweßen, ba J. L. Herr bruder[7] gar ohne testament gestorben, boch aus affection, so J. L. vor Dero Herrn bruder gehatt, alles basjenige gethan haben, was sie sich haben erfinnen können, baß Dero Herr bruder von sie würde begert haben, wan

---

1) Der älteste Raugr. Karl Ludwig.
2) Charlotte.   3) Elisabeth, Aebtissin von Herford.
4) Vgl. Public. a. b. K. Pr. Staatsarch., Bb. 26, S. 293. 301. 305. 309. 314. 346. 420.
5) = censurirt.   6) Ernst August.   7) Herzog Johann Friedrich.

Dieselbige zeit gehatt hetten, folges von J. L. zu begeren[1]). Hir ist aber
J. L. des Courfürsten felig letzter wille gantz klar, zweivele deshalben nicht,
wan der itzige Courfürst noch etwas reconnoisance ihm[2]) Hertzen befinden
vor Dero Herrn Vatter, der sie so hoch geliebt undt zu Dero besten so wol
undt loblich regirt hatt, so werden J. L. seinen letzten willen nicht disputiren,
undt müffen es wol lache gemüter sein, die solgem zuwider sein wollen undt
ursag sein, daß der Herr Rauwgraf[3]) nicht ins lant darf kommen. Ich hoffe,
man wirdt ihn nicht zwingen, daß er sich aus nott an ein ander parti hencken
mus, die doch gern genug ursag würde finden, die Pfaltz völlig zu ruiniren.
... Mein hertzlieber Herr[4]), werden sie wiffen, ist durch Strasburg nach
Venedig verreist, wirdt wegen die carantaine weit herum reisen müffen. ...
Ich hoffe, mein hertzlieber Herr wirdt Dero rückreise auff Heydelberg nemmen,
welges aber ehrst ihm[5]) Mertz wirdt sein; inmittels werde ich mich erweisen ...

Sophie.

10.

An die Raugräfin Karoline in Manheim.

Hanover den 10/20. Dec. 1680.

... Ich habe mit verwunderun[g] vernommen, daß meine briffe alle von
J. L. dem Courfürsten sein geoffnet worden; man wirdt kein verrat tharin
gefunden haben undt meine ich auch nicht, daß meine aufrichtige sentimenten
J. L. dem Courfürsten haben mifffallen können, wan Dieselbige nicht durch
böffe gemüter vor Dero augen verdunckelt werden. Unser Mesbuch[6]) ist
neuwlich von Caffel kommen und hatt mich gefagt, daß er dorten vernommen
hatt, daß Dero allerseis schreiben die Courfürstin Frau Mutter[7]) ser sol attandrirt haben undt daß man meint, J. L. würde ihnen alles gutts thun.
Ich wil es hoffen und wirdt man es nun balt sehen, weil ich höre, daß J. L.
auf Dero reiff nach Heydelberg begriffen sein. Ich habe auch an die Princes
Elisabeth von Caffel vor ihnen geschrieben, und mein Herr bruder Prins
Rupert[8]) vermeint nicht, daß J. L. der Courfürst brechen würden was J. L.
einmal an Dero Herrn Vatter felig versprochen haben. Ich kan mir aber nicht

---

1) So schreibt die Herzogin Sophie an Kurf. Karl Ludwig am 1. Febr. 1680: »Erneste
Auguste n'est pas obligé de leur [den Töchtern u. der Wittwe des Herzogs Joh. Friedr.]
donner la moindre chose par les pactes de famille ... Pour de testament, Jean
Fréderic n'en a point fait du tout, mais un douaire; Erneste Auguste l'a confirmé et il a à la meilleure et la plus genereuse intention du monde pour ses
nieffes« etc.; vgl. Public. a. d. K. Pr. Staatsarch., XXVI, S. 407.

2) = im.   3) Karl Ludwig.   4) Herzog Ernst August.

5) = im.   6) = v. Meisenbug.

7) Charlotte, die Wittwe des Kurf. Karl Ludwig v. d. Pfalz.

8) Vgl. S. 5, N. 3.

einbilden, aus was pretext man den Herrn Rauwgraf verbitt, in die Pfalz zu kommen, es seye dan, daß man befürgt, er mügte seine sachen zu wol ausfüren. Es ist eben nichts tharan gelegen, daß man weis, daß Herr Baron Ferdinand an mir schreibt; ich bin jha kein feindt, daß man nicht mit mir corespondiren solte. Die Courfürstin fraw Mutter [1]) schreibt mir ser oft undt ser fründtlich. Ich mügte wissen, wer mich so verbegtig macht; ich habe nic t zu solisitiren. Ich mügte von Hertzen wünschen, daß der gutte Courfürst in so ein gutten standt were, als unser Herzug undt daß Dieselbige keine fründt nöttig hetten; ich fürgte, der Graf von Castel undt Stenqualfels [2]) werden die sachen nicht ausmachen, wan J. L. keine andern fründt undt alliihrte machen; dieselbigen werden ihre eigen affairen ohne zweivel am besten in acht nemmen.

Alle disse raisonnementen werden Denselbigen wenig Dinst thun; weil ich aber anders nicht tesmoigniren kan, wie ser ich mich vor sie alle interessire, müssen sie mit mein gutten willen verlieb nemmen, bis ich mer occasion finde, zu beweisen, daß ich von Hertzen bin . . .

Sophie.

11.

An die Raugräfin Karoline in Manheim.

1680
Dec. 17/27

Hanover den 17/27. Dec. 1680.

. . . Ich habe in etlichen Nachten nicht schlaffen können, weil mir Dero interes ihmer [3]) ihm [4]) kopf geschwebt undt mir verdrossen, daß ich durch meinen fleis mer bos als guttes ausgericht habe. Weil ich aber nichts als amitié von J. L. dem Courfürsten verbint, habe ich mich solges nicht einbilden können. Es wundert mir inmittels, daß Hachenberg [5]) seine discursen [dem], was andere meinen, so zuwider laufen. Gegen den Herrn Rauwgrafen [6]) sol man übel zufriden sein, weil derselbige sich gegen J. L. den Courfürsten selig übel comportirt hätte auf dem suject von die Hollenderin [7]); welges zwar nicht zu rümen. Ich habe in ein brif von J. L. selig etwas gemerckt, darin Dieselbige klagten, daß nun gans kein respect oder gutt naturel mer bey den kindern vor die eltern were, explisirten sich aber nicht weitter; disser brif war eben geschriben, ehr der Rauwgraf wech zog; pretendirt man also, wie es scheint,

<hr>

1) Charlotte, die Wittwe des Kurf. Karl Ludwig v. d. Pfalz.
2) Graf v. Castell u. v. Steinkallenfels, vgl. Häußer a. a. O. II, S. 698. 702.
3) = immer.   4) = im.   5) Vgl. S. 8, N. 5.
6) Karl Ludwig.
7) Vgl. S. 5, N. 6; die Herzogin von Orléans schreibt am 24. Juli 1695 an die Raugr. Louise: „Ich bitte euch, schreibt mir, ob ihr etwaß davon wist, daß J. G. unßer Herr Vatter nach euerer fraw Mutter todt einen sohn solle bekommen haben von einer schweytzerischen jungfer, so bey der fraw Raugräffin solle gewesen sein u. „Hollanderin“ geheißen haben“; vgl. Bibl. b. liter. B. in Stuttgart 88, S. 41

denselbigen etwas zu bemütigen, wie man vorgibt; wan es nur nicht auf eine weise [geschähe], so ihnen ihm[1]) haubtwerck prejudisirt unbt alle tort thut. Ich mügte gern wissen, wer die schriften wegen die Rauwgrafschaft in henden hatt; ich verstehe nicht, wie es dorten ihm[2]) laut mit ein pfantschiln[3]) zu verstehen; ob es ist wie hir: daß, wan man gelt auf ein ambt legt mit consens von Lantsherrn, man solges ambt behelt, bis das gelt wider ausgezalt wirbt. Hatt nun der Courfürst selig so viel gelt vor dieselbige auf zwe Ämbter gelegt unbt zu dero votheil etliche privilegien tharbey verstatt, so kan jha I. L. der izige Courfürst mit kein Recht die embter wider nemmen ohne ihnen das gelt zu bezahlen, wan der Courfürst jha die ambter wider wolte haben, welges ich nicht hoffe. Das recht, so ein particulir hatt, mus ihnen jha auch gelten; desmegen bedarf man kein trig anfangen, unbt were es ein gar sotte rede: wan sie Brunswig auf ihrer seiten hetten, würde der Courfürst Hessen unbt Brandenburg haben. Hachenberg mus ein Narr sein ... Ich verlange zu hören, wie es weiter her wirbt gehen ...

Sophie.

12.

An die Raugräfin Karoline in Manheim.

Hanover ben 10/20. Jean. 1681.   1681
Jan. 10/20

Ich bancke Dieselbige sambt Dero freuwlen schwestern ser frunblich vor Dero gelückswünschen zu bissem Reuwen jhar, versichere Dieselbige, daß ich den wunsch erfüllet würde halten, wan ich das contentement mügte erleben, Dieselbige Dinst zu thun unbt in effect zu erweisen die affection, so ich ihmer[4]) vor sie alle haben werde. Ich kan es aber leider in nichts tharthun, ban es scheint, daß ich wenig credit bey dem neuwen hoff habe, da, wie es scheint, die Courfürstin frauw Mutter unbt der Graff von Castel alles regiren. Ich bitte, sie wolle boch den ehrlichen Baron Ferdinand meinentwegen ser freundlich grüßen unbt ihm sagen, daß ich an die Courfürstin fraw Mutter gefragt habe, aus was ursag er in ungnaben were, ba er boch (keinen zu verachten) mer meriten hette als alle die andern, so habe I. L. mir geantwort: es were, weil er nicht hette haben wollen, daß man vor ihr in der kirgen betten solte; so habe ich franchement alle seine raisons hirauf geschriben unbt gesagt, daß es mir seinenthalben lieb were, daß es nichts anbers were, ban die anbern rebte[5]) nicht allein in bissen punkt an bero respect gegen ben Courfürst gefelt, sich so viel authoritet gegen I. L. respect zuzumessen, sunbern, wie ich heite gehört, hatt der Graff von Castel ben Gouverneur von Manheim auch lassen in arest

---

1) = im.   2) = im.   3) Sic! = Pfandschilling.   4) = immer.

5) = Räthe.

nemmen, welches sich eben wenig schickte, undt hette man wol des Courfürsten widerkunft[1]) können erwarten, ehr man enderun(g) machte. Was die Courfürstliche order wegen die Rauwgraffschaft anbelangt, hatt sie mir ser estonnirt, mügte wissen, ob der Keiser disse Grafschaft, zum wenigsten die zwe aslinirte embter, den Rauwgrafen nicht confirmirt habe. Es ist mir lieb, daß die acten in gutter verwarung sein, so können sie jha Dero recht an Dag bringen undt über gewalt klagen. Wan sie den schlüssel zum gewölb haben undt wissen, was tharin ist, soll ich jha meinen, der Courfürst würde nicht so unrecht sein, etwas tharvon weg zu nemen. Der gutte Courfürst selig hatt denen getraut, die ihm am wenigsten trüw erweisen; sunsten hatten J. L. selig] wol besser gethan, aus[2]) der Pfalz sie alle zu accommodiren, welches auch J. L. des Herzugs[3]) Meinung alzeit war; aber J. L. s[elig] zweivelte nicht an die affection undt kindlichen gehorsam von Dero Hr. sohn. Der Herzug hatt zwar alzeit übel gefunden, daß J. L. selig der Courfürstin nichts mer geben wolte[4]), sagten auch, es würde J. L. kindern grossen schaden thun können. Das ist auch das einige böß tractement, tharüber zu klagen ist, dan mir nicht dügt, daß der itzige Courfürst ursag zu klagen hatten; an Haschenberg[5]) ist nicht viel gelegen, aber man pflegt zu sagen: es kombt selten ein besser. Madame[6]) hatt gar wol an Dero Herrn bruder vor ihnen geschrieben, aber, wie es scheint, hilft alles nic t . . .

Was die grosse pietät anbelangt, da B[aron] F[erdinand] von melden, so halte ich mer tharvon, wan man dieselbige in gutten actionen erweist, als in fasten undt betten, welches ohne das andere Gott nicht angnehm kan sein; aber disses darf wol Nimans sagen. Weil der Rauwgraf nun zu Venedig, dügt mir, sie konten wol beim Keiser undt Herzug von Neuwburg[7]) protection suchen, da ihm der Herzug von Lotteringen ihmer genedig ist gewessen, welge zimlich bigott sein undt vielleicht aus hoffnung, ihn catholisch zu machen, seine gerechte sach protegiren werden. Ich versichere sie, daß ich oft des nac t nicht schlafen kan undt an Dero interes ihmer gedencke; welches ihnen aber wenig helfen kan; ich habe aber die satisfaction in mir selber, daß mein hertz vor ihnen ist undt daß ich mit trüwen gemütt alzeit werde sein. . .

Sophie.

Ich schreibe so übel, weil meine tinte gefroren; ich fürgte, sie wirdt es nicht lessen können.

---

1) Der jetzige Kurf. Karl war von s. Vater Karl Ludwig 1680 mit Hachenberg nach England geschickt, um König Karl II. zum Auftreten gegen Ludwig XIV. zu bestimmen; dort traf ihn die Nachr. vom Tode seines Vaters u. am 17. Oct. 1680 traf er in Heidelberg wieder ein. 2) = außerhalb. 3) Ernst August.
4) Vgl. hierüber Publc. a. d. K. Preuß. Staatsarch., Bd. 26, S. 395. 398. 404 f. 410.
5) = Hachenberg; vgl. S. 8, N. 5. 6) Die Herzogin von Orleans.
7) Philipp Wilhelm, dem künftigen Nachfolger des kinderlosen Kurf. Karl.

13.

An die Raugräfin Karoline in Manheim.

Hanover den 14/4. Februari 1681.

Ich habe Dero zwe schreiben ser wol erhalten, undt schmerzt es mir nicht wenig, daß man Dieselbige ehrst ruinirt undt hernachmals mit B[aron] F[erdinand] tharüber sprechen wil. Es sein proceduren, so nimals erhört, undt weiß ich nicht, was ich rahten sol. J. L. der Herzug [1]) werden sich zu Heydelberg ein-finden bey Dero rückreise undt werden ben 1/10. Merz von Venedig auf-brechen; ich hoffe B[aron] F[erdinand] wirbt alsban sich besser befinden undt mit J. L. dem Herzug reden können. J. L. haben mir ser obligant von Hr. Rauw-graven geschrieben undt versichert, daß J. L. ihm gern binen wolten, beklagen ser, wie die sachen herghen, erinnern sich aber tharbey, daß J. L. mir alzeit gesagt haben, J. L. der Courfürst selig solten alle dieselbige ausser lants acco-modiren, so könte man Denselbigen nic t zuwiber thun, aber der? aufrichtige Herr [2]) hatt nicht können gelauben, daß sein Herr sohn ihm nach dem tobt würde unghorsam sein. Aber man hatt alzeit grosse fasilitet bey biffem Herrn gemerckt undt daß J. L. sich leicht könten lassen verfüren; der gutte Courfürst selig hatten J. L. aber gar zu lieb, dero seller zu erkennen, fragten mir einmal: wie es boch mügte kommen, daß Madame [3]) Dero fraw Mutter so viel mer were zugethan, als J. L. der Courprins; ich wuste gar wol das contrari, daß die sinpatien gans anders lieffen, ich wolte aber J. L. dem Courprinsen kein bös office thun, noch solges sagen; aber Madam ihr gemütt war in dem fall vor Dero eltern, wie es sein solte undt wirbt ihmer so verbleiben . . . Der Graf von Castel ist wol der lacheste mensch auf der welt. Carl Moritzien [4]) sein brief hatt mich recht attandrirt; die liebe kinder sein jha gans verlassen; wo ich sie alle binen kan, werde ich es nicht lassen . . .

Sophie.

14.

An den Raugrafen Karl Moriz.

Hanover le 4/14. de Feverie 1681.

Je vous remersie, mon cher Neveu, de vostre obligant souvenir et de l'affection que vous me tesmoignés. Si vous aviés tant de bien comme je vous souhaite, vous seriés le plus heureux du monde; si j'y pouvois contribuer en quelque chose, je le ferois du melieur de mon coeur, car j'aimeres [5]) toute ma vie ce qui apartient de si prest à un frere que j'ay

---

1) Ernst August.   2) Kurf. Karl Ludwig.
3) Elisabeth Charlotte, Herzogin von Orléans.
4) Raugraf Karl Moriz.   5) = j'aimerai.

honnoré durant la vie et auquel je seres [1]) fidelle apres la mort, jusqu' à
ce que j'aille le mesme chemin. Baisés tous vos soeurs et vos petit[s] freres
de ma part et me croiés tout à vous.　　　　　　　　　　Sophie.

15.

An die Raugräfin Louise in Manheim.

1681
Febr. 7/17
　　　　　　　　　　　　　　　　Hanover den 7/17. Febr. 1681.

　　　Sie haben wol kein ursag, mir zu dancken vor meine vorsorg, dan meine
affection undt devoir vor mein Herr Bruder selig mir hirzu dreibt, undt kan
ich wol sagen, daß Dero unglück mir vielleicht mer touchirt als ihnen selber,
dan wan man jung ist, hatt man ein segen von Gott, die ehnem Nimans als
die zeit nemen kan, undt were es unbillig, in Dero jharen melancolisch zu
sein; aber man mus sein fortune auch nicht negligiren, wan man sie haben
kan. Ich habe zimlich trühherzig an die Courfürstin fraw Mutter geantwort
auf daß J. L. mir die ehr hatten gethan, zu klagen, daß Dero Herr sohn [2]) die
Milzkranckheit hetten undt ser melancolisch weren: daß J. L. vielleicht auf
Dero gewissen hetten, daß sie Dero Herrn Vatter nach dem tobt unghorsam
weren und Wesen (!) das ihrige nemen; habe auch tharbey gesagt, ich wüste
wol, daß J. L. zu genereux weren, ursag hiran zu sein, sundern andere, die
ihr eigen Nutzen mer suchten als des Courfürsten reputation. Was den Herzug
von Neuwburg [3]) anbelangt, mus man ihn gewinnen mit Hoffnung zu geben,
catholisch zu werden [4]); welges am kaiserlichen hoff auch viel thut. Die ambter
sein von so grosser inportance nicht, daß der Herzug von Neuwburg sich tharwider kan setzen. Der gutte Courfürst selig hatt Dero Courerben so gans getraut,
undt wer durfte tharwider reden oder böß office thun?

　　　Mein hertzlieber Herr [5]) schreibt mir, daß J. L. den 7/17. Mertz hir werden
sein undt ser werden eillen; als bin ich bang, daß J. L. sich wol nicht viel zu
Heydelberg werden aufhalten. Ich schicke hirbey die antwort, so Lantdrost
Groot [6]) von sein Vetter dem Marschalck Beülo [7]) hatt bekommen. Die gutte
Königin [8]) kan sich nicht einbilden, wo so ein conduite her rürt; es were wol
gutt, wan gelt aus dem lant vor dieselbigen allerseits geschickt were. Die Courfürstin fraw Mutter [9]) hatt mir auch geschriben, daß sie glaubte, sie würden
nach Heydelberg kommen. Es ist mir ser lieb, daß J. L. anfangen, freundlich
gegen ihnen zu werden, es ist mir aber leit, daß Freilen Caroline bösse augen
hatt; verbleibe . . .　　　　　　　　　　　　　　　　Sophie.

---

1) = serai.　　　　　　2) Der Kurf. Karl v. d. Pfalz.
3) Vgl. S. 14, N. 7.　　　　　4) Vgl. den Schluß von Br. 12.
5) Herzog Ernst August.　　6) Otto Grote.　　　7) = Bülow.
8) Die Königin Wittwe Sophie Amalie von Dänemark, Mutter der Kurf. Wilhelmine
Ernestine.　　9) Charlotte.

16.

An die Raugräfin Louise in Manheim.

Den 4/14. Mertz 1680 [1]).

Ich habe alles ſer wol emfangen undt bin gans der Meinung, daß der Hr. Rauwgraf ſich tharan halten ſol, was der Courfürſt ſelig beliebt undt der itzige Courfürſt confirmirt hatt, auch mit hoflichem ſupliſiren zu dem endt einkommen, ſich zwar vor die hohe genad bedancken, daß ſie vernemen, daß der Courfürſt vor ſie ſorgen wil und geſinet ſein, aus der kammer ihm ſo viel zu-kommen zu laſſen, als die zwey embter einbringen. Weil diſſes aber dem Cour-fürſten eben ſo viel koſten würde, diſſe enderung zu machen, auch vor ihn kein ſicherheit als bey des Courfürſten leben hirbey könte ſein, als beten ſie under-denig, die ſachen in dem ſtandt zu laſſen, da der Courfürſt ſelig ſie in geſezt hatt, dan wan der Courfürſt ſolges ſolte endern was Dero Hr. Vatter ſelig beliebt, were es noch mer zu vermutten, daß der Herzug von Neuwburg [2]) ihnen hernachmals gar nichts würde geben, wan ſie nicht in poſſeſſion gelaſſen würden von dem, ſo der ſelige Courfürſt ſie gelaſſen. Diſſe argumenten wolle B[aron] D[egenfeld] auch dem dänſchen envoié vorbragen, dan man hatt die Konigin fraw Mutter [3]) hirmit geſtillt: man wolte dem Hr. Rauwgraf ein esquivalant geben undt würde die Courfürſtin fraw Mutter [4]) auch beredt werden, die Kinder zu ſehen. Wan aber alles diſſes nicht wil helfen, kan der elſte Rauwgraf nicht weniger thun gegen gewalt zu proteſtiren undt alle mittel, den ehnen weg oder den andern, bey die haudt zu nemen. Er mus aber die laſt allein bragen; der Herzug wirdt auch ſein beſt vor ihn zu Heydelberg thun, undt P[rinz] Rupert wolte gern von die ſachen recht informirt ſein, um auch vor ihn zu ſprechen. Ich habe zwar tharvon geſchrieben, es were aber gutt, daß der Rauwgraf J. L. ſelben ein kurzen bericht ſchidten: daß ſie ſer affectionirt vor ihn ſein. Wil ban diſſes alles nicht helfen, welges man doch gedulbig mus abwarten; undt iſt mit dem Keiſer nichts auszurichten, welges man leigt beim H[erzug] von Lotteringen vernemen kan, wirdt Madame das beſte müſſen thun, welche[r] es nur ein worbt würde koſten, ihn in poſſeſſion ſetzen zu laſſen. Es ſein Franſoſen hir durch paſſirt, ſo zwe ſchreiben von Madame an den Courfürſten haben gehatt; J. L. haben ſie aber nicht ſehen wollen; bei der alten Courfürſtin ſein ſie aber geweſſen, ſo geſagt, ſie könte nichts tharzu thun, ſie müſten ſich beym ſecretarius, um die audiens zu erhalten, angeben, welges ſie vor ſchimplich gehalten, [ſie] ſagen wunder wie alles geendert iſt bey dem hoff. Ich mag nicht tharan gedencken, es macht mir gar zu chagrin; ſie ſein noch allerſeits, da etwas von die ſeel [5]) vom ſeligen Courfürſten einſteckt, können

---

1) So im Orig. verſchrieben anſtatt 1681.   2) Vgl. S. 14, N. 7.
3) Sophie Amalie (v. Dänemark).   4) Charlotte.   5) = Seele.

barum leicht erachten, wie herßlich ich sie alle liebe. Die zwe Fransosen haben auch die kleinen Rauwgrafen ser gerümbt. Sie wolle doch Dero schwestern unbt brüber meinentwegen freundtlich grüssen unbt ambrasiren.

Ich mus noch beantworten [bar]auf, baß man sagt, baß P[rinz] Rupert unbt seine H. Brüder keine Ämbter haben gehatt: das ist, weil der Herr Vatter ihnen keine hatt gelassen, sünsten würben sie sie auch gehatt haben [1])

17.

An bie Raugräfin Karoline in Manheim.

1681
Märß 17/27   Den 17/27. Mertz 1681.

Ich bin in tausent sorgen, mein liebes bessten [2]), wegen meines herßlieben Herrn Unpasslichkeit, ban Dieselbige noch nicht hir sein unbt Dero kranckheit halber weder zu Heydelberg ober zu Cassel werden ansprechen, ob sie schon solges resolfirt hatten. Man hatt J. L. geratten, esselßmilg [3]) zu brincken, anbere ratten zum Emser batt. Wan bis leßte gefolgt würbe, könte doch gelegenheit vorfallen, mit J. L. bem Courfürsten zu Pfalz zu sprechen, aber wie es scheint unbt wie ich auch vor gewis bericht bin, so hatt die alte Courfürstin [4]) kein macht über Dero H. sohn, als um ihnen allerseits böß zu thun, unbt ist lauter Heucheley, was Dieselbige mich wegen ihnen hatte geschrieben. Eine, so junffer bey J. L. ist gewessen, Lamotte genant, ist wiber zurück gekommen, ban sie ben sturm nicht hatt können außstehen, so baß sie allerseits wol mögen gelauben, baß alle Dero unglück von bie alte Courfürstin herrürt, ban ihr humor durch Dero unglück gans nicht verbessert ist. Der Rauwgraf wirbt vielleicht mit J. L. bem Herßug nach Hanover kommen, ba ich ban müntlich von alles mit reben werbe; sie wollen inmittels boch continuihren, mir alles wissen zu lassen, ob es mir schon von herzen schmerzt, zu hören, wie es hergehett. Wo ich Denselbigen allerseits kan binen, werbe ich es nicht lassen.

S.

18.

An bie Raugräfin Karoline in Manheim.

1681
Märß 21/31   Hanover 21/31. Mertz 1681.

Gestern sein J. L. der Herßug Gottlob in zimlichen zustanbt alhir arrivirt unbt haben uns alle mit Dero gegenwart erfrübt; haben ben Hr. Rauwgraf zu Ausburg gelassen, welger verhoffentlich hir wirbt kommen unbt werden J. L. ihm pension geben, bis gelegenheit vorfelt, ihn weiter zu accommodiren. Er weis gans nichts von seine affairen. Ich mügte wissen, ob bie brifschaften,

---

1) Unterschrift fehlt.   2) = Bäschen.   3) = Eselsmilch.
4) Charlotte.

so der Courfürst wider begert, in sicherheit sein unbt wer sie hatt, daß man
aufs wenigste über die sachen tractiren kan, unbt were gutt, daß man sie alle
dem Rauwgraf hirhin schicke, weil mein herzlieber Herr so güttig unbt sich
seiner gans annimbt. J. L. haben Mr. Klenck zu Heydelberg vor sie alle
lassen sprechen. Des Rauwgrafen crime ist, daß der selige Courfürst ihm mer
in Englant hatt spenbiren lassen, als dem bumahligen Courprinzen. Der
Graf von Castel hatt gesagt: der selige Courfürst hette ein grosse barschaft
vor die sembtliche kinder hinderlassen, welges sie auch alles solten behalten,
aber was zu der Cur gehörte wolten der Courfürst nicht tharvon thun. B[aron]
F[erdinand] wolle doch alle briffschaften dem Hr. Rauwgrafen alhir zuschicken,
ban so bloß kan er sich jha nicht resolviren, was er thun sol. J. L. der
Herzug sein der meinung, man solle in der gütte alles suchen zu accommodiren.
Man hat an Klenck gesagt, die alte Courfürstin hette die jungen Rauwgraven
zu sich lassen kommen; mügte wissen, ob er das recht verstanden hatt, ban ich
nichts tharvon gehört habe; ihr humor, wie ich von die Lamottin[1]) habe
verstanden, sol sich nicht geendert haben unbt sich gegen Dero Herrn sohn nicht
alle mal wol comportiren, sagen, er habe gans kein verstandt, unb ihnen
allerseits tittelirt sie gans schimplich auf die alte weis; das unglück hat J. L.
nicht verbessert, ob sie schon schöne briffen schreiben können. . . .

S.

19.

An die Raugräfin Karoline in Manheim.

Den 21/10. April 1681.

    . . . Die relation vom Courfürsten an J. L. ben Herzug ist einkommen.
Wan man ehn parti allein hört, hatt sie alzeit recht; als wirbt bericht, daß
es gegen die gülbe Bulle were unbt gegen die pacten de famille, wan die zwe
ambter, so dem Hr. Rauwgraven verschrieben, von die Pfalz ab solten kommen,
weil es mit bieselbige die beschaffenheit hette, daß sie nicht könten alienirt
werden, wie auch andere örter, so zu kein witum[2]) könten gebrucht werden;
daß man auch nicht finden könte, daß der Courfürst selig bar gelt auf bieselbige
ambter hette gelegt oder dem lant hette vorgestreckt. Zwar were das lant
gelbt schulbig, das sie nicht bezalt hetten, wan sie es nicht hette gehatt (?),
wovon dem Courfürsten selber etliche schulbt were zugefallen, daß J. L. selber
auch nichts von bekommen würden, oder langsam. Könte man also urtheillen,
was die Rauwgraffsche kinder tharvon haben könten, unbt were nur inmaginere,
daß das lant so viel gelt schulbig were, was der Courfürst seligselber gebrucht.
Disses wirbt alles mit viel umstenben debusirt, unbt auch vorgewant, wie

---

1) Vgl. den vor. Br. 17.   2) = Wittwenthum.

2*

J. L. der itzige Courfürst der Rauwgreflichen kinder halber so viel hätte müssen leiden; der Rauwgraf were stattlich gehalten worden unbt J. L. hetten sich kerglich müssen behelfen; auch hette des elften Hr. Rauwgraven humor ihm nicht angstanden, derhalben J. L. ihn esloignirte; der Rauwfreilen comportement hette ihm aber allemal wol gefallen. Dis ist beyleuftig der text, mügte wissen, ob die zwey ehrste pun[c]ten sich so verhalten; die andern sein Lappereien, die ihnen allerseits nicht anghen, dan es beym Courfürsten selig stunbe, seine kinder zu halten, wie er wolte; unbt des Hr. Rauwgraven humor ist schon bey unsern Herzug unbt den Cavalirn, so bey J. L. auf der reiß gewesen, wol bekant, die ihn alle adorihren, das kan ich sie wol versicheren. Weil aber der Courfürst vor dieselbige allerseits schlegt intantionirt sein unbt tharzu die Rechten, wie vor gemelt, vor sich solten haben, stünden ihre sachen übel, ban sie allerseits nicht einmal sicher können sein von basjenige, so der Courfürst sie anbitt. Ich halte [dafür], B[aron] F[erdinand] wirbt nun schon beim Rauwgrafen gewesen sein; mügte wissen, ob er permission wirbt bekommen, hir zu kommen; zu Heydelberg würde er boch schlegte satisfaction haben können. . . . J. L. der Herzug gehen 14 bag nach Wisbaden; ich gehe mit, da werden wir ben Rauwgraven sehen können, wan er nicht ehrst hir kombt. . . .

S.

20.

[An die Raugräfin Karoline in Manheim[1]].

1681
April 25/
Mai 5

Wisbaden ben 25. Apr./5. May 1681.

Ich habe vor etlichen bagen Dero zwe werbe[2] schreiben ser wol emfangen, wie auch hernacher die relation, wie es bey der Conferens hergangen, unbt bügt mir, es seye ein gutt zeigen, baß die Rechten vor ihnen müssen sein, weil man so sorgfeltig ist gewesen, baß der Hr. Rauwgraf keine particulare information von B[aron] F[erdinand] solle bekommen. Es baurt mir aber, baß J. L. der Courfürst durch so ein ungmeine conduite sich prostituihren unbt ein blame auf sich zigen[3], welches J. L. mer tort als dem Rauwgraven thut. Was die sach selbsten anbelangt, ist nichts so klar, bas sich nicht disputiren left, welges J. L. der Courfürst bey die Fransosen schon zu viel gewar worden; ich hette aber nicht gehoft, baß sie selber solges an ihnen alle practisiren würden. Der Herr Rauwgraf hette nicht besser antworten können, als sie gethan haben; ich hoffe, ihn balt hir zu sehen unbt müntlich von alles zu sprechen. Gott weis, wie ihr interest mir so nhae gehett. Wan mein rabt vor bissem bey J. L. dem Courfürsten selig hette gegolten, so würb[en] J. L. sie

---

1) Die Abresse fehlt.   2) = werthe.   3) = ziehen.

alle aus [1]) der Pfalz versorgt haben, aber das gutte vertrauwen, so sie zu bissem Courfürsten drugen, hatt alles verdorben, undt was ich tharvon bagte [2]), durft ich nicht sagen, um kein böß office zu thun. Die alte Courfürstin schreibt mir, baß sie in 14 bagen hir werden kommen; wir werden aber gegen den 11/21. May wiberum von hir zigen, um zu Hanover zu sein gegen baß die Königin von Dennemarck [3]) hin kombt. J. M. sein so gütig undt raisonnabel, baß Dieselbige an Dero fraw tochter in Dero favor haben geschriben, aber es scheint, baß bie alte Courfürstin alles regirt. Der Herzug hatt mir auch befollen, sie alle zu grüssen undt zu versichern, baß J. L. gern alles thun wollen, was sie können, zu Dero besten . . . Ich schreibe alles so confus durch einander; weil ich bas batt bruche, bin ich des Nachmittags gans schlefferich; ich fürgte, sie wirdt bis getrazs nicht lesen können. Das Herz thut mir whe, sie alle so nhae zu wissen, ohne sie zu sehen, werde boch alzeit bestenbig Dero ser fründwilge truwe bas [sein].

Sophie.

21.
An die Raugräfin Karoline in Manheim.

Wisbaden ben 3/13. May 1681.

Ob es schon nicht gutt ist, viel zu schreiben bey unser cour, so kan ich boch nicht lassen, ihr banck zu sagen vor alle bas gutte, so sie beliebt mir tharzu zu wünschen, welges ich mir schon eingebilt hette, wan sie es mir schon nicht hette geschriben. Wir haben nun den H. Rauwgraf bey uns, wo er mer geliebt wirdt, als an bem ort, ba bie Natur es am meisten erfordert. Was wir vor Dieselbige sembtliche freilen alhir projectirt haben, mus ich sie auch berichten, ob sie es etwa annemlich würden finden. Es ist ein Closter nahe bey Hanover, welges nur von Abelichen junfern occupirt wirdt, undt meint J. L. der Herzug, wan bie sembtliche freuwlen lusten tharzu hetten, wolten J. L. so gütig sein undt die junffern auskauffen undt die stell[en] ihnen tharin geben. Die ein-kommen sein aber nicht groß, boch wissen J. L. der Herzug selber kein rechten beschebt tharvon, wollen aber ben Herrn Rauwgraf selber ben ort lassen besehen undt von allen umstenben informiren lassen. Mir würde es eine grosse früde sein, sie so nahe zu haben undt Dieselbige alle divertisements, so bey hoff vorgehen, genissen zu lassen; man bebarf auch kein veu [4]) zu thun, sein leben tharin zu bleiben. Sie wolle aber von bisses mit Nimans als mit Baron F[erdinand] reden, was ihm etwa tharbey bügt, ban wan man zu Heydelberg hirvon wüste, mügte es ihnen schaben thun undt [sie] sunsten nichts bekommen.

1681
Mai 3/13

---

1) = außerhalb.   2) = bachte.   3) Sophie Amalie.
4) = voeu.

Sie sehen aus dissem vorschlag J. L. des Herzugen genereux gemütt; ich bin
wol gelücklich, so einen Herrn zu haben, der so genereux unbt obligant gegen
mir ist. J. L. wollen auch suchen die sachen à l'amiable, wan es müglich ist,
mit J. L. dem Courfürsten zu accomodiren, aber, wie es scheint, so haben
J. L. der Courfürst schlegte leute bey sich, die J. L. ein hauffen albern sachen
ihm [1]) kopf bringen. Adieu, mein lieb bessien, ich werde alzeit thun was ich
kan, sie allerseits zu binen. Die alte Courfürstin wirbt disse woch hir sein;
morgen 8 dag gehen [wir] wider von hir.

Sophie.

22.

An die Raugräfin Karoline in Heidelberg.

1681
Mai 21/21

Wisbaden den 21/21. May 1681.

Ich habe mit grosse früde vernomen, daß J. L. der Courfürst[2]) unbt
beyde Courfürstinen L.[3]) so frünbtlich gegen sie allerseits sein gewessen, dan
es ihnen nimmer so wol kan gehen, daß ich es nicht noch besser wünschte.
Morgen werden wir zu Franckfort zu mitbag essen, da ich verhoffe, Baron
Ferdinand zu sehen. Es ist mir wol leit, daß ich J. L. die Courfürstin fraw
Mutter nicht alhir habe können aufwarten unbt meine reconnoisfance bezeugen
vor die affection, so J. L. sie allerseits bezeugen. Den Hr. Rauwgraf nemmen
wir mit, hoffen, wan J. L. der Courfürst sich werden bebancken, wirbt noch
alles gutt werden. Ich schreibe in grosser eil, ban ein hauffen leute abscheit
wollen nemmen; ich habe sie alle lieb von hertzen.

Sophie.

23.

An den Freiherrn Ferdinand von Degenfeld.

1681
Juni 6/16

Hanover den 6/16. Juni 1681.

Ser werter Herr Baron. Weil hoffmeister von Senft[4]) order hatt, sich
an ihn zu adressiren, als habe ich ihm mit disse Zeillen accompagniren wollen,
um mich gegen den Hr. Baron zu bebancken vor die trüw, so derselbige beliebt
so bestenbig vor sein gewessenen Herrn selig unbt J. L. hinberlassene kinder zu
erweisen, welge leiber wenig gutte fründt in Dero Vatterlant finden, da die
generosität sich bißhero nicht weit erstreckt hatt unbt noch zur zeit sich zu Hanover vor ihnen allein finden lest. J. L. der Herzug sein so gütig unbt geben
vorehrst dem Herrn Rauwgrafen Obersten-gage 100 Daller des monats unbt

---

1) = in [den].   2) Karl.   3) Charlotte u. Wilhelmine Ernestine.
4) Der Herzogl. Rath u. Prinzen-Hofmeister Abam Ernst Senfft von Pilsach.

bie taffel bey hoff. I. L. werden auch wol zufriden sein, wan etwas zu sehen vorfallen solte, er als volontaire Dero metier weiter lernte nach belieben. Er comportirt sich auch so wol gegen jederman, daß er von allen estimirt undt geliebt wirdt; im übrigen wirdt der Herr Baron Mr. Senft wol anleittung geben, auf daß man der Rauwgrefflichen kinder interes [so weit breibt, als müglich. Die sachen sein leider nicht so eingericht, wie wol zu wünschen were; inmittels hoffe ich, daß man das Mütterliche wirdt folgen lassen, was den drey freüwlen zukombt were wol am besten hir ihm[1]) lant, undt sein I. L. der Herzug so gütig undt wollen tharzu verhelfen, daß das bare gelt auf ein ambt vor dieselbige alhir mügte gelegt werden, da dieselbige sichere intraden von haben könten. I. L. haben auch for, wan es den freüwlen angnhem were, dieselbige in ein Closter nhae hirbey zu accommodiren, bie elste als abdissin, welges honnorabel, ban ein freüwlen von Waldeck ihm[1]) Walbeckschen undt ein freuwlen von Bentheim ihm[1]) Tecklenburgschen auch in abelichen Clöstern abdissin sein. Es ist zwar keine stelle lher[2]), I. L. der Herzug sagen mir aber, ich solte I. L. mit geweren lassen, sie wolten es schon machen, daß es gutt würde sein, undt bie abelichen domina contentiren. I. L. der Herzug haben aber noch keine zeit gehatt, bisse sach recht vorzunemen wegen vieler gescheften; nun wirbt bie visite von I. M. der verwittibten Königin[3]), mit welge wir nach Pirmund[4]) werden aufwarten, auch tharan hindern. Kombt inmittels ein gutte occasion, bie freüwlen zu verheiratten, wirbt bas Closter nicht tharan hindern. Ich hoffe auch, sie werden nicht so steif calvinisch sein, daß sie underscheit machen werden, ban alle Closter sein hir Lutterisch; bie intraden sein zwar schlecht, ein ihbe[5]) hatt nur 90 Daller bes jhars an gelbt neben etlichen commoditeten, undt meint I. L. der Herzug: mit dero eignen intraden tharbey würden dieselbige honnorabel zukommen können... Die Courfürstin fraw Mutter schreibt mir, daß I. L. bie semtlich Rauwgreffliche kinder ser lieb haben undt den elsten Rauwgraf ser gern gesehen hetten; allein es ist ein unbestenbig werd; ist aber doch gutt, daß sie ihnen nicht zuwider ist. Ich schreibe nicht an bie freüwlen; meine correspondens mügte ihnen schaden, ban ich in schlegten credit beym Courfürsten bin; inmittels wünsche ich von Hertzen occasion, dem Herrn Baron meine reconnoissance zu tesmoigniren undt zu erweisen, daß ich bin seine affectionirte frundtwilge freundin

Sophie H. z. B. u. L.

---

1) = im.   2) = leer.   3) Sophie Amalie von Dänemark.
4) Bab Pyrmont.   5) = jebe.

24.

An die Raugräfin Karoline in Heidelberg.

1682
Febr. 24/
März 6

Hanover ben 24. Febr./6. Mertz 1682.

Ich habe Dero ser angnhemes schreiben wie wir zu Berlin waren ser wol emfangen, aber wegen die grosse compani bumals nicht Danck können sagen vor ben gutten Wunsch, ba sie mich allerseits mit obligiren. Ich versichere Dieselbige, baß ich ihn erfült würde halten, wan ich in bissem jhar besser als in bem vergangenen gelegenheit könte finben, sie alle zu binen unbt an allen meins H. Bruber selig kinbern zu tesmoigniren bie trüwe, so ich sowol nun als vor bissem vor J. L. gehabt habe. Wie ich von J. L. bie Courfürstin fraw Mutter verneme, stehett ihr ein ser gutte parti vor, ba ich von herzen fro über bin unbt von grunbt meiner sellen[1]) gelück thartzu wünsche. Ich habe zwar ben Graf Meinard[2]) nicht gesehen, als ihm[3]) Hag, wie er ein kinbt war; sein Herr Vatter unbt bruber sein aber so honnette gans, baß ich nicht zweivele, baß er auch viel meriten hatt unbt ihr in bem fall gelücklich wirbt machen. Was sunsten noch zum heiratten gehört, werben J. L. ber Courfürst wol vor sorgen, ban er bie Graffen noch viel schulbig ist unbt werben J. L. vielleicht fro sein, ihr hirmit auch zu accomodiren, ban, wie ich höre, sein J. L. ser genebig gegen bie sembtliche freuwlen . .

Sophie.

Schreibet mir boch auch ohne complement.

25.

An bie Raugräfin Karoline in Heibelberg.

1682
Mai 5/15

Herrhausen[4]) ben 5/15. May 1682.

Es ist mir von Herzen leit, mein allerliebstes Bessien, baß ihr bas fieber wiberum incommodirt unbt baß es bey bem unglück nicht allein bleibt, sunbern noch considerabellere affaire unber eben so eine schlime constelation stehen. Ich schreibe es zwar bem gutten Courfürsten nicht zu, ban alle grosse Herrn, bie frum sein, sein viel schlimer als anbere, bie burch bero eigen verstanbt gutts unbt böß thun. Es ist wol ein elenbt, baß Dero feinbt, so J. L. ber Courfürst selig aus bem staub erhoben, nun trionfiren muss unbt ihnen alles zuwiber thut. Der lantbrost Grotte[5]) hatt bie antwort, so er von Heybelberg bekommen, weber hir noch an Baron Ferdinand communiciren

---

1) = Seele.
2) Graf Mainhart v. Schomberg (Schönburg), Sohn bes berühmten Marschalls Mainhart v. Sch.; vgl. Gr. Thürheim, Christoph Martin v. Degenfeld 2c. (Wien 1881), S. 59. 187 f.   3) = im.   4) = Herrenhausen.   5) Otto Grote.

mögen, weil er sie so schlegt gefunden, hoft aber, der Marschalck Stenqualfels [1]) sol ein bessere resolution mitbringen; inmittels würde es mir ser verdrißen, wan Graff Meinart sein conte nicht würde finden, sein gutt vorhaben
fortzusetzen. Wan man Euch justice thete, könte er sich mit Eure dotte wol
contentiren, undt meinte ich, der Marechal de Schonburg könte wol hardi-
ment vor Euch sprechen undt zugeleichg seines sohns interest hirin vorstehen;
er hatt jha nichts tharbey zu fürchten. Es scheint, wir sein hir gans in un-
gnad zu Heydelberg, dan J. L. der Courfürst haben Dero allience mit
Franckerich dem Courfürsten von Saxsen [2]) notifisirt, aber nicht hirher;
das macht mich fürchten, daß Lantdrost Grotte nicht viel außrichten wirdt.
Ich hatte Graff Meinart an die Courfürstin fraw Mutter recommendirt, so
antworten J. L.: des Courfürsten troupes weren nicht considerabel genung,
ihm zu accommodiren. Ich habe geantwort: ich hette gehört, J. L. hetten
m/8 man, welches eben nicht so wenig were. J. L. haben aber nichts tharauf
geantwort. Ich müchte wißen, ob die Graffen von Schunburg gütter in
Franckerich haben, welges sie an die parti gans attachirt, oder nicht. Freilen
Louise wolle sie doch meinentwegen grüßen undt alle die liebe kinder ambrassiren. Was ich so lang ich lebe vor sie thun kan, werde ich gewiß nicht laßen.
Ich schicke ein brif an Graff Meinart, so er seinem Herr Vatter mus weisen.
Unser liebe Carlutz [3]) ist ihmer gutt humor bey all sein unglück; er wirdt hir
von alle leute geliebt undt geehrt. Man mus nun erwarten, was Stenkalvels
mitbringen wirdt von Heydelberg an Lantdrost Grotte. Inmittels mus sie
sich auf mich verlaßen als eine trüwe Tante, die sie von Herzen liebt undt
alles thun kan (sic!) was sie kan, sie zu binen.

Sophie.

Ich schreibe so geschwindt; ich fürgte, ihr werdet es nicht lesen können.
Es ist mir lieb, daß der Marquis de Hans Lenart so fidel raport von alles
hatt gethan. Es felt mir ein: weil der Courfürst nun gelt von Franckerich
bekombt, ob der Marechal de Schonburg nicht könte machen, daß Eure dote
tharvon bezalt würde undt daß Madame solges helf solisitiren; denckt doch
tharauf mit ihm, ob es nicht anghen könte.

26.

An Freiherrn Ferdinand von Degenfeld.

Hanover den 5/15. Juni 1682.

Ser werter Herr Baron. Ich habe sein schreiben ser wol emfangen undt
spüre tharaus die bestendige affection, so er vor die Raugrafflichen conti-

1682
Juni 5/15

---

1) = Steinkallenfels.   2) Johann Georg III.
3) = Karl Ludwig, Raugraf.

nuihrt, da ich ihm dan von Herzen vor verbunden bin undt es sein trüw[en] gemütt undt generositet zuschreibe. Was die schlegte resolution von J. L. dem Courfürsten anlangt, werden J. L. der Herzug nimals ratten, daß man auf die weise zuschlegt; J. L. haben mir versichert, zu thun was sie können, beym Courfürsten die sach auf ein ander weg zu bringen, sowol zum besten der ganßen familie, als sunderlich vor unser Rauwgraf, da J. L. gewis ein absunderliche estime undt affection vor haben, wie er es gewis durch seine gutte conduite meritirt undt sich alhir bey jederman beliebt macht. Es scheint aber als wan J. L. der Herzug wenig credit itzunder zu Heydelberg hätten; man hatt gegen Cursaxsen die confidence erwisen, J. L. dem Courfürsten die schöne Fransösche allience, so man gemacht hatt, zu notifisiren, hir aber nicht. Ich befürchte, der G[raf] v[on] C[astel] wirdt allen den Nutzen tharvon haben. Ich beklage wol ser, daß solge leute müssen floriren undt andere, so es gutt meinen, übel tracktirt werden. Wolte Gott, ich könte dem Herrn Baron alhir in etwas binlich sein, ich würde ihm gewis nicht ratten, anders- wo binst zu suchen; ich darf aber auch J. L. dem Herzug nicht gar zu in- portun mit meine gutte fründt sein (da ich ihn ban vornemlich vor halte), weil J. L. schon so viel generositet vor die Rauwgreffliche bezeugen. Ich sehe ihn sunsten gern alhir accommodirt; weil ich aber noch keine apparence tharzu sehe, müchte ich ihm gern so ein ort wünschen, da er satisfait müchte sein: ist mir derhalben die charge von Reichshoffratt beygefallen, so an Ge- heimen ratt Bouch [1]) vor dissem offrirt ist worden, er aber zwar sein Herrn beswegen nicht quitiren wollen; müchte wünschen, daß sie so were, daß der Herr Baron satisfait tharbey könte sein undt ich auch vor mein particular gelegenheit finden, durch angnehme binste ihm meine affection zu bezeugen. Ich schicke auch hirbey des Graff von Schonburg sein brif; ich sehe zwar den heiratt gern mit ihm undt freilen Caroline, dan ich vermeine, wan sein Herr Vatter stirbt, welger ser alt mus sein, er mittel genung wirdt haben, sie zu underhalten; wan es auch krig solte werden, halte ich, würde es ihm an kein emploi fellen. Doch scheint es, daß seine intention, ein gutte dote mit ihr zu bekommen, vornemlich bestehet, welge sie der justice nach auch wol haben würde, allein scheint es, daß dieselbige zu Heydelberg nicht geacht wirdt undt man nur m/5 gulben ein[em] freüwlen geben wil, da die Hochzeitkleiber schwer- lich vor gekauft können werden; als müchte wol nichts aus der sach werden, were also besser, daß sie gar abgbrochen were, als daß sie lange trainiren solte

---

1) Albr. Phil. v. d. Bussche; vgl. über ihn Zeitschr. d. hist. B. für Niedersachsen, Jahrg. 1882, S. 141 ff. Die Herzogin Sophie schreibt an ihren Bruder Karl Ludw. am 23. Febr. 1679: »On a voulu par force nostre Mr. Buch pour estre Reichshoffrat, mais il s'en est fort excusé n'ayant voulu gagner son pain à prandre des pre- sents pour faire des injustices, et sans cela on y meurt de faim«; vgl. Public. a. d. K. Pr. Staatsarch., Bd. 26, S. 348.

unbt zuletzt nichts tharaus werden. Es ift ihr am desavantageuste, daß die Rauwgrefliche affairen fo trainiren, ban zu Heydelberg fo viel malisieuse leute fein, daß man fich nicht genung vor kan fehen. Was ihm en particulier anbelangt, kan er fich alzeit auf J. L. des Herzugs guttfinden beruffen, weil J. L. in die Rauwgrefliche affairen einmal fich haben laffen anglegen fein, kan er vor fich nichts annemen; inmittels verbleibe ich alzeit feine fer affectionirte frünbin

Sophie.

Ich fchreibe etwas confus in groffer eil, weil es Pinften[1]) unbt man in die kirg mus gehen.

27.

An Raugräfin Karoline in Heidelberg.

Hanover ben 26/6.[2]) Juni 1682.   1682
Juni 26/6

Ich habe fo lang ihr werbes unbt angnhemes fchreiben nicht geantwort, weil wir ihmer verreift geweffen auf jachtheufer bey biffe fchöne saison, bin inmittels fer fro geweffen zu vernemen, daß das fiber fowol bey ihr als bey freilen Amelie hatt nachgelaffen unbt fie beybe wiber wol fein, wie mir der Herr abgfanter Hans Lenart hatt verfichert, ben wir zu Nienhoven auf der Jacht unvermutt gefehen haben, da er mit ein poftilion von Cafel aufgezogen kam unbt mir die morgelen[3]) überliverte, da ich Diefelbige groffen banck vor fage. Ihn hatt der Herr Rauwgraf etwas fexfirt, welges den Postilion fagen machte: „Ich meinte, ich hette ein jegermeifter gefürt, nun fehe ich, daß es ein Narr ift.“ Er ift ben andern bag wiber nach Cafel marchirt unbt hatt nicht mit nach Hanover gewolt, funften hette ich fie wiber mit fchincken unbt knackwurft wollen regaliren, welges die rariteten von biffem lant fein.

· Von J. L. die Courfürftin fraw Mutter kan ich zwar auch fpuren, daß fie mit ihre fage conduite, wie J. L. es belieben zu nenen, fer wol zufriben fein, bilden fich aber ein, daß Graff Meinart J. L. neglegirt. Sie wolle ihm boch meinentwegen fagen in antwort von fein billiet: er müfte es machen wie die Indianer, welche ben theuvel anbetten, auf baß er nichts böß fol thun. J. L. fchreiben mir: alles was diefelbige von Graff Meinart gefchriben, hetten J. L. aus Herrn Langhans[4]) munt gehört, welger nun, wie ich höre, ein fer considerabel personnage ift unbt nach Pfeniger,[5]) unbt bem Graff von Castel am meiften regirt; die consience von feinem Herrn nimbt er aber fchlegt in acht, in die conduite, fo J. L. gegen die fembtliche Rauwgrefliche

---

1) = Pfingften.   2) Sic!   3) = Morcheln.
4) Hofprediger u. Kirchenrath Langhanns; vgl. über ihn Häuffer a. a. O. II, S. 697 ff.
5) v. Benningen, pfälz. Oberjägermeifter.

fürt, welger accord, so proponirt wirdt, alzeit von J. L. dem Herzug nicht wirdt underschriben werden, und J. L. nicht tharzu ratten können. Der gutte Courfürst thut sich selber tort tharmit. Freilen Louise sol so wol bey ihm stehen, es scheint aber, sie darf J. L. doch die warheit nicht recht sagen. Ich weis nicht, wie viel Madame[1] heirattsgutt hatt bekommen, allein weis ich wol, daß J. L. der selige Courfürst ihnen mer hatte vermacht; da solte es billig bey bleiben. Es ist ein underscheit under einer Courprinces undt ihnen, welge man vor eine alliance zu machen mit ein grossen haus nimbt gar ohne dote; bey ihnen solte aber billig noch einmal so viel dote, als Madame gehatt, ehr als halb so viel gegeben werden. Ich müchte wissen, ob freilen Louise von der grossen amitié, so J. L. der Courfürst vor dieselbige hatt, besser prosperirt als die andern; bey die Tracktaten sehe ich aber kein underscheit. Die Courfürstin fraw Mutter vermeint, wan der alte Marechal de Schonburg stürbe, hette Graf Meinart mittel genung, sie zu underhalten undt könte in dem fall nicht zurückgehen; in sein brif sehe ich aber nichts positifs; wirdt es krig, wirdt man ihn überall wol vonnötten haben. . . . Aber es scheint, man ist nun so gutt Fransösch, daß man die maxsimen von thar auch practisirt, und nicht nach der justice sich gouvernirt, sundern nur tel est nostre plesir ou plustost celuy du conte de Castel spricht. Ich finde die alte Courfürstin noch an genereuste gegen ihnen, ban J. L. mer amitié vor ihnen alle bezeugen, als man vermutt hatte, der ander aber gegen handt undt sigel agirt. Es verdrist mich von Herzen insunderheit, daß unserm Carlutz so gross tort geschicht. Wo ich sie allerseits kan binen, werde ich es nicht lassen undt mich alzeit als eine trüwe Tante erweisen, die sie von Herzen liebt. Freilen Louise undt freilen Amellie wie auch alle die kleinen Rauwgraven wolle sie doch meinentwegen ambrassiren undt Graff Meinart auch mein complement machen; ich müchte gern gelegenheit finden, ihm zu bezeugen, wie ser ich ihn estimire, ban ich hoffe, er wirdt beständig sein[2].

28.

An Freiherrn Ferdinand von Degenfeld.

Hanover den 11/21. Augusti 1682.

1682
Aug. 11/21   Ser werter Herr Baron. Ob ich schon ein Zeit her nicht an die früwlen undt an ihn habe geschriben, so hoffe ich, sie werden doch allerseits persuadirt sein, daß ich von gemütt nicht bin verendert, sundern durch andere considerationen an solges bin verhindert worden, ban er ohne zweivel wirdt vernommen haben die grosse compani, die wir hir haben. Zum andern darf ich doch nichts vertruwlichs an die früwlen schreiben, um dieselbige nicht zu

---

1) = Die Herzogin von Orléans.   2) Unterschrift fehlt.

ambarassiren[1]), wan die Courfürstin fraw Mutter[2]), so von ein jalousen
humor ist, etwa die brifen wolten sehen; welge man menagiren muß, weil
dieselbige sich so güttig bezügt unbt, wie es scheint, mer credit hat, als dero
sohns gemalin[3]), auf welge beständigkeit mer zu trauwen were. Inmittels
wirbt er schon gesehen haben, was J. L. der Herzug an ihn hatt lassen abgehen
unbt erwart man seine meinung tharüber. Wie ich höre, so hatt man J. L.
dem Courfürsten ein conte gemacht, daß J. L. alle jhar 80 tausent thaller
mer verzeren müssen, als J. L. einkommen haben, so baß dieselbige ohne
zweivel das bare gelt nicht aus henben werben lassen, wie ich von dem
hableur Stenqualevels[4]) habe vermerckt. Wan ban zum wenigsten die jharliche
intraden (wan man bas gelt nicht haben kan) mügten verbessert werben unbt
solges auf gewisse unbt unstreitbare örter, da ein successor nichts auf zu sagen
hette, unbt alzeit bey der Rauwgraffsche famillie bleibe, müste man sich contentiren, wan es nicht besser sein kan. Von dem Closter muss man nicht
sprechen bis baß alles außgemacht ist unbt man sicht, ob solges nötig. Ein
gutte allience were mir lieber, were nur eine versorgt, würde es sich mit bie
anbern schon schicken. Stenqualevels hatt mir gesagt, J. L. der Courfürst
hette bie früwlen ser lieb. Mr. Grott[5]) wirbt nach Franckfort bey bie conferens
deputirt werben, da es ban wol gelegenheit wirbt geben, baß der Herr Baron
mit ihm conferirt. An meiner seiten wolte ich nur occasion finden, ihm zu
tesmoigniren, wie ser ich sein genereux gemütt estimire; er wirbt mich
obligiren, anlas tharzu zu geben unbt zu gelauben, baß ich alzeit bestenbig
werbe sein . . .

Sophie.

29.

An den Raugrafen Karl Ludwig in Paris.

Hanover le 20/30. Oct. 1682.

Je croi que vous serés ambarasé[6]) touchant l'habit de Mr. le Duc,
puisqu'on avoit chargé Mad. de Harlin[7]) de vous mender de n'en point
aporter et qu'un secretaire vous a mendé le contraire. Cet[8]) pour cela
que je vous dois dire que Mr. le Duc demeure au dernier ordre et veut
que je vous fasse des excuses bien obligantes, qu'il ne vous l'a pas escrit
luy mesme, ce qu'il espere que vous ne prandrés pas en mauvaise part.
Il souhaite aussi, que vous luy aportiés deux cravates de poin[9]) de France

---

1) = embarrasser.   2) Charlotte.   3) Wilhelmine Ernestine.
4) = Steinkallenfels.   5) = Otto Grote.   6) = embarrassé.
7) = Harling, bie bek. Oberhofmeisterin der Herz. Sophie, frühere Erzieherin der
„Liselotte" (Herzogin v. Orléans) u. der Sophie Charlotte, nachher Königin v. Preußen.
8) = C'est.   9) cravate de points = Spitzenhalstuch.

toute faite avec la garniture, et si la lettre de change qu'il vous a envoiée
ne suffit pas, il vous randra icy ce que cela coute.   Le pauvre Mr. de la
Bare est allé en l'autre monde en parlant tousjour du Latin; j'ay fait
tout ce que j'ay peu pour recommender Quantenac [1]) dans sa place, mais
je ne voy pas, que Mr. le Duc trouve, qu'il en ait besoin.   Le Marquis
de Wente n'est pas encore arrivé; je ne sçay où il est, mais le Marquis
de Cursolle partit aujourduy pour Munster; il ne pouvoit mieux faire,
car je crois qu'il seroit devenu fou à lier [2]), s'il feut demeuré plus longtems.   Il a voulu espouser ma fille [3]), disant qu'il y avoit une Principoté
en Espagne qui apartenoit à sa maison, qu'il pourroit ravoir par cette
allience, et qu'en cas qu'il n'eut point d'enfants avec elle, qu'il feroit le
Prince Charle [4]) son heritier.

Mr. Groote est encore icy, il a ordre de ce [5]) randre à Heydelberg
pour vos affaires désqu'il en aura le loisir, mais celle(s) de Mr. l'Electeur
Palatin sont à proportion en plus mechant estat que les vostres, car sa
bourse est tousjour vide; c'est le seul service qu'on luy rant dans la
devotion où il est, cet [6]) de luy oster un metal, où il pourroit attacher
son coeur.   Koopsten [7]) est allé au Palatinat et à ce que j'ay compris,
si on luy donne m/8 escus, il sera pris dans les filets de l'himinée.   Ceux
qui aresteront nostre Ilten [8]) ne sont pas si beau[x], ce qui fit dire au
Marquis de Cursole, que Ilten vouloit railler sur la bonne mine qu'il
avoit eu en habit de femme (où les dames l'avoient mis); laquelle trouve [9])
vous la plus belle de moy ou de vostre mestresse? je croi que vous auriés
de la paine à choisir.

Le Baron Reck a couru risque d'estre tué d'un sanguelier [10]), mais
par bonheur il n'a eu qu'une petite blesfure à la jambe.

Au reste tout va icy du mesme air comme il faisoit comme vous y
estiés.   Le Prince Auguste [11]) est tousjour avec Mad. de Vitrac, quant il
ne talle point à la bazette [12]), et son Endimion est aimé de la plaine [13])
lune de Mad. Wangenheim. Je ne sçay encore, quant les nopces [14])

---

1) Cantenac, früher Secr. des Kurf. Karl Ludwig.
2) fou à lier: reif für das Irrenhaus.   3) Sophie Charlotte.
4) Karl Philipp, Sohn der Herzogin Sophie.   5) = se.
6) = c'est.   7) v. Coppenstein.
8) Vgl. über ihn: Ed. Bodemann, „Jobst Herm. v. Ilten. Ein hannov. Staatsmann
des 17. u. 18. Jahrh." (Hannov. 1879).
9) = trouvez.   10) = sanglier.
11) Friedr. August, 2. Sohn der Herzogin Sophie.
12) = das Bassetspiel (ital. bassétta), ein dem Pharo ähnliches Glücksspiel mit Karten.
13) = pleine.
14) Des Kurpr. Georg Ludwig mit d. Pr. Sophie Dorothea, Tochter des Herzogs
Georg Wilhelm v. Celle u. der Eleonore d'Olbreuse.

ce[1]) feront, mais j'espere que vous serés de retour pour l'entrée que la mariée fera à Hanover. Cet[2]) tout ce que j'ay à vous dire. Vous sçavez deja tous les sentiments d'estime qu'a pour vous

Sophie.

30.

An den Raugrafen Karl Ludwig in Paris.

A Hanover le 27. Oct./7. Nov. 1682.

1682
Oct. 27
Nov. 7

Les nouvelles que nous avons de France nous aprenent vostre arrivée à Paris et qu'il y a eu un nouvau demellé entre Monsieur et Madame[3]). J'en suis au desespoir; on dit qu'elle dit hautement qu'elle sçait bien qu'on l'espoisonera comme on a fait à feu Madame[4]), mais au lieu de l'aprehender qu'elle le souhaite ce sont des discours, qui ne peuvent estre fort agreable[s] à Monsieur et qui ne part[ent] pas d'un servau[5]) bien timbré. Je luy escris for franchement sur ce suject; je vous prie de me seconder; je luy ay mis l'exsemple de Madame sa mere[6]) devant les yeux, sans la flater. Si elle ce[7]) separe, elle ce[7]) trouvera ausſi meprisée qu'elle dans le monde, car je ne voy point que le Roy a d'autre amitié pour elle que de l'honnorer de ses pets, dont la chaleur pasſe désqu'il a fait un bruit en l'air, et luy sera ausſi deficile à conserver que le . . .[8]) de Josef dans une boutelle. Nous hirons Lundi en 15 jours à Celle pour faire les nopses[9]) sans seremonie. Ma future belle fille n'aura pas lieu d'estre jalouse de son domestique, car elle aura Mad. de Sastot[10]), la Fransoie de Cell et la soeur de Mad. Felten, qui luy resemble. Je me a esté disgrasié de Mad. de Platen[11]) pour avoir assisté à un randevou (à ce qu'elle dit) de son mari[12]) et de la Ghel chez Mad. Bar; il n'ose plus parroitre devant elle, ce qui le fait parler comme le valet chassé de la Comedie en noment[13]) tous les bon[s] morsaus[14]) qu'il n'a plus. J'espere qu'une partie de vos compliments seront fait avant que vous resevés cette lettre et que j'aurés[15]) bientost le plaisir de vous revoir icy.

Sophie.

---

1) = se.   2) = C'est.

3) Vgl. hierüber die Briefe der Herzogin v. Orléans an die Herzogin Sophie vom 12. Sept. 1682 (Ranke's Sämmtl. Werke XIII, S. 21) u. an den Raugr. Karl Ludwig vom 1. Jan. u. 23. Aug. 1682 (Bibl. des liter. B. in Stuttg., Bd. 88, S. 21. 23).

4) Henriette Anna (v. England), erste Gemahlin des Herzogs Philipp I. v. Orléans; vgl. Public. a. d. K. Pr. Staatsarchiven, B. 26, S. 446, Note 7.

5) = cerveau.   6) Charlotte.   7) = se.

8) Unlesbares Wort.   9) Vgl. S. 30, N. 14.   10) = Sacetot.

11) Clara Elisabeth v. Pl., geb. v. Meisenbug.

12) Der Geh. Rath, nachher. Graf Franz Ernst v. Pl.

13) = nommant.   14) = morceaux.   15) = j'aurai.

31.

An die Raugräfin Karoline in Heidelberg.

Hanover den 17/27. Dec. 1682.

Ich habe des Herrn Rauwgraven wiberkunft erwart, um dieselbige die gutte zeibung von seinem wolerghen zugeleichg wissen zu lassen, wan ich ihr schreiben würde; so ist er aber 3 Wochen schwischen Paris unb Hanover geweßen unbt ehrgestern ehrst ankommen, frisch unbt gesundt Gottlob, unbt hatt alles in zemlichen standt schwischen Monsieur unbt Madame gelassen. Was mir aber von herzen frübt, ist zu vernemen, baß ihr heirat nun gans richtig ist unbt baß Graf Meinart bestenbig verliebt ist. Gott wolle dieselbige so viel heil unbt segen tharzu geben, als ich es von herzen wünsche. Mr. Groot[1] wirbt nun wol zu Heydelberg sein unbt verlangt mir was er wirbt ausrichten; an fleis wirbt es ihm nicht fellen, sie allerseits zu binen. Sie haben auch ein grossen protecteur unbt frünbt an mein bruder Prins Rupert verloren[2]; ich bin ser betrübt unbt bestürzs worden über ben unvermutten tobtsfall. Ich weis, die Courfürstin fraw Mutter[3] wirbt ihn auch beklagen; J. L. der Courfürst[4] haben ihn gans negligirt, ob ich es schon erinnert hatte; ich halte bisses vor die ursag, baß er ihn in sein testament gans vergessen hatt. Bis Dinsbag wirbt mein sohns gemalin[5] hirkommen unbt wollen J. L. der Herzug, baß man die traur ben bag soll ablegen; könte ich ihn auch aus dem herzen thun, were es gutt, ban es bint zu nichts, sich zu chagriniren. Bis ich mein bruder folge, werde ich sie alzeit lieben unbt ihre trüwe fründtwilge Tante sein

Sophie.

32.

An die Raugräfin Karoline [in Heidelberg].

Hanover den 7. Jeanwari 1683.

Der Herr Marquis de Hans Lenart eilt so ser, baß ich kein zeit habe, mer zu sagen, als baß ich von Herzen viel gelück wünsche zu Dero heiratt, unbt was ich tharzu werde contribühren können, werde ich nicht lassen; schicke zum warzeigen ein klein gebegtnuß, welges ich hoffe besto angnhemer wirbt sein, weil es noch von J. L. selig dem Courfürsten kombt; wolle gern in was besseres bezeugen die grosse affection unbt tendresse, die ich alzeit vor ihr haben werbe, unbt wie bestenbig ich alzeit Dero affectionirte frunbtwilge trüwe Tante werde sein.

Sophie.

---

1) Der Hannov. Minister Otto Grote.
2) Prinz Ruprecht, der Bruder der Herzogin Sophie, starb am 29. Nov. 1682 in s. 63. Lebensjahre; vgl. S. 5, N. 3.
3) Charlotte.   4) Karl.   5) Sophie Dorothea.

33.

An die Gräfin Karoline von Schönburg in Heidelberg.

Hanover ben 26. Jeanv./5. Fev. 1683.

1683
Jan. 26/
Febr. 5

Diß ist der ehrste brif, tharinn ich Dieselbige als Contesse de Schonburg grüsse unbt Dieselbige alle gelückseligkeit in der Welt wünsche. Was ich auch zu Dero contentament werde bey bringen können, werde ich nicht lassen, unbt frübt es mir von herzen, daß J. L. ber Courfürst sich so genebig vor dieselbige bezeugt unbt baß unser lieber Raumgraf nun auch wiederum in genaden ist. Inmittels sage ich grossen Danck vor den gutten Wunsch zu bissem jhar; wan sie sich schon deßhalben nicht bemütt hätte, würde ich doch schon gewust haben Dero affection vor mir, welge — ich hoffe — sie alzeit continuihren wirbt, ban ich sedire nimans in ihrem herzen als Graff Meinart; ich werde es auch alzeit so machen, baß sie allerseits mit mir zufriben werden sein. Von Mr. Groot habe ich vernomen, baß der Graff von Castel sich beschwert, man menagirte ihm gar nicht; weil er aber nun in so groß faveur beym Courfürsten ist, muß man ihn wol caresiren. Wie ich von Rauwgraf vernemme, were er gutt genung, wan seine gemallin nicht eine ser wunderliche fraw were unbt derhalben sich auch unangnhem bey J. L. die Courfürstin fraw Mutter macht. Daß sie nun mer consideration vor disse als vor jene haben, ist ser raisonabel unbt nicht zu verwundern. Hans Lenart hatt ser von hir geeilt, aber doch, wie er abgfertigt war, noch 8 Dag gebliben; er wirbt wol mit schöne complementen vorbringen, wie ser ich sie ergeben unbt alzeit von Herzen werde sein Dero ser trüwe fründtwilge Tante.

Sophie.

Graff Meinart wolle sie doch meinetwegen binstlich grüssen. Des Hr. Rauwgrafen Regement wirbt nun gericht. Ich wolte, baß frailen Louise unbt Amelie auch versorgt weren; ich ambrasfire dieselbige in gedancken.

34.

An die Gräfin Karoline von Schönburg in Heidelberg.

Hanover ben 12/2. Mertz 1683.

1683
März 12/2

Weil unser Rauwgraf etliche Wochen sich auf dem lant bey seinem Regement aufgehalten, als habe ich 3 von Dero angnhemen schreiben auf einmal emfangen, so er mir gestern abent ehrst gegeben. Alle brey schreiben bezeugen mir Dero bestenbige affection, die ich gewis viel lieber mit wercken als mit worten erkennen wolte, unbt ist es wol ein grosse güte von ihr, baß Dieselbige so ein gering zeigen von meinen gutten willen so wol aufnemen, welges so ein grosse banckfagung nicht meritirt, weil es nur ein bagatelle ist.

Ihm[1]) übrigen bin ich recht fro, daß J. L. die Courfürstin fraw Mutter[2]) noch so güttig sich vor ihnen allerseits erweist, welches wol ein zeigen von J. L. gutt gemütt. Die andere dame mus wol ein sot personage sein, da wenig moralitet undt civilitet bey ist; vor dissem hette sie an ihr kinder rang auf solge weis wol nicht dencken dürfen; man würde ihr gewis les honneurs du Louvre nicht geben, wan sie nach Paris käme . . . Unsere junge fraw[3]) ist schon schwanger. Ich möchte wol wissen, wie es dem armen Dodley[4]) gehett, seine mutter pretendirt, daß sie mit mein bruder ist geheiratt gewessen, es wirdt aber schwer zu beweisen sein, undt weil sie sich ehrlich gehalten, hatt sie keine fründt bey hoff gemacht. Sie wolle doch G[raf] Meinart undt Dero schwestern meinent-wegen fründtlich grüßen.

Sophie.

35.

An Gräfin Karoline von Schönburg in Heidelberg.

Hanover den 5/15. Juli 1683.

Nachdem ich lang kein schreiben von Dieselbige hatte emfangen, bin ich gestern mit ehns erfrüdt worden; dan mir nichts liebers kan sein, als wan ich vernemme, daß es ihr noch wol gehett undt sie mich noch lieb hatt. Meines theils werde ich auch nimals vor Dieselbige verendern undt alzeit part nemmen in alles, so Dieselbige anghett, wie auch vor alle Dero brüder undt schwesteren. Ich bin auch Mr. le marechal de Schonburg ser obligirt, daß er noch so obligament an mir gedenckt; wan wir uns einmal wiederum sehen würden, würden wir uns von viel alte Historien erineren können, dan ich kein ältere kuntschaf habe als derselbige undt le marechal d'Estrade[5]). Ich bitte, sie wolle ihm doch wiederum mein binstlichen grus vermelden undt ihm sowol als an Graff Meinard tesmoigniren, daß es mich frübt, daß Dero meriten noch beym König in Franckerich consideri[r]t werden undt daß Dero relion Die-

---

1) = Jm.   2) Charlotte.

3) Sophie Dorothea, Gemahlin des Erbpr. Georg Ludwig.

4) Der Pfalzgr. Rupert hatte ein zärtliches Verhältnis mit Francisca, Tochter des Lord Bellamont, welches 1665 wahrscheinl. zu einer morganat. Ehe führte u. einen Sohn zur Folge hatte, welcher nach seinem mütterl. Großvater, Sir Henry Barb, den Namen Dubley Barb führte. Er erscheint im Testamente des Pfalzgr., fand s. Tob bei der Erstürmung von Ofen 1686; vgl. v. Spruner a. a. O., S. 148.

5) Godefroy, Graf d'Estrades; 1660 Gesandter im Haag, 1661 in London, 1675 Mar-schall von Frankreich, † 1686. Am 2. Febr. 1660 schreibt die Herzogin Sophie an ihren Bruder, den Kurf. Karl Ludwig: »L'ambassadeur de France [Estrades] me caresse fort, pourtant sans scandale,« u. am 16. Sept. 1679 schreibt sie von Maubuisson aus: »Il n'y a que le Marechal d'Estrade, qui m'a donné visite de ma vieille con-noissance«; vgl. Publ. a. b. Kgl. Preuß. Staatsarchiven 26, S. 23. 379.

selbige keinen schaden thun. Was die Courfürstin fraw Mutter[1]) anbelangt,
lauten die schreiben auf Dero suject nicht allemal auf ein manir; zweifele doch
nicht, daß sie nicht solte alzeit gleichen respect vor Dieselbige haben, aber
daß es nicht allemal gleichg aufgenommen wirbt, dependirt viel vom Gewitter,
da man sich dan, so viel als müglich ist, nach richten mus. J. L. haben mich
geschrieben, J. L. der Courfürst verlangte, daß sie frewlen Louise bey sich
müchten nemmen, welges sie auch thun wolten, wan Dero reiß würde vollbracht
sein. Es ist mir leit, daß ihr Madam nicht habt gesehen; ich zweifele nicht,
J. L. würden alles gethan haben, sie zu obligiren; ich hoffe, die kranckheit,
da sie sich mit entschulbicht, wirbt ein gutte ursag haben.

Unser Rauwgraf ist schir ihmer bey sein regement. Morgen gehen wir
alle nach Linsburg[2]), welges nicht weit von unser armée ist. Ob wir fribt
oder krig werden haben, weis man noch nicht; man ist hir zu alles beratt[3]).
J. L. der Herzug weren gern nach Wißbaden gereist, allein die hiesige affairen
haben es nicht wollen zulassen. Wan J. L. die Zeit werden haben, werden
wir ihm[4]) herbs[5]) hingehen; ich weis nicht, ob ihr Hermitage nhae tharbey
ist; würde mir alzeit ein ser grosse frübe sein, sie unbt Dero schwestern alle
zu ambrassiren; inmittels werde ich alzeit Dero bestenbige trüwe binstwilge
Tante sein.

Sophie.

36.

An die Gräfin Karoline von Schönburg zu Altorff.

Hanover ben 21/31. Oct. 1683.　1683
Oct. 21/31

Ich habe Dieselbige so lang nicht geschrieben, weil ich lieber was guttes
als was schlimes zu berichten habe, ban ich vermute, sie wirbt sowol als
etwas in sorgen gewessen sein, wie unser Herr Rauwgraf mit mein elsten sohn
sich bey dem entsaz von Wien[6]) gefunden unbt noch lenger die campagne mit
haben aushalten wollen; weil sie aber vermeint, es würde nichts sunderliches
mer vorgehen, haben sie sich sowol als P[rinz] August wiberum auf die rückreise begeben unbt ist mein elster sohn unbt unser Hr. Rauwgraf gestern abent
gans allein mit ein kammerbiner vor beyde auf der post frisch unbt gesunbt
alhir wiberum anglangt. Wie man sie questionirt, ist nicht zu beschreiben,
sie können sich bey der taffel nicht satt essen unbt ist es gutt, daß sie met ver-

---

1) Charlotte.　　2) Jagbschloß Linsburg im Grinberwald, zwischen Leine u. Aller.
3) = parat.　　4) = im.　　5) = Herbst.
6) Am 12. Sept. 1683. — Die beiden Söhne des Herzogs Ernst August: der Erbprinz Georg Ludwig u. Prinz Friebr. August nebst d. Raugr. Karl Ludwig waren nach
Wien geeilt, um an dem Kampfe Theil zu nehmen. Während der Schlacht befanden sich
dieselben auf dem rechten Flügel bei Rabatta's Regiment.

3*

loff met verloff (wie die Wolßhoven pflegt zu sagen) „den Durchbruch" nicht mer haben, dan man würde sie kein zeit lassen, die Nottwendigkeit zu verrichten; bey mein sohns erste Audiens beim Keiser[1]) muste er wegen disser kranckheit auch ser kurz abbrechen, aber beym abscheit ist es besser hergangen, undt sein J. M. der Keiser ser genedig undt familier ihm[2]) reden gegen mein sohn gewessen. Der König in Pollen[3]) sol auch außdermassen civil sein, wie auch die von der grosten calitet, so bey J. M. sein, undt auch ser braff, aber die gemeinen haben sich ser schlecht gehalten, allein beim Plündern sein sie gar gutt. Die Türcken fürchten sich auch gar nicht vor die Pollen, aber vor die Lütsche sein sie gar bang undt reissen von sie aus, also daß man sie nicht zu fürchten hatt undt ser elende leut sein, insunderheit die gemeinen. Ihre tranchéen vor Wien sein ein kammer hoch gewessen undt haben niemals vigoureusement attaquirt; wan sie was haben thun wollen, haben sie allemal stöß bekommen. Unsere junge Herr-schaft ist mit dem Rabattische Regement am ehrsten beyß Grandvisirs tente passirt[4]), hatt aber keiner etwas genommen, ob schon der gröste schaz von der welt tharin war, welges der König in Pollen alles bekommen hatt, wirdt auf mer als 5 millionen geschezt. Ich wolte, unser Rauwgraf hätte es genommen, es were ihm wol gelegen kommen, dan, wie ich höre, gehen die sachen zu Hey-delberg nicht wie sie solten. Wan man sein wordt gegen J. L. den Herzug nicht halten wil, was kan man thun? Da man alhir so gans andere maxsimen hatt undt die ehr undt probitet vor eine Nottwendigkeit vor einen fürsten helt, kombt disse proceduren ser wunderlich vor. Mr. Groot[5]), welger nun alhir Kammerpresident, ist verreist auf dem Harst[6]), Rechnung wegen die berg-werden einzunemen; wan er widerum kombt, wil ich ihm weisen, was Baron Ferdinand schreibt; inmittels erfrübt es mir ser, daß Mr. le Marechal de Schonburg[7]) noch alter kuntschafft halber mich seine amitié versicheren lest; wan wir uns einmal widerum segen[8]) würden wir von alte zeiten einander viel zu erzellen haben. Hr. Graff Meinart grüße ich auch dinstlich; wo ich sie beyden binen kan, werde ich es nicht lassen, sundern ihr insunderheit als ein gute alte Tante alzeit ergeben sein.

Sophie.

---

1) Leopold I.   2) = im.   3) Johann III. Sobieski.

4) Der hannov. Gesandte v. Falkenhayn berichtet d. d. Wien d. 17. Sept. 1683: „In der Schlacht bei Wien stellten sich die beiden Prinzen auf d. rechten Flügel vor General Rabatta's Regiment. Hier wurde stark chargirt u. hat es sich getroffen, daß General Rabatta's Regiment dem Großvezir gerade gegenüber kam. Das Feuer richtete sich beson-ders gegen das Regiment, wo die rothen Röcke der Prinzen u. ihrer Cavaliere sehr remar-kirt haben, u. hat es sich getroffen, daß Oberst Paland mit einer Musketenkugel durch u. durch geschossen. Die Prinzen waren anfangs hin u. her geritten u. haben sich endlich bei oberwähntem Regiment attachirt. General Rabatta hat der Prinzen conduite sehr gerühmt."   5) Otto Grote.   6) = Harz.

7) Der Schwiegervater der Gräfin Schönburg.   8) = sähen.

Ich mus noch sagen, daß J. L. der Herzug Dero cavaleri nülwich ge-
mustert haben undt daß Hr. Rauwgraven regement auch ser schön ist gefunden worden.

37.

An die Gräfin Karoline von Schönburg [in Alttorf].

Hanover den 16/26. Nov. 1683. 1683
Nov. 16/26

Dero ser werde schreiben habe ich alle ser wol emfangen undt aus dem
lezten ser frülwich vernommen, daß der Allerhöchste sie gesegent hatt undt sie
mir mit zur taufzeugen wellen [1] will. Gott gebe, daß Dero Niberkunft so wol
ablaufen mag als alhir bey mein sohns gemallin [2]), welge ohne lang krank zu
sein, ein grossen jungen [3]) zur welt gebracht; ich hoffe balt dasselbige von ihr
zu vernemmen, auf daß ich von was geboren solt werden gevatterin mag sein
undt occasion finden, in alles was mir müglich zu bezeugen, daß Dieselbige
eine trüwe Tante an mir haben. Bedanke mich auch, daß Dieselbige part
nemmen an die gelückliche wiberkunft von meine beyden söhnen [4]); der elste hatt
uns ein kranken Türcken mitgebracht undt zwe kammelen, welge alle dag hir
zu lant nicht viel nutzen. Ich schreibe in eil, weil ich die post schir hatte ver-
schlaffen, grüsse Hr. Graf Meinart undt verbleibe ihr gans ergebene

Sophie.

38.

An die Gräfin Karoline von Schönburg.

Hanover den 28. Oct.[5]/7. Jeanv. 1684. 1684
Dec. 28/
Jan. 7

Mit disse wenig Zeillen habe ich nur tesmoigniren wollen die früde, so
ich habe wegen Dero gelückliche Niberkunft von ein sohn [6]), wie ich es von J.
L. die Courfürstin fraw Mutter undt vom Hr. Rauwgrafen vernommen habe;
wünsche hirzu viel gelück undt daß ich so gelücklich mag werden, mein[em] pattien [7])
Dinst zu thun. Die Gevatterbrif vor J. L. dem Herzug undt mir sein noch
nicht kommen; die schoquelate ist auch zurück geblieben. Ich werde so lang
ich lebe ihr gans ergeben verbleiben undt mein Zettelgen mit ein gelücksellig
Neuwjahrswunsch enbigen, ban in dem standt, da sie nun ist, mus man nicht
viel lesen.

Sophie.

---

1) = wählen.   2) Sophie Dorothea.   3) Den Prinzen Georg (II.)
Auguft am 30. Oct. 1683.   4) Von Wien zurück; vgl. den vor. Br. 36.
5) Sic: anstatt „Dec. 1683".
6) Am 15. Dec. 1683 warb der erste Sohn geboren: Karl, Marquis de Harwich.
Derselbe stand später im englischen Kriegsdienste, machte als Cavallerie-Oberst den Feldzug
1712 in Flandern unter Marlborough mit, starb schon im Nov. 1713. Mit ihm erlosch
der Mannesstamm der Schönburge am Rhein.   7) = Pathenkinde.

39.

An die Gräfin Karoline von Schönburg zu Altorf.

1684
März 22/
April 3

Hanover ben 22. April¹)/3. März 1684.

Dero fer werte Zeillen habe ich wegen bem Carnaval nicht eher beantworten können, ban wir ein hauffen fremben unbt ein hauffen wefens hir gehatt
haben, ſchir ein wenig auf Heybelbergiſch, ban wir uns auch breymal mas-
quirt haben. Weil mein alt geſicht ſich aber nicht mer zum putz ſchickt, bin ich
einmal wie ein Türck unbt einmal wie Scarmutz²) ſeine fraw gekleit geweſſen;
bas brite mal habe ich nur zugeſehen. Die kinber von ber ſtatt haben ein klein
balet getantzt nach ber Commedie von unſern Franſöſchen Commedianten.
Diſſe haben auch ſchir alle bag ſpillen müſſen, wan nicht ſunſten was iſt vor-
geweſſen. Diſſes alles erzelle ich nur, auf baß Graf Meinart nicht bös ſolte
ſein, baß ich ihm nicht ſelber vor bie gevatterſchaft gebanckt habe, welge mich
boch ſer angnhem iſt geweſſen. Aber, mein liebe bas, ich habe wol gelacht,
baß ſie ſchreibt, ſie wolln Dero ſohn mir zu dinen auferzigen; wan er groſſ
wirbt ſein, werbe ich lang ihm³) grab liegen. Ich hoffe, meine kinber werben
alsban dieſelbige affection vor ihm haben, welche er, ſo lang ich lebe, bey mir
finben wirbt.

Was bie choquelate anbelan[g]t, habe ich ein kammerfraw, bie ſie ſer gutt
machen kan. Unſer Rauwgraf hatt ſich boch mit Mr. Harlin[g] mit Dero choquelate luſtig gemacht unbt ohne zweivel bie beſte ſtuck außgefunben. Was
mein tochter⁴) heiratt anbelan[g]t, iſt es zwar noch nicht gewis, allein brägt
J. L. ber Courprins⁵) kein ſcheilw, ſich vor Jhr gans zu beclariren unbt ſich
ſer paſionirt vor Dieſelbige zu erzeigen; ſie iſt auch eben nicht cruel unbt hatt
alzeit amitié unbt eſtime vor ihm ſpüren laſſen, wie J. L. bie Courprinſeſſin⁶)
noch lebte unbt wol Nimans an bis gebachte; allein J. L. ber Courfürſt von
Brandenburg⁷) wolten noch gern affaire d'Eſtat einbingen, ba man noch
nicht gans ehns mit iſt, ehe Dieſelbige Dero conſens zum ſchlus bes heiratts
geben wollen. Alſo mus man mit ber geluckswunſung noch etwas einhalten,
ban man es noch nicht annemmen barf, ehr alles abjuſtirt iſt. Der Courprins
iſt eben nicht ſchön von tallie, aber ſer gutt von humor unbt hatt gutt verſtanbt; ſein geſicht iſt auch nicht heſflich; es iſt ein gelück, baß ſie ihm ſo wol
leiben mag unbt nach bas Üſſerliche nichts fragt, ban J. L. ber Herzug unbt
ich auch haben ſie ſo lieb, baß wir ſie ihr inclination gern würben folgen laſſen,
wan ſie ein anber parti choiſiren würbe.

Wan ſie an Mr. le Marechal de Schonburg werben ſchreiben, bitte ich,

---

1) Sic! anſtatt 22. März/3. April.   2) = scaramouche, Hanswurſt.
3) = im.   4) Sophie Charlotte.   5) Friedrich (I.) v. Brandenburg.
6) Die 1. Gemahlin Friedrichs: Eliſabeth Henriette, geb. Prinzeſſin v. Heſſen-Kaſſel.
7) Friedrich Wilhelm, ber Große Kurfürſt.

sie wolle ihn doch alzeit an unsere alte conschaft¹) machen gedencken undt an die estime, so ich alzeit vor ihm gehatt. Dero beyde schwestern wolle sie doch meinentwegen auch fründtlich undt dinstlich grüssen; müchte wissen, ob sie alzeit bey ihr werden bleiben... Unser Rauwgraf²) left sich nichts gar zu ser zu herzen gehen, gottlob; er wolte wol ein reiche fraw haben, wan eine zu finden were; ich suche tharnach, sie wolle es auch thun undt ihmer³) glauben, daß ich ihr undt den ihrigen alzeit zu binen werde ergeben sein.

Sophie.

40.

An die Raugräfinnen Louise und Amalie in Staufenecк⁴).

Hanover ben 13/23. Febr. 1685.

1685
Febr. 13/23

Hochwolgeborne Grefinen, fer werte undt herzliebe bäffien.

Dero fer angnhemes schreiben undt gelückwünschung zu diffem jhar ist mir von herzen angnhem gewesen, sage Dieselbige grossen Danck vor das Zeigen von Dero affection, welges ich von herzen gern durch angnheme Dinsten erkennen wolte. Wan es auch bey mir stünde, wolte ich Dieselbige gebetten haben, eine retraite bey mir zu nemmen, allein J. L. der Herzug sehen nicht gern, daß ich Greffliche früwlen solle bey hoff nemmen, sunsten hätte ich wol nicht so lang gewart, mein inclination hirin zu folgen, undt kan ich die Courfürstin fraw Mutter das zeugnus geben, daß J. L. sich fer vor Dieselbige interessiren undt Dero genereux gemütte hirin bezeugen. Ich bin aber nicht so gelücklich, daß ich thun darf was ich wil; was aber wirdt in meiner macht sein werde ich alzeit thun, zu bezeugen, daß ich bin

Dero fründtwilge baff
Sophie.

41.

An die Gräfin Karoline von Schönburg [in Altorf].

Hanover ben 16/26. Febr. 1685.

1685
Febr. 16/26

Ich habe so lang nicht geschriben, daß ich nicht weis, was vor ein materi ich wider anfangen sol, dan das beylager⁵), da sie belieben so viel gelück zu zu wünschen, ist nun schon lang vorbey undt wirdt man nun mit der zeit auf ein kindtbauf müssen gedencken, wan Gott sein segen gibt, dan mein tochter, wie man meint, von 9 Wochen schwanger sein. Diffes ist mir ein ser grosse

---

1) = Kundschaft, Bekanntschaft.   2) Karl Ludwig.   3) = immer.
4) Staufeneck im wirtemberg. Oberamt Göppingen, von den Raugrafen ererbt noch jetzt im Besitz der Grafen von Degenfeld.
5) Der Prinzessin Sophie Charlotte mit d. Kurpr. Friedrich von Brandenburg.

früde undt werde ich ſer geſchäftig ſein, vor alles zu ſorgen; das iſt das beſte
divertiſement, ſo ich habe, nun J. L. der Herzug[1] in Italien ſein. Mein
ſohn Carl[2] ſein bey J. L., Maxsimilian ſein ihm[3] Mars mit ein Regement
vor die Veneſianer[4]), mein ſohn Auguſtes[5]) gehen mit ein keiſerlich Regement nach Ungren, undt mein elfter ſohn[6]) mit m/11 Man auch zum ſecours
gegen den türcken[7]), ſo daß ich nur meine zwe kleine ſöhn[8]) bey mir behalte.
Die zeit wirdt mir aber nimals lang undt kan ich mich alzeit divertiren. Zu
Heydelberg ſol es nun ſer melancoliſch hergehen undt ſol man J. L. den
Courfürſten ſelten zu ſehen bekommen; J. L. wolten gern eine andere
gemallin nemmen[9]), haben gern haben wollen, der Courfürſt von Brandenburg ſolten helffen tharzu contribuihren, alleine es hatt nicht wollen anghen.
Die betrubte Zeidung aus Englant[10]) hatt uns alle ſer surprenirt; ich fürgte,
es wirdt über die von unſere relion übel außſchlagen. Der Herzug von Zelle[11])
hatt dieſelbige[12]) nun das excerſice der relion erlaubt, welges nimals mer
hir ihm[13]) lant geweſſen. Das iſt alles ſo ich vor dismal weis zu ſchreiben
undt daß ich bis ihm[13]) todt verbleiben werde . . .

Sophie.

Den Herr Graf Meiner[14]) grüffe ich gar ſer.

42.

An den Raugrafen [Karl Ludwig[15])].

À Herenhausen le 4. d'Avril [1685[16])].

[1685]
April 4

Voisi la seconde lettre que je vous escris sans avoir eu de response,
quoique mes lettres vous doivent estre agreable[s], puisque je vous escris
tousjour des bonne[s] nouvelles. Sachés dont[17]) que Mad. de Harlin[g] me

---

1) Ernſt Auguſt.   2) Karl Philipp.   3) = im.
4) Am 13. Dec. 1684 hatte Benedig mit d. Herzoge Ernſt Auguſt einen Bertrag ab-
geſchloſſen, in welchem Letzterer ſich verpflichtete, 3 Regimenter Fußvolk (2400 M.) mit ſeinem
dritten Sohne, dem 18jähr. Maximilian Wilhelm, zum Dienſt gegen die Türken zu ſen-
den. Bgl. das Nähere bei v. Sichart, Geſch. d. Kgl. Hannov. Armee, I, S. 407 ff.
5) Friedrich Auguſt.   6) Georg Ludwig.
7) Nachdem die braunſchw.-lüneb. Herzöge der in Linz zwiſchen dem Kaiſer, Benedig
u. Polen zu Stande gekomm. Einigung gegen die Türken beigetreten waren, marſchierte
1685 ein Corps von 10000 M. celleſcher, hannov. u. wolfenbütt. Truppen unter d. Erbprinzen Georg Ludwig nach Ungarn. Bgl. die Geſch. dieſes Feldzugs bei Sichart a. a. D.,
I, S. 449 ff.   8) Chriſtian u. Ernſt Auguſt.
9) Bgl. Häuſſer a. a. D. II, S. 705.
10) Am 2/12. Febr. 1685 hatte den König Karl II. der Schlag gerührt.
11) Georg Wilhelm.   12) Den Reformirten.   13) = im.
14) Gr. Mainhart v. Schönburg.   15) Der Name fehlt.
16) Jahreszahl fehlt.   17) = donc.

mende de Berlin qu'il y a un gentilhomme à Berlin, qui sapelle[1]) „Der Herr von Kreutzburg"[2]), qui a une fille unique, qui aura m/150 escus en mariage. Mr. le Prince Electoral[3]) a dit, qu'il feroit son mieux pour vous, si vous avés envye de l'avoir, mais il faut que ce soit en argant contant. Au reste Madame[4]) demeure tousjour dans les mesme[s] sentiments pour vous et moy ausfi, quoique je ne vous sçaurois randre des service[s] agreable[s] comme je le souhaite.

Sophie.

43.

An die Gräfin Karoline von Schönburg zu Altorf.

Herenhausen den 29/19. Juni 1683[5]). 1685
Juni 29/19

Ich bin Dieselbige gar hoch obligirt vor das christliche mitleiden[6]), so sie belieben mich zu tesmoigniren, undt weil Dieselbige noch mer ursag haben als ich, part hirin zu nemmen, als wil ich den Allerhochsten bitten, uns alle zu trosten undt vor weiter ungelück zu behütten. Ich habe dissen fall nicht ehr vernhommen, so unser haus ist zugefallen, daß ich mich nicht alsbalt erinnert den verlus, der ihnen allerseits auch zu würbe fallen; doch kan ich mich nichtes als alles guttes von dem itzigen Courfürsten[7]) vermutten, weil es ein gar esquitabeler undt verstendiger Herr ist. Die Courfürstin fraw Mutter[8]) hatt mir beffolen, J. L. den hoffrabt Limbach[9]) zu zu schicken, welge[m] alle affairen von der Pfalz bewust sein; ich habe ihm auch beffolen, sich nach Dieselbige zu informiren. Wie ich gehört habe, hatt der itzige Courfürst versprochen, alles zu laffen, wie sie es finden werde, zweivele also nicht, daß hirin alles wol bleiben wirdt. Der selige Courfürst hatt aber verheiffen, J. L. wolten den Herrn Rauwgraven in Dero testament bebencken; ob bem so wirdt sein, wirdt man balt sehen. Das testament ist zu Berlin undt unser Herzug sowol als der Lantgraf[10]) von Cassel zu exsecutoren genennt. Wie der Courfürst selig ersucht haben, mein Herr solten Dero testament helfen exsecutiren, haben J. L. bey der antwort erinert, der Rauwgrafen eingebenck zu sein; es ist aber keine antwort hirauf kommen. Die Courfürstin fraw Mutter schreibt

1) = s'appelle. 2) In folgend. Briefen heißt er „Kreutzberg".
3) Friedrich (I). 4) Herzogin v. Orléans.
5) So im Orig. verschrieben anstatt 1685, in welchem Jahre der Kurf. Karl starb.
6) Am 26. Mai 1685 war der Kurf. Karl v. d. Pfalz gestorben. Mit ihm erlosch das Haus Pfalz-Simmern.
7) Phil. Wilhelm von der Linie Pfalz-Neuburg, katholisch; vgl. Häuffer a. a. D. II, S. 747 ff. 8) Charlotte.
9) Joh. Christof v. Limbach, hannov. Geh. Legationsrath, Gesandter in Wien u. nachher in Regensburg; war besonders thätig für Erlangung der 9. Kur. 10) Karl.

mir, Herr Langhans[1]) habe das testament gans allein gemacht. Ich bitte, sie
wolle doch Dero beyde früwlen schweſtern meinentwegen binſtlich grüſſen undt
entſchuldigen, daß ich nicht einerley zweimal an ihnen ſchreibe. Wo ich Dieſelbige sowol als Dero Hern brüder werde binen können, werde ich es gewis
nicht laſſen undt kan ich ihnen wol verſicheren, daß J. L. der Herzug gans
von mein sentiment hirin ſein; es wirbt auch an Vorſprag nicht fehlen, wan
ſolges wirbt nöttig ſein. Die arme Pfalz bekombt viel verenberung in kurzer
zeit; man rebt jha von groſſe pretensionen, ſo der König von Franckerich
vor Madam macht. Ich halte, der itzige Courfürſt were wol zufriden, wan
J. L. nimans zu verſorgen hätten als ſie alle mit einander. Mein herzlieber
Herr[2]) wirbt ihm[3]) September wiberum hir ſein; gegen der zeit hoffe ich von
Berlin wiberum hir zu ſein, ba ich ihm[3]) endt von Augusti vermeine [mich]
hin [zu] begeben, meiner tochter kindtbett beyzuwonen; es iſt ihr gar nicht bang
bey der ſache, weil es bas ehrſte mal iſt. Ich bitte, ſie wolle boch den Herr
Graff von Schunburg mein complement machen. . . .

Sophie.

44.

An ben Raugrafen [Karl Lubwig[4])] »à l'armée«.

[1685]
Juli 6/16

À Herenhausen le 6/16. de Juilliet [1685[5])].

Je crois, mon cher Neveu, que vous ne vous mettés pas tant en
paine de vos interest[s] au Palatinat que moy. Si vous avez pourtant veu
les imprimés du tretté, que le defunt Electeur Palatin a fait avec celuy
cy, vous aurés apris, que vous n'y avez pas esté oublié. J'avois escrit à
Madame, qui me respond, qu'elle ne veut demander pour son heritage
que tout ce qui est alodial et qu'on luy a dit, que la Rauwgrafschaft l'estoit
auſſi et qu'elle vous la veut donner; ce qui ma[6]) for[t] rejouy, car elle est
aſſez grande avec ses apartenences. Elle me mende auſſi qu'elle est
bien aise que Mr. le Duc est un des exsecuteurs du testament de feu Mr.
son frere, parcequ'elle ce[7]) ſie à son esquité. La jeune Electrise[8]) a fait
mettre le medesin[9]) et un camerratt en arest, et la vieille[10]) a envye d'en
faire autant à Herr Langhans[11]), qui a mis m/60 escous apart à Nurenberg.
Le douaire de la jeune Electrise est raiglé, mais rien pour l'Electrise
mere, en quoi elle est à plaindre, et le Conte de Castel la trette[12]) tout de
mesme, comme il a tretté vous autres autrefoys, ceux qui s'interesſent

---

1) Vgl. S. 27, N. 4.   2) Ihr Gemahl: Herzog Ernſt Auguſt.
3) = im.   4) Der Name fehlt.   5) Jahreszahl fehlt.
6) = m'a.   7) = se.   8) Wilhelmine Erneſtine.
9) Dr. Winkler; vgl. Häuſſer a. a. O. II, S. 704 u. 762 f.   10) Charlotte.
11) Vgl. S. 27, N. 4.   12) = traite.

pour elle n'en peuvent point avoir d'audience. Je luy ay envoié le Hoffrabt Limbach [1]), qu'elle a demendé. Il faut croire que l'Electeur d'apresent
aura plus d'esquité pour elle que Messieurs les Regants de la cour de-
funte. J'espere que vous y trouverés vostre conte aussi, mais il ne faut
plus manger du boßkraut, vous estes boßg[nug [2])] sans cela.

Sophie.

45.

An Freiherrn Ferdinand v. Degenfeld in Heidelberg.

Herenhausen den 26. Juil./5. Augt. 1685.

1685
Juli 26/
Aug. 5

Ser werter Herr Baron. Ich habe sein schreiben ser wol emfangen undt
mit vergenügung gelesen, wie Derselbige so wol undt gesundig bei J. L. unsern
Courfürst [3]) sein emfangen worden. Es ist zu beklagen, daß der verstendige
Herr schon 70 jhar alt sein; Gott wolle J. L. langes leben vermeren undt ein
ruhige regirung geben, auf daß die arme Pfalz under J. L. prudente conduite
florihren mag. Sunsten schreibt mir Madam [4]) Liebsten, daß man Dieselbige
gesagt habe, daß sie part an alle die alodialien hätten, da alle örter, so nicht
von der Cour weren, beygehörten, undt weil die Rauwgraffschaft mit hir bey
were, wolten J. L. dieselbige den Rauwgraflichen widerum geben, hätten auch
schon beßwegen mit Monsieur [5]) gerebt, welger auch schon mit zufriden weren;
man muß sehen, was von J. L. pretentionen werden wirbt. Was J. L. den
Herzug [6]) anbelangt, werden J. L. ohne zweivel so eilig reisen, daß Dieselbige
sich nirgens werden aufhalten, ban J. L. mich noch gern sehen wolten, ehr ich
nach Berlin zige, meiner tochter L. kindtbette beyzuwohnen. Jnmittels sage ich
dem Herrn Baron ser fründtlich tanck vor die affection, so sie vor die Rauw-
greffelichen continuihren undt verbleibe . . .

Sophie.

46.

An Freiherrn Ferdinand v. Degenfeld in Heidelberg.

Hanover den 28. Aug./7. Sept. 1685.

1685
Aug. 28/
Sept. 7

Ser werter Herr Baron. Ich habe sein schreiben unbeantwort gelassen in
hoffnung, er würde selber die occasion gefunden haben, wie er vor hatte, mit
J. L. dem Herzug [6]) zu sprechen; weil solges aber nicht hatt sein können, weil
J. L. Dero reiss ser beschlünicht haben, als habe ich selber J. L. sein schreiben
referirt, ba J. L. ban Madame ihre affection vor die Rauwgreffliche ser ad-

---

mirihren, welge auch nicht zu negligiren sey. Wan die franschösche injustice nicht durch macht solte gehemmet werden, were es eben so gutt, daß die Rauwgrafliche tharvon profitiren solten, als andere. Wan der Keiser nicht friben mit dem Türden machen unbt sich J. L. des Courfürsten zu Pfalz[1]) recht annhemmen, bin ich bang, daß es in die arme Pfalz wirdt gehen wie in Flandern, welges mir doch von herzen leit würde sein, ban ich unserm ißigen bugentsamen unbt verstenbigen Courfürsten von herzen alles guttes güne; welges er doch wolle bey occasion müntlich meinentwegen bezeugen. Ich habe vergangen vergessen, auf Pater Oliva[2]), ba er von melbing that, zu antworten. Der gutte man hatt auf alle occasionen an mir geschriben unbt mir zu Rom viel ehr erzeigt[3]). Sein Nachfolger, so Noielle[4]) heist unbt einen Vetter hir in binsten hatt, hatt mich seine vocation auch notifisirt; ich käne aber seine person nicht. Unser Rauwgraf befindt sich Gottlob wol; ich habe aber keine brif noch antwortschreiben von ihm bekommen. Es ist ein Herr von Kreutzberg[5]) zu Berlin, so ein gar reiche tochter soll haben, wie man sagt 150 tausent taller soll sie zu erben haben, welges, wan es sich recht so befindt, ein gutter heirat vor unser Rauwgraf were. Ich werde heute von hir nach Berlin reisen; meine leute sein schon voraus; weil mein tochter die Courprinsssin balt niber wirdt kommen. Inmittels beshele ich ihn ihn[6]) schuß des Allerhöchsten unbt verbleibe bestenbig

seine affectionirte fründin
Sophie H. z. B. u. L.

47.

An Freiherrn Ferdinand v. Degenfeld in Heidelberg.

1685
Oct. 13/23

Ghör[7]), ein jachthaus, ben 13/23. Oct. 1685.

Ser werter Herr Baron. Weil ich fünf wochen zu Berlin bin gewessen unbt die gelückliche entbindung meiner tochter die Courprinsessin[8]) beygewont, als habe ich mit J. L. dem Herzug wegen des inhalts seiner schreiben bis nun noch nicht reden können. Wie ich von J. L. vernommen, haben J. L. Hr. Limburck[9]) comision gegeben, bey ihm sich anzugeben, auf daß er nach des Herrn Baron seine derection zu binsten der Rauwgrafflichen agiren müchte,

---

1) Philipp Wilhelm.
2) Der Jesuiten-General J. P. be Oliva, starb zu Rom 1681.
3) Die Herzogin Sophie schreibt von Rom aus am 14. Nov. 1664 an den Kurf. Karl Ludwig: »Le Pere Oliva est un fort honnet homme; s'il estoit Pape, je crois qu'il nous rendroit tous catholiques sous bonnes enseignes, celuy cy (Alexander VII) n'a que des flateurs«; vgl. Public. a. b. K. Preuß. Staatsarch., 26, S. 81.
4) Charles be Royelle, Jesuiten-General. 5) Br. 42 schreibt Sophie: „Kreutzburg." 6) = in. 7) Jagdschloß Ghörbe im Lüneburgischen.
8) Sophie Charlotte. 9) = v. Limbach; vgl. S. 41, N. 9.

beffen interes J. L. der Herzug sowol als ich uns alzeit werden anglegen sein lassen. Was das testament anbelangt, sein J. L. resolfirt, Dero legaten gern faren zu lassen, J. L. dem Courfürsten keine ungelegenheit beßwegen zu machen. Man mus hoffen, daß andere bis gutt exsempel auch folgen werden, auf daß Madame Liebten[1] zum wenigsten mag bleiben, was J. L. von Dero Herrn Vatter gegünt ist worden unbt in dem testament stunbt, welges der Rauwgraf in händen gehatt hatt, dan es unbillig, daß J. L. gar nichts solten bekommen von allodialien; kron, Courapfel werden J. L. nicht begheren, gehören bey der Cour.

Rauwgraf Carl [Ludwig] schreibt mir, er wil keine katz in ein sack kauffen[2], aber m/150 Daller sein alzeit gutt ihm[3] sack. Der Vatter von bie dame ist ein ser ehrlicher, wackerer man, capabel, dinft zu thun; es ist der Herr von Kreutzberg. J. L. ber Courprins unbt Courprinseß haben ihn recht lieb, günten beßwegen sein tochter dem Rauwgraf lieber als einem andern; er hatt seine gütter ihm[3] laut von Klef[4]. Ich mus enbigen, verbleibe . . .

Sophie.

48.

An den Raugrafen Karl Ludwig.

À Hanover le 5/15. Nov. 1685.

Comme l'on dit que vous marcherés for lentement et que je seres[5] plus longtems privé du plesir de vous voir, que je le souhaite, je vous dois asfurer par ses[6] lignes que Mr. le Duc et moy ne negligons rien qui peut contribuer à vostre interest. Mais j'ay peur, que le bon Baron Ferdinand par un zelle indiscret ne gaste toute[s] vos affaires; il a communiqué le testament, que vous avez eu entre les mains, à l'abbé Morel[7], par une bonne intantion, puisque Madame y est nommée pour ce qui le droit luy devroit apartenir, mais j'ay peur que cette confidence ne plaira pas peutestre à Mr. l'Electeur[8], quoique le Baron soit persuadé, que ce testament de feu Mr. mon frere[9] plaira plus que celuy de mon neveu[10]).

---

1) Herzogin von Orléans. 2) Vgl. den vorigen Brief. 3) = ihm.
4) = Clebe. 5) = serai. 6) = ces.
7) Nach b. Tobe des Kurf. Karl erschien schon im Aug. 1685 der französ. Parlamentsrath, Abbé Morel, in Heidelberg, um das angebliche Erbe der Herzogin v. Orléans zu erhalten; vgl. Häusser a. a. O. II, S. 768. Die Herzogin v. Orléans schreibt am 1. Nov. 1685 an die Herzogin Sophie: „Ich hab vernohmen, daß abé de Morel ganz gesinnet ist, meines Brudern testament umbzustoßen und sich auff J. G. des Churfürsten meines Herrn Vatter seßligens testament zu beruffen... So vil ich von bießer sachen begreiffen kan, so wirbt es bermaßen auff die länge nauß kommen, daß ich glaube, daß ich lang werde versault sein, ehe die sache wirbt außgemacht werden"; vgl. Ranke a. a. O., S. 38.
8) Philipp Wilhelm. 9) Kurf. Karl Ludwig. 10) Kurf. Karl.

L'Electrice mere[1], qui a tousjour esté bonne pour vous autres, veut
planter son tabernacle à Franckfort; on croit qu'elle ne vivera pas longtems. L'Electrice douariere[2] est apresent à Dresden, où vous la verrés
sans doute en pasſant. Herr Langhans, le medesein[3] et le gentilhomme
de la chambre Dole sont encore en arrest pour avoir, à ce qu'on dit,
consaillié contre les fontions matrimoniales[4]; on dit que les interoga-
toires qu'on leur a faite sont des choses à voir in camera caritatis, quand
on a envy de rire. Nos commediens ce[5] preparent à representer la toison
d'or devan ma fille. Il semble que vous n'estes pas prest pour celle, dont
je vous ay parlé; j'ay fait connoisance avec son pere[6], qui est un fort
honnet homme et qu'on estime pour sa probité, estant le premier noble
du peis de Clef; mais vous avez raison, de ne pas vouloir achetter un
chat dans un sac, et ausſi ce n'est pas asſez, quant les femmes sont
riche(s], il en faut profiter afin de n'estre pas si mal à son aise que le generalmajor Offen, qui n'est gaire mieux de la siene. Nous en parlerons
davantage à vostre retour, cependant soiés asſuré, que j'agires[7] tousjour pour vous en bonne ville[8] Tante et que je seres[9] toute ma vie
vostre affectionée amie

Sophie.

49.

An bie Raugräfin Louiſe zu Staufeneck[10].

Hanover ben 22. Mertz/1. April 1686.

1686
März 22/
April 1

Ich bitte gar ſer, ſie wolle mit mir keine complementen machen, ſunbern
gelauben, baß bie affection, ſo ich vor ihr unbt vor alle ihre freuwlen ſchweſtern
habe, ſer aufrichtig iſt unbt mir gar natürlich. Deßwegen muß ſie nur nicht
tharvor bancken. Der Herr Rauwgraf hatt mir auch geſchriben wegen ein ſtift
vor ihnen. Nun ſein bie beſten alle Luteriſch, wie ſie ſelber wiſſen, ſunften
könten ſie in Gandersheim wol kommen, wie mir ber Herzug von Brunswic-
Wolfenbübel[11] hatt laſſen ſagen, wan ſie nicht Calviniſch weren. Zu Herfort
ſein ſie von unſer relion; allein es iſt ein ſchlegt einkommen tharbey unbt wirbt
bie Princeſſin Elisabeth von Caſſel thar abbiſſin werben, wan bie von An-

---

1) Charlotte.   2) Wilhelmine Erneſtine.   3) Vgl. S. 42, N. 9.
4) Vgl. Häuſſer a. a. O., S. 704. Die Herzogin v. Orléans ſchreibt an die Herz.
Sophie am 11. Mai 1685: „Ich habe ben Obermarſchalck v. Steincaſſenfels examinirt, wo
boch ber haß herkommen muß, ſo mein bruber vor ſeine gemahlin erwießen, hab aber nichts
anberſt von ihm bringen können, alß baß ein Doctor ihm, nemblich meinem bruber, weiß
gemacht hatt, baß er ſterben würbe, wan er bey ſeiner gemahlin lege, unbt baß man ihm
ſolches unmöglich wiber hette auß bem kopff bringen können"; vgl. Ranke a. a. O., S. 36.
5) = se.   6) v. Kreutzberg; vgl. bie vorigen Briefe.   7) = agirai.
8) = vieille.   9) = serai.   10) Vgl. S. 39, N. 4.   11) Anton Ulrich.

halt abbanckt, welge ein grossen handel vor bissem wegen des fräwlen von Horn hatt gemacht, weil dieselbige keine Greffliche angen[1]) hatt, so daß ich nicht weis, ob es vor ihnen auch würde anghen.

Ich halte, sie wirdt betrübt sein, daß die alte Courfürstin todt ist[2]), dan J. L. haben sich doch noch alzeit gutt vor ihnen alle erzeigt. Die sel unbt der leib accordirten nicht; was das ehne gutt war, verdurb das andere widerum, dan J. L. konten ihre passion nicht schwiegen[3]); aber wan sie zeit hatten, sich zu bedencken, war alles gutt. Der itzige hoff sol gans auf ein andere manihr sein; die Berenderung ist in wenig zeiten ser groß gewessen unbt müchte es ihr dorten wol itzunder nicht gefallen. Stünde es bey mir, würde ich sie balt bey mir haben, ich bin aber nicht so gelücklich, daß ich hirin kan thun was ich wil; kan ich aber in etwas binen, sollen sie alzeit finden, daß ich ihre trüwe dinstwillge bas bin.

Sophie.

Vor das christliche mitleiden wegen ben kleinen Princen von Brandenburg[4]) todt sage ich dinstlich tanck.

50.

An Freiherrn Ferdinand von Degenfeld in Frankfurt.

Herenhausen ben 11/21. Juni 1686.   1686
Juni 11/21

Ser werter Herr Baron. Es wirdt mir alzeit ser angnhem sein, wan ich nur könte sowol ihm unbt seinem Haus etwas angnhemes zu weg bringen, aber leider alles was ich tharin thue, kan wenig helfen, wie er wirdt sehen aus Madam antwortschreiben; J. L. schreiben[5]):

„Der Hr. Ferdinant von Degenfeld hatt mir selber auch einen grossen brif geschriben unbt all dasselbige bericht, was er ahn E. L. geschriben, habe aber noch bie zeit nicht finden können, ihm wider zu antworten; allein er muss

---

1) = Ahnen.

2) Die Wittwe des Kurfürst. Karl Ludwig: Charlotte starb am 16. März 1686.

3) Die Herzogin Sophie schreibt an ben Raugr. Karl Ludwig in einem nicht mehr vorhanb. Briefe vom 12. Apr. 1686: »On ne peut pas dire, que la pauvre Electrice soit partie sans dire Adieu, car elle a pris par lettres et en personne congé de tout le monde. Son humeur ne l'a point quitté jusque dans le tombeau. Elle a ordonné tout l'ajustement qu'on lui devroit mettre après sa mort. Ce sera la seule fois qu'on l'habillera sans qu'elle gronde ou batte ses gens«; vgl. Razner a. a. O., II, S. 83 f.

4) Der erste Prinz des Kurpr. Friedrich unb ber Sophie Charlotte starb schon nach 5 Monaten, 1686.

5) Am 4. Juni 1686; abgebr. bei Ranke a. a. O., S. 40 f.

sich gedulden bis Mr. Moras[1] alles wirdt zu rigtigkeit gebracht haben, denn selbiger ja nichts wirdt außgeben können, er habe dan zuvor eingenhomen undt hernach die schulden examinirt, denn, um die rechte warheit unter uns herauß zu sagen, so sehe ich Monsieur[2] gar in keinen humor, von seinem gelt herauß zu geben, umb die sach zu presipittiren. Dan so ser als man hir auch von grandeur prallen mag, so seindt sie doch karg in was bar gelt ahngeht als an keinem ort in der Welt[3]). Es wundert mich gar nicht, daß es allen teutschen frembt vorkombt zu sehen, daß Monsieur sich allein in die Erbschaftsache mischt, denn sie wissen die französche Ehepacten nicht; welche aber dermassen beschaffen sein, daß alles was dem Weibe in wehrenden lebens ihres Mans zukombt, ingemein mit dem Man zugehört und der Man als maitre de la communauté (wie sie es heißen) ist Herr undt meister über alles, kan damit thun undt handeln wie er es gutt findt, ohne daß es das Weib übel nehmen darf. Stirbt aber der Man, so kan das Weib das ihrige, so der Man verthan, wider von des Mans gutt nehmen, aber so lang sie beyde leben, ist der Man Herr über alles; ist also die ursag bey dieser erbschaft, daß ich gar nichts ohne Monsieur decediren kan, ob zwar solges in meinem nhamen mus außgeführt werden." Man mus dan, wie es scheint, gedult haben. Was die Rockwudsche sache anbelangt, habe ich dieselbige an J. M. den König von Englant gelangen lassen undt hatt Mr. Skelton mich verheißen, nicht tharin zuwider zu sein, hofft, J. M. würden sich nach meinem verlangen wol erkleren. . . .

Sophie.

51.

An Freiherrn Ferdinand von Degenfeld in Heidelberg.

1686
Juli 16/26

Herenhausen ben 16/26. Juli 1686.

Ser werter Herr Baron. Seine beyde schreiben habe ich ser wol emfangen undt Madame Liebten von alles part gegeben, welge, wie es scheint, auch vermeint, wan der Graff von Castel undt Herr Langhans Rechenschaft solten geben, würde genung überig bleiben, die Rauwgraffliche zu contentiren; sie werden aber ohne zweivel klug genung gewessen sein, quitung von alles vom vorigen Courfürsten zu haben. Madam intention ist sunften ser gutt. Was meinen herzlieben Herrn[4]) anbelangt, werden J. L. gewis auch gern alles vor die Rauwgraffliche thun was sie sie ihmer können; er wirdt J. L. aber schwerlich auf dem weg antreffen können, dan J. L. ohne zweivel die post en chaise

_____

1) Im März 1686 erschien der französ. Commissär de Morvas in Heidelberg, um die Hinterlassenschaft des Simmern'schen Hauses anzutreten; vgl. Häusser a. a. O. II, S. 770.
2) = Herzog v. Orléans.
3) Bei Ranke a. a. O. steht hier noch: „undt offt dermaßen, daß es eine schandt ist".
4) Herzog Ernst August.

roulante werden nhemmen. Ich werde inmittels ein tour thun, J. L. den Courprinssen von Brandenburg undt mein tochter zu besuchen in ein ambthaus drey dag von hir, undt verbleibe . . .

Sophie.

Unser Rauwgraf hatt occasion gehatt, vor Navardin[1]) sich zu signaliren. Wie er order hatte, poste zu fassen, theten die Türcken ein starcken ausfall gar geschwindt, daß er undt seine leute resolution fasten undt ihre musqueten umwanten undt sie also wech schlugen undt den post erhielten. Bey der schlacht oder vielmehr jacht sein unsere leute nicht zum schlagen kommen, dan mein sohn **Maxsimilian** den lincken flügel comendirte, da unsere leute undt die Saxsen waren, haben den feindt nicht zu sehen bekommen, lissen wech undt lissen ihre Zelten undt Camellen ihm[2]) stich.

52.

An Freiherrn Ferdinand von Degenfeld in Heidelberg.

Herenhausen ben 30. Aug./9. Sept. 1686.

1686
Aug. 30/
Sept. 9

. . . Sein schreiben vom 20/30. Aug. habe ich ser wol emfangen, muß ihm tharauf berichten, daß J. L. der Herzug nicht allein dem Herrn Limbach[3]) anbefholen, nach seiner derection die Rauwgreffliche sachen bey J. L. dem Courfürsten[4]) zu befobern, sundern J. L. haben auch selber bey J. L. dem Courfürsten erhalten, daß Dero tittel „Rauwgraff zu Pfalz" dieselbige nicht gebisputiret soll werden, obschon der Courfürst viel dificulteten beßwegen machten undt die Graven von Lebensten[5]) pretentionen allegirten, welge sich nun anmessen, sich von Beveren[6]) zu schreiben. . . . Was den ehrlichen Mr. Dodley[7]) Rupert gelt in Hollant anbelangt, halte ich, daß es seine Mutter[8]) von Rechts wegen solte zukommen, kan ihr binen, in ein Closter zu gehen, dan die arme fraw inconsolabel wirbt sein; das Haus von Renen[9]) hatt er nicht können haben, weil in bie acte von der donation stehett, daß es allein an legitime erben von mein Herr Vatter undt fraw Mutter solte kommen können. Ich habe wegen der sach an J. M. ben König von Englant mit eigener handt

---

1) = Navarino. Über die unter b. Prinzen Maxim. Wilhelm u. b. Raugr. Karl Ludwig für Benebig kämpfenden hannov. Truppen u. über die Belagerung von Navarino vergl. v. Sichart, Gesch. b. hannov. Armee, I, S. 417 f., Havemann, Gesch. der Lanbe Braunschw. u. Lüneb. III, S. 314 ff.   2) = im.

3) Bgl. S. 41, N. 9.   4) b. b. Pfalz: Philipp Wilhelm.

5) = Löwenstein.   6) = Bavière.   7) Bgl. S. 34, N. 4.

8) Franzista Bellamont; vgl. S. 34, N. 4.

9) In dem Städtchen Rhenen bei Arnheim schlug die unglückl. Familie des Kurf. Friebr. V. v. b. Pfalz nach der Vertreibung aus b. Pfalz ihren kleinen Hof auf.

geschrieben undt den brif an Mylord Craven[1]) geschickt, die sache zu helfen
befodern. . . .

J. L. der Herzug[2]) sein zur rechten zeit widerum zu Haus gekommen
undt sich mit dem Courfürsten von Brandenburg rencontrirt, welgen J. L. zu
Neuwstatt haben tractirt undt die defension von Hamburg resolvirt, welge
nun von Dennemarck ser schlecht belagert ist[3]); doch sein schon viel leute
tharvor geblieben. J. L. der Herzug mit mein elsten sohn undt mein sohn
Carl sein zu Harburg, alle unsere trupen sowol als die von Cour Brandenburg sein in march. Ich hoffe, der krig wirdt nicht lang weren[4]). Verbleibe
alzeit . . .

Sophie.

53.

An Freiherrn Ferdinand von Degenfeld in Heidelberg.

Hanover den 3/13. Oct. 1686.

1686
Oct. 3/13

. . . Ich habe alle seine schreiben ser wol erhalten undt habe von Hunequen
auch die nachricht erhalten wegen die obligationen in Holant von quinze mille
livres . . . Ich möchte gern wissen, was von die Bockwudsche erbschaft
eigentlich noch überig ist, hoffe, es seyn mer als m/3 thaller.

Die letzten brif von Napoli Romania[5]) waren vom 22. Aug./1. Sept.;
die Rauwgrafen waren dumals noch recht wol, aber vil von unsern offisiren
sein von kranckheit gestorben. Mein sohn Maximilian ist gelücklich gewessen:
nachdem er bey die gewunnen battallie den linken flügel commendirt hatt,
hatt er nachmals den secours, so sich in die statt wolte werfen, mit seinen
leuten allein geschlagen, l'espée à la main ein berg hinauf den feindt wech
gejacht[6]); inmittels hat unser Rauwgraf die tranchée commendirt[7]), undt

---

1) William Graf von Craven.   2) Ernst August.
3) Zwischen der Bürgerschaft u. dem Magistrate von Hamburg war 1685 ein Streit
ausgebrochen. Der Kaiser übertrug dem Herzoge von Celle das Commissarium zur Schlich-
tung des Streits, dem sich aber die Bürgerschaft widersetzte. Dänemark suchte dann diese
Gelegenheit zu benutzen, um Hamburg zur prätendirten Erbhuldigung zu zwingen, und
rückte mit 16 000 M. gegen die Stadt. Gegen die Anmaßungen der Dänen traten nun
auch Brandenburg, Schweden und Braunschw.-Lüneburg auf.
4) Durch die Vermittelung Brandenburgs, Schwedens und Braunschw.-Lüneburgs
ward der Streit beigelegt 28. Oct. 1686.
5) Über die Belagerung u. Übergabe von Napoli di Romania vgl. v. Sichart a. a. O.
I, S. 423 ff.; Havemann a. a. O. III, S. 315.
6) Die Bravour der 6 Bataillone, welche Königsmark unter dem Prinzen Maximilian
Wilhelm dem Feinde entgegensandte, hatte das venetian. Heer gerettet.
7) Während der Schlacht war der Raugraf Karl Ludwig mit 5 hannov. Bataillonen
in den Approchen gewesen und hatte die Belagerten, welche auszufallen beabsichtigten, im
Zaume gehalten.

hatt sich die statt ergeben[1]), wie sie hörten, daß mein sohn den secours ge-schlagen habe. Jnmittels verbleibe ich

Sophie.

54.

An die Gräfin Karoline von Schönburg in Heidelberg.

Gör[2]) ben 4/14. Nov. 1686.

... Jch habe Dero schreiben alhir zur gör bekommen, da wir in ein kalt Jachthaus sein beim Herzug von Zelle, da die Herrn ban alle dag jagen, ich aber beim feuwer die zeit mit spillen verdreiben mus. Von die schmerzliche traur, so sie gehatt hatt[3]), wil ich nichts melden, ob ich zwar groß mitleiden beswegen mit sie gehabt habe, ban solges doch zu nichts bint als das leit zu vernüweren. Jm übrigen bin ich Herrn Max[4]) obligirt, daß er ihnen alle meine trüwe affection versichert hatt. Wan ich es ihnen nur mit angnehmen binsten beweisen könte, würde ich content sein, allein bin ich bißher noch nicht gelücklich in dem sall gewessen. Was die Rockwudsche sache anbelangt, hatte ich beßwegen mit eigener hant an König von Englant geschrieben. J. M. haben mich durch Mylord Craven versicheren lassen, daß er sich nimals gegen die Rauwgraven interessirt hätte, noch wegen die Conney an die statten[5]) einig schreiben gegen ihnen abghen lassen ...

Daß ihr Herr gelücklich widerum aus Ungern kommen ist[6]), früe ich mich mit ihr, ban es wol vor ein groß gelück kan passiren, da so viel brave leute geblieben sein, daß unser Herr Gott ihn behübt hatt. Die soldaten müssen die predestination gelauben. Es were uns alle hir ser lieb gewessen, ihn zu sehen, insunderheit hätte ich gewünst, daß er mit J. L. dem Herzug hätte mögen bekant sein, ban obschon nun so hoge chargen, wie er in Franckerich bedint hatt, nicht vacant sein, so müchte es mit der zeit noch kommen. Es mus all verdrißlich vor ihn sein, kein emploi zu haben; wan es beim Keiser nicht hatt wollen gelücken, wüfte ich nun nichts, es were ban Venedig, wan Königs-marck[7]), wie man sacht, quitiren solte, oder Dennemarck; da wil ich mich noch informiren. Es früdt mich von Herzen, daß Graff Meiners[8]) so wol von mein sohn Augustes[9]) redt; man hatt ihm zwar hir alles genommen, aber die ehr mus man ihm wol lassen. Jch wolte, er hätte so ein precepter ihm[10]) krig bey sich, wie Graff Meiners[8]), so würde wol was rechts guttes

---

1) Am 3. Sept. 1686. 2) Jagbschloß Göhrbe. 3) Ein Kind zu verlieren.
4) Freiherr Max. v. Degenfeld. 5) Die Generalstaaten.
6) Graf Mainhart v. Schönburg hatte dem Feldzuge 1686 in Ungarn gegen die Türken als Volontair im kaiserl. Heere beigewohnt.
7) Graf Otto Wilhelm v. Königsmarck, der ber. Feldherr im Dienste der Republik Venedig. 8) = Mainhart (v. Schönburg). 9) Prinz Friedrich August. 10) = im.

4*

aus ihm werden; er hatt aber kein menſch bey ſich, der ihm in etwas ratten
kan, mus in alles ſein eigen kopf folgen undt hatt noch wenig experience.
Ich liebe ihn von herzen; wo ich ihm auch in binen kan, thue ich es, dan er
leidt aus groſſer generoſitet.   Wan er wol leben wolte undt ſeine pretention
auf ein fürſtenbum abſchweren, würde der Herzug ihm genung nach ſein ſtandt
zu leben geben; er helt es aber vor ſchimplich, hatt mir geſchriben, er wolte
lieber als ein ſimpel ſoldat leben, als eine lacheté zu thun; inmittels mus er
leiden.   Dero ſchweſtern undt fraw von Degenfelt gruß iſt mir ſer lieb geweſſen, ſage groſſen banck tharvor undt bin fro, daß ſie alle ſo wol mit mein
recommandation zufriden ſein. . . .

Diß ſchmirige papir ſchicke ich in groſſer eil, ban Ribenac[1]) ſowol als
Haxhauſen[2]), envoiés von Franckerich undt Dennemarck hir ſein undt
wollen mir ſprechen. Ich verbleibe . . .

Sophie.

55.

An Freiherrn Ferdinand von Degenfeld im Haag.

1686
Nov. 11/21

Ghör ben 11/21. Nov. 1686.

. . . Ich habe ſeine ſchreiben ſowol von Cöln als aus dem Hag emfangen,
ſage ihm groſſen banck vor alle bezeugte affection undt groſſen fleis wegen die
ſembtliche Rauwgraven.   Es iſt mir lieb, daß die jungern[3]) ſich wol zu
Utrecht befinden; der elſte iſt auch unpaſſlich in Morſe geweſſen; von Graf
Carl Eduard habe ich nichts gehört, wirdt vermuttlich al ſanto[4]) ſein, ba
mein ſohn Maximilian auch kranck gelegen, nun ſoll es aber wider etwas
beſſer mit ihm ſein.   Daß Franckerich krig ſo balt mit Hollant ſolte anfangen,
iſt nicht zu vermutten, ban ihre Dragoner in ſeinem lant genung zu thun
finden[5]), halte tharum eben nicht rattſam, die obligationen, ſo auf dem Contor
ſein, zu verkaufen, inſunderheit weil man tharauf verliren mus. . . . Herr
Limbach hatt noch kein gelt zu Franckfort vor mir emfangen, ban die kaiſer-
lich aſſination iſt noch nicht kommen; es wirdt das gelt vielleicht ihmans[6])
anders ausgebetten haben.   Man hatt zwar ein courir nach Wien geſchickt;
was tharaus werden wirdt, wirdt man balt ſehen.   Von Heydelberg iſt noch
kein notification wegen die Portugaliſche heiratt[7]) inkommen.   Es iſt zu be-

1) = Rébenac, Franç. de Pas, Marquis be Fenquières; vgl. über ihn Horric de
Beaucaire, »Éléonore Desmier d'Olbreuze« (Paris 1884), S. 71.

2) = v. Harthauſen.

3) Die Raugrafen Karl Auguſt, Karl Moritz u. Karl Caſimir beſuchten die Univerſi-
täten Leiden u. Utrecht.   4) = Zanthe.

5) Die Dragonaben Ludwigs XIV!   6) = Jemand.

7) Die Tochter des Kurf. Philipp Wilhelm v. b. Pfalz, Marie Sophie, heirathete
ſpäter, Juli 1687, ben König Pedro von Portugal.

klagen, daß J. L. der Courfürst so abnhemen, dan man pflegt zu sagen: es kombt selten ein besser. Ich verbleibe . . .

Sophie.

56.

An die Raugräfin Louise in Heidelberg.

Ich habe mit früwben vernhommen, daß der Allerhöchste die liebe fraw Grefin von Schunburg mit ein jungen Herrn widerum erfrübt hatt undt die lezte betrubnus hirdurcher ohn zweivel gans vorbey wirdt sein. Gott wolle Dieselbige alle früwbe von der welt an bissem lassen erleben undt ihnlbesser erhalten als den vorigen. Ich habe auch ein altes schreiben von unsern Herr Rauwgrafen[1] emfangen sambt ein türckisch küssen[2], so sein einige[3] beute soll sein; ich hätte sunsten wol gewünst, daß es soll Ducaten hätte mögen sein, dan es ist ser groß, undt daß er dieselbige behalten hätte, dan, wie ich höre, sein die finence zu Heydelberg etwas in desorder undt bin ich bang, daß er das seinige nicht richtig bekombt. Ich habe ihm Copi von des König von Englant brif geschickt wegen die Rockwudsche sache, aber, wie ich höre, so sein die beste fögel schon ausgeflogen. Ich hatte gehoft, er würde bissen Winter herausser kommen, so hatt er aber beim Herzug beghert, noch eine campagne in Morée zukünftig jhar zu thun; undt wan unsere trupen schon nicht thar solten bleiben, wolte er doch noch gern als volontair thar sein. Graf Carl Eduard wirdt vielleicht nun widerum zu Heydelberg sein, dan er zu Venedig vorlengst schon ankommen war; er hatt die luft nicht verdragen können. Wir haben auch ser vil offisir von krankheit verloren. Mein sohn Maxsimilian ist wider gesundt; ich hoffe ihn bissen Winter hir zu sehen. Wan Graff Meiners[4] meinen Herrn auch besuchen wil, wirdt er alzeit angnhem sein. Ich habe den Dänschen envoié, so hir ist, Mr. Haxhausen[5], gebetten, er müchte doch vernhemen, ob in Dennemarc kein emploi vor ihm zu hoffen were. Wolte Gott, ich könte sie alle binen, wie ich es von herzen wünsche, würden sie alle content leben, dan ich werde alzeit sein . . .

Sophie.

---

1) Karl Ludwig.　　2) = Kissen.　　3) = einzige.
4) Mainhart v. Schönburg.　　5) = v. Haxthausen

57.

An die Raugräfin Louise in Heidelberg.

1687
Jan. 10/20
Hanover den 10/20. Jeanweri 1687.

In grosser eil, weil der Zelsche hoff hir ist, mus ich berichten, daß ich
Dero angnhemes schreiben sambt dem brif von Baron Zeiller¹) ser wol habe
emfangen. Vor den gutten Wunsch zu bissem Neuwen jhar von mein Vas von
Schunburg unbt von Dieselbige sage ich grossen danck; ich hätte aber nicht
baran gezweivelt, wan Dieselbige es mir schon nicht geschrieben hätten; hoffe
auch, sie werden bie opinion von mir haben, daß ich Dieselbige alles guttes
wünsche, wan ich es schon nicht schön vorbringe. Was der gutte Limbach
ihrenthalben alle verricht hatt, ist nicht wie ich es hätte wünschen mögen. Der
gutte Courfürst meint es zwar wol gutt, aber Dero kammer soll gar schlecht
bestelt sein, bin also bang, bas gelt wirdt wol am lezten an unsern Rauwgraf
unbt an ihnen kommen, wan es nicht auf einen ort assignirt ist . . . Es ist
mir recht leit, daß die fraw Grefin von Schunburg so kranck ist; nun Dero
Herr wider bey ihr ist unbt auch widerum ein sohn haben, mus bieselbige alles
leit vergessen. Graff Carl²) ist nun Oberster bey Cour Brandenburg, aber
noch ohne regiment; mein tochter, welge ihn ser estimirt, vermeint aber, es
wirdt wol folgen. Mr. Haxhausen hatt mir noch nichts lassen wissen wegen
Graff Meinart; ich vermeine, wan er in Dennemarck könte ankommen, könte
er seine charge vom König von Franckerich behalten, wie ber Conte de Roy
gethan³). Wan er lust tharzu hätte, könte er sich vom König von Franckerich
lassen recommendiren. Es ist zwar eine rübe nation unbt hätte ich ihn wol
lieber hir. Mr. Ilten wirbt nach sante geschickt mit commission⁴). Ich hoffe,
unsere völcker werben im September widerum von thar hirher reisen unbt ich
unsern Rauwgraf gesunbt widerum hir sehen. Meinen sohn Maxsimilian erwarten wir alle bag; hatt eine halbe carantaine müssen halten in ein Closter
bey Venedig. Sein Herr bruber wirbt lang nach Baron Ferdinant warten,

1) Joh. Friedr. v. Seilern; zuerst Regierungsrath u. Staatssecr. beim Kurf. Karl
Lubwig v. b. Pfalz; fiel 1675 in Ungnade (vgl. Public. a. b. Kgl. Preuß. Staatsarch. 26,
S. 262 u. Häusser a. a. O. II, S. 676), ging bann nach Wien, warb hier katholisch unb
bann kaiserl. Rath, balb Wirkl. Geh.-Rath, u. 1713 von Kaiser Karl VI. in den Reichsgrafenstand erhoben; † 1715.

2) Raugraf Karl August.

3) Die Herzogin von Orléans schreibt am 10. Oct. 1686 an die Herzogin Sophie:
„Daß ber Comte de Roye bie banische binste quittirt, habe ich erfahren"; Ranke a. a. O.
S. 46.

4) Vgl. das Ausführliche über biese Senbung Iltens nach Zanthe bei Eb. Bobemann,
„Jobst Herm. v. Ilten. Ein hannov. Staatsmann bes 17. u. 18. Jahrh.'s" (Hannov. 1879),
S. 17.

ban meine kinder haben ihn noch zu Amsterdam gesehen; es sein meine zwe
kleinste; sie gehen nach Paris [1]). Ich verbleibe . . .

Sophie.

58.

An die Raugräfin Louise [in Heidelberg].

Hanover den 15/25. Febr. 1687.

1687
Febr. 15/25

. . Es ist mir wol von Herzen leit, daß ich so wol von der richtigen bezallung
geurtheilt habe. Ich wil an Madame schreiben, auf daß J. L. nochmals ein
vorsprag müchten thun wegen der anweisung auf ein ambt. Die aus Morée
kommen, sagen, daß unser Rauwgraff ser melancolisch soll sein undt, was
ihnen allen am meisten verwundern wirbt, ist, daß er sein abscheit von J. L.
dem Herzug beghert hatt [2]), undt schreiben mir, er vermeinte, J. L. der Herzug
würden es nun schon wissen. Wie ich aber tharnach fragte, war ich die ehrste,
so es dem Herzug vorbrachte, welger es ser ungnebig entfunden undt sachten:
„Disses ist mein danck, daß ich mich seiner undt sein gansses haus angnhommen
habe undt so viel an sein fortun zu machen gedacht als an mein eigen kinder."
Ich habe aber gethan was ich kunt, disses premier mouvement zu moderiren
undt habe inmittels ein grosse mercurial [3]) an unsern Rauwgrafen geschriben.
Wan er den brif nur bekäme, würde wol alles gutt werden. Er wil die zukünftige campagne noch thun, hernacher aber mit unser völcker widerum
herausser kommen. Ich habe ihm geschriben, daß, wan er ihrgens besser könte
ankommen als hir, daß ich versichert were, mein Herr würde alsban wol zufriden sein undt sein advantage selber gern helffen befodern [4]); aber man ver-

---

1) Die Prinzen Christian u. Ernst August. Über ihren Aufenthalt in Paris vgl. die
Berichte der Herzogin von Orléans über die Prinzen an die Herzogin Sophie, bei Ranke
a. a. O. S. 53 ff.

2) Vgl. Kazner, Raugr. Louise, II, S. 27.   3) mercuriale, Verweis.

4) Die Antwort des Raugrafen auf diesen Br. der Herzogin Sophie findet sich auch
im Kgl. Staatsarchiv zu Hannover: »Zante le 20/30 de Mars [1687]. Madame. En
ce moment qu'un vaisaux est pret à faire voile, je reçois celle que V. A. S. m'a
fait l'honneur de m'ecrire du 4. de Fevr.; je suis bien malheureux que Msgr. le
Duc prend pour brusquerie ce que j'ay cru estre obligé de faire, pour n'en point
estre taxé, car je croyois beaucoup mieux faire en demandant ma dimission un
an auparavant que si je l'avois fait tout d'un coup à mon retour à Hannover.
Je suis au desespoir aussi de ce que V. A. S. a si mauvaise opinion de moy et
qu'elle m'accuse d'un vice, pour lequel j'ay le plus d'horreur, qui est d'ingrati-
tude. Je la puis assurer avec tont le respect que je luy dois, qu'en tout pays
où je seray, j'auray toujours une parfaite reconnoisance de graces et bontés
que Vos Altesses ont eu pour moy et pour ma famille. Ce n'a jamais esté mon
intention d'entrer en aucun autre service sans par le moyen et la recommandation de Msgr. le Duc; je la supplie tres humblement de considerer, si je pouvois faire autrement que de demander premierement congé et prier apres cela

sichert mir, er sehe noch nirgens anders engagirt unbt wüste auch noch nicht, wo er hin wolte.

Was anbelang(t), baß sie meinen rabt vernhemen wollen wegen zu Heydelberg in ein eigen haus mit Dero schwester zu wonhen, so nhae bey die fraw Grefin von Schonburg seyn, unbt eine abeliche dame zu chappon¹) bey sich nhemen, finde ich gar nicht übel; weil die welt aber wunderlich ist, wolte ich boch ratten, keine generale visiten von Mansleuten viel anzunhemmen, sunbern ben hoff vielmer bey die fraw Grefin von Schonburg zu lassen sein, da sie bie leute sehen können. Daß Madame auf Dero schreiben nicht antwort, ist bie ursag, baß Dieselbige noch nichts guttes vor sie sembtlich wirbt außgericht haben. Ich bitte, sie wolle sich boch bemühen, an Baron Max zu sagen, baß, weil eine junffer bey mein tochter die Courprinsessin Braut ist, habe ich alsbalt junffer Lente recommenbirt unbt ist meine tochter sowol als J. L. der Courprins zufriben, baß ich sie nach Berlin an Dero hoff schicken soll zur junffer. Ich wil sie gern etliche wochen hir behalten, sie etwas zu moreginiren²), wan ich es nöttig werbe finben, ban ich gern ehr von meine recommendation wolte haben. Wan Baron Max mir sie schicken wil, wil ich schon sorg vor sie bragen, baß sie weiter fortkombt; sie wirb gewis bey eine gute unbt genereuse Princeslin sein, ob ich es schon selber sage, die außbermassen gutt vor ihre leuten ist. Baron Max wirbt auch von eine charge los werben, der bis itzunber wol ser genereux mit ihr gehanbelt hatt . . . Sie wolle boch mein complement bey meine Bas bie Grefin von Schunburg unbt bey freuwlen Ameltien³) machen; könte ich sie alle binen, würbe mich nichts liebers in ber welt sein, ban ich liebe sie alle von herzen.

Sophie.

59.

An bie Gräfin Karoline von Schönburg in Heibelberg.

Hanover ben 26. Juni/6. Juli 1687.

1687
Juni 26/
Juli 6

Ich kan Dieselbige wol versichern, baß Dero schreiben mir außbermassen angnhem sein, weil ich tharaus spüre, baß meine bas mich alzeit lieb hatt. Ich bilbe mir auch ein, baß ich es wert bin burch die bestenbige affection, so ich vor ihr unbt alle ben ihrigen habe; sage sie auch binstlich banck vor bie relation von bie schöne sachen, so nun zu Heybelberg vorgehen. Alhir habe ich frübe

Msgr. le Duc, d'avoir la bonté de me recommander quelque part. Je suis un jeune homme qui me pourrait peutestre pousser dans le monde, si j'en trouvois l'occasion; c'est pourquoy j'espere que Vos Alt. ne prenderont pas en mauvaise part, si je cherche cet occasion; j'aurois cru fort mal faire, si j'avois taché d'avoir de l'employ autre part sans avoir eu congé auparavant...«

1) = chaperon.　　2) morigéner, erziehen, ausbilben.　　3) = Amalie.

undt betrübnis zugeleichg gehabt: wie wir alle wolten hinaus faren dem Courprinssen[1]) undt Dero gemallin[2]) entgegen, um J. J. L. L. alhir zu emfangen,
bekamen wir die böse Zeidung, daß mein tochter auf dem weg jenseits Wolfenbudel ein böß kindtbett hatte bekommen[3]). Ich machte mich strack auf undt
fuhr die gansse nacht, bis ich zu J. L. kam, da ich sie dan zwar gar matt funde,
aber doch ohne zufel. Wir haben ihr ein bette in ein chaise lassen machen undt
haben dieselbige also hirher gebracht, da J. L. sich nun so wol widerum erholt
haben, daß sie schon aus der kammer widerum gehen. Der gutte Courprins
bekombt aber ein hauffen böse brif von Dero Herr Vatter[4]), welger J. L. verfluchen wollen, wan sie nicht widerum nach Berlin gehen, welches J. L. gern
thun wolten, wan die poudre de succession[5]) nicht thar ihm[6]) schwang ging
undt J. L. schon selber in gefhar tharvon weren gewessen, aber doch durch ein
hauffen contrepoison sein errett worden undt sich nun gottlob recht wol befinden. Der arme Markgraf[7]) hatt aber so elendig sterben müssen undt ist nun
zu Berlin verbotten, man solte nicht mer tharvon sprechen, so daß es kein
wunder ist, daß J. L. der Courprins gern in ein ort sein, da sie sicher vor
geift[8]) können sein, dan solges ihm von seine besten fründen ist geratten worden.
J. L. der Courprins zu Pfalz sachte auch zu mir unber andern: wan sie in des
Courprinsen von Brandenburgs stelle weren, wolten sie nicht widerum nach
Berlin gehen. Ich halte, die Königin von Portugal[9]) wirdt fro sein, daß noch
ein tütze[10]) dame mit ein Portugeschen[11]) Herrn verheirat wirdt; ich känne
ihr Herr Vatter recht wol, er heist Graf Lutz von Hoenlo[12]). Daß aber

---

1) Friedrich (I) von Brandenburg.   2) Sophie Charlotte.
3) Hier kam das zweite Kind der Sophie Charl. tobt zur Welt.
4) Der Kurf. Friedr. Wilhelm hatte sich nach dem Tode seiner Gemahlin Louise
(v. Oranien, 8. Juni 1667) am 4. Juli 1668 wieder vermählt mit Dorothea, der Wittwe
des Herzogs Christian Ludw. von Celle. Diese schenkte dann dem Kurf. 7 Kinder. Eifersüchtig auf die bevorzugten Söhne des Kurf. aus erster Ehe, versuchte sie, das Testament
des Kurf., welches nach dem alten Hohenzollern'schen Hausgesetz dem ältesten Prinzen die
gesammten Länder des Kurhauses ungetheilt zusprach, zu Gunsten ihrer Söhne umzustoßen.
— Ja man beschuldigte sie, ihr Haß gegen die Kinder ihres Gemahls aus erster Ehe habe
sie sogar zu Vergiftungsversuchen gegen dieselben getrieben. Vgl. Droysen, Gesch. d. preuß.
Politik, III, 3, S. 812 ff.
5) Die Herzogin v. Orléans schreibt am 19. Juli 1687 an die Herzogin Sophie: „Es
ist auch woll ein groß glück, daß J. L. der Churprinz so glücklich von dem poudre de
succession eschapirt sein"; vgl. Ranke a. a. O. S. 53.   6) = im.
7) 1687 war plötzlich der Pr. Ludwig, der 21jähr. jüngere Bruder des Kurpr. Friedrich, am Tage nach e. Balle bei der Kurfürstin Dorothea gestorben. Die Nichte derselben,
die er, wie die Markgräfin v. Bayreuth erzählt, nicht hatte heirathen wollen, die spätere Gemahlin des Herzogs Friedr. Ludw. v. Holstein-Beck, hatte ihm auf jenem Balle eine an-
geblich vergiftete Orange gereicht. Laut nannte man die Kurfürstin als Giftmischerin; die
Untersuchung ward niedergeschlagen.   8) = Gift.
9) Marie Sophie; vgl. S. 52, N. 7.   10) = deutsche.   11) Sic!
12) = Hohenlohe.

m/800 thaler disser heiratt von die Königin wirdt kosten[1]), ist die vanitet undt die grandeur vor ein Courfürst zu Pfalz beuer bezalt. Es were mir lieber, wan Sie allerseits bekämen was ihnen zukombt. Unser Rauwgraf hatt nun gans abgedanckt, wirdt aber noch disse campagne in Morée thun; er schreibt mir kein andere ursag als daß er sein fortune weiter suchen wil. Ich wünsche von Herzen, daß es an mag gehen, ich weis aber nicht wo undt er selber weis es auch nicht; man sagt: „ein mensch sein wil ist sein himmelreich". Die Rockwudsche sache ist leider nicht viel wert gewessen, weil nur ein jeder ein rock tharvon bekommen hatt. Mr. Moras[2]) ist mir ser genebig, so lang er aber nichts vor ihnen zu weg bringt, schencke ich ihm nichts. Madam hatt gar nichts zu sagen, Monsieur thut alles als maitre de la communoté; es solt jha der fransösche brauch sein . . . Lentien[3]) ist eben apropo ankommen; ich habe kein zeit gehabt, ihr das hincken abzugewennen, sunsten scheint es ein gutt kindt zu sein. Es ist sunsten wol recht, wie sie sacht wegen den Graf von Castel: „ich[4]) erger schelm, ich[4]) besser gelück." Ich habe als gehoft, Graf Meinders würde auch zu Berlin accommodirt werden, dan wol solge braffe ehrliche leute thar vonnötten sein. Ich bin recht fro, daß Mr. le Marechal de Schonberg undt Graf Carl[5]) thar in dinsten sein; ich halte, disser wirdt mit mein elsten sohn die campagne thun, wan er urlob kan bekommen. Alhir verdreibt man die zeit, Commedien zu sehen; es sein Fransösche undt Italiesche hir; wan es aber schön Wetter ist, spazire ich lieber, undt verbleibe alzeit . . .

Sophie.

60.

An die Gräfin Karoline von Schönburg in Heidelberg.

Hanover den 6/16. Aug. [1687[6]).

[1687]
Aug. 6/16

Ich habe Dero ser werde Zeillen auf unsere reisse emfangen, da wir zimlich herum rodirt haben auf der jacht undt auch auf dem Harts[7]), daß ich also kein zeit hatte, Dieselbige dinstlich tharvor zu dancken, daß sie beliebt sich anzunehmen alles was mir anghett. Ich mus hoffen, daß ihr gutter Wunsch vor mein tochter geschehen wirdt, aber nun ist noch nichts widerum vorhanden.

---

1) Die Vermählung der Tochter des Kurf. Phil. Wilhelm, Marie Sophie, mit dem Könige Pedro von Portugal (Juli 1687) hatte 159,000 Gulden gekostet; darunter befanden sich für Küche u. Keller 30 000, für Juwelen u. Spitzen 55 000, für Livreen 18 000 Gulden. Vgl. Häusser a. a. O. II, S. 765.   2) Vgl. S. 48, N. 1.

3) Frl. v. Lenthe; vgl. den vor. Br. 58.   4) = Je.   5) Raugraf Karl August.

6) Jahreszahl fehlt; da die Herzogin in diesem Briefe ihre erste Reise in den Harz als „vor 24 Jahren" geschehen erwähnt u. diese im J. 1662 stattfand (vgl. Public. a. d. K. Pr. Staatsarchiven, Bd. 26, S. 55) u. die im Juli 1687 geschehene Verheirathung der kurpfälz. Prinzeß Marie Sophie mit dem Könige von Portugal erwähnt ist, so fällt dieser Br. in das J. 1687.   7) = Harz.

Wir meinten, J. L. sowol als der Courprins würden Dero Verheissung nach zu uns nach Hertzberg kommen sein, allein es scheint, daß der Courfürst von Brandenburg sie lieber an ein andern ort wil wissen, als bey uns, so daß sie nur ehn dag bey uns sein gewessen zu robekirgen. [1]

Die Lentin [2] war nun ser getrost, weinte nicht mher wie ihm [3] anfang, wan man ihren oncle nhente. Ich halte [dafür], Mr. Moras [4] ist nicht wol zufriden, daß ich ihm kein present gegeben habe; ich hatte aber gern einbingen wollen, daß er ihnen auch etwas zu gefallen solte thun, welges aber bishero nicht ist geschehen. Ich hatte vergessen, daß der tractatt zu Hall [5] war ge-schlossen, sunsten habe ich mich gar wol erinert was tharin stunde; wan es nur müchte gehalten werden. Nun die soleniteten [6] vorbey sein, mus man hoffen, daß das menage an wirbt gehen undt Dieselbige allerseits Dero conte tharbey finden. Ich habe einen gar alten brif vom Rauwgraf Carlutz [7] em-fangen vom 10. May aus Santi [8]; seinen abscheit, den er beghert hatt, wirbt er nun schon schriftlich haben. Mir ist es leit, dan es ist aparence, daß es balt fribt wirbt werden, dan disse campagne ser übel ablauft in Ungern, undt in Franckreich ist auch nichts vor ihn zu thun. Madame schreibt zwar ser lange brif, aber es pflegt nicht viel wichtiges tharin zu stehen, undt schreiben J. L. nur, daß vor ihm beim König gar nichts zu thun seye, wie auch wegen das gelt, so man ihm schulbig ist, sie gar keine macht habe, etwas vor ihm zu thun, welges gar verbrißlich ist. Ihm [9] übrigen sage ich Dieselbige grossen banck vor die relation von die gutte Königin [10]. Ich halte [dafür], der grosse Dia-mant, so auf dem Pourtrait war, ist wol das schönste gewessen, so tharan war, ban der König [11], wie man sacht, sol halb von die fransosen aufgefressen sein [12]. Der abgesanter hatt die Königin wol verwart ihmer in die jacht einge-schlossen; nur allein zu Dusseldorf haben J. M. dürffen aussteigen. Ich halte [dafür], die Princessin Mariane [13] werden gelücklicher sein, wan J. L., wie man sacht, den Prince Louis von Baden werben bekommen, welger ein ser wackerer Herr ist. J. L. die Courfürstin sein gelücklich, daß J. L. so insen-sibel sein, ban es ist ungmechlich, wan man seine kinder lieb hatt; ich entfinde es, die 4 ihm [14] krig gegen die türcken habe. Bis nun ist es noch gelücklich vor

1) Jagdschloß Rothenkirchen bei Einbeck.
2) = v. Lenthe; vgl. S. 58, N. 3.   3) = im.   4) Vgl. S. 58, N. 2.
5) Der Vertrag von Schwäbisch-Hall; vgl. Häusser a. a. O., II, S. 709 f.
6) Der Hochzeit S. 58, N. 1.   7) Karl Ludwig.   8) = Zanthe.
9) = Im.   10) Von Portugal: Marie Sophie.
11) Pedro von Portugal.
12) Die Herzogin v. Orléans schreibt am 31. Juli 1689 an die Herzogin Sophie: „Ich habe hir nicht gehört, daß der König in Portugal so heßlich sein solle, sondern nur, baß er ganz met verloff von den franzoßen verfault seye"; Ranke a. a. O. S. 72.
13) Die Tochter des Kurf. Phil. Wilhelm: Maria Anna, welche 2 Jahre später den König Karl II. von Spanien heirathete.   14) = im.

sie hergangen; man muß das beste hoffen wegen das zukünftige ... Mr. Coppensten hatt ein jungen sohn: ich hoffe, daß er ihm gleichg sicht, dan seine fraw ist ein ser heßlich schetzien ... Graf Carl ist, wie ich gelaube, bey mein elsten sohn, aufs wenigste wan er darf, ban wir sein gans schwartz bey dem hoff undt wissen nicht worum. Der Herzug von Zelle macht zwar viel henbel, thar können wir aber nicht vor.

Man wirdt alhir eine opera representiren so vor den Courprins undt vor mein tochter destenirt war; J. J. L. L. werden sie aber nicht sehen dürffen. Der Herzug undt ich sein auf dem Harts in die silbernen gruben gestigen, vermeinten, es würde so wol ablauffen als wie wir es vor 24 jharen[1]) gethan hatten, aber wir kamen gans steif undt müde heraus, als wan man were gebrigelt[2]) worden, konten in 3 dagen schir nicht gehen. Verbleibe inmittels so lang ich lebe ihre trüwe affectionirte tante

Sophie.

61.

An die Raugräfin Louise in Heidelberg.

Hanover den 1/11. Sept. 1687.

1687
Sept. 1/11   Die fraw Grefin von schunburg hatt mich selber von Franckfort geschriben undt Dero reiß zu wissen gethan; ich hoffe, wan Dieselbige zuruck kombt, wirdt sie mir auch besuchen. Von unsern Rauwgrafen[3]) habe ich auch ein schreiben bekommen; er ist gottlob in ser gutten zustandt undt hatt sich bey der lezten action ser sinalirt[4]), ban es meist auf sein Regement undt das von Bülo undt Ohr ankam, undt Ohr war kranckheit halber nicht tharbey. Unser Herzug hatt gewis ein ser grosse estime vor unser Carlutz undt halte ich, wan er hir wirdt kommen, werden J. L. ihn wol so accommodiren, daß er bey uns bleiben wirdt. Es ist zwar facheus, daß bey Brandenburg undt hir die Reichsgraven sowol als andere nur rang nach ihrer charge haben undt er, wan er hir ist, hinder die Geheimen redt[5]) mus gehen. Es hatt mir oft verdrossen, aber die sachen, die ich nicht helffen kan, mus ich gehen lassen. Ich bitte, sie wolle doch Baron Max meinentwegen gelückwünschen zu sein jungen sohn undt ihm sagen, daß die gevatterschaft mich recht angnhem ist gewessen. Frailen Ameltien grüße ich auch ...

Sophie.

---

1) Vgl. S. 58, N. 6.   2) = geprügelt.   3) Karl Ludwig.
4) Über die Erfolge der hannov. Regimenter im Feldzuge 1687 gegen die Türken vgl. v. Sichart a. a. O. I, S. 427 ff.   5) = Räthe.

62.

An den Raugrafen Karl Ludwig.

Hanover 5/15. Sept. 1687.

C'est asseurement, mon cher neveu, avec bien de la joye que j'ai appris la glorieuse bataille de Patrasse [1]), où vous avés acquis beaucoup d'honneur et de reputation . . . Koenigsmarc [2]) et tous nos offisiers parlent dans leurs lettres à vostre advantage, ce qui a mis le Duc de fort bonne humeur pour vous. Cette nouvelle, que je vous addresse à Corinth, vous sera sans doute d'une plus grande consolation que les épitres de St. Paul, qu'il addressoit pour ce lieu là. Qui auroit cru que mon fils et vous feriés plus que cet apôtre pour y établir le christianisme! Vostre frère l'Electeur [3]), quoique plus devot que vous, n'en a pas tant fait et vous prendrés apparement Negropontis tout de bon, qu'il n'avoit pris que

---

1) Über die Schlacht bei Patras am 24. Juli 1687 vgl. v. Sichart a. a. O. I, S. 431 ff. Die Hannoveraner erbeuteten 6 Kanonen u. 12 Fahnen, darunter die des Serasliers. In Hannover war große Freude über den errungenen Sieg: es wurden die Glocken geläutet, die Kanonen gelöset u. ein Dankfest in der Schloßkirche gehalten. Der Raugr. Karl Ludwig zeichnete sich in jener Schlacht so aus, daß ihn die Republik Venedig in ihre unmittelbaren Dienste berief. — In e. bisher ungedr. Briefe (im Kgl. Staatsarchiv zu Hannover) schreibt der Raugr. Karl Ludwig an die Herzogin Sophie: »Corinthe, le 4/14. d'Aoust 1687. Madame. V. A. S. aura sans doute apris ce qui s'est passé à Patrasse et comme les Venitiens sont presentement les maistres de la Morée. Cela leur a cousté fort peu de peine, les Turcs ayant abandonné les places aussitost qu'ils sceurent que leur armée estoit battue et qu'ils virent paroistre nos galeres. Nous sommes presentement campés dans Corinthe; on y voit plus la moindre aparence d'une ville qui a esté autrefois si renomée et si magnifique; à peine y voit on une pierre sur l'autre et on y trouve pas une ame vivante. Les Turcs avant de la quiter ont tout bruslé et sacragé, et S. Paul auroit beau écrire ces epistres et y precher, presentement il n'y trouveroit point d'auditeurs. J'y pretands pourtant faire un acte chrestien en faisant batiser demain un jeune turc que j'ay. On dit que nous allons à Athene ou à Negropont; si c'est à ce dernier où on va, j'ay peur qui ne nous soit plus funeste que le siège de Negroponte, qu'ils ont fait au Palatinat n'ayt esté aux assiegans [vgl. die folgende Note]. La campagne finie je viendray à Hannover recevoir les ordres de V. A. S. et la remercier tres humblement de ce qu'elle m'a bien voulu faire la grace de degager mes bagues [vgl. später Br. 68] et joindre cette obligation à mille autres que j'ay deja et auray toute ma vie...«

2) Graf Otto Wilhelm v. K.; vgl. S. 51, N. 7.

3) Dieses bezieht sich auf die thörichten u. enormes Geld kostenden Soldatenkomödien des verstorb. Kurf. v. d. Pfalz. So ward u. a. im heißen Sommer 1684 das alte Schloß Eichelsheim am Rhein zu einer Schanze umgewandelt u. "Negroponte" getauft, u. der Kurf. lag mit s. Hofe u. Heere 4 Wochen lang vor der eingebildeten Festung. Soldaten, Hofleute u. Studenten waren als Türken u. als Kaiserliche vermummt. Die Hitze u. ungesunde Lage des Orts richtete in dem Heere große Verheerung an u. der Kurf. selber zog sich daselbst seinen baldigen Tod zu. Vgl. Kazner a. a. O. II, S. 132.

par une religieuse folie. Ainsi je veux esperer que l'evenement en sera plus heureux pour vous . . .

Sophie.

63.
An die Gräfin Karoline von Schönburg.

1687
Oct. 4/
Sept. 24

Linsburg den 4. Oct./24. Sept. 1687.

Weil ich aus Dero werdes schreiben sowol als von Mr. Botmer vernehme, daß sie Gottlob sich nun besser befinden, muß ich hoffen, daß Dieselbige sich in dem standt, da sie sein, nicht weiter mit reisen werden hazardiren; wan solges vorbey, hoffe ich Dieselbige zu Hanover frisch undt gesundt zu sehen. Undt ob ihr Herr schon nicht, um charge zu begheren, nach Berlin gereist ist, so halte ich doch, wan ein gutte ihm angebotten würde, er billig sie nicht solte abschlagen, ban sein Herr Vatter ist alt undt kan sterben, so würde es ein grosses vor ihm sein, in seine charge zu folgen, ban in Franckerich ist doch nichts zu thun vor die, so von unsere relion sein. Ich höre, der Courfürst von Brandenburg wil dem Keiser m/6 man zu hülf schicken; ich möchte wissen, wer sie commendiren soll. Inmittels ist es mir leit, daß mein tochter nun nicht zu Berlin ist, um ihr undt Mad. la Marechalle[1] zu sehen, darin ich versichert bin, daß sie grosse vergnügung würde haben. Sie ist noch zu Casfel mit dem Courprinsen, dem sie überal folgen wirdt, wan es bey ihr stehett. Man sacht zwar, er würde widerum zum Courfürsten gehen; Gott gebe, daß J. L. resolfiren mögen was am besten vor ihm ist. Man kan sich nicht verwundern, daß seines Herr Bruder tobt[2] ihm ein schrecken gemacht hatt. Von Heydelberg vernehme ich, daß Moras[3] übel zufriden von thar gangen ist, weil die redte ihm die Rechnungen nicht haben wollen weisen, da er als hoffnung an die Rauwgraven hatt gemacht, sie von zu bezallen. Wan es bey Madam stünde, würde ihnen gewis recht geschehen, aber die gutte Princes hatt gar nichts zu sagen.

Ich verlange, unsern Rauwgraf bald widerum hir zu sehen; ich halte, Mr. Botmer wirdt ihr Graf Königsmarck[4] brif gewisen haben, der ser advantageux von ihm schreibt. Mein elsten sohn[5] undt Carl[6] erwarten wir alle dag bey uns, aber mein arm Gustien[7] mus ihmer ein advanturier agiren. Wir sein selber 3 wochen alhir in ein Wildernus, da der Herzug sich mit jagen divertirt, da ich nichts von verstehe; bis Dinstbag gehen wir nach Hanover, da der junge Gourville[8] auch wirdt kommen. . . . Ich bitte, sie wolle doch

1) de Schomberg (Schönburg).   2) Vgl. S. 57, N. 7.
3) Vgl. S. 48, N. 1.   4) Vgl. S. 51, N. 7.   5) Georg Ludwig.
6) Karl Philipp.   7) Friedr. August.   8) Sohn des Jean Héraulb de Gourville, französ. Cavaliers am cellesschen Hofe, bekannt durch seine Memoiren.

mein complement an Mr. le Marechal[1]) undt an Mad. la Marechalle machen, es würde mir ein grosse frübe sein, ihn einmal widerum zu sehen undt von alte zeiten zu reden; es gebenckt mich noch, daß ich zu Leiden vor ihm must auf die laut spillen; seiber der zeit hatt sich viel in der welt geendert. Vor mir werde ich alzeit bestendig vor mein herzliebe Bas sein undt ihr binen, wo ich kan; sie wolle doch basselbige ihrem Herrn auch versicheren.

Sophie.

64.

An Freiherrn Ferdinand von Degenfeld in Heidelberg.

Hanover den 21./31. Oct. 1687.   1687
Oct. 21/31

. . . Ich habe alle seine angnheme schreiben ser wol emfangen; es war mir aber leit, nichts tröstliches vor die Raugrefflichen tharin zu finden. Wan J. L. des Herzugen vorschrift wegen die bezallung Dero pension undt restanten etwas helffen könte, würde es wol geschehen, allein thar nichts ist, verlirt der Keiser sein recht. Derhalben were es gutt gewessen, daß ehn gewisses ambt ihnen were angwisen worden. Ich wil hoffen, wan J. L. der Courprins[2]) in die regirung werden kommen, soll alles besser gehen. Ich bin ser wol bekant mit bem Herrn Spe[3]), insunberheit mit seine fraw, die profession macht, meine freundin zu sein, hoffe, als mit ihnen was guttes auszurichten. Es wirbt aber an bem hoff vielleicht verbrissen, baß J. L. ber Herzug eine allience mit Franckerich geschlossen haben; doch ist dieselbige so eingricht, baß man an bisser seiten nicht meint, baß es dem Reich zuwider ist. Ich habe wegen ihm an Madame geschrieben, aber die antwort kan ich mich leicht einbilden, ban J. L. so wenig mit ber einnhame als mit ber ausgab zu thun haben undt Monsieur als chef de la communoté mit alles schalt undt walt, undt haben J. L. Madame mit gebult ansehen müssen die Heydelbergsche tapetten ihn[4]) des chevalier de Lorraine kammer undt die beste schilbereyen.

Von unserm Raugrafen habe ich nichts vernommen, seiber er mir aus Corinte[5]) geschrieben, ban seiberbem keine zeibung von mein sohn Maxsimilian sein kommen; er hat sich ser distinguirt undt sinalirt. Graf Königsmarck[6]) sowol als alle unsere offisirs haben ser advantageus von ihm an mein Herr geschrieben, welges die affection undt estime, so mein Herr ihmer vor ihm gehatt, ser vermerdert[7]); ich halte auch nicht, baß J. L. ihn werden wech lassen, ob er schon sein abscheit hatt, es sehe ban, baß er gar tharbey verhart.

---

1) v. Schomberg.
2) Johann Wilhelm, der spätere Kurf. v. b. Pfalz; vgl. Häusser a. a. O. II, S. 787.
3) v. Spee.   4) = in.   5) Vgl. v. Sichart a. a. O. I, S. 435.
6) Graf Otto Wilhelm v. K.; vgl. S. 51, N. 7.   7) Sic! = vermehrt.

Der Courprins von Brandenburg ist durch gehorsam, affection undt respect vor seinem Herrn Battern bewegt worden, widerum nach Potsdam undt Berlin zu reisen[1]). Meine tochter frübt sich, die Gräfin von Schunburg zu sehen, welche nun resolfirt ist, Dero kindtbett zu Berlin zu halten; ich halte es nicht unbinlich; der Marechal ist alt undt were es eine gutte sache, wan Graf Mainars in seine chargen succediren könte. Brandenburg sol nun widerum wol mit Franckerich stehen undt die subsidien continuihrt werden. Es stehett schlecht um die tutsche Fürstenlibertet; lebte mein Herr bruder noch, würde es anders ihm[2]) Reich stehen. J. L. der Herzug sein zu Ghör auf die jacht bey Dero Herr bruder; morgen werde ich folgen, ban die parforcejacht weren[3]) wirdt bis es frirt. Der Herzug von Zelle ist noch nicht mit Franckerich engagirt, Wolfenbübel wirdt noch nicht gesucht. Unser gutte Generallieut. Budewels[4]) ist todtkrank; sein groste krankheit ist, daß der ehrliche man über sibenzig jhar alt ist. Ich wünsche, daß man den Herrn Baron[5])' bey der neuwen regirung zu Heydelberg wirdt nöttig haben undt man mer reflection auf seine sinseritet als auf den Graf von Castel machen wirdt. Könte ich ihm in etwas fründtschaft erweisen, würde es mir ser lieb sein, weil ich alzeit verbleiben werde . . .

Sophie.

65.

An die Gräfin Karoline von Schönburg.

1687
Oct. 23/
Nov. 2

Ghör ben 23. Oct./2. Nov. 1687.

Bey die von Botmar kan ich nicht lassen, mein liebe bas in gedancken zu ambrasiren undt eine gelückliche entbindung von herzen zu wünschen, weil ich nun vernheme, daß sie gans resolfirt ist, Dero kindtbett zu Berlin zu halten. Mein tochter hatt sich ser gefrübt, daß sie Dieselbige thar würde finden, erinert sich noch, daß sie Dieselbige zu Heydelberg gesehen hatt. Man sacht jha nun vor gewis, daß der Courfürst zu Pfalz[6]) die regirung dem Courprinssen[7]) werden überlassen; man mus hoffen, daß es alsban mit der menage

---

1) Die Herzogin v. Orléans schreibt an die Herzogin Sophie am 3. Nov. 1687: „Daß J. L. der Churprint undt die Churprintzeßin von Brandenburg wider nach Berlin werden [gehen], erweist der Churprint hirin eben so ein groß herz als wan er in Ungarn gegen die Turquen ginge, ban die gefahr des lebens schir noch größer ist, jedoch so hoffe ich, daß ob Gott will diejenigen, so den Marckgraffen sollen vergeben haben (im fall es die Herzogin von Holstein, so man weggeschickt hatt, nicht sehe), baß, sage ich, dieselbigen nichts mehr werden untersangen dörffen". Bgl. Ranke a. a. O. XIII, S. 57; vgl. S. 57, N. 4.   2) = im.   3) = währen.

4) = v. Podewils, früher in französ. Diensten, ward 1670 auf Empfehlung Ludwigs XIV. vom Herzoge Joh. Friedrich von Hannover in seine Dienste als General genommen.   5) Ferdinand v. Degenfeld.

6) Phil. Wilhelm.   7) Johann Wilhelm.

beſſer wirdt gehen unbt ſie allerſeits beſſer werden bezalt werden. Madam verſpricht mir in Dero leztes ſchreiben, auch Dero beſtes vor ihnen bey Monſieur zu thun durch den Hr. Moras, ban die gutte Princes hatt ſelber nichts zu ſagen. Wir ſein nun zu Hanover gutt franſöiſch, zu Zelle aber noch nicht; ich halte, es wirdt weren[1] ſo lang man thut was man uns verheiſt. Aus Morée haben wir gans keine Zeibung ſeider baß mein ſohn unbt der Rauwgraf uns aus Corinte geſchrieben haben. Wan ich was höre, werde ich es Dieſelbige wiſſen laſſen, ban mir alle gelegenheiten werden angnehm ſein, durch welge ich ſie werde können erfrüwen unbt durch Dinſten erweiſſen, wie ſer ich ſie liebe unbt eſtimire.

Sophie.

Je vous prie, Madame, de faire bien des complements de ma part à Mr. le Marechal et à Madame la Marechal de Schonburg; dites que je suis tout à fait leur servante autant qu'on le peut estre. Je ne dis rien pour le Conte Mainart, car mari et femme ne sont qu'une mesme chose.

66.

An die Gräfin Karoline von Schönburg in Berlin.

Ghör ben 31. Oct./10. Nov. 1687.

1687
Oct. 31/
Nov. 10

Mein tochter ſchreibt mir auch, baß ſie groſſe frübe hatt gehatt, meine liebe baß zu ſehen, unbt baß ſie ein groſſe amitié mit ihr gemacht hatt; J. L. rümen auch Mad. la Marechall ausbermaſſen. Ich halte, ſie[2] were auch wol recht fro, wider zu Berlin zu ſein, wan des armen Margraf tobt[3] ihr nicht ihmer vor augen were unbt ihr noch mer ungelück fürchten machte. Ich bin recht fro, baß die Marechalle satisfait von ihr iſt, ban weil Dieſelbige gar groſſ verſtandt haben, iſt es mein tochter advantageus, baß ſie von ihr aprobirt ... Inmittels wünſche ich von herzen, baß ihr kindtbett wol ablauffen mag, ban ich verſichere ihr, baß ich mich intereſſire in alles was ihr angehett. Man meint, die Fürſtin von Holſten-Brig[4] wirbt ihre retraite nach Hanover nemmen, welges vor die junge hoffbürſch gutt würde ſein[5]); man muß ihr naturel ihr zu gutt halten, ban ſie es von Mutter, Großmutter unbt Übergroß-mutter geerbt hatt, die eben ſo ſchlim ſein geweſſen. Es iſt ein elenbt vor ihr,

---

1) = währen. 2) Die Kurprinzeß Sophie Charlotte.
3) Vgl. S. 57, N. 7. 4) Holſtein-Bed; vgl. S. 57, N. 7.
5) Die Herzogin v. Orléans ſchreibt am 3. Nov. 1687 an die Herzogin Sophie: „Ich erinnere mich gar woll, baß ich ein freullen von Holſtein zu Zelle bey ber bamaligen Herzogin geſehen, aber ſo viel ich mich baran beſinnen kan, ſo war ſie kein Kint nicht, ban ich war ſchon 10 Jahr alt unbt ſie beuchte ſich zu groß, mitt mir zu ſpiellen, hatte auch ſchon brüſte unbt blauberte lieber mitt cavalirs alß mitt mir" ꝛc.; vgl. Ranke a. a. O. S. 57.

daß ihr verstandt ihr temperament nicht zwingen kan, dan sunsten were sie
obligant undt artig. Baron Ferdinand hatt audientz bey Courpfalz gehabt
undt geklagt, daß die Rauwgrafflichen nun in 5 terminen nicht bezalt weren.
Der Courfürst hatt geantwort: das ist zu viel, wolte beswegen mit die kammer-
rebt sprechen, würde aber schwerlich auf einmal können bezalt werden; was er
versprochen hätte, wolte er halten. Es scheint, daß ein schlecht menage zu
Heydelberg leider ist, da sie auch vor leiden müssen, welges wol zu beklagen
ist, insunderheit weil der Graf von Castel die derection tharvon hatt. Sie
arbeiten nun wider starck, einen von den Princen[1] [zum] Coajouter[2] zu
Münster zu machen undt eine Princesin dem Prins von Florens zu geben;
er bringt seine kinder wol an undt haben die Catholischen groß vortheil vor uns.

Aus Morée haben wir gar keine zeidung. Die Republic wolten die
trupen, da unser Rauwgraf bey ist, gern behalten, weil sie selber sagen, daß
sie alle die conquesten gemacht haben; aber mein Herr hatt es abgeschlagen,
wil sie wider haben[3] undt die lezt hingegangen sein nur thar lassen; Wolfenbudel hatt auch ein Regement hin geschickt. Die post wil wech, ich mus
enbigen.

Sophie.

67.

An die Raugräfin Louise in Heidelberg.

Hanover ben 15/25. Jeanwarl 1688.

1688
Jan. 15/25   Ob ich schon nicht zweivele, daß sie mir sowol als Dero fr. schwester alles
gutes günnen, so ist es mir doch allemal überaus angnhem, wan ich ein zeigen
durch Dero brif von ihre affection bekomme, undt kan ich sie wol versichern,
daß ich ihr gutten wunsch würde volbracht finden, wan ich sie alle könte
gelücklich machen. Ich dencke oft tharan undt wan es bey mir stünde, wolte
ich sie beyde nimmer von mir lassen, aber man wil es leider nicht haben, daß
ich die satisfaction haben soll. Inmittels wirdt es mir eine grosse früwbe

---

1) Wolfgang Georg Friedrich; vgl. Häusser a. a. O. II, S. 785.
2) = Coadjutor.
3) Die Herzogin v. Orléans schreibt an die Herzogin Sophie am 13. Dec. 1687:
„Ich bilbe mir ein, daß wan oncle seine troupen wiber nach hauß kommen werden, so
werden sie sich in Griechenlandt gantz gepolirt haben undt von lauter gelehrten sachen undt
antiquitetten sprechen. Die völcker aber, so nun das Griechenlandt besitzen, müßen woll
nicht so tapffer sein, alß sie vor bleßem waren, weillen eine eintzige bombe, so in Minerve-
tempel gefahlen, sie so erschreckt, daß sie die berümbte statt Athene gleich übergeben haben.
So grosse Ehr alß oncle seine troupen auch in der Morée mögen bekommen haben, so
glaube ich doch, daß es ihnen nicht leidt sein wirdt, das vatterlandt wider zu sehen, undt
daß sie ihren brellhan undt pumpernickel mitt größer lust schmäcken werden, alß die
grichisch wein" 2c.; vgl. Ranke a. a. O. S. 59.

sein, die Grefin von Schunburg zu sehen; mein tochter wirbt es aber ser leit thun, wan sie von ihr wirbt gehen, dan sie hatt sie von herzen lieb. Unser Rauwgraf[1]) hatt sich nun bey die Venesianer engagirt, da er Generalmajor bey wirbt werden mit ein pension von m/4 thaller ungefer; er wirbt ser estimirt vom Capten-General[2]) unbt von Graff Königsmarck[3]) wie auch von allen unsern offisiren, dan keine brif aus Morée kommen sein, tharin er nicht gerümt wirbt, so baß mein Herr auch ein grosse estime unbt affection vor ihm hatt. Ich höre von Baron Ferdinand, baß ihre pensionen so übel bezalt werden; Madame hatt Mr. Moras[4]) bestolen, sich vor ihnen zu interessiren; Gott gebe, baß es was helffen mag. Ich halte, wan man bem kanzeler ein present gebe (welges ich gern bezallen wil), würde es mer helffen. Wan der Courtprins nach Heydelberg kombt, so wollen sie boch die fraw Baronesse von Spe ser caressiren unbt sagen, baß ich es ihnen gebetten habe, ban sie ist ser mein gutte fründin unbt ihr Man vermag viel. Sie müssen ihr in ihrem haus die handt geben, ban alle die Reichsgrefinnen thun es, wan sie zu Cöllen ober zu Acken[5]) sein, ban sunsten wollen keine dames zu ihnen kommen. Madam Brun wolle sie boch auch meinentwegen grüssen unbt sagen, baß ich fro bin, baß meine bäsien so gutt geselschaft an ihr haben. Rauwgraff Carl Eduard wolle sie auch ambrassiren wie auch Dero kleinen bruder unbt frailen Amelie, unbt gelauben, baß mir an keine complementen gelegen ist, berhalben bedarf sie kein entschulbigung über die ihrigen machen, ban ich schon zufriden bin, baß ich weis, baß sie mir lieb hatt unbt mich vor ihre fründtwilge trüwe tante helt.

Sophie.

Hir ist nun eine redoute wie zu Venedig unbt gehen alle leute in masque.

68.
An den Raugrafen Karl Ludwig in Venedig.

Hanover 28. Janv./7. Fevr. [1688].

... Vos deux soeurs, qui sont à Heydelberg, sont en grande perplexité de ce que la Turque du Comte Mainard[6]) s'est rendue catholique et qu'on l'a pris au chateau. Ces bonnes filles n'ont rien herité des sen-

---

1) Karl Ludwig. 2) Morosini. 3) Bgl. S. 51, N. 7.
4) Bgl. S. 48, N. 1. 5) = Aachen.
6) Ihr Schwager, der Graf Mainart v. Schönburg, hatte ihnen aus Ungarn eine junge Türkin mitgebracht. Diese warb ihnen 1688 unter dem Vorwande entführt, daß sie sich zur Annahme der kathol. Religion erklärt habe. Sie warb auf das kurfürstl. Schloß gebracht u. ihr aller Verkehr mit dem raugräfl. Hause verboten. Bgl. Kaßner a. a. O. II, S. 73.

timens de Mr. leur père en matiere de cas de conscience. Si elles vou-
loient imiter la Turque, je crois qu'elles pourroient faire fortune à la cour
Imperiale, qui est encore le seul endroit, où l'on paye les ames. La
Comtesse de Schonburg a grand peur pour la vostre. Je crois que ce ne
sera pas pour rien, sie vous flechiez le genouil . . .

Sophie.

69.

An die Raugräfin Louise in Heidelberg.

1688
Febr. 1/11

Hanover ben 1/11. Febr. 1688.

Dero fer angnheme zeillen fambt bie relation von der Türckin[1]) habe ich
fer wol emfangen; es wundert mir über bie mechante. grace, ba folges mit
gefchehen ift. Cet[2]) un fau zelle[3]), ba es fcheint man ben himmel mit verbinen
wil; boch fein bie Catholifche tharin zu rümmen, baß fie alles thun, bie leute
an fich zu zigen. Ich hoffe, alle Chriften werben balt ehns fein, weil ber
König von Franckerich ben Papft fo cavalierement tracktirt. Uns reformirte würde es ein groffes fein, mit von ihre benefice zu partisipiren, unbt
hätte mein bruder[4]) felig fer gern bie vereinung mit bem Papft gefehen. In
jener welt wirbt man uns nicht fragen, von was relion wir gewelfen fein,
funbern was wir gutts unbt böß gethan haben; tharan ift wol am meiften
gelegen, bas andere ift ein Pfaffengezendt, bas bey bie fürften ftehett zu
accordiren. Ich beläne, ich bin nicht persialer[5]) in ber relion, als mein
Herr bruber ber Courfürft war, welger alle chriftliche relionen geleichg hielte
unbt nicht übel fanbt, baß Madame enberte[6]), weil bie predestination es zu
ihrem fortheil fo fchickte. Diff feye aber alles under uns gefacht in vertrauwen.
Were Calvines unbt Lutheres nicht kommen, weren wir alle catholifch, könten
fie gutte conditionen machen am kaiferlichen hoff unbt ba hoffdame werben,
bin ich verfichert, fie würben groffe heiratten vor fie machen nach ihrem ftanbt.
Die Grefin von Schonburg ift fer eifferich, würbe biffes tabelen, aber ber
Herzug wil leiber nicht haben, baß ich fie zu mir nhemen fol. Ihre pensionen
werben übel bezalt; wie können fie fo fort kommen? . . .

Sophie.

---

1) Bgl. ben vor. Br. 68.   2) = C'est.   3) = faux zèle.
4) Kurf. Karl Ludwig v. b. Pfalz.   5) = partialer.
6) Bgl. Publicat. a. b. K. Preuß. Staatsarch., Bb. 26, Einl. S. XV ff.

70.

An die Gräfin Karoline von Schönburg in Berlin.

Hanover den 29. Febr./10. Mertz 1688.

Weil ich von mein tochter vernommen, daß mein bas nun gans widerum wol sein, wil ich dasselbige auch von ihrem sohn hoffen undt spüre ich aus die tandresse, so sie vor ihm hatt, daß sie recht Pfalzisch vor ihre kinder ist, nemlich ser tander[1]). Ich habe auch die faiblesse, tharaus können sie urtheilen, wie es mir schmerzt, wan es ihnen nicht nach wunsch gehett. Mein sohn Maxsimilian ist nun widerum hir undt haben wir das Carnaval gestern in grosser Compani beschlossen undt à grand bruit. Der Herzug Anton Ulerich[2]), welger ein grosser liebhaber von solgen sachen ist, hatte inventirt, daß wir in 4 bande scharmuches[3]) solten sein, welges auch gefolgt wardt. Der Lantgraf hatte [bie] blauen mit silber, da ich J. L. fraw von war; unser Herzug hatte die weissen, Herzug Gorg Wilhelm die schwarzen undt Herzug Anton Ullerich die rotten; ein ihber war von 30 par undt hatte ein ihber ein grossen triompf-wagen, da sie alle auf sassen. Die ehbelleute waren zu pfert als Harlekins; paucker undt trumpetter waren auch verkleit auf ein wagen voraus. Montalban[4]) hatte ein eigen bande von Jean Gourgolos, Jeme hatte auch eine von ser bolle figüren. In dem esquipage furen wir über die gassen. Stiquinel[5]), welger in ein kutze den aufzug ansag[6]), hörte, daß einer sachte: „Vor bissem machten wol die unberbanen die Herrn lachen, aber itzunder ist es umgekert undt divertiren die Herrn die unberbanen." Nach bissem aufzug ging man auf die redoute; von die redoute gingen alle die 120 scarmouches an eine taffel. Nach dem essen tanzte man, etliche spilten à la bazette[7]), da ban Mad. Münck sich bey befandt.

Ich schreibe ihr bisses alles, um mein tochter tharmit zu divertiren, welge gern was von Hanover hört. Ich sehe auch mit früden aus alle ihre brif, daß sie ein grosse amitié vor ihr absunderlich undt vor das ganße haus Schunburg hatt undt daß sie ser gern sehe, daß Graf Meinders thar müchte bleiben; wie es aber scheint sein welge, so solges suchen zu verhindern. Unser Rauwgraf[8]) hat boch noch mit die Venesianer geschlossen undt hatt die charge von Generalmajor angnhommen mit ein pension von m/5 ducati de Venise, undt die condition tharbey, daß er mit Generalmajor Ohr nichts zu thun haben soll undt die Schlavonier commendiren. Man schreibt mir aber tharbey,

---

1) = tendre.   2) Von Braunschw.-Wolfenbüttel.   3) Bgl. S. 38, N. 2.
4) Ein junger Graf Montalban am Osnabrücker Hofe wird im J. 1678 erwähnt, vgl. Public. a. d. K. Preuß. Staatsarch., Bb. 26, S. 321.
5) Giov. Franc. Maria Capellini, genannt Stechinelli; vgl. über ihn Public. a. d. K. Preuß. Staatsarch., Bb. 26, S. 129, Anm. 3.   6) = ansah.
7) Bgl. S. 30, N. 12.   8) Karl Ludwig.

daß er so ser in faveur beim Capitainegeneral Morosini unbt bey Graf Königsmarck ist, daß er ein merers zu hoffen hatt unbt er bey der charge unbt pension nicht bleiben wirbt, ban er hatt gewiß grosse meriten. Der P. de Turaine hatt sich auch bey die Venesianer engagirt. Ich halte, sie wirbt schon wissen die schöne conduite vom Graf von Castel; es scheint, Gott straft augenscheinlich die unbanckbare Diner von mein Herr bruder selig. Ich hoffe, sie nun balt hir ober zu Berlin zu sehen, da mir ban ser nach verlangt, verbleibe ihr inmittels gans ergeben . . .

Sophie.

71.

An den Raugrafen Karl Ludwig in Venedig.

À Hanover le 15/25. de Mars 1688.

1688
März 15/25

Vous ne devez point me remersier, quant je vous fais un plesir, mon cher Neveu, car j'en fais un à moy mesme, quant je vous puis obleger. Il me tarde de voir Ilten[1]), ce qui ne sera pas si tost, parcequ'il vient avec les trouppes. Il me semble que Mr. le Duc parroist estre content de vous, les troupes de Wirtenberg[2]) seront bien commendée. Je crois que Bülo est devenu fou; il m'a escrit la plus extravagante lettre du monde et en a fait autant à Mr. Groot[3]). Mr. le Duc a escrit ein beweglich schreiben à Mr. l'Electeur Palatin en vostre faveur, mais der arme theüvel hengt tharaus. Je crois qu'il vous paieroit, s'il pouvoit. La Contesse de Schonburg est en chemin pour retourner au Palatinat sans passer par icy; je crois que cet[4]) un caprise de son mari; ils sont for contant de ma fille, qui les aime beaucoup et qui leur a fait des presents pour marque d'amitié. Je suis fachée que Berleville ne pourra pas estre cette campagne avec le Pr. Maxsimilian, car il l'aimoit beaucoup; on luy a donné presentement

---

1) Vgl. S. 30, N. 8.
2) Der Abministrator des Herzogth. Württemberg, Friedr. Karl, hatte für die Republ. Venedig 3 Regimenter errichtet u. zum Befehlshaber über diese 4000 M. warb von ihm der Raugr. Karl Ludwig erwählt, welcher die Stellung auch annahm; vgl. Kazner a. a. O. II, S. 28 f. — Der Raugraf schreibt (in e. bisher ungebr. Br. im Kgl. Staatsarchiv zu Hannover) an die Kurf. Sophie am 6. Febr. 1688 von Venedig aus: »J'ay rompu avec la republique, parceque Mr. le generalmajor Ohr y avoit obtenu la charge que je souhaitois; on m'a bien voulu faire son egal et donner les mesmes apointements, mais ayant quitté le service de Msgr. le Duc pour l'amour de luy je n'ay pas voulu entrer dans un autre service, où je trouvois les mesmes inconvenients. On m'a fait ofrir sous main le commandement des trouppes de Wirtenberg destinées pour la Morée, je l'ay accepté pour une campagne seule à fin d'estre libre de pouvoir ofrir mes tres humbles services à Vos Altesses, quand elles m'en jugeront digne.«   3) D. hannov. Minister Otto Grote.   4) = c'est.

Wimar[1]) et Montargis, qui ne sont pas si agreables, mais je crois qu'ils entande[nt] la guerre par terre et par mer. Mr. le Duc a peur, que le Capitainegeneral[2]) a envie de ce[3]) defaire de mon fils Maxsimilian et que cet[4]) pour cela qu'il le voudra faire railler avec Turaine, pour le degouter et le faire quiter le service, ce qui seroit bien fachen, car Turaine n'en sçait pas plus que luy. Si cettoit[5]) un homme de service, cela seroit suportable, mais il en a plus fait aparament au[x] noble[s] Venisiens qu'à la Republique; celle cy a bien sceu, que le Prince Maxsimilian n'avoit aucune experience, comme il[s] l'ont fait General, et Mr. le Duc et luy mesme n'ont pas souhaité, qu'il le devoit estre, mais seullement Colonel, mais apresent qu'ils l'ont fait general par force et qu'il n'a rien fait, dont ils ont raison de ce[3]) plaindre, ils ne devroient pas luy faire tort ny à la maison. Je vous prie, en bon cousin de soutenir sa cause; je responderes[6]) bien pour luy, qu'il suivera les bon[s] consails qu'on luy donnera. Je crois qu'il seroit tout autre, s'il n'avoit la maladie que le Marquis d'Arsi[7]) a eu autrefoys, cela le rant tout à fait distret; c'est un tres bon garson, mais ses freres en sçavent plus que luy. Le Prince Auguste[8]) est tousjour en disgrace et a contre fortune bon coeur[9]); on dit que son cartier en Transilvanie, quoiqu'il s'apelle Betlahem, est for bon. Le Prince Charle[10]) fera la campagne en Hongrie cette année, et mes deux cadets sont en France[11]), car nous soumes bon françois presentement ...

Sophie.

72.

An den Raugrafen Karl Ludwig in Venedig.

À Hanover le 12/22. d'Avril 1688.   1688
April 12/22

Vous m'obligerés infiniment, mon cher Neveu, par les bontés que vous voulés avoir pour le Prince Maxsimilian. Il ne parle icy qu'à vos louanges, quant il ne parle pas gras. Il m'a conté des belle[s] choses d'Ohr; si vous suiviés ses maxsimes, vous vous pourriés tant mieux mit den gutten willen zu Heydelberg abspeisen lassen. Il faut esperer que les affaires hiront mieux pour vous, quant Mr. le Prince Electoral[12]) y sera. J'ay recomendé vos interests à une fort jolye et aimable feme nomé Madam

---

1) Br. 73: »du Vimar« genannt. 2) Morosini. 3) = se.
4) = c'est. 5) = c'étoit. 6) = répondrai.
7) Marquis d'Arcy-Martel, franzöf. Gesandter am celliſchen Hofe 1680—1685.
8) Friedrich Auguſt.
9) avoir c. fort. bon coeur = im Unglück nicht verzagen.
10) Karl Philipp. 11) Chriſtian u. Ernſt Auguſt; vgl. S. 55, N. 1.
12) Johann Wilhelm.

Spe, dont le mari est fort en credit; elle m'a respondu en ses [1] termes:
„Le Prince Electoral m'at ordonné apres les offres de ces [2] obeisances de
vous asſurer, Madame, qu'il recevera tousjour vos commendations comme
des ordres tant au regard des Rauwgraves qu'en tout autre chose, mais
tant que leur Alt. Elect. n'y sont, il ne peut rien faire pour eux. Il a
ausſi asſurement beaucoup d'estime pour Mr. de Degenfelt tant l'aveugle [3]
que son frere [4]), puisque V. A. comme une Princesſe fort judicieuse les
scayt distinguer, il les emploiera s'il entre dans la regence. V. A. scait,
comment cela va, ces vieu[x] signeurs n'aiment pas qu'on entre dans leurs
affaires, en quoi tout leur fait ombrage; cependant, Madame, il fera
tousjour pour eux tout ce qu'il pourra."

Voisi le texte. J'espere que l'explication ne sera point celon le pro-
verbe du feu Roy mon pere [5]) qui dit: „Ein complement in ehn handt undt
ein Dreck in die ander, ſo hatt man in alle beyden geleichgen viel." Il me faut
finir pour vous laisſer sur la bonne bouche.

Sophie.

Je crois que vous sçavez que le Roy de France est trop amy des
Turcs, pour leur oposer un Turaine, cet [6]) apresent nostre allié, le jeune
Gourville [7]) est Envoié icy de sa part, Ribenac [8]) trouve mauvais, qu'on luy
a preferé un petit bourgois de Mets en cette negotiation; il hira en qualité
d'Ambasſadeur en Espagne. Le Prince Charle [9]) fera cette campagne
en Hongrie, Mr. le Duc luy veut achetter un Regement sou l'Empereur.
Madame est tout à fait remise. Prince Maxsimilian prandra la poste la
semaine qui vient pour ce [10]) ranger à son devoir. Ilten n'est pas encore
arrivé; je crois que le chagrin du Doge contre le Prince Maxsimilian
vient de celuy qu'il a contre Mr. le Duc, de luy avoir osté les trouppes . . .

73.

An den Raugrafen Karl Ludwig »à l'armée en Morée«.

À Herenhausen le 25. May/4. Juin 1688.

1688
Mai 25/
Juni 4

Je vous escris, mon cher Neveu, pour vous donner ma benediction
Episcopale pour l'entreprise que vous allés faire sur Negro Ponte [11]), que

---

1) = ces.   2) = ses.   3) Ferdinand v. D.
4) Maximilian v. D.   5) Kurf. Friedr. V. v. d. Pfalz „König v. Böhmen".
6) = c'est.   7) Vgl. S. 62, N. 8.   8) Vgl. S. 52, N. 1.
9) Karl Philipp.   10) = se.
11) Die Belagerung von Negroponte 1688, welche aber, besonders durch die Ver-
heerungen der Krankheiten wieder aufgehoben werden mußte; vgl. v. Sichart a. a. O. I,
S. 437 ff.

j'espere reusfira mieux que celle qui ce ¹) fit au Palatinat qu'un certain
Flaman, faiseur de briques de Manhem, qui travallie presentement icy
nommé „een apenspöl", dont il a esté spectateur. Que cette disgresfion
Madratique ne vous espouvante point; dans la solitude, où je me
trouve presentement avec Mr. le Duc, où les vieu[x] contes de Mr. Klenck
sont rebattue tous les jours à nostre table, je n'ay rien veu de nouvau
que le Flaman, dont je vous parle. Cependant j'ay l'esprit asfez contant
sur l'elevation de ma fille ²) ; le vieu bon Electeur de Brandeburg aiant
fait place à son fils de la melieure grace du monde ³) et ma fille est en
estat de donner un autre Prince Electoral à la maison; Mad. de Harlin[g]
y est allée pour luy preparer le chemin et je la dois suivre en trois se-
maines. Me voilá dont ⁴) bien en respos de ce costé là, mais un peu en
paine pour nostre General ⁵); quoiqu'il soit brave comme l'espée qu'il
porte; il aime à ce que j'aprehende plus son plesir que son devoir, ce
qui luy pourroit faire du tort, si vos sages et prudants consails n'y
mestrent un peu d'ordre, car comme un General de consequence je crois
que sa Serenita voudra bien le garder tout l'hiver en Morée, ce qui luy
deplaira fort et j'aprehende qu'il ne fera point bon visage à mauvais jeu.
Du Vimar ⁶) a esté mis auprés de luy pour consailie ⁷) et non pas pour
gouverneur, car il n'est pas d'age à en devoir avoir . . ., mais vous, qu'il
adore dans l'ame, vous en ferés tousjour tout ce qui ¡vous¡ plaira ¡et¡ s'il

---

1) = se.   2) Sophie Charlotte.
3) Am 26. Apr. 1688 starb der Große Kurf. Friedrich Wilhelm u. es folgte ihm in
der Regierung f. Sohn Friedrich (I), der Gemahl der Sophie Charlotte. An Leibniz schreibt
die Kurf. Sophie am 22. Mai 1688: »Mr. l'Electeur de Brandenburg vient de mourir
avec la plus grande constance du monde après avoir donné quelques titres à ses
medecins. Il a donné sa benediction à ses enfants et resigné l'Electorat et ses
estats à son fils ainé. La civilité du pauvre defunt estoit si grande pour ma
fille en prenant congé d'elle, qu'il luy fit excuse de ne pouvoir oster son bonnet«;
vgl. Leibnizens Werke, herausg. von Klopp, 7, S. 14 f. In bisher ungedruckten Briefen
an ihre Tochter Sophie Charlotte, vom 13. u. 15. Mai 1688 schreibt die Herzogin Sophie:
»Je n'ay pu m'empecher de pleurer, lorsque nostre Lieut.-General me monstra
une lettre de Berlin, où l'on marquoit les tristes adieux que l'Electeur avoit pris
dè ses enfans. Je ne puis estre maistresfe de mes premiers mouvemens, car le
bon sens ne peut mentir. C'estoit le seul parent qui me restoit du costé du Roy
mon père. J'ay deja consolé Mad. l'Electrice douariere [Dorothea] en pareil cas
[als ihr erster Gemahl, der Herzog Christian Ludwig von Celle, starb], où elle faisoit
tout ce qu'elle pouvoit pour évanouir. Maintenant elle sera affligée tout de bon«,
u.: »On dit que l'Electeur a donné en mourant 50 000 ducats à l'Electrice. Mr.
le Duc [Ernst August] croit que vous aurés monstré vostre generosité à la consoler
comme il faut. Nos antichambres seront noires et la carosfe drappé; Mr. Grote
dit que celuy qui nous avoit fait le plaisir de mourir, merite bien de la reconnoissance«.   4) = donc.   5) Prinz Maximilian Wilhelm.
6) Wird in Br. 71 »Wimar« genannt.   7) = conseiller.

est necessaire, qu'il demeure en Morée, je veux esperer, que vous luy radousirés ce chagrin; vous, qui sçavez si bien danser et chanter à la Grecque, vous serés mieux à son esgard que Davit auprés de Saul. Avec cela tous ses discours grasses ne vous scandaliseront point. On croit icy que cet[1]) à la Grecque, quant il parle dans son naturel. J'ay fait escrire à Mr. Moras par Limbach pour l'argant que Monsieur vous doit, mais je voy bien qu'il faut que vous viviés de vostre merite, mon fils Auguste est reduit à la mesme necessité. Cet[2]) une consolation, de n'estre pas le seul malheureux. Madame a aussi des tribulations, dont je n'ose escrire le detail, mais dans le poste où elle est il me semble qu'il y a de quoi ce[3]) consoller. Mandés moy, si vous serés obligé de rester tout l'hiver en Morée et s'il sera aussi necessaire pour mon fils. Cependant soiés persuadé que je me feres[4]) tousjour une joye de vous pouvoir servir . . .

Sophie.

74.

An die Raugräfin Louise in Heidelberg.

Hanover den 3/13. Juni 1688.

. . . Es ist nun ein ser grosse verenberung zu Berlin; ich halte es vor eine ser grosse verbesserung, ob mich schon der gutte alte Courfürst ser gejammert hatt. So ist der welt lauf, die alten müssen den jungen platz machen; ich werde es mit der zeit auch müssen thun, dan einem ihden ist sein ziel gesezt. Mr. le Marechal de Schonburg unbt seine gemallin scheinen ser wol zufriden mit mein tochter zu sein; der Prins von Oranien protegirt ihm auch gar ser, aber Schönin[5]) soll auch in grossem genaden beim Courfürsten sein. Die zukünftige woche werde ich nach Berlin gehen, weil Courfürst[6]) unbt Courfürstin[7]) es verlangen. Nach meiner Rechnung wirdt die Courfürstin ehrst ihm[8]) Juli niderkommen. Ihm[9]) übrigen sehe ich ungern aus ihr schreiben, daß die kammer zu Heydelberg so lher[10]) ist, dan von J. L. des Courfürsten gutten willen kan man nicht zeren. Ich bekänne, der Moras[11]) hatt ihn zimlich gepflückt unbt sicht man kein enbt von seinen pretentionen. Wan es noch Madam zu gutt käme, were es noch eine sachge, aber J. L. bekommen nict tharvon. Ich sehe recht gern, daß alle ihre Herrn brüder sich zum krig so wol anlassen, insunberheit hatt unser Carlutz ser grosse reputation erworben; er wirdt von ihberman gerümbt unbt geliebt; er wirbt sein Herr bruder wol abrichten; es

---

1) = c'est.   2) = C'est.   3) = se.   4) = ferai.

5) Der General Hans Abam v. Schöning. Über das Verhältnis zwischen b. Marschall v. Schönburg u. Schöning bamals vgl. Droysen, Gesch. d. preuß. Polit. 4, 1, S. 26.

6) Friedrich.   7) Sophie Charlotte.   8) = im.   9) = Im.

10) = leer.   11) Vgl. S. 48, N. 1.

ift mein fohn Augustes patte gewis, ben er bey fich hatt. Carl Eduard foll fer ftill fein; ich hoffe, er wirbt fich beym Prince Louis[1] aufmunttern; ein compani unber bem Reifer were all gutt vor ein anfang, ban bie in Hollant könte er recht wol tharbey behalten. Ich hoffe, der kleine Graf[2] von Schönburg wirbt nun wiberum gefunbt fein; wan er nur nicht zu viel Doktoren gebraucht. Ich beklage feine fraw Mutter, baß fie nun fo allein mus fein. Ich habe nun wiberum auch 3 föhne bis jhar wiber bie Türcken; man mus hoffen, baß es wol ablauffen wirbt. Ich habe ein groffen langen brif von Baron Ferdinand emfangen; wo ich in binen kan, wirbt es mir alzeit lieb fein, wan man mir nur facht, wie ich es machen mus, ban ich werbe beftenbig ihre fründtwilge baß fein unbt bleiben. Ihre fchweftern ambraffire ich alle von herzen; biffer brif mus vor alle binen.

Sophie.

75.

An Freiherrn Ferdinand von Degenfeld in Heidelberg.

Hanover ben 4/14. Oct. 1688.

1688
Oct. 4/14

... Seine zwe fchreiben habe ich nicht ehr wegen verhinberung geantwort, nun weis ich nicht, ob es bey ihnen fo ftehett, baß fie noch briffen emfangen können, welges mir wegen bie Rauwgrefflice fer in forgen fetzt, unbt nicht weis, wie fie es machen wollen. Ich zweivele nicht. Madame wirbt gern alles was fie kan vor ihnen thun, unbt hoffe ich, baß man wegen bem geblüt, thar fie von fein, confideration vor fie wirbt haben. Ich werbe Mr. Moras[3] auch befchencken, infunberheit werbe ich ihm obligirt fein, wan er ben Rauwgrefflichen beyftehett. Es mag leicht [fein], baß ber König von Franckerich ober Monsieur mer vor fie thun, als ber gutte alte Courfürft[4], ber fie nur mit gutten worten abfpeifte. Der Herr ift wol zu beklagen, in feinem hohen alter von lant unbt leutten verjacht zu werben.[5] Die liebe Madam wirbt wol nicht viel von ber Pfalz bekommen, ob I. L. fchon zum pretext bes krigs mus binen[6]. Speir unbt Wurms, welge nicht von bie Pfalz fein, haben eben

1) Ludwig von Baben.   2) Karl; vgl. S. 37, N. 6.
3) Vgl. S. 48, N. 1.   4) Philipp Wilhelm v. b. Pfalz.
5) Vgl. über ben Orléans'fchen Krieg Häuffer a. a. D. II, S. 767 ff.
6) Damals fchreibt bie Herzogin v. Orléans an bie Herzogin Sophie: „Solte man mir bas leben barüber nehmen wollen, fo kan ich boch nicht laßen zu bebauern unbt zu beweinen, baß ich fo zu fagen meines vatterlanbts untergang bin, unbt über baß alle bes Churfürftens meines Herr Vatter feligen forge u. mühe auff einmahl fo über einen hauffen geworfen zu fehen;... alle nacht, fo ich ein wenig eingefchlaffen, beucht mir, ich fey zu Heydelberg ober zu Manheim unbt fehe alle bie verwüftung, unbt ban fahr ich im fchlaff auff u. kan nicht wiber einfchlaffen u. ban kan ich mich bes flenens nicht enthalten" ꝛc.; vgl. Ranke a. a. D., XIII, S. 66.

sowol müssen herhalten, sie sein aber ihm[1]) Manifest vergessen. Es ist mir leit, daß Rauwgraf Carl Eduard nicht bey mein sohn Carl engagirt ist, da ich ihm doch eine stelle zuweg gebracht hatte; er wirbt ohne zweivel bey der glorieuse batallie mit gewessen sein, die der Prins Louis de Bade gewunnen hatt[2]) undt da mein sohn Augustes[3]) zimlich zu contribuihrt hatt; er ist mit ein Copie[4]) durch sein Ungerischen pels gestochen worden, ohne ihn als gar wenig an der rechten handt zu verletzen. Was die obligationen in Holant anbelangt, findt Herr von Grott[5]) es nicht rattsam, sacht, es inportire so wenig, daß es nicht werdt were, daß ich es auf mich solte nhemmen, wie Huneken bericht hatt. Ich wolte gern die beyde Rauwfrelen in alles behülflich sein, wan ich wüste, worin ich binen könte; er wolle mir doch schreiben, was sie resolviren werden undt wie es bey ihnen undt vor Philipsburg herghett. Inmittels werde ich alzeit sein . . .

Sophie.

76.

An die Raugräfin Louise in Frankfurt.

Hanover den 18/28. Oct. 1688.

Ich bin so unvermuttlich erschrocken undt betrübt worden, daß ich wol gar nichts kan sagen, ihnen zu trösten[6]): Gott wolle es thun, der sie mit gutt verstandt undt courage begabt hatt. Vor mir werde ich den lieben Rauwgraven nimmer vergessen undt wirdt der brave Herr von ihberman beklagt; aber tharmit hatt man ihn nicht wider, halte es deswegen vor ein schlechten trost. Sein Herr bruder (ich weis nicht, ob es Carl Moritz oder Carl Augustes ist) recommendirt man mich die stelle in meinem herzen zu besitzen, soll sich ausdermassen braf gehalten haben bey mein sohn, wie sie den feindt aus dero retranchement haben geschlagen[7]), da gar viel leute gebliben sein; die aber die Türcken nicht todt schlagen, werden von die böse luft umgebracht wie unser lieber Rauwgraf selig undt Graff Königsmarck[8]) undt viel andere mer. Es scheint, man kan sein destein nicht esvitiren. Der Rauwgraf hatt mit gewalt in Morée wollen sein, hatte es nicht nötig, were sowol hir als dorten Generalmajor worden. Ehr er von hir ging, lis er sich mallen vor die fraw von Harlin[g], sachte: „Da sollen sie mir bey gedencken, wan ich nicht wider komme." Beim juden hatt er zwe ring ohne mein wissen versetzt vor zwe tausent thaler;

---

1) = im.   2) Der Fall von Belgrad am 6. Sept. 1688.
3) Friedrich August.   4) = coup?   5) = Otto Grote.
6) Im Aug. 1688 war der Raugraf Karl Ludwig gestorben. Bei der Belagerung von Negroponte war er vom Fieber befallen, welches ihn in s. 30. Lebensjahre dahin raffte.
7) Über die Belagerung von Negroponte vgl. v. Sichart a. a. O. I, S. 437 ff.
8) Vgl. S. 51, N. 7.

wie ich es habe erfaren, habe ich dem juden die pension tharvor bezalt. Ich weis nicht, wie sie nun werden haben wollen, daß es soll gehalten werden, ban sie sein nicht so viel wert; ich halte, es seye am besten, daß der jub sie nur behalt, doch werde ich erwarten, was ihnen beliebt. An mein sohn Carl habe ich mit disser post geschriben. Ich bin nur bang, wie er wirdt gehört haben, daß Carl Eduard sich anders engagirt hatt, er auch den platz wirdt vergeben haben. Inmittels hat mein sohn Maximilian den jungen Rauwgraf bey sich. Ich bin nur bang, daß mein sohn auch tharauf wirdt gehen, ban gegen die lust kan man nicht streitten; es stehett alles bey Gott. Was ich vor ihnen alle thun kan, werde ich nicht lassen unbt müssen sie mit mein gutten willen zufriden sein. Ich habe Prim order gegeben, ihnen beyde 5 hundert thaller zukommen zu lassen; ich weis nicht, ob sie bis Ostern damit werden zukommen können, wil alsdan widerum so viel schicken. Der tütschen fürstinnen finence sein gar schlecht, derhalben kan ich nicht viel thun; ich wolte aber lieber ihm[1]) hembt gehen, als sie mangeln zu lassen; bas können sie beyde versichert sein. Madame ist gar nicht reicher als ich auch, hatt auch gar nichts zu sagen, deshalb müssen sie nicht fremdt finden, daß sie nichts vor ihnen thut; ich hatte schon vor ihnen geschriben. Der verlust von unsern Rauwgraf macht, daß ich nicht an den kleinen Graf von Schonburg gedencke, doch jammert mich die gute Grefin von herzen. Hir sein vast alle heuser in traur vor leute, so in Morée geblieben oder von kranckheit gestorben sein. Sie kan bencken, wie bang ich vor mein sohn bin, ban ob ich schon 6 habe, wolte ich doch nicht gern ehnen tharvon verlieren. Bis Dinsbag marchiren alle unsere troupen mit dem Herzug unbt mein elsten sohn von hir[2]). Gott wolle sie begleiten unbt ihre gutte intention segnen. Moras hatte mich gelt versprochen, ich weis aber nun nicht, wo er ist; wan Prim es bekombt, soll er die 500 Daller ihnen tharvon geben, wo nicht, wil ich es von hir übermachen. Wo ich sie allerseits in binen kan, werde ich es nicht lassen. Sie wolle doch ihre beyde schwestern meinentwegen das leit klagen, weil es der gebrauch, ist aber ein schlechter trost; nichts als die Zeit kan es vergessen machen unbt daß man zufriden ist mit alles was Gott gefelt. Alhir weinen die bürger auf den gassen vor unsern lieben Rauwgraf bis auf die offisirs, insunberheit die in Morée gewessen sein, unbt alle die leute, die ihn gekänt haben. Tharan sich(t) man aber, was man verloren hatt. Ich weis, Madam wirdt es ser übel thun[3]).

Sophie.

---

1) = im.

2) In den Krieg gegen Frankreich 1688; vgl. v. Sichart a. a. O. I, S. 478 ff.; Bobemann, Jobst Herm. v. Jlten, S. 21 ff.

3) Die Herzogin v. Orléans schreibt über diesen Verlust des Raugrafen an die Herzogin Sophie am 10. Nov. 1688: „Hab mein schreiben aufgeschoben, biß ich E. L. brieff vom 28. Oct. bekommen u. barauß ersehen, daß unßer verluft E. L. nur gar zu woll be-

77.

An die Raugräfin Louise in Frankfurt.

Hanover den 26. Oct./5. Nov. 1688.

1688
Oct. 26/
Nov. 5

Weil sich nun Heydelberg sein fridtsam an Mr. le Dophin ergeben hatt[1]), dücht mir, sie theten wol, bey ihm zu ersuchen widerum hin zu gehen undt seine protextion zu begheren, ban ich halte, aus consideration vor Madam wirbt der Dophin ihnen alles besser bezallen, als der Courfürst nicht gethan hatt, ban es ein gar grines[2]) ist. Disses müssen sie aber sicher sein undt ehrst capituliren. Ein Herr wie der Courfürst, der lant und leute verlest undt nicht einmal consideration vor seine diner hatt, so alle verstreut sein, kan man nichts von hoffen; er hatt sie auch nicht bezalt undt mus man mit Mr. le Dophin capituliren, baß, wan beym friden die Pfalz widerum restituihrt solte werden, ihr interes mit sol in acht genommen werden, auf baß sie sicherer alle von ihr einnhame mögen werden, als vorhin. Sie kan es mit Max von Degenfelt überlegen. Was frawenzimmer thut, ist sans consequence, wirbt dem gemeinen besten kein abbruch thun. Sie werden doch wol eine dame bey sich haben, die ehrhütterin[3]) kan sein, undt werden sie wol thun, sich so ein-gezogen zu halten als sie können, ban die franfosen sein ser medisant. Ich verlange zu vernhemen, wie die Grefin von Schonburg sich befindt; mein tochter frübt sich, baß ihr Herr nun in Courfürstlichen binsten ist, hatt auch unsern Rauwgraf ser beweint. Ich kan ihn auch nicht vergessen. Man kan sein destein nicht entgehen; er were hir ebenso wol Generalmajor worden als bey bie Venesianer. Ammeltien wolle sie grüssen. Was ich kan vor ihnen alle thun, werde ich nicht lassen. Ich bin nun hir gans allein; der Herzug undt mein elster sohn sein alle wech mit unsere armée. Der Courfürst undt Courfürstin von Brandenburg werden bie zukünftige woche hir sein; ben

---

wust ware. Ob ich zwar jetzt nicht mehr so continuirlich weine, wie bie erste tagen, so fühle ich boch eine innerliche melancholie undt betrübtnuß, baß ich woll spüre, baß ich ben gutten Carllutz noch nicht so balbt verschmertzen werde, undt waß noch meine unlust vermehrt, ist baß ich alle tag hören muß, wie man sich preparirt, bas gutte Manheim zu brennen, bas macht mir bas hertz bluten undt man nimbt mir es noch hoch übel, baß ich trawrig brüber bin"; vgl. Ranke a. a. O. S. 65.

1) Am 4. Nov. 1688 schreibt bie Herzogin Sophie an Leibniz: »Cependant les François raflent toutes les terres de leur voisins. Le bon Electeur Palatin (Phil. Wilhelm) en a fait une triste epreuve. Si mon frere l'Electeur eut vecu, Mr. le Dophin n'auroit point eu Heydelberg et tout le Palatinat à si bon marché. Celuy cy (Phil. Wilh.) me fait penser à ce philosophe, qui consideroit les estoiles et tomba dans un fosfé. Les grands menages (vgl. Br. 59, S. 58, N. 1) qu'il a faits pour ses enfants luy ont fait oublier de regler ses finances.«

2) = Geringes.

3) = Ehrhüterin, Ehrenbame.

kleinen Courprins[1]) habe ich ſchon; die fraw von Harlin[g] verwart ihn. Ich
verbleibe ihnen allen gans ergeben.

Sophie.

78.

An die Raugräfin Louiſe in Frankfurt.

Hanover den 7/17. Dec. 1688.

1688
Dec. 7/17

Ich mus Dieſelbige berichten, daß mein ſohn **Maxsimilian** nach einem
ausgeſtandenen ſturm, der ihnen die ſchalupen wech gebriben, daß ſie ſchir
hungers waren geſtorben undt ratzen en fricaſé haben müſſen eſſen[2]), zulezt
gelücklich bey Venedig ſein ankommen undt ihm[3]) lazaretto[4]) ſitzen, um die
carantaine zu thun, zur recompence vor all ſein ungemach. Den Rauwgraf[5])
haben ſie al Santi[6]) gelaſſen, weil er das fiber hatte, bey einen Engliſchen
kauffman, ſo ſeinen bruder ſelig gekant undt biſſen wie ſein eigen kindt pflegen
wirbt. Ich will ihm ſchon wiſſen laſſen, daß er herauſſer ſoll kommen, dan es
wart[et] ein alte compani auf ihn in des Graf Carl von Schunburgs Regement;
welges ein gutter anfang vor ein jungen menſchen iſt, dan den Degen zu füren
iſt alzeit honnorabel. Mein tochter hat biſſes bey Mr. Cromco[7]) zuwegen
gebracht, dem wir tharvor obligirt ſein. Coppenſten hatt mir ein ſer angnhemen
gruß von ihnen gebracht; ich müchte ſie wol einmal ſehen undt ſie müntlich
verſicheren, daß ich ihre trüwe Tante bin. Mein ſohn iſt ihr Diner undt ſer
von ihnen alle charmirt geweſſen. Mer habe ich nicht zu ſagen als daß ich
von ihre kleine brüder nichts höre. . . .

Sophie.

79.

An die Raugräfin Louiſe in Frankfurt.

Hanover den 10/20. Jeanwari 1689.

1689
Jan. 10/20

Ich hätte Dieſelbige ehr vor Dero gutten wunſch zu biſſem Neuwen jhar
binſtlich Danck geſagt, wan ich was merers tharbey hätte zu berichten gehatt.
. . . Die liebe Grefin von Schunburg iſt nun hir; ſie hatt nur eine nacht

---

1) Den am 15. Aug. 1688 geborenen Prinz Friedrich Wilhelm (I).

2) So ſchreibt die Herzogin Sophie in e. ungedruckt. Briefe an ihre Tochter, die
Kurf. Sophie Charlotte, am 15. Dec. 1688: »Max a mangé des rats en fricaſé eſtant
en mer dans le Golfe de Venise, la tempeſte ayant emporté les chalouppes, où
eſtoient les vivres«.   3) = im.

4) Lazareth St. Spiritus; vgl. v. Sichart a. a. O. I, S. 440.

5) Karl Auguſt.   6) = Zanthe.

7) = Grumbkow; Joachim Ernſt, Curbrandenb. Geh. Rath u. General.

ihm[1]) schloß bey mir wollen logiren, hatt in ein wirdtshaus wollen bleiben, da sie so übel logirt ist, daß sie gans krank von die rauchende stuben worden ist; ich kan nichts tharvor, der Herzug hatte ihr ein ander logement lassen offriren, bißhero hat sie es noch nicht nhemmen wollen. Übermorgen wirdt ihr Herr mit dem Courfürsten unbt Courfürstin von Brandeburg hir sein, der, hoffe ich, wirdt besser vor sie sorgen, dan sie weis sich nicht zu helffen. Wie ich von sie vernhommen, ist all das gelt schon fort unbt an Courfürsten zu Pfalz von Baron Ferdinant gelent worden, da sie Moras[2]) vor beschenkt haben, unbt daß diser Baron noch viel pretendirt vor seine Vormuntschaft. Hätte er frei[3]) viel zuwege gebracht, were es ihm zu günnen, aber da er gar nichts ausgericht hatt unbt meines herzlieben Herrn[4]) protextion noch das beste hatt gethan, wüste ich nicht als etliche briffen, so er uns hat geschrieben, so das postgelt verdint haben, unbt habe ich als gemeint, er thete alles aus affection.

Von den kleinen Rauwgraven[5]) höre ich nichts; es werden wol schöne schulfützs[6]) zu Leiden tharaus werden. Der Herzug von Wolfenbudel[7]) wirdt bald hir sein, den wil ich umstenlich[8]) fragen, was es in der Accademie[9]) kost, bin versichert, daß es nicht so viel wirdt sein als in Hollant; ich werde auch mit lust mit helffen sorgen. Die fraw von Stein wolle sie doch grüssen, wie auch insunderheit Baron Max; hoffe, er wirdt unser opera kommen sehen[10]). Ich bin nun bang, daß die Fransosen die Pfalz ausplündern werden; also were es nicht gutt vor sie beyde, zu Heydelberg zu sein ohne ein grosse sicherheit vor Dero persohn. Man mus nun sehen, wie es bissen summer ablauffen wirdt. Gott weis, wie gern ich sie bey mir hätte, aber die hoffart wirdt ihmer grosser in der welt, unbt was die Courfürsten anfangen, machen die Fürsten nach, wollen nicht weniger sein. Ich bekomme gar keine antwort von Madam[11]); ich halte, daß sie sich so wol schembt, als ich, daß sie nichts vor ihnen thun kan[12]). Alhir finden wir auch, daß mein elster sohn viel von meins herzlieben

1) = im.　　　　2) Vgl. S. 48, N. 1.　　　　3) = freilich.

4) Ihres Gemahls, des Herzogs Ernst August.

5) Karl Moritz u. Karl Kasimir.　　　　6) = Schulfüchse.

7) Anton Ulrich.　　　　8) = umständlich, ausführlich.

9) Der Herzog Anton Ulrich gründete zu Wolfenbüttel 1687 eine „Ritterakademie" zur Ausbildung fürstlicher u. adeliger Jünglinge, welche aber so geringen Nutzen stiftete, daß sein Nachfolger sie sofort 1715 wieder aufhob.

10) = zu sehen kommen.　　　　11) Herzogin von Orléans.

12) Dieselbe schreibt an die Herzogin Sophie am 20. Mai 1689: „Unßere raugräffliche kinder seindt woll unglücklich, alles das ihrige so zu verliehren; hette ich gelt, wolte ich ihnen von grundt meiner sehlen gerne was schicken, aber E. L. können sich nicht einbilden, in welchem ellenbten standt ich selber bin. Ich hab nur 100 pistollen Monts, in 8 tagen geht mein gelt brauff; wan mir der König was gibt, muß ich die alten schulden bezahlen, unbt er gibt mir nichts als zum Newjhar u. Monsieur nie keinen einzigen heller; will ich die geringste bagatelle kauffen, muß ichs entlehnen"; vgl. Ranke a. a. O., S. 69.

brubers selig, des Courfürsten air hatt, ist aber nicht so schön, als der Courfürst in seiner zeit war; wan er aber was erzelt, macht er eben auf so eine
art, wie mein bruder pflegte zu thun. Ich mus endigen, verbleibe . . .

Sophie.

80.

An die Raugräfin Louise in Frankfurt.

Hanover den 4/14. Mertz 1689. 1689
März 4/14

Die zeidung so ich von allen orten von die arme Pfalz empfange, ist wol
erbarmlich; bey meinem leben wirdt sie sich wol nicht wider erhollen. Es
scheint, nün mein Herr bruder der Courfürst[1]) nicht mer ist, hatt alles mit
ihm müssen sterben, undt daß disser Courfürst[2]) solges nicht wert ist gewessen,
weil er es nicht besser conservirt hatt. Der gutte Herr ist aber alt, er soll
nichts von diser destruction wissen, sundern sagen, er wolle balt wider nach
Heydelberg zigen[3]). Vor ihnen wirdt noch zu zeit wol nichts zu erhalten
sein, undt solten sie fasten, bis es fridt wirdt, würde es ihnen übel bekommen.
Ich werde das meinige bis Ostern widerum thun[4]); were ich reicher, wolte ich
mer schaffen, undt were ich mein eigener Herr, sie zu mich nhemmen, aber was
der Herzug nicht haben wil, muß ich wol lassen. Ich bin doch fro, daß die
gutte Grefin von Schonburg content von mir ist; ich habe sie wol von herzen
lieb. Man hatt den Marechal de Schonburg in esfigie degradirt[5]); ich wolte,
daß sie kein grossern schaden theten. Ich bin doch fro, daß der schunburger
hoff salvirt ist; ich halte, sie werden ihre sachen alle thar haben. Von Venedig
schreibt man mir, daß Rauwgraf Carl August[6]) wider besser ist undt dorten
erwart wirdt; es wirdt aber verdrißlich vor ihm sein, in die Lazaret hernacher
zu sitzen. Von bie zwe in Hollant[7]) höre ich nichts; es were zu wünschen,
daß Herr Ferdinand einmal richtigkeit mit ihnen machten. Carl Eduard ist
groß genung, selber vor ihnen zu sorgen, auf daß sie kein vormunt zu bezallen
hatten. Nun gehet er[8]) nach Venedig, wan er da stürbe, wüste Nimants, wie
es um ihre sachen stünde. Sie wolle ihm doch disses meinentwegen schreiben
undt sich versichert halten, daß wo ich sie binen kan, daß ich es nimmer lassen
werde. Die post wil wech, ich mus wider willen endigen.

Sophie.

---

1) Karl Ludwig.   2) Philipp Wilhelm.
3) In e. noch ungedr. Briefe schreibt die Herzogin Sophie an ihre Tochter, die Kurf.
Sophie Charlotte, am 17. März 1689: »Il n'y a que le grand tonneau, qui soit resté
dans son entier à Heidelberg, où Mr. l'Electeur pourroit faire le Diogène.«
4) Mit 500 Thalern; vgl. Br. 76.
5) Von den Franzosen in dem Orléans'schen Kriege.   6) Vgl. Br. 78.
7) Die Raugr. Karl Moritz u. Karl Kasimir.   8) Frhr. Ferdinand v. D.

81.

An den Raugrafen Karl August in Venedig.

Hanover den 5/15. April 1689.

Mein herzlieber Vetter. Es ist mir ser lieb gewessen zu sehen, daß er zufriden ist mit die sorg, so ich vor ihm habe gehatt; ich hoffe ihm nun bald hir zu sehen unbt mit ihm bekant zu werden. Vielleicht wirdt er mit meine jüng(s)te söhn die reiß thun, um von hir den Courfürsten von Brandenburg aufzuwarten, welger den ehr(s)ten May von Berlin aufbrechen wirdt, um nach Wesel zu gehen. Inmittels versichere ich ihm, daß ich alzeit bestenbig seine affectionihrte binstwilge frunbin werde sein.

Sophie.

82.

An die Raugräfin Louise in Frankfurt.

Hanover den 11/21. April 1689.

Mit disse wenig zeillen muß ich Dieselbige berichten, daß ihre zwe kleine brüber[1]) hir sein gewessen. Sie sein ser wol erzogen unbt haben ser wol studirt, insunberheit der elste[2]); es were zu wünschen, daß die tallie mit seinem verstanbt gewacksen were, dan er ist ser klein vor sein alter; der anber ist zwar kleiner, hatt aber mer zeit zu wacksen. Es hatt mir erfrübt, sie zu sehen. Ich habe Mr. Koppensten sie mit gegeben unbt habe sie mit mein lutzsche nach Wolfenbudel geschickt[3]), ba ich versichert bin, daß sie gar wol werben sein.

Captain Starp, welger nach Venedig durch Frankfort soll gehen zu mein sohn Maxsimilian unbt ihm leute von hir zuführen, hatt in der eil von uns kein page können bekommen; weil nun ohne zweivel hundert arme kinder aus der Pfalz sein, als bitte ich, sie wolle doch ein par außsuchen gegen baß Capten Starb nach Franckfort kombt; sie müssen nicht gar zu klein sein, aber von guttem haus. Ich muß enbigen . . .

Sophie.

83.

An die Raugräfin Louise in Frankfurt.

Herenhausen den 2/12. May 1689.

Die kleine reiße, so wir nach Linsburg gethan, hatt mir verhindert, mein lieb besten, auf ihre zwe schreiben zu antworten. Der gutte alte Courfürst[4])

---

1) Die Raugrafen Karl Moritz u. Karl Kasimir.   2) Karl Moritz.
3) Zur Ritterakademie baselbst; vgl. S. 80, N. 9.
4) Philipp Wilhelm v. d. Pfalz.

mus kindisch geworden sein, daß was er ehnmal schriftlich verspricht den andern
dag widerruft. Man mus es ihm nicht zuschreiben, sundern den unehrlichen
leuten, die um ihm sein, da Stenkalvels[1]), wie mich deucht, einer von ist.
Wie ich höre, sol der kanseler auch gar alt sein; verlangt mich zu hören, ob er
ihnen nicht antworten wirdt. Ihre brüder sein all wol zu Wolfenbudel; man
mus aber gelt voraus geben, sobalt man hin kombt, welges Herr Ferdinant
nicht gewust; ich habe es aber so lang vorgeschossen, welges die ursag ist, daß
ich ihnen noch nichts geschickt habe. Wan der page, so sie schicken wollen,
nur vor Himmelfartdag zu Venedig kan sein, wirdt es zeit genung sein, dan
mein sohn ehrst nach Himmelfart von thar wird zigen. Sie wolle doch an
Mr. Ilten[2]) sagen, daß sein gutter fründt Rosen nun bey die türcken ist; dem
Prins Louis de Baden ist es leit, dan er capabel ist, ihnen gutte dinste zu
thun. Carl August sizt noch in die Lazarette; ich hoffe aber, er wirdt mit
meine zwe jungste söhn hir kommen; er wirdt von allen, so ihn gesehen, ser
gerümbt. Ich hoffe, er wirdt mein tochter die Courfürstin hir finden, dan
J. L. am ende disses monts hir werden sein. Ich verbleibe . . .

Sophie.

84.

An die Raugräfin Louise in Frankfurt.

Hanover ben 31. May/10. Juni 1689.

1689
Mai 31/
Juni 10

Es ist mir recht lieb, daß mein sohn so gelücklich ist gewessen, sie zu sehen,
ban er sie ser hoch estimirt. Der Courprinz[3]) hatt mir durch den Baron de
Meren lassen versichern, daß, wan J. L. die macht werden haben, sie vor die
Rauwgraffliche kinder werden thun alles was ich verlangen werde, da ich J. L.
auch schriftlich vor dancken wil. Graff Carl August ist nun hir; der anfang
war was still, ich habe ihn aber balt aufgemuntert. Er kombt eben apropo,
daß mein tochter, die Courfürstin hir ist; sie wil ihn mit nhemmen; sein train
wirdt ihr auf dem weg nicht incommodiren, ban er hatt nur ein kleinen
türcken bey sich. Wegen die ambter hatt Marschalck Platen[4]) zu Wien noch
nicht geredt, ban der Courfürst ist noch nicht thar, wir wollen es vor ein
versehen halten, kan also nicht schaden, daß man tharvon sacht. Die Grefin
von Schunburg ist nicht hirauf zukommen; der Courfürst von Brandeburg
hatt so ser geeilt, daß wir J. L. nur auf Mittbag zwe meil von hir haben
aufgewart, mein tochter haben wir aber etliche Dag hir gehalten. Meine beyde
jün(g)ste söhn sein nun auch wiederum hir; der Heydelberger[5]), so nicht

---

1) = Steinkallenfels.   2) Vgl. S. 30, N. 8.   3) v. d. Pfalz: Johann Wilhelm.
4) Der hannov. Oberhofmarschall u. Minister Franz Ernst v. Platen; vgl. Allg.
Deutsche Biogr. 26, S. 252 ff.
5) Der 1671 zu Heidelberg geborene Prinz Christian.

6*

schön war, ist nun all fein, hatt recht bon air bekommen. Von Herr Ferdinand[s] wechsel nach Wolfenbüdel[1]) höre ich noch nichts, wirdt aber wol
kommen. Inmittels wolle sie versichert sein, daß ich sie nicht werde vergessen
undt ihmer ihre truwe affectionirte Tante verbleiben.

Sophie.

85.

An die Raugräfin Louise in Frankfurt.

1689
Juli 15/25

Hanover den 15/25. Juli 1689.

Sie wirdt mich wol verdencken, mein herzliebes bessien, daß ich nicht ehr
auf ihr angnheme zeillen habe geantwort. Ich mus aber zu meiner entschul-
digun[g] sagen, daß ich gern allemal was guttes schreiben wolte undt als
gehoft hätte, der Baron Platen[2]) würde mir etwas lassen wissen, aber weil der
Courpfalzische hoff gar nicht zu Wien ist gewessen, scheint es wol, daß er noch
gar nichts ausgericht hatt, undt man dorten nun so geschäftig ist mit bie hoch-
zeitten von zwe Princessen, eine[3]) mit dem Konig[4]) in Spanien, die ander[5])
mit dem Herzug von Parme[6]), daß bey bisser zeit wenig audientz zu hoffen
ist. Man sacht auch, daß ein heiratt tractirt wirdt mit dem Courprins[7]) undt
die Princessin in Portugal; wan solges solte anghen, wolte ich hoffen, daß
Prins Carl in die Pfalz würde statthalter werden, von dessen probitet ich mich
viel promettire sowol als vom Courprinz. Dero gemallin[8]) soll nun schwanger
sein. Inmittels werde ich vor ihnen thun was ich kan undt bin ich gans
beschambt, daß ich noch nicht tharzu habe können kommen, mein wort zu
halten: ce qui est diferé, n'est pas perdu; ich bin ein schlechte hausshelterin,
so daß der beutel oft lher[9]) ist; hätte ich mer, sie würden es gewis mit zu
genissen haben. Was Graf Carl August anbelangt, ist es wol war, daß er
schlecht gefirt war; ich hatte aber nicht gern, daß er sein gelt vor der campagne
verthun solte, habe also sein kleit bezalt, so er selber hatte machen lassen. Ich
halte mich nun vor Dero Mutter undt werde alzeit eine früde suchen, vor sie
zu sorgen so viel ich kan. Inmittels bin ich fro, daß sie so gutte geselschaft an
fürstliche undt graffliche personen haben. Meine früde ist, wan ich schreiben
von meine kinder bekomme, daß sie noch wol sein. Mein sohn Friderich
August undt Carl sein zu Hassan Bascha Palate bey Prins Louis de Bade.
Die Gresin von Schunburg wirdt vermuttlich bey mein tochter ihre campagne
halten. Mein elster sohn[10]) sol jha mit dem Herzug[11]) von Lotteringen

---

1) Vgl. Br. 83.   2) Vgl. S. 83, N. 4.   3) Maria Anna, vgl. S. 59, N. 13.
4) Karl II.   5) Dorothea Sophia.   6) Oboardo III.   7) Johann Wilhelm.
8) Maria Anna Josepha, Stiefschwester des Kaisers Leopold.   9) = leer.
10) Georg Ludwig.   11) Karl.

Mäntz[1]) berennt haben; ich bin bang, daß es gar viel köpf wirbt kosten. Sie schreibe mir doch, wie es das arme Heydelberg gehett undt seye persuadirt, daß ich alzeit ihre trüwe Tante werbe sein.

Sophie.

86.

An die Raugräfin Louise in Frankfurt.

Hanover den 3/13. Oct. [1689²].   [1689]
Oct. 3/13

Es ist mir wol leit, baß ich mich ihres Wolergehen nicht freuwen kan; aber was soll man thun? Daß man nicht helffen kan, mus man mit zufriben sein. Der nüwe Graff Platen[3]) hatt schon lang order von meinem Herrn erhalten, ihre sachen zu solisitiren, aber da nichts ist, verlirt der Keiser sein recht; welges wol zu bellagen ist. Man muß auf beffere zeiten hoffen; inmittels hatt beygelechten Zettel der engel Michel gebracht. Ich wolte, er were mir liberaller, auf baß ich es auch könte sein unbt sie beweisen, wie ser ich von Herzen bin, ob ich schon nicht oft schreibe, sowol von Ameltien[4]) als von ihr eine trüwe affectionirte Tante.

Sophie.

87.

An die Raugräfin Louise in Frankfurt.

Hanover den 15/25. Dec. 1689.   1689
Dec. 15/25

... Wie ich sehe, so haben sie gar keine lust zum keiserlichen hoff[5]), weil sie vermeinen, sie müsten von relion enbern, welches ich wolte hoffen eben nicht nötig würde sein. Aber in Englant were es ungeleichg beffer; es würde sich aber ein recommendation von mir übel schiden, da ich selber billig solte thun, was ich der Königin zumutten würde, aber der Herzug wil es nicht zugeben; ich halte: wegen ben rang; ba nun die hoffmesterin von Courpfalz, die doch nur abelich ist, vor alle die keiserliche hoffdames ben rang hatt, die doch meist grefflich sein. Bey ihnen würde es mir aber wehe thun, solges sie anzumutten; doch alles enbert in ber welt. Aber wan ber Duc de Schonburg sie in Englant recommendiren könten, were es eine ser gutte sache. Ich weis nicht, ob Graf Mainart thar in binst wirbt bleiben, sunsten könten sie mit ihr

---

1) Über die Belagerung u. Einnahme v. Mainz 1688 vgl. v. Sichart a. a. O., I, S. 483 f.

2) Die Jahreszahl fehlt. Da die Herzogin hier von dem „neuen" Grafen Platen schreibt, wird der Brief in b. J. 1689 gehören, ba Platen am 20. Juli 1689 in den erblichen Reichsgrafenstand erhoben warb.   3) Vgl. oben N. 2.   4) = Amalie.

5) Vgl. den Schluß von Br. 69.

schwester in Englant gehen, da doch alle denen von unsere relion viel guttes geschicht. Ich wolte, daß ich so reich were, so würden sie es sich gewis sambtlich zu frümen haben.   Herr Danckelman[1]) hatt zwar zugesacht wegen Carl Moritz, aber es ift noch nichts geschehen. In ein ſtift, das etwas nuß, werden sie schwerlich kommen können, dan die lantskinder halten alles vor sich . . .

Sophie.

88.

An die Raugräfin Louise in Frankfurt.

1690
Febr. 6/16

Hanover den 6/16. Febr. 1690.

Sie können leicht abnehmmen, in was ein ſtandt ich mich finde undt was mein herzleit vor ein sohn[2]), deſſen meriten angnhem waren an die gansse welt undt insunderheit an Vatter undt Mutter.   Man wil uns zwar flatiren, daß er wol gefangen müchte sein, undt weil solges eben nicht unmüglich, hatt mein herzlieber Herr wol 3 underschidtliche persohnen geschickt, alles auszu- forschen, was müglich ift, undt hatten dieselbige schon order, ehr ich ihr schreiben emfangen habe, nach Rauwgraf Carl Eduard[3]) zu fragen.   Weren sie nur beyde lebenbig, were alles gutt, so wolten wir sie wol wider bekommen, aber die ehrfte zeidung von mein sohn war leider gar zu positif, die zwete aber etwas besser, daß er wol müchte gefangen sein.   Es sein so wenig leute wider zurück gekommen, daß ich nicht gelaube, daß sie selber wiſſen können, was all vorgangen ift.   Gott wolle uns tröften.   Die gutte fürstin von Ostfrislant[4]) ift mit ihr gansse familie hir gekommen, sich auf unser Carnaval zu divertiren, es ift aber gans contrari außgeschlagen.   Mein sohns[5]) gemallin[6]) hatt die junge fürstin nach Brunswig in die Meſſe geführt, da ban zwe operas werden sein.   Hir ift alles ſtill undt betrübt undt hatt die verwittibte fürstin von Oft- frislant die guttheit gehatt, bey mir zu bleiben.   Wer kan ich dieselbige in mein desespoir nicht berichten.

Sophie.

---

1) Der bekannte kurbrandenburg. Minister Eberhard v. Danckelmann; vgl. über ihn Allg. Deutsche Biogr. 5, S. 446 ff.

2) Der Prinz Karl Philipp ward im Kampfe gegen die Türken, als Führer eines Regiments schwerer hannov. Reiter, am 1. Jan. 1690 bei Priftina in Albanien von Spahis umzingelt u. getödtet.   Tataren trugen die verftümmelte Leiche des Prinzen zum Sultan nach Abrianapel.

3) Fiel in derselben Schlacht mit dem Prinzen Karl Philipp von Hannover; vgl. Kazner a. a. O., II, S. 38.   4) Chriftine Charlotte.   5) Georg Ludwig.

6) Sophie Dorothee.

89.

An die Raugräfin Louise in Frankfurt.

Hanover ben 20. Febr./2. Mertz 1690.

Sie hatt wol nicht ursag, mich zu bancken, baß ich mit vor Dero Herrn bruber[1]) gesorgt habe. Man hört gar nichts von ihm; man mus hoffen, baß er mit bey die gefangenen wirbt sein. Ganz gewis ist es, baß Stroffer noch lebt, ban etliche ihn gesehen haben, so wiberkommen sein. Meinen sohn[2]) aber hatt Rimans, so wir wissen, nach bem combat gesehen. Wan uns aber etwas hoffnung macht, ist, baß Mr. Ghel von Wien schreibt: »Dans ce moment que la poste va partir, j'ai veu une lettre qui vient de Belgrad, escrite au General Proviant-Verwalter, laquelle asfure, que le Prince Charles n'est pas tué, comme on l'a cru, mais qu'il est prisonnier et desja mené à Constantinople. Cette lettre dit encore que les turcs le croient proche parent de l'Empereur, qu'ils en ont tesmoigné beaucoup de joye et qu'ils ont dit que cette prise leur procureroit une bonne paix.« Auf so ein brif kan man aber nicht recht fussen, so baß wir in furgt unbt hoffnung leben. Wir haben nun zwar von J. L. ber fürstin von Ißften schwestern bey uns, bie alle beybe schön unbt angnhem sein: die fürstin von Ostfrislant[3]) unbt bie Princessin von Ottingen[4]). Wan ihre liebe fürstin so ist, wie bisse beybe, bin ich nicht verwundert, baß sie sie so lieb haben unbt so gern bey Dieselbige sein. Gott gebe, baß wir balt mit gutte zeibung von bie unserigen mögen erfrübt werden, ban ich ehr nicht ruig kan sein, aber boch alzeit verbleibe ...

Sophie.

Wir werden in langer zeit nichts gewisses können hören, ban es ist schrecklich weit von hir ehr unsere leute hinkommen unbt wiber zurück schreiben.

90.

An die Gräfin Karoline von Schönburg.

Hanover ben 2/12. Mertz [1690].

Ich habe nicht gezweiffelt, meine liebe Bas würde part an mein unglück nhemen[5]). Ich habe mich auch als geflattirt, mein armer Sohn were nur gefangen, weil alle gazetten voll tharvon waren, aber Capten Klenke, so mein herzlieber Herr hatte geschickt, nach ihm unbt nach ihm[6]) unbt nach bem

---

1) Karl Ebuarb; vgl. S. 86, N. 3.
2) Karl Philipp, vgl. S. 86, N. 2.   3) Christine Charlotte.
4) Christine Louise, nachherige Gemahlin bes Herzogs Ludwig Rubolf von Braunschw.-Wolfenbüttel.   5) Vgl. S. 86, N. 2.   6) Sic!

Rauwgraff[1]) zu vorschen, hat leider die touchante zeitung mitgebracht, daß sie beyde tobt auff dem Wahlplaß sein gefunden worden, mein Sohn mit viel von seinen officirs undt ein page entourirt, mit vielen blessuren. Die Türcken sollen auch gesagt haben, es were ein braffer Bascha geweßen, so kein quartier hätte begehrt undt viele mit eigner handt hätte umgebracht, der auch aufs 5. pferdt were gekommen. Disses macht ihn aber besto mehr regrettiren. Ich bekäne, daß ich schir allen sens comun verlohren habe undt mich noch gar nicht tharin finden kan. Ihr Herr hatt auch ein gutten fründt verlohren. Were ihr Herr bruder allein geblieben, würde es mir noch mer geschmerzt haben; nun bin ich aber nur sensible vor mein sohn, dan ob ich schon alle meine kinder ser liebe, so war doch disser bey mir distingirt. Man hatt mich aber lassen müssen, mir das leben zu erretten, dan mein geblüt war gans erstarrt bey mir. Ich hoffe, Gott undt die zeit wirdt mich klüger machen. Auf alle weis werde ich Derselbigen gans ergeben sein.

Sophie.

91.

An die Raugräfin Louise in Frankfurt.

1690
März 10/20

Hanover ben 10/20. Mertz 1690.

Ich bin Dieselbige ser hoch obligirt vor Dero christliches Mittleiden. Ich bekänne, daß ich inconsolabel bin undt mir nimals kein schmerzlicher unglück ist vorkommen, als disses, so mir beraubt hatt den sohn[2]), so ich ihm[3]) herzen allen andern preferirte, da ich sie doch alle ser lieb habe. Ich thue alles was müglich ist, mein ungelück zu vergessen, aber meine raison kan noch kein plaß finden. Ich hoffe, Gott undt die zeit werden mich klüger machen undt mit der zeit ein herz geben, wie die Courfürstin zu Pfalz hatt, welge mit lachenden mundt kan erzellen, wie Dero Herr sohn den kopf vor Mänß[4]) verloren hatt[5]). Wie betrübt würde ich vor Rauwgraf Carl Eduard geweßen sein, hätte ihn das ungelück allein getroffen, nun aber beklage ich Dieselbige allerseits allein von herzen, dan ich weis, wie es thut, wan man verlirt was man lieb hatt. Doch finde ich einen grossen unberscheit, einen bruder undt ein kindt zu verliren; ich habe leider beydes versucht undt ist mir keines so schwer ankommen, als disses. Ih[6]) mer die leute meinen lieben sohn rühmen, ih[6]) mer finde ich ursag, ihn zu regrettiren. Gott wolle uns alle trösten, der allein Macht über

---

1) Karl Eduard; vgl. S. 86, N. 3.   2) Karl Philipp; vgl. S. 86, N. 2.
3) = im.   4) = Mainz.
5) Der Pfalzgraf Friedrich Wilhelm fand am 13. Juli 1689 bei der Belagerung von Mainz seinen Tod; vgl. Häusser a. a. O., II, S. 786.   6) = Je.

unsere herzen hatt, undt mir gelegenheit geben, sie allerseits zu erweisen, wie ser ich ihre affectionirte Tante bin.

Sophie.

Die liebe fürstin von Ostfrislant[1]) undt Dero ganße familie ist mir in meiner betrübnis ein grosser trost geweßen, aber heute gehen sie alle wiberum wech, welges mir ser leit ist. . . . Sie wolle der fürstin von Itzsten sagen, daß Dero fr. schwester die Princeßin von Öttingen[2]) braut mit mein Vetter dem Princen von Wolfenbübel[3]) ist. J. L. elster Herr bruder haben keine kinder, also hoffe ich, die Princeßin wirdt den stam erhalten.

92.
An die Raugräfin Louise in Frankfurt.

Hanover ben 4/14. April 1690.

Ich wil Dieselbige auch nichts mer von Dero schmerzlichen verlus schreiben, undt müßen wir uns wol in die predestination unb willen Gottes schicken, da nichts wiber zu thun ist; aber es kombt ehnen hart an. Ich bin bang, J. L. die Princeßin von Tarante[4]) werben die Copi von Dero fraw schwester selig[5]) conterfet nicht zum besten finden. Wan ich mer als ehn original hätte, wolte ich es J. L. gern mittheilen, aber weil nur das, so ich habe, einzig gutt in ber welt von J. L. ist, kan ich es nicht mißen; Valiant[6]) hatt es gemacht, wie ich noch zu Heydelberg war, undt ist bißes allein, was man von seinen fründen leiber übrig behelt, wan sie nicht mer sein. Unser fraw von Harlin(g) hatt Rauwgraf Carl Ludwig ausbermaßen wol getroffen undt meinen armen sohn[7]) auch, welges man wol nicht ohne bebauren an kan sehen. Bis Monbag gehen wir von hir nach bem Carlsbatt; Gott wolle geben, daß es unserm Herzug wol bekommen mag. Ich bin fro, baß bie fürstin von Itzsten so wol mit Dero fr. schwester[8]) heiratt zufriben sein; ich halte auch, J. L. werben ser gelücklich sein, ban sie kommen in ein haus, ba sie von allen estimirt undt geliebt wirbt. Ich halte, die hochzeit wirbt in ber stille volzogen werben zu

1) Vgl. S. 86, N. 4.   2) Christine Louise; vgl. S. 87, N. 4.
3) Ludwig Rudolf; vgl. S. 87, N. 4.
4) Emilie, Tochter bes Landgrafen Wilhelm V. von Heffen-Kaffel, seit 1672 Wittwe bes Prinzen von Tarent, welche bei ber Revocation bes Ebicts von Nantes sich zuerst zu ihrer Schwester, ber Kurf. Charlotte, begab, nach beren Tob aber 1686 Frankfurt zu ihrem Wohnort gewählt hatte.   5) Kurfürstin Charlotte.
6) Wallerant Baillant, geb. 1623 in Lille, ber. Kupferstecher u. Maler; er ist ber erste, welcher nach ber von Pfalzgraf Rupert v. b. Pfalz erfundenen Manier in „schwarzer Kunst" arbeitete; † zu Amsterbam 1677. Vgl. Ausführl. über ihn bei Nagler, Künstler-Lexikon, Bb. 19, S. 294 ff.   7) Karl Philipp.
8) Prinzeffin Christine Louise v. Öttingen, vgl. S. 87, N. 4.

Aurig undt wirdt die braut thar bleiben, bis Dero Herr widerum aus der campagne kombt ... Wir werden wol vor May nicht widerum hir sein. Überal wo ich werde sein, werden sie eine trüwe bas undt fründin haben vor ihr sambt undt sunder, brüder undt schwestern mit gerechnet.

Sophie.

Sie wirdt wissen, daß die Grefin von Schonburg nach Englant gehett.

93.

An die Raugräfin Louise in Frankfurt.

1690
Mai 1/21

Hanover den 1/21.[1]) May 1690.

Gestern sein wir alhir widerum von Leibsig anglangt, nachdem wir zu Carlsbatt sein gewessen. Disse reisse hatte ich zwar gethan, meine melancoli zu verbreiben, allein zu Carlsbatt ist es vermert worden durch meins sohn P[rins] Maxsimilian sein ungelück, welgem die bütße[2]) ist zersprungen in tausent stücken, indem er schalben[3]) schoff undt hatt ihm zwe mittelste finger aus der linken handt weck geschlagen; den schmerzen, so er tharan gelitten, ist nicht zu beschreiben; es wirdt ihn hindern, die campagne bisses jhar in Morée zu thun. Nach dissem verdruß bin ich widerum erfrübt worden, die beyde Courfürstinen in der Messe zu sehen. Die gutte Courfürstin zu Pfalz weinte vor tendresse, wie J. L. mir widerum sahen undt habe ich grosse vergnügung gehatt, die beyde Courfürstinen aufzuwarten; das scheiden that mir aber von herzen leit. Wir sein durch Wolfenbübel widerum hirher kommen, da ich mit früwden gesehen, daß beyde Rauwgrafen[4]) gewachsen sein; sie haben mir auch gesachgt, daß Baron Ferdinand widerum zu Franckfort ist. Ich habe ihm auf sein leztes schreiben nicht geantwort, weil ich nicht wuste, wo es ihn antreffen würde; welges sie sambt meinen fründtlichen gruß ihm sagen wolle. Nun mus ich sie auch auf ihr schreiben antworten, so ich zwar zu Carlsbatt hatte empfangen, mir aber hatte vorgnhommen, von schreiben zu rasten, so lang ich thar würde sein, mus also dieselbige itzunder ehrst bitten, mein complement bey J. L. die Princessin von Tarente[5]) abzulegen undt J. L. zu versichern, daß es mir alzeit eine grosse früwde wirdt sein, J. L. gefällige Dinste zu erweisen, bin auch ser fro, daß J. L. das conterfett von Dero fraw schwester[6]) selig gefallen hatt; was das von meine fraw Mutter anbelangt, habe ich derer so viel, daß ihr es wol behalten könt undt mir den gefallen thun, es meinenthalben zu bragen. Zu Wolfenbübel habe ich gesehen, wie man ein gans Corde

---

1) Sic!   2) = Büchse.   3) Sic! = Schwalben.
4) Karl Moritz u. Karl Kasimir.   5) Vgl. S. 89, N. 4.
6) Kurfürstin Charlotte.

Langi[1]) abgebrochen hatt, um der jungen Herzugin[2]) ein schön apartement zu machen, welges noch vor dem Winter gans fertig soll werden undt wirdt dieselbige, wie es die fürstin von Aurig verlangt, bey dieselbige bleiben, bis Dero Herr[3]) widerum aus der campagne kombt, welger mit Dero Regement bey die Hollender wirdt sein . . . Mein lieb bäsien, ich wolte, sie were auch so wol versorgt undt daß ein gutte parti thar were, die auch nur nach dugent undt nicht nach Reichbum freien wolte. Ihre schwester undt Carl August wollen sie meinentwegen ambrassiren.

Sophie.

94.

An die Raugräfin Louise in Frankfurt.

À Hanover le 20/30. de Juliet 1690.

Ich bin dieselbige vor Dero zwe angnheme schreiben ser hoch obligirt, dan sie mir ein grossen gefallen thut, mich Dero affection zu bezeugen undt zu melden, wie es ihnen gehett; ist mir aber leit, zu vernhemen, daß Baron Ferdinand nichts ausrichten kan. Man mus zwar hoffen, daß die zukünftige Regirun[g][4]) besser vor ihnen wirdt sein, wie J. L. der Courprins es mir hatt verheissen; allein die disgrace von dem gutten alten Baron Spe, der dem haus so lang undt trüw gedint, mach[t] mir schlegte opinion von dem hoff. Die schöne Princessin von Ötti[n]gen soll von ser gutt gemütt sein, also werden sie wol thun, sich an J. L. zu halten. Die relion, so man sacht J. L. changiren wollen, bestehett nicht ihm[5]) nhamen; Gott lieben von ganssem herzen, von ganser sellen[6]) und von ganssem gemütte undt von allen kräften undt seinen Nechsten als sich selber, ist das gesetz undt die propheten, wie die schrift sacht[7]); das andere ist ein hauffen Papfengezenck undt weltliche interessen, die die Christen von einander halten, da raisonabele leute sich nicht an keren. Ich halte, man wirdt ehnen in der andern welt nicht fragen, von was vor ein relion man geweffen ist, sundern ob man gutts gethan hatt. Die Catholische aber nun in Franckerich haben so schlime maximen, die gans unchristlich sein; sie stehen aber nicht in ihren Cathekismes, aber der geiz von ihren Geistlichen macht sie so schlim, welge auch alle miracles undt das segfeuwer erdacht haben, um gelt zu bekommen, sambt dero ablas undt andern abüsen. Es ist ein schand, daß christen so uneinig sein. Ich habe einen Turcken, der sacht,

1) Sic! = corps de logis, Hauptgebäude.

2) Prinzessin Christine Louise, Tochter des Fürsten Albr. Ernst von Öttingen, welche am 12. Apr. 1690 mit dem Prinzen Ludwig Rudolf von Wolfenbüttel, e. Sohne des Herzogs Anton Ulrich, vermählt wurde.   3) Ludw. Rudolf.

4) Unter Kurf. Johann Wilhelm, 1690—1716.   5) = im.   6) = Seele.

7) Vgl. Ev. Matth. 22, 37 ff.

er wil ein christ werden, wan wir in unsern glauben ehrst ehns sein; aber genung hirvon.

Jch halte, sie wirdt sich früwen, daß der König Wilhelm Irlant nun gans bekommen hatt, es wirdt ihr aber leit thun, daß der gutte alte Duc de Schonburg geblieben[1]), hingegen widerum getröst sein, daß Graf Mainart[2]) grosse ehr erworben hatt undt vermuttlich seine fortune gemacht ist, welches ich mich ihrer fraw schwester halber ser früwe. Daß nun so viel fürsten gemacht werden, wirdt den standt ser gemein machen; weil aber solches die fürstin von Jtzsten wirdt contentiren, früwe ich mich hirüber mit Dieselbige. Der Herr schwager[3]) hatt beym lezten treffen in Hollant[4]) grosse ehr eingelecht, hatt ein hauw am hals undt an die handt bekommen ohne gefar; J. L. Regement ist aber gans ruinirt worden.

J. L. der Princessin von Tarante[5]) wolle sie doch vor Dero fründtliches andencken dinstlich danck sagen. Jch erinere mich wol, daß J. L. zu Heydelberg lieber bey mir waren, als bey Dero fraw schwester[6]), wan Dieselbige in bös humor war; wan aber solches vorbey, waren wir beyde gern bey J. L., dan die gute Courfürstin war von gemütte nicht böse, aber die schuren (?) kamen J. L. an wie ein fiber, das sie nicht helffen konte, welches doch ser incommod vor die war, so mit J. L. umgehen musten. Mein tochter ist nun hir, welches mir eine ser grosse früwde ist. Jch halte, Graf Carl August wirdt nun bey der armée sein. Jch hoffe, frewlen Amellien wirdt nun besser sein; es ist ein italienischer tockter hir, welger sacht, er habe Dieselbige vor bissem curirt undt vom tobt errett; er heist Cansiany, kan sunsten zimlich auffschneiden. Jch halte, die Grefin von Schonburg wirdt nun wol nach Englant gehen müssen; vielleicht wirdt ehne von ihnen lust haben, mitzuzigen, dan mein bruder selig alzeit intention hatte, sie in dem lant zu establiren. Was ich vor Dieselbige werde thun können, werde ich nicht lassen . . .

Sophie.

95.

An die Raugräfin Louise in Frankfurt.

Hanover den 23. Aug./2. Sept. 1690.

1690
Aug. 23/
Sept. 2

Zu Brunswig, da man ein hauffen zu thun hatte, nemlich ihmer in grosse geselschaft zu sein undt operas anzuschauwen, habe ich Dero werdes schreiben

1) Jn der Schlacht an der Boyne 1/11. Juli 1690.
2) Der Sohn des in der vorig. Note genannten Sch., der Gemahl der Raugräfin Karoline. Derselbe hatte sich auch in der Schlacht am Boyneflusse ausgezeichnet, u. der König Wilhelm ernannte ihn zum Duke u. Peer in Irland unter d. Titel eines Barons von Tarragh, Grafen von Bangor u. Duke of Leinster.
3) Der damals 19jähr. Fürst von Walbeck.　　4) Schlacht bei Fleurus
1. Juli 1690.　　5) Vgl. S. 89, N. 4.　　6) Kurfürstin Charlotte.

emfangen, derhalben aber nicht ehr tharauf antworten können. Wil aber anfangen mit Dero Herrn brüder, so ich thar gesehen, die recht sein sein. Der elste sowol als der jün[g]ste sein etwas gewacksen; ich bin aber ser bang, daß es bey dem elften[1]) tharbey bleiben wirdt, weil er schon gar alt ist, der jun[g]ste[2]), hoffe ich aber, wirdt noch gross werden. Der elste wolte gern ihm[3]) trig, er ist aber gar zu klein, sunsten were es wol gutt, wan der Graf von Schunburg ihn in Englant könte anbringen. Ich hoffe auch, es wirdt freilen Ameltien gelück sein, in dem lant mit ihrer fraw schwester zu gehen; vor ihr wirdt es sich aber nicht so schicken, allein zu wonen. Wan die fürstin von Itzsten so güttig wolte sein, sie bey sich wonen zu lassen, könte man Derselbigen jha kostgelt bezallen. Die freilen, die so bey fürstinnen wonen, hab[en] nichts als eine matt[4]) undt laquei vonnöten . . . Es ist mir wol herzlich leit, daß mein Herr[5]) nicht haben wil, daß ich sie bey mir darf haben; der ran[g] in der welt macht grossen verdruß. Die Courfürsten fangen ein hauffen neuwe sachen an, welges ban die fürsten auch wollen nachmachen, welges mir ganz verdrisslich vorkombt.

Es kombt mir lächerlich vor, daß man die fraw von Spe beschuldigen wil, sie habe fransösisch gelt genommen. Die Fransosen geben nichts umsunsten undt ihres Herrn fründtschaft haben sie wenig von nöten. Ich halte aber wol, daß sie wirdt gethan haben, was sie gekont, ihre gütter vom brant zu salviren, welges gar kein crime ist. Die Princessin von Barait[6]) wil nicht von Relion endern, so meint man, die Princessin von Florens wirdt ihre Courprinsessin werden, die mer gelt hatt, als die andern. Ich mus endigen, weil ich ein haufen brif zu antworten habe, versichere aber . . .

Sophie.

96.

An die Raugräfin Louise in Frankfurt.

Hanover ben 26[7])/5. Jeanw. 1691. 1691
Jan. 26/5

Ich bin Dieselbige ser obligirt vor Dero gutten wunsch zu dissem nheuen jhar undt christliches mittleyben[8]). Das erste ist wol nicht erfült worden, dan

---

1) Raugr. Karl Moritz blieb klein. Die Herzogin v. Orléans schreibt am 28. Mai 1699 an die Raugr. Amalie: „Carl Moritz ist viel kleiner als ich u. kan doch nicht mehr wacksen, denn er ist ja nun woll 29 jahr alt. Ich glaube, daß er so klein blieben, weilen er so eine alte seligamme gesäugt hat; ich erinnere mich ihrer noch woll, sie hatte keine zän mehr im maul"; vgl. Bibl. d. lit. V. in Stuttg. 88, S. 147.

2) Raugr. Karl Kasimir.   3) = in.   4) = Magd.

5) Herzog Ernst August.   6) = Bayreuth.   7) Sic!

8) Der 2. Sohn der Herzogin Sophie, Friedrich August, war am 30. Dec. 1690 in der Schlacht bei St. Georgia in Siebenbürgen gegen die Türken gefallen.

mein ungelück gar zu groß ist unbt wol nimals aus mein herz kommen wirdt; doch mus man sich billig in Gottes willen schicken, aber es scheint, daß er haben wil, daß ich alzeit soll betrübt sein. Disses hatt doch nicht gehindert, daß ich an ihnen habe gedacht, unbt weil der Herzug Anton Ullerich von Wolfenbudel ein stift wil machen, ihnen beyde tharin zu recomendiren, das er mir auch bewilligt hat; da ich sie ban oft werde sehen unbt in allem können erweisen, wie ser ich sie beyde liebe.

Sophie.

97.

An die Raugräfin Louise in Frankfurt.

1691
April 22/
Mai 2

Hanover den 22. Apr./2. May 1691.

Ihr leztes schreiben, mein herzlieb bäffien, hätte mir zwar ser erfrübt, daß ich tharaus sehe, daß Dieselbige sowol als frailen Ameltin sich bey leuten, so von allen estimirt werden, fründtschaft machen unbt auch mit die Herzugin von Meinengen[1]) sein bekant worden; allein ich habe denselbigen dag so ein unvermutte bösse zeibung bekommen[2]), da ich wol gar nicht an gedacht; daß es scheint, daß wir unber eine betrübte constelation leben, da nichts als ungelück vorghett. Mr. Geider[3]) wirdt ihr leiber relation tharvon thun, welger alle particulariteten weis, wie es ist zugangen. Ich bin ser tharüber touchirt; was aber Gott haben wil, das mus geschehen. Mein Herr bruder

---

1) = Meinungen.

2) Am 18. Apr. 1691 war der Raugraf Karl Kasimir zu Wolfenbüttel in e. Zwei-kampfe von Graf Ant. Ulr. v. Walbeck getödtet; vgl. Kazner a. a. O. II, S. 44 ff. — Leibniz schreibt barüber am 11/21. Mai 1691 an den Landgr. Ernst von Hessen-Rheinfels: »Quand j'estois à Wolffenbuttel, il y avoit eu une querelle, il y a 15 jours ou quelques jours de plus, entre le plus jeune des deux Raugraves et le Comte de Waldeck, qui estoient tous à l'Academie. Le Raugrave avoit raillé l'autre un peu fortement, aprés diner ils sortirent sans qu'on s'en apperceut, et ayant tiré les epées, ils se blesferent quasi du premier coup; mais le Raugrave fut blessé mortellement, et comme en n'avoit rien sceu de l'action, le Comte de Waldeck eut le loisir de se sauver et meme de traverser la ville. Ce sont de malheurs, qu'il est difficile d'empecher, mais on voit par là, qu'ordinairement les plus grands maux de la societé humaine viennent de piquanteries, d'autant que la justice n'en prenant point de connoisfance elles se font impunement, et comme elles ne laisfent pas de faire grand tort, et plus que les larcins, parceque le mespris est plus sensible et plus dommageable que quelque perte d'argent; de là vient, que souvent les offensés se veuillent faire raison per vindictam privatam, pour conserver leur reputation. Cependant dans le cas, dont il s'agit, le jeune Comte de Waldeck n'avoit pas tant de raison de se facher, et on croit que d'autres l'ont animé et envenimé la chose, ce qui se fait ordinairement par une mechanceté cachée qui prend le voile de l'amitié.«

3) Baron Geuber; vgl. Kazner a. a. O. II, S. 43.

selig ist in dem vall gelücklich, daß J. L. Dero kinder unglück nicht erlebt, dan Dieselbige von betrübnus würden gestorben sein, wan sie erfaren, so 3 wackere söhne nach einander zu verliren, die sie so herzlich liebten.

Sie werden schon wissen, daß die Herzugin von Schonburg nach Englant ist; ob sie undt Ammeltie nun auch lust zu dem lant haben, wolte ich gern von ihnen wissen. Das stifft zu Wolfenbübel soll nun ehrst gebaut werden. Ich hätte sie wol gern so nhae bey mir. Was aber zu Dero advantage ge- reichen kan, wirdt mir alzeit am liebsten sein, ban ich sie alzeit von herzen lieb werde haben.

Sophie.

98.

An die Raugräfin Louise in Frankfurt.

Hanover ben 11/21. May 1691.   1691
Mai 11/21

Ich bin gans nicht verwundert über Dero sensibilität undt ist es besser, wan man weinen kan, als wan alles zum herzen gehett, wie bey mir, da ich schir keine trännen[1]) lassen kan undt alles zum herzen gehett. Gott wolle Dieselbige trösten undt durch was anders wiberum erfrühen. Die tobten sein zwar gelücklich, aber man verlirt boch ungern was man lieb hatt. Graf Carl Moritz hatt mich auch wissen lassen, daß er nun einmal nach haus wil; welges ban gar gutt wirdt sein, daß er selber als der elste etwas nach seinen affairen sicht. Ich fürgt, er wirdt burch seine schönheit keine Englische dame char- miren, der verstandt müste bas beste tharbey thun. Aber Carl August soll gross geworden sein. Der Courfürst[2]) wil ihn advansiren, wie mein tochter mir schreibt. Ehr es fridt wird, wirdt er nicht wol nach Englant können reisen. Heute gehen wir nach Zelle; da wir ban Herzug Anton Ulerich werden sehen, so werde ich vernhemen können, wie es mit dem Closter stehett, ob es schon gebaut ist oder nicht. Inmittels . . .

Sophie.

99.

An die Raugräfin Louise in Frankfurt.

Hanover ben 15/25. Juli 1691.   1691
Juli 15/25

Es ist ein satisfaction vor mich selber, mein liebe bas, wan ich occasion finde, ihnen in Dero ungelück, so viel mir mügelich ist, beyzustehen; also haben sie kein ursag, zu dancken vor [bas,] was ich gar gern habe gethan; wolte Gott, es hätte in eine bessere occasion können sein. Der unglückliche Graf

---

1) = Thränen.   2) Von Brandenburg: Friedrich.

von Waldeck [1]) darf seinem Herrn Vatter nicht vor augen kommen; sein Herr
bruder hatt mich gebetten, ich möchte doch vor ihn intercediren, welges ich
auch habe gethan, dan, wie ich höre, ist er ausgefobert worden undt der anfenger
nicht geweßen. . . .

Sophie.

100.

An die Raugräfin Louise in Frankfurt.

1691
Oct. 1/11

Ebsdorf [2]) den 1/11. Oct. 1691.

Ich kan Dieselbige nicht genungsam sagen, wie ser es mir schmerzet, mein
herzliebe Niesse, daß wir abermal so einen groffen verlus gethan haben, dan
gewis disser ser zu beklagen ist, dan, hätte Gott dem Rauwgraven [3]), so wir
verloren, das leben gegünt, würde er es weit gebracht haben, dan er ser vil
meriten hatte undt vom Courfürsten sowol als von ihberman estimirt wardt;
hatt sich aber ihmer so ser gewagt, daß es wol zu fürgten war, daß es nicht
allemal wol würde ablauffen. Gott wolle sie sembtlich trösten undt Dieselbige
macht geben, mit gebult sich in seinen willen zu schicken. Ich halte, disses
exsempel wirdt Rauwgraf Carl Moritz nicht nur so ser nach dem krig verlangen machen, dan mich nicht bügt, daß er noch gewacksen ist; doch wirbt er
nun balt sein eigen Herr sein, zu thun undt laffen was ihm gefelt.

Alhir sein wir auf der jagt beim Herzug [4]) von Zelle, da mein Herr undt
meine föhn alle dag mit jagen, ich aber spazire zu fuss ihm [5]) walt mit die
Herzugin [6]) undt spille in der karten. Ich weis, Madam wirbt es auch leit
thun, daß die Rauwgraven ehn nach dem andern so hingehen, dan sie doch
noch ihmer guttheit vor ihnen alle hatt. Differ Courfürst [7]) ist auch so gerecht
undt güttig, daß ich nicht zweivele, er wirdt ihnen justie laffen wiberfaren.
Könte ich sie in etwas binen, würde ich es gewis nicht laffen . . .

Sophie.

---

1) Vgl. S. 94, N. 2.   2) Kloster Ebstorf bei Lüneburg.
3) Der Raugraf Karl August fiel 10/20. Sept. 1691 in der Schlacht bei Hotton oder
Marche en Famine, in s. 19. Lebensjahre; vgl. Kazner a. a. O. II, S. 41 f. — Die Herzogin von Orléans schreibt am 24. Nov. 1691 an die Herz. Sophie: „Karl August' todt
ist auch eine rechte brobe von der predestination, daß er eben hatt bleiben müßen, wo er
gar nichts zu thun hatte; ob ich ihn zwar nie gesehen, hatt er mich doch sehr gejammert";
vgl. Ranke a. a. O., S. 90.   4) Georg Wilhelm.   5) = im.
6) Eleonore geb. b'Olbreuse.   7) v. d. Pfalz, Johann Wilhelm, 1690—1716.

101.

An die Raugräfin Louise in Frankfurt.

Daß ich den lamentabelen brif, mein lieb besstien, von Dero Hr. bruder Carl Moritz nicht beantwort, ist die ursag, daß ich mit chagrin undt geselschafft tharan bin verhindert worden undt sein gar zu christlich mitleiden nicht besser habe erlänt, da sie mich doch bey ihm wil entschuldigen. Die Nott war nicht so groß, als man sie hatt gemacht undt als sie mir ist vorkommen, ban mein sohn Maximilian schon lang bei Dero Herr Vatter in genaden wiederum ist [1]), auch mer als 14 Dag bey uns alle zu Zelle ist gewessen undt sich lustig gemacht. Wan ich was weis, da ich sie allerseits in dinen kan zu schreiben, so verseume ich keine Zeit tharzu. . . . Die beyde fürstinnen von Ostfrislant günnen mir die frümbde Dero gegenwart, wie auch der Herzug undt Herzugin von Eisenac; also mus ich endigen undt sie alzeit zu dinen ergeben verbleiben.

Sophie.

102.

An die Raugräfin Louise in Frankfurt.

Ob ich schon unsere Pricesin [2]) hatte gebetten, wan sie ihnen würde sehen, sie meinenthalben sivilität zu thun, so kan ich sie doch versichern, daß ihre eigene meriten das beste tharbey haben gethan undt daß das gutte geblüt, so in ihnen ist, allein von meinem haus noch brilliren kan, ban die bugent undt die gutte humor alzeit mer zu estimiren ist, als die schönheit. Vom ehrsten hatt mir die Herzugin von Zelle [3]) undt Dero fraw tochter [4]) viel gerumbt, vom andern aber ghar nichts gedacht, allein daß sie sie beyde angnehm fünde undt von gutter conversation. Mit disse louange wolte ich mich auch wol contentiren; wan man aber alt ist, gehett alles feuwer weg undt wirdt man schleffrich, vergessen undt dum. Disses ist mein itziges pourtrait. Ich bin fro gewessen zu vernhemen, daß disse mangel noch nicht bey J. L. die Princessin von Tarante [5]) gefunden werden undt ihmer dieselbige ist, wie mir die vor-

---

1) Dem von Herzog Ernst August erlassenen Primogeniturgesetze hatten die jüngeren Söhne die Anerkennung versagt, ja der Prinz Maximilian hatte sich bis zu e. Verschwörung u. zum offenen Aufstande gegen seinen Vater hinreißen lassen. Es trat dann die bekannte Katastrophe mit Moltke ein (welcher am 15. Juli 1692 hingerichtet wurde); Pr. Maximilian ward zu Bruchhausen in strenger Haft gehalten u. erst nach Verzicht auf alle behaupteten Ansprüche erhielt er seine Freiheit wieder. Eine Versöhnung mit d. Vater kam aber nie wieder zu Stande.   2) Sophie Dorothee.   3) Eleonore, geb. b'Olbreuse.
4) Sophie Dorothee.   5) Vgl. S. 89, N. 4.

genante Herzugin unbt Princeſſin haben geſacht. Hergegen bin ich noch zur
zeit geſunder; wie lang es weren[1]) wirbt, weis ich nicht. Sie wolle doch mein
complement bey die Princeſſin machen unbt binſtlich banck ſagen vor alle
genab, ſo J. L. ihnen thut. Es trübt mich nicht wenig, baß ſo viel fürſtliche
perſonhen ſo viel von ihnen halten. Jch habe bie Princeſſin von Eiſenac
von J. L. die Princeſſin von Oſtfrislant auch ſer hören rühmen. Jch halte,
J. L. werben mit der Herzugin von Eiſenac ihm[2]) Carnaval hir kommen.
Jch wolte, baß ich ſie beybe in der geſelſchaft auch hir müchte ſehen, ban ihm[2])
Carnaval iſt gar kein rang, ban man macht alzeit bunte rey, unbt würbe ich
recht fro ſein, ſie ambraſiren zu mögen. Jch müchte wiſſen, wie es Rauwgraf
Carl Moritz gehett; mein ſohn Prince Chriſtian hatt ihn bey die Branden-
burgſchen geſehen. Frailen Ameltien wolle ſie meinentwegen ambraſiren . . .

Sophie.

103.

An die Raugräfin Louiſe in Frankfurt.

1692
Oct. 30
Hanover ben 30. Oct. 1692.

Es iſt mir leit, mein lieb beſſien, baß die campagne von Rauwgraf
Carl Moritz ſo übel geenbiget hatt, baß er iſt bleſſirt worden, ohne dem feinbt
abbruch zu thun; er mus ſich ein anbermal beim Envoié von Savoie auff-
halten, der von ſeine tallie iſt unbt auch ſer vil verſtanbt ſoll haben. J. L.
die Princes von Tarante bin ich aufs höchſte verobligirt, baß J. L. ſo gütig
ſein unbt mich bie ehr thun, ſo fründtlich an mir zu gebencken; es würbe mir
ein überaus groſſe trübe ſein, J. L. einmal wieder zu ſehen, ban unſer alter
ſchickt ſich zuſammen; bey die junge leute bin ich nicht mer à la mode. Die
Grefin von Solmes-Hungen wolle ſie doch auch verſicheren, baß ich Florentine
gar nicht vergeſſen habe; ihm[2]) Hag ſchickten wir einander alledag frülſtück mit
ein brif in reimmen[3]) tharbey. Mein Herr unbt elſter ſohn haben zu Hungen
durch ein Miſſverſtanbt bey die gutte Grefin logirt, da ſie ihm[2]) anfang nicht
mit zufriden war, meinte, es würde auf ſolbatiſch zugehen, aber hernacher
ſchien ſie content. Es iſt mir recht lieb, baß ſie noch ſo wol iſt, mus wol nicht
weit von 70 jharen ſein, ban ich bin ſchon 62. Nun ich auf all biſſes geantwort, mus ich zum beſchlus ſagen, wie es mir ein überaus groſſe trübe würde
ſein, ſie ſambt Dero ſchweſter mit die Herzugin von Eiſenac hir ihm[2]) Carnaval zu ſehen; wan es bey mir ſtünde, lis ich ſie nimmer wech, aber es ſtehett
leiber nicht bey mir. Wir werden eine viſite nach Berlin thun, die wol nicht
lang wirbt weren[1]); hernacher werde ich zeit haben, nach ihr zu verlangen, die
ich ihr gans ergeben bin.

Sophie.

---

1) = währen.   2) = im.   3) = Reimen.

104.

An die Raugräfin Louise in Kassel.

Hanover ben 28. Decemb. 1692. 1692
Dec. 28

Ich habe gar nicht gezweivelt, mein lieb bäffen, daß sie undt ihre schwester
uns den Courhudt[1]) günnen würden. Gott gebe, daß alle die gutte wünsch,
so sie uns tharzu thun, vollbracht mögen werden; mich selber wünsche ich aber,
mer gelegenheit zu haben, sie angnheme Dinste zu leisten, undt tharin sehe ich
noch nicht, daß meine condition verbessert ist. Weil die Herzugin von Eisenag
balt hir wirdt kommen, hoffe ich, das gelück zu haben, sie mit J. L. hir zu
sehen. Ich mus die warheit sagen, daß sie die Herzugin von Zelle undt unser
Courprinsess obligirt sein, welge ihre louangen bis in Franckerich hatt machen
klingen, wie Madam mir schreibt. Vor den Neuwjharswunsch sage ich auch
grossen banck; würde ihn vollbracht finden, wan ich in dissem neuwen jhar
gelegenheit würde finden, ihnen beyden zu erweisen . . .

Sophie Courfürstin.

105.

An die Raugräfin Louise in Eisenach.

À Hanover le 12/22. de Mars 1693. 1693
März 12/22

Ich kan sie wol versichern, mein herzliebe Bas, daß es mir eben so whe
hatt gethan, als ihr, sie nicht mer zu sehen, undt daß die zeit, da ich ihre
angnheme geselschaft genossen, nur gar zu kurz ist vorkommen. Es ist aber
besser, daß ich mich nicht zu viel an sie gewent habe, ban so were es noch
schlimer gewessen, sie nicht mer zu sehen. Inmittels bin ich fro, daß ihnen eine
alte fraw, wie ich bin, nicht abgeschmackt ist vorkommen; sie haben sich bey die
Princessin von Tarante[2]) selig an alter gewont. Zu Zelle bin ich 8 dag gebliben, obschon die Courfürstin[3]) nur einen dag ist thar gebliben. Unser

---

1) Am 9. Dec. 1692 erfolgte zu Wien an die hannov. Gesandten Otto Grote und
v. Limbach für den Herzog Ernst August die feierliche Belehnung mit der Kurwürde. —
Die Herzogin von Orléans schreibt an die Herzogin Sophie am 17. Dec. 1692: „Ich glaube,
daß ich, ohne oncle zu blasmiren, doch meine Meinung E. L. sagen kan; muß derowegen
gestehen, daß, wan ich ahn oncle platz gewesen were, hette ich mich nicht zum Churfürsten
gemacht, dan J. L. waren Jahre ein großer herr genung, umb mitt dero standt zufrieden
zu sein, ban solches erhebt ja nicht so sehr, zudem so hette ich lieber mein gelt behalten
undt mich lustig mitt gemacht, alß solches viellen plackscheyßern — met verlöff, met verlöff — zu geben, so J. L. languisiren machen, zum britten so glaube ich, daß es J. L.
endel mehr vortheil gewesen were, das gantz hauß in Einigkeit zu behalten, alß einen
solchen verdruß ahn den jüngsten printzen alß printz Max zu thun undt ihm eine sou-
verainetet abzuglauben. Aber ich habe viellecht kein verstandt genung, die sach recht zu
verstehen, will derowegen davon schweigen"; vgl. Ranke a. a. O., S. 107.

2) Vgl. S. 89, N. 4.   3) Sophie Charlotte.

7*

Courfürst war nicht mit, weil J. L. ser an ein aug sein incommodirt geweßen, ist aber nun Gottlob wider beßer. J. L. der Herzugin von Eisenack recommendire ich mich aufs schönste undt ist mir von herzen leit, daß J. L. sich incommodirt befinden, bedancke mich gehorsamst vor den gruß, tharmit J. L. mich gewürdiget, so mich Mr. Dütfort von J. L. wegen geschriben undt mich eine grosse description gemacht, wie er sie alle gefunden: mit ein grossem Leßel in die handt, daß sie choquelatebrey rürten. Sein brif hirüber ist so possirlich, daß ich ihn an die Herzugin von Ostfrislant habe geschickt, welge ich zu Cell gelaffen. J. L. wolten als morgen von thar gehen, aber ich habe dieselbige wissen laffen, daß mein Herr morgen zu Zelle wirdt sein, also vermutte ich, daß J. L. noch thar werden bleiben. Hir ist alles ser stille, dan der Courfürst hatt ihmer die kammer gehalten Nimans als ich undt Montalban[1]) sein previligirt geweßen, J. L. zu sehen; also bin ich noch nicht in meine entichambre geweßen, die leute zu sehen, so lang ich wider hir bin. Ich versichere sie, daß ich ihmer an ihr undt an die Grefin Ameli gedencke mit eine tendre amitié undt estime, undt daß ich keine occasion werde laffen vorbey gehen, es ihnen zu erweisen, tharauf können sie trauwen undt bauwen, ban es ist kein complement à la mode, sundern gantz sinsere. Gott gebe, daß die liebe geselschaft, so wir bisses Carnaval gehatt, ofter bey uns mag sein undt die charmante Herzugin von Eisenac zu Hanover nicht mag rebutirt sein worden, daß J. L. sowol [als] der Herzug alhir haben verloren undt sich in der opera so erschreckt haben. Zum beschlus mus ich noch sagen, daß alle unsere gest grossen ruhm hir haben gelaffen; allein [mit] die Herzugin von Zelle[2]) sein etliche nicht zufriden wegen ihre discursen. Ich verbleibe alzeit ...

S[ophie] C[ourfürstin].

106.
An die Raugräfin Louise in Kaffel.

Hanover den 8/18. April 1693.

Dero schreiben, mein herzlieb bäsien, habe ich von Cassel recht wol empfangen undt ist es mir allemal ein recht herzenleit, wan ich höre, daß andere fürstinen so glücklich sein undt sie beyde bey sich haben können, wan sie wollen, undt ihnen fründtschaft bezeugen, undt daß ich allein, die [ich] ihnen so nahe anghe undt sie so lieb habe, allein von die satisfaction mus beraubt sein. Der Herzugin von Eisenac thut es leit, daß sie J. L. quitirt haben, schreibt, die devotion were schult tharan. Es würde sunsten meiner tochter auch recht lieb sein, sie zu Carlsbatt zu sehen, allein, wie sie gar recht sagen, es ist eine grosse reiß, wan man das waffer nicht nötig hat. Die Herzugin von Zelle wil nach

1693
April 8/18

---

1) Vgl. S. 69, N. 4.   2) Eleonore, geb. d'Olbreuse.

Ems gehen; ich werde mich aber mit Herenhausen contentiren, da ich nun allein bin, dan mein Herr ist zu Weihausen [1]) bey sein Herr bruder auf die jacht. Ich spatzire alle dag ihm [2]) garten undt arbeite, das ist all mein Zeit= verbreib. Die gutte hoffmesterin [3]) hatt den fuß vertretten, hatt grosse schmerzen außgestanden, muß ihmer auf ein stul sitzen; hingegen hatt ihr Gott das gehör gans wider gegeben. So hatt sie doch ein trost.

Ich bin recht fro, daß J. L. die Lantgrefin [4]) noch mit affection von mir sprechen undt daß mein gruß wol aufgenommen ist; ich hoffe, daß J J. L L. mit der zeit in andern sachen auch genebiger werden sein undt Franckerichs fründt undt macht nicht helfen vermheren, da J. L. der Lantgraf so braff gegen streiten helfen. Der König von Englant ist nun in Hollant; ich gelaube, der Duc de Linstre [5]) wirdt in Englant bleiben. Ich verbleibe . . .

Sophie Courfürstin.
Disen tittel vergesse ich jha nicht zu setzen,
da es ist alles was ich vom Courfürstenbum habe.

107.

An die Raugräfin Louise in Kassel.

Linsburg [6]) ben 10/20. Juni 1693.

. . . Von das arme Heydelberg [7]) mag ich nichts hören noch tharan ge= bencken, ban das herz thut mir gar zu whe, wan ich tharvon höre. Mein bruder selig pflegt als zu sagen: „Quant on est mort, tout est mort pour nous"; es ist auch besser, daß J. L. das ungelück nicht erlebt haben. Ich bilde mir aber als ein: hätten J. L. s[elig] gelebt, were es nicht geschehen. Ich bin recht fro, daß sie beyde so ein gutt asile zu Casel gefunden haben; ich bin aber wol ungelücklich, daß ich es ihnen nicht geben kan, da ich es mit guttem herzen undt viel satisfaction würde thun, wan es bey mir stünde. Alhir sein wir in einer ser grossen Wilbernuß, da ich wenig frübe habe, als die ich mich selber gebe. Der hoff von Zelle ist zu Bruckhausen, 4 meil von hir, die wir sehen werden. Wo ich sie in binen kan, werde ich es nicht lassen . . .

Sophie Courfürstin.

---

1) = Wienhausen.   2) = im.   3) Frau v. Harling.

4) Marie Amalie, geb. Prinzessin v. Curland, Gemahlin des Landgr. Karl v. Hessen= Kassel.

5) Mainhart v. Schönburg, der Gemahl der Raugräfin Karoline. Wilhelm III. hatte ihn in Anerkennung seines tapferen Verhaltens in d. Schlacht an der Boyne zum Duke u. Peer in Irland unter d. Titel eines Barons von Tarragh, Grafen von Bangor u. Duke of Leinster ernannt.   6) Vgl. S. 35, N. 2.

7) Über die Gräuelthaten der Franzosen bei der Eroberung Heidelbergs im Mai 1693 vgl. Häusser a. a. O. II, S. 791 ff.

108.

An die Raugräfin Louise in Frankfurt.

Hanover ben 10. Juli/30. Juni 1693.

Ich bin mit zwe Dero schreiben erfrübt worden, mein herzliebe Bas; ben ehnen hatt mir die Ferque geschickt; ich habe sie noch nicht gesehen, ban wir sein ehrst von Linsburg kommen unbt ich habe ein flus am kopf gehatt, so mir besto mer incommodirt hatt, weil ich nicht gewont bin [etwas], so mich an der gesundtheit schabt. Ich habe als gehoft, ich würde ohne schmerzen himelen [1]), wie mein Herr bruder, aber nun fürgte ich, es wirbt mir gehen wie viel andern. Bis es kombt werde ich sie beyde lieben unbt alles thun was ich kan, es ihnen zu erweisen. Ich habe J. L. die Lantgrefin [2]) recht lieb, baß J. L. ihnen so viel ehr thut unbt fründtschaft erzeigt; ich bin recht fro, baß sie Zuflucht in bissen bösen zeiten bey J. L. haben. Ich wil boch hoffen, baß es zu Franckfort kein nott soll haben, weil der Courfürst von Saxsen [3]) seine metres [4]) thar vertraut ... Ich möchte wol wissen, was vor possen Herzug Friberich [5]) als anfangt; es werden wol albere possen sein, bie er vor artig helt. Sie wirbt mich obligiren, zu schreiben, wie es bey ihnen hergehett, insunderheit wan der Dophin kombt; ban mus man hoffen, baß die tütschen ihre manlichkeit werden betonnen.

Ich mus enbigen; bin noch ihm [6]) bett unbt man blest schon an taffel. Mein perück ist balt aufgestülpt. Adieu.

Sophie Courfürstin.

109.

An die Raugräfin Louise in Frankfurt.

Herenhausen ben 14./24. Juli 1693.

Dero gutten wunsch vor meine gesundtheit, mein lieb basien, hatt so gutte kraft gehatt, baß ich Gottlob nun wider gans wol bin. Hätte ich ben humor von dem pfarer, ba sie von schreibt, halte ich, baß ich auch länger würde leben; es stehett aber nicht bey uns selber, sensibel ober insensibel zu sein, ban bie raison thut wenig, wan bas herz recht touchirt ist; bas beste ist, die gebancken mit was anders zu erfüllen unbt ihmer abzuhalten so viel man kan von bas, so melancolisch macht. Derhalben mag ich nicht gebencken an alles was zu Heydelberg vorgangen ist. Der ruf ist gangen, ich were tharüber von betrübnus gestorben, unbt habe ich aufs wenigste die trübe gehatt, zu wissen,

---

1) Sic! = zum Himmel eingehen?
2) Bon Hessen-Kassel: Marie Amalie; vgl. S. 101, N. 4.
3) Joh. Georg IV.   4) Die Reitschütz; vgl. später.
5) Friedrich August v. Sachsen, der Bruder Joh. Georgs IV.   6) = im.

daß ich von villen bin beklagt worden; Mad. Hell hatt schon in crepon vor mir getraurt. Aber die gutte Madame hatt in ernst das fiber von alteration bekommen undt hernacher gar die blattern, ist aber Gottlob ausser geshar, undt nach ihre schönheit fragt sie nichts. Ich hoffe, sie werden nun aus sorgen sein vor die Fransosen, weil sie ein andern weg genommen haben. Es war sunsten ein schlechter anfang was die Saxsen undt Hessen widerfaren, mich ducht aber, es sehe ein ungereimbter eiffer vom Courfürst von Saxsen[1] gewesen, zwe von seinen leuten selber zu erstechen, da man den hencker pflegt zu gebrauchen, wan sie es verdint haben; aber es scheint, alles ist violent bey dem herrn, die lieb vor seine Grefin[2] auch. Ihr bruder[3] bleibt noch bestendig vor die Wincinrode[3], so daß sie vielleicht noch Courfürstliche schwegerin wirdt werden. Die Courfürstin[4] soll auch schwanger sein, wie J. L. vermeinen, aber viele wollen tharan zweivelen. Es wundert mich nicht, daß sie nicht verlangen, Herzug Friderich[5] zu sehen, wan er die weiber das unterste [zu] oben wendt. Hir ist die rede gangen, die alte Courfürstin zu Pfalz habe ihren Docter zum mari de consience wollen nhemmen, wie aber die Keiserin solges vernommen undt ihr durch die Courfürstin eigen beichtvatter ist gesacht worden, haben J. K. M. es verhindert. Disser sol böss geworden sein, daß die Courfürstin das ihrige nicht hatt wollen den Jesuwittern vermachen, undt hatt ihr den possen gespilt, welger wol nicht war mag sein. Ich halte, die wirdt wissen, daß die Ratzenheuserin[6] bey Madame, ein tausent thaller des jhars zu haben, catholisch worden ist, so der König von Franckerich ihr wil geben. Wan was neuwes bey ihnen vorgehett, wolle sie es mir doch berichten. Mr. Klenk ist mit seiner fraw von Dusseldorp widerkommen; rümbt alles gar ser, insunderheit Courfürst undt Courfürstin, obschon die manihren gans keiserlich sein. Mein Dochter ist sher charmirt gewesen von Mr. Persot; er gehet nach Englant. Ich verbleibe ihr undt Ameltie gans ergeben.

Sophie Courfürstin.

---

1) Johann Georg IV.
2) Die damals zu einer „Gräfin von Rochlitz" erhobene Mätresse des Kurfürsten Johann Georg IV. von Sachsen: Sibylla v. Neitschütz, Tochter des Generals v. N. in Dresden.
3) Ein Bruder der Neitschütz hatte sich mit einem Frl. v. Winzingerode, Hofdame der Kurf. Sophie verlobt. Vgl. die ausführl. Äußerungen der Kurf. Sophie über dieses Brautpaar bei Bodemann, „Jobst Herm. v. Jlten. Ein hannov. Staatsmann des 17. u. 18. Jahrh." (Hannov. 1879), S. 170 ff.
4) Eleonore Erdmuthe Louise, Tochter des Herzogs Joh. Georg v. Sachsen-Eisenach, „die schöne Wittwe (seit 1686) von Anspach", hatte sich 1692 mit dem (6 Jahre jüngeren) Kurf. Joh. Georg IV. verheirathet.
5) Friedr. August, Bruder des Kurf. Joh. Georg IV. u. dessen späterer Nachfolger.
6) Fr. v. Rathsamshausen, Hofdame der Herzogin v. Orléans.

110.

An die Raugräfin Louise in Frankfurt.

Herenhausen ben 28. Juli/7. Aug. [1693].

[1693]
Juli 28/
Aug. 7

Mein allerbsefte Bas. Ich bin 3 Nacht undt 3 Dag gewessen ohne schlaffen undt essen, aus sorgen vor meine 3 söhne[1]), ban wir aus Hollant vernhamen die bösse zeidung, daß König Wilhelm die battallie verloren[2]). Der gröste schock[3]) auf unsere leute war ankommen (die als Leuwen gefochten haben) ohne zu wissen, ob meine kinder lebendig oder tobt waren. Gestern haben wir zeidung, daß Gott sie miraculeus bewart hatt. Mein[em] elsten sohn ist der hacken vom schou mit ein stückkugel abgeschossen; er ist in der retretten mit sein pferdt ins wasser gestossen worden[4]); weis selber nicht, wie er wider tharaus kommen. Undt meine zwe andern söhn Ernest August undt Christian sollen auch wol sein, hatt man mir versichert. Was sie vor fortun geloffen, weis ich noch nicht, ban sie noch nicht geschrieben haben. Mein elster sohn mit dem Courfürsten von Beieren[5]) stunden auf dem rechten flügel beysammen, haben ben feindt auch zwemal repousirt bis in ihre linisen, aber sie waren noch einmal so starck als die unserigen, die zuletz wol succombiren musten. Alle unsere brave officirs sein meist todt oder blessirt. Was ein jammer zu Hanover ist unter die dames undt weiber, ist nicht zu beschreiben. Bermuttlich ist der Generalmajor Bouch[6]) tobt, wie auch Schoulenburg; der General-major Ohr soll von seinen wunden gestorben sein; Etüvener[7]) undt Dumont sein blessirt. Der König Wilhelm hatte ben Herzug von Wirtenberg[8]) mit m/15 man detachirt undt ein ranfort in Lüttig gelegt, welche zeit der Duc de Luxsenburg gar wol genommen, ihn zu schlagen, wie seine armée viel schwacher war. Mein Ernest Güstien, so bey mein elsten sohn war, ist gans beim linken flügel kommen. Alle particulariteten kan man nicht wissen. Es fehlt dem König von Franckerich nun nichts mer, als ben Prins Louis undt Courfürst von Saxsen auch zu schlagen, um uns alle schlafen zu machen. Der König Wilhelm soll doch noch braviren undt sagen, die Fransosen hätten so viel leute verloren; er wolte sich nun noch ehnmal mit sie schlagen. Ich kan es aber nicht gelauben.

Vor ihr angnhemes schreiben sage ich grossen Danck; wil nichts tharauf

---

1) Georg Ludwig, Christian u. Ernst August.

2) Die Schlacht bei Neerwinden in ben Niederlanden am 29. Juli 1693; vgl. das Ausführliche über dieselbe bei v. Sichart a. a. O. I, S. 517—537.

3) = choc, Stoß, Angriff.

4) Der Kurprinz Georg Ludwig verlor auf dem Rückzuge beim Übersetzen über die Geeten sein Pferd u. er würde gefangen genommen sein, wenn nicht sein Generaladjutant, Oberst v. Hammerstein, abgesessen wäre u. ihm sein Pferd gegeben hätte.

5) Maximilian II. Emanuel.   6) = v. d. Bussche.

7) = v. Offener.   8) Eberhard Ludwig.

sagen als daß ich ihr undt ihr schwester gans ergeben bin, dan der kopf stehet mir nicht tharnach; die armen Weiber zu Hanover undt die brave leute, so wir verloren, jammern mir gar zu ser. Die Schullenburgin ist grob schwanger undt gans wie disperat; hatt ihren Man aus lieb genommen.

Sophie Courfürstin.

111.

An die Raugräfin Louise in Frankfurt.

Herenhausen ben 17/27. Aug. [1693]. [1693]
Aug. 17/27

Ich bin alhir in so ein grosse einsamkeit, daß es mir ein grosse satisfaction ist, mein lieb bas, wan ich was von sie höre. Habe wol nicht gezweivelt, es würde ihr lieb sein, daß Gott meine drey söhn in der letzten schlacht[1]) hatt verwart, undt es ihr leit thun, daß wir so brave leute verloren haben. Der Graff von Hohenlo hatt wol recht, daß die franfosen wenig fortheil von der schlacht gehatt haben, ban sie mer leute haben verloren als die alleihrte; allein bas feldt undt die stück haben sie erhalten. Der König von Dennemarc[2]) macht sich nun ser batzig, wil dem König von Franckerich nach thun mit m/14 man. Man sacht, J. M. wollen Ratzburg bombardiren ober belegern[3]). Der König von Englant, Courfürst von Brandenbur[g] undt Herrn statten[4]) tracktiren, um die sach beyzulegen. Was tharvon kommen wirdt, weis ich noch nicht. Unserseiten hat man sich doch declarirht, wan sie über die Elb wollen, daß wir tharauf schiessen wollen undt es vor ein ruptur halten. Die schiff hatt ihnen Königsmarck wechgenommen, die sie haben bruchen[5]) wollen, hinüber zu kommen; er ist frisch undt gesundt. hatt ein Regement Dragoner, so an der Elb ist, bas so in der schlacht gelitten; dragt seinen nham, weil er es vor biffem gehatt hatt. Ihr[em] bruder[6]) wünsche ich von herzen gelück zu alles was er an wil fangen, hatt recht, ein gutt vertrauwen zu mir zu haben; wo ich kan, werde ich ihm alzeit zu gefallen sein. Unsere liebe Madam hatt auch wol ursag, Gott zu dancken, daß Mr. le Duc de Chatre[7]) so wol tharvon kommen ist, ist gans entourirht gewessen; viel leute sein bey ihm tobt geschossen worden. Ich hoffe, am Rhein wirdt es ohne schlagen abgehen, weil man sacht, daß Mr. le Dophin sich retirirht. Zu Dresden wirdt schon vor die Courfürstin[8]) in die kirg gebetten, ban J. L. schon leben füllen. Inmittels haben wir die genereuse Königin von Schweden verloren; J. M. waren so charitabel, wolten noch m/6 thaller vor die arme verdribene Pfalzer an die fraw von Hun übermachen,

---

1) Bei Neerwinden; vgl. den vor. Br. 110.   2) Christian V.
3) Über den lauenburg. Successionsstreit u. die Belagerung der St. Ratzeburg vgl. Havemann a. a. O. III, S. 337 f.; v. Sichart a. a. O. I, S. 572 f.
4) = die Generalstaaten.   5) = gebrauchen.
6) Raugraf Karl Moritz.   7) = Chartres.   8) Vgl. S. 103, N. 4.

ist aber nicht geschehen, J. M. sein tharüber gestorben. Bis ich auch ben weg gehe, werde ich sie alle lieben undt binen, wo ich kan.

Sophie Courfürstin.

112.

An die Raugräfin Louise in Frankfurt.

Hanover ben 27. Aug./6. Sept. 1693.

Der brandt zu Herenhausen hatt mich gezwungen, hir zu kommen, ban die küche, welges das notwendigste, ist gans in desorder kommen undt mus der schorsten[1] tharin wider gebaut werden, da die balcken oben burch das haus gingen undt es also oben ihm[2] vollen brant war, ehr man unden was tharvon wuste. Disses habe ich mit mein ordinari tranquilitet ansehen müssen undt bin ich Mr. Guerini[3] obligirt, so solges burch sein fleis undt mhüe hatt helffen lechen[4]. Disses, mein lieb basten, hatt nicht so viel schaden gethan, als die Dänische bumben, so Webel[5] in Ratzburg hatt geworffen undt die statt gans abgebrant. Es geschag eben wie der König von Dennemarck Tomas Bülo hatte geschickt, fründtlich tracktiren zu wollen; wie man sich aber über disse violence beschwerte, hatt der König versichert, J. M. hetten es nicht befohlen, Webel hette die order unrecht verstanden. An so ein königlich wort kan man nicht zweivelen, ban nun wirdt wider mit J. M. tracktirt. Sie sein aber doch curieux gewessen, das feuwer zu sehen, weil es vielleicht das ehrste mal ist, daß sie haben bombardiren sehen auf die Münstersche weise, ban der Bischof Gallen[6] disse manihr soll inventirt haben. Die festung Ratzburg ist sunften eben wie sie war; haben auch tharaus braf geschossen undt viel Dännen blessirt. Nun ist wider alles still bis auf weitter bescheidt.

Daß unser junger Rauwgraf[7] in der gefar, da er ist gewessen, so gelück-lich tharvon ist kommen, ist mir von herzen lieb. Weil er so grosse lust zu dem handtwerck hatt, mus man hoffen, daß er gelücklicher tharin wirdt sein, als seine Herrn brüder. Graf Lutz von Hohenlo ist alzeit mein ser gutter fründt gewessen, ist mir also gar leit, daß sie die betrübnus gehatt haben, ein sohn zu verliren; ich weiß nicht, ob es der ist, der den agent von Branden-burg in der Lutzsche blessirte; da wolte er einmal, daß ich vor ihm beim Courfürsten von Brandenburg solte sprechen; die action war aber zu schlim, ich durfte mich seiner nicht annhemmen. Wan des fürsten von Nassau seine braut nicht mehr verstandt hatt, als ihr Herr Vatter, wirdt sie sich zum Carnaval

---

1) = Schornstein. 2) = im.
3) Marchese de Querini, kurf. Kammerjunker u. Director der Bauten zu Hannover.
4) Sic! = löschen. 5) Der bänische Feldmarschall v. Webel.
6) Christof Bernhard v. Galen, Bischof v. Münster. 7) Karl Moritz.

so wol schicken, als er. Unsere liebe Grefin von Bückeburg¹) ist nun wider
zu haus mit ihr sohn, dem sie selber zu saugen giebt; ihr tantzen undt schrecken
hatt das kindt nichts geschadt Gottlob, soll frisch undt gesundt sein.

Uns dücht hir, daß der Courfürst von Saxsen undt Prins Louis genung
gethan haben, den Dophin mit seiner grossen armée abzuhalten, daß er nichts
hatt thun können, als länder ruinihren, welches man nicht hindern konte. Man
sacht, der Courfürst von Saxsen soll seine Grefin²) „meine fraw“ nennen³);
ich müchte wissen, was vor ein rang sie hatt, wan sie bey fürstliche leute kombt.
Gott gebe der Courfürstin einen sohn, so wirdt sie bises doch vor⁴) haben.
Unsere gutte fraw von Harling g) ist wider ser kranck am fiber; es ist mich gar
bang tharbey. Ich bin fro, daß Graf Oxenstern so gutte opinion von un=
serem krig mit den Dännen haben; es hilft viel tharzu, daß der König von
Schweden⁵) declarirt haben, uns beyzustehen, wan die Dännen würden über
die Elbe gehen wollen. Wir haben das Wasser auf disser seiten gans besezt,
der König hatt batterien auf der anderen; es ist aber noch kein feindtlicher schuss
tharaus geschehen. Were ich gewis gewessen, daß unser Courfürst so lang
solte außbleiben, hätte ich ihnen gebetten, zu mir zu kommen; nun hoffe ich
alle tag J. L. wider zu sehen, weil es auf ein parley kombt, wie Pickel=
hering g)⁶) als pflegt zu sagen. Kan ich ihnen in etwas meine trüwe affection
beweisen, werden sie mir fründtschaft thun, es mir wissen zu lassen, dan ich
bin ihnen beyden gans ergeben. Dero Herrn bruder wollen sie auch meinent=
wegen grüssen; ich hoffe, Gott wirdt ihn inspirihren, was am besten vor ihm ist.

Sophie Courfürstin.

Die Herzugin von Linster⁷) hatt mich auch geschrieben, ist nun wider wol.
In Englant sein 3 faxsiohnen⁸): ehn vorm König Jacop, ehn vor König
Wilhelm undt ehn vor ehn Republic.

---

1) Johanne Sophie, geb. Hohenlohe-Langenburg, die Gemahlin (seit 1691) des Grafen
Friedrich Christian von Schaumburg-Lippe, eine schöne u. geistreiche Frau. Sie gebar
7 Kinder, von denen nur 2 am Leben blieben. Ihr Gemahl trieb sich immer auf Reisen
umher; als gänzliche Zerwürfnisse eintraten, zog die Gräfin mit ihren 2 Söhnen nach
Hannover. Hier erwarb sie die Gunst der Kurf. Sophie u. besonders später der geistreichen
Kurprinzessin Karoline (v. Anspach) u. begleitete dieselbe dann nach England. 1725 warb
sie endlich vom Grafen geschieden.
2) v. Rochlitz; vgl. S. 103, N. 2.
3) Die Herzogin von Orléans schreibt in demselben Jahre in einem noch ungedruckten Briefe an die Kurf. Sophie: „Will der Churfürst von Saxsen denn ein mahometaner
werden, daß er mehr alß e i n e fraw haben will? denn im Christenthum ist es doch nicht
erlaubt, undt der König Salomon war ein Jude.“
4) = voraus.   5) Karl XI.   6) = Hanswurst.
7) = Leinster: die Gräfin Karoline von Schönburg; vgl. S. 92, N. 2 zu Br. 94.
8) = Fractiouen.

113.

An die Raugräfin Louise in Frankfurt.

Hanover ben 14/24. Sept. 1693.

Ich halte, mein lieb basien wirdt mit mir beklagen, daß wir den wackern Mr. Groot[1] verloren haben undt daß die gutte fraw von Harlin[g] auf dem tobt licht. Es scheint, man kan überal sterben, sowol ihm[2] bette als ihm[2] krig, jung undt alt, undt daß ein ihben[3] sein ziel gesetzt ist. Von Mr. Groot hätte ich es nicht vermutt, weil er mir gans gesundt undt starck vorkam. Er ist gestorben wie er gelebt hatt[4]), sunder sich zu entsetzen vor den tobt, ben neunten dag von seiner krankheit; hatt sein testament selber 'dictirt, einen brif auch an mein herzlieben Herrn, das sacrement genommen undt ohne grimmas stracks tobt geweßen; wie man sagt, weil das blut nicht hatt cir-culiren können. Die gutte fraw von Harlin[g][5]) stirbt nun über diß drei wochen, hatt ihr vollkommen verstandt undt leidt ausbermaßen viel schmerzen. Gott weis die stundt, da sie nach verlangt, abgelöst zu werden. Es ist zu verwundern, daß ein alte fraw so viel ausstehen kan. Ich habe in abwesenheit vom Courfürst nichts zu thun, als in der statt die Wittwen undt die ihre fründt verloren haben, zu trösten, undt wan ich nach haus komme, sehe ich das be-trübte spectacle an die gutte fraw von Harlin'g], welges nichts als traurige gedancken macht, undt ich bin von Natur wie die Narren, da Salomon von sacht: die lieber in das haus der früden als in [das] haus der traurigen gehett[6]); aber man mus alles nemmen in disser welt, wie Gott es schickt, undt ist man alzeit gelücklich, wan man andere considerirt, die noch viel ungelück-licher sein, der[n] milionen leben. Also hatt man alzeit ursag, Gott zu dancken, der uns auch in allem ungelück ein gutt herz kan geben, wie ich ver-mutte sie es auch oft emfinden.

Wie es mit der Winsinrode[7]) hochzeit wirdt gehen, weis ich noch nicht; wan sie nicht wol tharbey solte versorgt werden, were es besser, sie lis es

---

1) Der große Staatsmann, der hannov. Minister-Präsident Otto Grote, war, um ben Streit wegen Ratzeburg mit Dänemark auszugleichen, vom Kurf. Ernst August Ende August 1693 nach Glückstabt abgesandt. Auf der Reise ward er am 29. Aug. vom Fieber befallen u. starb am 4. Sept. Vgl. Näheres über s. Tod bei Eb. Bobemann, „Jobst Herm. v. Ilten" rc. (Hannov. 1879), S. 45 ff.   2) = im.   3) = jebem.

4) So schreibt auch Grote's Schwester, J. H. v. Ilten's Frau, an ihren Mann am 10. Sept. 1693: „Der liebe sehl. Bruder, wie er gelebt hat, ist er auch gestorben" rc., vgl. Bobemann a. a. D., S. 251.

5) Die Oberhofmeisterin der Kurf. Sophie; vgl. S. 29, N. 7.

6) Vgl. Pred. Salom. 7, 3, wo es aber heißt: „Es ist besser, in das Klaghaus gehen, benn in das Trinkhaus"; die Kurf. Sophie gebraucht diese Bibelstelle ebenso in e. Briefe an Kurf. Karl Ludw. vom 14. Nov. 1679, vgl. Public. a. d. K. Pr. Staatsarch. 26, S. 388.

7) = Winzingerode; vgl. S. 103, N. 3.

bleiben. Wir haben hir nun wider einen Wittman Baron Witte, zwar nicht
mit 16 angen[1]), aber wan er keine kinder hätte, were er wol ein hoffdame
werbt; hatt ein schöne junge fraw verloren. Mit dem König von Dennemarc[2])
tractirt man noch; mich dücht, J. M. haben nun genung gethan vor Dero
fransösisch gelt. Mr. Groot[3]) hatte schon ein passport, um zum Danschen
König zu gehen; nun halte ich, daß der Vicekanseler Hugo[4]) hin ist, der gar
die maniren nicht hatt. Ich bin fro, daß die fransosen aus Heydelberg sein[5]);
Gott gebe, daß sie nimmer wider hinein kommen. Der Commendant[6]) mus
wol ein vilainer Drop sein, 30 thaller sich von so viel armen leuten geben
zu lassen. Baron Max[7]) hatt uns hir mit einer schönen dame regalirt,
nemlich meins sohn Prins Christian seine am[8]); die wil gern gemachlich undt
wol leben undt nichts thun, ihre kost zu gewinnen; da kan ich nicht groß
mitleiden mit haben; ich halte, in fridt undt krig wirdt sie überal geleichg reich
sein; mit ihre schönheit wirdt sie kein gelt gewinnen. Sunsten, so viel ich kan,
lasse ich keine Pfalzer ungetrost von mir; man bedrigt mich aber oft.

Der gutte Ilten wirdt wol betrübt vor seinen schwager[9]) sein[10]); seine
fraw[11]) ist nicht zu trösten; ich bin bey ihr gewesen[12]), aber es ist nichts als
die zeit, die alles vergessen macht; sie sowol als Madam Groot thun ser
elendig, haben es auch ursag, dan der Kammerpresident selig wol meritirt,
beklagt zu werden; ich kan ihn auch nicht aus dem sin[13]) bringen. Disses wolle
sie doch an Mr. Ilten sagen, daß ich sowol als er einen gutten fründt, so ich
verloren, von herzen beklage. Ich hoffe, unser Courfürst wirdt disse woche
wider hir sein. Die Grefin Platen[14]), Mad. Klenck undt Madam Galli[15])
sein zu Harburg bey hoff, doch in die statt logirt. Sie wirdt mir ser hoch
obligiren, bey alle occasion dem Herrn Graf Wolff Julius[16]) mein fründtlichen
gruß zu vermelden; ich halte, wan wir uns wider solten sehen, würden wir
uns viel elter finden, aber die Männer haben das advantage, daß sie nicht
viel endern.... Ich schreibe ihr vor disses mal nichts frölliges, erwarte aber,

1) = Ahnen.   2) Christian V.   3) Otto Grote; vgl. S. 108, N. 1.
4) Ludolf v. Hugo; vgl. über ihn Allgem. Deutsche Biogr. 13, S. 329.
5) Vgl. S. 101, N. 7.
6) Der feige, verrätherische Commandant von Heidelberg im Mai 1693: Eberhard
v. Heidersdorf. Vgl. Häußer a. a. O., II, S. 792.   7) v. Degenfeld.
8) = Amme.   9) Otto Grote.
10) Vgl. dessen Brief an den Kurf. Ernst August über Grote's Tod bei Bobemann
a. a. O., S. 47.   11) Hedwig Lucie v. Ilten, Grote's Schwester.
12) So schreibt die Fr. v. Ilten an ihren Mann am 10. Sept. 1693: „Die Cour-
Fürstin ist zu mir den ehesten dach kommen undt sehr tröstlich mir gewest, hat sich selbst
nicht consoliren können, mich des Cour-Fürsten brieff gewiesen, welcher Sie tröstet, als
wenn es ihr kindt wehre"; vgl. Bobemann a. a. O., S. 251.
13) = Sinn.   14) Vgl. S. 31, N. 11.
15) Ein Galli war Kammerherr der Kurf. Sophie.   16) von Hohenlohe.

daß sie mir was zu lachen schreiben soll, auf daß ich alle chagrin vergessen mag, die ich ihr bis ihm[1]) todt sowol als an Dero schwester ergeben verbleibe.

Sophie Courfürstin.

114.

An die Raugräfin Louise in Frankfurt.

1693
Sept. 22/
Oct. 2

Hanover den 22. Sept./2. Oct. 1693.

... Ihr schreiben habe ich bekommen, da sie mich wegen der Grefin Rockowitz[2]) schreiben. Es ist mir lieb, daß sie nicht bey ihr sein gewessen, weil sie vermeinen, es würde zu Eisenach nicht gefallen, sunsten mus man in disser zeit nicht so scrupuleux sein, sundern thun wie Dr. Lutter in die Bibel gesetzt hatt: „Schicket euch in die zeit"[3]); dan alle leute machen der Grefin Rockowitz die cour undt die Courfürstin nimbt es nicht übel, weil es J. L. Herrn gefelt. Das verliebte par soll nun zu Torgo[4]) sein; ich hoffe aber, daß er aus höfflichkeit aufs wenigste die Courfürstin[5]) wirdt besuchen. Unsere fraw von Harlin[g] lebt noch; es scheint, die alten sein zeer[6]) als die jungen; sie ist zwar besser, aber so matt, daß sie ihmer ligen muss, undt ser beklagt, daß unser Herr Gott sie nicht hatt haben wollen, da sie so wol preparihrt war, zu ihm zu gehen.

Man mus hoffen, daß es nun in der Pfalz etwas besser wirdt gehen, nun die Fransosen wech sein; aber ich fürchte, daß, nun alles, so ihnen angwisen, ruinirt ist, es schmalle bissen bey ihnen geben wirdt. So lang mein beütel nicht gans lher[7]) ist, wie oft geschicht, theille ich gern mit; es gehett auch kein dag hin, daß nicht arme Heidelberger kommen undt leute aus der Pfalz. Ich wünsche mir oft Cresus seinen beütel, sans vanité, um leuten gutts zu thun, dan vor mich frage ich nichts tharnach, gefalle mich selber ebenso wol mit meinen runsselen in ein schlecht kleit, als in ein stattliches. So lang ich were[8]), werde ich sie zu binen undt lieben gans ergeben sein sowol als an Ameltie.

Sophie Courfürstin.

---

1) = in.   2) Rochlitz; vgl. S. 103, N. 2.

3) Röm. 12, 14; Ephes. 5, 16. Am 5. Aug. 1680 schreibt die Herz. Sophie an ihren Bruder: »Les Allemands observent plus que tout autre precepte de la S. Escriture: Schicket euch in die zeit, que Luthere a trouvé bon d'y mettre, car cela ne se trouve que dans sa Bible« (vgl. Public. a. d. K. Pr. Staatsarch. 26, S. 431). Luther hat allerdings nicht ganz richtig übersetzt; nach dem Originaltext heißt es: „Kaufet die Zeit aus."   4) = Torgau.

5) Seine Gemahlin Eleonore Erdmuthe Louise; vgl. S. 103, N. 4.

6) = zäher.   7) = leer.   8) = währe.

115.

An die Raugräfin Louise in Frankfurt.

Hanover den 5/15. Nov. 1693.   1693
Nov. 5/15

Ob ich schon nicht oft schreibe, mein herzliebe Bas, so ist doch mein herz
alzeit bey ihnen undt bin ich doch allemal fro, wan ich von ihnen höre, sowol
wan sie selber an mir schreiben, als wan sie mich durch andere sagen left, daß
sie an mir gedencken. Maximilian war gans stolz, wie ich ihm habe gesacht
das gutte ohmen, so sie vor ihm haben undt den gutten wunsch, so sie ihm
thun. Es gehett aber überall so übel her, daß er einen gutten stern mus haben,
wan es besser soll gehen, wo er hinkombt, ban er wirdt nach Piemont gehen,
da sein regiment nun ist, ban er eins von Dragoner hatte in Ungern, so er
vor ein anber gewechselt hatt, undt in dem lant gehett es schlecht her. Den
gutten Duc de Schonberg werden sie auch ser bekklagen, ban er viel meriten
hatte, ob er schon ein ser unbestendiger liebhaber war. Ich habe die schönheit
von Graff Luz von Hohenlo töchter ser hören rümen; eine von unsern Princessen[1]) soll ser wol tanzen, verlangt mich zu sehen, ob sie auch so mit die
armmen wirdt machen. Ehrgestern ist die Herzugin[2]) mit ihnen ankommen,
habe J. L. nicht viel geendert gefunden; die elfte Princes[3]) passirt in meinen
augen vor schön, allein hatt sie von nhaem[4]) etwas Blatternarben, hätte sie
das nicht, müsten alle leute sie tharvor halten; sie ist ser weis, hatt schöne
augen undt rotten mundt, ein schön tour de visage[5]) undt weissen schönen
hals undt schön blunt[6]) har, aber ser gepoudert, wie es nun die mode soll
sein. Die jungsste Princes[7]) geleicht so ser Dero Herrn Vatter, als wan er es
selber were, aber hatt tharbey ser schöne augen undt schöne tallie undt viel
vivasitet. Ich bin recht content mit allen beyden; ich wolte, daß sich zwe
grosse Herrn angeben, die es auch weren; die heiratten sein aber ihm[8]) himmel
gemacht, daher mus man sein destein erwarten. Sie sein recht wol erzogen,
ohne die geringste affecteri. Des Courfurst von Beieren[9]) metresf[10]) wirdt
aber wol schöner sein, ban solge art von leute hatt man die wal. Unsere Herzugin lobt den Herrn außbermassen, hatt J. L. gar viel höfflichkeit erwisen undt
hatt die elfte Princes J. L. gefallen, aber tharbey ist es geblieben[11]). Es

---

1) Den Töchtern des 1680 verstorb. Herzogs Joh. Friedrich von Hannover u. der
Benedicta.   2) Benedicta.
3) Charlotte Felicitas, geb. 1671, 1695 vermählt mit dem Herzog Rainald von
Modena.   4) = in der Nähe gesehen.
5) tour du visage, Runbung des Gesichts.   6) = blond.
7) Amalie, geb. 1673, warb 1699 Gemahlin des Kaisers Joseph I.
8) = im.   9) Max II. Emanuel.   10) Anna Franziska v. Louchier.
11) Der Kurf. war seit 1692 Wittwer von seiner ersten Gemahlin Marie Antonie,
Tochter des Kaisers Leopold, welche ihm die Anwartschaft auf die span. Krone gab. Er
heirathete später Therese Kunigunde, Tochter des Königs Johann Sobieski von Polen.

gehett ein ruf, als solte die Courfürstin von Saxsen[1]) nicht schwanger sein undt J. L. sich bedrogen haben, welches sich doch nun bald außweisen mus; es würde mich recht jammeren, ob ich schon J. L. nicht känne. Unsere gutte hoffmesterin[2]) ist zwar besser, aber kan noch gehen noch stehen, welches sie gans melancolisch macht. Ich hoffe, daß sie alle drey noch wol leben, wie ich es von herzen wunsche . . .

Sophie Courfürstin.

116.

An die Raugräfin Louise in Frankfurt.

1693
Nov. 26/
Dec. 6

Hanover ben 26. Nov./6. Dec. 1693.

Dero fründtliches andencken ist mir alzeit lieb, ban ich alzeit gern weis, wie es ihnen gehett, mein lieb besten. Daß sie die gutte Princessin von Tarante noch ihmer missen, kan ich leicht erachten, ban so eine raisonable devotion findt man nicht bey allen, da keine superstition bey ist undt die Gott recht kennen; die meisten machen ihn von ihr eigen humor: die so kribelich sein, machen ihn als wan er alles übel aufnehme; die saur sein, machen eine sündt vom lachen; die schmutzig sein oder karg, eine sündt vom putzen. Vor mich, ich halte es vor eine sündt, so einen grossen Gott sich so bagatellier einzubilden, undt bleibe tharbey, daß man ihn von herzen lieben undt ehren mus undt seinen nesten[3]) als sich selber. Sie mus sich nicht verwundern, daß ich auf disses suject komme, ban es ist heute Sondag. Die post gehet morgen zu frü, mus derhalben ben bag zuvor schreiben. Unsere gutte Herzugin[4]) sambt Dero zwe Princessen[5]) scheinen noch ser content hir zu sein, aber wo wir Männer in Isarel finden, weis ich nicht, ban die Spanier wollen nicht, daß der Courfürst von Beieren eine nhemmen soll[6]), weil sie in Franckereich erzogen sein, undt disses ist eben, daß sie gar nicht gutt fransösisch macht, sundern vielmer eine aversion vor dem lant haben . . .

Sophie C.

117.

An die Raugräfin Louise in Frankfurt.

1694
Jan. 11/1

Hanover ben 11/1. Jeanwari 1694.

Heute mit dem Neuw jhar wil ich Dieselbige sowol als Dero frailen schwester alles gelück undt heil tharzu wünschen, welges ich zwar alzeit thue, aber nun felt es mir ein, es ihnen zu sagen. Jhm[7]) übrigen bin ich gans ehns

---

1) Eleonore Erdmuthe Louise; vgl. S. 103, N. 4.   2) Frau v. Harling.
3) = Nächsten.   4) Benedicta.   5) Vgl. S. 111, N. 3 u. 7.
6) Vgl. S. 111, N. 11, zu Br. 115.   7) = Jm.

mit alles was sie mich auf die conduite von einem gutten christen schreibt. Ich wolte, baß ich ein gutten beutel hätte, alles wol zu practisiren, um meinem Nechsten guttes zu thun; so wolte ich nun mit einem Mr. Plar anfangen, da ich ein grossen bettelbrif von bekommen habe. Sie wolle mir doch schreiben, mein herzlieb bastin, was es vor ehner ist; er schreibt jha, er hätte töchter undt sie würden sie mich beschreiben können. Was hesseliches undt ungzogenes binbt [1] nicht bey hoff, were ihr ein verbrus undt mich auch; möchte wissen, ob der Plar Vatter ist von dem Plar, so page war beim seligen Rauwgraf.

Mit die schwangerschaft von die Courfürstin von Saxsen hatt es ein enbt undt haben die pfarer umsunst so lang vor J. L. auf die kanssel gebetten; die gutte fraw ist wol zu beklagen. Meine Winsinrode [2] wirbt nun balt hochzeit halten, ban ihr galant wirbt balt kommen, ist schon Oberster undt General-adjoutant bey sein Courfursten persohn. Ich hoffe mein tochter balt hir zu sehen, wie auch die Herzugin von Ostfrislant. Es ist so ein geraff, baß ich mus enbigen.

S. C.

118.

An die Raugräfin Louise in Frankfurt.

Hanover den 1/11. Febr. [1694 [3]].   [1694]
Febr. 1/11

Es ist nun hir eben wie vor ehn jhar, allein baß ich die frübe nicht habe, sie hir zu sehen undt die Herzugin von Eisenach; auch ist das haus so soll mit meine Niesse, baß man sie wol nicht würde lassen können. Meine Winsinrode [4] hatt nun mit dem Obersten Neuwschutz [5] hochzeit gehalten [6], welger gar ser zu sein advantage geendert ist; er hatt sie gar stattlich beschenckt

1) = bient.   2) = Winzingerobe; vgl. S. 103, N. 3.
3) Der Br. ist ohne Jahreszahl, aber a. d. J. 1694.
4) = Winzingerobe; vgl. S. 103, N. 3.   5) = Reitschütz.
6) An J. H. v. Jlten schreibt die Kurf. Sophie am 27. Jan. 1694 über diese Hoch-zeit: »Mr. l'Electeur et le Prince Electoral ont menée la mariée devant le super-intendant dans mon antichambre et les Ducs Maximilian et Christian ont mené le marié en présence de toutes les dames de la ville... Les trompettes et les timbales nous ont conduit à table, où le marié et la mariée ont estés assis entre Mad. nostre Duchesse (Benedicta) et moy et il n'y avoit que des Princes et des Princesses à nostre table. En suite on a dansé dans la grande salle, et nous avons menée la mariée dans sa chambre... je luy ay donnée sa chemise et l'ay mise au lit. Ils auront fort bien fermée leur chambre à la clef, mais je ne sçay par quel extravagance mes trois fils: le Prince Electoral, Maximilian et Ernest Auguste ont fait en sorte qu'ils sont entrés dans la chambre sans souliers tout proche du lit et ont estés témoins, que le mariage a esté fort bien consommé. Vous pouvez croire, comme on a raillé la pauvre mariée le lendemain;... il faut boucher les oreilles, quand Maximilian fait le récit de tout cela«; vgl. Bobemann, J. H. v. Jlten ec., S. 174 f.

undt ist mit ein ser schön esquipage hir gewessen, sie abzuhollen. Sie haben einander gar lieb; der Grefin Amalie brif hätte aber schir alles verdorben, welgen er ungfer[1]) fandt undt meinte, er were von ehn galant, bis ich ihn wider zurecht brachte. Inmittels bin ich fro, daß sie sich auf ihr eigen handt mit die fraw von Degenfelt[2]) lustig machen, undt daß der gutte ehrliche general Chovet[3]) auch mit von Dero geselschaft ist undt auch meine gesundtheit hatt gedrunken; er ist alzeit mein gutter frundt gewessen, den ich ser hoch estimire; sie wolle ihm doch meinentwegen frundtlich grüßen. Es scheint, er ist die saxische dinst balt mütt worden. Die gutte Courfürstin soll dorten ser unglucklich sein; man sagt offentlich, der Courfürst von Saxen seye mit der Grefin Rockonitz[4]) ehr geheiratt gewessen als mit der Courfürstin, so daß meine Winsinrode einen Courfürst zum schwager hatt. Die Lantgrefin von Homburg hatt ihnen gar recht bericht, dan meine tochter ser viel von ihnen heldt undt mir auch gebetten, es ihnen zu sagen. Ich verbleibe alzeit, mein lieb basien, ihnen allen ergebene ohne complementen

Sophie Courfurstin.

119.

An die Raugräfin Louise in Frankfurt.

Hanover den 8/18. Apr. 1694.

1694
April 8/18

Ich habe in langer zeit nicht geschriben, mein herzliebe Bas, dan wir sein ihmer zu Herenhausen gewessen mit die gutte verwittibte Herzugin[5]) undt Dero beyde Princessen[6]), welge so güttig sein undt mich ihmer geselschaft halten undt also an schreiben verhindern, ob ich schon oft an sie gedacht habe; dan stilschweigen macht gar kein enderung bey mir vor Dieselbige, die ich ihmer von herzen werde lieb haben. Es scheint, daß der Prins Louis ihnen mer in genaden gewogen ist, als uns, dan er uns wegen das Electorat ser zuwider ist; doch wünschen wir J. L. von herzen gelück zu disser campagne. Die misère ist zwar groß in Franckerich, aber wir werden nicht besser tharvon undt haben doch alle jhar desadvantage. Madam de Chatre[7]) licht auf dem todt, worauf Madam schreibt wie in Tartuffe[8]) stehett: „la volonté de Dieu soit fait en toute chose"; die geschidt ohne railleri itzunder wol zu Dresden,

1) = ungefähr.

2) Freifrau Helene Margarethe v. Degenfeld, geb. Freiin v. Canstein, zweite Gemahlin des Frhr. Max. v. Degenfeld.

3) Jerem. Chauvet, trat 1670 in cellischen Dienst, welchen er 1694 quittierte, um als Feldmarschall die Bestallung des Kurf. v. Sachsen anzunehmen. Vgl. v. d. Decken, Feldzüge des Herzogs Georg Wilhelm ꝛc., Hannov. 1838.

4) = Rochlitz; vgl. S. 103, N. 2.   5) Benedicta.   6) Vgl. S. 111, N. 3 u. 7.

7) = Chartres.   8) Molière, Le tartuffe, Act, III, sc. 7.

unbt halte ich, baß die gansse welt weis, wie baß der Courfürst von Saxsen seine gemallin hatt wollen ermorden[1]); were auch wol geschehen, wan Herzug Friderich[2]) J. L. nicht 3 Degen nach einander aus der handt gerissen hätten, da er noch alle finger von zerschnitten hatt. Nun aber hatt Gott die Gresin Rockonitz[3]) lassen sterben an die blattern unbt ist besser tharmit zu recht kommen, ohne baß man es hatt verhindern können. Alle abgesanten haben bem Courfursten das leit geklagt. Es war ein gutt einseltig mensch; meine Neitzen[4]) hatt viel tharan verloren: was den ehnen betrübt, frübt den andern. Schö-nin[g][5]) hatt eine grosse feindin an ihr verloren unbt war sie ihmer vor die gutte parti, da sie auch soll vor ihrem tobt maulschellen vor bekommen haben. Man mus aber nun hoffen, baß der Courfürst besser mit seine gemallin leben wirbt, als vorhin; aber seine enportements sein erschrecklich. Er hatte doch hernacher fribt mit die Courfürstin gemacht unbt 3 nachten bey ihr geschlaffen. Alle der Gresin Rockelitz ihre schöne sachen sein verpitzirt[6]) worden unbt werden wol vor das kindt verwart werden; ich wolte, sie hätten sie, könten lang bonne chaire[7]) tharvor machen, dan ich fürgte, baß es schmalle bissen gibt. Wo ich kan binen, werde ich es nimer lassen, dan ich bin ihnen allen gans ergeben.

Sophie Courfürstin.

120.

An die Raugräfin Louise in Frankfurt.

Herenhausen 10/20. Juni 1694.

In grosser eil mus ich mein liebe Bas sagen, baß ihre schreiben mich alzeit herzlich früwen, weil ich Dero bestendige affection vor mir tharaus speüre. Madam ihr brif ist auch ser fründtlich vor uns beybe unbt recht natürlich geschriben. . . . Hir wil man nicht gelauben, baß der Herzug von Savoie die handt an beybe Princen von Brandenburg in sein haus gegeben hatt, weil er esgalitet mit die Courfürsten pretendirt, welge es nicht thun. Die gutte Mad. Coppensten ist disperat unbt wir in grossen sorgen vor ihm[8]), dan seiber baß wir von Wisbaden sein, hatt kein Mensch nichts von ihm gehört noch gesehen unbt sein schon 3 wochen. Ich embrassire Euch alle 3 unbt sage an Carl Moritz, baß Madam gern von seine tütsche ferssen[9]) wolte sehen. Ich habe 4 Dag acker[10]) brunen gebruncken par ordonnence du me-

---

1) Joh. Georg IV. vermuthete e. unerlaubtes Verhältnis zwischen seiner Gemahlin u. seinem Bruder Friebr. August.   2) Friebr. August.

3) = Rochlitz; sie starb an ben Blattern am 4. Apr. 1694.

4) Die junge Frau v. Neitschütz, geb. v. Winzingerobe; vgl. S. 103, N. 3.

5) Vgl. S. 74, N. 5.   6) versiegelt.   7) = chère, Kost.

8) Für ihren Mann.   9) = Verse.   10) = Aachener.

8*

desein, habe es aber müssen bleiben laffen, weil sich mein junffer[1]) bey mir
wieder hatt spüren laffen; ich bin aber wol tharbey, spatzire wieder alle Dag
ihm[2]) garten, da ich so oft alle bey mir wünsche.

S.

121.

An die Raugräfin Louise in Frankfurt.

Herenhauffen den 24. Juni/4. Juli 1694.

1694
Juni 24/
Juli 4
Ich bin der Herzugin von Schunburg undt ihnen allen ser obligirt, daß
sie so fleiffig vor mir sorgen. Der kopf ist mir noch was schwer, derhalben
schreibe ich ihm[2]) bette undt lige auf dem rücken, um nicht zu bücken. Wir
haben aber nun ein raren man hir, welger ohripotabile kan machen undt
Talckohl; also hoffe ich auf alle weis wider jung zu werden. Das ehrste
secret hatt ihm der Keiser zur recompens geben; es gehett zwar beyde an zu
machen, allein ob es zu was gutt ist, stehett tharhin. Ich wünsche Baron Max
viel gelück zu der vermerung seiner kinder undt wünsche, daß sein beubel undt
gelück sich auch so vermheren mag. Ich habe J. L. des Courfürsten brif emfangen; ich weis nichts anders tharauf zu antworten, als wie mein Herr Vatter
als pflegt zu sagen: „Ehn complement in einer handt undt ein breck in die
ander, so hatt man in beyden händen geleichgen viel". Rauwgraf Carl Moritz
wirdt mich obligiren, zu schreiben, wie es bey der armée hergehett. Sie haben
jha nun ein advantage gehatt, weil der Delorge[3]) durchgangen ist; wan es
nur nicht ist qu'il recule pour mieux sauter. Die gutte Englische desante[4])
zu Brest[5]) ist schlecht abgelauffen, ban die Fransosen haben überal ser gutte
spiuns[6]). Den ehrlichen gutten Feltmarschalck Chovet[7]) wolle sie doch wider
meinentwegen grüffen; die fründtschaft von seiner Bas muff groff sein mit
Rauwgraf Carl Moritz, ihm ein pfert zu schencken.

Hir gehett es gar still her; mein sohn der Courprinz[8]) ist nach Berlin
undt seine gemallin[9]) hatt das anderbagig fiber zu Hanover. Unsere Princes
Ameli[10]) sambt anderen wollen les carosses d'Orleans spillen; ich halte, es

---

1) Die Menstruation.   2) = im.
3) Der französ. Marschall be Lorge, welcher 1693 Heidelberg — durch den Verrath
des Helbersdorf — eingenommen u. zerstört hatte.   4) = descente.
5) Die Engländer u. Holländer beabsichtigten einen Angriff auf den französ. Kriegs-
hafen Brest u. eine Landung daselbst; die Fransosen waren aber frühzeitig davon in Kennt-
nis gesetzt, Vauban hatte Brest u. Umgegend in völl. Stand der Vertheidigung gesetzt, u.
der Angriff der verbündeten Flotte (7/17. Juni 1694) ward abgeschlagen.
6) = Spione.   7) = Chauvet; vgl. S. 114, N. 3.
8) Georg Ludwig.   9) Sophie Dorothee.
10) Amalie, jüngste Tochter des Herzogs Joh. Friedr. v. Hannover u. der Benedicta;
vgl. S. 111, N. 7.

wirdt eben ablaufen wie die Commedi zu Weissbaden. Jlten ift nun wider hir von Dresden[1]), facht, man wil borten alle die ftraffen, die die polegami[2]) behaupt haben, ber alten Neitzen[3]) were aber noch nichts von Zauberey bewifen. Graf Königmarck[4]), welger nun Generalmajor an dem hoff ift, ift nun hir, um fein esquipage zu machen. Sein ehrfte expedition ift gewesfen, daß der Courfürft von Saxsen[5]) ihn [zum] gouverneur in ein vestung, fo tharzu gemacht gewesfen, gouverneur[6]) hatt gemacht, welge der Courfürft attacquirt hatt, undt haben einander mit rhon[7]) eier chargirt. Konismarck hatt noch ein blauw aug tharvon, were wol gar einäugig tharvon worden, hätte ihm das ei recht ins aug getroffen. Solge kinderpoffen follen viel vorgehen; er foll aber funften ein recht gutter Herr fein, ber fer wol mit die 4 Courfürftinen lebt, infunberheit mit feine gemallin[8]), welge aber keine kinder bekombt, welges man der alten Neitzin heckerey zufchreibt, undt werden ein hauffen dolle fachen, fo wie ihre mergen[9]) lauten, erzelt; ich wil aber nicht hoffen, daß verftendige leute es gelauben werden. Ehnem was einzugeben kan wol fein undt ift kein Herferey; man facht aber, fie hätte har[10]) von dem alten Courfürften genommen undt folges in wacks gethan undt ein mängen[11]) von gemacht undt folges gebratten bis es verzert war; undt were der Courfürft auf diefelbige zeit geftorben[12]). Wie fie ben letz verftorbenen Courfürften fo verliebt gemacht, ift eben fo ein albern Histori, fo von einem pott, fo auf dem feuwer ihmer geftanden, undt bergleichen mer dolle fachen. Sie mus fich aber nicht viel tharan keren. Königmarck hatt fie gefehen am fenster fitzen, baß fie arbeitte, undt ihre Bafen fchaugelten bey ihr in berfelbigen kamer. Sie hatt auch nur gardes vor ihr bähr. Es fitz[t] eine, fo vor es[13]) hecks[14]) aus der Steuermarck pasfirt, welge ein hauffen andere accusirt, wie die leute alzeit pflegen zu thun, baß bie ehn bie andere bekänt; ehn bag foll fie ein bing fagen undt ban wider was anbers; lauter Dorheitten. Der profses[15]) wirdt

---

1) Vgl. Bodemann, J. H. v. Jlten rc., S. 52.   2) = Polygamie.

3) Der Mutter der Rochlitz: Urfula Margar. v. R., geb. v. Haugwitz.

4) Graf Chriftof Philipp v. Königsmarck.

5) Friedrich Auguft.   6) Sic!   7) = rohen.

8) Friedr. Aug. hatte fich 10. Jan. 1693 vermählt mit Chriftiane Eberhardine, Tochter des Markgr. Chriftian Ernft von Brandenburg-Bayreuth.   9) = Märchen.

10) = Haare.   11) = Männchen.

12) Als die Gräfin Rochlitz anf ben Blattern erkrankt war, wollte der Kurf. Johann Georg IV. fie nicht verlaffen. Als die Gräfin ftarb, war er untröftlich u. ließ die Leiche in der kurfürftl. Gruft beifetzen. Dann ergriff auch ihn diefelbe Krankheit u. nach wenigen Tagen ftarb er, am 7. Mai 1694. Da er ohne Sohn ftarb, folgte ihm fein Bruder Friedr. Auguft. Die erften Acte der neuen Regierung waren die Entfernung der Leiche der Rochlitz aus b. kurf. Gruft u. die Verhaftung der Mutter derfelben, welcher man Gemeinfamkeit des Handelns mit der Tochter vorwarf.

13) Sic! = eine.   14) = Hexe.   15) = Prozeß.

vermuttlich noch lang weren. Unsere hoffmesterin[1]) wirdt alle dag besser, krigt[2]) noch ihmer fort, obschon nicht de bonne grace. Coppensten hat auch seine Dolce bella mit seiner gegenwart wider erfrüdt. Mein liebe Bas, ich wünsche sie oft bey mir, ob mir schon an geselschaft nicht felt, dan unsere Herzugin[3]) schwetzt in ehnen fort, sitzt ihmer, weil ich arbeite, bey mir. Disser brif wirdt eben so lang, ich mus endigen undt sie beyde in gedancken ambrassiren, bis ich es hir kan thun.

Sophie Courfürstin.

122.

An die Raugräfin Louise in Frankfurt.

1694
Juni 28/
Juli 8

Herenhausen den 28. Juni/8. Juli 1694.

Ich bin recht erfrüdt worden, mein herzliebe Bas, mit des Rauwgraf Carmoritz[4]) brif; hätte wünschen mögen, daß seine relation an die fraw von Degenfelt auch tharbey were gewesen. Es ist mir bey ihm eingefallen: „Der sten[5]), den die bauwleute wech geworffen haben, ist zum Ecksten worden[6])". vielleicht hatt Gott versehen, daß er der gelücklichste von allen wirdt sein, wie es schon scheint, weil er noch lebt undt sich(t) man doch sein gutt naturel, indem er so vor sein knecht gesorgt hatt. Ich wil sein brif, so gar artig undt naïf geschriben, an Madam schicken. Wan er an mir schreibt, wirdt es mir ser angnhem sein, er mus aber auch so frey schreiben, ban mit complementen ist mir nicht gedint. Gott gebe, daß er alzeit gelücklich mag sein . . .

Die Courprinses[7]) hatt noch das fiber; J. L. Herr[8]) ist zu Berlin, da mein tochter ihm eine commedi von ihre dames undt cavalirs wil spillen lassen, hatt grosse frübt, [ihren] elsten bruder, wie sie ihn als heist, bey sich zu haben. Hir ist alles still. Ich hoffe, Madam Sacetot[9]) wirdt sie nun schön machen[10]), aber ihm anfang gar hefslich, das mus sie nicht achten undt als fort brauchen, bis sie gans schön wirdt sein, undt sich so lang in die kammer halten thun,

---

1) Fr. v. Harling. Am 18. Apr. 1694 schreibt Frau v. Jlten an ihren Mann: „Unsere guhte Frau Hoffmeisterin Harling ist zu Münden krank beliegen geblieben undt zweifelt man sehr an ihrer aufkunfft. Die guhte Frau hette hie auch noch woll sterben möhgen; buht mir leidt, wolte, daß sie lebhen möchte undt noch 20 Jahr jünger; werden solche guhte Hoffmeisterin nicht wieder triegen"; vgl. Bodemann, J. H. v. Jlten 2c., S. 253.

2) = kriecht.   3) Benedicta.   4) Sic! = Karl Moritz.   5) = Stein.
6) Vgl. Psalm 118, 22; Ev. Matth. 21, 42; Marc. 12, 10; Luc. 20, 17; Apostelgesch. 4, 11; I. Petr. 2, 7.

7) Sophie Dorothee.   8) Erbprinz Georg Ludwig.
9) Oberhofmeisterin der Kurfürstin Sophie Charlotte von Brandenburg.
10) Durch ein überschicktes Heilwasser gegen Finnen; vgl. den Br. 128 vom 4/14. Oct. 1694.

als man sie die röbtlen hätte, um sich nicht sehen zu lassen. Adieu, mein liebe Bas, sie wolle Ameltien meinentwegen ambrassiren.

S. C.

123.

An die Raugräfin Louise in Frankfurt:

Hanover den 30. May/9. Juli¹) 1694.

1694
Mai 30/
Juni 9

An Dero affection, meine liebe Bas, habe ich wol nicht gezweivelt, dan sie sowol als Dero schwester preuve genung tharvon haben spüren lassen, insunderheit in meiner kranckheit, da sie schir alle mein trost waren. Ich habe nun Gottlob meine haut undt knochen bis hirher gebracht, etwas schwag, aber ich hoffe, mit der zeit wider zu kräften zu kommen, wan es mir von Gott beschert ist; dan alte gebäuw müssen zulezt fallen. So lang das meinige stehett, wirdt es zu Dero allerseits dinsten sein. . . . Alhir ist unsere liebe Herzugin²) mit Dero Princessen³) stracks zu mir kommen mit tränen in die augen von tendresse, daß J. L. mir wieder lebendig sahen; mein farb ist aber noch wie vom Viconte de Jodelet, qui sort d'une grande maladie; da ich aber wenig nach frage, wan ich nur wider gans gesundt were. Die Courprinsessin⁴) ist bey Dero Herr Vatter⁵) geblieben undt hatt das 3bagig fiber wider bekommen. Morgen gehen wir nach Herenhausen frische luft schepfen. Die pomerantzen= tarten⁶) haben recht wol reussirt; mein sohn hatt nicht ratten können, wo sie her kommen; haben recht wol geschmeckt. . . . Ich habe noch ein hauffen brif zu schreiben, mus also nun endigen. . . .

Sophie Courfürstin.

124.

An die Raugräfin Louise in Frankfurt.

Herenhausen den 2/12. July 1694.

1694
Juli 2/12

Ich sage Dieselbige grossen danck vor des Rauwgrafen relation undt bitte, wan was wieder von ihm kombt, es mir auch zu schicken, dan es mir recht angnhem ist. Gott seye danck, daß er so wol tharvon kommen, der, hoffe ich, wirdt ihn noch weitter behütten. Ich mus auch sagen, wie es mir mit die schöne schalger⁷) von allen farben gangen ist: ich habe Limonade tharaus wollen drincken undt andere auch mit tractiren, so ist all die farb, da es naß worden, tharvon gangen undt hatt man den bedrug gesehen undt mir mit

---

1) Sic! anstatt Juni. 2) Benedicta, vgl. S. 111, N. 1.
3) Vgl. S. 111, N. 3 u. 7. 4) Sophie Dorothee.
5) Herzog Georg Wilhelm in Celle. 6) = Torten? 7) = Schälchen.

meine schöne sachen außgelacht, die ich vor ein raritet hilte. Es ist spatt undt mus ich schlaffen, sage ihr auch gutte Nacht undt verbleibe wie alzeit

S. C.

125.

An die Raugräfin Louise in Frankfurt.

Herenhausen den 15/25. July 1694.

1694
Juli 15/25

Ich habe zu antworten auf zwe von ihre ser angnehmen schreiben, bin aber zimlich chagrin geweßen über sachen, da ich kein journal von machen werde[1]); wie ich von dem Rauwgraf habe emfangen. . . . Die reimmen von die alte Neitzen[2]) sein eben nicht ser spirituel; man meint, es wirbt ihr übel gehen. Auf dem holzmarck[3]), da man alhir alle bie zeibungen hört, sacht man, daß bie heckßen von Dresden Königmarck wech gefürt haben, ban seiber mer als 14 bag ist er wech undt weis kein mensch, wo er hinkommen ist. Die fraillen Knisbeck[4]) sitzt in arrest. Ich käne die Grefin Frisen gar wol; ihr Vatter, so mein Bas ihr patte, war mein recht gutter fründt; sie wolle sie meinent= wegen grüssen undt insunderheit an meine schöne Herzugin von Eisenach ein gar schön complement machen; ban ich ehre undt liebe dieselbige von herzen, zweivele nicht, sie wirbt zu uns kommen biß Carnaval. Ob ich J. L. barf bitten, sie mitzubringen, weis ich noch nicht, wil es aber hoffen. Die Cour= prinses[5]) wirbt wol nicht thar sein, wirbt also bie fürstin von Ostfrislant[6]) ben rang nicht disputiren; werden J. L. also wol hir kommen. . . . Zu Herenhausen arbeiten wir ser fleissig undt spaziren ihm[7]) garten, wan es gutt wetter ist, undt spillen auch à l'hombre. Mein sohn der Courprins[8]) diver= tirt sich recht wol bey sein fraw schwester[9]), weis von nichts, wie es hir her ist gangen[10]), wirbt wol surprenirt werden, mus sich aber mit viel andern Heros tröften: es ist dem Prins de Condé[11]) nicht besser gangen, undt wirbt seine gemallin wol benselbigen sort haben, wie beßen gemallin gehatt hatt. Amelie wolle sie meinentwegen ambrassiren undt gelauben, daß ich sie beybe herzlich

---

1) Zn der Nacht vom 1. auf ben 2. Juli 1694 war bie Katastrophe mit dem Grafen Königsmarck u. ber Kurprinzeß Sophie Dorothee eingetreten.

2) = Reitschütz; vgl. S. 117, N. 3.

3) Der Holzmarkt zu Hannover; an welchem auch bie Gräfin Platen wohnte.

4) Eleonore von dem Knesebed, Hofbame der Kurprinzessin Sophie Dorothee, welche in bas Unglück bieser Prinzeß mit verwickelt u. auf bem Schloße Scharzfels am Harz ein= gekerkert warb.   5) Die bamals zu Ahlben gefangen gesetzte Sophie Dorothea.

6) Christine Charlotte.   7) = im.   8) Georg Ludwig.

9) Der Kurfürstin Sophie Charlotte in Berlin.   10) Mit Königsmarck zc.

11) Ludwig III. von Condé, welcher eine natürl. Tochter Ludwigs XIV., Mademoiselle be Nantes, heirathete.

lieb habe. Sie wolle mir auf [das] was ich von hir schreibe, nicht antworten, als wan sie etwas von mir gehört hätten; solte sie aber zu Franckfort etwas hören, kan sie es mir als was neuwes berichten.

Sophie Courfürstin.

126.

An die Raugräfin Louise in Frankfurt.

Herenhausen den 3/13. Aug. 1694.

1694
Aug. 3/13

Ich habe wol gedacht, daß was hir vorgangen[1]) durch die ganße welt ein groß geschrey würde machen undt man nun von hir so viel würde zu sagen haben, als vor dißem von Dresden. Man kan den leutten das maul nicht stoppen. Mit Königsmarck ist es so hergangen[2]): wie seine leute haben gesacht, soll er den abent melancolisch geweßen sein undt gethan haben, als wolte er schlaffen; sein secretarius hatt aber gesehen, daß er gans allein ist ausgangen; undt wie er in 4 dag nicht widerkam, sein sie ehrsten zu dem Feltmarechal Boudewels[3]) gangen undt ihm gesacht, daß ihr Herr verloren war. Sie haben ihn überall laßen suchen ohne ihn zu finden. Mein Herr hatt alle seine sachen laßen verpitzihren[4]), auf daß nicht[s] wech solte kommen von seinen sachen, allein seine briffschaften haben sie tharvon nhemmen laßen. Ihm[5]) übrigen bin ich ihr obligirt, daß sie part in unser chagrin nhemmen, aber man mus sich trösten, daß Gott alles zum beßten thut. Wan die fraw ihr Man nicht leiden kan, ist sie beßer von ihm, als bey ihm. Die Knisbeck[6]), so viel böses gestift, sitzt auf dem lant gefangen. Es ist ein Envoié vom Courfürsten von Saxsen[7]) hir, der wil, mein herzlieber Herr soll ihm Konismarck wider schaffen, welges, mein herzlieber Herr den Courfürst von Saxsen versichert hatt, nicht in seiner macht stehett. Ich bencke nicht, daß dißer Courfürst uns beswegen eine querelle d'allemand[8]) wirdt machen. Man benckt noch wenig alhir an die opera, sunsten würden, wie sie wol weis, mir alle gelegenheitten lieb undt angnhem sein, wan ich sie werde können sehen, dan ich bin alzeit . . .

S. C.

---

1) Mit Graf Königsmarck 2c.; vgl. den vorigen Brief.
2) Vgl. Näheres über das Folgende bei Bodemann, J. H. v. Ilten 2c., S. 51—74.
3) = Podewils; vgl. S. 64, N. 4. 4) versiegeln. 5) = Im.
6) = Knesebeck; vgl. S. 120, N. 4.
7) Auf das Betreiben der Gräfin Aurora v. Königsmarck schickte der Kurf. Friedr. August v. Sachsen im Anfange Juli 1694 seinen Generaladjut., den Oberst Bannier, nach Hannover, um Auskunft über Königsmarcks Verschwinden zu erhalten; vgl. Bodemann a. a. O., S. 52 f.
8) Une querelle d'Allemand: ein ohne Ursache angefangener oder vom Zaune gebrochener Streit.

127.

An die Raugräfin Louise in Frankfurt.

1694
Aug. 26/
Sept. 5

Herrenhausen den 26. Aug./5. Sept. 1694.

Wan ich nichts zu sagen habe, schreibe ich nicht, meine liebe Bas, deshalben mögte sich nun auch wol schweigen; allein wan es zu lang werte,
mögten sie bencken, ich hätte sie gar vergessen, welges gar nicht sein kan, ban
mein herz ist alzeit bey ihnen. Ich wolt, daß ihre personen auch bey mir könten
sein, wie ich es oft wünsche. Hir bendt man nicht mer an chagrinante sachen.
[Denen,] die mich tharvon schreiben, gebe ich zur antwort: daß, weil die
Courprinssin ihr Herr nicht hatt leiden können, beyde Bätter gutt gefunden
haben, sie von ihm zu thun undt sie allein wonen zu lassen, nemlich auf ein
schloß Lauwenau [1]). Mr. Wackerbart [2]) undt seine fraw [2]) mit ihre gansse
famillie werden sie aufwarten, welges ihnen wol kombt, ban er wirdt das
Ambt mit tharbey zu administriren haben, also mit seinen villen kindern wol
zu leben haben: à quelque chose malheur est bon, sagt das sprüchwort.
Der verlus von Königsmarck mus von guden fründen vor ein aparte sache
gehalten werden, obschon die gansse welt weis, was die klock geschlagen hatt.
Ihr bruder [3]) mus schön aus dem gefecht kommen sein mit seiner tinte [4]) ihm
gesicht. Wan er seine Histori schreiben wirdt, wirdt disses wol tharin kommen.
Ich hoffe, er wirdt sich ein compani zu pfert geben lassen, weil der Prins
Louis so viel von ihm helt. Mein sohn, Herzug Max ist ser fro, daß sein
Regement in ein klein rencontre advantage über die franfosen gehatt hatt,
er war aber nicht tharbey . . .

S. E.

128.

An die Raugräfin Louise in Frankfurt.

1694
Oct. 4/14

Hanover den 4/14. Oct. 1694.

Ich habe zwar lang nicht geschrieben, mein liebe Bas, aber doch oft an
ihnen gedacht in der Willbernus von Linsburg [5]), da wir 4 wochen sein gewessen, insunderheit wan es gutt wetter war, um en chaise roulante zu spaziren.
Da ist unsere Herzugin [6]) nicht gutt zu, ban sie fürcht die luft so viel, als mein

---

1) Lauenau; von dort ward die Kurpr. Sophie Dorothee nach Schloß Ahlden gebracht.
2) Aug. Heinr. v. Wackerbart, Oberst in den cellischen Truppen, nachher Amtmann
zu Ahlden, u. s. Frau Susanne, geb. v. Berlichingen.
3) Der Raugraf Karl Moritz.
4) Die Herzogin v. Orléans schreibt am 2. Sept. 1694 an die Raugr. Louise: „Carl
Moritz avanture mit der indianische Dinten hatt mich von herzen lachen machen."
5) Vgl. S. 35, N. 2.   6) Benedicta.

Herr bruder selig¹) sie liebte . . . Ich fürgte, die fürstin von Ostfrislant²) werden das Carnaval nicht hir kommen, undt vermeinen sie, Dero fr. schwester von Eisenach würde auch nicht kommen, dan es scheint, daß Dero menage nicht zum besten ist. Ich darf ihnen auch nicht einladen, bis ich order vom Courfürst habe. Am Brandenburgschen hoff soll es nun wie am Pfalzschen undt Beirischen gehalten werden undt die hofffrailen vor alle weiber gehen. Es war ein lantfrauw von Osnabruck, die fragte ich, ob sie Lumber³) spillen könte; sie antworte: „Nein, wey bleiben by unsen snipschnapschnur". Ich wolte, daß es bey uns auch in allen stücken so were, so hätte man nicht so viel mit dem rang zu thun. Was mein sohn den Courprins anbelangt, ist er so degoutirt von heiratten, daß er noch zur zeit bös wirdt, wan man tharvon sacht⁴); sunsten gelaube ich nicht, daß er ein korb wirdt zu fürgten haben: sunsten würde die verwantschaft nichts hindern⁵), dan Marie undt Joseph waren jha auch nha verwant. Ich verlange zu hören, ob sie Madam Sastot⁶) wasser brauchen; wan die haut einmal darmit recht rein wirdt sein, kan sie es mit der kölsche kreibe conserviren, daß die sinen⁷) nicht wider kommen. Ob man schon nicht pretendirt, schön zu sein, so wil man doch gern so gutt aussehen, als man kan. Man vantirt sich in Franckerich, als hätte man ein groß advantage über Prins Louis gehatt, welges Gottlob nicht war ist. Es wirdt grosse anstalt zu Brüsfel⁸) gemacht, um die Courfürstin von Beieren⁹) zu emfangen. Der Courfürst soll alle seine metressen abgeschaft haben zum willkum; wie lang es weren wirdt, kan man nicht wissen. Heute thun wir die traur an vor den Herzug von Modena undt in wenig dagen werden wir auf ein jachthaus bey dem Herzug von Zelle gehen; ich werde überal sie beyde von herzen lieben undt ihre trüwe Tante sein.

Sophie.

---

1) Kurf. Karl Ludwig.   2) Christine Charlotte.   3) = l'hombre.
4) Die Herzogin v. Orléans schreibt an die Kurf. Sophie am 19. Dec. 1694: „Ich kans J. L. dem churprintzen nicht verdencken, daß J. L. von kein ander heurraht hören wollen. Er ist zu sehr ertappt worden, undt were kein wunder, daß ein solcher humor, wie seine gewesene gemahlin gehabt hatt, J. L. ein abscheu vor alle weiber gibt"; vgl. Zeitschr. d. hist. V. f. Niederf., Jahrg. 1882, S. 222.
5) Bielleicht hat die Kurfürstin eine Wiederverheirathung des Kurprinzen Georg Ludwig mit einer seiner Cousinen, der beiden Töchter des Herzogs Joh. Friedrich, hier im Sinne.
6) = Sacetot; vgl. S. 118, N. 9.   7) = Finnen.
8) Wo der Kurf. Max Emanuel als Statthalter der Niederlande 1695 mit seiner neuen Gemahlin feierl. Einzug hielt.
9) Therese Kunigunde; vgl. S. 111, N. 11.

129.

An die Raugräfin Louiſe in Frankfurt.

Hanover ben 7/17. Nov. 1694.

Wir ſein in die 4. Woche zur Ghör geweſſen bey J. L. den Herzug unbt Herzugin von Zelle, da wir ſo content in ber wilbernuß lebten, baß, ſo lang ich bin thar geweſſen, ſchir an Nimans habe geſchrieben; doch ſein meine gebancken ihmer bey ihnen geweſſen unbt habe Dero ſchreiben mit satisfaction geleſen, weil ich ihmer ihre beſtenbige affection tharauß ſehe. Daß ber Rauwgraf[1] noch keine charge hatt bekommen, iſt mir leit, er muß bencken: ein gutter nhamen iſt beſſer alß golt, aber biſſes iſt auch allemal nötig. Mein ſohn Max klagt auch ſer, baß die campagnes ſo viel koſten unbt er nicht außkommen kan. Es iſt ein elent, baß tauſent thaller nun nicht ſo viel thun, alß vor biſſem hunbert, unbt die inkommen werben boch nicht gröſſer. Es würbe mir leit thun, wan die gutte Herzugin von Eiſenach mangels halber nicht zu unß ſolte kommen; auf ſchöne kleiber ſicht man hir nicht, wan ſie nur manihrlich ſein. Jch wolte hoffen, wan ber Rauwgraf nach Berlin käme, würbe ber Courfürſt wol was vor ihm thun, inſunberheit weil ſie mir ſacht, baß er ſich in ſeine maniren viel gebeſſert hatt. Die warheit habe ich ihm nicht verſchwigen; es iſt kein kunſt, mangel an anbern zu finden, aber wol, ſie an ſich ſelber zu corgiren. Jch halte, wie ich die Courfürſtin von Beieren[2] beſchreiben höre, baß gar nicht viel tharan ſol ſein unbt übel erzogen, ſoll ganß keine manihren zu leben haben; ich halte, ſie wirbt ihrem Herrn ſowol alß ben Bruſelſchen dames wunberlich vorkommen. Man meint, baß ſie auf Berlin wirbt zukommen, um koſten zu ſparen, ban ihr Herr Vatter[3] iſt ſer karg. Seiner Princen ehner würbe eben keine ſer groſſe parti ſein; ſie werben nach Paris in die accademi gehen. Der Herzug von Zell hatt baß pottegra ſer erbraglich gehatt; J. L. wollen ſambt Dero gemallin baß Emſer batt brauchen. Ob wir nach Wisbaden werben [gehen], weis ich noch nicht, wünſche es von herzen, um ſie wieber zu ſehen unbt müntlich zu verſichern, wie ſer ich ſie ergeben bin ſowol alß auch an Dero ſchweſter unbt bruber.

Sophie Courfürſtin.

130.

An die Raugräfin Louiſe in Frankfurt.

Hanover ben 13/23. Jeanwari 1695.

Vor ben ſchönen wunſch zu biſſem Neuwen jhar ſage ich groſſen banck unbt würbe ihn erfült finden, wan ich ihnen allerſeits könte binſt thun. Habe alſo

---

1) Karl Moritz.   2) Thereſe Kunigunbe; vgl. S. 111, R. 11.
3) Der König Johann Sobieſki von Polen.

keine zeit verseumbt, wie der Courfürst von Brandenburg hir war, mit Herr Danquelman [1]) von Graf Carl Moritz zu reden, unbt weil die Grafen bey dem hoff nach dero charge gehen unbt kürtzlich der jün[g]ste Graf von Bentheim Teckelenburg, so doch ein kleine regirung hatt, thar kammerherr geworden ist, daß es ihm auch nicht würde übel anstehen, wan er tharbey eine compani zu pfert möchte haben. Wan er mit bisses zufriden, meint Herr Danckelman, er wolte es zuweg bringen. Stracks ein Regement zu bekommen, mus man nicht an gedencken; wan man aber ehrst an dem hoff ein fuß ihm [2]) bigel hatt, kan man ihmer weiter steigen. Ich habe pronirt [3]), wie er sich die letzte campagne so wol gehalten hatt, es würde ihm auch nicht schädtlich sein, wan er bisses, so ich proponirt, verlangt, ein recommendationschreiben von Prins Louis mitzubringen. Ich weis nicht, wo er nun ist; wan ich seine Meinung hirüber werde wissen, wil ich die sach weitter pussiren. Sie wolle mir hirauf antworten unbt sie mirs berichten. I. L. der Courfürst von Brandenburg ist gestern ehrst von hir gangen; I. L. haben ser geeilt; wir haben aber doch noch 3 dag langer erhalten, daß sie sein bey uns geblieben. Wir waren alle ser betrübt wegen den unvermutten todt von die incomparabele Königin von Eng-lant [4]), deren meriten man nicht genungsam rhümen kan; man gibt den D[oc-toren] grosse schuldt, die anfanglich die kranckheit nicht kant haben unbt durch aberlassen die blattern haben machen einschlagen. Der König von betrübnus hatt 3 ohmachten gehat, soll aber nun in ein bessern standt sein. Das tantzen ist durch disse bedrübte zeidung gehembt worden; die zwe operen werden aber noch gespilt, die mein tochter nicht mütt wirdt. Der kleine Courprins [5]) ist nicht mitkommen, auch nicht die Princesin von Brandenburg wegen das ser kalte wetter unbt daß die blattern auf der rutte regiren. Von die Herzugin von Eisenach hören wir nichts; Madam Pflug ist hir mit ihre schwester, die Grefin von Wittgensten; sie singt unbt spilt auf der lauten unbt clavesin, aber ser schlecht; die minen, so sie tharbey macht, sein etwas lächerlich. Es ist mir herzlich leit, daß ich sie beyde nicht hir kan sehen, wie ich wolte, unbt sie in alles bezeugen, wie ser ich sie von herzen liebe.

Sophie Courfürstin.

Die ehscheidung [6]) ist hir gans gemacht; die sentence laut[et], daß mein sohn wider heiratten darf, die Princesin aber nicht. Man bitt[et] nicht mer vor ihr ihm [7]) kirgengebett zu Zell noch Hanover. Er wil aber von kein heiratten mer hören.

---

1) Vgl. S. 86, N. 1 zu Br. 87. 2) = im. 3) Sic! = proponirt.
4) Marie, Gemahlin Königs Wilhelm III., sie starb am 28. Dec. 1694.
5) Friedr. Wilhelm (I.).
6) Zwischen dem Kurpr. Georg Ludwig u. s. Gemahlin Sophie Dorothee.
7) = im.

131.

An die Raugräfin Louise.

Hanover ben 4/14. Mertz 1693[1]).

Ich habe, mein herzliebe bas, vor 3 brif auf einmal zu dancken, ban sie
mir alzeit ser angnehm sein, ob ich schon langsam ihm[2]) antworten bin, insunderheit wan ich bas siber habe ober auch sunsten nichts zu sagen weis,
tharan gelegen ist. Der gutte Graf von Witgensten hatt mir ihr brif geschickt,
sizt zu Embeck bey seine gemallin. Ich bin recht fro, baß sie sich nun schön
macht, verlange zu hören, ob es ihr wol zuschlecht[3]). Alzeit ist die fraw
Schulenburgin, so gans ausgeschlagen war, gans wider schön tharvon geworden. Was unsern Rauwgraf[4]) anbelangt, hatt mir Danckelman versprochen, alles vor ihn zu thun was er kan; beswegen muß man es versuchen.
Sie kan wol bencken, baß ich vor ihn die höchste Kammerherncharge werde
begeren unbt nicht die schlechte. Mein tochter hatt mich aber bang gemacht,
sacht, es ginge alles bey bem hoff gar langsam her; ich wil aber ein besseres
hoffen. Ich bin bie gute freyfraw von Degenfelt hoch obligirt, baß sie so
passionirt vor mir ist, baß bie leute vielleicht ihr zu gefallen so viel guttes von
mir gesacht haben. Die fraw Bülo ist noch hir ihm[2]) kindtbett mit ihr kleinen
sohn, der ihr ein grosse frübt ist, befinbt sich gar wol. Der Graf von Witgensten, so die Grefin Platen hatt wollen heiratten, ist unverrichter sach wider
abgezogen; es mag wol ein gutter mensch sein, redt aber kein wordt unbt kan
man von ihm sagen wie Heri 4[5]) ihm[2]) geleichen vall: „Si cet homme est fou,
il est bien sage, mais s'il est sage, il est bien fou." Es scheint, sie haben
noch kein gelück mit Reichsgrafen, ban Efrent Ber ber jub hatt ihr einen Graf
von Holloch wollen freien, der sol ben kalten brant ins bein bekommen haben,
so man ab hatt müssen schneiben; ob es war ist, weis ich nicht. Wir verliren
hir einen trüwen Diner nach bem anbern; ber lezte ist ber gutte Montalban[6])
gewessen, der mit einer mitre als archediair zu Mantau(?) ist begraben worden
unbt nicht wider nach Hanover hatt können kommen, wie er es verlangt hatt.
Ich bin fraw Schelm obligirt, baß sie vor meine gesunbtheit sorgt; seiber
mein anber bäglich siber bin ich von nichts anbers incommodirt gewessen,
auch zuvor gar wenig. Wan es nur gutt wetter wolte werben unbt ich spaziren
könte, wolte, wie mir bucht, alles bey mir gans gutt sein; ich arbeite fleissig,
kan aber hir kein schöne couleur de feu seiden[7]) trigen, weis nicht, ob man
zu Franckfort welge hatt. Madame hatt mir schon wider ein hauffen bilber
geschickt, sein aber noch nicht ankommen.

---

1) So im Orig. verschrieben anstatt 1695. 2) = im.
3) Das ber Raugräfin übersandte Heilwasser gegen Finnen; vgl. Br. 122.
4) Karl Moritz. 5) Sic! = Henri IV.?
6) Vgl. S. 69, N. 4. 7) = Seibe.

Unsere verwittibte Herzugin[1]) ist nach Zell, eine visite zu thun. Der Herzugin[2]) tochter[3]) ist nun wider zu Allen[4]) in Dero Herr Vatter lant, eben auf dieselbige manihr als sie zu Lauwenau war. Wackerbart[5]) undt seine fraw sein bey ihr. Herzug Max ist auch hir nach Zell, um unsere operas von die Italienische Commedianten in bourlesque agiren zu sehen. Unser Courfürst klagt ser über ein Aug, das blint wil werden, bleibt derhalben zu haus. Hir ist nun alles ser still; hätte ich ihnen bey mir, were ich content; versichere sie, daß ich sie nimmer aus dem herzen werde laßen.

Sophie Courfürstin.

132.

An die Raugräfin Louise in Frankfurt.

Hanover den 13/23. Mertz 1695.

Ich bin so persuadirt, mein liebe Bas, von ihre affection, daß ich gar nicht zweivele, daß sie mir alzeit gesundt undt gelücklich wolte haben. Vor mich selber verlange ich nichts, aber es würde mir frümen, wan ich andern, die ich lieb habe, könte fründtschaft erzeigen, welges auch sein wirdt soviel als ich kan, so lang als ich lebe. Ich bin fro, daß der Rauwgraf wieder kommen ist; er mus keine zeit versümen, sich nach Berlin zu verfügen: il faut batter[6]) le fer tendis qu'il est au feu, es ist alzeit beßer, was als nichts zu sein. Der grosse König Gustaves[7]) ist under die garde zu fuss von Prins von Oranien geweßen inconito. Kniphausen sein Vatter, so den König nicht känte, thet ihm oft sivilitet undt sachte: es würde noch ein braver kerl aus ihm werden. Wie der König zur Cron kam, lis er dißen Kniphausen zu sich kommen, gab ihm grosse charge, wie sein sohn, so zu Berlin ist, mir erzelt hatt, undt wie sein Vatter so verwundert were geweßen, wie er das gesicht in ein andern standt wieder gesehen hätte. Der gutte Graff von Wittgensten wirdt wol gegen so ein grossen Herrn, als der Courfürst von Brandenburg ist, nicht aufkommen; es ist eine Graffschaft, so der alte Courfürst seinem sohn befollen hat, wieder zu nemmen, weil sie zu der Cour hört, welge des Graffen Grossvatter vor ein recompens soll gegeben sein. Dißer Graff hat auch gar nicht charmirt, dan wan er geredt hatt mit seine metres, ist es von Haber undt flacks gewessen, seinen grossen verstandt in der esconomi zu beweisen. In alle gazetten hatt man setzen laßen, daß unser Courfürst catholisch worden were. J. L. sein es so wenig, daß sie nicht verlangen, daß Dero sohn, Prins Maxsimilian die Pfalzgrefin soll

---

1) Benedicta.   2) Eleonore geb. d'Olbrense.
3) Die geschiedene Kurprinzeß Sophie Dorothee.   4) Ahlden.
5) Vgl. S. 122, N. 2.   6) = battre.
7) Gustav Adolf, König von Schweden.

heiratten, wan er deßwegen catholisch müste werden. Ich habe ein brif an ihr von Madam geschickt, hoffe, sie wirdt ihn emfangen haben undt alzeit gelauben, daß ich sie alle von herzen liebe.

Sophie Courfürstin.

133.

An die Raugräfin Louise in Frankfurt.

1695
März 31/
April 10

Hanover den 31. Merz/10. April 1695.

Heute ist der Rauwgraf[1]) mit der post von hir gangen nach Berlin. Gott gebe, daß er alles thar finden mag, wie man mir verheissen hatt. Bey hoff hatt er kein lust, mus also sein fortune ihm[2]) trig suchen. Wir haben alhir ungern erfaren, daß Pfalzgraf Carls gemallin ihm[2]) kindtbett gestorben, soll aber eine tochter nachgelassen haben, welches dem Herrn Vatter die gütter in Polen aservirt. J. L. werden ohne zweivel wol widerum an eine andere gemallin dencken. Wan er sich würde nach unsere Princessen[3]) wenden, künte man hir sagen: à quelque chose malheur est bon; es sein recht gutte kinder, die recht wol gezogen sein, ehr hübscher als hesselicher als die verstorbene. Baron Max künte sie aufs wenigste sur le tapit bringen, so käme doch noch ettwas vom Pfalzischen geblütt wider in die Pfalz.

Das fiber hatt mich zwar verlassen, bin aber noch stupid undt unlustig, dan es ist hir kalt, wie ihm[2]) winter; auf alle weis ihnen gans ergeben.

Sophie.

134.

An die Raugräfin Louise in Frankfurt.

1695
April 7/17

Hanover den 7/17. April 1695.

Ihre schreiben sein mir alzeit lieb undt angnehm, ob ich schon nicht ser außfürlich antworte, schicke aber hirbey was Mr. du Cros[4]) mir schreibt, welcher bey allen höffen, wie man es in Hollant nent, als ein maqueler gebraucht wirdt; undt mein tochter schreibt mir schir dasselbige; also hoffe ich undt wil nicht tharan zweivelen, daß ich dem Rauwgraf wol geratten habe. Ich bin nun gans wider gesundt; der Courfürst jacht zu Linsburg, so daß es ser einsam hir ist. Die Herzugin verhindert mich, mer zu sagen.

S.

---

1) Karl Moritz.   2) = im.
3) Den Töchtern der Herzogin Benedicta; vgl. S. 111, N. 3 u. 7.
4) Der polit. Abenteurer jener Zeit Joh. Aug. du Cros; vgl. über ihn Allgem. D. Biogr. 5, 446 ff., u. Bodemann a. a. O., S. 96 ff.

135.

An die Raugräfin Louise.

Hanover den 26. Dec. [1695]/5. Jeanw. 1696.

Auf zwe Dero werbe zeillen, mein herzliebe Bas, habe ich zu antworten.
. . . Mr. de la Bergerie [1]) kan nicht genungsam rümen, wie sie so artig leben
unbt wie wol sie ihn tractirt haben; es ist ein recht gutter man. Nun mus
ich sagen, wie baß ich die stattliche schlese [2]) sambt 4 Diamanten mit der, so
zerbrochen, emfangen habe. Mich bücht, die, so nicht in ben schlesen sein,
blinken am meisten; schicke hirbey wider 3 schlesen, um auch sten [3]) in zu setzen.
Es hatt gar kein eil, ich bin ser gebulbig mit mein putz, bencke wenig tharan;
bisses ist nur ein einfall, ba ich ohne grosse unkosten zu kommen kan. Sie
wolle boch an Herr Max [4]) bitten, er wolle mein Reuwjharswunsch bey J. L.
bem Courfürsten zu Pfalz [5]) ablegen, weil ich es nicht selber thun barf unbt
J. L. boch von herzen alles wünsche, was Dero herz begert. Mr. Rosen, so
Generallieut. ist vom Courfürst von Saxsen [6]), ist nun hir [7]) als Envoié von
J. L. unbt begeren unsere fransösche Commedianten nach Dressden unbt vorehrst nach Leibsig in der Mess; es sein 3 schwangere weiber tharbey, welge
gar ungern reisen. Wan der Courfürst von Saxsen ist, wie der Generallieut.
Rosen J. L. beschreibt, so ist er le chevalier sans peur et sans reproche;
er wirbt bisses jhar wider nach Ungern gehen. Mein sohn Maxsimilian soll
auch hin, welges ich ungern sehe; bas lant hatt mich chagrin genung verursacht; man kan aber nichts gegen bas destein; was Gott will, mus man mit
zufriden sein. So lang ich lebe, werbe ich ihnen beyben ergeben sein,

Sophie.

Vom Rauwgraf hört man gar nichts.

136.

An die Raugräfin Louise in Frankfurt.

3 Konigen [6. Jan.] 1696.

Weil es balt in die kirg wirbt leüten, wil ich boch ehrst in eil sagen, mein
herzliebe bas, baß ich die zwe schleffen sambt die 3 Diamanten habe emfangen.
Es gehett bey mir: wan man nicht genung falcken hatt, mus man mit Eullen
beitzen. Bin inmittels herzlich fro gewessen, zu hören, baß der Courfürst [8])

---

1) Claude Guillaume de la Bergerie, warb 1692 Hofprebiger ber Kurf. Sophie unb,
als bie franz. reform. Kirche in Hannover fertig war, 1702 Prebiger an berselbem.
2) = Schleife.   3) = Steine.   4) Frhr. Max. v. Degenfelb.
5) Johann Wilhelm.   6) Friedrich August.
7) Bgl. Bobemann, J. H. v. Jlten 2c., S. 84.
8) Von b. Pfalz: Johann Wilhelm.

Bodemann, Briefe.

so gutt vor ihnen ist. Weil der gutte will thar ist, zweivele ich nicht, die werde werden auch folgen. Es macht den Roman desto schöner, daß der Graf von Hohenlo seine tochter dem Courfürst von Mentz geschickt hatt aus furgt vor ein enlevement. Wie die famillie zu Duseldorf beschriben wirdt, ist sie nicht gar sauber. Dero Hr. bruder ist nun zu Berlin; mein tochter wirbt ihn mit hir bringen. Vor den gutten wunsch zu dissem Neuwjhar sage ich grossen danck: wan wünschen was helffen könte, würden sie beyde die gelücklichsten leute von der welt sein undt sie ihmer bey mir sein, aber es hilft leider zu nichts, als den gutten willen zu weisen, da wir uns zusammen mit müssen trösten, undt versichert zu sein, daß wir einander lieben.

S.

137.

An die Raugräfin Louise.

Hanover den 24. Jeanw./3. Febr. 1696.

1696
Jan. 24/
Febr. 3

Obschon unser Carnaval langsam anfangt, mein liebe Bas, undt wir noch keine gest tharzu haben, als die zwe Pfalzische Princessen, so habe ich doch sunsten mit schreiben so viel zu thun gehatt, daß ich ihr nun auf 3 brif zugeleichg antworte undt sagen werde, daß ich die sten[1]) emfangen undt mich nach die schlefe meist verlangt, ban ich bin in meine alte bagen wie die kinder, die gern was neuwes sehen undt kein gelt zu grosser depence haben; ban meine kinder gehen mir doch vor alles undt mein Max ist ihmer Mr. d'argant court[2]). Ich werde es aber zulezt nicht aushalten können, ban ein wenig kan andern gutten fründen binen undt ihm thut es wenig. Es ist wol nicht werdt, daß sie mir vor mein bagatelle dancken; ich bin ihnen viel mer schuldig, mein[er] inclination undt seligen Herrn brubers wegen, undt würde ich mich selber auf dissem suject viel zu reprochiren haben, wan es von mir dependirte. Ich habe ein langen brif von unsere verwittibte Herzugin[3]), da auch die liste bey ist von dem grossen stadt[4]), so J. L. der Herzugin von Modene[5]) entgegen kombt: 3 hoffmesterinen, 5 fraillen, weil man gemeint, J. L. würden die 6te selber mitbringen, 6 kammermett[6]), sie zu incommodiren, wie es mir vorkombt, ein hauffen edeleut, 6 page undt 24 laqueien, gardes undt 6 manifique kutzschen; das beste aber: ein hauffen clenodien, so beim haus gehören, sie zu putzen, undt allerhandt reiche stoffen, da J. L. von wellen[7]) sollen. Bey dem gutten Pfalzgraf Carl würde es so nicht hergehen undt ein schlechter heiratt sein, wan

---

1) = Steine.   2) etre court d'argent, wenig Geld haben.
3) Benedicta.   4) = Staat.
5) Charlotte Felicitas, Tochter des verstorb. Herzogs Joh. Friedr. von Hannover u. seiner Gemahlin Benedicta, heirathete den Herzog Rainald von Mobena.
6) = Kammermädchen.   7) = wählen.

sein Herr bruder J. L. nichts zulegt, undt scheint es viel mer, als wan man meinte von disser seite viel zu hachen[1]), das wol nicht sein wirbt, so lang als die fraw Mutter lebt. Also ist wenig aparence, daß dise allience J. L. die frailen von Hohenlo wirbt vergessen machen, die ihm zu zeitverdreib doch kan binen. Wir hoffen, daß mein tochter morgen hir wirbt sein. Der Courfürst von Saxsen hatt J. L. so lang aufgehalten; sie haben eine wirbtschaft gehatt undt haben bis 6 uhr des morgens getanzt undt den andern dag wider bey des General Flemin[2]) festin getanzt bis um zwe uhr in die nacht. Mein tochter schreibt, sie hätte es nicht langer können ausstehen. Er vantirt sich von alle weiber; ich dencke, er wirbt auch sagen, er habe mein tochter charmirt. Ich verbleibe ihnen beyden gans ergeben.

Sophie.

138.
An die Naugräfin Louise.

Hanover den 2/12. Febr. 1696.

1696
Febr. 2/12

Der letzte schlef ist nun auch ankommen, sage mein herzliebe das grossen band vor Dero bemülung; ohne rhum zu melden, hatt sie recht, daß ich lieber an dürftige gebe, als mein wenig gelt an Clenodien zu wenden; disse werden mich nicht grösser, junger noch schöner machen undt ist bey mir wenig nutz, das andere kombt viellen zu paß. Mein sohn Max kan die Reische[3]) Pfalz-grefin nicht bekommen, ohne catholisch zu werden, undt das wil der Courfürst gar nicht haben, weil er so nhae bey der Cour ist. Carl Moritz ist nun hir undt weil er sich wol ihm[4]) trig gehalten, hoffe ich, daß er mit der zeit ad-vancirt wirbt werden, bücht mich auch, daß er die welt besser kännen lernt. Graf Stenbock[5]) ist er hoch obligirt, dan er hatt einen recht gutten fründt an ihm, der viel meriten hatt undt viel verstandt undt von euch beyden so viel gutts sacht, daß ich desto mer charmirt von ihm bin, in ehr undt gebür! ich werde seiner gemallin wol keine jalusi machen. Ich halte, sie würde ihn auf der redoute nicht gekant haben: er hatte sich wie ein druncken alter tutscher solbat verkleit, daß ihn anfanglich nimans kännen konte, tanzte auch anfanglich so, aber hernacher recht wol.

Ich finde die schlesen so schön, daß ich noch 8 schicke, so zu machen; wan

---

1) Sic! = haschen.
2) = Flemming, Jak. Heinrich, erst in brandenburgischen, bann in kursächs. Dien-sten, warb hier vom Kurf. Friedr. August zum Feldmarschall erhoben, † 1728.
3) Sic! = Rheinische.   4) = im.
5) Magnus Graf v. Stenbock, kämpfte bamals unter Ludw. v. Baden in ben Nieder-landen, war nachher einer der berühmtesten Feldherrn unter Karl XII. von Schweden.

ordinari sten[1]) tharin stehen, wie ich sie habe, hatt ein ißber sie besser ober aufs wenigste eben so gutt; die Grefin Platen[2]) hatt ein tur perlen von m/7 thaller hisiges gelt getauft, schöner als die meine, undt kan nostre dame de Lorrette[3]) nicht besser mit diamanten geputzt sein. Die Fürstin von Ostfrislant[4]) hatten nicht so vil. J. L. sehen noch wol aus, ob ich schon in ein genalogibuch gesehen, daß sie ihre 51 jhar gehett; ihre geselschaft ist ißmer angnhem. Die gutte Pfalzische Princessen fangen an, sich ein bissen aufzumontern; die jun[g]ste hatt verstandt, soll ser pront sein; ist doch zu verwundern, daß von so wunderliche eltern so gutte Princessen, wie sie scheinen, kommen sein.

Sophie.

139.

An die Raugräfin Louise.

Hanover den 7/17. Feb. 1696.

1696
Febr. 7/17

Die sten[5]) habe ich alle bekommen, aber kein zettel tharbey, was alles kost, auf daß ich es kan bezalen lassen. Graf Stenbock[6]) hatte mich die schwedische Pfalzische Princessen so recommendirt, daß ich groff mittleyben mit sie hatte, aber das sein keine humoren vor mir, haben leider nichts von Dero eltern geerbt, aber Dero bössen topf: sie peitschen ihre mett[7]) undt souffletiren ihre frailen. Es ist ein lermen in ihre kammer, daß die gardes vor der thör undt die laqueien, so die aufwartung bey ihnen haben, tharvon zu erzellen haben; bey den leuten scheinen sie aber so frum, daß sie kaum den munt aufthun; der jun[g]sten mangel[t] auch kein verstandt. Ich sagte zu Graf Stenbock, man müste ihnen männer geben, mais je m'en dedis, ich mag nimans unglücklich machen undt wil nichts mit zu thun haben. Sie haben ein recht raisonable undt fein mensch bey sich, Baron Bonstett seine niesse, welge aber nur wart[8]) auf eine verwantin, um sie wider nach der Schweiz zu bringen. Stünde es bey mir, leute nach mein verlangen zu nhemmen, wolte ich sie behalten. „Aber genung hirvon“ pflegte die alte Grefin von Greiffensten als in ihre brif zu setzen. Ich verbleibe ihnen gans ergeben. Mus noch sagen, daß der Rauwgraf[9]) von [benen,] die ihn wol kännen, estimirt wirbt, obschon die peruque wie Herrn Leibenitz[10]) seine stehett, also wie ein gelerter aussieht. Ich bin recht fro, daß Herr Max[11]) wider besser ist undt daß mein complement beym Courfürst ist angnhem gewessen.

S.

---

1) = Steine.   2) Vgl. S. 31, 11.
3) Vgl. deren Beschreibung durch die Kurf. Sophie in ihrem Briefe d. d. Rom 1. Nov. 1664 in den Public. a. d. K. Pr. Staatsarch., Bb. 26, S. 78.
4) Christine Charlotte.   5) = Steine.   6) Vgl. S. 131, N. 5.
7) = Mädchen.   8) = wartet.   9) Karl Moritz.   10) = Leibnitz.
11) Frhr. Max v. Degenfeld.

140.

An die Raugräfin Louise in Frankfurt.

Hanover den 21. Febr. 1696.

Die letzten schlesen habe ich nun auch bekommen, erwarte nun, was sie kosten, wirdt vielleicht wol nicht viel mer sein, als wir hir vor charitet in Lautereyen [1]) gesetzt haben, tharunder eine goltschmitsfraw aus der Pfalz, dessen Man nun zu Berlin ein goltschmitt ist, sie aber bey hoff mättjen gewessen; es gehett kein dag hin, daß nicht Dürftige kommen. Die Manon Gaselin, so bey die Hessische Courfürstin gewessen, ist kranck undt arm ihm [2]) Hag. Ich wolte, daß ich reich genung were, allen Dürftigen helffen zu können, dan wan das nicht ist, kan man nicht vor eine Gottin auf erden gerechnet werden, wie die schrift die fürsten nent. Wir haben hir auch 4 nobel Venesianer gehabt, so von der schönen ambazade werden sein; sie meinen nicht, daß Monzenigo [3]) so alt kan sein, mich gesehen zu haben, weil es mer als 30 jhar ist, daß ich in Italien war; mag derhalben wol die Princesin von Zell [4]) gewesen sein, so ihm under den hals hatt genommen. Mr. Stepney [5]) bin ich obligirt, daß er meiner so wol bey ihnen gedacht hatt, dan es ist mir ser advantageux, von einem, der so viel esprit hatt, als er, estimirt zu werden. Unser Carnaval ist eben nicht so lustig gewessen als vor dissem, dan unser Courfürst ist selten aus der kammer kommen, hatt nit über 3 mal mit uns gessen. Die Fürstin von Frislant undt ich haben uns auch nimals verkleit, aber alle dag sein J. L. doch so propre undt adjustirt wie vor dissem undt endern gar nicht, sehen ebenso wol aus als vor dissem. Die Pfalzische Princesen gehen heute wider nach Herfort.

Mein herzliebe bas, das ist alles, so ich ihnen von hir kan sagen. Habe schir vergessen zu sagen, daß ich den Rauwgraf [6]) gebetten, sich kein rausch zu brincken, er mir aber geantwort: bir undt wasser könte sein magen gar nicht verdragen, wolle aber s.....te [7]) machen lassen; disses kan man aber nicht alzeit haben, wirdt derhalben wol bey dem wein bleiben, welges mich verdrist, dan der verstandt wirdt auch mit weg gehen. Ich verbleibe ihnen beyde gans ergeben.

Sophie.

---

1) = Lotterien.   2) = im.   3) Moncenigo, venetian. Botschafter.
4) Sophie Dorothee, Tochter des Herzogs Georg Wilhelm u. der Eleonore d'Olbreuse.
5) Georges St., englischer Gesandter in Berlin, Hannover, Wien u. Dresden.
6) Karl Moritz.   7) Nicht zu entziffernbes Wort.

141.

An die Raugräfin Louise.

1696
Febr. 14/24

Hanover ben 14/24. F[ebr.] 1696.

Es hatt gar kein eil mit bie schlefen, ban ich bencke selten an mein putz; bisses ist mir, wie bie hochzeit war, eingefallen, nun ist bas schon vorbey; man mus hoffen, baß es auf ein anbere zeit wiber zu paff mag kommen. Allein mit Pfalzgraf Carl wirbt es nicht anghen, wan bie zeibung war[1]) ist, bie bie fürstin von Ostfrislant von bie fürstin von Itzsten bekommen hatt, nemlich baß der heiratt mit bas frailen Augusta schon würcklich soll geschehen sein, welges bei bie Catholischen vor ein sacrement passirt. Ich habe wol recht über bas sprüchwort von Hans undt Hänsel gelacht. Was mir missfelt, ist, baß der gutte Rauwgraf[2]) sich voll sauft, ban es ist balt bey ihm geschehen. Gestern in gebancken bruncs er ehn glas nach bem anbern; ich wil es ihm heute braf sagen. Gestern kam ein courir von Modene: unsere Herzugin undt Herzug[3]) sein so vergnügt von einanber, baß man nur wünschen mus, baß es ebig[4]) so weren[5]) mag. Alles ist borten ser manific undt der Herzug so conplaisant, baß er alles thut, was er nur bencken kan, bas ihr gefelt; left alle leute wie hir in ihre kammer kommen, ba man spilt; hatt J. L. surprenirt: Wie sie ihm[6]) bucentauro[7]) waren undt meinten ben Herzug ehrst in ein von seinen stätten zu finden, kam er mit ein gonbolle angfaren, ging zu ihnen ins schiff, ambrasfirte stracs seine gemallin gans ohne façon, sprachen frai mit J. L. undt mit unserer Herzugin[8]), gab seiner gemallin oft ein kus in der conversation, undt wie bie fraw Mutter auf ein seite ging, plauberten sie braf zusammen undt lachten, baß sie fro war, baß bie kundtschaft so balt gemacht war. Wie sie in ein stätten kamen, warbt bie benediction noch über ihnen gesprochen. Ihre fraw Mutter gab ihr bas hembt; was weiter geschehen von ben zwe pusans[9]), weis ich nicht; aber bie Herzugin[10]) schreibt mir, sie sehe bie gelücklichste fraw von der welt undt man könte nicht mer meriten haben, als ihr Herr hatte, noch conplaisanter vor ihr sein. Vor Modene ist bes Herzugs fraw Mutter ihnen entgegen kommen mit ein haufen kutschen undt dames; bie statt war in allen gassen tapissirt undt mit weißen sackeln esluminirt undt rif all bas volck: „Viva!“ Die kammern sollen ser stattlich meublirt undt ser schön sein. Disses alles frübt mich von herzen, ban bie Herzugin hat bas beste gemütt von der welt. Die post wil wech, ich verbleibe so lang ich lebe ihnen gans ergeben.

S.

---

1) = wahr.   2) Karl Moritz.
3) Vgl. S. 130, N. 5.   4) = ewig.   5) = währen.   6) = im.
7) Bucentoro, bas Dogen-Schiff zu Benebig.   8) Benebicta.
9) Sic! = épousans?   10) Charlotte Felicitas.

142.

An die Raugräfin Louise in Frankfurt.

Hanover den 17/27. Febr. 1696.

Die 4 schlefen habe ich ser wol emfangen, mein herzliebe Bas, sage nochmals grossen danck vor die bemüung, so [sie] sich meinentwegen macht. Die schwedische Princeßen, so, wie es scheint, vom Pfalzischen geblüt ausgeart[et] sein, stellen sich beyde bey mir undt bey den leuten recht from undt wol; es ist nur in Dero kammer, daß sie mit ihre eigen leuten so ein handel allebeyde anfangen. Es ist eben die schweitzerin, so bey die P[rinces] von Courlant geweßen, so bey ihnen ist, sicht starck gnung aus, um sich zu weren ¹) wan sie maultetzschen krigt. Ich bin fro, ihren lebenslauf zu wissen, auf daß sie mir nicht mer jammeren darf; sie sacht, sie were niesle von unsern Bonstett, welger von ser gutt haus war. Die reverenzen von ihr bruder²) gingen wol hin, wan er sich das sauffen nur wolte abgewennen, ban das würde sein ruin sein. Ich habe es ihm braf gesacht. Er wil wech, hatt ein proces wegen sein compani mit Herr von Kniphausen; ein harte undt böse parti; doch hoffe ich, Herr Danckelman wirdt ihm beystehen undt nicht leiden, daß man ihm unrecht thut. Die post wil wech, ich mus gegen mein willen endigen undt ihnen beyde auf alle weis gans ergeben verbleiben.

S.

Ich beklage den verlus von Herr Fabricius von herzen; er ist aber gelücklich, das unglück disser welt nicht mer zu fülen.

143.

An die Raugräfin Louise.

Hanover den 4/14. Mertz 1696.

Den Zettel, mein herzliebe Bas, habe ich emfangen; ist etwas weniges zu viel, kan es vor die binen, so sie deswegen vermuttlich genung herum geschickt hat. Die goltschmitsfraw hatt ihre affairen hir wol gemacht, ban man ihr von ihre bagatellen eine lotterey hatt gemacht vor 400 thaller; mein sohn Ernest August hatt das beste stück gewonnen, so sie auf 150 thaller schetzte, undt es ihr wider geschenckt. Ich wolte, daß allen armen Pfälzern so könte geholfen werden.

Wir haben Helmont³) hir, der sich wegen die sachen in der welt wenig bekümmert; sicht zwar alt aus, ist aber frisch undt gesundt undt lustig. Er

---

1) = wehren.   2) Raugr. Karl Moritz.
3) Franz Mercur van Helmont, der berühmte Enthusiast; vgl. über ihn Bobemann, J. H. v. Jlten ꝛc., S. 164.

gehett nach Berlin; wirdt er den Rauwgraf thar antreffen, soll er ihn an meine her erinneren. Nun redt man hir von nichts als von die grosse conspiration, da alle gazetten voll von sein. Es scheint wol, daß der König Jacob à la trappe[1], die die welt gans verachten, nichts gelernt hat, weil er sein feindt hatt wollen lassen asfasiniren[2]. Ich halte, er wirdt nun wol unverrichter sach wider nach St. Germain gehen. Dis Carnaval ist hir zimlich still hergangen, weil unser Courfürst alzeit in Dero kammer haben [gegeßen undt wenig in gesellschaft sein kommen; habe mich derhalben auch nicht verkleit undt die Princesin von Frislant auch nicht, haben es den jungen leuten überlassen. Der Courfürst ist auch nun gans allein zu Linsburg, da J. L. jagen, dan sie lieben die solitude gar ser, welges mich ser betrübt. Ihren brif wil ich recht wol bestellen, wolte lieber ihnen in was beßers binen, da ich alzeit berabt[3] zu bin.

Sophie.

144.

An die Raugräfin Louise in Frankfurt.

1696
April 20/30

Herenhausen den 20/30. Apr. 1696.

Dero ser werde zeillen sambt das zettelgen von Herrn Baron Max ist alhir sowol vom Courfürst als von mir mit andacht undt vergnügung gelesen worden, undt wie wir uns beyde Herrn Max vor seine gutte affection uns ser verbunden erkännen, würden wir ihm noch desto mer verobligirt sein, wan er den Graf Hamelton vor uns menagiren könte, in der grossen sache[4] vor uns zu agiren; an eine liberale recompens würde es vor gedachten Grafen nicht manglen, dan man hisiger seiten gern alles thun würde, was dem gedachten Grafen angnehm müchte sein. Gesundt undt von gutter complection ist die Dame[5] gewis undt von das beste gemüte, gute conduite undt devotion, wie man sie verlangen könte; das ehrste promettirt erben, das andere, sich beliebt zu machen, undt das dritte, der Keiserin[6] zu gefallen. Alles stehett bey Gott, in dessen schutz ich sie befhele, in grosser eil, dan ich bin bang, daß die post wech müchte sein, ehr disser zettel nach Hanover kombt.

Sophie Courfürstin.

---

1) Jakob II. verbrachte damals längere Zeit in tiefer Stille zu La Trappe; er suchte dort, wie er damals sagte, die geeignete Schule christlicher Geduld.

2) Über den Plan Jakobs II. einer Invasion in England u. über den Mordplan gegen Wilhelm III. vgl. Näheres bei Klopp, Der Fall des Hauses Stuart :c., Bd. 7, S. 157 ff. 3) = parat.

4) Es betr. den Plan einer Verheirathung der Prinzessin Amalie Wilhelmine, Tochter des verstorb. Herzogs Joh. Friedrich von Hannover u. der Benedicta, m dem spätern röm. König Joseph. 5) Die Prinzessin Amalie Wilhelmine.

6) Eleonore (v. Pfalz-Neuburg), 3. Gemahlin Kaisers Leopold I.

145.

An die Raugräfin Louise in Frankfurt.

Herenhausen den 5. May/25. Apr. [1696].

[1696]
Mai 5/
April 25

... Was Prins Carl anbelangt, können J. L. keine Pol[n]ische Princeſſin heiratten, dan es iſt keine thar; es möchte eine Woiwobentochter ſein, dan der König von Polen hatt nur noch 3 ſöhn; alſo müſſen ſie ſer übel informirt ſein, obſchon der Graf undt Greſin von Hohenlo die politique ſo wol verſtehen. Ich mus lachen, daß man unſere Brunswi[g]ſche Princeſſen[1]) vor gutt franſöſiſch wil machen paſſiren; J. L. ſein thar nicht ſo wol tractirt worden, daß ſie es urſag haben, undt wirdt der König von Franckerich ihnen die dotte nicht bezallen; weis derhalben nicht, worum ſie gutt franſoiſch ſolten ſein. Ich halte eben nicht, daß man ſich alhir ſer beim keiſerlichen hoff wegen diſſen heiratt bemüen wirdt, Monſieur vaut bien Madame et Madame vaut bien Monſieur[2]). Es ſein recht gutte kinder, aufs wenigſte ſchöner als die vorige undt viel modeſter undt beſſer erzogen. Wir haben vor, mein tochter ſurpreniren zu gehen; wan J. L. ihre opera wirdt ſpillen laſſen, ſo werde ich den Rauwgrafen auch zu ſehen bekommen, undt überal, wo ich werde ſein, werden ſie eine gutte fründin undt das an mir haben.

Sophie Courfürſtin.

Ich freuwe mich recht, daß die Herzugin von Schonburg nun wider einen ſohn hatt, dan ich intereſſire mich in alles was ihnen angehett. Ich ſpazire nun wider ein ganſſen dag ihm[3]) garten, das macht mich wider jung.

146.

An die Raugräfin Louise.

Herenhausen den 29. Apr./9. May 1696.

1696
April 29/
Mai 9

Ich habe Baron Max ſein brif zwar nicht bekommen, es iſt aber genung, mein herzliebe Bas, daß ich ſchon von ſeiner gutten affection vor diſſem haus verſichert bin. Ich urtheille vom jungen Graf von Caſtel, daß er ſeinem Herrn Vatter in fourberie, etwas zu haſchen, nichts nachgibt undt deswegen l'homme d'affaire in Eiſenach agirt hatt. Weil aber die Keiſerin ſo viel nach grandeur ſicht, werden J. K. M. viel gräffeliche angen[4]) durch die zwe genante Princeſſen in Dero familie bekommen, wan der Römiſche König eine heiratten würde. Die frailen Auguſta thut wol, ſich nicht zu grämen undt ſich mit

---

1) Amalie Wilhelmine; vgl. S. 136, N. 4.
2) Monsieur vaut bien Madame: dieſe beiden Eheleute paſſen gut zuſammen.
3) = im.   4) = Ahnen.

dem gelt, so sie bekummen, lustig zu machen. Der Lantgraf von Humburg[1]) ist nun zu Berlin, da er volle Historien von gespenster sol erzellen. Unser Courfürst ist noch ser mit dem schwindel geplagt; etliche Doctoren wollen haben, das Batt seye gutt tharvor, andere, es seye schlim; also wissen J. L. noch nicht, was sie thun sollen. Heute wirdt der Envoié von Bareit[2]) seine audience haben; der von Ansbach hat schon geschickt; also mus man hoffen, daß ehn nach dem andern uns die ehr werden thun, uns zu erkännen[3]). Alzeit hatt unsere dignetet genung gekost. Dem fürst von Hohenzollern, so die jacht ser sol lieben, hatt der Herzug von Zell vollauf gegeben: sie haben von 8 uhr des morgens gejacht undt sein ehrst um zwe uhr des nachts nach haus kommen; hernach braf gessen undt geschlaffen, um siben uhr wider aufgestanden undt den hasen gejacht. Das mag passiren vor einen Herrn, der 73 jhar alt ist. Mein excercice ist, ihm[4]) garten spatziren. So lang ich lebe, werde ich sie von herzen ergeben sein, ambrasfire auch frailen Amalie.

Sophie.

.

147.

An Freiherrn Maximilian von Degenfeld in Frankfurt.

1696
Mai 63/13

Herenhausen den 3/13. May 1696.

Ser werter Herr Baron. Wan die estime, so ich ihmer vor ihn conservire, Dero kranckheit könte hemmen, würde er gewis alzeit gesundt sein undt auch sunsten gelücklich leben. Sein letztes schreiben habe ich unserm Courfürsten vorgelesen, welger mich nochmal befollen, ihm seine reconnoisance zu tesmoigniren undt vor alle nachricht fründtlich zu dancken. Wan keine andere deficultet bey der bewusten sache[5]) were, als die geburt undt die sprache, weren sie bald gehoben, dan sie[6]) redt recht artig tütz wie auch italienisch; der humor ist nicht zu verbesseren, die tallie schmal, aber das gesicht ist mer angnhem als perfect schön, sich(t) gesundt undt spirituel aus, wie der Beichtvatter es hatt gefunden, hatt das air gans von Dero Herrn Vatter[7]), wie es aus dem pourtrait, so er hatt, wirdt haben sehen können, dan es ser geleichg sicht, welges die verwittibte Courfürstin wirdt sehen können, welge zum Hertzberg bey unsers Courfürsten fraw Mutter[8]) ist erzogen worden undt allen Dero Herrn Vettern dumals affection erwisen; wolte also hoffen, wan es bey

---

1) Landgraf von Homburg: Friedrich II. „mit dem silbernen Bein" (verlor 1658 bei b. Belagerung von Kopenhagen ein Bein u. trug seitdem eins von versilbert. Holze), zeichnete sich in d. Schlacht bei Fehrbellin 1675 aus. Er soll die eigne Gabe besessen haben, Geister zu sehen. 2) = Bayreuth. 3) b. h. die hannov. Kur anzuerkennen. 4) = im. 5) Vgl. S. 136, N. 4. 6) Die Prinzessin Amalie Wilhelmine. 7) Herzog Johann Friedrich von Hannover. 8) Anna Eleonora, Gemahlin des Herzogs Georg von Hannover.

J. L. stünde, Dieselbige es lieber Dero nhae Bas, als einer fremden würde günnen. Die Keiserin Eleonora[1]) war geschwisterkindt mit unserer Princessin fraw Mutter; meines bruder selig gemallin[2]) war tante von der Keiserin Eleonora; Dero angen[3]) sein etwas höher, ohne rhum zu melden, als die von Eisenach, aber ich fürgte, die gutte verwittibte Courßürstin hatt bey Dero fraw tochter wenig zu sagen. Mein Herr hatt schon dem von Oberg[4]) die sach vertraut, sobalt die Raugrefin tharvon geschriben, ban Herr Limbach[5]) ist zu Regensburg; disser ist auch wol mit dem Grafen[6]) bekant, undt wirdt alhir nichts negligirt. Wünsche inmittels widerum occasionen, ihm zu erweisen, wie ser ich seine fründtschaft estimire undt wie ser ich bin

seine affectionirte fründtwilge fründin
Sophie Courfürstin.

Seine gemallin wolle er meinentwegen ambrassiren. Wir haben nun ein Envoié von Barait[7]) bey uns, den Graf von Pickler, welges das ehrste mal, daß J. L. uns erkant haben[8]); der von Ansbach hatt es schon vorlengst gethan. Der Courfürst von Saxsen soll ser vor die Princessin von Ansbach[9]) arbeiten vor den Römischen König.

148.

An Freiherrn Maximilian von Degenfeld in Frankfurt.

Herenhausen den 8/18. May 1696.

1696
Mai 8/18

Ser werter Herr Baron. Sein leztes schreiben habe ich ser wol emfangen undt habe es dem Courfürst vorgelesen. J. L. sowol als ich erkännen tharaus die continuation von seine gutte office, da wir ban ser erkantlich vor sein undt wirdt man hiesiger seiten gern seiner verheißung an bewusten ort nachkommen, allein meint man nicht, daß das Credit so groß soll sein von die fraw Mutter undt par consequens von Dero hoffmesterin, als von Graf Hamilton undt seine gemallin; doch wans ehns zum andern kombt, mus man das beste hoffen. Es wundert mir, daß man die Princessin[10]) starck undt dick beschriben hatt, ban sie ist ehr zu mager; vor kinder zu bekommen oder nicht, kan Nimans antworten, aber daß Dieselbige alles haben was tharzu gehört, gans wol, ban sie sein gar gesundt Gottlob undt haben eine artige tallie, grösser als ich undt gewis viel schöner als die Kaiserin mir ist beschriben worden, mais ce

---

1) Vgl. S. 136, N. 6.   2) Charlotte.   3) = Ahnen.
4) Bobo v. Oberg, hannöv. Minister u. Gesandter am Wiener Hofe.
5) Vgl. S. 41, N. 9.   6) Hamilton.   7) = Bayreuth.
8) d. h. die hannov. Kur anerkannt haben.
9) Karoline, die spätere Gemahlin des hannov. Kurpr. Georg (II).
10) Amalie Wilhelmine; vgl. S. 136, N. 4.

n'est pas toucher gros [1]. Er wirbt den Courfürsten balt selber sprechen können, dan J. L. werden bis mittwochen von hir nach Wisbaden [reisen]; ich halte, daß es die Rauwfreilen leit wirdt thun, daß ich nicht mit komme, es werden aber ein hauffen andere dames von hir mit kommen, so von besser geselschaft sein. Jnmittels verbleibe ich alzeit . . .

Sophie.

149.

An Freiherrn Maximilian von Degenfeld in Frankfurt.

1696
Mai 24/
Juni 3

Herenhausen den 24. May/3. Juni 1696.

Ser werter Herr Baron. Es ist mir recht leit, daß er so oft mit so eine beschwerliche kranckheit muß geplagt sein; wünsche von herzen, daß es nun nicht mer wirdt kommen, zu trost von allen, die ihm gutts günnen, da ich die ehrste mit von bin. Die deficulteten wegen der bewusten sache [2] kommen mich lächerlich vor, undt wirdt er wenig mhüe gehatt haben, tharauf zu antworten. Das pollische gelt, so Herr Maier bekommen undt man den Courfürsten von Baieren hatt hoffen machen, ist die ursag gewessen, daß der heirabt nicht forbt gangen ist mit die Herzugin von Modena [3], die nun Gottlob ser gelücklich undt von Dero Herrn adorirt wirdt, auch so nicht in Franckerich erzogen, daß sie sich nicht in allen maniren von [Ita]lien [4] ohne mhüe schicken kan. Die gutte kinder [5] haben in Franckerich wenig leute gesehen, sein ser eingezogen erzogen worden undt sein selten nach hoff kommen: so müste es dan durch heckserey zugangen sein, wan sie incapabel gemacht weren, kinder zu bekommen. Der [Graf] H. [6] hatt sich aber eimallen ser gutt vor bissen hoff bezeugt, bin also bang, daß er vielleicht mer schaden als guttes in der sache wirdt thun. . . Jnmittels muß ich ihm mit eine andere commission beschwerlich sein, nemlich wir hätten gern etliche Leibeckers [7], so mit schifferslen die heüsser decken, um unsere orengerie vor winter fertig zu machen, welge ser lang ist undt können die stuccators nicht tharin arbeiten, bis sie ehrst recht gedeckt ist; bitte also, er wolle doch aufs schlünigste welge schicken undt mit ihnen vor die reiss undt sunsten accordiren. Jn die Pfalz waren sie vor bissem nicht rhar; die man hir hatt, sitzen ins wirdtshaus oder reissen gar aus. Undt ist nun der garten mein einzige frübt; in der orangerie kommen auch kammern, da ich schon möbelen vor arbeite. Disses undt spatziren ist mein zeitverdreib; verlange

1) Toucher le gros (oder la grosse corde): die Hauptsache berühren.
2) Vgl. S. 136, N. 4.   3) Charlotte Felicitas; vgl. S. 130, N. 5.
4) Hier ist eine Ecke vom Br. abgerissen.
5) Die beiden Töchter der Herzogin Benedicta; vgl. S. 111, N. 3 u. 7.
6) Hamilton.   7) = Dachdecker.

inmittels, ihm zu erweisen, wie ser ich seine amitié estimire undt wie ser ich bin . . .

Sophie.

150.

An Freiherrn Maximilian von Degenfeld in Frankfurt.

Herenhausen den 5/15. Juli 1696.

1696
Juli 5/15

. . . Wie mich dücht, haben J. L. der Courfürst sich ser gebessert seider baß sie wiberum hir sein, undt erwarten J. L. den Doctor mit verlangen. Weil nun der bott nach Francfort wirdt kommen, wirdt er von ihm vernehmmen können, ob was in der bewusten sache[1]) burch ihn wirdt zu thun sein. Wan er[2]) was positifs verheissen wolte, würde es an disser seiten nicht an eine recompens mangelen; er hatt sich aber nimmer affectionirt vor bissem hauß erwiesen, noch bey Mr. Groot[3]) zeiten; aber gelt macht bisweilen sentimenten endern.

Die zwe leibecker sein kommen undt hatt man ihnen auch schon arbeit geben. Der Courfürst undt Courfürstin von Bran[denburg] werden nach Clef [reisen], über 8 dag gehett Dero bagage fort; ich hoffe, J. L. werden helfen fribt machen. Der Herzug undt Herzugin von Courland[4]) sein nicht nach Berlin kommen, haben die handt pretendirt, ist ihnen aber abgeschlagen worden. Es jammert mir ser, daß die gutte Herzugin von Schonburg so übel ist; er hatt wol recht, ihre kinder zu beklagen, wan sie sterben solte. Ich wolte, daß unsere Raugrefinen Männer in Englant bekämen; Madame wünst es auch, meint, sie weren es wol so viel werdt als Mlle de Roye[5]), die nun eine reiche wittib ist. Ich verbleibe . . .

Sophie.

151.

An die Raugräfin Louise in London.

Herenhausen den 10/20. Juli 1696.

1696
Juli 10/20

Dero wer[t]e zeillen weren mir noch lieber gewessen, mein herzliebe Bas, wan sie mir den gutten zustandt von die Herzugin von Schonburg hetten berichten können; bin berselbigen hoch obligirt, baß bey Dero grosse kranckheit sie noch an mich gedencken undt mich besuchen wollen. Habe alleweil nach Zell geschickt, um von dem balsam vor dieselbige zu bekommen, welges ich alsbalt

---

1) Vgl. S. 136, N. 4.   2) Der Graf Hamilton!
3) Otto Grote, vgl. S. 108, N. 1.
4) Herzog Friedrich Kasimir 1682—1698, hatte 1675 eine Prinzessin von Nassau-Siegen geheirathet.   5) Vgl. S. 54, N. 3.

schicken werde. Weil der alte Mesbuch [1]) so lang mit die schwindtsucht gelebt, hoffe ich, als die Herzugin wirdt sich noch erholen. Habe den Herzug von Schonburg alzeit hoch estimirt, liebe ihn aber mer als ich [2]), weil ich spüre, daß er so tendre vor seine gemallin ist. Madam hofft ser, er wirdt ihnen beyden reiche Männer geben. Wie mag es aber mit ihren beübel stehen? Sie wirdt sagen: „Wer fragt, gibt nicht gern". Es ist wol war, dan allemal ist es bey mir auch nicht wol bestelt; wo aber die nott am man [3]) kombt, kan ich doch credit haben undt können sie meiner gebrauchen. Sie werden nun schon wissen, daß der Herzug von Savoie seinen fridt mit dem König in Franckerich gemacht hatt undt sein tochter den Herzug von Bourgogne wirdt heiratten [4]). Alleweil kombt Koppensten undt sacht, die speisen sein thar.

Wie ich von taffel komme, vernhemme ich durch ein brif von Berry, daß leider die liebe Herzugin von Schonburg schon diße welt verlassen hatt [5]), welches mich von herzen schmerzt; bin versichert, daß mein tochter undt Madam auch ser betrübt sein werden undt alle Dero kinder auch ser beklagen, dan nur ehn herr, gelaube ich, die andern alle frailen. Gott wolle den Herzug undt ihnen alle trösten, in dessen schutz ich sie beflele als ihre gans trüwe fründt-wilge bas

Sophie Courfürstin.

152.

An die Raugräfin Louise in London.

1696
Sept. 9/
Aug. 31

Herenhausen den 9. Sept./31. Aug. 1696.

Dero schreiben, mein herzliebe Bas, habe ich ser wol erhalten. Der Herzug von Schonburg hatt wol recht, betrübt zu sein, dan sie eine unvergleichgliche gemallin verloren haben, die sich in sein humor konte schicken; in Englant werden sie dergleichen nicht wider finden, hoffe also, daß er wittman wirdt bleiben undt Dero kinder [6]) durch ihre sorg wol werden erzogen werden. Ihre fraw schwester hatt wol recht gehabt: was ein schwager gibt, das soll man

---

1) = v. Meisenbug.   2) = je.   3) = an den Mann.

4) Der Herzog von Savoyen: Victor Amadeus schloß am 30. Mai 1696 ein Schutz- u. Trutzbündnis mit Ludwig XIV., zugleich ward eine Heirath vereinbart zwischen dem Herzog von Bourgogne, dem ältesten Enkel Ludwigs XIV., u. der ältesten, damals erst elfjähr. Tochter des Herzogs.   5) Sie starb zu London am 7. Juli 1696.

6) Von 9 Kindern des Herzogs Mainhard v. Schönburg starben alle in der ersten Jugend bis auf 1 Sohn u. 2 Töchter. Der Sohn Karl Marquis be Hartwich starb 1713 u. mit ihm erlosch der Mannsstamm der Schönburg am Rhein. Von den 2 Töchtern vermählte sich die ältere, Friederika, mit Lord Holberneß, die jüngere, Marie, 1717 mit b. Grafen Christof Martin v. Degenfeld; jene erhielt die engl. Besitzungen des Vaters, diese brachte die Besitzungen am Rhein ihrem Gemahl zu, welcher nun den Namen und das Wappen der Schönburg mit dem seinen, dem Degenfeld'schen, verband.

nimals abschlagen, noch weniger eine gutte parti, wan sie komme. Aber es scheint, als wan sie wolten federwisch ihm ¹) himel bringen ²), unbt nicht achten, eine alte junffer zu sein. Mich ducht, Ameltie hatt sie es doch wol erlauben wollen, einen Man zu nhemmen; ehne von beyden solte billig ein apuy vor die andern machen. Von Dero Herr bruder höre ich noch sehe ich nichts; hoffe, daß es ihm wol gehett. Monsieur ³) ist gar fro, daß J. L. tochter Duchesse de Bourgogne wirbt. Wan durch ein generalen friden Mademoisel Römische Königin würde, würde Madam auch fro sein ⁴). Unser Courfürst jhagen zu Linsburg, haben alle Kammer- unbt Lantsachen Dero Courprinssen übergeben, klagen ser über den schwindel, wollen derhalben in eine caleche den hirsch jhagen in ein ser groffen parc, so J. L. haben machen laffen. Der Herzug von Zell ist ihmer frisch, ist nach Loo zum König von Englant. Die Courfürstin von Saxsen ⁵) wirbt balt niberkommen. Die Courfürstin Eleonora ⁶) hatt der schlag gerürt. Unsere fraw von Harlin[g] kan zwar nicht gehen, aber wol spillen, lebt so hin. Ich spatzire fleissig. So lang ich lebe müssen sie mich enploiihren, ihnen Dinst zu thun, ban wan ich tobt werde sein, kan ich ihnen nicht mer nützen.

Sophie Courfürstin.

153.

An die Raugräfin Louise in London (Kensington).

Hanover den 26. Sept./6. Oct. 1696.

1696
Sept. 26/
Oct. 6

Nachdem ich lang nichts von mein herzliebe bas hatte gehört, bin ich mit Dero schreiben vom 11. Sept. nun ehrst erfrübt worden, da ich ein hauffen alte zeidung in gefunden. Die Princeslin von Savoie ⁷) wirbt der Römische König wol nicht bekommen, unbt die gutte Königin in Spannien ⁸) lebt unbt wirbt ser von J. M. König ⁹) geliebt, ist aber nicht schwanger geweffen, aber ser kranck, da ban der König soll ohmechtig von worden sein, wie J. M. bas

---

1) = in ben.

2) Wanber, Deutsches Sprichw.-Lexikon II, 1068, führt ein Sprichwort an: „Die Jungfer hat Flederwische feil", b. h. kann keinen Mann bekommen.

3) = Herzog von Orléans.

4) Die Herzogin v. Orléans schreibt barüber an die Kurf. Sophie am 29. Juli 1696: „E. L. können woll gebencken, baß ich von hertzen wünschen mögte, baß meine tochter ben röm. König bekommen könte, allein wie ich höre, so hatt ber Keyßer keine luft bazu u. ich zweyffle, baß unßer König sehr auff die sach treiben wirbt, benn, wie man mir versichert, so hatt bie alte Zot [bie Maintenon] noch ben maußbrect im kopf u. hette gern, baß meine bochter ben beläme, bas ist aber gar nicht meine sache, würde berowegen gar fro sein, wenn sie nur geschwinbt ben Hertzog von Lotheringen bekommen könte"; vgl. Ranke a. a. O.. S. 135. 5) Christiane Eberhardine; vgl. S. 117, N. 8.

6) Die Wittwe bes 1694 verstorb. Kurf. Joh. Georg IV.; sie starb am 9. Sept. 1696.

7) Vgl. S. 142, N. 4. 8) Maria Anna. 9) Karl II.

lezte sacrement haben genommen. Vom heirabt mit dem König von Englant unbt der Princeſſin von Brandenburg [1]) haben zwar alle leute gerebt, aber ich gelaube nicht, daß J. M. ſelber tharan gebacht haben. Es iſt ſunſten eine recht artige Princeſſin, bie ſer eingezogen erzogen iſt, berhalben nicht viel ſpricht, ban ſie ſein in bie ſchlimſte jharen ſchwiſchen kinbt unbt menſch, ſein von recht artige tallie unbt haben ſer ſchöne hänbt, ſein ſer weis, unbt tantzen wol. Alſo wan ber König eine gemallin haben wolten, ſolte ſich biſſe wol ſchicken. Das gutte kinbt hatt mir recht lieb unbt ich muntere ſie auch gans auf; iſt ihmer bei eine alte hoffmeſterin unbt bei bie Ingenheim geweſſen; bie ehne ſpilt ihmer mit bie katzen unbt bie anbere macht complementen vor ihre Princeſſin, hatt alſo von das exempel nicht viel lernen können. Mein kleiner ſohn [2]) ber Courprins wirbt anbers erzogen, iſt recht artig, ſoll ſeine viſite zu Loo ſer wol abgelegt haben. Mein tochter iſt auch ſer charmirt vom König [3]), ber bem Courfürſt [4]) mit bem Herzug von Zell [5]) eine viſite zu Clef [6]) hatt geben. J. M. haben alzeit mit bem Herzug von Zell bei mein tochter geſſen, ba bie dames aufgewart haben, ber Courfürſt aber mit bie Mylords; bei mein tochter taffel ſein ſie alle auf rückſtül [7]) geſeſſen, ban ber Courfürſt ſich nicht begeben wolte, eine chaise à bras bei bem König zu haben, ben J. L. beim Keiſer haben; iſt alſo alles ohne disput hergangen unbt hatt ber Courfürſt ſich boch nichts nhemmen laſſen. Mein tochter iſt nun hir mit Dero Courprins unbt Princeſſin, wie auch bie verwittibte Herzugin [8]) iſt wiber aus Italien kommen, bie alles ſer rümbt unbt Dero tochter ſer gelücklich gelaſſen haben, ban ber Herzug von Modene adorirt J. L.

Alles was ich ſchreibe wirbt ihnen ſer indiferent ſein, allein baß man jha meint, baß es balt fribe wirbt werben, ihnen beſto mer gefallen unbt wirbt es mir eine ſer groſſe früde ſein, wan ich ihnen alsban burch meine vorſprag werbe binen können. Ihr Herr bruber [9]) iſt zu Clef geweſſen; wan er nicht brüncke, were alles gut; welges aber eine ſer ſchlime gewonheit iſt. Man rebt ſer von alle bie manifiſance vom Courfürſt zu Pfalz, bie in zeitverbrei hergehen; ich bencke, ſie ſingen tharbei bas alte libt:

> „Jüchts! jüchts! über unbt brüber!
> Da nichts iſt, ba bleibt nichts über." [10])

---

1) Der bamals 17jähr. Tochter des Kurf. Friebr. III. aus erſter Ehe: Louiſe Dorothea; bie ſich ſpäter (1700) mit bem Erbprinzen Friebrich von Heſſen-Kaſſel vermählte. 2) Sie meint ihren Großſohn, ben Kurpr. Friebr. Wilhelm v. Branbenburg. 3) Wilhelm III. 4) Friebrich III. v. Branbenburg. 5) Georg Wilhelm. 6) = Cleve; am 16. Sept. 1696. 7) Seſſel mit Rückenlehne. 8) Benebicta. 9) Der Raugraf Karl Moritz. 10) Über bie traur. Lage ber Pfalz unter Johann Wilhelm, über bie Verſchwenbung bieſes Kurf. ꝛc. vgl. Häuſſer a. a. O., II, S. 840 f. Die Herzogin von Orléans ſchreibt in einem noch ungebruckten Briefe an bie Kurfürſtin Sophie: „Wie E. L. mir nun bie teutſche höff beſchreiben, würbe ich eine groſſe verenberung brin finben; allein von ber teut-

Weil J. L. keine kinder haben, wollen sie auch nicht viel nachlassen. Unser Courfürst ist ihmer zu Linsburg, da J. L. ein parc haben machen lassen von etliche tütsche meil, da J. L. den hirsch in jagen, bißweilen zu pfert, bißweilen in chaise roulante, nach dem J. L. es verdragen können.

Wir sein nun widerum in traur vor die schöne Courfürstin von Saxsen Eleonora[1]), die am schlag gestorben. Die victoire vom Courfürst von Saxsen ist zwar war[2]), die christen haben aber ser tharbey eingebüst undt ist der gewinst schlecht[3]); der Heuseler undt Polant sein todt undt viel andere, der junge Prins de Vaudemont mitten durch die handt geschossen, daß er ihmer lam[4]) wirdt sein. Mr. Rose hatt die zeidung in nhamen des Courfürsten von Saxsen hirher gebracht, wie in der zeidung stundt, der Courfürst von Saxsen hätte ihn erschossen. Sie mus keine entschuldigung machen, wan sie nicht nach gewonheit propre schreibt, dan ich schreibe alzeit wie ein sauw, kan es nicht schöner machen, die ich bis ihm[5]) todt ihnen ergeben werde sein. Mein complement wollen sie doch an Mylord Duc de Chonburg machen.

Sophie.

154.

An die Raugräfin Louise [in London].

Herenhausen den 10/20. Oct. [1696].

Gestern bekam ich ein brif von Madam Craven, die schreibt mir, daß man unter des Mylord Craven papiren die schrift gefunden hatt, tharin mein Herr bruder der Courfürst[6]) ihm das haus in Heydelberg geben hatt, undt ein brif tharbey, daß er das haus an meinen sohn, Herzug Maxsimilian lest; das ihm wenig wirdt nützen. Hätte er ihm was bessers geben, würde man es ihm wol verschwigen haben; ich weis auch nicht, wie das nun ehrst vor den dag kombt. Ich möchte wissen, ob es nicht verbrant ist undt ob sie tharin können wonnen, welges mein sohn gern vergnügen wirdt, wan es ihm jha solte zuhören undt Mylord Craven es könte verschencken, welges ich nicht gemeint habe. Wir werden kein proces tharum füren, undt bin versichert, wan mein sohn es jha haben soll, daß er ihnen tharvon wirdt disponiren

---

schen auffrichtigkeit halte ich mehr alß von der magnificence, und ist mir recht leybt zu vernehmen, daß solche sich verliehret im vatterlant. Es ist leicht zu erachten, wovon der luxe die treuherzigkeit verjagt; man kan nicht magnifiq sein ohne gelt, undt wenn man so sehr nach gelt fragt, wirdt man interessirt, und wenn man einmahl interessirt wirdt, sucht man alle Mittel hervor, waß zu bekommen, woburch dan die falschheit, lügen undt betriegen einreißt, welches dan treu, glauben undt auffrichtigkeit ganz verjagt."

1) Vgl. S. 103, N. 4. 2) = wahr.
3) Die Belagerung von Temesvar unter b. Oberbefehl bes Kurf. Friedr. August 1696?
4) = lahm. 5) = im. 6) Karl Ludwig.

laſſen. Ihr Herr bruder [1]) hatt ſchon das pottegra, kombt vom drincken, hoffe, der kopf wirbt klüger werden, nun die bhen [2]) leiben. Der marcgraf Christian Ludwic [3]) von Brandenburg hatt es mir geſacht, ſunſten weis ich nichts von ihm. Ich möchte wiſſen, wo Baron Ferdinand nun iſt undt wer ihre affairen thut; ich bin als bang, ſie ſein in nott undt meine ſöhn, die in campagne gehen, plücken mich ſo, daß es eben nicht wol bey mir ſtehett; doch kan ich zur nott wol helffen. Mit unſer Courfürſt wirbt es leider nicht beſſer; haben nun zwe conſiderabele diner verloren: Mr. Du Mont undt Mr. Klenck, werden alle beyde ſer regrettirt, aber biſſer am meiſten, ban er war ein ornement vom hoff; ſeine fraw iſt inconſollabel. Sie wolle doch gelauben, daß ich ihr undt ihre ſchweſter gans ergeben bin, undt tracktiren mir ohne complementen nach ihrem gefallen.

Sophie.

155.

An Freiherrn Maximilian von Degenfeld in Frankfurt.

À Linsburg le 15/25. Oct. 1696.

1696
Oct. 15/25

J'ay esté bien surprise, Monsieur, comme j'ay veu vostre nom à une main, que je ne connoisois pas, car je le prenois pour un tres mechant signe. Je vous aſure que Mr. l'Electeur et moy en avons esté for touché[s]; il m'a chargé de vous le dire et d'y adjouter que vous ne deviez point adjouter foy au pronostique des medeseins, qui ont souvant condané [4]) des personnes qui ont vecu longtems apres, et qu'il souhaite de tout son coeur qu'il sera de mesme avec vous, dont l'amitié luy est si chere, qu'il voudroit le pouvoir reconnoitre par des moiens qui vous fuſſent agreable[s]. On doute un peu icy de la sinserité de C[omte] H[a-milton], mais s'il fait bien, le kupelbelz [5]) ne luy manquera pas. Si on n'en veut qu'à une Allemande, il me semble qu'il n'y en a pas de melieure maison que la nostre. Il y a grand joye à la cour de Dresden pour la nesſance d'un Prince Electoral [6]). La miene seroit plus parfaitte, si Mr. l'Electeur [7]) ce [8]) portoit mieux, ce qui m'inquiete furieusement; il n'a, grace à Dieu, aucune douleur, il va quelque foys à la chasse en chaise roulante, mange asſez bien et dort bien ausſi, mais les forces ne re-vienne[nt] pas comme cela seroit à souhaitter. Cependant j'espere que le bon Dieu me le conservera encore longtems; si ce ne peut estre mieux,

---

1) Raugraf Karl Moritz.   2) = Beine.   3) Sohn des Gr. Kurfürsten.
4) = condamné.   5) Vgl. Br. 144, S. 136, N. 4.
6) Am 26. Oct. 1696 warb bem Kurf. Friedr. August von ſeiner Gemahlin Chri-
ſtiane Eberhardine ein Sohn geboren: ber nachher. Auguſt III.
7) Ihr Gemahl Ernſt Auguſt.   8) = ſe.

au moins de cette maniere. Cependant le docteur [Henneken] de Lübeck donne des bonnes esperences. J'enbrasse vostre secretaire et suis bien aise qu'elle cet[1]) souvenue de moy et suis tousjour . . .

Sophie El.

Je vous prie de faire des amitiés de ma part à Mad. la Baronne de Degenfelt.

156.

An die Raugräfin Louise in London.

Herenhausen den 4/14. Nov. 1696.

1696
Nov. 4/14

Ich habe, mein liebe Bas, lange nicht geschriben, dan die warheit zu sagen, ‚n ich gar nicht in gutt humor gewessen wegen der kranckheit von unsern ‚fürsten undt habe wol an nicht viel anders dencken können, dan ich ihmer ‚L. zu Linsburg undt nun auch hir bin gewessen. Ich hoffe zwar nicht, ‚‚anckheit noch zur zeit geferlich soll sein, aber J. L. werden nicht besser ‚‚ob auch nicht schlimer, sein aber schwag undt haben den schwindel, ‚: incomod ist undt J. L. auch die sprag schwer macht, also nicht gern ‚‚kommen, auch nimans um sich leiden als mich undt Dero geheime ‚‚t geheime secretaire, also derselbigen nicht viel lustigs von hir sagen ‚‚och ist es mir erfrewlich gewessen, ein schreiben von ihr aus Londen ‚‚mmen undt Dero wolstandt zu vernhemen, auch ist es ein zeigen, daß es ‚‚icht übel in Englant gehett, weil sie dissen winter noch thar bleiben bey Dero niessen undt vettern.

‚sie man durch die gazetten den Generallieut. Rosen tobt gesacht, ist er ‚sohn hir wie auch beim König von Englant kommen mit die zeidung von attallie, so sein Herr der Courfürst von Saxsen gewunnen hatt; nun ist er vom selbigen Courfürsten nach Italien geschickt worden, um sängerinnen zu hollen vor eine opera, so zu Dresden soll gespilt werden, undt meint man, daß der Courfürst von Brandenburg undt Dero gemallin hin kommen werden, ban die frübe ist ser groff an dem hoff wegen die geburt von ein Courprins[2]). Die fraillen Königmarc soll auch ihr best gethan haben[3]), aber der Courfürst soll sagen: es were nicht mit ihm, sundern mit Banir[4]), ist also die mühe, declarirte metres zu sein, umsunst gewessen undt ist der Courfürst noch zu Wien bey eine andere[5]), gibt zwar vor, man solte die verwittibte Courfürstin[6])

---

1) = s'est.   2) Vgl. S. 146, N. 6.   3) Vgl. S. 148, N. 3.
4) = Bannier.
5) Gräfin Hieserle (Esterle), eine Gräfin Lamberg, eine andere der vielen Mätressen des Kurf. Friedr. August; vgl. den folgb. Brief.
6) Eleonore Erdmuthe Louise, Wittwe des Kurf. Joh. Georg IV., welche am 9. Sept. 1696 gestorben war.

10*

ehrst begraben, da J. L. nicht gern bey mögen sein. Aber, mein liebe bas, an
disses alles ist ihr wenig gelegen, undt wie es in der Pfalz herghett, wirdt Herr
Max schon berichten, welges, so lang es krig ist, wol schlecht wirdt sein. Mit
Dero Courfürst haben wir schlechte corespondens, weil J. L. uns die genad
nicht wollen thun, Courfürst zu nennen, doch hoffe ich, als daß ich vor meine
persohn nicht übel mit J. L. stehe. Wan gelegenheit were, würden sie mir
einen gefallen thun, schou[1]) zu schicken; ich habe die noch, als die sie mir gegeben, undt thue sie nur auf festdagen an, dan ich halte sie vor patronen[2]);
aber man kan sie hir nicht so gemächlich nachmachen.... Sie lassen mich doch
oft von ihnen hören undt grüssen binstlich den Mylord Duc de Schonberg
wie auch Amelten.

Sophie C.

157.

An die Raugräfin Louise in London.

Herenhausen den 4/14. Dec. 1696.

1696
Dec. 4/14

Ich bin allemal fro, mein herzliebe Bas, wan ich zeidung von dieselbige
bekomme undt höre, daß es ihnen wol gehett. Es wundert mich, daß die
P[rincesse] von Dennemarc nicht hofflicher gegen ihnen ist; es scheint aber,
daß alles was Pfalzisch ist, in Englant vergessen seye. Man weis auch thar
nicht mer, daß ich in der welt bin, dan auf meine famille, wie es scheint, wil
man die kron nimmer kommen lassen. Wir sein hir in grosse sorgen gewessen
vor den Courfürst, dan J. L. sein so schwag gewessen, daß sie kaum die kammer
auf undt ab konten gehen; nun aber Gottlob sein sie wider was besser, obschon der schwindel noch nicht nachlest. Dero recept ist schon oft versucht
worden undt viel andere sachen, aber es hatt noch nichts helffen wollen. Man
gibt als gutte vertröstung, wan die kurtze dage werden vorbey sein, sollen J. L.
schon besser werden, welges nun balt sein wirdt. Alles was man mir von die
Königsmarckin hatte geschrieben, war nur muttmassung, aber nun ist es sicher,
daß sie zu Gosler, ein Reichstatt beym Harts, ist von ein sohn niderkommen[3]);
sie soll gesacht haben, nun hätte sie ihre wettung gewonnen. Sie ist nun schon
widerum zu Dreßden. Der Courfürst von Saxsen ist auf die post thar wider
anglangt, hatt denselbigen dag, nachdem er bey seine gemallin ist gewessen,
ihm[4]) Balhaus gespilt undt nach dem ring gerendt, ohne zu die Königmarckin
zu gehen; wil vielleicht seiner metres zu Wien kein jalousi geben; es ist eine

---

1) = Schuhe.   2) patron = Modell, Muster.
3) Am 28. Oct. 1696 gebar dem Kurf. Friedr. August seine Mätresse, die Gräfin
Aurora von Königsmarck, zu Goslar e. Sohn: den spätern berühmten Marschall Moritz
von Sachsen.   4) = im.

Lambert[1]), hatt ein Graff Isterlin[2]) geheirabt; sie hatt J. L. schon 3 mal hundert taufent gulden gekoft. Die Königmarckin hatt nur einen sohn tharvon. Der Courfürst von Baieren[3]) hatt seine metres[4]), da er ein sohn[5]) von hatt, an Conte d'Arco[6]) verheirabt unbt bleibt boch J. L. metres. Es scheint, baß alle die galanteri vom Francöschen hoff bey die Herrn Courfürsten allein hatt platz gefunden, ban zu Paris sacht man gar, baß nach dem friden der König von Franckerich sein heirabt mit der Maintenon wirbt declariheen; bas ist gar nicht galant. Ich schicke hirbey die maß von mein füsse; ich habe aber die schou gern viel langer als ben fuß, ban bas ist gemachlicher. Mad. Craven hatt mich henschou[7]) geschickt, ba ist in ein ihbem pack nur ehn ober zwe paar, bie man bragen kan; haben bie gutte fraw ser bebtogen. Bitte gar ser, sie wolle mich boch 4 Dutzent schicken unbt sich nicht bebrigen lassen. Man sacht, Mlle Ruberta solle verheirabt sein, welges gutt vor ihr were, ban von ihr Mutter sol sie wenig ehr haben. Der Courfürst hatt mir befollen, ich solte ihnen boch binstlich bancken, baß sie so vor ihn sorgen. Ich bebancke mich auch gar ser vor bes Herrn Herzug von Schonburgs frunbtliches anbencken; bin von herzen ...

Sophie.

158.

An die Raugräfin Louise in London.

Herenhausen ben 4/14. Jeanwari 1697.

1697
Jan. 4/14

Dero werbe zeillen, mein liebe bas, kommen mir niemals zu lang vor unbt lese ich bieselbige ihmer mit luft, boch ist es mir nun leit gewesen, zu vernemmen, baß bas letzte söhnlein von die liebe Herzugin von Schunburg selig Dero fraw Mutter selig schon gefolgt ist. Mich bücht, der Herzug thut wol, nicht wiber zu heirabten, ban so eine gemallin wirbt er nicht wiber bekommen, bie sich so in sein humor weis zu schicken. Es ist mir leit, baß ihnen bas pottegra auch incommodirt; aber bises bebüt ein langes leben. Ich wolte, baß unser Courfürst auch nichts anders hätten, aber ich bin bang, baß sie auch wasser ihm[8]) kopf haben, ban alles was man bißhero gethan vor ben schwinbel, will nicht helffen unbt ist J. L. die sprag so schwer, baß sie nimans sehen wollen; ich bin allein bey Dieselbige, die ein unbt aus barf gehen; selten kan man J. L. tharzu bringen, baß sie bes abents mit bie fraw von Harlin[g], Grefin Platen, fraw Klenck carten spillen ein klein stünbtien gegen abent;

---

1) = Gräfin Lamberg.
2) = Hieserle; vgl. S. 147, N. 5.   3) Max. II. Emanuel.
4) Anna Franziska v. Louchier.   5) Den Grafen Emanuel be Bavière.
6) An den Grafen Friedrich v. Arco.   7) = Handschuhe.   8) = im.

aber doch kommen die rebt unbt geheimter secretarius alle dag zu J. L., unbt nach die affairen laffen J. L. fich allerhandt bücher vorlefen unbt arbeitte ich inmittels. So werben wir den ganffen winter zubringen, welges ein fchlecht Carnaval wirbt fein. Die verwittibte Herzugin 1) logirt zu Hanover ihm 2) fchloff, da meine föhn auch fein, alfo baß der separihrte hoff ein fer fchlecht anfehen gibt. Herzug Georg Wilhelm ift nun bey uns. Das ift alles was man von hir fchreiben kan. Die zwe Pfalzifche Princeffen aus Schweden fein beybe verforgt, ban die jüngffte hatt der elften das gelt wech genommen, ift mit fchöne kleiber tharmit nach Wien gangen zu der Keiferin, um catholifch zu werben; da J. K. M. nun wol vor forgen müffen. Die elfte blib zu Osna- brück ohne gelt, unb fchickte ihr der König von Schweden zum troft Graf Güldenstern, fie zu heirabten, welges fie auch mit groffen wiberwillen gethan, ban er foll 57 ihar alt fein unbt fer fchmutzige zen 3) haben unbt fer ftincken unbt hatt fo fründtlich wollen fein, ihr die zung ihm 4) munbt zu ftecken, baß die arme Princefin gefpeit hatt alles was fie ihm 2) leib hatte. Die fraillen Königmarckin hatt die ftatt Gosler, ba bas gutte Bir herkombt, mit ihr kinbt- bett von ein fohn gewürdigt 5) unbt ben Burgermefter unbt sindicus ber ftatt zu zeugen ruffen laffen, baß ihr kinbt ein fohn ift; hatt ihn Moritz bauffen laffen; fie ift nun wiber zu Dresden in fchlechtem anfehen, boch foll der Cour- fürft fie noch befuchen, hatt aber groffe esgard vor die Courfürftin. Diffes ift alles, was extraordinaris in Tützlant paßirt, unbt fage ich ihnen groffen banck vor alles was fie mir aus Englant fchreibt, funberlich aber, baß fie fich bemütt hatt, fchou machen zu laffen, ba ich mich fer zu früwe, fchicke auch hir- bey ein henfchou 6); es ift beffer, wan fie zu weit als zu eng fein; die Madam Craven gefchickt hatt, kan nimans bragen, fein fcheb 7) unbt krum, ehn finger weit, der anber eng, müffen von lherjungen gemacht fein worden, man kan fie gar nicht brauchen; oben auf lagen aber ein par gutte, bie wol gemacht waren, ift alfo die gutte fraw bebrogen worden. Sie wolle boch ben zettel, was alles koft, fchicken, auf baß man ben weckfel tharnach machen kan. Es ift mir leit ihrenhalben, baß alles fo beur in Englant ift unbt baß fie fich fchammen 8), ben Herrn fchwager zu bebinen, der ihnen boch genung obligirt ift. Ich mus noch zum [fchluff] die gutte zeibung fagen, baß der Rauwgraf nun Oberft- lieutnant ift 9), wie mir Mr. Danquelman hatt laffen wiffen. Wan er nicht brüncke, were alles gutt. Mein tochter unbt der kleine Courprins haben ihn

---

1) Benebicta.   2) = im.   3) = Zähne.   4) = in ben.
5) Vgl. S. 148, N. 3.   6) = Handfchuh.   7) = fchief.
8) = fchämen.
9) Die Herzogin v. Orléans fchreibt am 22. Jan. 1697 an die Raugr. Louife: „Ma tante fchreibt mir, baß Carl Moritz nun obriftleüttenanbt geworden; beß bin ich fro, hoffe, baß er balbt oberfter werben wirbt. Ma tante fagt, baß er gantz klein gebllieben ift, bas thut mir leybt"; vgl. Bibl. b. lit. V. in Stuttg. 88, S. 76.

gar lieb; mit der zeit wirdt er wol ein Regement bekommen. Die Winsinrode, hernacher Mad. Neitz[1]), ist von chagrin gestorben, dan es ihr gar schlecht ging. Ich schreibe alles under einander, wie es mir ihm[2]) kopf kombt, undt verbleibe ihnen in alle vell zu binen ergeben, werde sie nimals verlassen undt alzeit lieb haben.

Sophie.

Sie wolle meine recomendation an Mylord Duc[3]) verrichten.

159.

An den Raugrafen Karl Moritz in Berlin.

Herenhausen le 6/16. de Janv. 1697.

1697
Jan. 6/16

J'ay appris avec beaucoup de joye, mon cher neveu, que Mr. l'Electeur de Brandebourg vous a fait la grace de vous randre lie[u]tnant collonel en partie en ma consideration. Je ne manqueres[4]) pas de l'en remercier, quoique je me flate, que vostre comportement y a fait le plus de progrés, ce qui me rejouit encore davantage, car cela me fait croire que vous n'aimés plus à boire, ce qui estoit vostre seul défaut, et que vous ne manquerés pas à faire tousjour très bien vostre devoir. C'est en quoi je m'interesse avec passion, comme une personne, qui sera tousjour fort aise de vous tesmoigner par des servises, combien elle vous aime et estime.

Sophie Electrice.

160.

An Freiherrn Maximilian v. Degenfeld in Frankfurt.

Herenhausen le 16/26. de Jeanw. 1697.

1697
Jan. 16/26

Je suis tout à fait en paine, Monsieur, quant je voy les marques de vostre affection par une autre main que la vostre, et suis tres fachée que vostre maladie continue tousjour. Je prie Dieu de vous remettre pour le bien de vostre famille et tous ceux qui vous estiment, où je me mets au premier rang. Quant à Mr. l'Electeur il ce[5]) porte grace à Dieu beaucoup mieux, mais il est encore for foible et sans avoir le goutte, il ne marche gaire bien. Il y a longtems que Mr. le Rauwgrave a obtenu la charge de Lieut. Colonel et je ne doute point qu'un regiment suivra avec le temps; j'en ay randu grace à Mr. l'Electeur de Brandebourg et je vous asfure qu'il n'est nullement incapable du metier qu'il fait et qu'il s'en acquite avec

---

1) Vgl. S. 103, N. 3. 2) = in den. 3) Mainhart v. Schönburg.
4) = manquerai. 5) = se.

soin et honneur; tout son defaut cet[1]) de s'enhivrer quelque foys, ce qui est une vertu allemande. Vous luy faites tort de dire qu'il vous semble que la guerre ny la cour sont son fait, car il s'acquite bien de l'un et de l'autre, mais il est vray qu'il ne paie point de mine[2]). Ma fille et le Prince Electoral l'aiment et ce petit enfant a montré autant de joye que luy de son advansement. Vous en voudriés faire un Lantjunquer à garder des poules et avoir des enfants, ce que je ne sçaurois consaillier à personne. Il me tarde de voir ce qu'on vous respondra à mon billiet; on mende de Vienne que le Conte Hamilton ce[3]) fera faire Prince. Cet[4]) tout ce que vous peut dire celle qui voudroit vous tesmoigner par des services, combien elle est de vos amies.

Sophie Electrise.

161.

An die Raugräfin Louise in London.

1697
Febr. 1/11

Herenhausen ben 1/11. Febr. 1697.

Ich bin alzeit fro, mein herzliebe bas, wan ich ein fründtliches schreiben von ihr bekomme undt höre, wie es ihr in Englant gehett, undt kan ich nicht anders sagen, als bas ich es ser loblich finde, das sie so grosse sorg vor Dero neven undt nieslen[5]) haben, ban ich halte, sie werden ihnen ungleich besser sein, als eine stiffmutter, die ich ihnen nicht wünsche, ban mich bücht nicht, bas die Englische luft ebenso gutte gemütter producirt; sie sein insgemein unbestenbig. Wan eine were von bem humor wie Mad. Bellemont[6]), bie wir zu Hanover haben, wolte ich sie wünschen, ban bas ist eine recht gutte, bugentsame fraw, aber beren findt man wenig, wir haben sie alle lieb. Hergegen ist eine Mad. du Cross[7]), die sauft sich allebag foll in Brandewein undt ban redt sie übel von allen leuten. Unser Courfürst ist noch nicht besser, hatt husten undt schnupen, so J. L. gar matt macht undt alle luft alhir benimbt, ban mit bem schwindel wirbt es nicht besser, welges J. L. grofte krankheit ist. Hir ist es nun ser einsam, aber zu Duseldorp soll ein ser stattlich Carnaval sein, ist ein

---

1) = c'est.   2) il ne paye point de mine: sein Äußeres verspricht nicht viel.   3) = se.   4) = C'est.   5) Vgl. S. 142, N. 6.
6) = Bellamont; vgl. S. 34, N. 4.
7) Nach Bresslau (Allg. D. Biogr. 5, S. 447) war die erste Frau bes Joh. Aug. bu Cros (vgl. S. 128, N. 4): Clara v. Urrye, aus einer schottischen Abelsfamilie. — Am 11. Dec. 1697 schreibt die Kurf. Sophie an ihre Tochter nach Berlin: »Mad. du Cros dit: ...tja, tja, wer weiß, ob es gut ist.« Je crois qu'elle entend autant les affaires que son mari; c'est un bon homme pourtant, il ne mange point de chandelles«; vgl. Bobemann, J. H. v. Alten rc., S. 109. — 1703 verheirathete sich bu Cros zum 2. Male mit Elis. v. Rotzmann.

zeigen, baß die alte Courfürstin nicht tobt ist, wie man gesacht hatt. Zu Leibsig ist es auch schön hergangen; die Königmarckin hatt die Meß representirt unbt hatt des Courfürsten von Saxsen wapen for die stirn gehatt; sie wolte gern declarirte metres sein, unbt der Courfürst will haben, sie soll noch vor junffer pasiren, kombt auch auf dem fuß bey hoff. Von den schwedischen Princessen spricht man nicht mer; die jungste logirt bey Wien in ein gartenhaus von ein Graf[1]), dan mich dücht, man wirbt nicht gern viel vor ihre sell[2]) geben, die ser enportirt unbt inquiet ist. Was die kammerfraw anbelangt, würde ich sie gern von ihrer handt nemmen, wan ich sie nöttig hätte; ich habe aber 3, die ser adroit sein, also keine mer nöttig, mein alt gesicht zu putzen. Ich schreibe ihr heute nicht in gutt humor, weil es noch nicht besser mit dem Courfürst wirbt.

Sophie C.

162.
An den Raugrafen Karl Moritz.

À Herenhausen le 6/16. Fevr. 1697. 1697
Febr. 6/16

Vous faites tres bien, mon cher neveu, de ne me point faire des compliments ny des remerciments, car je me fais un plaisir à moy mesme, quant j'en fais un à vous; ausſi vos relations me font plus de plaisir, mais vous ne me dites pas ce que vous avez representé à cette belle masquerade de ma fille, où vous l'avez trouvé belle comme le sollail entre les estoilles; vous deveriés plustost l'avoir nommé la lune, car on les voit tousjour ensemble, mais jamais les estoilles avec le sollail. Je vous souhaitte un heureux voiage; vous me ferés plaisir de me faire sçavoir quelque foys de vos nouvelles, quant vous en aurés qui en vallie la peine. Cependant je vous aimeres[3]) tousjour.

Sophie Electrice.

163.
An die Raugräfin Louise in London.

Herenhausen den 12/22. Febr. 1697[4]). 1697
Febr. 12/22

Ich habe eine post lassen vorbey gehen, mein herzliebe bas, dan ich bin recht betrübt gewessen, einen gutten fründt, wie Baron Max war, zu verliren[5]).

---

1) In dem spätern Br. 163 wird dieser Graf „Chellart" genannt.   2) = Seele.
3) = aimerai.   4) Im Orig. steht verschrieben: „1696".
5) Frhr. Maximilian v. Degenfeld, der Stammvater der jetzigen Reichsgrafen v. D., starb zu Frankfurt a. M. am 15. Febr. 1697; vgl. Näheres über ihn bei Gr. Thürheim, „Christ. Martin Frhr. v. Degenfeld u. dessen Söhne" (Wien 1881).

Er hatte mir noch schreiben laßen unbt sich selber unberschrieben ihm[1] brif; er folgte meine devise: zensa tourbarmy al fin m'acosta[2]); hätte nicht gemeint, daß es so balt mit ihm aus solte sein, recomandirte noch ben Dr. Bönner an Courfürst, welger auch recht ser über ben verlus betrübt war, ban er hatte ein recht pfalzisch herz gegen uns, welges rar unbt hoch zu estimiren ist. Aber es ist ber lauf ber natur, bie nimans vorbey kan gehen. Inmittels bencken anbere tharan, sich zu vermeren, ban ich habe nun wiber ein frailen, so braut ist, nem- lich meine Offelen, bie sie noch [als] ein kinbt gesehen, mit bem jungen Graff Platen[3]); er nimbt sie sans dot aus purer liebe unbt sein alle verwanten von beyben seiten wol mit zufriben, insunberheit weil J. L. ber Courfürst es gutt gefunben, welger ihr[en] vatter ser lieb hatt gehatt, also vor bie kinber mit hatt sorgen wollen, ban ihr bruber ist auch hir bey hoff, kombt eben aus Francke- rich, ba er viel genab von Madam emfangen unbt von seine reiß in maniren unbt fransösche sprag viel profitirt hatt unbt sowol als bie schwester recht artig ist worben. Die alte tante, bie fraw von Harlin[g] machen bise kinber langer leben, spilt wiber karten tharauf los. . . . Müchte wol wissen, wer Jhre affaire in ber Pfalz nun thut. . . . Jhr bruber[4]) schreibt mir nun auch, nun er zu Berlin gewessen, ist ser in genaben beim kleinen Courprinz, ber sich ebenso viel als er selber über sein advancement gefrübt hatt. Er schreibt mir, er gehe in sein cartier; wo es ist, weis ich nicht, gelaube, es wirbt bei Köllen sein. Was bie henschou[5]), so sie noch belieben machen zu laßen, vor couleur sollen haben, stelle zu Dero belieben, werben wol nicht so balt schmuzig, wan sie nicht alle weis sein. Koppensten unbt ich sein in grosser consultation [über] ben Duc de Schonburg, bem mein herzlieber Herr unbt ich ein genügen

---

1) = im.

2) Die selbstgewählte Devise ber Kurf. Sophie war eine am heitern Himmel unter- gehenbe Sonne mit ber Umschrift: »Senza turbarmi al fin m'acosto« (= Ich gehe meinem Enbe entgegen ohne mich zu beunruhigen u. zu betrüben). Diese Medaille vom J. 1696 finbet sich abgebilbet in bem selt. Werke von Seeländer, Braunschw.-Lüneb. Me- baillen u. Münzen, auf Tafel 134.

3) Sophie v. Offelen heirathete ben Grafen Ernst Aug. v. Platen, ben Sohn bes bekannten Ministers Franz Ernst v. Pl. u. bessen Gemahlin Clara Elisabeth geb. v. Meise- bug. — Die Tante ber Sophie v. O., bie Frau v. Harling, schreibt am 26. Febr. 1697 an ben Geh. Rath A. Ph. v. b. Bussche: „Der Hr. Geh. Rath wirt schon gehöret haben ben herabt mit bem jungen Graff Platto unbt meiner niesse, welches gar unvermuthlich ist gekommen. Der Churfurste (Ernst August) hat biesen herabt gemacht. Es scheinet boch woll, baß bie herahten im himmel werben gemacht. . . In 13 tagen soll bie hochzeit sein hir zu Herinhausen. Ich werbe nun mit ber Zeit alt unbt baufellich unbt werbe also können besto ruhiger sterben, wenn baß ich bie Ficke alß meine niesse versorget unbt ver- herahtet sehe. Es muß boch alles gehen, wie ber liebe Gott will. . . Braut u. breutigam sein gar content zusammen; ber Oberschencke pfleget alß zu singen: „Was thut bie liebe nicht!"" Bgl. Bobemann, J. H. v. Ilten ꝛc., S. 213 f.

4) Raugraf Karl Moriz.   5) = Hanbschuhe.

wolten geben wegen der schweinsköp unbt ortolans, wie wir es machen sollen, weil es gans ausser der zeit. . . .

J. L. [der Courfürst] sein nun Gottlob etwas besser, aber noch nicht ihm[1] standt, aus Dero zimmer zu gehen noch gesellschaft zu sehen, nur Dero domestiquen, ban der schwindel wil noch nicht nachlassen; ist zwar keine kranckheit zum tobt, aber doch ser incommod, haben alles versucht, wil aber bishero noch nichts helffen. Die schwedische Princessin ist noch zu Wien in Graff Chellart haus, da der Keiser ihnen defroiiert, soll aber noch nicht catholisch sein, sundern sich divertiren, in die asemblée zu gehen unbt die titzsche Commedi beyzuwonnen; welges eben keine preparation zur conversion ist, viel weniger zum kloster, wie man hatte gesagt. Das frailen von Königsmarck[2], wil der Courfürst[3] von Saxsen, soll vor junffer passiren, gegen ihren willen, ban sie hatt wollen J. L. declarirte metres sein; der Courfürst sollen aber so ein hauffen haben, daß sie wol könte doiene[4] tharvon sein; er wil sie aber zur coajouterin des stifts Quettelenburg[5] machen. Ich halte, die regel da wirbt sein wie die in Rables[6]: „fait ce que tu voudras". Man macht sich nun ihm[1] Carnaval überal lustig, ausgenommen zu Hanover, weil unser Courfürst ihmer kranck ist. Die divertisfements könte ich gar wol missen, wan nur der Courfürst recht wol were, ist aber leider nichts gar gesunbt bey ihm, als sein gutt unbt genereux gemütt, das J. L. in alles spüren lassen, da nichts in geendert ist; das meinige wirbt ihnen unbt Ameltien ihmer ergeben verbleiben.

Sophie.

Den Duc de Chonburg wolle sie doch binstlich grüssen.

164.

An die Raugräfin Louise in London.

Herenhausen ben 25. Apr./5. May 1697.

Obschon bisweillen meine brif gar kurtz sein unbt selten kommen, so mus mein herzliebe bas doch nicht gebencken, daß es aus mangel [an] affection geschicht; aber Madam wil ihmer grosse brif haben, da ich meist meine zeit mit zubringe, wan ich nicht bey dem Courfürst bin, ben ich nicht allein lasse, als wan J. L. schlaffen, ban seider J. L. kranckheit wollen sie nimans sehen, weil J. L. die sprag schwer felt; sie gehen doch allebag ihm[1] garten unbt faren gegen abent spatziren. Unbt weil der gutte Mylord Craven zuletzt auch hatt müssen sterben, habe ich alsobalb an Baron Helmont[7] geschriben, ben ich nach

1697
April 25/
Mai 5

---

1) = im. 2) Vgl. Br. 161. 3) Friebr. August.
4) = doyenne. 5) = Queblinburg. 6) François Rabelais.
7) Vgl. S. 135, N. 3.

Dusseldorp geschickt, der Courfürstin[1]) durch ein remedi ein kindt zu machen,
so der Herzugin von Insbruck vor lange jharen geholffen; welges mich in
grosse genade bringt. Er solte in meinem nhamen anhalten, daß der Courfürst
ihnen Mylord Cravens haus zu Heydelberg[2]) müchte schencken, weil mir
bücht, es seye dem Mylord nur auf sein leben geschenckt, unbt ihnen aufs beste
bey dem Courfürsten recommendiren. Inmittels bin ich fro, daß ihre
diamanten auch an Mylord Portlant[3]) zum puz gebint haben; die grosse
manifisance wirdt ihm aber schwer ankommen sein, dan man sacht, er seye ser
karg; der Herzug von Zell wil ihm kuts unbt pfert schicken, disse sollen ser
schön sein. Es scheint, die Princes Anne[4]) ist ein schwag geseß, daß sie nichts
halten kan; der Duc de Gloster[5]) sol sich aber noch wol befinden. Mylady
Craven hatt vor dissem Mis Braton geheissen, ist hoffdame bey die Königin
meine fraw Mutter[6]) gewessen, ist wittib, ein ser gutte alte fraw. Mr. Lescour[7])
ist in grossen genaden bey' sein Herr, den Herzug von Zell, [disser] hatt ihm
also gern erlaubt, sein interes nachzugehen; er hatt gelt hazardirt, wie die
lottereien in Englant waren; der König hält auch viel von ihm; er hatt sein
fortun zu Zell mit spillen gemacht, da er gans kal[8]) hinkam sowol als seine
schwestern, denen er ser viel guttes thut.

Wir werden nun alle vor den König von Schweden[9]) trauren unbt wirdt
disser brif wol zu spatt kommen, um was mit Mad. Schütz[10]) zu schicken,
sunsten wolte ich ein traur-mantau verlangt haben wegen der façon, wie auch
mer braune henschou[11]), die bey der arbeit nicht serben, wie die weisse. Kan
ich ihnen in etwas nuz sein, bin ich ihnen zu binen ergeben.

S.

165.

An die Raugräfin Louise in London.

1697
Mai 15/25

Linsburg den 15/25. May 1697.

Dero werde zeillen, mein liebe Bas, habe ich gestern in dissem walt emfangen unbt über das, so sie mir schreiben, bedrübte reflectionen gemacht, was

---

1) Der 2. Gemahlin des Kurf. Joh. Wilhelm v. d. Pfalz: Anna Maria Louise (von
Toscana); sie blieb kinderlos. 2) Vgl. Br. 154.

3) Der ber. engl. Gesandte Joh. Wilh. v. Bentink, nachheriger Graf Portland.

4) Anna, Tochter Jakobs II. von England, vermählt mit d. Prinzen Georg von
Dänemark. 5) Sohn Anna's. 6) Elisabeth.

7) Armand de Lescours, Oberhofmarschall des Herzogs Georg Wilhelm zu Celle; vgl.
über ihn u. seine Schwestern: Horric de Beaucaire, Éléonore d'Olbreuze (Paris 1884),
S. 83 ff. 172. 178. 8) = kahl.

9) Karl XI., ihm folgte sein Sohn Karl XII., 1697—1718.

10) Die Frau des hannov. Gesandten in London: Johann Helwig Sinold genannt
Schütz. 11) = Handschuhe.

die schwindtsucht von Dero selige schwester[1] hatt verursacht. Gott hatt ihr
die ebige rhue vergünt, die, es scheint, [man] bey so ein humor in der welt
nicht haben kan. Die armen kinder sein zwar zu bedauren, daß sie ihnen missen
werden, aber doch ist das hembt näher als der rock undt ist es auf die weise
kein wunder, daß sie lieber zu Franckfort sein. Ich habe noch nichts gehört
von Helmont[2], seiber daß er zu Dusseldorp ist; durch die fraw von Spe
bekomme ich aber grosse complementen vom Courfürst zu Pfalz; wan mein
credit ihnen zu nutz würde kommen, were es mir von herzen lieb, dan vor
mich selber habe ich es Gottlob nicht nötig. Er wil uns noch nicht vor voll
ansehen, noch den tittel von Courfürst geben, also kan ich nur durch die fraw
von Spe mit I. L. corespondiren. Ich hätte gern, daß der traur-mantau, so
sie mich mitbringen wil, von seidenstoff were, um [ihn] zur zweten traur dragen
zu können. So viel ich von Madam[3] vernommen, würden I. L. fro sein,
Dero Princesin[4] am Herzug von Lotteringen[5] zu geben; man sacht aber,
der Keiser wil den Herzug mit eine von seine eigen Princessen begaben, die
eben nicht schön sollen sein. Es sicht noch schlecht zu friden aus, weil der
König von Franckerich Att[6] hatt belegern lassen inmittels daß der König
von Englant zu Loo ist undt hatt den bünschiff. Unser Courfürst sein leider
noch gar schwag, wollen nimans als Dero domestiquen mer sehen, essen,
drincken undt schlaffen wol undt sehen die händt undt das gesicht recht wol
aus; es scheint, daß die gansse kranckheit in die nerven bestehett, da gans kein
kraft in ist undt I. L. zung auch schwag macht, daß sie gar übel reden können.
Zum sterben hatt es Gottlob kein nott, undt wie alle Doctoren meinen, können
I. L. lang bey Dero zustant leben; aber er ist wol betrübt undt verdrißlich;
übermorgen gehen wir wider nach Herenhausen; es ist ein Doctor von
Lubeck, der jha vermeint, I. L. zu helffen. Die post wil weck, ich mus
enbigen, verbleibe . . .

S.

166.

An die Raugräfin Louise in London.

Herenhausen den 22. May/6. Juni 1697.

Mit wenig worten mus ich ihr sagen, meine liebe Bas, daß die schöne
henschou ankommen sein, die recht gutt sein undt ich ursag habe, vor Dero be-
mühung mich zu bedancken. Nun mus ich auch sagen, was Mr. Helmont[7] mir

1697
Mai 22/
Juni 6

---

1) Die Gräfin Karoline v. Schönburg. 2) Vgl. S. 135, N. 3.
3) = Herzogin von Orléans. 4) Elisabeth Charlotte. 5) Karl.
6) Die Festung Ath in den Niederlanden, vom französ. Marschall Catinat belagert
im Anfang Mai u. erobert am 2 Juni 1697; vgl. v. Sichart a. a. O. I, S. 567 f.
7) Vgl. S. 135, N. 3.

schreibt mit dissen worten auf gutt Hollendisch, er hätte den Courfürst zu Pfalz[1]) einen brif lesen lassen, der so laute: „Mylord Craven est mort, mon frere l'Electeur luy avoit donné une maison à Heydelberg[2]) et si je ne me trompe, ce n'estoit que pour sa vie. Mr. l'Electeur Palatin d'apresent me feroit une grande faveur, s'il en volut gratifier les Contesses Rauwgraves, qui ont perdu tous leur maisons à Manheim, si vous le pouriés obtenir en les recomendant tousjour dans l'honneur de sa protextion, vous feriés une tres bonne euvre." Der Courfürst sagte: „Niet alleen ten gevallen wilde doon van de Rauwgravessen, Mylord Craven huys te geven, maer alles wat in zyn vermoghen was." Nun wil Mr. Helmont haben, ich solte tharvor bancken, welges ich durch Mad. Spee mus thun, dan selber darf ich wegen den tittel[3]) nicht bancken.

Unser Courfürst est[4]) Gottlob undt schlaft wol, sicht auch von gesicht wol aus, aber sunsten noch so schwag in die nerven, daß J. L. nicht gehen können. Madam Groot[5]), die von allen Doctoren ist abandonirt gewessen, ist durch ein kaufman geheilt worden, der van Nort heist, der viel andern auch geholffen hatt durch droppen von golt; den hatt der Courfürst seiber gestern anfangen zu brauchen . . . Ich bekänne, ich habe die gedult verloren, alle die charlottaneri anzusehen undt anzuhören. Mr. Helmont schreibt mir auch: wie er nach Dusburg kommen in Courpfalzs kutzsche undt ein leüffer tharbey, haben die leute an den leüffer gefragt, was es vor ein persohn were? hatt der leüffer ohne sein wissen gesacht, es were ein Man, der 3 hundert jhar alt were undt were schon 20 jhar todt gewessen undt nun wider aufgestanden, so ist alle das volck ihm nachgelauffen, ihn zu sehen, bis nach Dusseldorp, da auch so viel leute ihm folgten undt ihn vor einen profeten hilten, sagten, er sehe Pater Daviana[6]) geleichg, daß er kaum aus der kutzsche konte steigen, so ein gedreng war, um ihn zu sehen. Verbleibe . . .

Sophie Courf.

167.

An die Raugräfin Louise in London.

1697
Juli 5/15

Herenhausen den 5/15. Juli 1697.

Ich habe auf 3 Dero angnheme schreiben zu antworten, welges noch nicht geschehen, weil ich vermeint, sie würden schon enbarquirt undt auf die rück-

---

1) Johann Wilhelm.   2) Vgl. Br. 154.

3) Da der Kurf. v. d. Pfalz die 9. hannov. Kur noch nicht anerkannt hatte.

4) = isset.   5) Die Frau des Otto Grote, Anna Dorothea, geb. v. Ahlefeld.

6) Die Kurfürstin wird den Pater Marcus ab Aviano meinen, einen wegen seiner Heiligkeit berühmt. Kapuziner in Wien; durch sein exemplar. Leben u. eifriges Predigen in großem Ansehen u. bei Kaiser Leopold in höchster Gunst stehend; † 1699.

reiſſe ſein. Gott gebe, daß mein herzliebe Bas ſowol als ihre frailen ſchweſter gelücklich wieder in Franckfort mögen kommen; weil ich doch nicht ſo gelück-lich kan ſein, ſie hir zu ſehen, werde inmittels, ſo viel ich kan, ihnen behülfflich ſein. Der petit deul mantau ¹), ſo ſie mir hatt machen laſſen, wirbt ein Putz außer die traur vor mir ſein, ban ich brage alzeit nur ſchlechte kleiber, bin zu alt, mich zu putzen, undt wan ich jha geputzt wil ſein, brage ich nur ein ſchwarz kleit, wirbt mir alſo der mantau wol zu paſſ kommen. Was es koſt, mus ſie berichten; bin ſie obligirt, baß ſie mir ſo viel zu gefallen thut. Sie wirbt ſich wol verwundert haben, baß ber Courfürſt von Saxſen hatt wollen die kron Polen annhemmen undt die relion tharvor endern; doch hatt ber Keiſer undt ber papſt ateſtation geben, baß J. M. ſchon zwe jhar catholiſch geweſſen ſein. Unſer Courfürſt iſt Gott lob was beſſer. Die poſt wil wech, ich mus enbigen, bin ihnen beybe gantz ergeben.

S.

Ich bin recht fro, baß die ſchweinsköpf wol überkommen ſein, die von Franckfort werben übel ingepakt geweſſen ſein; wunbert mich, baß ſie ſo lang ſein unberwegen geweſſen.

168.

An die Raugräfin Louiſe in London.

Herenhausen ben 9/19. Juli 1697.   1697
Juli 9/19

Sie hatt wol groſſ recht, mein herzliebe Bas, zu ſagen, baß ein ihber ²) menſch ſeine plag in biſſer welt hatt. Nun iſt einer ³) kommen, der mit zweierley Droppen von Golt undt von corail verſichert, baß er ben Courfürſt wil zu-recht bringen, hatt Madam Groot ⁴) undt viel anbere, die von bie Docktoren verlaſſen waren, wieber zurecht gebracht. Man mus bas beſte hoffen. Ich verlange ſie wieber an biſſer ſeite bes Mhers ⁵) zu wiſſen, ban ich ſehe wol, baß luft undt wetter, wo ſie ſein, nicht gutt vor ihnen iſt, undt ſein ſie gar nicht obligirt, die ſchwindtſucht zu bekommen, ſo leiber Dero fraw ſchweſter ins grab gebracht. Hätte man auch complaisance vor mir, würben ſie wol alzeit bey mir ſein, aber ich habe ihm ⁶) haus nichts zu ſagen, kan alſo benen, die ich am meiſten liebe undt eſtimire, nicht genieſſen, wie ich gern wolte. Die traur, mein liebe Bas, wirbt lang vorbey ſein, wan ſie wieber kommen, ban wir ihn nun ſchon 6 wochen gebragen haben . . . Unſer gutter Helmont ⁷) iſt gar nicht zu Venedig, auch gar nicht von humor, einen Dockter zu agiren, noch

---

1) = manteau de deuil.   2) = jeber.   3) van Rort; vgl. Br. 166.
4) Bgl. S. 158, N. 5.   5) = Meers.   6) = im.
7) Bgl. S. 135, N. 3.

gelt zu gewinnen, das er gar nicht nöttig hatt; der sich vor ihn ausgiebt, ist ein bedriger . . .

Ich habe schon den 5. brif von Madam, mit die lincke handt geschriben so wol, daß es zu verwundern ist; J. L. elbogen ist noch etwas geschwollen, also verbunden. Ich mus endigen, an J. L. zu schreiben, dan sie wollen als gansse lange brif haben. Ich verbleibe . . .

Sophie.

169.

An die Raugräfin Louise in Frankfurt.

1697
Aug. 1/11

Herenhausen den 1/11. Aug. 1697.

Ich halte, disse zeillen werden mein herzliebe das sambt Dero schwester gesundt unbt wol widerum zu Franckfort antreffen, weil ich aus Dero schreiben aus dem Hag gesehen, daß sie von thar balt wech wolten. Der mantau ist auch ebenso balt kommen als sie es haben vermeint unbt hatt man ihn gar artig zur kleinen traur gefunden; es ist aber gutt, daß wir die traur gestern gans abgelegt, ban er konte auch nicht viel langer bauren. Die façon hatt man auch gar gutt gefunden, obschon nicht auf französisch; die ermel habe ich etwas langer müssen hinunder lassen; mögte wissen, was sie vor engaganten[1] tharbey bragen, wan sie so kurtz sein.

Nun mus ich ihr erzellen, daß wir den grossen Zar[2] haben gesehen. J. M. wurden von Courfürst von Brandenburgs leuten gans defrayiht bis nach Wesel, musten aber auch durch Coppenbruck[3], welges ihen von dissem haus ist unbt dem Fürst von Naßau, der in Frislant, zuhört[4]), da wir die audience bey J. sarische Majestet begeren lissen, ban sie wollen überall inconito sein unbt füren allein seine 3 ambazadeurs den statt; ließen sich gefallen, uns en particulier sehen zu wollen, mein tochter, den Hertzug von Zell unbt meine 3 söhn. Ob es schon 5 grosse meil von hir ist, gingen wir mit grosser frübe hin, nachdem Coppensten[5] voraus war, alles zur aufwartung zu bestellen. Wir kamen ehr thar als die Moscowitters, die gegen 8 uhr ehrst ankamen, unbt stigen in ein baurenhaus ab. Es hatte sich aber so ein hauffen leute versammelt gegen die abrede, daß der Sar nicht wuste, wie er ohne gesehen unbt unbekant solte vorbey kommen. Also capitulirten wir lang, zuletzt lis mein sohn die leute durch die garde wech jagen, unbt indem die ge-

---

1) engageants.   2) Peter I.   3) Coppenbrügge, Flecken bei Hameln.
4) Coppenbrügge liegt in der alten Graffch. Spiegelberg. Nach dem Tode des von Braunschw.-Calenberg damit belehnten Grafen Joh. Ludw. von Gleichen 1631 ward dieses Lehen dem Grafen von Nassau-Dietz zu Theil u. kam so in den Besitz der Oranier. 1819 fiel die Graffch. an Hannover.   5) Hofmarschall v. Coppenstein.

santen mit ihrem train kamen, schlich sich der Sar durch ein degré de robe [1]) in seine kamer, da der efsfall vor war, undt thar gingen wir alle zu J. M. undt war der ehrste ambazadeur Mr. le Fort [2]), so von Geneve, unser Dol- metscher. Der Sar ist ein langer schöner Herr, von gesicht recht bien fait, undt hatt ein grosse vivasité d'esprit, la repartie pronte et juste, könte aber wol besser manihrt sein als er ist mit so grosse advantage von der Natur. Wir setzten uns alsbalt an die taffel; Mr. Coppensten, so nun marschalck, pre- sentirte J. M. die serviette, das sie nicht verstunden, dan bey Brandenburg hatte man giessbecken gebraucht. Mein tochter undt ich setzten J. M. schwischen uns undt hatten J. M. an beyden seiten ein Dollmetscher, waren recht lustig undt gar frei undt machten wir grosse fründtschaft zusammen. Mein tochter undt J. M. wechselten von tobacsdosen; auf die seine war J. M. Ziffer, welges mein tochter in grossen ehren helt. Wir sassen zwar gar lang an taffel, warbt uns aber die zeit gar nicht lang, dan der Sar sprag ihmer undt war recht lustig; mein tochter lis ihre Italieners singen, welges ihm wol gefil, sagte aber, er fragte nicht viel nach die Musik. Ich fragte, ob J. L. dan die jacht liebte? sagten sie: nein, Dero Herr Vatter hätte sie ser geliebt, er aber von jugent auf hätte eine passion vor die navigation gehatt undt vor feüwerwerck, baute selber; wis uns die hendt undt lis uns fülen, wie hart sie weren von arbeitten. Nach dem essen lissen J. M. Dero violons kommen undt tantzten wir auf mos- covitisch, welges viel artiger ist als auf pol[n]isch. Diser tantz werte bis 4 uhr des morgen. Wir hatten zwar unser nachtlager in ein abelich haus nicht gar weit tharvon bestelt, weil es aber schon dag war, furen wir ohne schlaffen wider hirher, aus der massen content von unsere visite. Es were zu lang, alles zu erzellen, was wir gesehen. Mr. le Fort undt sein neveu waren franösisch ge- kleit, haben gar viel verstandt; mit die zwe andern ambazadeurs konte ich nicht sprechen, auch nicht mit ein hauffen Prinsen, so in der suitte sein. Der Sar, der die schlechte gelegenheit von dem ort nicht wuste, meinte uns den andern dag wider zu sehen undt hatte sich vor uns putzen wollen wie auch alle seine leute; hetten wir es gewust, wir weren nicht so weit wech gangen undt weren widerum hinkommen, dan der Herr hatt uns ser vergnügt, ist gans was extraordinaris; man kan ihn nicht beschreiben noch sich ihn einbilden, ohne ihn zu sehen; er hatt ein gutt herz undt recht juste nobele sentiments; er hatt auch vor uns gar nicht gesoffen, aber seine leute abscheulich, wie wir wech waren. Coppensten hatt seinen sobel [3]), so man ihm geschenckt, wol verdint, bubelt und breyssag, es mit ihnen auszuhalten, sacht aber, sie weren doch beim drunck recht artig undt lustig gewessen; er hatt aber trionfirt, dan die 3 mus-

---

1) = degré dérobé, Geheimtreppe.
2) Franz Jak. Lefort, der bekannte Günstling Peters des Großen, geb. 1656 zu Genf, † 1699.   3) Zobelpelz.

covitiſche abgeſanten wuſten nicht mer von ſich ſelber, ſo voll waren ſie, wie
ſie wech furen. Diſer brif iſt lang genung, muß doch noch ſagen, daß der rechte
Helmont hir iſt undt daß ich ihnen gans ergeben bin.

Sophie.

170.

An die Raugräfin Louiſe in Frankfurt.

Herenhauſen den 15/25. Aug. 1697.

Diſſ iſt das zwete mal, daß ich ihnen habe wollen ſchreiben, mein liebe
Bas, undt daß ich tharan bin verhindert worden, dan weil J. L. der Courfürſt nimans ſehen wollen, bin ich ihmer bey J. L., ſobalt ſie wacker[1]) ſein,
undt gegen 4 uhr fare ich allein mit J. L. ſpatziren, dan weil J. L. ſer mit
die ſprag incommodirt ſein undt mü haben, ein wordt hervor zu bringen,
wollen ſie nimans ſehen als die nottwenbig bey J. L. zu thun haben. Diſſes
iſt wol betrübt vor uns alle. Du Nort[2]) ſeine droppen haben gar nicht geholffen; nun iſt ein Dr. Giſe, der hatt auch ein ſecret, das J. L. brauchen
wollen. Gott gebe, daß es mer thun mag, aber Helmont wil nicht tharan
gelauben, iſt von hir nach Zülbach gereiſt. Aus Dero ſchreiben ſehe ich mit
vergnügung, daß ſie überall eſtimirt werden undt gutte fründt finden. Daß
aber der groſſe Sar ſo galant ſolte ſein, nach ein ſchön conterfet zu ſehen, ſolte
zwar die Hiſtori von ſelner reiſſ enbelliren, aber ſo galant kombt er mir nicht
vor undt hätten wir nicht ſo viel anſchlag gemacht, ihn zu ſehen, würde er wol
an uns nicht gedacht haben. In ſeinem lant müſſen ſich alle die dames weis
undt rodt fardiren, wirdt ihnen tharzu bey die hochzeitpreſenten fard ver-
ehrt. Alſo ſchien es, als wan die Grefin Platen die Moscoviter am beſten
gefil; aber im tantz ſollen unſere ſchnürbrüſter wie knochen vorkommen ſein
undt der Sar geſacht haben: „Wie thüfels harte knochen haben die tütſche dames.“

Ich hoffe, daß Baron Ferdinant nun bey ihnen wirbt kommen undt die
ſach mit Mylord Cravens haus[3]) undt Dero andere affaires richtig machen.
Was ich contribuihren kan, werde ich nicht laſſen. Es iſt mir leit, daß ſie den
Dusſeldorfiſchen hoff nicht geſehen, der nach dem keiſerlichen eingericht ſoll
ſein. Hir iſt wenig frübt, weil J. L. der Courfürſt nicht beſſer wirdt. J. L.
ſein einmal in Hanover geweſſen meiner tochter zu gefallen, ihre Paſtorale zu
ſehen, aber matter wider nach haus kommen, welches alle luſt vergehen machte.
Vor 4 bagen iſt ein courir aus Polen kommen von Mr. Klenck: den 15. Sept.
ſoll der König[4]) gekrönt werden, doch macht man ſich noch hoffnung in Francke-

---

1) = wach.
3) Vgl. Br. 154.
2) Br. 166 heißt dieſer „Kaufmann von Nort“.
4) Friebr. Auguſt, Kurf. v. Sachſen.

rich vor den Prins de Conti [1]); ich zweivele aber ser, daß der König von Franckerich 3 millionen Reisballer tharan wenden wirbt, als der Courfürst von Saxsen es gethan hatt, welges ich vor ein grosse dorheit halte vor so ein grossen Courfürst. Der fürst von Fürstenberg ist J. M. statthalter in Saxsen, die flügel sollen ihm aber ser beschnitten sein durch 3 andere rebte, ohne welge er nichts thun soll, dan man hatt seine kargheit stracks gesehen, wie er vor sich selber hatt haschen wollen. Die zwe metreslen, als die Isterle [2]) unbt Königmarkin [3]) sein schon zu Craco, unbt wirbt Klenck, der thar ist unbt balt wiberkommen wirbt, viel zu erzellen haben. Mr. Walter, nachdem er gouverneur gewessen schir bey allen Grafen unbt fürsten ihm Reich, wirbt gouverneur bey bem sohn vom grossen Sar [4]) mit einer gage von 14 thaller; es wirbt es ihm nimans missgünnen, wan er in Mosco bleiben mus, aber man sacht, der keiserliche Prins, wan sein Herr Vatter nach haus kombt, sol zu Berlin erzogen werden. Ich mus enbigen, ambrassire sie alle beyde in gebancken.

Sophie.

171.

An die Raugräfin Louise in Frankfurt.

Herenhausen den 22. Aug./1. Sept. 1697.

1697
Aug. 22/
Sept. 1

Vor die bemüung, mir die engagante [5]) zu schicken, sage ich ser grossen banck; ist mir leit, daß sie kommen, nun mein tochter schon wech ist, dan es vor J. L. was Neuwes were bey die kurze ermel, die man hir nicht brägt, weil es kein franßösche mode ist. Ich halte, in Hollant wirbt man sie auch noch nicht haben. Es ist mir ser leit, daß sie mit kopwehe geplagt sein. Unser Courfürst sein leider Gottes auch noch auf eine weis; zu sterben hatt es Gottlob keine nott, aber J. L. können nicht von ein stul auffstehen, ohne von zwe ge-

---

1) François Louis, Prinz von Conti, Sohn des Armand von Bourbon, Prinzen von Conti, des Bruders des großen Condé. Ein Theil der polnischen Magnaten hatte ihn 1697 zum König von Polen gewählt.

2) Vgl. S. 147, N. 5.   3) Vgl. S. 148, N. 3.

4) Lehrer des Zarewitsch Alexei warb aber bamals Neugebauer, u. nach ihm Huyssen. — Ein Friedr. Walter (später Kgl. Dän. Rath) schreibt in e. noch ungedruckt. Briefe an Leibniz von Wolfenbüttel aus am 30. Juli 1697: er wünsche in bie Dienste Peters b. Gr. zu treten, am liebsten als Gouverneur bes Zarewitsch; worauf Leibniz am 14. Sept. 1697 antwortet: »Mad. l'Electrice [Sophie], qui a bonne opinion des sentimens du Czar et de son naturel et n'attribue qu'à l'education ce que nous y trouvons d'extraordinaire, croit, qu'en se gouvernant avec luy d'une manière sage et respectueuse, on pourroit fort bien se conserver auprès de luy, parcequ'il a dans le fonds des sentimens pleins d'honnesteté et de droiture avec beaucoup d'esprit et de vivacité. S'il retourne dans ses estats par terre, nous esperons de le voir; il a envoyé quelque regal de sibelines à Mad. l'Electrice et à quelquesunes de nos dames.«   5) = engageantes.

11*

holffen zu werden, undt haben noch ihmer schwinbel; haben nun Dr. Gise laßen kommen, der hatt underfangen, J. L. zu curiren.

Zu dißes habe ich den chagrin, daß mein sohn, Herzug Christian, nach Ungern wil gehen, da er nun ein regement hatt, dan in dem Lant habe ich schon zwe söhne verloren. Um mich chagrine gedancken aus dem kopf zu bringen, habe ich des Königs in Polen Jud entretenirt, welger J. M. resident in Saxsen ist undt gage von 12 hundert thaller jhars von J. M. haben. Er kan recht artig schwetzen, hatt alle das gelt herbey gebracht, was die kron dem König gekost hatt. Die Krönung wirdt den 5/15. Sept. sein, also gar balt; halte, wan die geschehen wirdt sein, wirdt man in Franckerich alle hoff-nung vor den Prins de Conti¹) verliren. Es ist ihm aber prophezeit: dißer König²) soll balt sterben undt alsdan soll er König werden. Also sehen J. M. sich ser vor, nicht vergeben³) [zu werden]; sein drincken wirdt verpitzihrt⁴) undt haben J. M. ihre eigenen köchge. Wie es in Saxsen hergehett, wirdt man zu Franckfort beßer wißen, als hir. Dem statthalter Fürstenberg, welger ser vilain undt interessirt soll sein, sein die flügel ser gekürtzt, dan der Bischauf von Rab soll über ihn sein und wirdt er ohne die redt⁵) auch nichts thun kön-nen. Ich verbleibe . . .

Sophie.

172.

An die Raugräfin Louise.

Herenhausen den 5/15. Sept. 1697.

Es ist eine charitet, mein herzliebe Bas, wan sie mich mit ihre schreiben entretenirt, dan hir ist es wol langweillig undt dücht mir, es ist wol nicht ohne ursag, daß ich chagrin bin, J. L. den Courfürsten alzeit in dieselbige langeur zu sehen; zudem ist mein tochter wech undt übermorgen wirdt mein sohn Herzug Christian auch wech gehen in ein ort, da ich schon zwe söhne ver-loren undt alle beyde, wan die campagne vorbey war. Ich mus wol ein herz faßen so gutt ich kan, undt ist meine beste lust, ihm⁶) garten zu spatziren, da ban noch leute kommen, ban sunsten bin ich alzeit allein beim Courfürst, da ich auch allein bey eße. Der fride ist noch nicht gemacht undt meint man, daß er schlecht genung vors Reich wirdt sein; Gott gebe, daß der mit den Türcken auch gemacht mag werden. Inmittels scheint es, als wan er in Polen wider würde anghen, dan obschon heute der dag ist, daß der Saxische König soll mit groffe manifisance gekrönt werden, so ist doch der Prins von Conti mit viel gelt hingezogen, broullerien zu machen⁷). Weil der König von Franckerich

---

1) Vgl. S. 163, N. 1.   2) Friedrich August.   3) = vergiftet.
4) versiegelt.   5) = Räthe.   6) = im.
7) Obgleich die Majorität der Polen den Prinzen von Conti gewählt hatte, wurde

ihn nicht liebt, kan er ihn wol wagen; hätten J. L. sunsten ehr hin schicken sollen unbt nicht so lang warten. Es ist wol zu fürgten, daß der itzige König es nicht lang machen wirbt, weil man in Polen gar fix mit dem gift ist; der König soll sich aber ser vorsehen unbt alle Dero Drincken versigelt sein; man mus das beste hoffen. Die fraw Mutter[1]) ist nun gans apaisirt, contribuihrt selber vor den König J. M. gelt zu übermachen, hatt Dero clenobien tharzu engagirt, soll gesacht haben, sie wolte sie gar schencken, wan J. M. sie in Saxsen mit wolten regiren lassen.

Man hatt hier Monsieur[2]) seine pretention auf Simmeren geantworbt: baß sie ohne fundament ist. J. L. haben mir sagen lassen, sie wollen wider tharauf replisiren, ist aber noch nicht geschehen; sie hatt wol recht, zu sagen, baß es Madam nicht würde zu gutt kommen, sunsten würden wir gern mit einstimmen . . .

Mein gutter frunbt, der grosse Sar hatt mich 4 sobelen geschickt unbt 3 stücke damast, sein aber zu klein, man kan nichts als stüll[3]) tharvon machen. J. M. divertiren sich zu Amsterdam, mit die schiffleut ins spöllhaus zu gehen, unbt bauwen selber ein schiff[4]), ban sie können 14 handtwerck in perfection. Es ist wol ein rar personage; ich wolte nicht um vieles, baß ich J. M. unbt Dero hoff nicht gesehen hätte. Sie haben 4 zwerge, ba zwe von ser artig klein unbt recht wol erzogen sein; balt küst er ben, so er am liebsten hatt, balt kneist er ihn in die ohren; unsere kleine Princesin nham er bey beyde [ohren] unb küste sie zwe mal; die fontange[5]) lit grosse nott; ihren bruder küste er auch. Es ist ein recht gutter Herr unbt ser bös tharbey, wie es in sein lant brüchlich ist; were er wol erzogen, würde er recht perfect sein, ban er hatt viel gutte caliteten, viel verstanbt. Aber tharan ist ihnen wenig gelegen; kan ich ihnen binen, lassen sie es mir durch Baron Ferdinant wissen, ban mein credit gehett weiter als mein beutel, den meine söhn wol wissen zu leren, insunderhet Herzug Max, der gar nicht zu menagiren weis; ich bin es mütt, laß alles auf mich ankommen; ist sunsten ein gutter mensch, aber ser reveus;

Kurf. Friebr. August von einer durch seinen Abgesanbten v. Flemming gewonnenen Minorität als König proclamiert u. zu Krakau am 5/15. Sept. mit unermeßl. Pracht gekrönt. Theils mit Hülfe sächsischer Truppen, theils durch Bestechungen verschaffte er sich allgemeine Anerkennung.

1) Anna Sophia.   2) Herzog von Orléans.   3) = Stuhlüberzüge.
4) An A. Ph. v. b. Bussche schreibt die Kurf. Sophie am 5/15. Sept. 1697: »Le grand Sar m'a envoyé un present de sebelines [= cibelines] et d'estoffes; cela m'a fait du plesir; il construit un vesfau [= vaisseau] luy mesme à Amsterdam et passe le reste du temps dans le spölheus [= speelhus]; c'est l'homme du monde le plus extraordinaire«; vgl. Zeitschr. b. hist. B. f. Nieberf., 1882, S. 167.
5) Fontange: eine Banbschleife auf dem Kopfputze der Damen, auch der Kopfputz überhaupt, so benannt nach der Herzogin von Fontanges, der Mätresse Ludwigs XIV, welche um 1679 zuerst biesen Kopfputz am franzöf. Hofe trug.

müchte wissen in vertrauwen, wie man in der armé mit ihm zufriden ist, dan er benkt wenig nach. Ich verbleibe ihnen beyde gans ergeben.

Sophie.

173.

An die Raugräfin Louise.

1697
Oct. 8/18

Herenhausen den 8/18. Oct. 1697.

Ich habe so lang nicht geschriben, mein herzliebe Bas, dan es gehett so melancolisch hir her, daß ich es nicht genung beschreiben kan, hätte sunften ehr vor die artige engaganten danck gesagt, aber ich dencke wol an keinen putz, dan ich sitze ihmer in der kammer beim Courfürst, der ein ganssen dag allein sitzt unbt nicht von sein stell kan kommen unbt sich lest vorlesen zeidung unbt allerhandt bücher; ich nhee¹) inmittels. Zudem bin ich recht alterirt worden durch den schlünnigen todt von Mr. Klenk; wie ich hoffte, ihn hir zu sehen unbt ein hauffen aus Pollen von ihm zu vernhemmen, haben wir vernhemmen müssen, daß ein hitzig fiber ihn zu Craco hatt wech genommen. Seine fraw ist in ein standt, daß man fürgten mus, daß sie ihm balt wirbt folgen; doch mus man das beste hoffen; hatt aber auch ein starck fiber bekommen von alteration, revirt gans unbt ist in der reveri gelücklicher als sunst, dan sie meint alsban, daß ihr Man noch lebt. Er hatt zwe söhn unbt 3 tochter hinderlassen, zwe tharvon geistlich, haben genung zu leben; aber die gutte fraw wolte lieber betteln unbt ihren Man wider haben. Mad. du Mont hatt ihren Man auch verloren; war wol ein recht ehrlicher man, hatt ihr aber wenig vermacht. Es ist mir recht lieb zu hören, daß sie mir viel guttes von mein Maxsimilian schreiben; es ist ein gutter bub, aber etwas reveus, denckt nicht alzeit an [das] was er sacht. . . . Ich bin mein liebe bas beyde gans ergeben; mus enbigen.

Sophie.

174.

An die Raugräfin Louise in Frankfurt.

1697
Oct. 31/21

Herenhausen 31/21. Oct. 1697.

Wir sein hir in so ein grosse consternation gewessen wegen die geferliche kranckheit vom Courfürst, den wir alle meinten zu verliren, daß ich in 8 dag nicht geschlaffen noch gessen habe. J. L. wolten Dero fraw tochter²) auch vor Dero endt sehen, welge ehegestern abent um 12 uhr hir kam. Dero gegenwart touchirte den Courfürst ser, sagte, es were ihm eine grosse consolation, unbt

¹) = nähe. 2) Die Kurfürstin Sophie Charlotte.

gab J. L. seinen segen[1]). Weil es heute der 9. dag von Dero kranckheit undt
allebag etwas besser sein worden, haben wir wider gutte hoffnung, J. L. zu
behalten. Gott wolle es geben! Jch bin nicht in estat, mer zu sagen; schicke
hirbey was Monsieur mir geschickt hatt undt was ich zur antwort wider repli-
sirt habe, um es J. L. dem Courfürst zu Pfalz durch den Baron Spe zu überreichen. Sie werden J. L. schon wissen lassen, wie sie einen bürger mer an
mein sohn zu Heydelberg haben[2]); aber under uns gesagt, so ist er ihmer
Mr. d'argant court[3]), wirdt wol nicht viel bauwen; doch wil ich ihn seinen
reichbum wissen lassen. Jhren Herrn bruder und schwester wolle sie gans
fründlich grüssen, bin ihnen allen gans ergeben.   S.

175.

An die Raugräfin Louise in Frankfurt.

Herenhausen ben 5/15. Nov. 1697.

Jch weis wol, mein liebe Bas, daß sie mir undt alles was mir angehett,
guttes günnt, also mus ich ihr die gutte zeidung sagen, daß, Gott seye lob
und banck, disser sturm vorbey ist, ban der gutte Courfürst ist nun, wie man
meint, aus gefar, zu sterben, obschon ser elent. Also hatt ihr Herr bruder[4])
uns alhir ser traurig gefunden; ist mir aber doch eine frübt gewessen, ihn zu
sehen; ob es schon nur ein klein theil ist von unser haus, mus man es desto werter
halten, dan man hatt nichts bessers, das andere ist leider all ihm[5]) grab, undt

1697
Nov. 5/15

---

1) Die Kurf. Sophie scheint in diesen Tagen versucht zu haben, ihren Gemahl zu
bewegen, vom Abt Molan das heil. Abendmahl zu nehmen. Jn einem noch ungedruckten
Briefe an Molan vom 1/11. Nov. 1697 schreibt sie: „Ser werter Herr Abt. Jch habe
schon vor etliche Dagen die selbige gedancken gehatt, die ihr mir habet erinnern wollen,
habe es auch gestern so manihrlich vor gebracht den morgen, als ich konte, auch das exsempel von unsere Hoffmesterin [Frau v. Harling] gesacht, daß sie tharauf besser geworden; bekam aber keine antwordt. Den nachmitbag redte ich das selbige. antworten J. L.:
„Das habt ihr mir schon gesacht." Sie sein von humor, daß sie gern alles von sich selber
thun, meine also, weil J. L. den nachmitbag noch behalten was ich des morgens gesacht
hatte, werden sie es von sich selber fobern. Die hände hatten sie alzeit in einander, als
wan sie betten, da auch nicht an zu zweibelen ist, daß sie ser wol mit Gott stehen undt
zu allem was er wil bereidt sein. Gestern sagten sie gans perfect: »Molanus«; ich fragte,
ob J. L. ihn sprechen wolten?, sagten sie: „Nein". Heute sein sie Gottlob etwas besser,
weil sie die Nacht wol geschlaffen haben. Jch verbleibe alzeit seine affectionirte Sophie
Courfürstin."

Leibniz schreibt in den Funeralien des Kurf. Ernst August: „Nicht lange vor seinem
Ende hat der höchstseeligste Churfürst das heil. Abendmahl verlanget, sich mit dem himm-
lischen viatico des wahren leibes u. bluths Christi zu versehen, welches sie auch von Dero
Beichtvater nach christl. evangel. Gebrauch unter eifrigem gebet mit wahrer contrition
empfangen."

2) Durch jenes Haus des Lord Craven; vgl. Br. 154.

3) Vgl. Br. 137, S. 130, N. 2.   4) Raugraf Karl Moritz.   5) = im.

habe ich doch diffen lieb, ist recht gutt gesellschaft, hat mir den anfang von eine comedi gewifen[1]), hatt mir vertraut, daß er alle nachmittag brincken mus, welges ich gar nicht aprobirt habe. Die Knisbeck[2]) ist durch ein dach von ihrer kammer, da sie gefangen saff[3]), ausgeriffen. Ich schreibe alzeit in eil, weil ich viel zu schreiben habe; bin ihnen gans ergeben.

Sophie.

176.

An die Raugräfin Louise in Frankfurt.

1697
Nov. 14/24

Herenhausen den 14/24. Nov. 1697.

Ihre werde brif, mein liebe Bas, können nimmer zu lang sein, wan sie sich nur mit ein kurtze antwort vergnügen wil, dan ich habe Madam[4]) undt 3 kinder von hir, denen ich sowol als an mein schwester[5]) zwemal die woch schreibe; an meine kinder gibt keine mühe, müssen sowol als sie mit wenig vorlieb nemmen, aber Madam wil als gansse bücher haben, wie J. L. mich auch selber schreiben. Mit ehrster post wil ich ihre pretentionen hinschicken, wolte, daß sie so balt zu erhalten weren, als sie überkommen werden, aber man sacht, alle die pretentionen, so vor gelittenen brandt undt schaden den Fransöschen abgesanten sein vorgebracht worden, haben sie nicht wollen annehmen, bin also gar bang, daß hir auch nichts von werden wirdt, dan die liebe Madam hatt wenig credit. Unfer ambazadeur ihm[6]) Hag[7]) ist nicht zu die Fransosen kommen, nur bey dero weiber, weil sie uns noch nicht vor Courfürst erkännen, haben wir also wenig credit bey ihnen. Ich halte aber, Baron Zeiller[8]) hätte wol was thun können, ehr der fride[9]) geschlossen war, aber nun wirdt wol Courpfalz das beste können thun undt es von den geldern, die er Monsieur zallen mus, zurück-halten, wegen der schuldt von Monsieur, dan Madam trigt doch nichts tharvon.

---

1) Vielleicht die Komödie, von welcher die Herzogin v. Orléans an die Raugr. Amalie am 18. Oct. schreibt: „Ich habe eweren lieben brieff sambt der commedie von Carl Moritz empfangen; ich habe sie gleich gelesen; sie endet was kurtz, allein es seindt sachen drinen, so nicht schlim seien, z. B. der poet ist gutt, der Marquis ist auch nicht schlim, aber es ist kein recht endt bran"; vgl. Bibl. des lit. B. in Stuttg. 88, S. 117 f.
2) Eleonore von dem Knesebeck; vgl. S. 120, N. 4.
3) Auf der Burg Scharzfels im Fürstenth. Grubenhagen. Der Graf Platen schreibt am 10. Nov. 1697 an J. H. v. Ilten: „Je vous enverray par le prochain un extrait des relations du commandant de Scharzfels et de l'Ambtmann de ce lieu touchant l'évasion de la Knesebeck. Nous avons sceu qu'elle a estée à Brounsvic et on dit que Mr. son beau-frère la mène en Pologne«; vgl. Bodemann, J. H. v. Ilten 2c., S. 187. 4) Die Herzogin von Orléans.
5) Louise Hollandine, Äbtissin von Maubuisson. 6) = im.
7) J. A. v. Bothmer. 8) = Seilern; vgl. S. 54, N. 1.
9) Der zu Ryswijk am 20. Sept. 1697 geschlossene Frieden.

Es scheint aus [dem,] was man von bie Grefin Platen gesacht, baß zu Franckfort allerhandt zeibung inventirt werden[1]); bie Grefin Platen hatt noch ihre
zhen[2]) wie sie gewessen sein, allein es ist war, baß sie nicht mer wol sehen kan,
wie sie selber sacht; an bie augen kan man ihr aber nichts ansehen, unbt sein
ihre farben schöner, als sie kein maller machen kan; bie von ber fürstin von
Eisenach sein mir alzeit ser naturel vorkommen, dan I. L. sein weis von
natur, haben nicht nötig, es so plump zu machen, als bie Grefin Platen, bie
wie ein gans masque es machen mus, um weis zu sein. Ich habe noch nimals
gehört, baß man kranck tharvon wirbt, es sey dan, baß man solges braucht,
so von mercure unbt suplimat gemacht wirbt, welges bie zen[3]) verderbt,
unbt werden sich bie grosse dames wol was besseres bebinen, ban an schöne
secreten werben sie nichts sparen unbt in ihrem sinn ihr gelt nicht besser
anwenden können. Ich hätte es auch wol nötig, aber ich contentire mich
Gottlob gesunbt zu sein, ba ich Gott nicht genungsam vor bancken kan. Wolte
Gott, I. L. ber Courfürst könte auch so sagen, aber leiber sein I. L. noch in
ein schlechten stanbt unbt füren leiber ein trübselig leben, welges bas meinige
auch so macht. Bin ich bey I. L., felt mir bie zeit lang, bin ich ein augenblick
von ihm, bin ich inquiet.

Mr. Rose ist hir von Craco[4]) vom König in Pollen[5]) geschickt; ber
Prins von Conti ist nun fort, aber ber Rocas[6]), um unorbenung zu machen,
sein noch wiber ben König, ber sambt seiner parti bieselbige nicht vor ein
rechten Rocas erkänt, weil sie gegen bie gesetz gehanbelt unbt ben P[rinz] von
Conti [als] König declarirt haben, nachbem bisser schon erklärt war. Die
Grefin Isterle[7]) ist metres baclarirt, logirt beim könig ihm[8]) schloss. Heute
wirbt bie fürstin von Ostfrislant hir sein, unbt ich verbleibe . . .

S.

1) Die Kurf. Sophie schreibt am 24. Sept. 1694 an I. H. v. Ilten: »Tout le
monde Dieu merci! se porte bien hormis la Comtesse Platen, qui n'est pas
accoutumée, qu'on parle d'elle comme la Comtesse Orrore [= Aurora Königs-
marck] ose le faire. Ma fille me mande, qu'elle débite tant de mensonges, qu'on
la doit admirer pour l'invention«; vgl. Bobemann a. a. O. S. 179.

2) = Zähne.   3) = Zähne.   4) Krakau.   5) Friebr. August.

6) = Rokosz, ber polnische Lanbtag. — Leibniz schreibt am 25. Sept. 1697 an
ben hannov. Minister A. Ph. v. b. Bussche: »Les villes de Danzig, Thorn, Elbing se
sont declarées pour le Roy, ainsi on croit que le prince de Conti vient trop
tard. . . La nouvelle, que le Roi avoit, que Conti estoit en chemin, le fit prendre
ces offres pour une finesse. Là desus le primat et le marechal du Rokosch ou
de la confédération de la noblesse ont publié une espece de declaration de
guerre, mais on croit meme à Berlin, qu'ils ne tiendront gueres«; vgl. Zeitschr. b.
hist. B. f. Niebers. 1882, S. 204.

7) Vgl. S. 147, R. 5.   8) = im.

Man singt schon hir die Contre verités auf den Prins von Conti:

»Conti est devenu Roy,
Le Saxon est aux aboys.
Ce n'est qu'une medisance,
Il s'est fait par sa prudence
Pirate avec fierté,
Pour accroitre ses finances.
C'est la pure verité.«

Man hatt in Polen ein basquil gemacht, nemlich den Pr. de Conti auf ein char de triomphe mit 8 meren[1]) gezogen, welches die 8 dames waren, die ihn entfangen haben, undt war der Cardinal kutzscher undt der Bischauf von Plotico der vorreutter. Diser Cardinal hatt den König wollen umbringen lassen; der es solte thun, hatt es selber dem König gesacht undt kein recompens tharvor haben wollen, daß er es entdeckt hatt.

177.

An die Raugräfin Louise in Frankfurt.

Herenhausen den 28. Nov./8. Dec. 1697.

1697
Nov. 28/
Dec. 8

Wan ich mein herzliebe Bas wenig schreibe, ist es eben kein gutt zeigen undt kan sie tharaus spüren, daß ich gar nicht lustig bin undt wenig ursag tharzu habe, ban mit unserm lieben Courfürsten wirdt es leyder gar nicht besser, insunderheit mit der sprag, welges am betrübsten ist, daß man J. L. so übel verstehen kan undt daß J. L. in alles viel mer ab als zu nhemen; ich bin ihmer bey Dieselbige, kan also wol nicht in gutt humor sein. Die fürstin von Ostfrislant hatt hir etliche Dag mit mir gedult gehatt, J. L. wollen aber morgen wieder wech. Wir erwarten Mr. Spanheim[2]) mit seine fraw, der hir durcher als Envoié an König in Franckerich von Cour Brandenburg gehett, welger ihnen am besten könte vorstehen; ich wil mit ihm beßwegen sprechen undt, wan er es dinlich findt, ein order beßwegen von Cour Brandenburg erhalten, welges die beste weis wirdt sein, etwas von Franquerich vor ihnen zu erhalten. Bey all mein chagrin werde ich doch nimals vergessen, was zu Dero satisfaction dinen mag, ban ich bin ihnen gans ergeben.

S.

P S. Der General Rose ist hir vom König in Polen, um abgedanckte Völcker zu werben. Die Königmarckin ist zwar zu Dresden, da sie ihren sohn[3]) alledag visite giebt, ist aber vom Herr Vatter in Polen nicht angsehen

---

1) = Mähren, Pferden.
2) Ezechiel von Spanheim; kurbrandenburg. Gesandter; vgl. Br. 179.
3) Vgl. S. 148, N. 3.

worden. Die Grefin Eisterley[1]) logirt aber ihm[2]) schloss beim König in
Polen; da hatt die Republic nichts über zu befellen. Ihre brif können nimals
zu lang sein, ob ich sie schon kurz beantworte.

178.

An die Raugräfin Louise in Frankfurt.

Herenhausen den 10/20. December 1697.

1697
Dec. 10/20

Ich wolte ihr gern was tröstliches schreiben, weis aber gar nichts, dan
Madam schreibt mir mit disse worten: „Ich habe schon mit Monsieur wegen
unsere Rauwgrefinen gesprochen; er sagt, daß der König von kein dedonage-
ment[3]) hören wolle. Der fride were schir gebrochen worden, weillen Courpfalz
etwas dergleichen hette pretendiren wollen, allein was die pretention ahn-
belangt, so sie ahn uns haben, da solle ich ihm ein memoire von geben, wolle
es exsaminiren lassen", hoffe also, daß wir hirvon wol pied ou aille[4]),
wie man sagt, vor sie zihen werden. Alhir stehett es noch gar schlegt mit J.
L. dem Courfürst, also kan ich nicht lustig sein, dan man zulezt nichts guttes
vermutten kan. Mein tochter ist nun gar content, dan der Courfürst[5]) hatt
nun ein recht vertrauwen in J. L. Danquelman hatt befel bekommen, sich von
Berlin zu retirihren[6]). Ich erwarte Spanheim[7]) allebag. Dobersinsqui[8]),
wie man sacht, soll Envoié nach Englant gehen, undt Swerin[9]) in Hollant;
Schmettau[10]) wirdt wider nach Berlin beruffen, dan Futzs[11]), sein frawen
vatter, undt er werden in die affairen ser gebraucht werden. Ich mus enbigen,
verbleibe . . .

Sophie Courfürstin.

179.

An die Raugräfin Louise in Frankfurt.

Herenhausen den 26. Dec./5. Jeanw. 1698.

1698
Dec. 26/
Jan. 5

Die Versen von St. Evermont[12]) habe ich auch nicht vor die besten gefunden,
so er gemacht hatt; aber wan man alt wirbt, wirbt man alzeit dummer, wie

---

1) Vgl. S. 147, N. 5.   2) = im.   3) = dédommagement.
4) = alle; tirer pied ou aille de q. ch.: auf irgend eine Weise Vortheil aus
einer Sache ziehen.   5) von Brandenburg: Friedrich.
6) Über den Fall Danckelmanns vgl. Droysen, Gesch. d. Preuß. Politik, IV, 1,
S. 177 ff.; Breßlau u. Isaacsohn, „Der Fall zweier preuß. Minister", u. Bobemann, J. H.
v. Ilten rc., S. 93 ff.   7) Ezechiel v. Spanheim.
8) Oberhofmeister v. Dobrzinsky.   9) Graf Friedr. Wilh. v. Schwerin.
10) Wolfgang v. Schmettau, welcher den Ryswicker Frieden mit abschloß.
11) Der brandenb. Minister Paul v. Fuchs.
12) Charles de St. Denis, Seigneur de St. Evremont, geb. 1631, in französ. Kriegs-

ich es auch bey mich selber befinde. Spanheim[1]) ist mit seine famillie hir gewessen; ich habe ihm schriftlich ihre pretentionen mitgegeben; meine, wan Cour-Brandenburg sowol als Cour-Pfalz sich vor ihnen würde interessiren, daß wol etwas guttes von disses kommen möchte, aus genaden, ohne den König tharzu als ein recht zu bewegen. Man thut alzeit wol, nichts zu negligiren, so hatt man sich selber nichts vorzuwerffen. Von ihrem Herrn bruder[2]) höre ich nichts, ich halte, er wirdt in sein garnison lauren, um zu sehen, wo es hinaus wil mit Danquelman, der sein gutter fründt war; aber mein tochter wirdt nicht weniger vor ihm sein, die nun ser in faveur bey Dero Herrn ist. Wo Danckelman von hauptsächlich accusirt wirdt, da er vor nach Spando ist gebracht worden, weis man noch nicht; J. L. der Courfürst von Brandenburg schreibt mir, sie wolten es mir wissen lassen, wan alles wirdt undersucht sein. Der Man mus wol viel versäumbt haben, dan er wolte alles allein thun undt brunck sich alle nachmitbag voll, hatte also nur den morgen tharzu, um zu arbeiten. Sein bruder, so zu Minden president war, ist burchgangen; man meint, er habe mit falsche Münze gemacht; die Münzer sitzen gefangen, haben anstatt 20 hundert gemacht, also 80 aufs hundert gewunnen. Ehn bruder ist noch geheimer rabt zu Berlin, soll ein gutter einfeltiger man sein. Sie schreibt mir nicht, wie der Italienischer amant Tranci heist, der sich so schön bey ihre assembleen stelt; zu Hanover macht man auch assembleen bey die dames, ehne nach die andere, aber Madam Coppensten, wie es leztmal ihr tour widerum war, hatt es nicht wollen annhemmen, ban sie hatte ursag, ser chagrin zu sein, ban ihr Man[3]) ist accusirt worden, sein profit auf alles bey hoff etwas grob gemacht zu haben. . . . Es macht groß bruit; ich hätte lieber gesehen, daß es hätte vertust[4]) möge werden, aber es sein ein hauffen pungten gegen ihn, insunberheit mit Wein, da er ser mit soll geschachert haben; es verbrißt mir, weil es ein Pfalzer ist, hoffe noch, daß es medisance ist[5]). Unser gutter Courfürst weis von nichts; J. L. sein noch in ehnem thun[6]); Dero pulß gehett wol, essen undt schlafen also, daß man meint, J. L. können noch

diensten, geistreicher Mittelpunkt ber damal. feinern Zirkel in Paris. Seine Satyren brachten ihn in die Bastille, floh später nach England, wo er zu London 1703 starb. Seine Oeuvres melées sind mehrfach herausgegeben.

1) Ezech. v. Spanheim; vgl. Br. 177. Die Herzogin v. Orléans schreibt am 12. Jan. 1698 an die Kurf. Sophie: „E. L. haben gar woll gethan, ahn Mr. Spanheim außer rangräfflichen Kinder pretentionen zu geben, benn weilen der König jetzt den Churfürsten von Brandenburg von nöhten hatt, wirdt er alles thun waß der Churfürst will, benn hir geschicht nichts aus lieb, generosität oder gerechtigkeit, sondern nur alles auß interesse." Vgl. Ranke a. a. O., S. 150.   2) Raugraf Karl Moritz.

3) Der Oberhofmeister der Kurf. Sophie.   4) = vertuscht.
5) Vgl. hierzu später den Schluß von Br. 195.
6) = in einem Ton.

lang so leben; aber es ist wol ein betrübt leben leider. So lang als das meinige werdt[1]), werde ich sie alle beyde gans zu dinsten ergeben sein.

Sophie.

180.

An die Raugräfin Louise in Frankfurt.

Herenhausen den 2/12. Jeanwari 1697[2]).   1698
Jan. 2/12

Ich schreibe ihmer in so grosser eil, daß mein brif vergangen schon wech war, wie ich sie bitten wolte, die liebe Grefin van Hungen[3]), Florentine, vor ihr werdes andencken zu bezeugen, wie lieb es mir ist gewessen, daß sie noch an mir gedenckt; sacht ihnen doch, daß ich nimals werde vergessen, wie wir uns ihm[4]) Hag alle dag schriben undt früstück schickten undt wie lustig wir in der zeit waren. Das sein aber zeiten, die leider nicht widerkommen. Doch meine ich, es würde mich eine grosse frübe sein, wan ich sie wider würde sehen; ist mir recht lieb, daß sie sich noch wol befindt undt mich noch lieb hatt; ich were auch noch wol, wan ich nicht den chagrin hätte, den Courfürsten ihmer ser schwag zu sehen.

Ich halte, sie werden sich alle verwundern über den vall von Danquelman; es ist aber so ein hauffen fourberi von ihm auskommen, daß J. L. der Courfürst von Brandenburg mich selber schreibt: J. L. weren mit den harren[5]) tharzu gezogen worden, solges zu thun, undt ist der Courfürst so güttig gewessen, L. L. gemallin zu erzellen alles was er gesacht hatt, J. L. bös office zu thun bey ihnen; welges nun alles auf ehnmal auskombt, undt haben sie sich nun lieber als ihmals, da der Courfürst sicht, wie er auf J. L. suject sowol als auf viel andern auch ist bedrogen worden. Wie alles ist auskommen, weis ich nicht, auch keine particulariteten von mein tochter, als daß er persuadirt soll haben, sie wolte alles regiren undt würde selber von Mad. Bülo[6]) undt Dero Cour-Erb-Hoffmester, dem Graf von Donna[7]) gouvernirt undt dergleichen possen, daß J. L. ihr eigen haus mer liebte als das von Brandenburg, würde ihren sohn auch übel erzieen lassen auf Hanovers. Mein herzliebe das, ich mus disses gekritzel endigen, sie wirdt es kaum lesen können.

Sophie.

---

1) = währt.

2) Diese Jahreszahl steht im Original, muß aber verschrieben sein anstatt 1698, denn im Dec. 1697 geschah der hier erwähnte Fall Danckelmanns.

3) Solms-Hungen; vgl. Br. 103.   4) = im.   5) = Haaren.

6) Die Oberhofmeisterin der Sophie Charlotte: Frau v. Bülow, geb. v. Krosigk.

7) Graf Alexander v. Dohna.

181.

An die Raugräfin Louise in Frankfurt.

**1698
Jan. 30/20**

Herenhausen den 30/20. Jeanw. 1698.

Mein herzliebe Bas mus nicht übel nhemen, daß ich so selten schreibe, dan ich sitze ihmer beim Courfürsten oder ich spazire in die orengeri, um nicht auch krancf zu werden, dan ich habe die luft lieb; wil aber ehrst bey Dero letztes schreiben anfangen zu antworten undt berichten, daß ich nun Gottlob noch kein secretari von nötten habe, sunsten ein gutten Pfälzer alzeit vor ein andern preferiren würde, hoffe auch noch kein nötig zu haben, dan J. L. den Courfürst hoffe ich noch lang zu behalten, obschon in ein ser schlechtem standt, dan J. L. werden Gottlob nicht erger. Hir sacht man auch viel von dem heirabt von J. M. dem Römischen König [1] undt der Princesin Amali [2]), aber so lang ich es nicht vor eine gansse warheit schreibe, mus sie es nicht gelauben, dan es trift nicht allemal ein, que la voy [3]) du peuple est la voy de Dieu, wie man pflegt zu sagen, doch ist eben disses nicht unmüglich undt meritirt sie es wol, dan es ist ein recht verstenbig undt dugentsam Princesin, mer angnhem in ihrem thun als schön, doch auch gar nicht hesslich, wie ihr pourtrait ausweist. Aber alles stehett beim gelück in disser welt; man mus das beste hoffen. Der gutte Herr Max [4]) hatt es so ser ihmer gewünst. Mr. Spanheim [5]) reist ser langsam; ich habe mit ihm ser wegen ihnen geredt; Madam meint, er mus sich bey Mad. de Maintenon angeben. Wan recht in der welt gilte, würden sie gewis viel mer haben. Carl Moritz hatt nun ein mal an mir geschrieben, ist noch zu Hall. Ich mus enbigen . . .

Sophie.

182.

An die Raugräfin Louise in Frankfurt.

**1698
Jan. 30/
Febr. 9**

Herenhausen den 30. Jeanw./9. Fevr. 1698.

Ich bin versichert, mein liebe Bas wirdt mich beklagen [7]); mer kan ich nicht sagen in dem betrübten standt, da ich mich finde, den ich nicht so balt ge-

---

1) Joseph (I).   2) = Vgl. S. 111, N. 7.   3) = voix.
4) Frhr. Max. v. Degenfeld.   5) Vgl. S. 172, N. 1.

6) Die Herzogin v. Orléans schreibt in Bez. auf Spanheims Auftrag an die Kurf. Sophie am 12. Jan. 1698: „Das beste mittel zu reussiren ist die Mad. de Maintenon zu bitten, favorabel zu sein, denn durch die geschicht alles; König Wilhelm hat durch sie den frieden gemacht, die reine duchesse hat durch sie ihres sohns heurabt mit meiner Dochter gemacht"; vgl. Ranke a. a. O., S. 150.

7) In der Nacht vom 23. auf den 24. Jan. 1698 hatte der Tod dem langen Siechthum des Kurf. Ernst August ein Ende gemacht.

meint mich kommen solte, dan man flatirt sich alzeit in was man wünscht. Ihnen werde ich in allem standt zu binen ergeben sein.

Sophie Courfürstin.

183.

An die Raugräfin Louise in Frankfurt.

Herenhausen den 20. Febr./2. Mertz 1698.

Ich habe nicht gezweivelt, mein herzliebe Bas würde mich beklagen undt in sorgen vor mich sein; aber von betrübnus kan man nicht sterben, sunsten würde ich schon lang hin sein, dan mein leit hatt schon lang gedaurt, dan der Courfürst selig schon gar lang vor Dero endt so gar übel waren, daß ich gar keine früdt tharbey haben konte, als wan ich zuweillen mich mit hoffnung flatirte; disse ist aber nun ganz hin, also viel schlimer vor mir. Aber J. L. selig] sein gelücklich, alles bösses überwunden zu haben undt ohne schmerzen in die ebige rhu zu sein. Ich wolte, daß ich disse betrübte idée aus dem sin[1]) könte bringen, allein die zeit ist noch zu kurz. Die gutte Madam ist auch ser betrübt, hatt schon mit Mr. Spanheim wegen Dero affairen gesprochen; Gott gebe, daß es wol ausschlagen mag. Die fürstin von Ostfrislant[2]) ist bey mir; der Zell-sche hoff ist auch bey mir gewessen, die mir ein grosser trost sein, dan mein herr schwager[3]) undt [meine] kinder weisen mir grosse amitié. Mein elster sohn[4]), der Courfürst, wil mir gern bey sich behalten, hoff aber doch gelegen-heit zu finden, sie zu sehen. Unsere gute hoffmesterin[5]) kricht noch so fort, hätte wol nicht gedacht, daß sie langer leben würde als der Courfürst. Was Gott wil, mus geschehen, auf ihn verlasse ich mich ganz, der wirdt mich trösten undt mich gelegenheit geben, ihnen alle zu erweisen, wie ser ich sie alle er-geben bin.

Sophie Courfürstin.

P. S.

Mein herzlieber Herr selig hatt nicht wollen mit sermoni begraben wer-den, man kan aber doch mit dem beysetzen nicht ehr als gegen das endt von Mertz fertig werden.

184.

An die Raugräfin Louise in Frankfurt.

Herenhausen den 18/28. Mertz 1698.

Ich habe auf 3 von Dero werde zeillen zu antworten, mein liebe Bas, welge mir als angnehmer zu emfangen als wider zu schreiben sein, dan wan

---

1) = Sinn.　　2) Christine Charlotte.　　3) Herzog Georg Wilhelm von Celle.
4) Georg Ludwig.　　　5) Frau v. Harling.

man betrübt, ist man zu nichts nutze; hoffe, als wan die beysetzung ehrst vorbey wirdt sein, daß ich weniger an mein verlus gedencken unbt mich besser in
mein itzigen standt gewonnen[1]) werde. Inmittels bin ich in sorgen vor ihnen
beyde gewessen wegen die hesseliche blattern, bin fro, daß frailen Amalie nun
überwunden hatt, unbt hoffe, sie wirdt sie nicht bekommen, ban es ist die
schlimste kranckheit von der welt; ich halte, es ist die, so Job[2]) gehatt hatt.

Die konterfetten sein wol nicht danckens wert, ban die mallerey ist gar
schlecht, ban wir haben gar kein gutten maler hir; ich bin nun auch zu alt,
mich mer mallen zu lassen, ist schon vorlengst gemacht worden; es ist viel
starcker, als ich nun bin. Madam[3]) hatt ihre pretention dem König übergeben; J. M. haben gesacht: »Je verrai«. Disses antworteten sie auch einsmals
einem Gascon, der seinen Arm in sein dinst verloren hatte, welger antwortete:
»Si j'avois aussi dit »»Je verrai««, comme on me commenda d'aller à l'occasion, j'aurois encore mon bras«, welges den König doch so solte bewegt
haben, daß er ihm eine pension gab. Ich hoffe, Mr. Spanheim unbt Madam
werden auch was bewegliches finden, den König vor ihnen zu bewegen.

Wir haben nun ein Envoié von Mentz hir, nemlich den commendeur
Schönborn, bruder vom Courfürst von Mentz; er hatt mir die gansse histori
von seine niesse verzelt, unbt scheint es, daß das Roman noch kein endt hatt,
wie auch die intention vom fürst von Nassau, ban disser sol kein gelt haben,
eine gemallin zu underhalten. Es ist eine zeit lang alhir einer vom Pfalzischen
hoff gewessen, Sabatini genant; man sacht, der Courfürst zu Pfalz hatt ihn
müssen abschaffen, weil die Courfürstin vermeint habe, er fürte ihrem Herrn
metressen zu. Er hatt sich ein gutt vor m/18 thaller bei Wolfenbübel gekauft; er ist artig, kan wol schwetzen; soll kammerdiner und factotum beim
Courfürst gewessen sein; müchte wissen, ob sie ihn kännen unbt ob sich disses
verhelt, wie man von ihm sacht. Ich verbleibe . . .

Sophie Courfürstin.

185.

An die Raugräfin Amalie in Frankfurt.

1698
März 28/
April 7

Herenhausen den 28. Mertz/7. April 1698.

Ich bin zwar fro, mein liebe Bas, daß sie nun wider wol ist unbt die ab-
scheüliche kranckheit überstanden hatt, aber ser in sorgen vor frailen Louise;
hoffe zu Gott, sie wirdt die schlime kranckheit nun auch überstanden haben unbt
ehr disser brif zu ihnen kombt, wider etwas besser sein. Sie hatt mir einmal

---

1) = gewöhnen.   2) Hiob.

3) Vgl. zu dem Folgenden den Brief der Herzogin v. Orléans an die Kurf. Sophie
vom 13. März 1698 bei Ranke a. a. O., S. 153.

einen secretarius wollen recomendiren; ich hette wol ein Menschen nötig, der mit schreiben in tütsch undt in fransösch, auch mit rechnungen wüste umzugehen undt agil were; ob disser, da sie von geschriben, so ist, weis ich nicht, undt wan er büchtig were, was gage er würde pretendiren. Man hatt mir Herenhausen zum wittum verschriben; wan alles wirdt in order sein, hoffe ich ihnen balt zu sehen, welges mir ein grosser trost wirdt sein. Das haus ist zwar gar schlecht, aber sunsten würde ich gelt genung haben, da ich aber meinen 3 jüngsten söhnen viel von werde geben müssen, weil sie ihm [1]) testament ser schlecht versorgt sein, die räbte aber desto besser, ban ein ihder bekombt m/10 thaller und ein ihder kammerbiner m/3 thaller, wie auch die geheime secretarislen [2]) ein ihder auch m/3 thaler. Nach des Herzugs von Zell undt meinem tobt sollen meine brei söhne zwar mer bekommen, aber inmittels kosten die campagnes in Ungern viel, undt da kan ich sie nicht lassen hungers sterben. Ich schreibe ihnen alles frey heraus als an eine gutte fründin, die ich alzeit ergeben werde verbleiben.

Sophie Courfürstin.

186.

An die Raugräfin Amalie in Frankfurt.

Herenhausen ben 10/20. April 1698.   1698
April 10/20

Ich bin recht fro, baß die Grefin Louise nun aus gefar ist, hoffe, baß disser brif sie gans wider wol wirdt finden, schicke hirbey ein Zetteltien [3]), um Dero apotequer zu bezallen; ban, wan ich gelt habe, mus ich es ihnen, die ich lieb habe, mittheillen, ban bey mir ist es auch bißweillen schlecht bestelt, ban meine kinder ihn [4]) campagne haben ihmer gelt nöttig undt par mon chein de tendre kan ich ihnen nichts abschlagen. Ich mus sie auch bemühen undt bitte, sie wolle mich doch ein signet lassen stechen, wie das patron, so ich schicke, ban eine wittib mus ein cordon ums wapen haben. Ich weis nicht, ob der berümbte sigelstecher besser in stall [5]) oder in in sten sticht; ein corniol [6]) ist gar zu weich, bricht leicht, hätte es lieber in ein harten sten oder in stal. Kan ich ihnen wider zu gefallen sein, bin ich ihnen gans von herzen ergeben.

Sophie Courfürstin.

P. S.

Ich hoffe, sie werden den wecfselzettel besser können lesen, als ich; es soll bebeuten, baß einer „Heh", wie ich es lesen kan, 1000 thaller ihnen beyben zallen soll.

---

1) = im.   2) Sic!   3) = Zettelchen.   4) = in.
5) = Stahl.   6) = cornaline, Carneol.

187.

An die Raugräfin Louise in Frankfurt.

1698
Mai 8/18

Herenhausen den 8/18. May 1698.

Die Dancksagung, mein liebe Bas, ist gar zu groß, doch frübt es mir, zu sehen, daß ich etwas habe können thun, so ihnen ist angnhem gewessen; sage auch danck vor das siegel, so sie mir haben machen lassen; ich finde es etwas zu groß, aber ser wol geschnitten. Das Brunswigsche wapen hatt so viel cribeley, daß man es schwerlich kleiner kan machen; bitte, sie wolle es mir fassen lassen mit ein ranft[1]) so schmal als es ihmer sein kan undt es mir schicken undt tharbey schreiben was es kost; kan ein kleines gemacht werden, wirbt es mich auch lieb sein.

Die Lescour[2]) ist nun nach ihrem brütigam, Mr. de Bourgonville[3]) gezogen, um hochzeit zu halten; er hatt sie nicht gesehen, seider daß sie die blattern hatt gehatt, hatt aber geschriben: wan er nur ihren ton de voy[4]) hörte, wolte er schon zufriden sein. Es ist ein miracle die constance in ein Fransos, dan es sein 9 jhar, daß er sie nicht gesehen hatt, weil sein vatter, der nun todt, ihm eine reichere frau wolte geben. Mein tochter wirbt balt hir kommen undt wirbt den Rauwgraf[5]) undt Mr. Helmont[6]) mitbringen; sie wil ehrst den Envoié von Franckerich undt seine fraw sehen; disse ist von Strasburg ein Luxsenburg[7]), sol schön gewessen sein, er heist des Alure[8]). Der gutte fürst von Nasßau müchte das heiratben wol bleiben lassen, dan er soll ser arm sein undt sicht schon aus wie ein Hannre[9]), werden also die galans le dra[10]) d'or et d'argent wol bezaßen müssen, die sie hir nechts[11]) wirbt nöttig haben; es sein die von Toscane alle nicht gelücklich in heiratben.

Ich schreibe so hesslich, weil mein papir nicht daugt, wan sie es besser haben, wolle sie mir doch gutt schwartz papir schicken, dan hir ist es abscheüwlich. Ich ambrasßire frailen Ameltie undt verbleibe . . .

Sophie.

---

1) = Rand.

2) Bgl. S. 156, N. 7, Helene de Lescours, »dont la bonne grace, la conduite modeste, l'adresse et la prudence avaient gagné le coeur et l'estime de toute la cour«, Horric de Beaucaire, »Éléonore d'Olbreuze«, S. 65.

3) = Bourgeauville?   4) = voix.   5) Karl Meritz.

6) Bgl. S. 135, N. 3.   7) = Lusbourg; vgl. die folgende Note.

8) Desalleurs. Dangeau, »Journal« V, S. 374 unter b. 3. März 1696 schreibt: »Il s'est marié depuis quelque temps à Strassbourg; il a épousé par inclination Mlle de Lusbourg, fille de condition«.   9) = Hahnrei.   10) = drap.

11) = des Nachts.

188.

An die Raugräfin Louise in Frankfurt.

Herenhausen den 22. Juni/1. Juli 1698.

Weil ich nun hir allein bin, mein liebe Bas, habe ich zeit genung, zu schreiben, ban meine kinder sein zusammen nach Zell sambt den Rauwgraf; wolten mich debauchiren, mit zu gehen, ich bin aber nicht lustig genung tharzu unbt würde nur ihre lust verborben haben, ban sie werden in die commedi gehen unbt da hätte ich nicht bey sein mögen ihm[1] standt, da ich nun bin. Inmittels ist Mr. Portal kommen unbt hatt mir ein angnhemes schreiben vor ihnen gebracht, auch die schöne fürstin von Nassau beschrieben; er sacht aber, sie seye etwas schel, welges ein eigen agrement mus sein. Wir wollen nicht gern den Rauwgraf nach Ungern lassen gehen, er ist aber tharauf gestürt unbt zu eigensinnich, daß man es ihm aus dem kopf kan bringen. Er mus aber wol bey uns bleiben so lang mein tochter noch hir ist; aber es wirdt nicht lang weren, ban der Courfürst von Brandenburg wirdt balt wider kommen aus Preussen . . . Man macht uns so oft gutte hoffnung von Princes Amali, daß ich die sach nicht mer mich mit flatiren wil, biß ich sie sehe. Mus noch sagen, daß unser Rauwgraf französch spricht wie Brantome[2], Rablais[3] unbt Michel de Montagne[4]; wir hören es mit verwunderung an, wo er die volle wordt gelernt hatt, man mus sich krand lachen. Es würde ihm nicht schaden, wan er lang bey uns were, ban wir schenken ihm nichts; wir haben ihn doch alle lieb. Verbleibe . . .

Sophie Courfürstin.

189.

An die Raugräfin Louise in Frankfurt.

Herenhausen den 21/31. Aug. 1698.

Wan ich nichts sunderliches zu sagen habe, mein herzliebe Bas, so schreibe ich nicht, ban ich habe Madam unbt mein tochter gewont, zwe mal die woche brif von mir zu bekommen, wie auch mein schwester unbt meine söhn[5], also wenig zeit, andere zu grüssen, wan ich anders nicht alzeit schreiben solte. Aber doch, weil sie müchte dencken, ich hätte sie vergessen, welges wol nimals sein wirdt, mus ich sagen, daß Dero schreiben mir alzeit herzlich erfrüwen . . Ich fürgte, disser brif wirdt zu spatt kommen, ihnen zu bitten, mein complement an Courfürst unbt Courfürstin zu Pfalz zu machen, die ich gar hoch ehre unbt

---

1) = im.   2) Pierre de Bourbeilles, Seigneur de Brantôme, französ. Geschichtschreiber u. geistreicher Schriftsteller, † 1614.   3) = Franç. Rabelais.
4) Michel Eyquem de Montaigne, franz. Moralphilosoph, † 1592. gl. den Anfang von Br. 176.

estimire, undt weil wir mit schreiben nicht correspondiren dürffen[1]), hatte ich gehofft, sie würden doch meine devotion vor Dieselbige aufs beste vorgebracht haben. J. L. die Courfürstin habe ich zwar nimals gesehen, habe aber Dieselbige von die fraw von Klenck ihmer rhümen hören. Die manifisance ist in der ganssen welt nun viel grosser als vor dissem undt das gelt ist schlimer. Unser gutter Rauwgraf ist nach Wien, um von thar nach Ungern zu gehen; man redt aber ser von friden, hoffe also, daß meine zwe söhne undt er keine Nott werden haben. Konte ich ihnen in ihre Pfalzische affairen zu gefallen sein, würde es mir von herzen früwen; mus hoffen, daß Madam recommendation auch wirdt helffen. Es ist mir leit, daß Baron Zeiller[2]) nicht bey Courpfalz in genaden ist, dan mir bezeugt er ihmer affection, aber in der Coursach soll er uns doch zuwider sein, um die Catholischen zu gefallen, dan man sagt, er ambitionirt Cardinal zu werden. Ich habe es ihm aber nun durch Schröder[3]), abgesanter von Zell zu Regensburg, sagen lassen, daß man es hir von ihm sachgt, meinte aber, daß Courpfalz nicht übel mit ihm könte zufriden sein. Er hatt mir in vertrauwen sagen lassen: der heirabt were sicher mit dem Römischen König[4]) undt Princesin Amali; Gott gebe es, aber so lang J. M. der Kaiser es nicht declariren, kan man es noch nicht gelauben. Ich bin mit mein sohn 3 wochen zu Linsburg gewessen, dan dar war es noch einsamer als hir. Den König von Englant[5]) erwart man zu Zell, da J. M. sowol als zur Ghör jagen wollen; es werden eben nicht gar zu viel leute mitkommen; wo ich J. M. werde zu sehen bekommen, weis ich noch nicht, aber wol, daß ich vor ihnen beyde ihmer eine affectionirte Bas undt frünbin werde sein.

Sophie Courfürstin.

190.

An die Raugräfin Louise in Frankfurt.

1698
Sept. 18/28

Herenhausen ben 18/28. Sept. 1698.

Ihr letztes schreiben, mein liebe Bas, ist mir recht angnhem gewessen, insunderheit weil ich so fründtliche grüss von Courfürst undt Courfürstin tharin gefunden, hoffe, J. L. werden die fründtschaft, die sie belieben mich mit zu würdigen, an ihnen genissen lassen. Ich bin auch fro, daß der Conte Bergami[6]) meiner so [wol] gedenckt, sie wolle es ihm doch tesmoigniren undt sagen,

---

1) Weil von Kurpfalz bie 9. hannov. Kur noch nicht anerkannt war.

2) Vgl. S. 54, N. 1.

3) Sic! Die Kurf. meint Christof Schraber, herzogl. cellischer Hofrath u. Gesandter zu Regensburg, später kurfürstl. braunschw.-lüneb. Gesandter daselbst u. Geh. Rath.

4) Joseph (I).   5) Wilhelm III.

6) = Bergomi, Minister u. Gesandter des Herzogs von Modena.

wie ſer ich ihn eſtimire. Der Prins Gaston von Toscane iſt inconito bey uns geweſſen unber ben nhamen von Conte de Siene, hatt uns aber bie ehr gethan, alle bag zu uns zu kommen nach Herenhauſen von Hanover unbt hatt bey uns geſſen; wir haben J. L. auch „d'Alteſſe" geben unbt ihn über mein ſohn Ernest August an taffel laſſen ſitzen. J. L. ſcheinen auch content von uns zu ſein, alzeit ſein wir es gans unbt gar von J. L., ban nach bie ſchönheit ſehen wir nicht, ſunbern nach ben verſtanbt unbt gutte manir zu leben, ban man kan nicht polier ſein als ber Herr iſt. J. L. haben nicht bey uns wollen logiren, wir haben ihme boch ein kamer hir gegeben, um abtritt in zu nhemmen, unbt hätte man J. L. gern mer ehr gethan, wan ſie hätten wollen bekant ſein. Diſſes wollen ſie boch an bie Courfürſtin ſagen, baß J. L. Herr bruber uns alle charmirt hatt. J. L. können alle ſprachen en perfection, auch hollenbiſch unbt engliſch; ſcheint, als wan ſie ſich ſer zu Reichſtatt ennui-ihrt hätten auf ein alt ſchloſſ, alſo herumer reiſen, ſich etwas zu ergetzen; hir iſt aber noch alles in traur, haben alſo J. L. gar kein ſpaſſ können machen, ſunſten weren ſie vielleicht langer geblieben, wollen heute wieder weck. Ich bin fro, baß unſer Rauwgraf bem Conte Bergami ¹) ſo wol hatt gefallen; er iſt gewis all artig unbt ein recht original, war recht in ſein element, wie es ſchien, bey uns unbt kan braf plaubern. Wir haben ihn alle lieb, habe ihn gar nicht ſehen brincken, aber wie man ſacht, ſoll es boch wol in geheim ge-ſchehen. Er iſt nun volontair bey mein ſohn Maxsimilian in Ungern. Ich hoffe, es wirbt biſſes jhar nicht geferlich hergehen, weil man viel von friben rebt. Der König von Englant wirbt bis Donersbag zur Ghör ſein; ber Herzug von Zell gehett J. M. nach Bruckhauſen entgegen, zwe bagreis von ber Ghör. Sie wolle boch bem Feltmarſchalck Graf Wolf Julius von Hoenlo ²) meinent-wegen fründtlich grüſſen unbt vor Dero angnhemes anbencken ſchönen banck ſagen. Wir alte leute müſſen zuſammenhalten; ich halte, ſie ſein nun auch nicht gar jung mer, hoffe aber, baß ſie noch geſunbt ſein. Vor mir habe ich auch nicht zu klagen, ſunbern Gott zu bancken, baß ich noch wenig incommo-ditet vom alter habe, als baß ich bißweillen etwas radottire unbt bumer ge-worben bin, auch weniger memoire habe unbt in allem etwas verſchliſſe. So lang ich noch were ³), werbe ich ſie beybe alzeit lieb haben . . .

Sophie Courfürſtin.

---

1) Vgl. S. 180, N. 6.　　　2) = Hohenlohe.　　　3) = währe.

191.

An die Raugräfin Louise.

Herenhausen ben 28. Sept./8. Oct. 1698.

1698
Sept. 28/
Oct. 8

Ich habe, mein liebe Bas, beyde schreiben mit grosse vergnügung gelesen, insunberheit ist mir lieb gewessen zu sehen, daß sie bey Dero hoff considerirt werden undt man ihnen boch die ehr thut, die ihnen gebürt, dan weil man nimans luft¹) können sie auch mit zufriben sein, wundert mich aber, baß die Courfürftin die Lantgrefin geküft hatt undt nicht die zwe andern Princeffen; were obliganter gewessen, keine zu küffen, dan vor biffem in Tutzlant²) war es kein brauch. Wie ich ehrst aus Hollant kam undt bisses nicht wufte, lifte der Courfürft felig, baß ich zu Strasburg die Pfalzgrefin von Birquenfelt küfte; war bumals keine grandeur, aber wan man ehne luft undt bie andere nicht, mus es wol so gemeint sein. Ich schicke hir ein groff paquet vor ben Conte Bergomi³), ba ein brif in ift vor ben Herzug von Modene⁴) vom Courfürft von Brandenburg. Das sermonial ist vor biffem mit biffem Herzug gans anbers gewessen undt nicht wie er es nun verlangt, ban in Italienisch schreibt man sich „Diner", welges, wie sie wissen, in tütsch nicht brüchlich ist. Ich schreibe bem Conte Bergomi, ihr werbet es ihm explisiren; ich habe ihm auch vergessen zu sagen, baß ber Courfürft von Brandenburg sich mer bünckt als anbere wegen bie souverainitet von Prussen, er left sich von seine leute „grossmechtig" tituliren; ich bencke aber, es ist besser gesacht als geschrieben, ban mich bucht, ein Courfürft wirbt alzeit vor ein souverin von Prussen gehen. Der König von Englant ift nun zur Ghör⁵) beim Herzug von Zell undt sein fer luftig undt jagen alle bag, werben hernacher 3 bag zu Cell fein, haben mich sagen lassen, sie hoften mich zu sehen; ich werbe J. M. anbitten, ob es zu Cell ober Hanover soll sein. Mein sohn ber Courfürft gehett heute auch hin mit Ernest Guftien; er wirbt alzeit in sein kammer speisen, auf baß man nicht wiber aus Franckerich schreibt: „les Electeurs ont piqué le tabouret auprès du Roy d'Angleterre", ban ber König sitzt alzeit an ber taffel auf ein Seffel undt wil bem Courfürften kein Seffel geben, excusirt sich, baß die Englanber es nicht haben wollen. Ich verbleibe . . .

Sophie Courfürftin.

---

1) = küffet.   2) = Deutschland.
3) Vgl. S. 180, N. 6.   4) Rainalbo.
5) Im October 1698 war Wilhelm III. auf bem Jagbschlosse Göhrbe, wohin sich auch bie Kurf. Sophie begab u. wo bann bie bek. Unterrebungen wegen ber hannov. Succession in England ftattfanben.

192.

An die Raugräfin Louise.

Herenhausen den 16/26. Oct. 1698.

Meine reiß nach Zell, mein herzliebe Bas, ist recht wol abgelauffen unbt hatt mir der König[1] gar viel amitié bezeugt, ist ser fründtlich gegen mich gewessen, ob wir schon nicht zusammen gessen haben, sundern mein sohn der Courfürst unbt ich haben beyde unsere eigen taffel gehatt wegen den sessel, den J. M. zwar gesacht uns zu können[2], aber er es wegen die Englander nicht geben dürfte. Mr. Hauw[3] war bey J. M., der Mlle Ruberta geheirabt hatt, ein recht feiner mensch, der reich ist unbt ein gutte charge hatt. Man hatt übel geredt von das gutte mensch, dan sie ist schon 3 jhar mit ihm geheirabt gewessen unbt hatt kinder gehatt. Weil die Mutter eine Comediantin, hatt er es dem König nicht sagen dürffen, biß Mylord Albermal[4] die commission auf sich genommen, es dem König zu sagen, der ser wol mit zufriden ist unbt hatt Ruberta ser gegen mich gerümbt, daß sie ser modest ist unbt wie ein Engel mit ihren Man lebt. Die Englander lachen, wan man sacht, daß der König wiber heirabten soll, sagen, es wirbt mit nimans sein, als mit dem Herzug von Zell, wan er sich heirabt, weil er den über alles liebt. J. M. haben J. L. bedinten ser stattlich beschenckt, unbt scheint es, daß wir alle content von einander waren. Der Courfürst von Brandenburg hatt Elbingen surpreniren wollen[5], ist aber verkuntschaft worden, also nicht gelungen; nun wollen J. L. die statt recht belegeren unbt in 4 wochen in persohn hingehen; ob mein tochter mit wirbt [gehen], weis ich nicht. Wan es aus grandeur war, daß die Courfürstin zu Pfalz die Lantgrefin nicht geküßt hatt, hatte die Landgrefin recht, sie zu küssen, aber auf alt bütsch pflegt man sich nur die handt einander zu geben. Käme ich an den hoff, wolte ich die dames auch nicht küssen, so ging es geleichig auf. Der Courfürstin Herr bruder[6] ist nun zu Berlin, hatt den Hartz unbt Hamburg gesehen, wie auch Wolfenbubel. Der Rauwgraf[7] befindt sich noch wol unbt schmeckt ihm der Ungerische wein gar wol. Man sacht, die Princesin von Ansbach seye nach Hollant unbt nicht nach Wien. Ich kan nicht sagen, wie J. L. Herr bruder in Franckerich charmirt mäner unbt weiber, wie Madam mir schreibt; der abscheit schwischen J. L. unbt Dero fraw tochter ist ser betrübt gewessen; ich habe aber geschriben: „Die in tränen seyen[8], werden

---

1) Wilhelm III. von England. 2) Sic! anstatt „gönnen".
3) = John How?
4) = Albemarle, Graf v., (= Arnold Joost van Keppel, von König Wilhelm III. 1696 zum Grafen v. A. ernannt.)
5) 14. Oct. 1698. Über die Occupation von Elbing (11. Nov.) vgl. Droysen a. a. O. IV, 1, S. 207. 6) Der Prinz von Toscana, vgl. Br. 190.
7) Karl Moritz. 8) = säen.

mit trübe ernnten[1]“, so hoffe ich, wirbt es gehen mit J. L. unbt nicht mit ein breck versigelt werben, wie bas spil in die assamblé beim Lantgraf. Noch mus ich erzellen von ben 3 cavalirs, ba der Zelsche hoff mit gezirt ist: einer ist Stiquinel[2] sein sohn, der ander Bougo, der vatter ist ein Türck gewessen unbt die mutter maitre Jaque tochter, maitre d'autel, bas in gutt tutsch ein küchenschreiber heist, der britte ist des kansselers sohn, Fabricius[3]. Unbt bie schwestern von bisse cavalirs kommen alle bey hoff wie andere dames; bas hatt mein küssen zu Zell auch gar rar gemacht, obschon viel tharvon geheirabt sein, unbt essen alle bey hoff. Ich verbleibe . . .

S.

193.

An die Raugräfin Louise in Frankfurt.

1698
Nov. 5/15

Herenhausen ben 5/15. Nov. 1698.

Dero zwe schreiben, mein liebe Bas, von Weinheim habe ich beybe ser wol empfangen unbt ungern vernommen, baß sie bißhero nur mit hoffnung unbt gutte worten sein abgspeist worden, wil aber nicht zweivelen, es werbe ein bessers tharauf folgen, weil Courfürst unbt Courfürstin sowol als der anhang ihnen höfflich hatt begegent. Was ben Secretarius anbelangt, habe ich schon ehnen[4], so vorleser bey bem Courfürst selig ist gewessen unbt ein ser schweren Dinst bey J. L. selig hatte, ban er muste schir dag unbt nacht lesen; ist ein wes[5], seine Mutter hatt meine zwe jungsten söhn erzogen; er schreibt ser wol in fransoisch, tütsch unbt italienisch. Heute ist es St. Leopols dag, wirbt man also balt erfaren, ob es war ist, baß die heirabt mit dem Römischen König unbt die Princesin Amali declarirt soll werden. Ich weis nicht, ob J. L. der Courfürst zu Pfalz so balt werben thar können sein. Der Conte Bergomi hatt mir auch zwemal ser höfflich geschrieben, wie er mein paquet emfangen hatt; ba ihr lob in beyben briffen stehet, müssen sie es also ihrer eigen bugent zuschreiben, baß er sie so hoch estimirt. Mich bücht, es ist nun wieder still vor Elbingen[6] unbt wirbt wol auf ein parley kommen, wie sans comparaison Pickelherin[7] als pflegt zu sagen. Ihr bruder[8] ist schon wieder zu Wien, hatt steif bey mein sohn Maxsimilian gehalten, wie sie beybe von die Tartaren umringt waren. Mein sohns trompetter unbt ein Bemischer[9] volontaire, bie von ihm außrissen, sein gefangen worden; der arme trompetter soll allebag gebrügelt werben, biß er taufent ducaten rançon giebt. Sie haben

---

1) Psalm 126, 5.   2) Vgl. S. 69, N. 5.
3) Joh. Lubw. v. Fabr., Sohn bes Kanzlers Weipert Lubw. v. F.
4) Gargan.   5) = Waise.   6) Vgl. den vorig. Br., S. 183, N. 5.
7) = Pickelhäring.   8) Raugraf Karl Moritz.   9) = Böhmischer.

aber auch von ihren leute gefangen, under andern ein Major, sein aber nicht
so brutal, sie auch so zu tracktiren, aber die Husaren allein sein erger als die
Tarteren. . . .

S.

194.

An die Raugräfin Louise in Frankfurt.

Hanover den 15/25. Dec. 1698.

1698
Dec. 15/25

Ich habe auf zwe Dero angnheme schreiben auf einmal zu antworten, mein
liebe Bas, habe gar nicht gezweivelt, es würde ihnen angnhem zu vernemmen
sein, daß mein Bas, die Princeslin Amali [1]), Römische Königin wirdt werden,
habe es derhalben alsbalt geschriben, als ich es vernommen habe. Ich günne
Pfalzgraf Carl von herzen, daß I. L. so ein stattliche braut undt ein fürsten-
bum tharbey werden bekommen. Wan sie an die braut wollen schreiben, wirdt
es ihr angnehm sein, aber in Fransöisch, han tütsch gelaube ich nicht daß sie
antworten kan. Es ist mir leit, daß ihre affairen so langsam gehen; gutt
bing wil weil haben. . . . Daß der gutte Lantgraf [2]) es sich sauer left werden,
die dames mit seiner persohn undt tracktement zu ergezen, habe ich mich nach
Dero beschreibung wol können einbilden, han er vor etliche monat zu Herenhausen inconito bey mir gewessen undt sich durch ein von meinen pagen durch
den garten introdisiren lassen, da I. L. discurse auch ser lustig waren. Was
aber Rosen anbelangt, müste er wider auferstanden sein, han vor wenig zeit
ist er noch zu Berlin gewessen, da er sich erzörnt, daß mein tochter gefragt hatt:
ob er leüsse [3]) mit aus Pollen gebracht hätte? undt so von thar wechgangen.
. . . Unsere braut [4]) wirdt 16 röck aus Franckerich bekommen, 8 mit guardin-
fante undt 8 auf Fransöisch. Der gute Helmont [5]) ist todt, hatt wie ein
Philosoph gelebt undt ist auch wie ein Philosoph gestorben, als wan er ein-
geschlaffen were. Bis die reie an mir kombt, werde ich sie alzeit gans ergeben sein.

Sophie Courfürstin.

195.

An die Raugräfin Louise in Frankfurt.

Herenhausen den 1. Jeanwari 1699.

1699
Jan. 1

Zum heilligen christ habe ich die schöne schou bekommen, mein liebe Bas;
sage grossen banck tharvor undt finde sie ser propre gemacht. Weil ich nun
aber noch nicht spaziren kan undt das futter forn ser hart ist, weis ich noch

---

1) Bgl. S. 111, N. 7.   2) Karl von Hessen-Rheinfels.
3) = Läuse.   4) Prinzessin Amalie Wilhelmine; vgl. S. 111, N. 7.
5) Bgl. S. 135, N. 3.

nicht, ob es nicht whe wirdt thun, wan der fuss ihm[1] gehen bis tharhin würde kommen. Die mansleute dragen nun schon, da gans kein futter in ist, welges mir ser gemachlich vorkombt. Nun ich alt bin, dencke ich nur an meine commoditet; müchte nicht Römische Königin sein, um alzeit die schwere kleider zu dragen, die vor die königliche braut gemacht sein worden; wie man sie mir beschreibt, kan man sie kaum aufheben, von golt undt silber. Von der hochzeit werden wir hir keine lust haben, nur die mühe, auf complemente zu antworten, die man mir tharauf macht. Doch bin ich ser fro, daß meine Niesse so wol versorgt wirdt. Sage meiner lieben Bas auch grossen danck vor die Neüwjhars= wünsche; Madam schreibt aber alzeit, es were schadt, daß wünschen zu nichts hilft; so sage ich auch, sunsten wolte ich ihnen beyden auch ein hauffen schöne sachen wünschen. . . .

Zu Berlin ist nun auch ein brütigam: Marcgraf Philips mit die jün[g]ste Princes von Anhalt[2]. Wan sie unsern Courfürst zu Franckfort werden sehen, wollen sie aufs schönste mein complement an J. L. machen zu dissem Neüwen jhar; wir sein J. L. ser obligirt wegen den heirabt von die Princessin Amali — man mus nun wol Königin sagen, dan ich halte, die hochzeit ist schon geschehen[3], aber wir bekommen nichts als alte brif von Modene[4] wegen bössen wetter undt wege. Nachdem ich den gutten Coppensten[5] wider zu ehren gebracht undt ihn zum Oberhoffmester gemacht, ist er nun todtkranck undt meinet man, er habe die Bummelsucht von chagrin bekommen, kan aber doch noch lang leben. Die Grefin Platen ist auch noch ihmer kranck, die tochter[6] mit Kilmanseck noch gutt humor undt die schwigertochter[7] schwanger[8].

196.

An die Raugräfin Louise in Frankfurt.

1699
Febr. 2

Hanover den 2. Febr. 1699.

Mein herzliebe Bas. Die warheit zu sagen, so sein ihre zwe brif[9] nicht gar gutt fransöisch, man schreibt nun, wie man redt; mein stil daugt auch nicht

---

1) = im.
2) Der älteste Sohn des Gr. Kurfürsten von seiner 2. Gemahlin, Markgr. Philipp Wilhelm, heirathete die Prinzessin Johanne Charlotte von Anhalt-Dessau.
3) Geschah durch Procuration zu Modena am 15. Jan. 1699.
4) In Modena weilte damals Amalie Wilhelmine mit ihrer Mutter, der Herzogin Benedicta. 5) Vgl. Br. 179.
6) Frau v. Kielmansegg (nachher. Gräfin Darlington).
7) Die junge Gräfin Platen, geb. v. Offeln; vgl. S. 154, N. 3.
8) Unterschrift fehlt.
9) Die Raugr. Luise hatte der Kurfürstin die Concepte von 2 von ihr französisch ge= schriebenen Briefen an die Herzogin Benedicta u. an deren Tochter Amalie (die neue Röm.

viel, meine aber, er seye etwas besser et non pas si tiré. Den brif vor die
Herzugin[1]) habe ich ser geklaitt, wolte dem san[2]) von ihrem brif gern folgen,
konte aber nicht tharaus kommen, hoffe doch, sie wirdt sie beyde lesen können
undt sie mit ihre schöne handt leslicher machen. Sie werden balt genung
kommen, ban die Königin[3]) wirdt ehrst den 24, wie man sacht, ihren einzug
zu Wien halten. Ich bin doch fro, daß es nicht die Mad. Plug[4]) ist, so wir
hir gesehen, so fraillen hoffmesterin ist, welge durch ihre schönheit gelt verbint;
die Grefin Caraffa, so Oberhoffmesterin, sol eine ser devote, serieuse fraw
sein, hatt nimals kinder gehatt; verwundert man sich also, daß man sie bey
eine junge Königin thut. Alle leute meinen, die Grefin von Fels hätte sich
besser tharzu geschickt. Ihre brif, mein liebe Bas, können nimmer zu lang
sein, wan ich nur nicht wider so lang antworten darf. . . .

S.

197.

An die Raugräfin Louise in Frankfurt.

Hanover den 2/12. Febr. 1699.

1699
Febr. 2/12

Dero werde zeillen, mein liebe Bas, sambt die zwe brif[5]) habe ich emfan=
gen und stracks fort geschickt; bin fro, daß sie meine schöne composition hatt
gutt gefunden. Wan sie so wol in Fransöisch als in Tütsch schriben, hätte
ich es nicht nöttig gehabt, aber Fransöisch laut übel, wan es aus Tütsch ist
übergesetzt, ban die frase[6]) ist gans anders. Man hatt ser in Franckerich
gelacht, daß der Marckgraf von Ansbach gesacht hatt: »J'aime à faire de
l'esmotion«, Madam aber hatt J. L. stracks corgirt. Ich habe an Mr. Gö=
ritz[7]) wegen herr Schelm geredt, welcher ihm gern die charge gönt; Diden
ist aber nicht hir, wirdt sie vielleicht selber gern haben, weil sein vatter sie ge=
hatt hatt. Ich habe schon brif von Intzbruch[8]) von unsere Herzugin[9]). Die
Königin[10]) hatt so viel zu schreiben, ban J. M. müssen alle dag brif vom
König[11]) bekommen undt wider darauf antworten undt das in tütsch, so daß,
wan sie wider an J. M. solten schreiben, können sie es immer wol in tütsch
thun.

Von hir ist nichts Neuws zu sagen als daß wir ein Envoié von Modene

---

Königin) zur Begutachtung überschickt. Die Kurfürstin entwirft darauf selber für die Rau=
gräfin zwei neue französ. Concepte, von denen der Brief an die Königin Amalie diesem
Briefe noch beiliegt.   1) Benedicta.   2) = sens.
3) Amalie Wilhelmine.   4) = v. Pflug; vgl. Br. 130.
5) An die Herzogin Benedicta u. die röm. Königin Amalie; vgl. den vorigen Brief.
6) = phrase.   7) Der hannov. Geh. R. Friedr. Wilh. v. Schlitz-Görtz.
8) = Innsbruck.   9) Benedicta.   10) Amalie Wilhelmine.
11) Joseph (I).

haben, nemlich Conte Pegolotti, den wir vor 20 jhar gekant haben, undt daß ein ganßer hauffen Dib zu Cell gefangen sein; der Herzug wirdt so viel müssen richten laffen als der groffe Sar seine rebellen, dan es sein alle mörder tharbey, haben fer viel boses gethan; der eine hatt sich vor ein Baron von der Mosel[1]) ausgeben; waren bef[2]) en gros, wenig zu stellen[3]) achtetje[n] sie nicht; haben die wirdt[4]), wo sie logirt hir zu Hanover, wol bezallt undt nicht bestollen. Den Capten von der bande hatt man nicht undt sagen sie selber: so lang man den nicht hatt, werden sie nicht ausgerott werden. Mus endigen, ambraslire sie beyde in gedancken; mus noch sagen, daß mein tochter den Rauwgraf recht lieb hatt in ehr undt gebür.

S.

198.

An die Raugräfin Louise in Frankfurt.

1699
Febr. 18/28

Hanover den 18/28. Febr. 1699.

Sage meiner lieben Bas groffen danck vor die relation von Modena, schicke hinwider eine von Salsburg, erwarte nun mit verlangen, wie die entreveue wirdt abgelauffen sein schwischen König undt Königin. Was sie tharvon vernimbt, wolle sie mir doch auch wissen lassen. Die kammerherrn, so J. M. gesehen, haben ihre weisse zhen[5]) gerümbt, welge es wert sein, hals undt hände haben sie auch schön undt weis gefunden, müssen in Italien so geworden sein, ist möglich, weil man sacht, sie solle etwas [da]zu genommen haben. Der gutte Herzug von Modena[6]) hatt sich undt beide Herzugin mit fauteuils bey der Königin versehen, welges hernacher nicht mer zugelassen wurde, wie sie nach Reverede[7]) zu die Keiserliche kommen, hatt also der Herzug derhalben fasten müssen undt unsere Herzugin auch apart essen; en particulier hatt man es ihr bey der tochter gelassen, aber sunsten gar nicht undt hatt sich der Keiser declarirt, daß alles was zu Modene geschehen, nicht en consequence solte gezogen werden, wolte unsere Herzugin tracktiren wie die Keiserin fraw Mutter, wie sie noch Herzugin war; mer kan sie auch nicht pretendiren[8]). Ich bin gar fro, daß Baron Degenfeld die Königin so admirihrt hatt; ich hoffe, er wirdt auch besser als sein vatter sein, welger ein wunderliger heiliger war.

1) Der berüchtigte Nickel Lift, der mit seiner Bande u. a. im März 1698 die berühmte „Goldene Tafel", den Altarschrank aus der St. Michaeliskirche zu Lüneburg, raubte. Vgl. Näheres in der Allgem. Deutsch. Biogr., 18, S. 774 ff. u. Hosemann, „Fürtreffl. Denkmal der göttl. Regierung" 2c., 4. Aufl. 1711.

2) = Diebe.   3) = stehlen.   4) = Wirthe.
5) = Zähne.   6) Rainaldo.   7) = Roveredo.

8) Über die vorhergegang. Verhandlungen zwischen Celle, Hannover u. Wien: ob bei der Vermählung des Röm. Königs Joseph der Mutter der Braut ein Sessel à bras oder à dos zu gestatten sei, vgl. Lüning, Theatr. cerem. I, S. 192 f.

Der tobt vom Courprins von Baieren[1] ist wol betrübt; was aber elent zu sehen ist, ist die Grefin Platen, die zweimal convulsionen hatt gehatt undt ein art von schlag, daß der linke arm undt handt wie lam[2] undt das rechte aug undt munt gans verzogen; man hatt sie aber gelassen undt mit spansche fligen blasen gezogen, welges ihr das leben salsirt hatt, auch wider bey verstandt gebracht; ist ser unruig, küste mich gestern die handt, weinte ser. Es ist wol alles eitel in der welt, balt gross, balt klein, ihm[3] letzten konte sie sich nicht schicken, war kein meister von ihrer ambition. In ein jhar hatte ich sie nicht gesehen, nun gehe ich alle dag aus mittleyden hin; in ein jhar ist sie nicht ausgangen, weis eine grosse bestendigkeit zwar, aber tharbey daß es meist wegen die grandeur war, die nicht so mer fort wolte undt die menage ser ein= geschrenckt muste werden. Man ist unglücklich, wan man nicht Meister von seiner passion ist, welges auch zu beklagen ist; meine wirdt alzeit sein, sie beyde zu lieben.

S.

199.

An die Raugräfin Louise in Frankfurt.

Hanover den 3/13. Mertz 1699.

1699
März 3/13

Ich habe, mein herzliebe Bas, beyde schreiben ser wol emfangen sambt der beylage von Wien; sein mir recht angnhem gewessen, alle Dero divertise= menten von Francfort[4] geistlich undt weltlich tharaus zu vernemmen; von eine gutte sach kan man nicht zu viel hören, ist alzeit angnhem, ob wir schon hir auch viel relationen haben. Gottlob daß der König[5] gans verliebt von seine gemallin[6] gewessen von dem ehrsten augenblick, daß er J. M. hatt ge= sehen; ist wol ein gelück, [daß man] wan man sich nimals hatt gesehen, sich stracks gesett, da J. M. doch eben gar nicht schön sein, aber in meinen augen ser angnhem undt wol erzogen. J. L. der Courfürst zu Pfalz[7] werden auch nun fro sein, daß der Römische König so content ist, wie auch Keiser[8] undt Keiserin[9], weil J. L. zu dissem heiradt geholffen haben. Madam gelaubt auch die predestination, schrib als wan es Gott haben wil, wirdt es nimans endern. Die verwittibte Herzugin[10] schreibt mir, es were nach dem ediquette, daß man bey der ehrsten visite dem brütigam ein present thun mus, wusten aber nicht, wie sie es mit hoffelicher manir machen solten; hatten aber ein andern hudt mit die diamantne attache fertig lassen machen undt weckselten also von hudt mit dem König, der den von der Königin stracks küste undt zu sich nham. Was

---

1) Joseph Ferdinand.　　　2) = lahm.　　　3) = im.
4) Bei dem Einzuge des neuen röm. Königs Joseph I.　　　5) Joseph (I).
6) Amalie Wilhelmine.　　　7) Johann Wilhelm.　　　8) Leopold I.
9) Eleonore.　　　10) Benedicta.

ich ergeßlich finde, ist, daß nach allen sermonien, wie braut undt brütigam zu bette waren, J. K. M. der Keiser sich ordentlicher weis auf ein sessel beym bette gesetzt hatt undt mit ihnen raisonnirt; da bem König die zeit wol lang wirdt bey worden sein. Es scheint, sie waren besorgt, die braut zu lang bey dem brütigam zu lassen; aber sie blieben so lang zu bette, daß die Messe bald um 4 uhr ehrst gelesen wardt undt man um 5 zu mittag aß. Offentlich hatt die Herzugin[1]) kein sessel bey die Keiserin gehatt, aber in particulier so einen stul wie die Erßherzuginen. Wan man das confect weg nimbt, müssen J. L. aufstehen, hinder ben Keiser stehen undt J. K. M. die handtzweil[2]) geben. Der fürst von Locowitz[3]) wolte J. L. kein »Altesse« geben, bis er hörte, daß der Keiser selber J. L. so nente. Die hoffleute sein viel stolßer, als die Herren selber, die es wol gar nicht sein. Die Keiserin ist ben andern dag wider zu der Königin des morgens oder vielmer bes Nachmittags kommen, die ser scham-haft soll ausgesehen haben, undt der König ser abattu; hatt J. M. wollen kleiden helffen; hernacher ist der Keiser auch kommen. Der himmel hengt voll geigen. Gott wolle geben, daß es ihmer weren[4]) mag undt bald ein sohn tharvon kommen.

Jch habe Christoffel von Degenfelt[5]) auch ser wol gekant, war ein recht ehrlicher man, ist auch in dinst bey uns gewessen ehr er nach Saxsen kam; bin fro, daß so gutte art von ihm überbliben ist, halte, die von Herr Max selig werden auch gutt werden, waren artige kinder. Die fraw Mutter wollen sie doch meinentwegen ambrasiren. Es ist wol zu beklagen, daß unsere beyde männer disse zeit nicht überlebt haben; Gott hatt aber ein bessers ihnen ge-geben, da müssen wir wol mit zufriden sein. Die Grefin Platen hatt sich wider etwas erholt, sol aber von verstandt nicht allemal auf eine weise sein; wie ich sie gestern sag[6]), sprag sie doch gar nicht ungreimbt, thut sunsten nichts als schlumern undt essen, wie die leute sagen, so um ihr sein; das maul ist noch scheb[7]), das aug aber wider zurecht undt kan die lame[8]) handt auch rüren. Mein liebe Bas gibt mir gar zu viel lob auf dissen suject, wolte, ich were es wert, ist aber weit gefelt. Die fürstin von Eisenach helt viel von die, so man nun Pietisten heist, nemlich Franck[9]).

S.

1) Benedicta.   2) = hanttwehele, hantzwehel, Handtuch.
3) Lobkowitz.   4) = währen.
5) Frhr. Christoph Ferdinand v. D.; vgl. über ihn Gr. Thürheim a. a. O., S. 114 ff.
6) = sah.   7) = schief.   8) = lahme.
9) Aug. Hermann Francke zu Halle.

200.

An die Raugräfin Louise in Frankfurt.

Den 26. Mertz/5. April 1699.

1699
März 26/
April 5

Auf daß mein herzliebe Bas nicht bencken sol, daß ich schon tobt bin, antworte ich izunder auf Dero 3 ser angnheme schreiben auf einmal, ob es mir schon schwer ankombt, ban ich bin ser kranck gewessen, hatte zwe dag nach einander wenig kält undt grosse hize vom fiber mit die ros am kopf. Das fiber ist Gottlob ausgebliben, die ros aber mach(t) mich ben kopf noch ser wunderlich; schnupen undt husten sein vorbey; vor mein bett plaubert ein ihber[1]) undt meint man, weil unsere Röm. König(in) ohmechtig auf St. Josefsbag in der kirgen worden undt auch ungwonlich oft übel sein, J. M. weren schon schwanger, das man doch noch gar nicht gewis wissen kan. Das buch, so man von der hochzeit geschriben, habe ich nicht gesehen; wan es recht umstendtlich were, wolte ich es wol haben, aber man schreibt nun ein hauffen lügen. Einer, so bey Gourville[2]) gewessen, schreibt, ich were petite fille du Roy d'Hongrie; Madam ist auch bos über einen du Mont, der sacht in sein buch, man hätte die Rauwgrefin selig übel tractirt nach ihrem tobt, weil Madam suject hätte gehatt, de s'en plaindre. Ihren bruder wolle sie grüssen, hoffe, daß er bey der zurückkunft hirauf zu wirbt kommen. Ich lebe undt sterbe ihnen gans ergeben.

S.

201.

An die Raugräfin Louise in Frankfurt.

Hanover ben 7/17. April 1699.

1699
April 7/17

Es ist jha ein gutt zeigen, mein liebe Bas, daß man sie mit meine kranckheit nicht hatt wollen allarmiren, ban sie mir doch nicht hätten helffen können. Mein gröste kranckheit ist, daß ich ihm[3]) 69. jhar gehe undt verschlisse; doch kan ich Gott nicht genung bancken, daß er mir meine 5 sinne vollkommen left undt daß ich auch recht wol gehen kan, aber der kopf ist mir gar zu wunderlich, sauft als wan ich ihmer die she[4]) hörte undt wirdt hinden ihm[3]) hals von kopf herunder steif, daß ich den kopf nicht rüren kan des nachts, ben dag gehett es wider vorbey; könte ich hoch ligen, were es besser, aber ihm[3]) schlaf findt ich ben kopf alzeit wider unter die kissen; es mögen wol winde sein, die ein verkerten weg nhemmen, ob ich sie schon nicht aufhalte, nach dem pfälzischen gebrauch.

For das überschickte buch undt kupferstuck vom einzug sage ich grossen banck. Es stehett viel tharin, aber nicht, wie unhöflich der fürst von Loco-

---

1) = Jeder.   2) Vgl. S. 62, N. 8.   3) = im.   4) = See.

witz [1]) den Herzug von Modena tractirt hatt, daß J. L. weder quartir noch
zu essen bekommen, noch Demselbigen den tittel »d'Altesse« geben, wie auch
nicht an unsere Herzugin, bis er gehört, daß Keiser undt Keiserin es selber gethan haben. Es soll ein rechter ox sein, die gemallin aber eine ser wackere
Princes. Es solte mir ser jammern, wan die Fransosen in die Pfalz würden
exsecuihren [2]), dan Madam bekombt doch nichts tharvon. Es ist heute stillen
freidag, mus mich derhalben mit schreiben eillen, doch sagen, daß ich wünsche,
daß der Rauwgraf bey Dero zurückkunft hirauf zu wirdt kommen. Ich hoffe
aber, daß es nicht in der zeit wirdt sein, daß ich zu Bruckhausen auf die
reigerbeiz [3]) bey dem Herzug von Zell werde sein, welge ehrst im May ist, da
ich dan J. L. versprochen, die visite ihnen zu thun, wan die Herzugin von
Ostfrislant [4]) auch thar wirdt sein. Unsere Römische Königin soll schwanger
sein undt hatt J. M. fraw Mutter verheissen müssen, wan solges continuihrt,
daß J. L. ihm [5]) October wider zu Wien werden sein, also von einer tochter
zur andern gehen, da die Herzugin von Modena [6]) wirdt auch balt niderkommen. Freilen Ameltien ambrasfire ich undt grüsse den lieben Rauwgraf.

S.

202.
An die Raugräfin Louise in Frankfurt.

1699
April 17/27

Hanover den 17/27. April 1699.

Ihre brif, meine liebe Bas, können nimmer zu lang sein undt sage ihr
grossen danck vor die schilberung vom Sar [7]), das ser geleichg sicht; wan ihr
bruder mein tochter erfrüwen wil, mus er ihr auch so ehns mitbringen, dan es
ist unser grosser fründt, hatt nun sein favorit Mr. le Fort [8]) verloren, welgen
er nach sein todt mit weinenden augen geküst hatt, undt alle seine grossen Herrn
haben es auch müssen thun, undt ist seine compani der leiche gefolgt, die mit
grossen seremonien auf tütsche manihr ist begraben worden mit ein predig[t] in
der reformirten kirg, undt in der Lutterischen kirg, da er sein grab hatte, begraben worden . . . Ich bin fro, daß es nicht war ist, daß die Fransosen in
die Pfalz wollen execuihren [9]). Aber a propo vom alter: ich habe ein alten
lutzscher, der die musquet gedragen, wie mein herr vatter [10]) die schlagt beim
Weissenberg [11]) verlor, ist ihm [5]) hunderten jhar, gehett gans gerabt undt hatt
sein folligen verstandt; hingegen kan die fraw von Harlin[g] nicht ohne stock

---

1) = Lobkowitz; vgl. Br. 199.
2) = executieren.   3) = Reiherbaize.   4) Christine Charlotte.
5) = im.   6) Charlotte Felicitas.   7) Zar Peter d. Gr.
8) Lefort starb zu Moskau am 12. März 1699.   9) = executieren.
10) Kurf. Friedr. V. v. d. Pfalz.   11) 5. Nov. 1620.

gehen unbt gans gebückt; macht, baß ich mich besto steiffer halte, wan ich sie sehe. Der Herzug von Zell, so viel elter, ist auch gans frisch, hatt ein par jeger, so über 90 jhar, springen unbt tantzen; ber eine, so Marcus heist, tantzt, wan er nur violons hört, lauft zu fuß unbt zu pfert auf ber jacht unbt macht hunber[t] osterische[1]) reverenzen bis auf bie erd, ohne hinder ein anber, bas ist wol ein rechte raritet . . . Ich hoffe, bas schöne wetter wirbt uns nach Herenhausen bringen, ban mit gehen halte ich mich gesunbt . . .

Sophie Courfürstin.

203.
An bie Raugräfin Louise in Frankfurt.

Herenhausen ben 7. May/27. Apr. 1699.

Vergangen sunbag kam unser Rauwgraf angestigen, wie ich am wenigsten es vermutte, war also meine frübt, ihn wiber zu sehen, besto grösser . . . Der Rauwgraf wil morgen schon wech, wir werben es aber ungern zugeben; aber bie Zeit wirbt ihm gar lang in bisser hermitage. Die Grefin Platen ist gans melancolisch, thut nichts als weinen; bie vanitet hatt nun ein enbt; man hatt gemeint, sie würbe ben brunnen brauchen, weil aber nun nimans bie reiff mit so viel kutzen[2]) bezallen wirbt, wirbt sie zu haus bleiben, wie es scheint. In der statt machen bie dames festins unbt assemblées; ich komme aber nirgens hin, als ihm[3]) garten, wan es gutt wetter ist, wünsche wol, auch sie tharbey zu haben, ban ich sie beybe von ganssem herzen liebe unbt ser gern wieder sehen müchte.

S.

204.
An bie Raugräfin Louise in Frankfurt.

Herenhausen ben 2/12. Juni 1699.

Ich habe, mein liebe Bas, auf zwe Dero werbe schreiben zu antworten; bas ehne habe ich zu Bruckhausen emfangen unbt bas andere hir. Die zeibung von Prins Carl wirbt wol nicht war sein, es scheint aber, baß J. L. überall galant sein, boch meint man, baß J. L. bie frailen Auguste noch lieb haben. Man sacht aber noch eine wunderliche zeibung, als wan man gefürgt sol haben, baß bie alte Courfürstin zu Pfalz närisch solte werben, baß man berhalben ben Doctor hatt müssen lassen wiber kommen, J. L. heimlich zu heirabten unbt zu curiren. Die Grefin Platen ist auf einmal stum worben; wie ich sie sag[4]), thete sie nichts als weinen; nun, sagt man, sol sie wiber anfangen, etliche

1) = österreichische?   2) = Kutschen.   3) = im.   4) = sah.

1699
Mai 7/
April 27

1699
Juni 2/12

silaben zu sagen, wirbt aber wol nimals gans zurecht werden. Ich halte die fürstin von Ostfrislant viel gelücklicher; man konte nicht heiliger sterben[1]: nachdem sie das abentmal emfangen, wünsten J. L. nicht langer zu leben, noch in disser bössen welt zu bleiben ... Vor mir habe ich auch viel an die gutte fürstin verloren. Man mus sich aber von allen weltlichen unglück so gutt trösten, als man kan, da der todt das schlimste von ist, weil gar kein hülf, wan man verlirt, was man lieb hatt ...

Sophie Courfürstin.

205.

An die Raugräfin Louise in Frankfurt.

Hanover den 30. Juni/10. Juli 1699.

1699
Juni 30/
Juli 10

    Die contrainte am keiserlichen hoff soll gross sein. Unsere Königin schickt sich aber in alles mit lust undt ohne mühe, soll ser wol zufriden leben undt auch allen wol gefallen, welges ein gross gelück ist. Das schloss zu Heydelberg mus doch nicht so gar ruinirt sein, weil der Courfürst tharin wirdt wonnen. Es wundert mich, daß man noch leute findt, die in der Pfalz wollen bauwen, ban sobalt es krig wirdt, gehett es wider wech. Ich mus ihr sagen, daß mein tochter[2] 24 stundt mit dem Rauwgraf[3] geprost[4] hatt undt sich ser bös gestelt, daß er den Prins Pio an der taffel bey J. L. casellirt undt ein hauffen inpertinences gesacht hatt, wie auch an die Envoiés, die mit tharbey waren; da ber wein ohne zweivel schuldt an war; langer hatt ihr zorn aber nicht können weren[5]. Ich hoffe aber, er wirbt klüger tharvon werden, ban er bedenckt nicht allemal, was er sacht undt alle leute können kein railleri verstehen. Die Grefin Platen ist alzeit auf eine manihr, undt ich auch, aber sie kranck undt ich gesundt. In allem standt ihr gans undt gar ergeben ...

S.

    Ihr present von schouw[6] brage ich nun; habe das harte souder[7] tharaus lassen schneiden, nun sein sie recht gemächlich undt schön.

---

    1) Die Fürstin Christine Charlotte von Ostfriesland starb zu Bruchhausen am 16. Mai 1699. Die Herzogin von Orléans schreibt am 9. Juni 1699 an die Raugr. Louise: „Ich bin versichert, daß Ihr ma tante sowol als ich von herzen werdet beklaget haben, den chagrin gehabt zu haben, die gutte fürstin von Ostfrießlandt, ihre gutte freündin, so sterben zu sehen zu Bruchhaussen. Es ist mir noch besto leyder umb dieße fürstin, weilen sie immer waß erdencken konte, ma tante lustig zu machen undt Dero melancoley zu vertreyben. Nichts ist verdrießlichers in der welt, alß die zu verlieren, so man lieb hat"; vgl. Bibl. d. lit. V. in Stuttg. 88, S. 149.

    2) Die Kurf. Sophie Charlotte.   3) Karl Moritz.   4) gezürnt.

    5) = währen.   6) = Schuhe.   7) = Futter.

206.

An die Raugräfin Louise in Frankfurt.

Linsburg ben 12/2. Aug. 1699.

... Jch unbt mein tochter fein J. L. bem Courfürften [zu Pfalz] obligirt,
wan in unfer consideration etwas zu ihren beften gefchehen folte. Jnmittels
ift es mir leit, baß bie Franfosen wiber nach bie Pfalz marchiren[1]); bie
arme Reformirte kommen überall zu kurß, ban ber König Wilhelm, ba man
fo groff vertrawen zu hatte, hatt kein worbt vor fie gefprochen; hätten J. M.
nur menacirt, fie wolten bie Catholifche in feinen 3 Königreichen auch fo übel
tracktiren, wan man in Franckerich continuihrte, fo übel mit bie Reformirte
zu hanbelen, würbe reflection tharauf gemacht fein worben, aber ihrer ift gar
nicht gebacht worben. ... Mein tochter ift nun in ihr eigen hauff, baß J. L.
hatt bauwen laffen[2]), hatt nimans bey fich als ihr frawenzimmer, J. L. beybe
herrn fchwagers: Marcgraf Albert unbt Christian Ludwig, wie auch ben
Rauwgraf; tharaus können fie fehen, baß er fer in genaben bey mein tochter
ift, weil er mit bes eslus ift. ... Der Herzug von Zell wirbt nach Loo
gehen mit ein suite von hunbert hunbe, bie gemallin[3]) bleibt zu hauff. Jch
verbleibe ...

Sophie Courfürftin.

207.

An bie Raugräfin Louise.

Herenhausen ben 1/11. Sept. 1699.

... Die gutte Königin von Portugal[4]) werben fie beklagen; ift unerhort,
baß man ftirbt von ohren-burchboren-laffen, man facht aber, baß in bem lant
alle leute bas geblüt von Franfosen corompirt haben unbt alfo alle wunben
tobtlich fein. Der gutte König von Dennemarc[5]) ift balt gefolgt; bie alte
Herzugin von Modena ift auch tobt; wirbt eine vornheme gefelfchaft auf
einmal in bie anbere welt kommen. Jch bin auch zu Linsburg kranck geweffen,
aber meine reiff ift wiber abbeftelt worben, auf wie viel zeit: ftehett bey Gott.
... Jch wünfche, baß bie reformirte gefanten viel guttes ausrichten mögen,

---

1) Jn Folge ber berüct. Klaufel zu b. Ryswiler Friebensvertrage, woburch bas
Fortbeftehen ber früheren kirchl. Ufurpationen gutgeheißen wurbe. Vgl. Häuffer a. a. O. II,
S. 803 ff.

2) Sophie Charlotte hatte bas von ihrem Oberhofmeifter Dobrzinsky erbante fchöne
Lanbgut Ruheleben für 25000 Th. gekauft u. fich baraus feit 1695 burch Schlüter in
großart. ital. Style bas Schloß Lüßelburg (Charlottenburg) bauen u. weitläuf. Gärten nach
ben Riffen bes ber. Le Notre babei anlegen laffen. Am 11. Juli 1699, am Geburtstage
ihres Gemahls, fanb bie Einweihung ftatt.   3) Eleonore (b'Olbreufe).

4) Maria Sophia; vgl. S. 52, N. 7.   5) Chriftian V.

aber der König Wilhelm ihm[1]) fridenschluß hatt sich der gutten leute wenig angenommen, sunsten würde es ihnen in Franckerich nicht so übel gehen. Es ist mir doch eine trübe, daß sie nun eine kleine kirg in Hanover haben[2]), da sie auch rümlich zu contribuihrt haben, welges hir ser aplaudirt wirbt bey unser kleine gemeine. . . . Meine Longeul[3]) ist braut mit Mr. Benesen[4]), ein gar wackerer man hir aus dem lant. Ihr bruder[5]) benckt aber nicht an heirabten, ist ihmer bey mein tochter zu Lützenburg[6]), ein hauß, so sie hatt bauwen laßen unbt nur halb fertig ist. Unbt ich spatzire hir ihm[1]) garten vor die gesunbtheit unbt bin . . .

Sophie Courfürstin.

208.

An die Raugräfin Louise in Frankfurt.

1699
Oct. 1/11

Hanover ben 1/11. Oct. 1699.

. . . Es ist hir ein Envoié von Schweden, so Stralheim[7]) heist, so kammerherr bey Courpfalz gewesen ist, hatt mir erzelt, daß die Grefin von Bentheim borten nach ben hofffreilen muß gehen unbt ihnen die ehrste visite hatt geben; bißes wunbert mich ser. . . . Unsere kirg[8]) soll nun balt eingweit werben unbt habe ich mich ein ser schönen stul laßen machen, welges die gutte leute trübt unbt mir auch eine trübe wirbt sein, der gemeine, so nun so ungelücklich, zum trost beyzuwonnen; bin fro, daß die gutte leute bey ihnen herum elf kirgen bekommen, hoffe, daß die Fransosen mit ihrem krig sie nicht wider weck werben jhagen. . . .

Sophie Courfürstin.

209.

An die Raugräfin Louise in Frankfurt.

1699
Oct. 19/29

Herenhausen ben 19/29. Oct. 1699.

Die zeibung hat vor bißesmal die warheit gesacht, ban mein tochter ist nach Teßau[9]) gereist unbt von thar mit die fürstin von Anhalt unbt alle Dero töchter zu Leibsig gewesen, nemlich die Princesin Racheville[10]) unbt die von Westfrislant, beybe wittib, unbt eine geheirabte von Saxsen unbt eine Prin-

---

1) = im.
2) Im J. 1697 warb ben französ. Reformierten unter Kurf. Ernst August gestattet, eine Gemeinde zu bilden. Dieses geschah 1699 durch Vermittlung der Kurf. Sophie.
3) = Longueil.   4) = Jobst Heinr. v. Bennigsen.
5) Raugr. Karl Moritz.   6) Vgl. S. 195, N. 2.
7) Graf Henning von Stralenheim.   8) Vgl. oben N. 2.
9) = Dessau.   10) = Rabziwil.

cesin Henriette, bie noch lebig iſt; haben ſich thar ſer luſtig gemacht. Mein
ſohn Ernest August iſt auch thar geweſen, rümbt bie Polniſche Herrn gar ſer;
hätten ben Rauwgraf wol nicht tobt geſoffen, ban ſie ſowol als Dero könig haben
vor biſſes mal galant wollen ſein unbt haben gar nicht geſoffen. Aber er[1]
ſagt bißweillen ben leuten bie warheit mal à propo, unbt alle leute können
kein railleri verſtehen; ich halte, baß er berhalben nicht mit iſt geweſen. . . .
Wan mein tochter tharbey iſt, brinckt boch biſſer nimmer wein ohne waſſer,
aber bie medisance ſacht, er habe ihmer bie boutteille beim bette unbt beim
früſtück; wirbt ſich gans mit verberben, wan es war iſt; ber Herr von Obdam[2]
ſagte es, ich bin aber bang, baß er ihn mus mit worten piquirt haben, baß er
ihn hirüber ſo verachte. Ich halte, es wirbt auch wol in bie gazetten ſtehen,
wie baß ber Marcgraf[3] ſeine reiche braut verlaſſen unbt ſich zu Leibſig mit
einer ſer ſchönen Princeſin von Weiſſenfelt verſprochen hatt. . . . Es iſt nun
auch ein Envoié vom Keiſer hir, ber Graf von Diderichsten[4], ein ſer wackerer
herr, hatt viel verſtanbt, hatt mir ein überaus genebig hanbtſchreiben von J.
K. M. ber Keiſerin[5] mitgebracht. Ich bin enbarasſirt geweſen, meine unber-
benige banckbarkeit an bag zu geben, ban ich kan mich nicht, wie ich ſolte, in
alle bie bemüttige termes ſchicken, ſie recht à propo zu bringen unbt ohne
klecken[6] zu ſchreiben. . . .

Sophie Courfürſtin.

210.

An bie Raugräfin Louiſe in Frankfurt.

Herenhausen ben 26. Oct./5. Nov. 1699.

1699
Oct. 26/
Nov. 5

Es iſt mir zwar lieb, mein herzliebe Bas, baß ſie ben Rauwgraf bey ſich
haben, allein ich habe mich zu beklagen, baß er nicht iſt hirauf zukommen,
welges ich ihm nicht werbe verzeien, wan er nicht ſeine zurückreiſſe hirauf zu
nimbt. Ich bin recht fro, baß er ſich bas brincken abgewont, welges ich allein
vor ein laſter bey ihm finbe; bie zwe anbere caliteten, ba ber Lantgraf Carl[7]
ihm mit beſchulbigt, habe ich gar nicht bey ihm befunben, als wan ber wein
bie überhanbt nimbt, wie es vermuttlich mit bem Prins Pio mus geweſen ſein,
ban biſſer iſt ein ſtiller herr, ber nicht ſucht, ihmans zu desobligiren; was
aber ber Herr von Obdam[8] wiber ihn hatt, kan ich nicht weiſſen. Mein tochter
ſchreibt mir, ſie mus ſich mit bem Pere Vota[9], beichtvatter vom König von

---

1) Der Raugraf Karl Moriz.
2) Opbam Baron von Waſſenaer, hollänb. Geſanbter am Berliner Hofe.
3) Chriſtian Ernſt von Baireuth.   4) = Dietrichſtein.
5) Eleonore.   6) = Kleckſe.   7) Von Heſſen-Rheinfels.
8) Vgl. oben N. 2.
9) Carlo Maur. Bota, Jeſuit; vgl. Guhrauer, Leibniz, II, S. 202 ff.

Polen behelffen, nun der Rauwgraf nicht bey ihr ist, der von ser gutter conversation soll sein. Der Marckgraf von Bareit[1]) hatt seine hochzeit mit die
schöne Princesin von Weissenfelt celebrirt, war den abent von der hochzeit
so bruncken, daß man ihn zu bette drug, undt einschlieff, der König aber 4 stundt
tharnach brachte ihm die braut, die J. M. zeit genung hatten, vor ihn zu
prepariren, wan die braut mit ehns were gewessen. Der König von Pollen[2])
hatt oft bey meine tochter gespeist, da J. L. ihn raillirten undt fragten: »Pour-
quoi ne parlés vous plus avec la Könismarc?« tharauf er antworte: »Parceque je luy ay trop parlé«. Mein tochter ist ser satisfait von J. M. undt
von Dero reiss; allein [es] were die fatigue gar zu groß gewessen bey alle die
zeitverdreib, so man gehatt hatt. Mr. Rose ist nun einmal todt sowol als sein
sohn undt sol ser christlich gestorben sein; die weiber werden ihn beklagen, dan
er war ein gutter fründt undt diesem haus ser affectionirt, allein die männer
waren nimals sicher, wan er gedruncken hatte, daß er sie nicht carellirte[3]).
Wan man zu Franckfort keine fraw vor unsern Rauwgraf kan finden, da so
viel leute hinkommen, weis ich hir wol keine; er mus sie selber wellen[4]) undt
suchen, da viel gelt ist; es gehören aber zwe zum kauff. Ich verbleibe . . .

Sophie Courfürstin.

211.

An die Raugräfin Louise in Frankfurt.

1699
Nov. 5/15

Hanover den 5/15. Nov. 1699.

Ich mus diesen brif anfangen mit die zeidung, daß der alte Mr. Rose
nicht thodt ist undt sich einbilt, er habe unsern Herrn Christus gesehen, welger
ihm gesacht hatt: alle seine sünden weren ihm vergeben undt er würde selig
werden, also daß er nun nur wünst, zu sterben, um in die ebige früde zu
gelangen. Er sol aber gans aus gefar von sterben sein, aber wol etwas lam[5])
bleiben. . . . Ich weis nicht, wie man an die Histori kombt, daß mein tochter
so viel gelt solte gewonnen haben, dan es ist zu Leibsig gar nicht viel gespilt,
sundern mit tantzen, commedi, opera undt verkleidung die zeit hingebracht
worden. Mr. Stepnay[6]) hatt mir gesacht, J. M. der König in Polen weren
gewessen als wan sie ein rechten respect vor mein tochter hätten gehabt undt
hätten sich so artig, höfflich undt wol die gansse zeit gouvernirt, daß man
eine rechte estime vor J. M. haben müste.

Mein tochter defendirt den Rauwgraf[7]) gar ser, sacht, es were war[8]),
der Herr von Obdam[9]) hätte ihn ehnmal voll gesehen, da er dan den Herrn

---

1) = Baireuth; vgl. S. 197, N. 3.   2) Friedr. August.
3) = querellierte.   4) = wählen.   5) = lahm.
6) Vgl. S. 133, N. 5.   7) Karl Moritz.   8) = wahr.
9) Vgl. S. 197, N. 2.

von Obdam etwas brusquirt hätte, sunften were er gar nicht so, wie der Herr
von Obdam ihn gemacht hätte. . . . Den gutten Graf von Witgensten[1])
beklage ich zwar ser, er war aber ungelücklich: zu Heydelberg war ehr der
ehrste, hir aber nur wie ein Oberster tractirt, das mich ihmer leit thabt. Allein
die neüwe Grafen thun die alte tort, dan sie tractiren sie de pair; der Herr
Graf von Wartenberg[2]) meint, er sehe besser, als Graf Barfus[3]), dan er
sacht, Wartenberg sehe eine Baroni, die er in eine Grafschaft vom Keiser hätte
machen lassen, were also ein Reichsgraf. Ob das so sein kan, weis ich nicht,
aber wol, daß, so lang ich lebe, ich ihnen dreien ergeben bin.

Sophie Courfürstin.

212.

An die Raugräfin Louise in Frankfurt.

Hanover den 7/17. Dec. 1699.

1699
Dec. 7/17

Wan ich nichts zu sagen habe, mein liebe Bas, so schreibe ich nicht, mus
aber nun sagen, daß unsere Königin[4]) nur ein tochter hatt; man mus hoffen,
daß ein ander jhar gelücklicher wirdt sein. Der König[5]) hatt von tendresse
geweint, wie J. M. in kindtsnötten sein geweßen; Keiser undt Keiserin waren
auch tharbey, sollen doch alle fro sein, undt ist grosse galla bey hoff gehalten
worden; auch hatt St. Nicolas der Königin ein hauffen schöne sachen gebracht
undt der Herzugin auch. Der brif von die Königin von Spanien[6]) ist ser
genebig, dan es stehett von viel genab tharin; müchte wissen, wie es die Ber-
lipssche[7]) gehett, ob sie schon wech ist aus Spanien. Mein tochter hatt die
verenderung gehatt von eine moscowittische ambazade; der ambazadeur soll
ser viel verstandt haben undt die ambazadrise ein überaus schön gesicht haben,
obschon nach unsere weis boll coiffirt undt gekleit undt tharzu schwanger soll
sein, soll artig singen, kan aber nichts als mascowittisch sprechen, der ambazadeur aber latein. Der Stralin[8]) ist hir so galant, daß er dames in
schlitten hatt gefurt undt ihnen eine malzeit undt ein bal geben; es waren zwar
pauken undt trompetten tharbey, aber nur 5 schlitten. Die dames waren aus
Graf Platen haus; die junge Grefin[9]) ist grob schwanger, hatt also nicht mit
gefahren; die alte ist noch auf ehn manihr, kan schwerlich sprechen, ist wie
einfeltig, kombt nicht aus der kammer. Von unsern Rauwgraf habe ich noch

---

1) Graf Aug. v. Wittgenstein.
2) Johann Kasimir Kolbe v. Wartenberg, ward 1704 Reichsgraf.
3) Joh. Albr. v. Barfuß.   4) Amalie Wilhelmine.   5) Joseph (I.).
6) Maria Anna; vgl. S. 59, N. 13.   7) v. Berlepsch.
8) = Stralenheim; vgl. S. 196, N. 7.
9) Sophie, geb. v. Offelen; vgl. S. 154, N. 3.

nichts gehort, verlange ihn zu sehen undt werde bis ihn[1]) todt ihnen beide gans eigen verbleiben.

Sophie.

P. S.

Wir haben nun zwe kirgen[2]), ehne zu Hamelen undt ehne zu Hanover, da schon geprebigt wirdt.

213.

An die Raugräfin Louise in Frankfurt.

Hanover ben 3. Jeanwari 1700.

1700
Jan. 3

Ich wil mit ihnen hoffen, meine liebe Bas, daß, weil die Römische Königin keine zeit versümbt hatt, eine Ertzherzugin zur welt zu bringen, ein ander mal ein Prins wirdt kommen, dan J. M. haben noch zeit genung tharzu. Mit die Herzugin von Lotteringen[3]) ist es bey die blattern gelücklich abgangen, sollen gar nicht verdorben sein, welges Madam einem] recept zuschreibt, so J. L. von ihnen bekommen haben, sein nun schon wieder bey Dero Herr, dan die inpatience ist groß gewessen, wieder beysammen zu sein. Es mus dem Rauwgraf wol bey seiner fraw mutter selig] verwante gefallen, daß sie so lang thar bleiben; mein tochter klagt auch, daß er so lang ausbleibt, sunderlich der Courtprins von Brandenburg[4]), der ihn gar lieb hatt. Kombt er aber nach versprechen her, werden wir ihn nicht so balt von hir lassen. Der jubelir Jolet ist von hir nach Franckfort, hatt mich erzelt, daß die verwittibte Herzugin von Eisenach gans Pietiste geworden ist, soll mit ihre leute aus holffenern schüsseln undt leffelen essen undt ihren domestiquen vorbetten; müchte wol wissen, ob es war ist, dan man hatt mich auch erzelt, J. L. weren mit 6 pfert ausgefaren, so soll der pfarrer Francke[5]) geloffen sein undt J. L. gesacht haben: 6 pfert weren zu viel, sie könte wol mit zween fharen. So soll die Herzugin geantwort haben: sein mantel were auch zu lang, er könte wol mit ein kürzern zukommen. Welges, wan es war ist, doch erweist, daß sie nicht so gar eingenommen sein von die Pietisten-Dorheiten. Hir sein wir auch in devotion wegen den christbag, mus derhalben enbigen undt zum beschlus ihnen alle brey ein gelückselig Neüwjhar wünschen.

Sophie.

---

1) = in.   2) Zwei reformierte Kirchen.
3) Elisabeth Charlotte, Tochter der Elis. Charl., der Herzogin von Orléans, vermählt an den Herzog Leop. Jos. Karl von Lothringen.
4) Friedrich Wilhelm (I.).   5) Vgl. S. 190, N. 9.

214.

An die Raugräfin Louise in Frankfurt.

Hanover den 23. Febr. 1700.

... Diſſen abent wirdt mein tochter hir ſein ſambt den Rauwgraf[1]), Mr. d'Obdam[2]) unbt Baron Hardin, der ehne vor die conversation, der anber zum tanßen unbt der britte vor die music, ban er ſpilt aus der maſſen wol auf die viol de gambe. J. L. haben recht, die luſt mitzubringen, ban hir iſt ſie gar ſchlecht unbt gar kein carnaval geweſſen: vor mir ſchickt es ſich nicht unbt andere fragen nichts tharnach. Wir haben hir ben Baron Saffi von Cour Trir unbt Baron Simioni iſt hir geweſſen von Cour Cöllen, ſer wackere leute. Mit Courpfalz ſtehen wir auch wol, haben Neuwjharsbrif gewechſelt; könte es ihnen zu gutt kommen, were es mir lieb, aber, wie ich von dem Rauw-graf vernommen, regiren die Diner am meiſten. ...

Sophie Courfürſtin.

215.

An die Raugräfin Louise in Frankfurt.

Hanover den 2. April 1700.

Weil mein tochter nun hir, mein liebe Bas, habe ich an kein ſchreiben gedacht, weil ich aber nochmals mit ihre angnheme zeillen bin erfrübt worden, wil ich nicht haben, daß ſie meinen ſolte, ich hätte ſie gar vergeſſen unbt behülfe mich allein mit ihren bruber[3]), welger nun auch hir iſt. Sie hatt groſſ recht, zu ſagen, daß ſeine conversation wol was weniger hißig müchte ſein unbt ni-mans offendiren, aber er rebt ehrſt unbt denckt tharnach; es macht uns zwar lachen, aber nicht zu ſein advantage. Er iſt aber voll ſeüwer unbt was er benckt, bas mus heraus; hatt ein groſſ herß unbt ein gutt gemütt, das ihn geliebt macht von [benen,] die ihn kennen, aber andere wiſſen bißweillen nicht, was ſie ſagen ſollen, wan er ihnen bie warheit ſacht. Meine Longeul hatt geſtern hochzeit gehalten mit ihren beſtenbigen liebhaber Mr. Benſen[4]); bie mutter hatte es anfanglich erlaubt, hernacher ben heirabt brechen wollen, weil er evangeliſch iſt; ſo habe ich es ohne ſie fort laſſen gehen, ban ſie haben ſich gar lieb, unbt aus kargheit wolte die mutter, baß ihre tochter keinen man ſolte haben, um ihr kein heirabtsgelt zu geben. Ich hoffe, ſie wirdt nun von ihr ſchnupen unbt huſten frey ſein, ban ich werde mich ihmer intereſsiren in alles was ihnen alle 3 angheht. Wie es in Holsten unbt vor Riga gangen, werden die gazetten ſchon berichten.[5])

S.

---

1) Karl Moriß. 2) Vgl. S. 197, N. 2.
3) Raugraf Karl Moriß. 4) = v. Bennigſen; vgl. S. 196, N. 4.
5) Anfang des norbiſchen Krieges: bie norb. Allirten hatten zu gleicher Zeit an.

216.

An die Raugräfin Louise in Frankfurt.

1700
Mai 12

Herenhausen den 12. May 1700.

Ich habe auf zwe Dero werde schreiben zu antworten, welge beyde ser angnhem, mein liebe Bas; ich aber bin ser faul ihm[1] antworten, dan ich werde ihmer dummer, aber nicht verendert gegen ihnen, die ich von herzen liebe undt estimire. Ich halte, die gutte Königin in Polen[2] würde den brunen[3] nicht nötig haben, wan J. M. weniger chagrin hätten. Hir redt man von nichts als von dem krig, den wir in der nachbarschaft haben. Tuningen[4] helt sich noch, ob schon mit Bumben attaquirt worden. Ich schreibe mein Bas ihm[1] Garten, kan vor bisses mal nicht mer sagen als baß ich ihnen beyde gans ergeben bin.

Sophie.

217.

An die Raugräfin Louise.

1700
Juli 24

Herenhausen den 24. Juli 1700.

Weil ich wol weis, baß sie part nhemen in alles was uns angehett, schicke ich die relation hirbey, wie der Graf Allefelt mit sein ordre vom Elefant sambt dem bloen bant[5], da man ihn an hatt können können, ist ausgerissen[6]. Er hatt schlime spionen gehatt, ban am anfang hatt er gemeint, wir hätten hir gar keine geworbene leute, undt hernacher, wir hätten vil mer als er; war beydes gefelt. Was mir bey die sache ser jamert, sein die weiber, davon zwe oder 3 sein tobt geschossen, eine sambt ihr kindt an der brust, die andern gans nackt ausgezogen. Des general Neitzen fraw[7] ligt ihm[1] kindtbett, hatt ihres Herrn beste sachen bey sich zu Brunswig; es ist der Neitz, dessen tochter metres vom König von Polen[8] ist gewessen. Die gutte Königin[9] wirbt vom

---

greifen wollen. Auf Pattkuls Rath ward schon im Febr. ein Handstreich gegen Riga versucht. Im März begannen auch die Dänen den Angriff auf die holstein-gottorp. Fürsten. Celle u. Hannover sandten auf Schwedens Anrufen Truppen nach Holstein.

    1) = ihm.   2) Christiane Eberhardine.   3) = Brunnen.

    4) Die Stadt Tönning (in d. Prov. Schleswig-Holstein) ward für König Friedrich IV. von Dänemark vom Herzog Albrecht von Württemberg 22. Apr.—2. Juni 1700 belagert u. bombardiert. Beim Anrücken der niedersächs. Kreisarmee räumte Herzog Albrecht das Feld.

    5) Der Elephanten-Orden mit blauem Bande.

    6) Im Juli 1700 war der Graf Ahlefeld, der dänische Gesandte am Dresdener Hofe, mit sächsisch-polnischen Truppen in den südl. Theil des Herzogt. Lüneburg eingebrochen u. hatte die Ämter Fallersleben, Gifhorn u. Campen gebrandschatzt, ward aber von den hannov. Generälen v. Bülow u. v. Ohr in die Flucht geschlagen.

    7) = Reitschütz; vgl. S. 117, N. 3.   8) Kurf. Friedr. August v. Sachsen.

    9) Christine Eberhardine.

König in Polen nicht verlangt, ich habe als das contrari gemeint unbt baß man sich J. M. zum lockfogel würde brauchen wollen. Disse völcker, so Graf Alefelt commendirte, waren vom König in Polen an König von Denne-marc ¹) überlassen; er hatt sie übel angebracht. Man redt nun vil vom friden, aber der arme Graf wirdt seine reputation schwerlich wider bekommen; zudem haben unsere Herrn seine gütter in Holsten zur revange plündern lassen. Sie würden sich verwundern, was ein flüchten nach der statt hir vom lant war, unbt nach Zell ihm ²) geleichgen. Ich bin aber nicht von Herenhausen kommen, ban ich bin gar nicht furchtsam, bachte, wan es nott ist, wirdt man es uns wol sagen. Die Grefin von Bückeburg ³) hatt mir eine visite geben, die mir zwar ser agnhem war, aber die von ihnen beyde were mich noch lieber gewessen. Der Rauwgraf ist ser kranck gewessen; ist kein wunder, ban er kan bas brincken nicht lassen, thut sich tort tharmit, ban es macht ihn ridicul, sacht ban dor-heiten, da man wol über lachen mus; aber es scheint, baß er es nicht lassen kan, ban es wirdt ihm genung gesacht. Es verdrist mich recht, ban ich habe ihn recht lieb. Mein tochter hatt ihm stracks einen doctor geschickt unbt vor ihn gesorgt. Er war wider wol, aber ein aug war noch übel, unbt sagt der doctor, er würde sich mit bem sauffen gans verberben. Ich verbleibe ihnen alle, mein liebe Bas, gans ergeben unbt wünsche, baß der saurbrun wol be-kommen mag.

Sophie.

218.

An die Raugräfin Louise in Frankfurt.

Herenhausen ben 21. Aug. 1700.   1700
Aug. 21

Es ist mich recht leit, mein liebe Bas, baß die Grefin Amali sich noch so übel befindt, ban ich halte es vor das gröste ungelück in der welt, kranck zu sein. Der doctor, so durch s[ym]pati curirt, ist ohne zweivel einer, der die ührin ⁴) vom kranken nimbt unbt ihn, ohne was einzugeben, schwitzen macht; es thut aber nimans gutt. Der fraw Coppensten remedi ist ohne gefar: man legt sich nur auf ein hauffen Birckenbletter unbt beckt sich auch mit folge bletter zu; doch mus die hertzgrube frey bleiben; bas macht so schwitzen, baß all bas kalck vom potegra herauffer kombt.

Nun mus ich ihr auch die gutte zeidung sagen, baß der fribe ben 18. unberschriben unbt geschlossen ist worden ⁵), ser advantageus vor ben Hertzug von Gottdorf ⁶) unbt vor bisses haus. Ich halte, der König von Dennemarc

---

1) Friedrich IV.   2) = ihm.   3) Vgl. S. 107, N. 1.   4) = Urin.
5) Zu Travendal. König Friedr. IV. von Dänemark ward gezwungen, die Rechte des Herzogs von Holstein-Gottorp anzuerkennen u. Hannover gegenüber sich zu verpflichten, der Primogenitur u. Kurwürde sich nicht ferner zu widersetzen.   6) = Gottorp.

ist auch fro, aus dieser sach zu sein, dan da man am sterckſten war, hätte man J. M. noch vil gröſſern ſchaden können thun, welges aber des Herzugs von Zell undt mein ſohns intention nicht war, ſundern nur fribt zu machen. Die Fransosen haben mit diſſem friden nichts zu thun gehatt, haben zwar die nas tharbey wollen haben, iſt aber nicht angangen. Man hatt mir geſacht, der Graf von Schonburg were todt. Mit wem hatt dan der Duc de Chomburg proces? Es iſt ein Graf von Waldeck¹) hir geweſſen, der eine Pfalzgreſin wirbt heiraben, müchte wiſſen, was es vor eine iſt. Ich habe ihn nicht geſehen. Wir haben wider eine traur durch den todt vom Duc de Gloster²); die Princes iſt wol zu beklagen, verlirt alle ihre kinder, ſein nicht auf die dauer gemacht. So lang ich daure, werde ich ihnen beyde ganz ergeben ſein.

Sophie.

219.

An die Raugräfin Louiſe in Frankfurt.

1700
Aug. 29

Herenhausen den 29. Aug. 1700.

Der frid³), mein liebe Bas, iſt nun Gottlob ſchon in Druck undt ſein meine ſöhn ſelber vergangen freibag wider zu haus undt der Herzug wider zu Zell; iſt alles zu unſer lob abgangen, dan wir wolten nicht den todt des ſünders, ſundern daß er ſich bekerte undt lebte⁴). Der König von Dennemarc⁵) iſt ein recht gutter Herr, aber ſer übel bedint. Der brave König von Schweden⁶) iſt nur mit zwe tauſent man in Selant angelant geweſſen, die andern konten wegen contrari windt nicht landen, undt hatten die Dännen bey die 8 tauſent man, hätten den König von Schweden gar wol fangen kön-

---

1) Graf Friedrich Anton Ulrich v. Waldeck (welcher 1691 zu Wolfenbüttel den Raugrafen Karl Kaſimir im Duell erſtach; vgl. Br. 97, S. 94, N. 2). Er vermählte ſich 1700 mit b. Pfalzgräfin Louiſe von Birkenfeld. 1706 folgte er ſeinem Vater Chriſtian Ludw. in der Regierung, † 1728. Die Herzogin v. Orléans ſchreibt am 7. Mai 1699 an die Raugr. Louiſe: „Der graff v. Waldeck, ſo hir geweßen, ſicht ſtüriſch drein; es wundert mich gar nicht, daß er der Prinzeß von Birkenfeldt gar nicht geſelt"; u. am 11. Aug. 1717: „Der Graff v. Waldeck, ſo ſich zu Fürſten hat machen laſſen, iſt der pfalzgraffen v. Birckenfelts ſchwager; ich habe ihn hir geſehen; ich halte ihn nicht vor gar ſchlau, er iſt dick, ſett u. ſpricht kein wordt einen tag lang. Ich weiß nicht, ob ſeine gemahlin ihn nun lieb hat, ſie hat ihn bitter ungern genommen. Es ſoll ihm gar leybt ſein, ewern bruder erſtochen zu haben"; vgl. Bibl. des lit. B. in Stuttg. 88, S. 140; 122, S. 79.

2) Am 24. Jul./3. Aug. 1700 ſtarb der elfjähr. Herzog von Glocester, der Sohn der (mit Prinz Georg von Dänemark verheiratheten) Prinzeß Anna, der Erbin der engl. Krone nach Wilhelms III. Tode. Da von dieſer nun keine Deſcendenz mehr zu erwarten war, u. die Bill of Rights die röm.-kathol. Verwandten von der Thronfolge ausſchloß, kam für die künft. Succeſſion die Kurf. Sophie von Hannover in Frage.

3) Von Travendal; vgl. S. 203, N. 5.   4) Vgl. Ezech. 33, 11.
5) Friedrich IV.   6) Karl XII.

nen. Schack commendirte die Dännen, sol auch tharüber in ungnaden sein. Nun ist alles gutt, dan der König von Schweden hatt sein genereux gemüte undt generositet auch bewisen undt ser gutte order ihm[1]) Dannischen gehalten undt alles vor gelt bezalt. Wie es mit dem König in Polen wirdt gehen, weis man noch nicht, in dem secreten accord stehett, daß die Dannen ihm gegen Schweden nicht werden beystehen, wie auch daß sie meinen sohn vor Courfürst erkännen undt mit der Prime geniture zufriden sein undt nichts thargegen werden thun. Der Herzug von Gloster[2]) wirdt ser beklagt, dan was mich an-belangt, denck ich mer ans himelreich als an das von Englant[3]); das Parlament hatt mich auch zur succession nicht genent, sunsten würde ich gewis die stim vom Duc de Chonburg[4]) vor mich haben oder vielmer meine kinder; doch mein sohn der Courfürst findt sich nun gelücklicher undt verlangt die Cron nicht, ich habe aber noch 3 andere söhn, da könten sie die wal[5]) von haben. Der Courprins von Brandenburg[6]) wirdt hir durcher reisen, wan es tharbey bleibt, daß J. L. nach Loo gehen, da früwe ich mich auf — undt bleibe ihnen beyde gans ergeben. Wie lang werdet ihr noch La contesse de Pinbaiche[7]) zu Wetzler machen? ich weis nicht, worin der proces bestehett.

Sophie Courfürstin.

220.

An die Raugräfin Louise in Frankfurt.

Herenhausen den 5. Sept. 1700.

1700
Sept. 5

Es ist mir herzlich leit, daß so viel Doctoren bey Dero schwester consultirt werden, dan ich halte sie alle vor charlottans[8]), die viel raisonniren undt doch nicht räthen können was man ihm[9]) leib hatt. Dr. Tac[10]) war aufrichtig: wan man sich klagte undt ihn fragte, wo es herkäme, daß man ehns oder an-ders fülte, sagte er platt aus: „Ich weis es nicht; wolt ihr aber haben, daß ich euch soll eine harangue tharher machen, wie andere lügen, wil ich es thun", nente aber tharbey remedien, sagte: „Disses habe ich ehnem gegeben, der sich

---

1) — im. 2) Vgl. S. 204, N. 2.

3) Am 18. Aug. 1700 schreibt die Kurf. Sophie an Leibniz: „Si j'estois plus jeune, j'aurois lieu de me flatter d'une couronne, mais à present, si j'avois le choix, j'aimerois mieux d'accroistre mes années que d'accroistre ma grandeur."

4) Mainhard v. Schönburg; vgl. S. 24, N. 2. 5) — Wahl.

6) Friedrich Wilhelm (I.). 7) Wird sich auf ein Schauspiel beziehen; Pinbaiche wol = pimbêche, Zierpuppe.

8) — charlatans. 9) — im.

10) Otto Tachen, Arzt zu Benedig, Erfinder verschiedener Geheimmittel, so des Vipern-salzes oder Alkahest. Er wird von der Kurf. Sophie schon wiederholt erwähnt in ihren Briefen an ihren Bruder, den Kurf. Karl Ludwig; vgl. Public. a. d. K. Pr. Staatsarch., Band 26.

auch so klagte, wie ihr thut, dem hatt es geholffen; wolt ihr es versuchen, vielleicht wirdt es euch auch helffen", undt war gelücklich in seine curen. Man
hatt mein tochter geratten, das batt von Acken[1]) zu gebrauchen. J. L. kamen
gestern hir, haben mir gebetten, mit zu gehen, undt par mon chin de tendre
kan ich es nicht abschlagen. Sie haben die Grefin von Donna undt die Princes von Zolleren bey sich neben Dero hoffdames; ich werde J. L. chapron[2])
sein. Sie wollen den heirabt von Pfalzgraf Carl gar nicht vor reich noch vor
gutt halten, dan aus Pollen lest man kein gelt gehen an barschaft undt die
gütter kan ein frember auch nicht geniessen, wie J. L. der Pfalzgraf schon spüren
an Dero ehrste gemallin, undt ist die braut von geburt nur adelich, die von
Hohenlo ist von besser haus. Mein tochter beklagt den Rauwgraf gar ser
wegen sein aug undt ist er tharbey opiniatre, was rechts tharzu zu thun. Es
soll erschrecklich aussehen; es ist das schlime aug, er kan mit sehen, es weckst
aber ein stück fleisch heraus; er drägt ein mechtig groff plaster tharauf schir
über den ganssen backen. Er ist in grossen genaden beym Courprins[3]). Disser
ist hir durcher passirt, um nach Loo zu gehen zum König von Engelant, sol
auch Hollant undt Brussel sehen. Solte ich ihr dissen Prins recht beschreiben,
were disses papir nicht groff genung, sein rhum tharauf zu setzen; er sieht aus
wie man die Engeltien[4]) malt, ist nun 12 jhar alt undt spricht von alles, als
wan er von 30 were, sagt einem ihden was obligants, gans unggzwungen ist
seine fründlichkeit. Ich bekänne, ich bin gans verliebt von J. L., dan ich habe
mein leben nic t artigers gesehen; er ist was starck, ich hoffe aber, er wirdt es
auswacksen. Er sacht, er habe den Rauwgraf menacirt: allemal [wan] er ihn
voll sicht, [ihm] ein mont gage abzuzigen, dan er stehett under sein commando,
ist Oberstlieut. von J. L. Regement, undt sagt der Courprins, seine compani
were die schönste von allen. J. L. reden gar nicht wie ein kind, wissen das
detail von alles; Gott wolle ihn nur erhalten; er sicht ser gesundt aus, hatt
ein hauffen blunde har; wan die frisirt sein, sicht er aus wie man Cupido
malt; aber seine obligante artige manihren sein nicht zu beschreiben. Der
Graf von Wartenberg undt seine gemallin[5]) haben sich gegen mein tochter ge-
demütiget undt kombt nun bey hoff. Der Graf von Waldeck, den sie zu viel
raillirte, ist unschulbig zu das unglück[6]) kommen, es war auf beyden seiten
kindtheit undt tractirte der selige Rauwgraf[7]) ihn gar zu übel, war vil schulbt
an sein unglück; weil es ein unangnhemer Herr soll sein, raillirte er ihn gar

---

1) = Aachen.   2) Vgl. S. 56, N. 1.   3) Friedrich Wilhelm (I).
4) Engelchen.
5) Katharina, eine Rheinländerin, Tochter eines Weinschenken Rückert. Ein Kammer-
diener Biebekap hatte sie geheirathet u. mit nach Berlin gebracht; hier lernte sie Kolbe
(Wartenberg) kennen, nahm sie erst zur Mätresse, dann zur Frau.
6) Den Raugr. Karl Kasimir im Zweikampf getöbtet zu haben; vgl. S. 204, N. 1.
7) Karl Kasimir.

zu grob. Es ist schabt, daß er eine wackere Princesin[1]) bekombt, ich meine, die fraw mutter von disse seye eine Princesin von Zwebrück . . .

Sophie Courfürstin.

221.

An die Raugräfin Louise in Frankfurt[2]).

Hanover ben 1. Dec. 1700.

Ich habe ihre zwe brieffe sehr wohl erhalten, bin aber nicht im stande, selber barauf zu antworten, durch ben fall, so ich zu Cleve gethan habe auf bie rechte schulter, da ich noch lahm von bin. Von unserm Raugraffen habe ich lang nichts gehört unb weiß nicht, wie es mit seinem Auge stehet. Wan es nicht besser ist, wird er woll nicht mit nach Preußen gehen, da ber Churfürst mit ber Churfürstin unb ber gantze Hoffstabt noch hin will, umb sich als Friederich ber Erste, König in Preußen, kröhnen zu lassen[3]). Meine tochter wird in 2 tagen von hier gehen. Vom Keyserl. Hoff höret man sonst nic t als baß man bie trauer vor ben König von Spanien alba eingerichtet habe; was man übrigens baselbst resolvirt, weiß man noch nicht. Ich verhoffe, balb mit eigener hand schreiben zu können, inmittels werbe ich aber bestenbig ihr zu bihnen ergeben seyn.

Sophie.

222.

An die Raugräfin Louise in Frankfurt.

Hanover ben 22. Dec. 1700.

Mit disse wenig zeillen mus ich ihnen berichten, baß ber Rauwgraf gestern gegen abent hir ist kommen. Mein sohn ber Courfürst hatt ihn ihm[4]) schloff logirt undt wil ihn curiren lassen. Der appel von sein aug ist frisch undt gutt, hatt auch keine schmertzen, allein unben am gelitt[5]) ist fleis[6]) heraus ge- wachsen, ganz rott, ein stro breit, bas, wan es noch grösser wüchse, ben appel vom aug ganz bebecken würbe. Es ist bas hesselige lincke aug zu allem gelück. Heute werben unsere seltscherer (bie gutten rhum haben) es besehen. Meine hanbt, Gottlob, kan nun wider schreiben, aber mein schoulber wirbt wol bissen winter nicht wiber gans zu stercke kommen; ich bin zufriben mit [bem,] was

---

1) Vgl. S. 204, N. 1.
2) Von fremder Hand geschrieben u. von ber Kurfürstin nur unterzeichnet.
3) Nach bem am 16. Nov. 1700 erfolgten Abschlusse bes geheimen Kronvertrages zwi- schen bem Kaiser u. Kurf. Friedrich III. fand am 18. Jan. 1701 zu Königsberg mit größtem Pomp bie Krönung Fribrichs als erften Königs von Preußen statt.
4) = im.   5) Lib.   6) = Fleisch.

Gott schickt; ich kan wieder ein wenig nehen [1]), la Rose wil es aber nicht haben; schreiben left er mir zu. Ich bin ihr von Herzen gans ergeben.

Sophie Courfürstin.

223.

An die Raugräfin Louise in Frankfurt.

1701
März 25

Hanover ben 25. Mertz 1701.

Weil ich vermeint, mein liebe Bas, der Rauwgraf schriebe ihr fleissig, so habe ich die mühe gespart. Sein aug ist zwar nicht vil schöner worden, thut ihm aber nicht whe, ist gesundt undt lustig tharbey, wil mit gewalt fort nach mein tochter, die fer nach ihm verlangt, dan J. M. sein nun wieder in ihr hermitage zu Lustenburg [2]). Man redt jha nun von nichts als trig undt trigsgeschrei. Wan sie luft hätten, zu Hanover zu sein, würde es mir eine satisfaction sein undt wolte ich ihnen ein haus in Hanover schaffen; were ich meister von disses, wolte ich sie kein andres anbitten, sundern mich die frübe geben, sie ihmer bey mir zu haben.

Sophie Courfürstin.

224.

An die Raugräfin Louise in Frankfurt.

1701
April 4

Hanover ben 4. April 1701.

Die frübe, mein herzliebe Bas, kombt gar zu frü undt können sie bey [bem,] was der Herzug von Schunburg schreibt, selber abnemmen, weil er schreibt, daß er fleissig tharzu helffen wolte, daß es gar kein richtigkeit hatt mit die Englische succession in meine familie zu kommen, ban, wie es scheint, werden sie mir nicht nennen undt alzeit eine freie Handt wollen behalten. Des Rauwgraf sein aug ist noch gar nicht schön undt hatt la Rose keine grosse cur tharan gethan; das beste ist, daß er versichert, es würde nicht schlimmer werden; es thut ihm auch nicht wehe. Er wil balt wieder von uns, das uns allen leit ist. Ich verbleibe . .

S.

Unsere gutte Hoffmesterin [3]) wird allebag bauwfelliger.

---

1) = nähen.

2) So nennt die Kurf. Sophie das Schloss Lützelburg (Charlottenburg); vgl. Br. 207. S. 195, N. 2. Leibnitz beginnt daher einen Br. an die Kurf. mit den Worten: „Lustenbourg 10. Aoust 1700. Car j'appelleray ainsi ce lieu à l'avenir, puisqu'il merite ce beau nom que V. A. E. luy donne." 3) Frau v. Harling.

225.

An die Raugräfin Louise in Frankfurt.

Herenhausen den 14. April 1701.

Ich sehe wol, mein herzliebe Bas, daß sie ehr ist informirt geweßen, als ich von [dem,] was in Englant vor mir undt vor meine decendenten ist resolfirt worden. Es ist ein elent vor mir, daß ich zu alt tharzu bin. Der genalogist ist übel informirt: meinem sohn, dem Courfürsten, hatt er ein sohn zu viel gegeben undt mir ehn zu wenig, dan Maximilian hatt er vergeßen. Ich müchte doch wol gern sehen, daß man ihn beßer informirte, weil man meine decendenten wil bekant machen. Der Rauwgraf ist noch bey uns, undt halte ich vor keine entschulbigung, daß sie¹) sich alt schetzt undt sich nicht bey hoff schickt, dan sie von allen, die sie sehen, gerühmt wirbt; aber es ist war²), daß man zu haus alzeit gemachlicher ist, als bey hoff. Weil sie doch aber gern zu thun hatt, könte sie meine financen regiren, dan ich gelaube nicht, daß die fraw von Harlin(g), die es nun thut, es lang mer wirbt machen. Solte sie mir aber biße hoffnung benhemen, wolle sie mir doch eine Reichgrefin vorschlagen, die sie meint büchtig tharzu were undt von unser relion were, dan, weil die hoffmesterinen nun so ein großen rang pretendiren, wolte ich auch was Graffliches tharzu haben, sie aber lieber als ihmans in der welt, sambt ihre schwester, da man auch wol einen nhamen vor inventiren könte, oder könte sie ihr menage in der statt haben, wie man das dan anorbenen könte nach ihrem gefallen. Ich emfange ein hauffen brifen auf meine Royautet³), so daß ich die mühe tharvon habe undt den nutzen nimals haben werde; lebenslang aber alzeit werde sein ihnen beyde gans ergeben.

Sophie Courfürstin.

Dem Duc de Schonburg wollen sie doch mein compliment machen undt meine erkentlichkeit bezeugen vor die affection, die er vor mir continuihrt.

226.

An die Raugräfin Louise in Frankfurt.

Herenhausen den 7. May 1701.

Ob ich schon wenig Zeit habe, mein liebe Bas, lange brif zu schreiben, so kan ich doch nicht laßen, in eil Dieselbige mein erkantlich gemütt zu bezeugen, welges ruiger wirbt sein, weil ich mich auf sie kan verlaßen. Die Hoffmesterin von Harling hatt sich gans wieder erholt, macht zwar schlechte figur bey hoff,

---

1) Die Raugräfin Louise.   2) = wahr.   3) Ihre Aussicht auf den
Königsthron von England.

dan sie kricht mer als sie geheet undt mus alzeit einer sie an tafel schleppen; aber der verstandt ist noch gutt, obschon ser knotterich. Madam schreibt, sie haben J. L. so schöne medallien vom König in Prußen geschickt undt hir habe ich keine bekommen können. Ich verbleibe . .·

S.

Mus noch sagen, daß meine finance in gelt bestehen, ich habe kein fuß laut.

227.

An die Raugräfin Louise in Franckfurt.

Herenhausen den 19. May 1701.

1701
Mai 19

Mein herzliebe Bas. Wie gern ich oft ihren Herrn bruder zum secretarius brauchte, so were es wol unmüglich, dan er ist wenig ihm*) standt tharzu, die warheit zu sagen; welges mich recht betrübt. Seider er seinen Cammerdiner verloren, der ihm oft weis machte, er könte kein wein bekommen, sicht man ihn wenig nüchtern undt plaudert er dan ins gelach hinein, welges denen, die ihm nichts anghen, zwar lachen macht, mich aber verdrist, daß man ihn auslachen mus. Man gibt ihm in die kammer nur wie gewönlich, er hatt aber ein jungen, der holt ihm allerhandt aus der statt; ist also kein wunder, wan er zu Berlin nicht advancirt wirbt . . .

Was die, [welche] gegen uns sein²), zu Franckfort ausrichten werden, weis ich nicht, aber mich dücht, man thete beßer, einig ihm¹) reich zu sein, um Franckerich zu widerstehen, als sich under einander zu zancken. Das Electorat ist bey meins Herrn ſelig] zeiten gemacht, mus es mein sohn also wol ausfüren, da ihm Gott auch macht undt fründe genung zu gegeben hatt. Ich halte, ihr herr bruder³) hatt nicht beim einzug wollen sein wegen die depence, undt wir haben ihn auch in dißer einsamkeit nicht missen wollen, dan an taffel rebt er ihmer fort undt macht uns alle luftig undt ist recht artig, wan der wein nicht zu grob operirt. . Es ist ser rümlich, daß ihr so ser vor euret fraw schwester⁴) kinder sorgt, ban dißes ist das einzige, worin ihr der Verstorbenen eure affection beweisen könt. Die fraw von Haling] klagt nun nur über das jücken in die bhen⁵), so ihr ben schlaf benimbt; ich dencke, sie lebt noch langer als ich. Wir menschen machen uns viel sorgen, undt haben es oft gar nicht

---

1) = im.
2) Die Opponenten gegen die hannov. Kur, welche sich 1700 in Nürnberg zu einem festen Bunde geeint hatten. Die Nürnberger Verhandlungen wurden dann 1701 in Frankfurt fortgesetzt, wo aber schon manche Staaten zum Nachgeben riethen; nur Wolfenbüttels heftiger Widerstand dauerte fort. 3) Raugraf Karl Moritz.
4) Der verstorb. Gräfin Karoline v. Schönburg. 5) = Beine.

nötig; ich kan Gott alle augenblick nicht genung dancken, daß ich Gottlob nicht das geringste ungmach von mein alter habe; ich gehe ihm[1]) garten alle meine leute mütt, arbeite, wan ich wil, gar beim licht, habe noch zen[2]), obschon von gar kein schöner farb. Gott allein seye lob undt danck tharvor! Aber in ein augenblick kan ich doch vergehen wie ein blum auff dem felbe, undt habe die genab von Gott, daß ich den tobt gar nicht fürgte, wie ich auf meine me-dalie[3]) habe setzen lassen...

Sophie.

228.

An die Raugräfin Louise in Frankfurt.

Herenhausen den 5. Juni 1701.

1701
Juni 5

...Was das »Altesse Royale« anbelangt, haben die von König Jacobs hoff auf die fransosische manihr es mir alzeit geben, also können die Englische, wan sie wollen, es auch wol thun; weil aber nun viel Altesses Royales sein, den[en] ich nicht weiche, nemlich Savoie, Lotteringen undt Toscane, also halte ich, daß »Altesse Electorale«, das ich wirklich bin, ebenso gutt, es seye dan, daß der König von Englant es anders beschelen würde. Das aug vom Rauw-graf ist gar bil besser worden, er ist aber gar zu liberal, hatt dem feltscherer 100 Ducaten in ein silbern becher geben undt 20 thaller am schniber vom Courfürst, so ihm ein kleit gemacht. Er hatt order bekommen, zu marchiren oder bilmer sich fertig tharzu zu machen, wil also die künftige woche wech, welges uns alle leit thut. Wir werden dem Herzug von Zell auch visite auf etliche bag nach Bruckhausen geben. Ich habe 100 brif zu schreiben, verbleibe ihr gans ergeben.

S.

Die Acte von der succession ist ihm[1]) Oberhaus noch nicht passirt.

229.

An die Raugräfin Louise in Frankfurt.

Herenhausen den 10. Juli [1701].

[1701]
Juli 10

... Madam ihr gutt naturel macht J. L. gar betrübt[4]), dan man hat alzeit, wan man von gutt gemütt ist, sinpati mit ein Man, da man liebe

---

1) = im.   2) = Zähne.

3) Auf die Medaille vom J. 1696 mit der Devise: „Senza turbarmi al fin m'acosto"; vgl. Br. 163, S. 154, N. 2.

4) Am 9. Juni 1701 war ihr Gemahl, der Herzog Philipp von Orléans, zu St. Cloud am Schlagfluß gestorben.

14*

kinder mit hatt; sunsten scheint nicht, daß Monsieur [selig] viel amitié vor Madam hatt gehatt, dan in Dero testament ist nicht an ihr gedacht worden. Wir haben noch unsern Raumgrafen hir; ich bin bang, daß das drincken ihm das leben verkürzen wirdt; weil ich aber sehe, daß kein hülf ist undt daß er so gar betrübt wirdt, wan ich ihn schelte, jamert es mir, dan ich sehe, daß er es nicht lassen kan, hatt es gar zu ser gewont. Unsere hoffmesterin[1] hatt eine volle kranckheit, so ein jücken an die bhen, daß sie oft nicht tharvor schlaffen kan, sein auch etwas geschwollen. Ich verbleibe ihnen gans ergeben, habe keine zeit, lenger zu plaudern, ob ich schon gern wolte.

S.

230.
An die Raugräfin Louise in Frankfurt.

Herenhausen den 31. Juli 1701.

Wan ich nicht viel zu sagen habe, schweige ich still, mein liebe Bas. Weil ich aber meine, es wirdt ihnen beyde frühen, den gutten ruf, so sie in der welt haben, [zu hören,] schicke ich hirbey einen brif von die Erbprincesin von Casfel. Was Madam anbelangt, hoffe ich mit ihnen, daß J. L. nun glücklicher werden sein als vorhin, dan der König undt Mad. de Maintenon, die ich vor ehns halte, sein J. L. ser fründtlich, undt sagt man, Monsieur selber haben J. L. vorhin viel böse officie gethan durch instigation von seine petit maitres, dan er vor sich selber war ein recht gutter Herr, undt macht Madam ihr gutt naturel, daß J. L. nur an seine gutte qualiteten gedencken. Ich war auch ser in gnaden bey J. L. selig. Aber was kan man thun? der ehne gehett vor, der andere nach, undt disputirt hir nimans den rang. Unser Raumgraf ist Gottlob ihmer gutt humor, wolte mit gewalt fort nach Italien als volontaire, um seine hände in franßöisch blut zu stecken, wir haben ihn aber zurückgehalten, war ein börich vornehmen: ehr er were hinkommen, hätte die campagne ein end [gehabt]. Wir haben ihn vertröst auf Hollant, wan es ihm am schlagen so viel zu thun ist. Bis nun gehett es über seine knecht her, die er abscheuwlich brügelt. Ich mache ihn aus tharüber vor alle leute, wil aber nichts helfen, il a pris son ply[2]; so mus man ihn verschliffen. Weil ich ihn aber von herzen lieb habe, wolte ich gern seine unbugent corgiren[3]; es wirdt aber wol nichts tharaus werden. Seinesgeleichgen ist nicht in der welt, der so viel gelessen hatt undt so viel weis; ist derhalben recht kurzweilig, wan der wein fein effect nur halb gethan hatt; kombt es aber zu grob, macht er sich ridicul,

---

1) Frau v. Harling.
2) = pli; il a pr. s. pli: er ist nun einmal so, er wird nicht mehr anders.
3) = corrigieren.

das ich nicht leiden mag. Ich darf aber nicht mer tharüber schelten, dan disses macht ihn melancolisch, dan er hat sich so tharan gewont, daß er kranck ist, wan er nicht drinckt. Also mus man ihn laffen wie er ist, mit gutt unbt bös. Wir erwarten den Envoié aus Englant, der mit ein groffen train kommen wirdt. Inmittels verbleibe ich . . .

Sophie Courfürstin.

231.

An die Raugräfin Louise in Frankfurt.

Hanover den 14. Aug. 1701.

1701
Aug. 14

Ob ich schon schir so viel brif als ein kartenspil mit Mylord Mackels-fild[1]) emfangen habe, so mus ich ihr doch sagen, daß sie gar übel bericht ist wegen den Herzug von Wolfenbübel, sehe aber tharaus gern, daß man zu Franckfort gutt keiferisch ist. Habe lachen müffen über das Wolfenbeudelsche present an Graf Rabach[2]): bin fro, daß er von uns content ist. Morgen wirdt Mylord Mackelsfelt[3]) in sermoni seine audience bey' mir haben, die Acte vom Parlament zu überliveren; der Herold ist noch nicht kommen, das order an mein sohn in sermoni überlivern zu können[4]). Euer bruder ist zum König in Prüsen gezogen, der bey sein quartir wirdt sein, wirdt in 5 dag wider hir sein; hatt all sein zeug zum pfandt hir gelaffen. Ich verbleibe . . .

S.

232.

An die Raugräfin Louise [in Frankfurt].

Herenhausen den 7. Sept. 1701.

1701
Sept. 7

Ich habe bey meiner widerkunft so viel brif hir gefunden, daß ich, mein liebe bas, auf Dero zwe lezte schreiben aus Heydelberg nun ehrst antworten

---

1) Der Graf Macclesfild überbrachte im Juli 1701 der Kurfürstin Sophie die vom engl. Parlamente beschloffene u. vom König Wilhelm III. sanctionierte Succeffions-Acte. Er erschien mit einem Gefolge von etwa 40 Perfonen. Die Botschaft, an der Landesgrenze durch eine kurfürstl. Deputation empfangen u. nach Hannover geleitet, fuhr vor dem Schloffe in 3 Sechsspännern u. 4 Zweispännern auf. Lord Macclesfield überreichte knieend der Kurfürstin die auf Pergament geschriebene, künstlerisch reich ausgestattete Acte (jetzt im Kgl. Staatsarchiv zu Hannover). Vgl. die ausführl. Beschr. im Theatr. Europ. XVI, S. 192. 2) = v. Rappach. 3) = Macclesfield; vergl. N. 1.
4) Jene Botschaft überbrachte auch im Namen des Königs für den Kurf. Georg Ludwig den Hosenband-Orden. Die mitgekommene engl. Wappenherold King bekleidete ihn damit. (Die große prachtvolle, mit Miniaturen verzierte Originalurkunde, mit anhängenbem großen Siegel des Ordens in grünem Wachs befindet sich in der Kgl. öffentl. Bibliothek zu Hannover.)

werde, die mich doch beyde ser angenehm sein geweßen, so viel guttes, funder-
lich von unsere Brunswische Königin[1]) wie auch vom Römischen König[2]) zu
vernhemen. Dan dißes früwet mich ihm[3]) herzen, schetze sie beyde[5]) gelücklicher
als ich, die genad zu haben, JJ. MM. aufzuwarten. Dißes wolte ich zu
Franckfort auch wol gern inconito thun, aber nicht mit 30 lutzschen undt
800 persohnen, bin auch bang, ich würde ser stumpf sein bey so eine manifisance[5]). Herzug und Herzugin von Zell[6]) haben discoursweis versprochen,
sie wolten mit mir gehen, aber der gutte Herr ist recht gefärlich kranck geweßen;
sein kopf war wie ein seüwer undt unden waren sie kalt, bis die natur sich
selber half undt sich von oben undt unden half, also nun wider gans lustig
sein soll, doch über den andern dag was vom fiber haben. Der gutte Herr
kan wenig keüwen[7]) undt hatt grosse stücker fleisch ausgespien; waren von 8 uhr
des morgens bis um 8 uhr des aben(b)s auf der jacht geweßen undt [hatte] ser
geschwindt mit grossen hunger ein hauffen geßen. Man sacht, der Römische
König habe die jacht auch lieb, so J. M. zu Zell haben könten, undt J. M.
die Königin die comedien zu Hanover. Wan J. M. das carnaval hir wolten
passiren, da würde die Königin in Preußen[8]) dan auch hinkommen. Ihm[9])
übrigen bücht mir, sie theten nicht übel, die Königin vor sich wegen des lhen[10])
sprechen zu laßen, weil J. M. doch so genedig gegen ihnen ist. Ich halte,
daß es J. M. wol wirdt zu herzen gehen, daß der Herzug von Modene nun
von lant undt leuten verjagt ist, das mir auch recht schmerzt. Ich habe gar
keine schriftliche correspondens mit der Courpfalz seither daß sie zu Hanover
waren. Hirmit ist ihr ehrster brif beantwort.

　　Ihm[9]) andern schreibt sie mir von ein reformirten pfarer vor unsere
gemeinte alhir, so noch unverheirabt ist, ben wollen wir wol auf ihr worbt
haben, wan sie ihn schicken wolte. Ich habe mit Mr. de la Bergerie[11]) tharvon gesprochen, der mir auch gesacht hatt, man könte ihn wol kommen laßen,
undt mit der zeit hoffen wir auch eine eigene tütsche[12]) kirg zu haben. Ihm[9])
übrigen wundert es mir, daß die regirende fürstinen nicht mit der Königin
essen, aufs wenigste hätten sie nicht nöttig, tharbey aufzuwarten.

　　Mein sohn der Courfürst ist noch nicht hir, seine 3 dames, so mit von
der reiß geweßen, sein aber ehegestern wider kommen: die Schullenburgin[13]),
Mad. Wey[14]) undt Enhausen[15]), Schullenburgin schwester. Man kan mir hir

---

1) Amalie Wilhelmine.　　　　2) Joseph (I.).　　　　3) = im.
4) Die beiden Raugräfinnen Louise u. Amalie.　　　　5) = magnificence.
6) Herzog Georg Wilhelm u. s. Gemahlin Eleonore.　　　7) = kauen.
8) Sophie Charlotte.　　　9) = Im.　　　10) = Lehen.
11) Vgl. S. 129, N. 1.　　　12) deutsch-reformirte.
13) Melusine v. Sch. (nachher Herzogin v. Kendal).
14) = v. Weyhe.
15) = v. Deynhausen, Schwester der Schulenburg, Frau des Oberforstmeisters v. D.

nicht genungsam sagen, was ein sorg vor sell¹) unbt leib der Courfürst vor den seligen Rauwgraf hatt gehatt unbt wie betrübt er vor ihn ist geweßen. Da mus man aber nicht von sprechen, ban es bint zu nichts.

In Franckerich hatt man das Tedeum gesungen vor die victorie vom Prins Ygene²). Graf Platen ist wider aus Englant kommen, hatt den König perfect gesunbt verlaßen. Bon meiner reiß tharhin wirbt nicht geredt, noch von mein enckel. Ich verbleibe ihnen gans ergeben.

Sophie.

233.

An die Raugräfin Louise in Frankfurt.

Herenhausen ben 29. Sept. 1701.

1701
Sept. 29

Die henschou³), mein liebe Bas, sein ankommen. Die warheit zu sagen, sein sie nicht viel besunders unbt haben Englant wol nimals berochen; sie wolle aber boch schreiben, was sie kosten. Herr Ferdinant⁴) hatt mich zwemal relationen geschriben, sein zwar alt, aber boch richtig unbt sicht man boch tharaus, daß es die Fransosen übel gehatt (!) unbt sie ser grausam hauffen. Bor ihr bruder⁵) mus sie keine complementen machen, ban mein sohn der Courfürst wil ihn nicht wech laßen, ban seine conversation bey der taffel ist auf alleweis gutt, wan der brunck nicht zu starck ist, ban kan ich es nicht leiden. Ein ihber hatt seine feller⁶); ich wolte von herzen, baß die seinige bey alle seine wißenschaften nicht so schlim weren unbt [er] sich nicht eine gloire machte, seine biner zu schlagen. Tharnach ist er boch wider gutt von gemütt unbt helt sie wol. Seine bolle einfel sein nicht zu erbencken, als von ihm; ich fürgt aber, bas brincken wirbt ihm an seine fortune schaben, ban sunsten hatt ihn der Courprins von Preußen auch ser lieb, unbt er würde es gewis meritiren, wan es müglich were, ihm ben brunck abzugewonnen. Verbleibe . . .

S.

234.

An die Raugräfin Louise in Frankfurt.

Herenhausen ben 10. Oct. 1701.

1701
Oct. 10

. . . Die gutte fraw Brun beklage ich zwar ser, ist aber gelücklich, ihr hoes⁷) alter ihm⁸) waren gelauben unb gutten wercken so resolut vollbracht

---

1) Seele.
2) Sieg des Prinzen Eugen über den französ. Marschall Villeroy bei Chiari am 1. Sept. 1701.   3) = Handschuhe.   4) Frhr. Ferdinand v. Degenfeld.
5) Raugraf Karl Moritz.   6) = Fehler.
7) = hohes.   8) = im.

zu haben. Unsere gutte hoffmesterin[1]) nimbt allebag ab. Gott hatt mir bißhero mer genab gethan, ban ich habe ihm zu bancken, baß ich kein ungemach
von mein alter habe; ban nach aussehen frage ich nichts, wan ich nur meine
5 sin[2]) unbt gesunbtheit behalte. Mein enkel[3]) ist schon wiber zu haus, soll
bie Englanber wol gefallen haben, ist eben nicht übel erzogen. Zu Berlin
gehett es wunberlich her; wer ehn bag favorit ist, wirbt ben anbern ihm[4])
gefangnus gesezt[5]). Wensen[6]) war zwar un favorit sans merite, aber nun
gehett es ihm viel zu übel: hatte bem Graf von Wartenberg, ber ihn erhoben,
ehns an wollen machen unbt ist bie schulbt auf ihn selber gefallen. Wan es
tharbey were geblieben! aber noch viel anbern gehett es auch gar übel. Mein
tochter ist ihmer auf bem lant in ihr Lützenburg, kert sich an nichts, was bey
hoff geschicht; ben sten[7]), ben sie nicht heben kan, lest sie ligen. Ich fürgt,
bisser brif wirbt zu spabt an bie post nach Hanover kommen, mus gegen willen
schließen. . . .

S.

235.

An bie Raugräfin Louise in Frankfurt.

1701
Oct. 18

Herenhausen ben 18. Oct. 1701.

. . . Wir haben uns ser über bie gutte zeibung aus Italien erfrübt, baß
bes invincible monarque seine leut braf stöss bekommen haben[8]). In Franckerich ist man ser still tharmit; es scheint, Villeroy ist noch ungelücklicher in
Italien als in Brabant. Der Courfürst von Cölln[9]) hatt zu viel gelt von
Franckerich bekommen, wie auch Wolfenbubel, um nun aus ber nüteralitet
zu gehen. Ich wünsche Pfalzgraf Carl von herzen gelück, [es] scheint, J. L.
sein vor bie Polnische Princessen predestinirt. Der Graf von Hohenlo ist
gelücklich, ber bie reiche wittib bekombt; ich hätte aber mit so viel gelt meine
33 freier lassen lauffen unbt hätte es allein verzert. Der fürst von Ostfrislant[10])

---

1) Frau v. Harling. Am 15. Oct. 1701 schreibt bie Kurf. Sophie an Leibniz: »La
bonne Mad. Harling est aux abois, en quoy je perdray beaucoup. Elle avoit
avanthier au soir encore selon sa coustume la presence d'esprit de m'envoyer
un present le jour de ma naisance. Je crois que cette mode est venue pour
adoucir le chagrin de se trouver plus vieille.«   2) = Sinne.
3) Der preuß. Kronprinz Friedrich Wilhelm.   4) = in.
5) Vergl. Droysen a. a. O. IV, 1, S. 255 ff.
6) Hofmarschall v. Wensen.   7) = Stein.
8) Der Prinz Eugen hatte in Italien in jebem Treffen bie Oberhanb behalten. Am
7. Sept. 1701 war bie große Allianz von Englanb, Hollanb u. bem Kaiser gegen
Lubw. XIV. abgeschlossen.
9) Joseph Clemens, Bruber bes Kurf. Max Emanuel v. Baiern.
10) Christian Eberharb.

heirabt seine[r] gemallin¹) frailen, da die gutte fürstin bey ihrem leben viel chagrin von gehatt hatt unbt vielleicht ben tobt, ban sie war ser sensible; das fraillen heist Cleno²), man soll sie nur la Baronne d'Ostfrise heissen unbt ihr kinder ebelleute sein. Ihr herr bruder³) wirbt bey saur ober süß bir wol keine reiche gemallin bekommen, ban er hatt wein viel lieber als eine fraw. Es ist nicht müglich, ihm das brincken abzugewonnen, ban er ist so ser tharan gewont, baß er kranck wirbt, wan er nicht brinckt, unbt ban schlegt er seine knecht unbt vantirt sich tharvon, als wan es ser schön were, baß er sie tharmit in so gutter order helt. Es sein die beste leute von der welt, sunsten were es zu besorgen, sie liffen mit was sie ertapen können tharvon, ban lieb kan man einen herrn nicht haben, der ehnen ihmer bluet unbt blo⁴) schlegt.... Mein sohn der Courfürst wil ihn nicht missen, verbirbt ihn noch mer, findt alles gut was er thut⁵). Wan etwa gutte Englische händtschou auf der messe weren, wolle sie mir boch ein tutzenb zur prob schicken. Ich verbleibe ...

Sophie Courfürstin.

236.

An die Raugräfin Louise in Frankfurt.

Herenhausen ben 25. Oct. 1701.

... Madam ist ser touchirt gewessen vom König Jacop⁶), der I. L. stracks gekant hatt unbt zu I. L. gesacht: »Ha Madame, cet⁷) vous«. I. L. antworte: »Ouy Mr., je viens m'informer de la santé de S. M.« Der König antworte: »Je suis mieux que tantot, je ne souffre point, mais allés vous en, car comme il y a desja longtems que je suis malade icy«. Tharmit that er die augen wider zu, hatt nichts gethan als betten unbt überlaut gesacht: »Je veux bien que tout le monde sache que je pardonne de tout mon coeur au Prince d'Orenge et à ma fille tout ce qu'ils ont fait contre moy«. Das ist recht christlich, wirbt ohne zweivel eine ebige cron besitzen, ban ich gelaube, Gott wirbt I. M. gutte intention ansehen unbt nur die bösse leute straffen,

---

1) Eberhardine Sophie (v. Bayreuth), welche am 30. Oct. 1700 gestorben war.
2) Christ. Eberhard schloß 1701 e. morganat. Ehe mit dem Hoffräulein v. Kleinau.
3) Raugraf Karl Moritz.   4) = blutig und blau.
5) Darüber schreibt die Herzogin v. Orléans am 3. Nov. 1701 an die Raugr. Louise: „Es ist woll ein unglück u. schade, baß Carl Moritz in der Gregu händen gerathen u. hernach in der heßlichen accademie zu Wolffenbüttel. Ich habe ahn ma tante ge-schrieben, baß I. L. Carl Moritz verberben, so hertzlich zu lachen, wenn er voll ist, benn bas macht ihn glauben, baß es artig ist, unbt alle tag sauffen. Sauffen ist angenehmer als kranck sein, wundert mich also gar nicht, baß Carl Moritz bas erste erwehlt hat; allein zu seinem eigen besten hette er bas letzte wehlen sollen u. ewern raht folgen"; vgl. Bibl. b. lit. B. in Stuttg. 88, S. 244 f.
6) König Jakob H. starb zu St. Germain am 16. Sept. 1701.   7) = c'est.

bie ben einfeltigen König zu biffem ungelück gebracht haben. Die papisten können nicht reich sein, welches bes Prins von Galle[1] ungelück mit ist, welger so eifferich papist erzogen wirbt unbt von Franckerich protegirt, baß Englant auf meine posteritet hatt gebencken wollen. Der Rauwgraf befinbt sich wol unbt ist uns ser angnhem, ban er ist ihmer luftig bey ber taffel, gehett fleiffig in bie Italienifche commedi zu Hanover, bie ich gelaube nicht viel befunbers ist, habe sie nicht gefehen. Verbleibe . . .

Sophie.

Habe noch vergeffen, zu sagen, baß Madam schreibt, baß ber König von Franckerich bem König Jacop verfprochen hatt, ben Prins de Gale[1] vor König von Englant zu halten unbt zu erkännen. Wie sich bifes reimbt beym Risfwickfchen friben König Wilhelm schon erkänt zu haben, ist schwer zu begreiffen.

237.
An bie Raugräfin Louife in Frankfurt.

1701
Oct. 27

Herenhaufen ben 27. Oct. 1701.

Ihre schreiben unbt zeibungen sein mir alle ser angnhem, sehe aus einem, baß sie mit bie angnheme fürftin von Hilburghaufen ist bekant worben; müchte wiffen, ob es Graf Josias tochter ist ober bie tochter vom fürft von Walbeck, bie so heift. Ich habe sie beybe vor villen jharen zu acken[2] gefehen; bie zweite ist alzeit bick gewessen, bie anber aber von schöner tallie; aber alles ist verenberlich auf ber welt. . . . Es scheint, baß Pfalzgraf Carl ser auf ben ftabt ficht, seine Princeffin mit 70 perfonen reifen zu laffen. Der Graf von Wartenberg ist mein groffer fründt, lantmanfchaft halber; ich halte ihn auch vor kein böffen menfch; sein faveur wirbt ihm aber miffgünt unbt [er] hat viel feinbt[3]), wie alle favoriten, ban ein ihber meint, er meritire es so wol als er. Seine gemallin[4]) foll divertisfant sein unbt, wie man sacht, haben ser viele so gefunben, ehr er sie gehatt hatt; nun divertirt sie mein tochter mit ehn Hollanbifch pratten. In Franckerich wil man sie vor bes Königs von Preusfen metres halten, welges gar nicht war ist. Unfere gutte hoffmefterin[5]) kan weber leben noch sterben; es ist ein ehlent, sie zu fehen, ban sie stehett ser viel aus, es ist nicht zu befchreiben. Ich gehe oft zu ihr, sie zu tröften, thue es aber ungern, ban ich kan es nicht wiber aus bem sin[6]) bringen unbt macht mich unruich. Ich hoffe, als mein tochter wirbt balt hir kommen; ich hoffe, ihnen beybe bas carnaval auch zu fehen. Es wirbt ihr verbriffen, zu fehen, baß

---

1) = Wales.   2) = Aachen.
3) Vgl. Droyfen a. a. O. IV, 1, S. 254 ff.   4) Vgl. S. 206, R. 5.
5) Frau v. Harling.   6) = Sinn.

ihr hr. bruber nichts thut als brincken; es mus ihm wol an seine fortune schaben. Weil ich ihn lieb habe, verdrist es mir, dan er hatt gutte genereuse sentimenten; aber was kan man mit ein mensch ausrichten, der ihmer voll ist, als über seine discursen, so ser possirlich sein, zu lachen, dan er weis viel unbt kan eine gansse taffel divertiren, dan wan er nur ein halben rauff [1]) hatt, kan man nicht artiger sein, als er ist, unbt haben wir ihn alle lieb; 11 ober 12 gläser wein brinckt er zum früstück; man sacht aber, er seye kranck, wan er es nicht thet; bas aug ist besser. Verbleibe . . .

Sophie Courfürstin.

238.
An die Raugräfin Louise in Frankfurt.

Hanover ben 18. Nov. 1701.

Wan ich nichts zu sagen habe, mein liebe Bas, schreibe ich nicht, ob ich schon ihre brif mit lust lese. Gegen mir mus man nicht vor altfrenckisch sich halten, dan ich bin es selber mer als sie es können sein. Unsere gutte Hoffmesterin ist ein Elent anzusehen, kan weder leben noch sterben, ist so schwag, baß 4 leute sie heben müssen von ehn bette ins andere. Ich aprobire euren infall vor ben Graff von Witgensten [2]) recht wol, müchte wissen, ob er die dame [3]), die ihr ihm destinirt, känt unbt inclination vor sie erwisen hatt; à bon conte [4]) habe ich in confidence als von mir selber an die Königin von Prusen hirvon geschriben: J. M. müchten ihr bestes tharbey thun. Wat tharvan komen, sall de teit leren. Inmittels lebe ich ihnen ganz ergeben; müchte wissen, ob was mer als ein Windt- unbt Wasser-mühl vermacht were bey der sach unbt wie es mit seiner graffschaft stehett.

S.

239.
An die Raugräfin Louise in Frankfurt.

Hanover ben 27. Nov. 1701.

Ihre zwe brif, mein liebe Bas, habe ich recht wohl emfangen unbt war fro, aus bem ehrsten zu sehen, baß Mylord Wudstock ihr die gutte zeidung von des Königs von Englant gutten zustandt ihnen confirmirt hatt. Ich wolte, baß ber Rauwgraf auch so wol were, aber bas gris plagt ihn ser unbt macht ihn übergeben unbt ser übel, keinen Docter wil er leiden; ba bin ich, die warheit zu sagen, von seiner Meinung; können doch bißweilen soulagiren. La

___
1) = Rausch.   2) Graf August v. Wittgenstein.
3) Die Raugräfin Amalie.   4) = compte.

Rose feltscherer kan er leiden, der hatt ihn auch soulagirt, aber er brindt ihmer tharauf los, es kan kein bestandt haben ohne miracle. Sage ich ihm tharvon, bekomme ich zur antwort: »Lat lopen«; ist ihm alles gleichg. Er hat kein andern mangel als das brincken undt das macht ihn dan alles heraus plaudern. Unsere fraw von Harling ist zwar bettlegerich, aber doch nun, daß sie wieder gar viel ißt undt brindt, wirdt nimans den rang disputiren. Sie konte vor der krandheit schon nicht mer gehen ohne gefürt zu werden aus grosser schwagheit in die bhen, ist also kein wunder, daß sie nun gans nicht mer fort kan. Sie erkänt es selber, hatt auch alle meine affairen aufgesacht, brauche also nun meinen hoffmester undt einen, der schon zuvor alle rechnungen füren muste; also wirdt sie [1]) keine mühe bey mir viel haben. Gott gebe, daß frailen Amalie gelücklich mag werden, wie ich es von herzen wünsche. Der Graf [2]) kombt mir nicht uneben vor undt, wie ihr sacht, ist ein ser gutter menager. Mein tochter würde die heirabt herzlich gern sehen, undt ihre geselschaft geniessen, wie J. M. mir schreiben. Der König von Prüßen ist nicht so wunderlich, als man ihn macht; der Wensen [3]) hatt es ser schlecht gemacht undt wol straff verdint, undt andere haben mit ihm cabalirt, den Graff von Wartenberg herunder zu bringen, da Wensen . . .[4]) gelogen hatt. Der Graf von Witg[enstein] ist zu ehrlich, seine ganße haushaltung auf des Königs unkosten ohne permission zu halten, wie Wensen gethan hatt. Graf Lotten [5]) hatt abgedanckt von sich selber, hatt nimmer gern Obermarschalck sein wollen, hatt auch nichts zu thun wollen haben als mit der ehr. Also, mein liebe Bas, so mache sie nur fort mit der heirabt; ich wil es recht gern sehen, könte wol hir geschehen; doch alles, wie sie wil.

S.

240.

An die Raugräfin Louise in Frankfurt.

1701
Dec. 8

Herenhausen den 8. Dec. 1701.

In wenig worten muß ich ihr sagen, meine liebe Bas, daß die Königin in Prusfen die proposition vom heirabt schwischen den Graf von Witgensten [6]) undt die Grefin Amalie an die schwester vom Graf von Witgensten gethan hatt, als von sich selber, daß J. M. es wünsten; welge ser wol geantwort, daß ihr bruder schon ein korb thar bekommen [7]), undt oft sagte, sie undt

---

1) Die Raugräfin Louise.   2) v. Wittgenstein.   3) Vgl. S. 216, N. 6.
4) Hier eine Ecke vom Briefe abgerissen.   5) = Lottum.
6) Vgl. S. 219, N. 2.
7) Derselbe hatte früher (1677) schon beim Kurf. Karl Ludwig v. d. Pfalz um die Hand der ältesten Raugräfin, Karoline, angehalten; vgl. Publ. a. d. K. Pr. Staatsarch. 26, S. 301. 303. 310. 322.

er hetten es gern, wan er nur nicht wieder ein korb bekommen würde, worauf
die Königin geantwort, in jener zeit würden ſie einander nur unglücklich gemacht haben, nun aber were es ein anders, da er ein establiſement an Dero
hoff hätte undt J. M. es auch gern würden ſehen, wie ich auch. Alſo meinen
J. M., es ſtünde nun allein auf das Jawordt von die frailen Amali . . . Ich
hoffe, mein tochter wirdt ihm[1] Carnaval hir ſein undt ſie beyde auch, dar dan
die hochzeit könte ſein undt die ehne nach Berlin reiſen undt die andere bey
mir bleiben, undt wir alle content ſein. Wan die heirabt mit dem Rauwgraf
auch mlüchte anghen, ſicht die braut ihn aber voll oder ihre verwanten, were
alles verborben; were am beſten, alles richtig zu machen ohne ihn. Ich ſchreibe
alles in gutter Meinung, ban ich ſie alle von herzen liebe.

Sophie.

241.

An die Raugräfin Louiſe in Frankfurt.

Hanover ben 28. Dec. 1701.

. . . Man wirdt nun balt hören, was aus unſer coppeley[2] werden wirdt.
Das frailen ſchweſter vom Grafen hatt an mein tochter gefragt, wie alt frailen
Ameltie were undt ob ſie wol kinder würde bekommen, ban ſie müchte gern
erben von ihr bruder haben, hatt mein tochter [mich] gebetten, zu vernhemmen,
von was alter ſie were, welges ich nicht weis, habe aber zum voraus geſacht,
daß ich nicht zweifelte, ſie würde kinder genung bekommen. Die ſchweſter vom
Graf hatt auch geſtanden, daß ein ander heirabt vor ihr bruder vor were; mit
wem, weis ich nicht, kan nicht glauben, daß es mit die ſtiftochter von Graf
von Wartenberg ſolte ſein, die von gans ſchlechten leuten iſt, wüſte auch nicht,
daß viel gelt tharbey zu haſchen were . . . Was ihre geſtalt anbelangt, wirdt
ſie ſich wol bey die meinige ſchicken, die [ich] nun ſchon ins 72. jhar gehe.
Mus auch ſagen, daß mein ſohn Maxſimilian nun ſeins Herrn Batters teſta-
ment unberſchreiben wil[3].

---

1) = im.

2) Einer Heirath zwiſch. d. Gr. Wittgenſtein u. der Raugr. Amalie.

3) Am 1. Jan. 1702 ſchreibt die Kurf. Sophie an Leibniz: „J'ay à vous remercier
de deux lettres, mais non pas pour les souhaits à cette nouvelle année, car
elles ne servent à rien, autrement je vous en comblerois auſſi, et la meilleure
seroit que nous euſſions la pierre philosophale, vous pour payer vos voyages et
vos correspondances, et moy pour payer des debtes du Duc Maximilian. Cependant il a envoyé icy son Jesuite [Wolf] avec Gerbrand pour se rendre à discre-
tion, avec plein pouvoir de signer le testament de feu Mr. son père, en se fiant
à la generosité des Ducs de Brunswic sous la direction du Duc de Cell, que le
Duc Maximilian choisit pour père et moy comme mère dans cette reconciliation.
La conduite du Duc Christian me plait davantage, qui vit au moins en philosophe et n'a point de creanciers qui l'incommodent."

Der Rauwgraf iſt in ſein quartier geweſſen, iſt gans verfroren widerkommen. Die warheit zu ſagen: ich gelaube nicht, daß ihm eine fraw bint oder er
einer ihm[1]) bette gefallen wirbt, dan er ſchwitzt zimlich ſtarck, daß das waſſer
durch das ganſſe bett lauft, unber uns geſacht. Unſer gutte hoffmeſterin[2]) kan
weder leben noch ſterben, iſt gans matt zu bette mit groſſe hertzensangſt, iſt
wol zu bebauren. Man mus bie ſachen in ber welt aber nhemmen, wie ſie kommen, undt mit bie menſchen auch verlieb nhemmen, wie ſie ſein. Wir haben
boch alle unſern Rauwgraf lieb; baß er ſo viel brinckt, iſt beſto ſchlimer vor
ihn, iſt zu beklagen, undt bin ich bang, es wirbt ihm bas leben verkürzen, auch
zur generation unbüchtig machen . . .

S.

242.
An die Raugräfin Louiſe in Frankfurt.

1702
April 2

Hanover ben 2. April 1702.

Ihr ſchreiben, mein liebe bas, von Caſſel weiſt wol ihr beybe gutt naturel, baß ſie wol mit mir zufriben ſein undt mich ungern quitirt haben. Ich
war auf meiner ſeiten auch gans betrübt. Mein tochter ſchreibt mir mit biſſen
worten: »Je puis aſſurer V. A. E., que Mr. l'Electeur ſeroit fort aiſe, que
l'ainée des Rauwgraves fut ſa dame d'honneur, car il m'en a parlé plu-
ſieurs foys et avec eſtime pour la cadette; il dit qu'il ne voudroit pas
chagriner toutes les dames d'Hanover en luy donnant le rang devant
elles, mais que, ſi elle demeuroit en ville, elle pourroit esviter tout en-
baras«. Ich habe geantwort, baß es wol ſcheine, baß mein ſohn mich lieber
chagrinirte als bie dames von Hanover, ban in keinem ort nimals keine
abeliche dame pretendirt hätte, vor ihnen zu gehen; baß ich es in meiner
gegenwart auch nicht leiden würbe. Hiraus kan ſie ſehen, wie bie ſentimen-
ten hir gegen mir ſein[3]). Mein tochter ſchreibt mir auch, baß ber Graf von

---

1) = im.

2) Frau v. Harling. Dieſelbe ſtarb bann Anfang März 1702. Die Herzogin v. Orléans
ſchreibt am 12. März 1702 an bie Raugr. Louiſe: „Der gutten fraw v. Harling tobt iſt
mir recht zu hertzen gangen. Es macht mich gantz trawerig, u. ob ber gutten frawen zwar
woll geſchehen, indem ſie niemahlen recht hette geneßen können u. nur gelitten hette, ſo iſt
es boch allezeit betrübt, gutte freünbe zu verſieren. Ich glaube, baß es J. M. ber königin
in Preuſſen auch wirbt leybt geweſen ſein, benn bie gutte fraw hatte ſie auch ſowoll alß
mich erzogen; vgl. Bibl. b. litt. B. in Stuttgart 88, S. 272.

3) Die Herzogin v. Orléans ſchreibt hierüber an bie Raugr. Louiſe am 22. Apr.
1702: „Es iſt recht impertinent von ben abellichen damen zu Hannover, baß ſie ben
reichsgraffinnen disputtiren wollen; bas iſt ja nicht erhört worben. Ich weiß nicht, wo
ber churfürſt von Braunſchweig ahn benckt, baß er ſolche ſachen leybt. Er mag es auch
threhen, wie er will, ſo ſeybt ihr boch geſchwiſterkinbt mit ihm«, u. am 22. Apr. 1702:

Witgensten so bang ist, Colb[1] jalousi zu geben, daß er J. M. überall wech
gehett oder esvitirt, wie die wort lauten, also an die sach nicht mer zu bencken.
Hirauf haben wir den betrübten todt vom König von England[2] erfaren undt
bin so geschestig mit mein traur, daß ich meine diamanten abzumallen vergessen habe, dan ich bencke wenig an putzen. Die itzige Königin von England[3]

„Daß der churfürst ein struckener störriger herr ist, hab ich gar woll an J. L. verspürt,
wie sie hir waren, habe ihm alle wörter außpressen müßen. Worinnen er aber das große
unrecht hat, ist, mit seiner fraw mutter so zu leben, deren er doch allen respect schuldig
ist. Mißtrawen, hochmuht u. kargheit machen dießen churfürsten, wie er ist. Ich mercke
es oft auß ma tante schreiben, ob sie schon nichts sagt, daß sie übel zufrieden ist." Vgl.
Bibl. d. litt. B. in Stuttg. 88, S. 279. 281.

  1) Graf Kolbe-Wartenberg.
  2) Wilhelm III. starb am 8/19. März 1702 zu Kensington.
  3) Anna. Dieselbe schrieb damals nach Hannover folgende 2 bisher ungedruckte
Briefe, deren Originale sich in der Kgl. öffentl. Bibl. zu Hannover befinden:

1.

An den Kurfürsten Georg Ludwig.

Mon Cousin, la douleur que vous faites paroitre dans votre lettre du 19. Mars
pour la mort du feu Roy mon frère est tres juste, et les sentimens que vous y
temoignés avoir pour moy, me sont fort agréables. Je suis tres aise que le
public soit si bien satisfait des declarations que j'ay faites, et j'auray soin, que
les effets y repondent; je ne manqueray pas d'avoir une amitié et une consideration toute particuliere pour votre famille, au bien de la quelle je me trouve
interessée par tant de liens, et comme ses interests sont tous unis et concentrés
dans votre personne, cela ne peut qu'augmenter l'estime et la bienveillance que
vous trouverés tousjours en celle qui est avec beaucoup de verité

Mon Cousin
votre bien affectionnée Cousine
Anne R.

à St. James
ce 16. Avril 1702.

A mon Cousin
Le Prince Electoral de Brunswic et Lunebourg.

[Schwarzes Siegel mit dem engl.-französ. Wappen.]

2.

An die Kurfürstin Sophie.

Ma soeur et tante. J'apprens avec beaucoup de plaisir par votre lettre, que
ce que j'ay dit à Mr. Schütz vous a donné de satisfaction; ce que je seray
tousjours prète de confirmer par les effets. J'ay été fort en peine du succes
de l'affaire, dans laquelle votre famille est à present engagée; aussi ay-je donné
des ordres tres precis à my Lord Marlborough, lorsqu'il est parti pour Holland,
de leur procurer tout l'assistance qui seroit necessaire, et je ne doute point,
qu'il n'ait agi en cela conformement à mes intentions. Vous pouvés vous asurer,
qu'en cette occasion et en toutes les autres qui s'en presenteront vous me trouverés fort disposé [sic!] à soutenir vos interests et à vous donner toutes les

hatt mich stracks versicheren laffen, daß J. M. alle dieselbige genad vor mich
undt vor mein haus würde haben, die der vorige König gehatt hatt, durch
Baron Schütz[1]). Disses hatt mich ein handtschreiben an J. M. gekost. Ob
man mich wirdt in Englant verlangen, zall de teit leren. Sie wollen mir
doch beyde brauchen, worin sie finden, daß ich sie nutz bin, dan ich sie alle
beyde ser liebe . . .

Sophie Courfürstin.

243.

An die Raugräfin Louise.

1702
April 13

Hanover den 13. April 1702.

Jch habe ihre beyde schreiben von Wetzler ser wol emfangen undt ist mir
hertzlich leit, mein liebe Bas, daß die sachen dorten so langsam hergehen. Bey
grosse Herrn gilt das faustrecht, ist es also in bewuster sache besser, daß man
sich accommodirt hatt. Jch hoffe, daß es mit Wolfenbübel auch so wirdt
gehen[2]). Die völcker von dissem haus ligen ihnen ins lant undt lassen contribuihren. Der König von Prusfen hatt Baron Futzs[3]) zum mediator hinge-
schickt. J. M. haben vergangen freidag hir gessen zu mittbag, zwar in sermoni,
allein wolten J. M., daß der oberkammerherr mit solte essen, mit dem unber-

---

meillieurs preuves de mon amitié et de mon affection comme etant très veri-
tablement

Ma soeur et tante
votre affectionnée soeur et niece
Anne R.

[Ohne Datum.]

À ma Soeur et Tante
l'Electrice Douarière de Brunswic.

[Schwarzes Siegel mit dem engl.-franzöf. Wappen.]

1) Vgl. S. 156, N. 10.
2) Zwischen den beiden Zweigen des braunschw.-lüneburg. Hauses war es zu e. Katastrophe gekommen. Der ältere, wolffenbütt. Zweig konnte die Bekleidung des jüngern,
hannoverschen, mit der Kurwürde nicht verschmerzen u. suchte nun die Jntroduction desselben in's Kurfürsten-Collegium, die Einführung der Primogeniturordnung u. die in
Aussicht stehende Vereinigung mit dem lüneburg. Herzogthum zu hintertreiben. Während
ganz Europa durch die bevorstehende Entscheidung der span. Erbfolge in die höchste
Spannung versetzt war u. wer treu am Reiche hielt, sich fester dem Kaiser anschloß, suchten
die Herzöge Rudolf August u. Anton Ulrich v. Wolfenb. den Bund mit Frankreich, um
ihre Pläne gegen Hannover mit Gewalt durchzuführen. Sie sammelten mit französ. Gelde
ein zahlreiches Heer zum Überfall. Hannover u. Celle machten der Gefahr durch e. raschen,
entscheidenden Schlag ein Ende. Jn der Nacht auf den 20. März 1702 rückte man von
verschied. Seiten in's Braunschweigische ein u. entwaffnete die zerstreut liegenden Truppen.
3) = Fuchs. Von Berlin aus warb der Minister v. Fuchs nach Wolfenbüttel
abgesandt, um daselbst einen Vergleich mit Hannover zu Stande zu bringen.

scheit, daß ihm nur silberne teller wurden geben, die königliche unbt die unserige waren vergülbt; mein sohn der Courfürst unbt ich hatten seffel wie der König, Courprins unbt Courprinseß unbt Ernest August aber nicht. Die Grefin von Wartenberg hatte ihre taffel in ihr kammer, da ban von unsern dames unbt Mad. Bellemont mit affen. Es ist eine recht artige fraw, schwetzt hollendisch wie ein papegai, die zeit wirbt ehnem nicht lang tharbey, weis sich wol zu schicken, ist mer schön als heßlich, gouvernirt ihren Man à bagate[1]), hatt alles zu forgen. Ich halte sie vor arg unbt mesiant; habe wol gemerkt, daß der Graf von Donna[2]) wegen seiner frawen nicht in gnaben bey ihr ist, welge, wie sie mir sacht, sie über sich hatt laffen sitzen unbt es tharnach geleugnet hätte. Der Graf von Witgensten ist in die statt gewessen, aber ist nicht bey hoff kommen. Der König ging ben andern morgen um 5 uhr wiber fort; die Grefin blieb ben mittag bey uns effen, ist alfo gar content von Hanover ge-weffen. Es ist eine weltfraw, bey welge die sentimenten eben nicht gar jüst fein.

Von die reiff nach Englant wirbt weber in Englant noch hir gerebt, weber vor mein enkel noch vor mich. Die Königin[3]) ist noch wol, ob man schon J. M. linke handt hatt müssen küssen, weil die andere wegen dem pottegra verbunden war. Der Herzug von Schunburg wirbt so viel zu thun haben, seine junge gemallin zu verwaren, daß er an mir nicht denken wirbt. Sunften bencke ich, es ist geleichg, ob ich hir sterbe oder in Englant. Mein intercession vor Wensen[4]) hatt nichts geholffen, er ist zwar loß, mus aber m/10 thaller geben[5]), ein armenhaus zu bauwen. Vom alten Danckelman wirbt gar nicht gerebt; sein bruder ist aber wiber in binst. Mit mein huften ist es Gottlob viel beffer, ich kan nun wiberum effen unbt fer wol schlaffen. Ich habe wiber vergeffen, meine diamanten abreiffen[6]) zu laffen, ban ich bencke wenig an putzen, bencke viel mer tharan, wie ich mein liebe Bas einmal wiber genissen werbe unbt auch Ameltie content haben. Gott schickt alles, wie er wil; da laffe ich alles auf ankommen; kan ich meine satisfaction nicht in ehn bing haben, suche ich es in ein anber, unbt verbleibe ihnen beybe ganz ergeben.

Sophie C.

244.

An die Raugräfin Louise in Frankfurt.

Hanover den 15. April 1702.

1702
April 15

... Ich habe von ein gutten fründt vernommen, daß das Parlement J. M. der Königin nicht allein das inkommen vom seligen König gegeben,

---

1) = bagatelle.   2) = Dohna.   3) Anna.   4) Vgl. S. 216, N. 6.
5) Vgl. Droysen a. a. O. IV, 1, S. 256.   6) abzeichnen.

sundern haben J. M. noch tharzu Dero eigen revenu, so sie zuvor hatten, gelassen, sundern auch das revenu von Herzug von Gloster, undt meinten, es
were, daß J. M. von sich selber disse zwe lezte solten emploiihren vor mir
undt vor mein enkel, uns nach Englant zu beruffen. Ob disses nun so geschehen wirdt, zal de teit leren... Man tracktirt zu Brunswic noch an
friben [1]), inmittels fressen unsere truppen das Wolfenbüdelsche lant kal.. Die
Kilmansec kam gestern aus der kirg undt bekam stracks etwa ein stundt tharnach einen sohn: denen, da es an gelegen ist, bekommen nichts....

S.

Alleweil bekomme ich die zeibung, daß der fribt geschlossen ist schwischen
Herzug Rudolf August undt dissem haus [2]). Herzug Anton Ulerich sein wech
mit ehn edelman; man weis nicht, wohin.

245.

An die Raugräfin Louise in Frankfurt.

1702
April 27

Hanover ben 27. Apr. 1702.

... Solte die Römische Königin nach Franckfort kommen, könte ich
[wegen des Putzes] es selber ordoniren mit bie stene, so ich habe. Also ist bey
mir alles unsicher undt bie reiff nach Englant am meisten, ban die Königin ist
ihmer schwanger von 3 monat, undt so lang J. M. hoffnung machen, kinder
zu bekommen, wirdt sie dem Lant keine neüwe unkosten machen, darum, die
leute zu contentiren, J. M. ihnen von das ihrige m/100 pundt hatt gegeben
auf ehnmal, welges J. M. ser beliebt macht. Was die tütsche kirg [3]) hir anbelangt, hatt mir mein sohn der Courfürst gesacht, er würde es nicht weren [4]);
hundert thaller des jhars vor die pfarrer habe ich versprochen; ob nun bie gemein mit [bem,] was mer tharzu gehört, kan zurecht kommen, müssen sie wissen.
Ich bezalle noch mit ber zeit an schulben vor die französche kirg, so ich auf
mich genommen. Ich thue nicht, um rhum zu haben, sundern was ich kan, die
gutte leute zu helffen, undt mich selber keine schulben noch ungelegenheit zu
machen, da müssen bie gutte leute ihre mesuren nach nhemmen.

Hir haben wir Gottlob fribt. Der Herzug Roudolf August hatt unsern

---

1) Vgl. S. 224, N, 2 u. 3.

2) Ein Vertrag ward zu Wolfenb. am 19. Apr. 1702 abgeschlossen, wonach Braunschw.-
Wolfenb. sein Bündnis mit Frankreich aufgab u. seine Truppen der großen Allianz
überließ. Durch e. zweiten Vertrag bann vom 22. Apr. 1703 verpflichtete sich das wolfenb.
Haus, der hannov. Primogenitur-Ordnung sich nicht ferner widersetzen zu wollen, erkannte
die Kurwürde u. den Vortritt von Georg Ludw. auf den Reichstagen an.

3) Die beabsichtigte Gründung einer beutschen reformierten Kirche neben der schon
bestehenden französ. reformierten.   4) = wehren.

Herrn zwe tausent 4 hundert fussvölder überlassen undt etwa 700 pfert. Der sohn vom Herzug von Plön hatt ehn Regement zu fuss tharunder, ist also ins Courfürsten dinst, ist gar krank; ich habe also nur die offisirs vom Regement gesehen, so gar wackere leute sein, undt haben etliche dem haus Wolfenbübel 20 jhar gedint undt sich nun verschencken lassen. Ich hoffe balt ein reiff zu thun, mein tochter zu besuchen, wan es besser wetter wirdt. Die mode endern sich in der welt; mus ich wol der Herzugin von Zell¹) die handt in mein haus geben, so kan die Grefin von Donna²) es wol am driten ort an die Grefin von Wartenberg thun. Es kam mich auch spanisch vor; man wolte es aber dumals so haben undt muste ich wol thun was mein Herr selig haben wolte.

Disses schöne papir, da ich sie auf schreibe, so gans zerrissen, hatt Gargant³) aus Hollant kommen lassen; hir hatt man keines, das so schlim ist. Ich fürgt, es reist, wan sie es lesen wil. Bin ihnen beyde gans ergeben.

S.

246.
An die Raugräfin Louise in Frankfurt.

Hanover den 10. May 1702.

Wan ich nicht viel zu sagen weis, mein liebe Bas, so schweige ich still; mus aber nun sagen, daß ich in ettliche dagen mein tochter eine visite werd geben. Was ihr in confidence aus Englant bericht wirdt, wirdt man mit der zeit sehen, ob es wirdt intreffen, allein scheint es, als wan man bey dissem krig depence scheute, undt haben auch vielleicht der Königin domestiquen nicht gern, daß eine Verwantin ihnen ihm⁴) weg stehett, dan ich höre gans von nichts dergeleichen, als wan das Parlement mich gern in Englant hätte. Sie scheinen mit ihre Königin ser wol zufriden zu sein. I. M. haben mich auch ein ser obligant eigenhandig schreiben gethan, ist unterschriben: affectionée soeur et niesse⁵).

Von Courpfalz kommen hir Courirs über Courirs, um vor hülf anzuhalten; der Herzug von Zell undt mein sohn werden auch etliche Regemenger hinschicken von die besten. Der Hoff hatt sich von Duseldorff retirirt, waren bang, die Fransosen würden es bombardiren. Es verlangt mich zu hören, wie es mit eurem proces stehett, ob nicht balt ein endt tharvon wirdt werden... Die post wil weck; ich bleibe ihnen beyde gans ergeben.

S.

---

1) Eleonore geb. d'Olbreuse.   2) = Dohna.   3) Secretär der Kurf. Sophie.
4) = im.   5) Siehe S. 223, N. 3.

247.

An die Raugräfin Louise in Frankfurt.

Herenhausen ben 15. May 1702.

Ehe ich von hir gehe, welches morgen wirbt sein, mus ich meine liebe Bas in gebancken ambrassiren unbt mich auch bebancken vor die mühe, so sie genommen, buch vor hember mir zu wellen[1]). Es soll nun gewis sein, baß die Römische Königin mit gehett, hoffe also mein tochter auch zu bereden, baß J. M. mit mögen gehen, der Römischen Königin aufzuwarten, unbt ich euch ban auch wider kan sehen. In Englant ist viel verenberung: alle die König Wilhelm sein zu gegen gewessen, nimbt bie Königin in binst; ich gelaube nicht, baß ihre domestiquen weber mich noch meinen enckel in Englant wünschen werden. Nach der krönung wirbt man es schon sehen.

Was den Rauwgraf anbelangt, ist er eben wie sie ihn verlassen haben. Mein sohn wil ihn nicht von sich lassen, noch mit mir nach Lutzenburg lassen gehen, ob mein tochter ihn schon ser verlangt hatt; ich habe ihn aber nicht erbitten können. Mein sohn sachte, er were hir al sein trost in differ einsamkeit. Es ist nun war[2]), bey der taffel schwetzt er ihmer unbt verquackelt sein gelt in bolle bücher, da er ihnen was aus zu erzellen hatt. Ich bin aber als bang, baß es unmüglich ist, baß er bey bem brincken lang leben kan. Er hatt nur ben feller, baß er sich voll süfft unbt ban schlegt er seine biner. Die sachen, die man nicht helfen kan, mus man gehen lassen. Ich hoffe, sie wirbt bie Milzsucht nicht tharüber bekommen. . . .

S.

248.

An die Raugräfin Louise in Frankfurt.

Lützenburg[3]) ben 6. Juni 1702.

. . . Man ist hir wie in ein irbisch paradis, kan burch alle fenstern[4]) ihm[5]) garten kommen; es sein aber keine äpel tharin zu essen, unbt die hecken sein noch gar klein, aber finde ich boch alles angnhem, ban man lebt hir sans façon. Die dames unbt cavalirs spillen comedi unbt die musicanten machen operas; bie beste pfarrer von der welt predigen, nemlich ber bischauf Herr Ursinus[6]), Mr. Lenfan[7]), Mr. de Brousobre[8]) unbt ein Mr. mit ein schweren

---

1) = wählen.   2) = wahr.   3) Vgl. S. 195, N. 2.
4) Glasthüren.   5) = in.
6) (Ursinus) v. Bär, reform. Bischof u. Hofprediger zu Berlin.
7) Jaques Lenfant, Hofpreb. bei der Königin Sophie Charlotte, nach beren Tobe Kaplan bes Königs u. Oberconsist.-Rath.
8) Isaac Beausobre, seit 1696 Prediger an der französ. Kolonie in Berlin.

nham, den ich nicht behalten kan, ist aber auch ser gelert, verstehett die astro-
nomie [1]). Alhir sauffen undt schweren die dames nicht, aber spillen wol
à lombre undt verqueren, da ich schlecht bey bestehe. Aus Englant höre ich
nichts als daß man in den kirgen vor mich bett [2]). Disses hatt mich ein brif an
die Königin gekost, tharvor zu dancken. Ich bin in sorgen, mein liebe Bas,
vor Dero Herr bruber, den ich kranck gelassen undt der noch nicht besser sol
sein. . . . Nun wil ich ein langen brif an Madam schreiben undt derhalben
dissen enbigen. . . .

Sophie Courfürstin.

249.

An die Raugräfin Louise in Frankfurt.

Lutzenburg den 19. Juni 1702.

Es ist mich wol herzlich leit, daß ich mich mit ihr bedrüben mus über
den grossen verlus, so wir gethan haben an dem lieben Rauwgraf [3]). Seine
bugenden übertraffen sein laster ihm [4]) drincken, welges ich der Gregu [5]) zu-

---

1) Jablonski?　　　2) = betet.

3) Der Raugraf Karl Moritz starb zu Herrenhausen am 3/13. Juni 1702.

4) = im.

5) = Gregut, die Frau eines Pfarrers der französ. Gemeinde zu Heidelberg, bei
welchem der Raugraf nach d. Tode seiner Mutter in Pension war. Die Herzogin von
Orléans schreibt am 12. Juli 1702 an die Raugr. Amalie: „Madame Gregu hat ihn
umbs leben gebracht, ihn so ahn den wein gewonbt zu haben in seiner kindtheit. Ich
weiß, daß er wie ein rechter philosoph mit grosser fermeté gestorben ist. Die ein gutt
leben führen, ist es all eins, ob sie auff ein bett sterben oder niedergeschoßen werden"; vgl.
Bibl. d. lit. V. in Stuttg. 88, S. 296. — Über den Tod des Raugr. Karl Moritz fand
ich unter den Leibniz-Papieren folgenden, bisher unbekannten Bericht an die Königin Sophie
Charlotte, ein Concept ohne Unterschrift: »Je ne dois pas manquer de faire un compliment de condoleance à V. M. de ce qu'Elle vient de perdre un grand soutien,
mais comme je connois Sa resignation en Dieu, j'espere qu'Elle prendra cette
afliction avec la meme moderation et prudence, qui Lui est si ordinaire et
qu'Elle ne voudra pas s'abandonner à la douleur, que merite en effet la mort du
Raugrave, et qu'Elle fera reflection au tort qu'Elle feroit par là à Sa santé.
J'aurois voulu pouvoir obeïr à V. M. en Lui en mandant de meilleures nouvelles,
mais le ciel en a decidé autrement. L'on esperoit encore toujours quelque aman-
dement à cause de l'humeur railleuse du pauvre défunt, car quasi la derniere
fois que le medecin l'a vu et lui demandoit, s'il avoit été à la selle, il repondit
avec verité: »Non, j'ay fait dans mes chausſes.« Quand Mr. Klenck lui parloit
de songer à son salut et de demander pardon à Dieu, il disoit: „Wenn er mora-
lisiren will, so ist er nicht mehr mein freunb." Quand Mr. de la Bergerie lui disoit,
que Dieu pouvoit nous punir, quand nous ne nous repentions pas de nos pechés,
que Jesus Christ étoit mort pour nous, mais qu'il falloit aussi obtenir la misericorde de Dieu, il dit: »Je sais cela mieux que vous.« A la fin quand on vit
qu'il n'entroit pas d'autre reponse, on lui [bem Paſtor La Bergerie] conseilla de se
retirer. Il demanda au Raugrave: »Il me semble, que je vous ennuyo?« »Oui

schreibe, [die,] wie er mir gesacht, ihn mit Hipocras[1]) zu brincken erzogen hatt unbt er das brincken nicht konte lassen aus grossem durst unbt hitze, welches wol nicht lang weren konte. Er war aber eben befallen ehn dag, ehr ich von Herenhausen ging; ich hoffte, es würde noch kein nott haben, dan er sich oft erholt hatte, aber die schwache natur muste zulezt under all dem wein sucombiren. Bey der taffel brunck er nicht viel, aber allein in sein kammer. Er hatt das leben ihmer meprisirt unbt sich an Gott vertraut, daß er es wol mit ihm machen würde, unbt daß ein pfarer ihm nichts tharauf sagen könte, das er nicht schon wüste; ich bin also versichert, daß Gott sein vertrauwen wirbt angnhem gewessen sein unbt was er nicht hatt hinderen können, ihm zu gutt halten. Was sein testament anbelangt, so hoffe ich, daß es sich bey sein zeug finden wirbt, unbt kan mein sohn sowol als ich zeugen, daß er ihmer gesacht hatt, alles was er hätte were vor seine schwestern. Ich mus ihr auch sagen, daß seine compani ihm gelt schulbig ist, so er vorgestreckt hatt. Ich wil mit dem feltmarschalck unbt mit sein obersten tharvon reden lassen.

In Englant bett[2]) man eine weil vor mir; meine fründt meinen jha, das Parlament wirbt machen, daß man mir nach Englant bitt. Mir gilt alles geleichg, in der welt habe ich wenig zeit übrig. Mein tochter hatt das fiber, hatt aber gelassen; ich hoffe, es wirbt helfen. Ich habe so viel zu schreiben, daß die handt mir gans mütt ist.

Sophie.

250.

An die Raugräfin Louise.

Lutzenburg den 10. Juli 1702.

1702
Juli 10

... Ob sie luft nach Hanover haben wirbt, stelle ich ihnen gans heim; sie haben nun alles gesehen unbt kan ich sie mit warheit versichern, daß ich ihre satisfaction der meinigen vorzige. Von dem lieben Rauwgraf, den wir alle ungern gemist haben unbt der eine ebige rhu besizt, wil ich nichts mer sagen als daß alles, was Gott thut, uns gelegen sein mus. Ich wolte die Römische Königin[3]) gern sehen, J. M. verlangen es auch, aber ich erschrecke

---

asurement« dit il. Mais pourtant avanthier au soir le valet de pied, que Monsgr. l'Electeur lui avoit donné pour en avoir soin, lui parla de Dieu et lui dit, que, s'il se fioit en sa misericorde et se repentoit de ses pechés, il devoit lui donner la main pour signe; ce qu'il fit et la lui pressa. Il n'a jamais voulu faire de testament, que quand il ne put plus parler et encore moins écrire, et que par consequent il n'en étoit plus tems.
Herrenhausen ce 14. de Juin 1702.«

1) Hypokras, ein mit Gewürzen u. Zucker gemischter Wein.　　2) = betet.
3) Amalie Wilhelmine.

vor die grosse suite; wan ich nach venant so solte aufgezogen kommen, ginge mein gans wittum tharauf; weis also nicht, wie ich es anfangen soll. Zu Lustenburg[1]) bin ich bey meine zwe Courfürstinen geweßen mit bie gröste vergnügung von der welt, haben auch von euch mit sunderliche estime geredt; unbt von thar habe ich auch die liebe fürstin von Anhalt besucht. Dise visiten habe ich in 4 tag gethan, in hitze unbt staub, wolte aber nicht um vieles, es nicht gethan zu haben, ban die gedechtnus tharan frübt mich noch. Sie sein alle brei viel unvermögener als ich; die Courfürstin zu Pfalz hatte alle die zen[2]) oben ihm[3]) munt verloren, aber bas gutte gemüt unbt dugent, bie die 3 fürstinen haben, kan nicht vergehen. Doch finde ich ihmer ursag, Gott zu bancken, ber mich noch so viel luft unbt gesundtheit in meine alten jharen genissen lest. Hir ist nichts als operen unbt commedien; die ehrsten werden von mein tochter musiquanten representirt, bie andere von J. M. dames unbt cavalirs; bas beste aber vor mir ist, baß ich aus mein kammer de plein[4]) pied alle augenblick ihm[3]) garten kan sein, bas ich mich am liebsten zu nuß mache unbt mich am gesundesten ist; ich barf es aber hir nicht gar zu lang machen; erwarte nur ben König von Prussen, um wiber nach haus zu gehen. Ich werbe Ernst Gustien nicht mer finden, er ist nach ber hollandische armée; die zwe andern gehen nach Landauw[5]), langsam wie ber Römische König, ba ihre reiß nach angstelt ist. Wie ich hir über ben Graf von Witgensten höre reden, ist wenig an ihm verloren[6]), soll gar nichts an ihm sein, ist wie ein chin[7]) couchant beim Graf von Wartenberg. Ameltie wolle sie meinent-wegen ambrassiren.

S.

---

1) = Lützenburg (Charlottenburg); vgl. S. 208, N. 2.   2) = Zähne.
3) = im.   4) = plain; de pl. p.: ebenen Fußes ober birekt.
5) Am 16. Juni 1702 begann ber Markgr. Ludwig v. Baden die Stadt Landau zu belagern; in ber Mitte Juli traf ber röm. König Joseph baselbst ein; am 9. Sept. capitulierte Landau.
6) Aus ber Berlobung ber Raugräfin Amalie mit b. Grafen v. Wittgenstein warb nichts; ber Graf Wartenberg soll es hintertrieben haben. Die Herzogin v. Orléans schreibt am 2. März 1702 an die Raugr. Amalie: „Was ist benn bem graff von Wartenberg vor eine quint ahnkommen, baß er bem graffen von Wittgenstein bas heürahten verbiehten will? Er ist ja weder sein bruder noch sein vatter noch sein vormunbt. Ich hoffe, die liebe königin wirbt die sach schon wieder zu recht bringen u. ma tante auch; vgl. Bibl. b. litt. V. in Stuttg. 88, S. 269.
7) = chien; chien couchant: Hühnerhunb, Speichellecker.

251.

An die Raugräfin Louise.

1702
Aug. 5

Lutzenburg den 5. Aug. 1702.

... Jch halte, wie sie sacht, daß ich inconito zu Franckfort meine cour ohne viel unkosten bey die Römische Königin wol könte thun. Jch bin Gottlob noch gans gesundt undt habe hir viel satisfaction, ban man sicht nichts als contente gesichter, aber wan man alt ist, ist es bisweillen auf ein stuts aus, wie es einer fraw ungfer [1]) von meinem alter geschehen, so den morgen ihren caffe hatte gedruncken, ging zu fuß mit ihr buch in der handt in die kirg; wie sie wider nach haus ging, fil sie vom schlag maustob; also mus man alzeit preparirt sein. Morgen wirdt der König von Prusen wider zu haus kommen undt ich, wils Gott, wider nach haus reisen. Langweilig kan sie mir nimmer sein, könte nur der Grefin Amali auch geholfen werden, ban die hoffart wirdt ihmer grosser in der welt, wie sie es am Pfalzischen hoff schon weis, undt weil ich sie liebe, gibt es mich chagrin, wan ich sehe, daß mein sohn so wenig conplaisance in bissem fall vor mich hatt [2]). Mein Herr selig war hirin gans anders, liß sie auch logiren undt hätte sie ihm [3]) schloff lassen sein, wan plaz tharin were gewessen. Wan ich emportirt were, thedte mir der chagrin weniger schade, aber wan so was ist, schweige ich still zu [bem,] was ich nicht enbern kan [4]). Aus der englischen sache wirdt wol nichts werden, ban bey hoff hatt man mir nicht gern in England, Mylaide Malbourog [5]) ist selber gern die zwete fraw in Englant, ban sie regirt alles. Mein copi von des Rauwgrafen conterfet wirdt gutt genung vor mein sohn sein, ban er verstehett die malerey nicht. ...

S.

252.

An die Raugräfin Louise.

1702
Sept. 1

Herenhausen den 1. Sept. 1702.

Vergangen Mondag abent bin ich wider hir ankommen, ser betrübt, Lützenburg verlassen zu haben, da ich so vergnügt lebte undt so viel satisfaction hatte. Mein tochter undt mein kleiner sohn haben auch mein wechgehen beweint. Jch meinte aber, da ich über 3 monat thar bin gewessen, daß es sich nicht schickte, langer thar zu sein. Der König von Prusen hatt mich auch grosse ehr bewisen, auch mit grosse amitié einen schönen ring geben von

---

1) = ohngefähr.   2) Vgl. S. 222, N. 3.   3) = im.
4) So schreibt die Herzogin v. Orléans an die Raugr. Amalie am 16. März 1702: „Ma tante verbeyst allezeit, wenn ihr etwas leydt thut, und das ist bitter ungesundt"; vgl. Bibl. d. lit B. in Stuttg. 88, S. 273.   5) Mylady Marlborough.

ein briliant; J. M. haben mir auch alle Dero schöne heütser lassen sehen, die
ser manisic alle meublirt sein, undt mir alle hir gar hesslich macht finden.
Mit dem gutten Graf von Witgensten habe[1] ich auch frei gesprochen; er
dependirt gans vom Graf von Wartenberg, der ihm seine fortune gemacht
hatt. Disser lest sich von seine fraw regiren, die jalus[2] vor ihr ansehen ist
undt meint, mein tochter mus nimans lieber oder mer ansehen als sie. Der
Graf von Witgensten hatt auch den schlosshaubtman Prins[3] undt den ober-
schenck Cromco[4] zu feindt; in summa es ist ein intriguanter hoff undt ist es
mir nicht leit, daß unser vorhaben nicht angangen ist, hoffe, ihr werdet was
bessers vor die persohn finden.

Villeicht wirdt disser brif sie bey unsere Römische Königin finden, schicke
ihnen also ein brif vor J. M. Ich habe hir nimans zu haus gefunden als
mein enkel, die(!) nun grösser ist als ich. Mein sohn ist auf dem harts[5] mit
Mad. Wey[6], Mad. Enhausen[7] undt die Schoulenburgin. Ich habe hir ein
hoff von Englische undt Schottsche, Mylord Stenfort, Mylord Rocksburey
undt Rrigwater undt etliche Edelleute; habe sie mit ein commedi regallirt,
wuste sie sunsten nicht zu divertiren. Es ist gar kein aparence, daß man
mich in Englant wirdt verlangen, also mus ich mich mit wo ich bin contentiren, da ich auch gar wol mit zufriben bin; undt findt sie es nicht con-
venable, bey mir zu sein, wolte ich dan von ihrer handt gern eine Reichsgrefin
haben, ben stadt zu füren, die von gutten humor undt sitten were. Sie schreibe
mir doch nur frei heraus was sie meint. . . .

S.

253.

An die Raugräfin Louise in Frankfurt.

Herenhausen den 24. Sept. 1702.

1702
Sept. 24

Ich habe auf zwe Dero angnheme schreiben zu antworten. Jhm[8] ehrsten
habe ich mit früben gelesen die angnheme musick vom König[9], so sie gehört
haben, undt alle den rhum, den sie J. M. geben, welges mich sehen macht,
daß unsere liebe Brunswigsche Römische Königin[10] recht gelücklich ist. Solten
J. M. schwanger sein, wie mans vermutt, wollen sie doch meinentwegen gelück
tharzu wünschen undt sagen, daß es mir zwe mal nach einander übel ihm[8]
selbigen standt gieng, ribt man mir, wie ich wieder schwanger wardt, alle morgen
milg zu brincken, da kreutzsalvey in gekocht wart mit ein wenig zucker tharin

---

1) Vgl. den Schluß von Br. 238.   2) = jalouse.
3) Marquard Ludw. v. Printzen.   4) = v. Grumblow.
5) = Harz.   6) = v. Weyhe.   7) = v. Deynhausen.
8) = Jm.   9) Bei der Krönung des röm. Königs Joseph I.
10) Amalie.

nach belieben; da befandt ich mich so wol bey, daß ich zwe söyn auf ein mal von bekam[1]), da Max einer von ist. Unbt weil es nicht übel schmeckt, können J. M. es ohne gefar gans wol nhemmen; es soll das kindt stercken undt anhalten. Ich gelaube, J. M. werden nun wol nach haus eillen undt ich die frühe nicht haben, J. M. underdenig aufzuwarten, undt ihnen zu sprechen; das mir leit thut, ban sich von alles besser sprechen als schreiben left. Eine freillen hoffmesterin habe ich nicht nötig, es ist keine zu Berlin undt ich bin gern bey mein tochter, da ich wenig leute mit nheme, undt nun auch nur 2 fraillen habe, ban die Schoullenburg kan ich nicht wol tharunder rechnen; die Benesen[2]) ist ein gutt mensch, aber catholisch undt schwanger; die Klencksche ist auch noch bey mir undt ihm[3]) selbigen standt, können also beyde neüwe fraillen zu weg bringen, wan sie stracks fertig würden. Der rang ist ein ungmachliche sach in der welt, es ist nun alles durch einander undt wol ridicul, daß eine hoffmesterin dencken darf, vor eine regirende fürstin zu gehen. Aber, mein liebe Vas, wie gern ich sie auch bey mir hätte, so wolte ich doch nicht gern sie undt Ameltie ungelücklich machen undt ihr etwas in ihren affairen negligiren machen, ban ich bin alt undt kan es in ein augenblick mit mir auß sein, so hätten sie hir gar kein trost. Es ist eine Grefin Schack, das eine ser feine, raisonable fraw ist ..., aber Ihr gehett mir über alles, werde also nichts thun, ehr ich ehrst wol weis, was euch angnehm undt vortelhaftig kan sein.

In Englant ist bey disser regirung alles geendert undt denckt man nicht an mir . . .

S.

254.

An die Raugräfin Louise in Frankfurt.

1702
Oct. 2

Herenhausen den 2. Oct. 1702.

Baron Kilmanseck ist kommen undt hatt das ser geleichge portrait vom seligen Rauwgraf mitgebracht, welges zugeleichg gefallen, aber auch betrübt hatt. Ich bitte, sie wolle doch zusehen, daß sie mir keinen pfarrer schickt[4]), der ein Pietist ist oder die reputation hatt, einer zu sein, ban hir ihm[3]) lant werden sie gar nicht gelitten undt ich halte sie vor heugler oder vor narren. . . . Ich komm aus die kirg, der Herzug von Zell ist hir, mus in eil endigen . . .

S.

---

1) Am 13. Dec. 1666; vgl. Publik. a. b. Kgl. Pr. Staatsarch. 26, S. 113.
2) = v. Bennigsen.   3) = im.
4) Für die neue deutsche reformierte Gemeinde in Hannover.

255.

An die Raugräfin Louise in Frankfurt.

Herenhausen ben 8. Oct. 1702.

Ich fehe wol, mein liebe Bas, wan man keine balcken[1]) hatt, mus man mit eullen betzen[2]); ban ob ich sie unbt eine von meine relion schon lieber bey mir hätte gehatt, so wil ich ihren rabt folgen unbt sehen, ob ich die liebe Grefin von Bückeburg[3]) bey mir bekommen kan, das eine recht angnheme fraw ist. Sie ist nun zu Minden ihm[4]) kindtbett von ein sohn, das doch noch ein groff gelück vor sie ist, ban sie nun zwe söhn ihm[4]) leben hatt, ihre andere kinder sein alle an die schwere nott[5]) gestorben, welges man allen ben schrecken zuschreibt, so ihr Herr[6]) ihmer verursacht; wie sie aber von diffe zwe ist schwanger gewessen, ist er nicht zu sie kommen, hofft man also, daß sie beim leben sollen bleiben. Dem Courfürst unb bem König von Pruslen ist auferlegt, executeurs zu sein von der sentenz, die in ihr faveur ist gesprochen; ihr Herr hourt innweil in Italien; ob diffes ihm die lieb von der junffer wirdt vertreiben, weis ich nicht; ihr ist aber nicht zu rabten, baß sie wider zu ihm gehett, ist von ben unberthanen ser geliebt, weis also nicht, was sie resolfiren wirdt. . . . Es ist mir herzlich leit, baß es mit ihr proces so übel unbt langsam her gehett; was man in biffer welt gern fehe, gehett nicht alles nach wunsch unbt mus man als gebencken, bas Gott bißweilen viel besser vor uns sorgt als wir selber . . .

Sophie.

256.

An die Raugräfin Louise.

Herenhausen ben 12. Oct. 1702.

Da mus man nun sich keine melancolische gebancken über machen, mein liebe Bas, als wan der Rauwgraf[7]) selber an sein tobt were ursag gewessen, ban einem ihben ist sein zeit bestimbt, unbt ist er nimals von eine starcke natur gewessen; auch ist Gottes gütte über alles, der nicht mer von ein mensch fobert, als er ihm geben hatt, unbt auf ihn hatt der selige Rauwgraf gans getraut, auch noch Klenck die hanbt gebrückt, wie er ihn fragte, ob er nicht auf Christus verbinst gans vertraute[8]). . . . Die Grefin von Bückeburg gefelt mir unbt habe sie lieb, ich wolte, sie were von unsere relion, der welt halber, ban ich halte die Evangelische[9]) auch vor gutte christen, unbt wil sich der König von

1) = Falken.   2) baitzen.   3) Bgl. S. 107, N. 1.   4) = ihm.
5) b. i. an Epilepsie.   6) Graf Friedr. Christian v. Schaumburg-Lippe;
vgl. S. 107, N. 1.   7) Karl Moritz.   8) Bgl. S. 229, N. 5.
9) Die Kurfürstin meint die Lutherischen.

Prußen uns zu[sammen] vergleichgen, da Mr. Jaquelot[1] in gebraucht soll
werden. Es ist keine aparence nun, daß weder das Parlement oder die
Königin[2] mich nach Englant beruffen werden, dan J. M. fein gans gesundt
undt fehen nicht gern die J. M. erben solte. Wan ich jünger were, ging ich
aber bey J. M. leben hin, könte ich wol tütsche bey mir haben, dan die Grefinen
würden sich zu gutt bäncken, bey mir zu sein. Prins George[3] soll nicht so
kranck sein, als man ihn macht; die Königin, wie man sacht, wil ihm gern den
tittel von König geben, so uns also nicht verdrißen könte, wan er doch sterben
würde.

Wir gehen mit den ganßen hoff bis Samsbag nach Linsburg. Ich halte,
man wirdt den Englischen envoyé Mylord Winselsay[4] thar erwarten. Vor
die Englische handtschou sage ich banck, schicke das gelt tharvor; sie haben
Englant wol nimals gesehen, sein aber doch beßer als man sie hir hatt. . . .

Sophie Courfürstin.

257.

An die Raugräfin Louise in Frankfurt,

1702
Oct. 22

Linsburg den 22. Oct. 1702.

. . . Was [einen Prediger für die deutsche reformierte Gemeinde in Han-
nover] anbelangt, wirdt es wol keine deficultet geben, daß mein sohn der
Courfürst ihnen eine schriftliche freiheit wirdt geben, aber wegen die zwehundert
thaller des jhars undt frei losement, so ihr vermeint, daß die gemeine geben
wirdt, habe ich sie ehrst befragen laßen, ob sie das thun wollen; vor mich will
ich hundert thaller wie an Mr. de la Bergerie[5] geben, aber das andere mus
man ehrst sicher sein, ehr man den gutten Man, den ihr so rümbt undt der
schon eine stelle hatt, hir left kommen auf eine ungwißheit undt ich ihn allein
auf den hals solte haben ohne nott. Die kirg zu bauwen wil ich auch mit eine
steur von hundert thaller anfangen undt wil hoffen, daß mer leute tharzu
werden helffen. Die liebe Grefin von Bückeburg kan nicht bey mir sein.
An Courpfalz hatt mein sohn der Courfürst schon geschriben. Wir werden
ehrst nach Hanover [gehen], wan der Englische Envoié Mylord Winselsay[6]
kombt. Ich bin ihnen beyde gans ergeben.

S.

---

1) Isaac Jaquelot, französ. Hofprediger in Berlin.   2) Anna.
3) Georg von Dänemark, der Gemahl der Königin Anna.
4) Winchelsea.   5) Vgl. S. 129, N. 1.
6) = Winchelsea. — Am 16. Sept. 1702 schreibt die Kurf. Sophie an Leibniz:
»Cresset, qui est tout à fait Tory, est d'une suffisance, qui ne me plaist pas
trop. Nous aurons pour envoyé extraordinaire icy Mylord Winchelsea, ainsi que
ma succession me coustera au lieu de m'apporter.«

258.

An die Raugräfin Louise [in Frankfurt].

Linsburg ben 4. Nov. 1702.

Mein liebe Bas. Weil wir hir ein dag von Hanover fein, kombt meine antwort so spatt, undt weil sie gern sicher von meine 100 thaller weren, habe ich es mit in dissen brif an pfarren wollen setzen: ich wolte ihm auch 100 thaller zur reisse schicken, undt wil es nach Hanover schreiben lassen, daß man es an ihnen übermacht. Ich habe den brif an ihn anders einrichten lassen, dan ich mag Mr. de la Bergerie, den ich recht lieb habe, keine jalousie geben; ich werde sie geleichg halten. Ich gebe auch an organist undt küster, das bey die tütsche gemeine auch nicht mangeln soll, wie auch in dero colecte, wan sie eine eigen kirg werden bauwen. Disses alles wil sie dem pfarer vordragen. Ich liebe die geistlichen, die es mit dem gebott am meisten halten: Gott lieben von ganszer selen, von ganssem gemütte undt allen kreften undt seinen nechsten wie sich selber, undt sich mit die Evangelischen nicht zancken, wie Mr. de la Bergerie. Ich hette wol gern eine reformirte hoffmesterin, habe derhalben mich noch nirgens engagirt.

Die zeidungen von die battalie von Prins Louis lauten schlecht [1]), obschon ein victorieux kuperstück von Wien kommen ist. Es kombt mir vor wie die Lantcarten von ganz Hollant, die der König von Spanien in seine galeri hatte undt meinte, sie hörten ihm alle zu. Hir jacht man den hirsch undt bin ich zwemal mit unsere Princes en chaise roulante mit gewessen, wie es schön wetter war; aber das letzte mal werte es von 10 uhr bis um 7 uhr des abens, theten nur eine malzeit undt schlifen nicht wol tharnach. Ich kan Gott nicht genung dancken, daß ich noch [in] mein alter so wol bin, aber ich verschliffe. Doch so lang ich lebe, werde ich sie alle beyde ergeben sein.

Sophie Courfürstin.

259.

An die Raugräfin Louise [in Frankfurt].

Hanover ben 3. Dec. 1702.

Ich habe an meine liebe Bas schon zwe briffen auf einmal zu antworten, undt wirdt Gargant [2]) schon bericht haben, daß es wegen die freiheit [3]) richtig ist. Was aber den tittel anbelangt von beyde predigers, fransöschen undt tütschen, als meine „Hoffprebigers", gebe ich sie selber zu bedencken, wie es sich

---

1) Besonders erlitt der Markgr. Ludwig von Baden eine Niederlage bei Friedlingen am 14. Oct. 1702.   2) Der Secretär der Kurf. Sophie.

3) Die neue deutsche reformierte Gemeinde in Hannover hatte sich zufolge einer landesherrl. Genehmigung vom 30. Oct. 1702 gebildet.

schiden würde, daß beyde gemeinen mir meine hoffprediger solten unberhalten, würde also auf mich allein ankommen, sie beyde mit dero familie zu unberhalten. Ich habe der tütschen gemeine alzeit einen pfarer von Sparenberg kommen laffen auf meine unkosten, zu communisiren; weil sie aber nun ein eigen haben wollen, gebe ich mein cote tharzu, vor den rest laffe ich sie forgen. Zum bauw der kirge wil ich (andern zum exsempel) auch 100 thaller geben, hoffe, daß an andern örtern, als Hollant unbt Berlin, auch contribuihrt soll werden.

Aus frailen Amelie schreiben sehe ich wol, daß sie sich beyde rhuich unbt wol zu Francfort finden unbt were es übel von mir, die [ich] sie so hoch liebe, diffes zu hindern; bin doch noch nirgens engagirt. Von [benen,] die ich känne, gefelt mir die Grefin Schack am besten; sie hatt von sich felber 2000 thaller inkommen, hatt bon air vor ein fraw von ihrem alter, ist aber Lutterisch. Man kan nicht alles haben, wie man es wünst. Dem gutten Galli [1]) ist es recht leit, daß sie nicht werden hir sein.

Mein fohn Christian rümbt fer die ehr unbt fründtschaft, fo sie ihm beyde erzeigen. Er hatt meriten unbt ist recht bugentsam, kan sich aber nicht überwinden, seins Herrn Batters testament zu beschweren [2]), weil er meint, es sehe nicht just, hatt derhalben nur m/6 thaller des jhars, würde sunften m/12 haben unbt nach dem todt vom Herzug von Zell m/24. Es ist wol ein inutile scrupule unbt [er] könte alhir sich fo ein gutten dag anthun, wie Ernest August, der fer wol auskombt. Ich weis nicht, ob mein fohn Christian den winter zu Francfort wirdt bleiben unbt ob er kein winterquartir bekombt. Man ficht wol, daß [weder] er noch Herzug Maxsimilian nichts an die gazettes spendiren, ban sie stehen nimals in die gazetten, da man doch oft lumpenleute infetzt; ich wil diffes gern vor sie spendiren, wan mein Bas ihnen ein 20 thaller vor mir spendiren wollen, so werde ich doch alzeit wissen, was sie thun unbt wo sie sein, wan sie keine zeit haben, felber zu schreiben. Ich will das gelt gern übermachen, wan es auch mer solte sein, wan sie nur so gutt wil sein, es zu bestellen. Ich habe sie alle lieb, le bon sang ne peut mantir [3]), tharum bin ich sie unbt die Grefin Amalie auch gans ergeben [4]).

260.
An die Raugräfin Louise in Frankfurt.

Hanover den 8. Dec. 1702.

1702
Dec. 8

Mein fohn Christian hatt recht wol gethan, den brif an sein Herrn bruder aufzumachen, ban ich habe keine secreten vor ihm, unbt bin ich recht fro, daß

---

1) Kammerherr der Kurf. Sophie.   2) = beschwören.   3) = mentir; le b. s. n. p. m.: das Blut verleugnet sich nicht.   4) Unterschrift fehlt.

ihr so content von ihm seit. Wan ich die warheit von ihm sagen soll, so habe
ich ihn alzeit ser dugentsam gefunden, undt die ihn recht kännen, werden ihn
auch so finden. Allein dises wirdt in der welt am wenigsten geacht; er kan sich
nicht contraigniren, er meint, die gebratten fögel sollen ihm ins maul fligen,
undt am keiserlichen hoff werden keine meriten geacht; wan man nichts soli-
citirt, bekombt man nichts undt gelt gibt an die macht haben. Es ist mir ein
recht chagrin, daß er sich mit dem Courfürst[1]) broullirt hat undt ich ihn hir
nicht sehen werde, dan ich habe alle meine kinder recht lieb. Ich halte, er wirdt
eine schlechte geselschaft am fürst Abaffi[2]) haben, wie ich ihn höre beschreiben.
Ich müchte wissen, ob mein sohn kein vorschlag könte thun, etwa einen ort
ihrgens zu kauffen, weil er doch gern apart ist, in Ungern, oder dem Keiser
ein m/20 thaller vorstrecken, der 12 ins hundert gibt, auf eine sichere Hypoteck
von lant. Ich sehe ihn gern versorgt. Weil ihr ihn lieb habt, so wollet ihm
doch rabten undt helffen vor ihn sorgen.

Ich bin recht fro, daß der pfarrer zu Weinachten hir wirdt sein. Der
König von Prusen schreibt mir, er habe auch eine herzliche trübe hirüber; es
heist hir aber nicht blasen, sundern peiffen. Ich wil braff betteln. Ich dancke
vor die gutte zeibung undt mus enbigen, die post wil wech. Ich bin ihnen
beyde gans ergeben.

S.

261.

An die Raugräfin Louise in Frankfurt.

Hanover ben 14. Dec. 1702.

... Mein sohn Herzog Christian wirdt sich zu Francfort genung divertiren, wan er seine pfert nur auch bey sich hatt. Weil Maximilian sich
nun accommodirt hatt, hätte ich gehoft, er würde nach Cell undt auch hir
kommen, aber er hatt einen Tartuffe[3]) bey sich, der alles regirt undt alle

1702
Dec. 14

----

1) Seinem Bruder Georg Ludwig.
2) Michael Apaffi, Fürst von Stebenbürgen.
3) Den Jesuiten Wolf, unter dessen beherrschendem Einflusse der Pr. Max. stand.
Am 7. Jan. 1713 schreibt die Kurf. Sophie an Leibniz: »Il y a si longtemps que
Maximilian ne me vient pas voir et que le Père Wolf le retient dans ses pattes,
que je ne veux pas luy payer sa pension sans cela, dont ce père est fort en
peine«, u. am 11. März 1713: »Je suis bien fachée que le Père Wolf gouverne
tousjours le Duc Max et luy inspire des raisons pour ne pas venir icy, de peur
de le perdre. Je ne luy envoyerai point d'argent jusqu'à ce qu'il le vienne
prendre«, u. am 27. Apr. 1713: »J'ay perdu tant d'enfants que je ne voy plus,
dont la perte me touche le moins que cela m'est possible. Il faut bien que je
me console aussi que celuy, qui est en vie, ne me veut voir non plus et veut
estre vivant comme s'il estoit mort pour moy. Le mal est que je le crois entre
les mains du diable [Wolf], qui luy fait de méchantes affaires et les autres avec
le bon Dieu.«

seine alte domestiquen wech jagt, weil sie evangelisch sein[1]). Ich müchte wissen, wie es seinem Benesen[2]) gehett, ob er noch kein compani in Maximilian sein Regement hatt, dan man sacht, er wil Mr. Offelen eins geben, dan disser ist catholisch, aber doch ein recht feiner unbt vertueuser mensch, der mit meinen kindern bey seine tante erzogen ist, so daß ich ihm auch alles guttes günne unbt fro bin, daß mein sohn ihn lieb hatt. Der Envoié von Englant[3]), der hir hatt sollen kommen, licht auf den todt ihm[4]) Hag. Zu Berlin wirbt grosse anstalt gemacht, ritter zu schlagen[5]), wie in Englant, unbt soll der pfarrer Herr Ursinus[6]) ein rock von violet an haben, mit orange gefüttert; alle die golde ketten vom order werden bey die m/20 thaller kosten. An unsern pfarrer wollen wir den putz sparen unbt alles auf gutt pfalzisch machen. Ich bin ihnen beyde gans ergeben, wünsche ihnen alles was zu ihrer rhue unbt satisfaction bint, die werde ich mir selber alzeit vorzigen. Ich bin ein alt schetzien[7]), wer weis, wie lang ich es mache, bin mit alles Gottlob zufriben. Madam ist betrübt, daß die Fransosen Nansi besetzt haben.

Sophie.

---

1) Vom Prinzen Maximilian selber ist es wahrscheinlich, daß er katholisch geworden ist; vgl. seine von mir in b. Zeitschr. des hist. V. f. Niedersachsen 1879, S. 348 u. 1887, S. 256 ff. veröffentl. Briefe. Die Herzogin von Orléans schreibt an die Kurf. Sophie am 24. Jul. 1701 (in einem noch ungedruckten Briefe): „Man hat mir all lengst gesagt, daß hertzog Max catholisch geworden seye u. sich gantz von seinem beichtsvatter gouverniren lasse. Ich habe es aber nicht geglaubt, weilen E. L. nichts davon geschrieben hatten. Weilen er ja von religion hatt endern wollen, hette er doch die sach dem Keyßer zu gefallen thun sollen, umb eine gutte pension mitt zu bekommen. Daß der Churfürst [Georg Ludwig] seine herrn brüder zu Wien nicht fürcht, das geht woll hin, aber es ist ihm nicht erlaubt, dieselbe zu haßen oder gar nicht zu lieben. E. L. hette ich nie zugetrawt, betrübt zu sein, daß eins von Dero kindern von religion endert, denn E. L. haben mich ja selber catholisch gemacht." Und am 8. Jan. 1702 schreibt sie an dieselbe: „E. L. werden durch hertzog Max's Jesuwitter [Wolf] woll erfahren können, ob es war ist, daß I. L. catholisch geworden sein. Hertzog Max wirbt besto glücklicher leben, wenig reflectionen zu machen, denn selbige helffen wenig u. quelen sehr. Die Herzogen, E. L. herrn söhne, seindt dem röm. König durch seine fraw Mutter u. gemahlin ja nahe genung verwandt, daß Er sie vor andern distinguiren solte; das ist der jesuwitter große Kunst, sich alß auff beyden seytten woll zu erhalten." 2) = Bennigsen.

3) Lord Winchelsea; vgl. Schluß der Br. 256 u. 257. 4) = im.
5) Des bei der Krönung gestifteten Schwarzen Adler-Ordens.
6) Vgl. S. 228, N. 6. 7) = Schätzchen.

262.

An die Raugräfin Louise in Frankfurt.

Hanover den 28. Dec. 1702.   1702
                                Dec. 28

Die festdagen sein ursag, mein liebe Bas, daß ich nun auf 3 briffe auf einmal werde antworten, davon der ehne mir von Herr Rodius[1] ist zugestelt worden, der mir stracks ser wol gefil, dan er nicht melancolisch aussah; wolte ihn aber auch ehrst predigen hören, ehr ich ihr schrib, wie ich ihn weiter fünde. Welges den andern christdag ist zur introduction bey der gemeine undt mir geschehen, zur vergnügung von alle die ihn gehört haben. Auf Neuwjhar wirdt er das abentmal austheilen undt habe ich mich verwundert, daß unsere tütsche gemeine so groß ist; es waren etliche band voll fontanges[2]), also hoffe ich, wir werden unseren pfarrer kein hunger lassen sterben mit seiner familie, undt muß ich bekännen, daß ich eine innerliche frübe bey mir fand, den pfarrer zu hören undt unter den gutten leuten zu sein. Aber in Englant heist man uns Calvenisten undt wil uns aus der Englischen kirg schliessen. Ich hatte ein grossen streit an taffel mit Mr. Cresset[3]) hirüber, daß wir hir nicht weren wie die Prosbeterianer[4]) in Englant, das vielmer eine faction als eine relion könte geheissen werden, dan ich bin ebenso wol mit die Episcopalen zum Nachtmal gangen in Hollant, als mit die andern; sermonien in der kirg macht keine andere relion. Prins George hatt sich auch accommodirt, undt hielt Cresset die Luttersche besser als wir, zigt also die politique über alles.

Ich halte wol, daß Maxsimilian sein Tartuffe[5]) gutte menage helt, ban er bezalt die leute übel, insunderheit die alte diner. Wie es mit Maxsimilian seine relion stehett, weis ich nicht[6]), wil das beste hoffen undt mir selber so wenig chagrin machen, als ich kan. . . . Sie meinen, mein sohn Maxsimilian hätte die arierages[7]) mit inbingen[8]) sollen; er hatt aber seine zeit so übel genommen, daß man ihn als aus genaden angnommen hatt; zuvor hätte er alles erhalten können, wie man ihn fürgte, undt ich ihm so trüwlich ribt.

Das gutt, da sie von sagen, so ein votum ihm[9]) reich hatt, were wol ein sach vor Herzug Christian, wan er lust tharzu hätte undt ich gelt genung könte aufbringen, es zu kauffen. Sie wolle es mit ihm überlegen; aber bey krig-zeidten sein die gütter ser unsicher. . . . Ich mache eben nicht viel underscheit under die Evangelischen undt uns, wan nur die bugent undt gutter humor

---

1) G. J. Rhodius, der erste, von der Kurf. Sophie berufene Prediger an der ge-gründeten deutschen reformierten Gemeinde in Hannover.
2) Vgl. S. 165, N. 5.   3) Englischer Gesandter in Hannover.
4) = Presbyterianer.   5) Vgl. S. 239, N. 3.   6) Vgl. S. 240, N. 1.
7) = arrérages.   8) = einbringen, als er das väterl. Testament anerkannte; vgl. Br. 241; S. 221, N. 3.   9) = im.

tharben ist; wolle sie also sich umfragen, dan Lutterischer Reichsgrefinen sindt genung. Ich verbleibe . . .

S.

263.

An die Raugräfin Louise in Frankfurt.

Hanover ben 7. Jeanwari 1703.

Sie könte mir keine angnhemmere sach schreiben, meine herzliebe Bas, als baß mein sohn Maxsimilian nicht catholisch ist[1]). Ich hatte gehoft, er würde bisses carnaval inconito hir kommen, ba er bey uns alle auf der ridoute ser angnhem were gewessen, aber Mr. Offen[2]) ist allein wider kommen. Es ist ein wunder, ba alle meine söhn von einer materi in einer furm gegossen sein, sie alle so unberschibtlich von humor undt von gestalt sein. Herzog Christian sein gar zu modest; wan ich tobt bin, kan ich nichts vor ihn thun, wolte gern, wan ich könte, mit der zeit so viel sparen, was vor ihn zu kauffen in der Schlesing[3]), wie er selber sacht, were es sicherer undt besser. Aber eine ser grosse summe kan ich nicht aufbringen. Disses Neüwjhar bekombt Maxsimilian noch m/10 thaller von mir, so ich verheissen, ben friden zu machen, undt m/8 bes jhars. Christian wil sich aber zu nichts verstehen:

„Ein ihbem seine weis gefelt
Und seinen Dreck vor weirauch helt"[4]).

Die fransösche gemeine machen es nicht besser in ihrer opiniatretet, haben mir eine langweillige schrift geben, von alle ehlberlingen[5]) der kirge undt la Bergerie selber underschriben, in ehn wordt: baß sie die tütschen nicht wollen leiden, als wan ich es eben zum hailigen abentmal nötig habe. Ich hoffe, Gott wirdt uns doch helffen; ich werde mein bestes tharzu thun; habe ihnen inmittels ein haus geheurt[6]). Ihr brif an Madam soll wol bestelt werden; ich mus in eil enbigen[7]).

264.

An die Raugräfin Louise.

Hanover ben 14. Jeanw. 1703.

Ich gelaube, mein liebe Bas, baß meine söhn nur in ihren augen bas lustre von Francfort sein, weil sie ihnen gutt sein undt meine söhn wie billig

---

1) Bgl. S. 240, N. 1.   2) = Offelen.   3) = Schlesien.
4) Dies Sprichwort führt auch die Herzogin v. Orléans in ihren Briefen öfter an mit dem Zusatz: „wie unßere liebe Churfürstin [Sophie] alß sagt."
5) Sic! = Albermännern.   6) gemiethet.   7) Unterschrift fehlt.

auch eine grosse estime undt amitié vor ihnen haben. Ich hätte gehoft, Maxsimilian würde ein tour hir thun, aber das sprüchwort ist wol war, »que
l'affection desant[1]) et ne monte pas«, die eltern haben alzeit die kinder lieber,
als sie ihnen. Er meint, sein Tartuffe[2]) bezalle alle seine schuldt; disser hatt
Mr. Offen[3]) befholen, 30 gulden zu bezallen an ein peruquier, so mein sohn
bey die 200 thaller schuldig ist; andern gibt er gar nichts. Es ist ihm nicht
weit um, hirdurcher nach Wien zu gehen. Der Herzug von Zell wirdt die zukünftige woche auch hir sein, wie auch mein tochter.

Die fransösche gemeine ist recht inraisonabel; man kan die leute nicht
anders machen, als sie sein. Ich wil hoffen, wir werden mit Gottes hülfe doch
zurecht kommen. Nun wirdt schon geprebigt in ein haus, so gutt man es
hatt bekommen können . . . Daß sie aber meint, mein liebe Bas, die common praiers weren nicht gutt, weil sie von die Papisten weren über geblieben,
bin ich gar nicht ihre meinung; die Bibel, das Unser vatter, die 10 gebott
undt artiquelen des gelaubens haben wir auch von ihnen überbehalten, ist derhalben auch so wol gutt als die gebetter, die recht schön sein undt ich von
jugent auf gebett habe; finde es derhalben eine persialitet[4]) von die Englische
Presbeterianer, so sehr thargegen zu sein, undt bin gans ehns mit ihr, daß sie
kein underscheit gemacht haben; auch haben sich die Fransosen undt Hollender,
wie in die gazette stehet, zu der Englischen liturgi bequämbt, ban es scheint,
man ist nun gar zu harbt gegen die Presbeterianer in Englant.

Weil sie die Grefin von Hohenlo känt undt nicht düchtig vor mich findt,
mus sie mir eine andere oder sich selber mir geben, ban ich habe eine grosse
confidence in die affection, so sie vor mich haben, suche aber ihre undt
Amelie ihre gemechlichkeit, sunsten kan sie wol dencken, wie angnehm sie mir
würde sein[5]).

265.

An die Raugräfin Louise in Frankfurt.

Hanover den 18. Jeanw. 1703.

. . . Ich habe nicht gemeint, daß Maxsimilian gans inconito hir solte
sein, sundern uns nur auf der Redoute surpreniren, wie man auch sacht, daß
die Königin von Pruslen bis mondag wirdt thun wollen. Sein Tartuffe[6])
wil mit 200 thaller bey die 2000 thaller schuldt bezallen. Wan er könte
miraclen thun sans conparaison wie unser Herr Christus, mit 5 brot so viele
leute zu speisen, were es eine herliche sache; nun wil ich aber selber tharvor

---

1) = descente.   2) Vgl. S. 239, N. 3.   3) = Offelen.
4) = partialité.   5) Unterschrift fehlt.
6) Wolf; vgl. S. 239, N. 3.

sorgen, dan ich habe den knopf auf dem beüdel, daß nimans über Maxsimilian mag zu klagen haben. Mich dücht, daß Herzug Christian, wie man mir sacht, keine grosse compani acht [1]) undt mit ihnen gar wol zufriden war ohne andere gesichter; ich bin als bang, daß seine condition ihn melancolisch macht. Das gutt, da sie von spricht, were wol nach meinem beubel; wan er aber nichts tharnach fragt: mir nuzen keine gütter; es ist mir leit, daß er ihrem gutten rabt nicht folgt. Doch würde man es hir vielleicht à la rigeur nhemmen undt sagen, es were nun zu spätt, ban er hatt gar die amitié vom Courfürst nicht gesucht, der ihn doch zulezt schien zu estimiren ... Der Herzug von Cell sein nun hir, frisch undt gesundt, Mylord Wudstock [2]) wirbt mit mein tochter hir von Berlin kommen undt noch andere Englander mer. Ich verbleibe ...

S.

266.

An die Raugräfin Louise in Frankfurt.

Hanover den 29. Jeanwari 1703.

1703
Jan. 29

Ich bin ihr zwe brif schuldig, aber man gehett hir spatt zu bette undt stehet wider spatt auf. Ich wunsche sie oft hir, aber bey disser zeit am meisten, daß sie die 4 pietisten hätte mögen sehen mit ihren biner, die nach meinem urtheil nirgens besser weren als ihm [3]) bollhaus. Galli [4]) kam mir sagen, es hätte ein Graf von der Lippe zu ihm geschickt, der zu mir wolte kommen. Ich sagte, er möchte ihn gegen abent in mein presens [5]) lassen kommen; welges auch geschag, undt war ich ser verwundert, ein langen bleichen menschen, so ser wunderlich aussach, sambt zwe andern kommen zu sehen. Es war der Graf von der Lippe von Bisterfelt mit sein neveu, ein Graf von Leiningen, undt der sie zu Narren gemacht hatt: Hoffman [6]). Der Graf fung seine harangue

1) = achtet, liebt.   2) Woobstock.   3) = im.
4) Kammerherr der Kurf. Sophie.
5) Präsenz = Aubienzzimmer. So schreibt die Herzogin v. Orléans am 7. März 1705 an die Raugr. Louise: „Sagt man nun die Aubienzcammer? Zu meiner Zeit sagte man die Presenz"; vgl. Bibl. d. lit. V. in Stuttg. 88, S. 375.
6) = Ernst Christoph Hochmann (aus e. adel. Geschl. v. Hasenau), Sohn eines sachsen-lauenb. Zollamtmanns, bedeut. separatist. Mystiker des 18. Jahrh., erhielt seine erste Erwedung in Halle durch A. H. Francke, nahm aber solchen schwärmerischen Charakter an, daß er 1696 relegiert ward; kam 1697 nach Gießen zu G. Arnold, dann nach Frankfurt; hier vertrieben zog er in die einsam. Walbthäler der Grafsch. Wittgenstein, wo er, als Ascet u. Prophet, balb die meisten Angehörigen des gräfl. Hauses für sich gewann. Dann war er wieder 1700—1711 auf e. Wanberschaft durch das nörbl. Deutschland, Rheinland 2c., überall als Prediger des inwendigen separatist. Christenthums gegen die äußere Kirchlichkeit u. tobte Rechtgläubigk. eisernd, vielfache Mißhandl. u. Verfolgung erbulbend, so auch 1703 in Hannover. Vergl. Näheres über ihn in d. Allgem. D. Biogr. 12, S. 523 ff.

an, die ihm ohne zweivel Hoffman gelernt hatte: baß, wie er gehört hätte,
baß Gott mich mit viel weltliche gaben versehen hätte, so wolte er mir auch
gern die unvergengliche zu weg bringen; beswegen weren sie alle gekommen.
Meine kinder kamen auch zu der conversation, wie auch den andern dag der
abt von Lockum [1]; die Grefin, so schwester vom ehnen Grafen undt mutter
vom andern, ist auch vor mein bette bey mir gewessen, mir erzelt, wie sie schon
einmals gans in Gott ist gewessen undt die gröste trübe von der welt gehatt
hätte undt einen unaussprechlichen gutten geruch gerochen hätte. Ich dachte,
ben geruch hatt iha euer bruder undt sohn nicht, ban sie stunken aus dem hals
wie Milzsüchtige pflegen. Es ist eine Richstersche [2] in der statt von ihrem
gelauben, ba sie ingekert waren undt ihre devotion hielten; der fraw von
Wey [3] kam eine curiausitet an, bisses zu sehen, nham beybe frailen Brun [4],
Mr. Brun [4] undt Mr. Els [5] mit. Wie der Hoffman [6] nun alle verdambte,
die tanzen, wolte Brauns auch seine gelertheit weisen undt sachte, es were iha
nirgens in der Bibel verbotten, undt fürte noch mer argumenten an. Tharauf
kam der Hoffman [6] so in eiffer, baß er mit ausgestreckte handen undt groß
geschrei auf Brauns losging undt ihm die perücke vom kopf warf; der Graf
von Bisterfelt lief auch zu undt riffen alle mit ein voll geschrei undt wunderliche geberben: „Christus ist König!“ Das volck, wie sie bisses alles sagen [7],
brungen alle ins haus hinein, etliche mit blosse begen, wolten sie alle niber-
machen; Brauns hatte genung zu weren [8], baß sie nicht tobt geschlagen
wurden, undt kam die wacht tharzu, sunsten were es gewis gescheen, die brachten
sie alle in sicherheit in die cortegarde [9], konten aber die annimositet vom
peupel nicht stillen, die sie alle erschrecklich zerschlagen haben. Die arme
Grefin hatt eine blessure an der handt, auch das gesicht zerschlagen. Das
haus, tharin sie sein gewessen, hatt die wacht mit mühe salvirt, baß es nicht
gans ist demolirt worben; mit mühe hatt man sie alle burchs volck in ein
wirbtshaus können bringen undt einem balbir geben, sie zu heillen; der wirbt [10]
hätte ohne garde sie nicht wollen einnhemmen, ban es waren mer als taufent
leute vors haus. Der Courfürst hatt sie alle mit vorspan nach Pirmont lassen
füren undt hatt er ihnen garde mit müssen geben, sie vor der canallie zu be-
hübten. Wir sein boch alle fro, baß das gelachg verstört ist undt Hanover
von bas geschmeis nun gans wirbt gereinicht werden, ban sie sein ser dange-
reus, insunderheit Hoffman [6], der ser esloquent ist undt nicht so milsüchtig
aussicht, wie die andern, die gans hipocondre sein. Disses licht mich so ihm [11]
kopf, baß ich es ihr habe müssen erzellen. In was ein schrecken die fraw von

---

1) Gerh. Molanus.   2) Sic.   3) = v. Weyhe.
4) = v. Braun, Kammerherr der Kurf. Sophie.   5) = v. Elz.
6) = Hochmann.   7) = sahen.   8) = wehren.
9) = corps de garde.   10) = Wirth.   11) = im.

Wey unbt die Brunos waren, kan man gebencken; mit mhüe bracht sie Mr.
Els burchs volck wech; sie haben lang tharnach noch gezittert von schrecken.
Sie wolle boch disse histori meinem sohn Christian erzellen, ban ich halte
nicht, baß ich zeit werde haben, ihm zu schreiben. Der arme Mr. Cresset[1]
ist gans narrisch worden ihm[2] zorn, baß ein brif von complementen, so er
von hir an die Herzugin von Cell[3] geschriben, ist auf ber post verloren
worden, hatt als ein schwere nott ihm[2] eiffer bekommen unbt ist noch gans
boll. Von mein reiß mit mein tochter nach Francfort wirbt wol nichts werden,
wie gern ich auch meine söhn sehen würde; ich halte, sie haben ursag, mich lieb
zu haben, ban ich bin mer in sorgen vor sie, als sie vor sich selber sein.

Mit der hoffmesterin kan sie es machen, wie sie es gutt finbt . . .

S.

267.
An die Raugräfin Louise [in Frankfurt].

Hanover ben 8. Febr. 1703.

. . . Der arme Mr. Cresset ist noch wie narisch, soll boch bißweillen kluge
intervalle haben. Mylord Winselsay[4] ist eben ankommen, ich habe ihn aber
noch nicht gesehen; er wirbt wol keine pension vor mir mitbringen, die ich boch
wol gern hätte, um meinem sohn Christian, so es am meisten vonnötten unbt
es am besten anwendt, geben zu können; ban, die warheit zu sagen, von [bem,]
was ich habe, wil ich bißweillen gern vor ihn sparen, unbt gehett ban boch
nicht an, weil Maxsimilian, ba es nicht so wol angewendt ist, um ben frib zu
machen, mich so viel kost, unbt hatte ich gehost, baß Herzug Christian hirmit
auch zu würde schlagen, ein bessers zu bekommen, aber, wie sie sehen, so wil er
nicht tharvon hören: ein ihber hatt sein humor unbt opinion in ber welt;
sunsten ist er bugentsam unbt wirbt alzeit estimirt werden von bie, so ihn recht
kännen. Es ist hir ein Chevalier Toby Fontaine, ber ser viel von ihm helt
unbt ihn ser estimirt. Mylord Wudstock ist auch hir, es ist ein feiner Mensch,
aber ser affectirt.

Ich werde von herzen gern ihre comoditet abwarten, ban ba ich mich so
lang ohne hoffmesterin beholffen, kan es noch langer geschehen; baß sie mich
lieb hatt, zweivele ich auch nicht an, ich wolte aber boch nicht, baß sie ihren
rhuigen standt bey mir verschlimern solte, sunsten habe ich genung tesmoignirt,
baß ich kein mensch in ber welt lieber bey mir hätte als sie. Ich meine auch,
bie Grefin Amali würde nicht so gar allein sein, weil bie fraw von Degenfelt
bey ihr wont. Alhir ist es war[5]), baß bie hoffart sowol als zu Berlin groß

---

1) Vgl. S. 241. N. 3.   2) = im.   3) Eleonore (geb. d'Olbreuse).
4) = Winchelsea; vgl. S. 236, N. 6.   5) = wahr.

ist, undt hatt mir die Grefin von Wartenberg¹) gesagt, der König habe befollen, sie solte vor die Princes von Churlant gehen undt ihr Herr vor den Herzug von Churlant; aus desespoir wil auch die Herzugin den Marcgraf von Bareit heirahten²): also könte ich der Grefin Amali rang alhir gar nicht mainteniren, undt wie sie gar recht sacht, hätte ich nur chagrin tharvon, ban ich bin sensibel vor die, so mich anghen. Wan ich versichert were, daß mein Bas kommen würde, wolte ich das losement etwas besser aptiren undt ordoniren lassen, ban es sicht wunderlich itzunder aus: die mädt³) haben tharin gekocht, bas jha gar nicht nöttig ist undt in ein ander ort kan geschehen. Ich wil mein Bas tausent thaller des jhars geben, tharvor soll sie alle ihre leute in alles selber halten, in essen, gage undt livereray⁴). Ein andere könte es aber wol [vor] weniger thun, aber ich hätte gern, daß mein Bas in alles gemachlich were, ban ich liebe sie von herzen.

Sophie.

268.

An die Raugräfin Louise in Frankfurt.

Hanover ben 22. Febr. 1703.

... Mylord Winselsay⁵) ist weder von gutt gesellschaft noch groß verstandt; ich hoffe, daß er balt wider wech wirbt gehen, hatt auch gar nichts zu sagen, als daß er das complement beantwort, so Graf Platen der Königin⁶) gebracht hatte, undt der arme Creslet ist noch narisch. Die Königin⁷) wirbt übermorgen wider wech [gehen], ban der König von Prusen macht uns une querelle d'alman⁸). Ich bin als bang, daß mein sohn Christian durch melancoli etwas wunderlich wirbt, ban er meint, man gewünne viel hir durch die sach von Hildesem⁹), da es contrari gelt kost, die leute thar zu halten; zudem hatt er ein küchenschreiber abgeschaft, der ihm ser wol sol gebint haben, da mag er es aber anders befunden haben, da wil ich nicht von urtheillen, aber er hatte ihm den abscheit ehrst auf parquement¹⁰) underschriben, es her-

1) Vgl. S. 206, N. 5.

2) Markgr. Christian Ernst v. Bayreuth heirathete, als 1702 auch seine zweite Frau gestorben war, im folgend. Jahre die Wittwe des Herzogs von Curland, Schwester des Königs Friedr. I. v. Preußen. 3) = Mägde. 4) = livrée.

5) = Winchelsea. 6) Anna. 7) Sophie Charlotte.

8) = Allemand; vgl. S. 121, N. 8.

9) Hildesheim. Im J. 1694 wählte das Domcapitel zu Hildesheim Joseph Clemens, den Erzbisch. von Köln, Bisch. von Regensburg u. Lüttich, einen baierischen Herzog, zum Coadjutor, welcher jedoch wegen der über ihn verhängten Reichsacht nicht vor 1714 zum Besitz des Bisthums gelangte. Die Stadt Hildesh. aber vertrug sich 1703 mit ihrem Schutzfürsten, dem Herzoge von Celle, wegen Einnahme einiger Truppen.

10) = parchemin.

nacher wider ausgewist undt gesacht, man könte das oberste auswischen undt
was anders tharauf setzen undt ihn seine pretentionen verliren machen, undt
hatt den abscheit auf papir lassen schreiben. Das kombt mir wunderlich for
undt betrübt mich, undt sehe ich einen haß, so er vor seinen bruder den Courfürsten hatt, meint, er sehe so interessirt undt karg, aber wo pflegt man wol
mer zu thun, als man schuldig ist, vor ehn bruder, der ehnem nicht die geringste
amitié beweist undt alles zuwider hatt gethan? Es ist mir ein recht kreutz.

Herr Leibenitz[1] ist nicht hir, sundern kranck zu Berlin, wolte ihn sunsten
stracks an Kreps schreiben lassen, wil es ihm aber schreiben nach Berlin undt
das beste von meine recommendation hoffen, wie auch von ihre resolution,
hir zu kommen, insunderheit wan die Grefin Amali mit zufriden ist, ban ich
habe sie zu lieb, sie zu bedrüben undt ihr leben unlustig zu machen. . . .

S.

269.
An die Raugräfin Louise in Frankfurt.

Hanover den 4. Mertz 1703.

1703
März 4

. . . Das fieber, husten undt schnuppen hatt mir viel mer inquietirt, als
die Englische affaire, ban ich sehe wol, daß vor mein person ich doch nimmer
tharvon profitiren werde zu meiner kinder besten. Mein fieber Gottlob hatt
mich verlassen, aber husten undt schnupen noch nicht. Mit ihr letztes schreiben
trösten sie mich gans, daß sie meinen sohn Christian guttes muts beschreiben
undt daß er keinen haß vor seinen elsten bruder hatt; ich wolte, daß disser es
wüste, ban er bißhero noch gans kein ursag gehatt hatt, es persuadirt zu sein.

Aber, mein liebe Bas, wie kan sie gans ihre[2] sein, ban sie weis schon
lang, daß ich nimans in der welt lieber bey mir hätte, als sie, undt ich mich
eine trübe mache, daß sie hir kommen wil. Weil vor dissem, wan eine Grefin
bey hoff war, sie vor alle andern ging, so, meine ich, wirdt sie auch thun.
Vor mich darf sie gar nicht auf ein versuch kommen, wan es nicht ist vor sich
selber. Disser hoff ist eben nicht ungemachlich, ban die regel ist wie au couvent
de Jeleme(?): fais ce que tu voudras[3], also hoffe ich gar nicht, daß sie übel
hir wirdt zufriben sein, wan sie mir nicht mütt wirdt, die ihr alzeit ergeben
wirdt sein.

Sophie.

---

1) = Leibniz.   2) = irre.
3) In Br. 163 führt Sophie dies als eine Stelle bei Rabelais an.

270.

An die Raugräfin Louise in Frankfurt.

Hanover ben 15. April 1703.

Es kombt mir hir fer einsam vor, meine liebe Bas, seiber daß sie weck ist. Mr. Davenet[1] hatt auch fer geeilt, undt hatt Gargan[2], der verliebt wie die auerhanen[3] ist, nichts guttes können machen, habe es selber müssen thun, schicke es en cachet volant[4]. Davenet[1] sagte mir, man hätte mich gans anders beschriben, als wan ich einer faction zugethan were, hätte es anders gefunden. Ich hatte keine zeit, mer zu fragen, aber daß ich von meiner succesfion nichts habe, weis ich wol, wie auch daß ich Ameli recht lieb habe undt sie gern vergnügt wüste; ihr bin ich auch gans ergeben.

Sophie.

271.

An die Raugräfin Louise [in Frankfurt.]

Hanover ben 18. April 1703.

Es war mir recht angnhem, mein liebe Bas, von ihr zu hören, daß sie Gottlob gesundt ist undt so wol undt geschwindt reisen kan; macht mich hoffen, daß ich sie desto ehr wider werbe sehen. . . . Der Herzug von Zell ist fer content von Brunswig wider kommen, ba alle die Herzugen von Wolfenbüdel ihm die cour gemacht haben, sein auch alle artiquelen bes fridens[5] von allen beliebt worden. Es scheint aber, daß Herzug Anton Ulerich nichts mit hatt wollen zu thun haben, weil J. L. sich noch fer offendirt befinden, sein nach Oranienburg zum König von Prusfen verreist. Differ hatt gethan, was er gekönt, bie einigkeit von biffem haus zu hindern. Man facht, der Prins Ugene[6] hatt sein abscheit gefobert, wan man J. L. nicht beffer asfistiren wil. . . .

Sophie Courfürstin.

272.

An die Raugräfin Louise in Frankfurt.

Hanover ben 21. April 1703.

. . . Heute nachmitbag gehe ich nach Cell, wie auch der Courfürst, ben Herzug Rudolf August thar zu sehen. Herzug Anton Ullerich ist beym König

---

1) = Davenant, engl. Resident in Frankfurt.   2) Vgl. S. 237, N. 2.
3) = Auerhähne.   4) cachet volant: offenes Siegel.
5) Vgl. S. 226, N. 2.   6) Eugen von Savoyen.

von Prusſen, was ſie zuſammen machen, weis ich nicht. Alzeit iſt es nun gar
kein zeit ihm[1] Reich, ſich under einander zu zancken. . . . Mus noch dancken
vor die zeibung von die Sevene[2]; Madam ſchreibt: die Camisars[3] weren
wie der Hydre; wan man ehn kopf abſchneit, kommen wider brey in den plaß.
Wil Gott die macht undt hofffart vom König in Franckerich ſteuren, wirdt
er ſchon mittel tharzu finden, undt leſt es ſich noch Gottlob wol an, wan nur
nicht die franſöſche armée ſich mit Baieren verehnicht undt zuſammen kombt
undt in Tütſchlant meiſter wirdt.

S.

273.

An die Raugräfin Louiſe in Frankfurt.

1703
April 30

Hanover den 30. April 1703.

Ich habe lang nicht geſchriben, mein liebe Bas, dan wir ſein 8 dag zu
Zell geweſſen; haben thar Herzug Rudolf Auguſt geſehen, der ſich gans mit
ſein haus verehnicht hatt; ſein Herr bruder[4] hatt auch das complement, ſo
der Herzug von Zell ihm hatt machen laſſen, durch Werpup ſer fründtlich aufgenommen undt geſacht, wan er ehr gewuſt hätte, daß man noch conſideration
vor ihm hätte, weren J. L. nicht zum König von Prusſen gereiſt, hatt den
accord noch nicht underſchriben, aber man meint doch, daß er es thun wirdt.
Ehr ich wech gieng, gab ich Leiffman order, die m/4 thaller an mein ſohn zu
übermachen, wie er auch ſacht, daß er gethan hatt. Den brif von Mr. Davenet[5]
habe ich bekommen. Weil ich ihm ein ehrenwordt ſacht habe, nemlich ich
ſege[6] ihn lieber hir als den neriſchen[7] Cresſet, hätte er gern, ich ſolte ſolges
an ſein Vatter ſchreiben, auf daß er es durch mein brif könte zu weg bringen.
Ihr wollet ihm aber ſagen, daß ich disſes nicht thun könte, ob ich ihn ſchon
eſtimirte, weil ſo viel andere weren, die auch die ſtelle gern hätten undt ich
nicht desobligiren könte. Vor die relation an die Camisars[8] ſage ich
groſſen danck.

Ich habe ſo viel zu ſchreiben, daß ich endigen mus, doch noch die affection
von Hr. Rodius[9] ſagen, der ſeinen ſohn verloren hatt. Meinen ſohn wolle
ſie grüſſen; ich hoffe, er wirdt den wechſel haben. Ich wolte, die Königin von
Englant wolte ihn mit einer armée oder gelt den Camisaren[10] zu hülf ſchicken;
die gazetten ſagen aber, daß der Duc de Schonburg hin wirdt. Man thut

---

1) = im.　　　　2) = Cevennen.
3) = Kamiſarben, die empörten proteſtant. Bauern in den Cevennen.
4) Herzog Anton Ulrich.　　5) = Davenant; vgl. S. 249, N. 1.
6) = ſähe.　　7) = närriſchen.　　8) Vgl. S. oben N. 3.
9) Vgl. S. 241, N. 1.　　　10) = Kamiſarben.

nichts in Englant vor mich noch vor meine kinder. Ich bin ihr undt Ameltie gans ergeben.

S.

274.

An die Raugräfin Louise in Frankfurt.

Hanover ben 6. May 1703. 1703
Mai 6

. . . Wir haben nun hir die courage, ein haus vor m/5 thaller an uns zu bringen[1]), mit der zeit ein kirg hin zu bauwen, dan auf ehnmal sein wir nicht reich genung tharzu. Ich hoffe, Baron Bonstett wirdt uns gutte dinste in der Schweiz thun; hatt das predicat von mein „Rabt" wollen haben, so ich ihm gern gegeben habe, — kost nichts. Morgen gehen wir nach Herenhausen, halte, der Herzug von Cell wirbt auch hin kommen undt Herzug Rudolf August. Ich höre noch nicht, daß Herzug Anton Ullerich ben accord underschriben hatt, was der König von Prusfen hindert so viel er kan. . . . Mr. Davenet[2]) ist fro, ihre gutte gesellschaft zu Francfort zu genissen. Mylord Archibald Canden ist nach Hollant mit Mr. Hamilton undt Jais, undt hatt Mad. Colt mir ihren sohn geschickt, ihm hir zum dinst zu hoff zu helffen. Ehr man aber fortheil von Englant hatt, wirbt man sich nicht mit Englander behengen, weder mit frailen noch cavalirs. Mr. Davenet[2] wolle sie grüssen undt aufs beste entschuldigen, daß ich seinentwegen andere gutte fründt nicht desobligiren kan, estimire ihn sunsten ser, wie auch seine gesellschaft, dan von die koßige nas voll toback wil ich nichts sagen, ist nun die mode. Ich verbleibe . . .

Sophie Courfürstin.

275.

An die Raugräfin Louise in Frankfurt.

Herenhausen ben 12. May 1703. 1703
Mai 12

Ich habe auf zwe angnheme schreiben auf ehnmal zu antworten. Herzug Anton Ullerich hatt sich noch nicht bekwemen wollen, sagt, weil man ihn von der Regirung hatt bringen wollen, hatt er andere fründt suchen müssen, könte nun nichts ohne des Königs von Prusfen guttfinden thun. Der Herzug von Zell ist hir, Herzug Rudolf August aber nicht, hatt mir inmittels mit schöne

---

1) Den Hof der Oberhofmeisterin be la Chevallerie, die jeh. reform. Kirche an der Brandstraße. Die darauf errichteten kirchl. Gebäude, welchen aber nicht das äußere Ansehen einer Kirche ertheilt ward, wurden bann mittelst landesherrl. Privilegs vom 9. Juni 1704 von allen Abgaben befreit. — Die beutsche reform. Gemeinde warb später, 1819, mit der nur noch 6 Mitglieder zählenden französ. reform. Gemeinde verschmolzen.

2) = Davenant; vgl. S. 249, N. 1.

bücher regallirt, so J. L. felber gemacht haben, ehns gehett mit hir bey, das andere ist zu dick. Vor den König von Prusen hatt man sich eben nicht zu fürgten; mit seine schöne gebeüw undt stattliche diamanten wirdt er uns nicht ins lant fallen; volck hatt er nicht. Es ist war [1]), daß die Königin von England dem Keiser m/50 pont sterlin geschickt hatt; man könte es aber besser emploiihren, als am Römischen König, dessen presence wenig ausrichten wirdt . . . Alleweil bekommen wir die schlime zeidung, daß die Fransosen [2]) durch das gebirg mit m/30 man bey Offenburg stehen undt mit m/20 bey Hagenau, so daß der Keiser fro wirdt sein, wan die profezeiung war [1]) ist, daß, wan es J. K. M. am schlimsten gehett, werden sie ehrst recht emporkommen undt alle Dero feindt überwinden, aber man pflegt zu sagen: Gott behüt ehn vor die ehrste auslage. Der gutte Herr von der Mer [3]) ist nicht wol informirt gewessen, dan mich dücht, die sachen ihm [4]) Reich stehen schlecht. Mein sohn Ernst August gehett heute nach Bon [5]); Gott wolle ihn sowol als Herzug Christian vor ungelück bewaren. Differ mit sein wenig gelt kombt besser aus als Maxsimilian mit viel mer, undt bezalt disser nimans, ist also alles an Herzug Christian wol angewant. Ich verbleibe . . .

S.

276.

An die Raugräfin Louise in Frankfurt.

1703
Mai 20

Herenhausen den 20. May 1703.

. . . Ich beklage mit ihnen das arme Schwabenland, daß sie so schlime nachbarn an Fransosen undt Baieren haben. Weil sich aber die Herzugin von Wirtenberg [6]) nach Eisenag salvirt hatt, mus man meinen, daß der Herzug [7]) nicht neuteral wirdt werden, würde doch auch von den Keiserlichen ruinirt werden, ban hir sacht man, daß Stirum [8]) undt Schulenburg nun zusammen sein, das lant zu beschützen . . . Der brave König in Schweden [9]) victorisirt überall; ich wolte, daß J. M. bey die Camisare [10]) weren; ich früme mich alzeit, wan ihr eine gutte zeidung von ihnen wissen lasset. Ich hoffe, daß es war [1]) ist, was die Hollendische gazetten sagen, daß die Englische Prosbeterianer ihnen gelt schicken; das wirdt mir besser opinion von sie geben, als daß sie das Unser vatter nicht betten wollen undt kein schwarz auf die kansel bragen, weil die Bischaus es thun.

---

1) = wahr.　　　2) Unter Marschall Billars.
3) Holländ. Gesandter van der Meer.　　　4) = im.　　　5) = Bonn.
6) Johanna Elisabeth (von Baden-Durlach).　　　7) Eberhard Ludwig.
8) Styrum, kaiserl. Feldmarschall.　　　9) Karl XII.
10) Kamisarden; vgl. S. 250, N. 3.

Mit unſern kirchenbauw gehett es langſam her; ich kan nicht rabten, daß man tharmit anfangt, ſich in ſchulben zu ſtecken, ehr man weis, was die co-lecten aufbringen werden, unbt iſt die gemein ſo arm, die dem pfarer 200 thaller des jhars verſprochen haben unbt nicht viel über 100 geben können; bücht mir alſo, daß biſſer gutte man unbt die nach ihm werben kommen, ihren ſicheren unberhalt ehrſt müſſen haben, ehr man ehn groſſ gebäuw anfangt. Mit die franſöſche kirg habe ich mir gar nicht genügt, ſie bauwen zu laſſen, mer tharzu contribuihrt, unbt wie ſie hernach 400 thaller ſchulbt hatten, vor ſie nach unbt nach bezalt; bey tauſenden laſſe ich es aber nicht an mich kommen, ban ich habe kinder, die es auch nöttig haben . . .

Ehrgeſtern kam der junge Krumco [1] hir burcher auf der poſt nach Berlin, um die zeibung dem König von Pruſſen zu bringen, daß Bon über iſt [2], hin-gegen haben die Franſoſen 2 Regementer ruinirt . . . Die leute ſein ſo me-diſant, ſagen, die fürſtin von Naſſau habe bey Mylord Albermal [3] geſchlaffen, daß er machen ſolte, daß der König ihren ſohn zum erben machte. Nun mus ich noch 3 brif ſchreiben; verbleibe . . .

S.

277.

An die Raugräfin Louiſe in Frankfurt.

Herenhausen ben 26. May 1703.

1703
Mai 26

Ihr angnhemes ſchreiben ſambt bas von Mr. Davanet [4] bekam ich geſtern ſambt die gutte zeibung von die Camiſaren [5]; ich bin ihmer bang vor die arme leute, daß man ſie nicht als mit gelt wirbt können beyſtehen unbt daß ſie ſich nicht werben maintenieren können, da ich recht in ſorgen vor bin. Ihren brif an Hr. Rodius habe ich wol beſtelt, unbt meint er, wan nur eine kirg thar were, ſo würde es ihm an nichts fehlen, ban er hat auch die gemeine von Zell . . . Ich verlange, daß eure affairen einmal recht außgemacht mögen ſein, auf baß ich euch in tranquilitet genieſſen mag, wil alſo gern gebult haben. Inmittels wollet ihr mir boch das recept ſchicken vom waſſer vor die zen [6]. Ich weis nicht, ob Davinet ſeine Cur wol bey ſeine Königin würde thun, wan I. M. ſolten wiſſen, daß er mir »Alteſſe Royale« heiſt. Man ſacht, daß Creſſet ſein abſcheit hatt, man weis aber noch nicht, wer in ſeine ſtelle wirbt kommen. Ich höre nicht, wo mein ſohn Chriſtian hin wirbt gehen; mich bücht, daß er zimlich negligirt wirbt . . . Mein ſohn Erneſt Auguſt iſt zu ſpatt

---

1) = Grumbkow.

2) Die Stadt Bonn capitulierte am 15. Mai 1703; vgl. v. Sichart a. a. O. II, S. 233 f.   3) Vgl. S. 183, N. 4.

4) Vgl. S. 249, N. 1.   5) Vgl. S. 250, N. 3.   6) = Zähne.

kommen, die belagerung von Bon zu sehen; sie haben schlechten widerstandt gethan, haben ihre leute schonen wollen. Herzog Anton Ullerich wil sich noch mit nichts mischen. Mein tochter verlangt ser, mich bey sich zu sehen, man muß aber ehrst besser fründt mit dem König in Prußen sein; vor meine person bin ich alzeit in genaden, bekome zwemal die woche brif von J. M. Verbleibe . . .

Sophie Courfürstin.

278.

An die Raugräfin Amalie in Frankfurt.

1703
Juni 10

Herenhausen den 10. Juni 1703.

. . . Die sachen gehen gar schlecht vor unsere parti; der Prins Louis [1] wirdt viel zu thun haben, sie zu redresfiren, ban mit schöne discoursen bey der taffel, so J. L. ihmer thun, wirdt der feint nicht leiden. Mr. Cresset hatt sein abscheit schon, Pouly [2], so, wie man sacht, kommen wirdt, ist vor dissem von König Jacob in Schweden Envoié gewessen eben wie die revolution kam. Wer weiß, was vor den Prins Gale [3] geschehen wirdt, wan er hir wirdt sein, ban disser soll nun eine grosse parti in Englant haben. Mari van der Bent ist hir durcher gereist mit ein stattlich möbel vor den König in Prußen, so die Herrn Staaten J. M. schencken, undt auch ehns vor die Gresin von Wartenberg undt nichts vor die Königin, die von so gutt humor ist, baß J. M. nur tharüber lachen. Ich wünsche von herzen, baß die Gresin Louise einmal so gelücklich wirdt sein, Wetzeler [4] enteberen zu können, auf baß ich sie in rhu wieder müchte sehen. Ihr wünsche ich von herzen eine gutte parti, die, ich hoffe, sie sich selber wellen [5] wirdt, weil ich so übel reusfirt habe. Es war an disses wenig verloren, ban er [6] hatt wenig verstandt, hatt an alle leute an meiner tochter hoff lassen schwören, sie solten ihm alles wieder sagen, was von ihm gesacht würde: so rif die Pelnitz [7] einen pagen, sachte ihm: „Der Graf von Witgensten, wan ihr es nicht wieder sacht, ist verdambt wegen ein falschen edt." Ich muß endigen, verbleibe . . .

Sophie Courfürstin.

1) von Baden.   2) = v. Pooley.   3) = Pr. v. Wales.

4) = Wetzlar, wo die Raugr. Louise den Prozeß für die Kinder der verstorb. Schwester Karoline führte.

5) = wählen.   6) Der Graf Witgenstein.

7) = v. Pöllnitz, Hofdame der Königin Sophie Charlotte.

279.

An die Raugräfin Amalie in Frankfurt.

Herenhausen ben 21. Juni 1703.

Ich sehe wol, mein liebe Bas, daß Mr. van der Mer[1] ihmer gutt courage hatt. Die zeibung von den Camisaren[2] frübt mich auch; wan man sie nur asfistiren könte ober wie ein schneball ihmer mer malcontenten an sich zigen könten, sich zu souteniren, aber bie brave leute haben kein haubt. Was uns nheer[3] angehett ist was der Prins Louis ausrichten wirdt; Nurenberg soll jha aus gefar sein. Ich bin fro, baß Pouley[4] so gerümbt wirdt, weil wir ihn hir [als] Envoié werden haben; Cresset hatt sein abscheitaudiens noch nicht gehatt. Mr. Davenet[5] hatt zu Francfort nicht so viel zu thun, daß er sich nicht könte das carnaval zu Hanover divertiren. Mylord Raby[6], der ser angnhem ist, wil auch wider kommen. Der Graf von Witgensten ist gar nicht wider bie Königin, hatt aber nicht mer verstanbt, als ihm Gott gegeben hatt, unbt soll brütal gegen bie leute sein; sie hätte ihn vielleicht klüger gemacht. Ich wolte, ich könte was beffers vor sie finden; vielleicht fünde sie in Englant was guttes, alzeit würbe sie ein grosser trost vor ihre niesse sein; aber es ist ser beur leben in Englant unbt kan ich wol bencken, daß Tütschlant ihr lieber ist, unbt were es gutt, man fünbe ein gutte heirabt vor ihre niesse tharin, daß sie thar bey ihr könte sein. Zu der heirabt von bie Schunburg wünsche ich gelück unbt rhu vor bie Grefin Louise, baß sie tranquille bey mir mag sein unbt unsere tütsche kirg helfen bauwen, bie noch gar arm ist. Es ist wol keine aparence, daß ich ihmals[7] in Englant werde kommen; bie Königin begert mich nicht unbt J. M. werben langer leben als ich: »Krackende wagens ghan lang« sagen bie Hollender, unbt bie gesunden, wie ich Gott lob unbt banck bin, sterben oft am ehrsten. Alles stehett bey Gott; ich halte mich so tranquille als ich kan, bas erhelt gesundt. Mein tochter wil mich mit gewalt bey sich haben, ich kan aber bissen schönen garten[8] nicht so balt verlassen. Ich hoffe, bie Rauwgrefin wirbt kommen, mit hin zu gehen. Verbleibe . . .

Sophie Courfürstin.

---

1) van der Meer, hollänb. Gesanbter, unterstützte bie Kamisarben.

2) Kamisarben, vgl. S. 250, N. 3.   3) = näher.   4) = Pooley.

5) = Davenant; vgl. S. 249, N. 1.

6) Thom. Wentworth, Lorb Raby, nachher. Graf Stratford, engl. Generallieutenant, lange Zeit Gesanbter am preuß. Hofe, später Gesanbter im Haag u. 1712 bevollm. Gesanbter auf dem Friebenscongreß zu Utrecht.

7) = jemals.   8) Zu Herrenhausen.

280.

An die Raugräfin Louise in Frankfurt.

1703
Juni 24

Herenhausen ben 24. Juni 1703.

. . . Ameltie hatt luft nach Englant, ich fehe lieber, wan ihre niesse in
Tütschlant verheirabt were, da doch viele die finger nach werden lecken; aber
es ift war[1]), baß Englant ein angnhem lant ift; folte ich ihmals[2]) hinkommen,
were es wol gutt, aber ich fehe wenig aparence tharzu. Mit unsere kirg
gehett es langsam her. Die Königin von Englant unberhelt 3 kirgen in
Hollant mit common praiers; ich habe mit Herr Rodius[3]) beswegen gerebt,
er meint, wan die Königin tharzu wolte geben, wolte er sie auch folgen. Alle
Envoiés haben mir gefragt, warum ich kein Englischen caplan hätte? Ich
fagte, es könte ihn hir nimans verstehen unbt hätte ich genung an die zwe, so
hir sein. Unber uns gesagt, das ich mich gegen anbere nicht merken lasse: ich
bin bang, baß die Königin[4]) nicht sincere gegen bissen haus ift unbt ihren
Herrn bruder[5]) uns preferirt, ban wir sein in Schottlant gar nicht genant
worden, ba man meint baß man vor ben Prins von Wallis ift. Ich habe zwar
gutte fründt in Englant unbt meint man nicht, baß es ohne conferir[6]) in
Englant würde hergehen, folte die Königin fterben, bie nun aber fer gesunbt
ift; habe mir also keine unnöttige forgen hirüber zu machen. Bis Donbersbag
wirbt ber Herzug von Cell unbt Herzug Roubolf von Wolfenbübel hir sein,
also werben wir bas haus voll haben. Zu wolte gern vorehrft die zeit wissen,
wan sie hir wirbt sein, ihr platz machen zu lassen. Zu Hanover wirbt es braf
nach farben ftincken, ban ich habe alles lassen enbern unbt beschmiren; man
kombt aber nicht vor ben winter hin unbt werben wir ehrft mein tochter besuchen
zu Lutzenburg. Ich schicke ihr, was Jhr Excelens unser gewessener capel-
mefter[7]) von ber opera mir schreibt, ben man boch rhümen mus, baß er es
burch feine bugent fo weit gebracht hatt. Man schreibt mir, bie Königin von
Englant gebe ben Camisaren[8]) subside. Ich verbleibe . . .

S.

---

1) = wahr.   2) = jemals.   3) Vgl. S. 241, N. 1.
4) Anna.   5) Den Prinzen von Wales.   6) Sic!
7) Agostino Steffani, Abt zu Lepfing, geb. zu Caftelfranco im Venetianischen, ein
bebeut. Componift feiner Zeit; kam 1685 als Kapellmeifter nach Hannover, wo er bei Hofe
in großer Gunft ftanb. Derfelbe warb auch zu polit. Miffionen, namentl. bie 9. Kur
betr., verwenbet; von Papft Innocenz XI. warb er zum Bischof von Spiga ernannt;
† 1730. Sein Nachfolger an ber hannov. Kapelle warb 1710 Hänbel.
8) = Kamisarben.

281.

An die Raugräfin Louise in Frankfurt.

Herenhausen den 5. July 1703.

Das haus ist nun schon wider lher [1]) unbt erwarte ich sie mit verlangen unbt wollen mein tochter zusammen besuchen gehen, inmittels baß mein sohn zu Linsburg jagt.

Mr. Scott ist wider kommen, hatt mir ein hauffen brif von gutte fründt mitgebracht, auch ein gar groffen unbt langen brif von bes Mr. Davenant [2]) vatter. Je suis obligée à son fils de luy avoir fait un si beau pourtrait de moy et de mes enfants, dont je vous prie de luy tesmoigner ma reconnoisfance. Je le dis en François, parceque je ne le crois pas encore si habile, d'avoir apris l'allemand en si peu de tems. Il n'est pas le seul qui ma [3]) proposé de prandre un chapelin anglois; ce seroit aparement deux ou trois asfemblés dans le nom du Seigneur, car il n'y auroit pas plus d'auditeurs. En Hollande en plusieur endrois la Reyne entretient des ministres; si le zelle de S. M. alloit si loing jusqu'à Hanover et qu'elle vouleust contribuer à batir nostre esglise allemande, on l'apelleroit l'Esglise Angloise et on y pourroit avoir les commun praiers dans les deux langes. Cependant j'ay esté fachée d'aprandre, que le nom de Toris et de Wigs dure encore avec beaucoup de vehemence; son pere m'asfure qu'ils sont tous deux pour cette maison, mais il est fachen de ne sçavoir le moien pour les contenter tous deux et pour les reconsilier. Je peu dire en verité, que personne cet [4]) jamais adresfé icy pour faire des factions; on m'a dit qu'on soupsonnoit Mylord Stamfort [5]), qui en est si esloigné, que, comme je le voulois exsaminer un peu sur les affaires, il me dit qu'il avoit fait un veu [6]) en partant d'Angleterre, de ne point parler d'aucune affaire de son peis, ce qu'il a for bien tenu. Wan sie es gutt finbt, kan sie bisses Mr. Davenant selber lesen lassen. Ich mache auf bie Schottlander keine reflection, ban in ihr lant hatt König Wilhelm sie erlaubt zu sein wie sie wollen, unbt in Englant mus ein König schweren, bie episcopale kirg zu mainteniren, sein es also schulbig, können bie anbern nur toleriren.

Ich hätte schir vergessen zu sagen, baß Mad. Cresset [7]) nun audience de congé wil haben mit eine kutzsche mit 6 pfert, so ich ihr tharzu schicken soll; weis nichts zu allegiren, als baß sie einmal ein kutz mit 6 pfert gehatt hätte, wie sie mir condolirt hätte. Ist es geschehen, weis ich alzeit nichts tharvon; ber fourir mag ihr vielleicht (weil sie es sacht) ehn geben haben, weil sie kein

---

1) = leer. 2) Englisch. Resibent in Frankfurt. 3) = m'a.
4) = s'est. 5) = Stratforb. vgl. S. 255, N. 6. 6) = voeu.
7) Frau bes engl. Gesanbten Cresset.

hatte, aber ohne befhel von mir. Also hatt sie sagen laffen, es were ihr leit, daß sie kein abscheit von mir würde nhemmen; da ich wenig nach frage; es ist beffer, daß sie ein narrin ist, als ich.

Sophie Courfürstin.

282.

An die Raugräfin Louise in Frankfurt.

1703
Juli 9

Herenhausen den 9. July 1703.

. . . Ich erwarte ihr nun mit verlangen, um sie mit nach Lützburg zu bringen, da mein tochter mir jha haben wil. Unser gutter Herr d'Obdam hatt sich schlecht gehalten, ist stracks außgeriffen undt ist bis Breda wech gelauffen mit eine Princesin von Hamburg, die in Manskleiber war. Ich weis nicht, ob sie sie känt. Der gutte man schickt sich beffer beim Carnaval als ihm[1]) krig. Maxsimilian, schreibt mir Oberg[2]), würde in 4 dag nach der armée verreiffen. Von mein sohn Christian habe ich nur einmal schreiben gehatt, da er sein apanage gelt emfangen hatt. Vom Prins Louis hört man noch keine groffe dabten. Die Hollender undt unser Schulenburg, der Melvil ihr man, hatt sich destingirt mit viel andere brave leute. Die Fransosen, die balt noch ehnmal so starck waren, haben sich schlecht gehalten.

S.

283.

An die Raugräfin Louise in Frankfurt.

1703
Juli 12

Herenhausen den 12. July 1703.

. . . Ich verlange, daß ihr nun balt hir möget sein, daß wir nach Lützburg zusamen mögen gehen. . . . Was sacht men her van der Mer[3]) von die bravoure von Obdam? Er hatt es eben gemacht wie Pickelhering in der Commedi, der beim schlagen wech lauft undt wan die gefar vorbey ist, mit den Degen in der handt sich wieder sehen left; ist nun wieder bey die armée, sein Princes aber zu Breda; meritirt den order von die jartiere[4]), da man schwören mus, die dames zu beschützen. Der brif an mir von Mr. Davinet[s] Vatter ist gar schön. Wir sein hir Mr. Davinant obligirt, daß er von hir alles gerümbt hatt, aufs wenigste kan man nichts übels von unsere sentiments sagen, ban wir keiner faction zugethan sein, sundern alle ehrliche leute lieben, die merite haben . . .

S.

---

1) = im.   2) Bobo v. Oberg, hannov. Minister u. Gesandter in Wien.
3) Vgl. S. 255, N. 1.   4) = jarretière; Hosenbanborden.

284.

An die Raugräfin Amalie in Frankfurt.

Herenhausen ben 22. July 1703.

Ihre werbe schreiben, meine liebe Bas, sein mir alzeit angnhem, ob ich schon nicht alzeit exsact antworte. Ihren brif an Madam werbe ich auch wol bestellen, aber unsere correspondens gehett ser langsam; bißweillen bekomme ich 3 brif auf ehnmal burch Lotteringen unbt bin hernacher oft 3 wochen ohne welge zu bekommen. Der gutte Mr. Davenant bebrigt sich, baß mein brif an sein vatter der Königin resolution hatte können enbern. Mr. Pouley¹) ist stracks zu Schutz²) kommen unbt [hatt] ihm gesacht bie frübe, so er hätte, hir zu kommen. Wir sein boch Mr. Davenant obligirt, baß er gern bey uns geweffen were unbt were es sowol mein sohn als mich angnhem geweffen. Nun verlange ich mit schmertzen, bis bie Grefin Louise kombt. Man hatt mir auch gesacht, ber Duc de Schonburg machte deficulteten, nach Portugal zu gehen³). Der gutte Obdam⁴) ist zu beklagen, baß er ein hanbtwerck hatt wollen thun, bas er nicht verstehett unbt ba er nicht gutt zu ist. Ich halte, bes Herrn van bem Mer genebige Herrn werben mit bem gutten Herr von Obdam ambarassirt sein, ban aus charitet werben sie ihn nicht gans ruiniren wollen. Ich wolte noch gern mer sagen, werbe aber verhinbert, verbleibe ihr gans ergeben.

Sophie.

285.

An bie Raugräfin Amalie in Frankfurt.

Hanover ben 29. Nov. 1703.

Ihr wertes anbencken, mein liebe Bas, ist mir alzeit angnhem, wan sie mir schreibt, baß sie lustig ist unbt bie zeit wol pasfirt, ban ich war in sorgen, ber starcke puff, so bie Fransosen⁵) ben unbesunnen Tütschen⁶) gegeben⁷), würbe sie alle bang in Francfort machen. Drey von unsern Regementer von Hanover haben gar kein schabe gelitten unbt haben noch paucken unbt senbel⁸) erorbert, ehr einmal bie generals bey bie trouppen waren; aber ein Regement von Cell ist gans ruinirt. So ein desorder ist nimals gesehen worben in eine battalie. Ich bin fro, baß Sumerfelt⁹) mit bie Hanoversche unber so ein commendo nicht ist geweffen unbt man sie nicht erwart hatt; ein Regement

---

1) = Pooley.   2) Der hannov. Gesanbte in Loubon, Sinolb gen. Schütz.
3) Der Herzog Meinharb v. Schönburg führte im Aug. 1703 ein engl. Hülfscorps bem Könige Karl II. von Spanien zu.   4) Vgl. Br. 283.
5) Unter Marschall Tallarb.   6) Unter b. Grafen von Nassau-Weilburg.
7) Am 15. Nov. 1703 am Speyerbache..   8) = Fahnen.
9) General v. Sommerfelb.

von Cell, so eben nicht weit war, haben sie auch nicht erwart. Man sicht wol, daß Graf von Walburg¹) den krig gar nicht verstehett. Die arme Pfalz wirdt nun wol tharauf gehen. Sie wolle doch Mr. Davenant²) meinentwegen grüssen undt ihm sagen, ich wolte ihm herzlich gern mein conterfet schicken, wan ich nur ein gutten maller könte finden, es zu machen; ich hoffe, ihn hir das carneval zu sehen . . .

Sophie.

286.

An die Raugräfin Amalie in Frankfurt.

Hanover den 3. Jeanw. 1704.

Vor den schönen gutten wunsch sage ich dinstlich banck, mein liebe Bas, undt wünsche von herzen, in dissem jhar ihr angnehme dinst leisten zu können, so würde ich ihren wunsch erfüllet finden, wünsche auch dem gebrauch nach ein gelückselig Neuwjhar undt einen freier mit krausse har; disser wunsch ist aber altfrenckisch, ban nun bragen alle leute perucken, wil anstatt dessen ihm viel gelt wünschen, da hatt man mer nutzen von. Von Madam bekomme ich auch brif durch die Schweitz, obschon ser alt. Wan keine grossere verradter des Reichs weren, als wir, würden die sachen vielleicht besser gehen. Graf Bar³) ist nun hir, kombt aus Hollant vom König in Spanien, undt erwarten wir die Königin in Prussen sundag oder mandag. Ich wünsche sie auch bey uns ihm⁴) carnaval, da alles ¦gleichg ist. Mr. Davenant hätte ich auch hir gewünst in der zeit. Mylord Raby⁵) wirdt nicht kommen, so mir leit ist. Ich verbleibe sie gans ergeben.

Sophie Courfürstin.

287.

An die Raugräfin Amalie in Frankfurt.

Hanover den 18. Jeanw. 1704.

Ihr angnehmes schreiben sambt dem brif von Madame habe ich ser wol emfangen, wie auch ein zuvor, da ich nichts auf wust zu sagen, ob es mir schon lieb war, von ihr zu hören, mein liebe Bas, wie es zu Francfort ist hergangen, weil sie doch sunsten keine gutte zeidung leider wuste, doch ist die noch die beste, die wir in langer zeit erfaren, daß der Herzug von Savoie die Fransosen geschlagen hatt. Die gutte Englander meinen, daß ich an nichts als an die Cron Englant gedencke, undt sie ist mir noch nimals ihm⁴) draum⁶) vorkommen. Ich wolte nur, daß es ihm⁴) Reich besser stünde undt unser genebigster Keiser

---

1) = Weilburg.   2) Den engl. Residenten in Frankfurt.
3) = Paar.   4) = im.   5) Vgl. S. 255, N. 6.   6) = Traum.

beſſer bedint were unbt alle ſeine leute ſo truw als der Graf von Lebensten
unbt der gutte Graf Bar ¹), ſo hir burcher gezogen. Ob Churpfalz alle bie
fautes redresſiren wirbt, iſt mer zu wünſchen als zu gelauben. Jnmittels
verbleibe . . .

Sophie Courfürstin.

288.

An die Raugräfin Amalie in Frankfurt.

Hanover ben 3. Apr. 1704.   1704
April 3

Bey biſſe gutte gelegenheit ²) fange ich unſere correspondens, mein liebe
Bas, wiber an, unbt kombt biſſer champion wiber an, um Franckfort zu
salviren, weil ſo groſſe gefar vorhanben ſoll ſein. Jch halte aber, er wirbt
wol mit ſie burchgehen, wan ber feinb würbe ſo nhae ſein. Jch wolte, baß ich
ſie hir hätte unbt ich mein eigen Herr hir were, baß ſie satisfaction zu Hanover haben konte; aber bie leute ſein ſo gans anbers als vor biſſem, wie ber
Churfürſt ſelig noch lebte. Jnmittels kan ich meine liberalitet nicht laſſen
unbt ſchicke ihr ein diamant von Linsburg aus biſſem lant, wirbt wol ſo rar
zu Francfort ſein, als wan er aus Orient kommen, unbt ſie aufs wenigſte
lachen machen; anbere gentilleſſen ſein hir nicht, als Knackwurſt, bie habe ich
Mr. Davenant nicht bürffen mitgeben . . .

Sophie Courfürstin.

289.

An die Raugräfin Amalie in Frankfurt.

Herenhausen ben 29. May 1704.   1704
Mai 29

Jch habe lang nicht geſchriben, mein liebe Bas, ban eine böſe zeibung
wolte ich nicht ſagen unbt eine gutte hatte ich nicht. Nun kan ich aber verſichern, baß bas fiber bie Grefin Louise gans verlaſſen hatt; nun hatt ſie nur
bas heimwhe wie bie Schweizer unbt bas verlangen, ſie wiber zu ſehen; welges
ich auch habe, wan man nur könte finben, wie es ſich ſchicken könte; ſunſten
mus ſie einen Man nhemmen, ſo ſtanbtsgemes unbt von gutt humor iſt, ban
es iſt nicht gutt, baß ber menſch allein iſt ³), unbt thut ſie recht wol, alzeit
luſtig unbt von gutt humor zu ſein. Neuwes werbe ich ihr von biſſer solitude
nicht ſchreiben, unbt baß ich ſie von herzen liebe, weis ſie ſchon, welges wirbt
weren ⁴), ſo lang ich lebe; könte ich es nur zu Dero fortheil unbt binſten
beweiſen.

Sophie Courfürstin.

---

1) = Paar.   2) Davenant reiſte von Hannover nach Frankfurt zurück.
3) I Moſes, 2, 18.   4) = währen.

290.

An die Raugräfin Louise in Frankfurt.

1704
Juni 6

Herenhausen ben 6. Juni 1704.

Man mus alles in der welt nhemmen, wie es kombt, mein liebe Bas, also mus ich wol zufriden sein, daß sie auf ein zeitlang von mir ist, insunderheit weil ich hoffe, daß es vor ihre gesundtheit sein wirdt undt auch ein endt von ihre facheuse affairen machen wirdt. Solte sie auch ihre schwester mitbringen, würde es mir ein grosse früdt sein, sie zu sehen. Inmittels ist die Grefin von Bückeburg (man mag wol sagen von Stadthagen, da sie wont) zu Hanover, da sie bey Hr. Bilderbeck logirt, mit schwester undt sohn, kommen aber alle tag hir essen undt ist es mir eine rechte consolation, sie bey mir zu haben. Sigr Steffani abbé de Leibsin[1]) ist hir; er sacht mir, er were noch nicht in der Pfalz gewessen, er hatt zwar die lantsordenung von mein selig Herrn bruder gesehen, würde aber gar nicht gefolgt, ban der Churfürst könte nicht Nein sagen; ihre sache were aber gans ausgemacht, sie hätte sie nur zu underschreiben . . .

Sophie Churfürstin.

291.

An die Raugräfin Louise [in Frankfurt].

1704
Juli 3

Herenhausen ben 3. July 1704.

Von mein liebe Bas zu hören, hatt mir zwar ser gefrübt undt Dero aufrichtige amitié vor mir zu spüren, ist mir aber nicht lieb, daß ihr fiber in alle glider ist geschlagen, undt wil hoffen, daß das kreuber habt gutt wirdt thun, ban, wie sie gar recht sacht, ist die gesundtheit die beste sach von weltliche dingen, da ich auch Gott vor zu dancken habe, wie auch vor mein schwester[2]), die auch gans wieder wol ist. Ich divertire mich mit 10 manuscribten, so mein seliger sohn Christian[3]) mit eigener handt geschriben hatt von allerhandt

1) = Leybsing; vgl. S. 256, R. 7.

2) Louise Hollandine, Äbtissin von Maubuisson.

3) Der Prinz Christian erhielt am 31. Juli 1703, als er bei Munderkingen, von der Donaubrücke abgeschnitten, an der Spitze der kaiserl. Cuirassiere über den Fluß schwimmen wollte, einen Schuß durch den Kopf u. ertrank. — Leibniz schreibt im Sept. 1703 an Mylord Roxborough: »Mad. l'Electrice [Sophie] est allée à Luxenbourg chez la Reine et y a appris la triste nouvelle de la mort du Duc Christian son fils. Je suis bien aise que c'est plustost là qu' icy, parceque le Roy et la Reine et tout Berlin se sera fait une affaire de luy divertir l'esprit des tristes pensées. . . C'estoit un prince, qui avoit du merite et de la vertu. Je n'ay gueres vû de coeur mieux tourné. Malheureusement prevenu de fausses impressions contre le droit de succession établi dans ce pays, il s'est fait un point d'honneur de

sachen in der welt, alle Historien; er mus schrecklich viel gelesen haben; ich kan es nicht verbrennen, dan es ist alles, das ich von ihm überich habe . . . Ich bin fro, daß Mr. Davenant mein brif an Duc de Buckingam gutt hatt gefunden. Von die Camisaren verlange ich zu hören; sunsten gehett es in Italien undt Portugal schlecht her. Der Keiser glorificihrt ser, sein eigen unberthanen geschlagen zu haben. Es were besser, wan J. K. M. sie besser tractirte.

Sophie Churfürstin.

292.

An die Raugräfin Louise in Frankfurt.

Herenhausen den 10. July 1704. 1704
Juli 10

Den dag zuvor, da ich ihr angnhemes schreiben bekam, hatten wir hir die zeidung schon durch ein expres, wie alles bey das letzte treffen ist zugangen[1]). Wir waren zwar fro, daß die alliihrte zu ihren zweck sein kommen, aber ser betrübt waren unsere fürsten, so viel brave leute tharbey verloren zu haben, dan die Baieren haben sich gegen die unserige wie ser brave leute gewert. Der Herzug von Beveren[2]) wirdt auch ser beklagt, dan er war von gestalbt undt humor, wie man sein mus, um lob zu erwerben. Aber man kan sich wol nicht schlagen ohne daß leute bleiben. Von Englische offisirs höre ich nicht, daß welge geblieben sein, hoffe also, daß sie noch werden auf das carnaval tanzen können. Die gutte leute meinen es gutt mit mir, aber ich bin zu alt, sie nütz sein zu können. Es ist hir auch eine Englische fraw, ihre füss sein aber schöner undt besser adjustirt, als ihr kopf. Der Kilmanseckin hatt es zu Luxburg[3]) so wol gefallen, daß sie wider hin wil, ist nur kommen, weil ihr vatter[4]) sich den star wil stechen lassen; hatt die kindtbauf beygewont von den jungen Mylord[5]) von die Grefin von Wartenberg; König undt Königin sein zu gevatter gestanden, ihr tochter hatt das kindt gedragen undt ist von zwe Reichsgrafen gefürt worden.

Der Herzug von Zell ist hir, thar ich mit ihm[6]) garten ihm[6]) drebt à la poule spille. Querini[7]) lest fleissig an ihr kammer arbeiten, ist aber noch ser

---

soutenir des pretensious, dont Mad. l'Electrice a fort travaillé à le desabuser, mais il paroissoit invincible là-dessus et il a mieux aimé se réduire au petit pied que d'en demordre: ce qui par l'enchainement des choses a causé enfin sa perte.«

1) Die Erstürmung des Schellenberges bei Donauwörth am 2. Juli 1704; vgl. v. Sichart a. a. O. II, S. 248 ff.

2) August Ferdinand fiel am 2. Juli 1704 bei Erstürmung des baierischen Lagers auf dem Schellenberge als Generalmajor in Braunschw.-Lüneb. Diensten.

3) = Lutzenburg (Charlottenburg).   4) Der Graf F. W. Platen.

5) Wol boshafte Anspielung darauf, daß man die Gräfin Wartenberg beschuldigte, mit dem engl. Gesandten Lord Raby in einem Liebesverhältnis zu stehen.

6) = im.   7) Vgl. S. 106, R. 3.

in desorder; ich hoffe aber, daß es gegen daß sie wider kombt fertig wirdt sein. Sunsten ist alles wie sie es hatt gelassen, balt süß, balt saur, unbt ich ihmer auf mein weis unbt alzeit meiner lieb Bas gans ergeben, wie auch der Grefin Amaly.

Sophie Courfürstin.

293.

An die Raugräfin Louise in Frankfurt.

1704
Juli 13

Herenhausen den 13. July 1704.

. . . Unsere brave leute, so geblieben, werden nirgens gedacht, noch die lebenbige gerümbt, die doch das beste bey der sach haben gethan, unbt, under uns gesacht, wolten die Englander anfanglich nicht fort, unsere cavalleri hatt sie fort machen gehen, welges ursag ist, daß wir so viel leute verloren, über tausent; haben uns derhalben über den flg [1] zwar zu frümen, aber nicht, daß die sach übel angeordent gewessen ist, unbt meint man nicht, daß der feindt viel manschaft verloren hatt. Es seye nun, wie dem wolle, so ist es doch gutt, daß er verjacht unbt Donnewert [2] über ist. Es geschicht nimals so eine action, daß nicht tharbey gesacht wirbt: hätte man es so gemacht, were es besser gewessen. Es sollen auch ser viel Englander gebliben sein, die aufs lezte das feuwer nicht haben gescheut. Man sacht noch zu Berlin, daß Cour Baieren tractirt . . . Die Grefin von Bückeburg ist wider nach haus. Mad. Sastot [3] sacht, sie habe order, keine Reichsgrefin vor gehen zu lassen. Graf Platen hatt sich den star lassen stechen, ist ser wol abgangen. Mr. Leibenitz [4] licht zu bette am offen schenckel, Bouket [5] hofft aber, daß es balt heil sol sein. Der Herzug von Zell ist noch hir. Nun mus ich an Madam schreiben unbt bin ihr unbt Ameltien gans ergeben.

S.

294.

An die Raugräfin Louise in Frankfurt.

1704
Juli 18

Herenhausen den 18. July 1704.

Ich halte, mein liebe Bas, wan mein sohn, der Churfürst, ein ehren wort an l'Abbé Steffani [6] gesacht hätten, daß sie wünschten den Courfürst zu Pfalz hir zu sehen, würden J. L. vielleicht seinen weg hirauf zu genommen haben, aber disses ist nicht geschehen, ban er liebt die sermonien nicht. Ich frühwe mich, daß die Grefin Amali hir wirdt kommen unbt sie sich alsban auch ihr

---

1) = Sieg.   2) = Donauwörth.   3) = Sacetot.
4) = Leibniz.   5) = Bouquet, Chirurg zu Hannover.
6) Bgl. S. 256, N. 7.

fraillen wirdt bedinen können; ich hoffe, daß Galli[1] ein gutt haus wirdt außfinden. Wir sein hir alle in traur vor den artigen Herzug von Beveren[2]); J. L. [selig] werden von ihberman beklagt. . . . Ich habe den Herzug von Zell lachen machen mit der schrift, so sie mir geschickt; J. L. sein noch hir. Zu Berlin ist des Königs in Prusfen geburtsdag ser gefeirt worden. J. M. hatten ein kleit an gans mit knöpen von brillians garnirt, so J. M. neulich gekauft haben. Da hatt man können sehen, wo das gelt hinkombt, das Dero noblesse geben muß. So gans aus der weise ist die Königin: hatt den König tracktirt undt haben J. M. dames aufgewart, die Bülo hatt dem König das drincken gebracht, die Pelnitz[3]) der Königin undt die Sonsfelt hatt vorgeschnitten; welges wol soll gefallen haben. Es ist ein ingenieur, so man hir zum courir geschickt hatte, ein Fransos, so alles gar gring gemacht hatt, die suite aber weist genung, daß die Baieren undt Fransosen genung gelitten haben undt die brave Engländer sowol als die brave Tütsche rhum verbint haben. Die leute schreiben, der Churfürst von Baieren hette hirüber geweint, undt wissen nicht, daß J. L. augen alzeit aussehen, als wan er weinte. Graf Platen ist der star gestochen, ist ser wol abgangen, hatt nicht tharvor zu bett gelegen. . . .

Sophie.

295.

An die Raugräfin Louise in Frankfurt.

Herenhausen ben 9. Aug. 1704.

1704
Aug. 9

Ich bin alle posten recht fro, wan ich von ihr angnheme brif emfange, sage auch grossen danck vor den abriff, ist mir leit, daß der Churfürst von Baieren nicht hatt fribt wollen machen, ban die unschuldigen, die hirunder leiden, sein ser zu beklagen, undt auch schadt vor die schöne churfürstliche lustheuser, so par order alle verbrant sollen werden, undt werden die Fransosen undt Baieren es auch so überal, wo sie hinkommen, machen. Also ist es ein bedrübter krig. Hir haben die pfarer von unser relion vors ehrste mal zu Hanover ein sinode gehalten. Mr. Scot hatt vor den Churfürst tharbey presidirt, undt sein ihm die acten geben worden, da das vornemste in ist, daß man den sterbenden das nachtmal, wan sie es schon begheren, nicht geben soll, welges gesetz ohne zweivel auf faulheit der prister ist gemacht worden, daß sie nicht die mhüe haben wollen, herum zu gehen, undt hatt die Evangelische ser scandalisirt. Sie sein zusammen bey mir gewessen, ehr ich bisses gewust, hätte sunsten die ursag wollen fragen. . . . Ich bin fro, daß Maxel so gubte

---

1) Kammerherr der Kurf. Sophie.   2) Vgl. S. 263, N. 2.
3) Vgl. S. 254, N. 7.

order zu Stauffeneck gehalten hatt, es were aber gutt, wan die andern es
auch gethan hätten. Querini[1]) baut noch an ihre kammer, ist aber ser betrübt,
daß seine Mutter gestorben ist. . . .

S.

296.

An die Raugräfin Louise [in Frankfurt].

Herenhausen den 17. Aug. 1704.

Disse zeillen werden sie vermuttlich, mein liebe Bas, ihm[2]) Schlangenbatt
finden, welges ich hoffe ihr wol bekommen wirdt undt ich sie beyde bis Michgeli
in gutter gesundtheit hir mag sehen. Gestern gegen abent, wie ich à Lombre
spilte, kam man sagen, der junge Bouche[3]) were par poste aus der armée
kommen undt were beim Churfürst. Ich erschrack, daß ich zitterte; er brachte
aber die gutte zeidung, wie daß die Baieren undt Fransosen totaliter geschlagen sein[4]) undt Talar[5]) gefangen. Wo der Churfürst von Baieren ist,
wuste er nicht. Einer hatte Talar[5]) die pistol auf die brust gesetzt, er solte
das leben sobern, der aber geantwort: »Faite ce que vous voulés«. Es sol
ein feiner man sein. Der Lantgraf sol zu ihm gesacht haben: »On cet[6]) un
peu vangé du coup qu'on resceut l'anné passé!«[7]) Disses alles laut wol
undt ist gutt, wan man aber die medallie umwendt, ist nichts als betrübnus
über brave leute, so gebliben sein. Von unsern leuten, die ich am meisten
känne, ist der Oberst Banier undt mein Rocho[8]); la Chevallerie ist am kopf
verwundt, sol nicht geserlich sein, aber der gutte Graf de Noielle[9]) ist ihm[10])
hals geserlich geschossen, ein Schullenburg, so vor dissem bey Gustien gewessen,
todt, undt viel andere, undt kan man an mein sohn sein gesicht nicht sehen,
daß man victorisirt hatt, dan J. L. sein ser betrübt vor Dero leute. Aber es
ist doch ein ser grosse victoire, so gans Tütschlant in rhu wirdt setzen. Bouch[3])
erzelt, daß er durch Nurenberg ist kommen, da hatt ihn burgemester undt rabt
tacktirt undt ist ihre frübe nicht zu beschreiben, wie sie wol ursag haben. Der
Keiser wil Mylord Duc[11]) zur recompension zum fürst machen. Die Churfürstin von Baieren[12]) ist zu Müngen[13]) ihm[2]) kindtbett von ein Prins. J. L.

---

1) Vgl. S. 106, N. 3.
2) = im.
3) = v. d. Bussche.

4) In d. Schlacht bei Höchstädt am 13. Aug. 1704; vgl. v. Sichart a. a. O. II,
S. 257 ff.   5) Der französ. Marschall Tallard.   6) = s'est.

7) Der Marschall Tallard war von der hessischen Cavallerie gefangen genommen;
der Erbprinz v. Hessen soll ihn dann mit den Worten empfangen haben: »Voilà la re-
vanche de Speyerbach«; vgl. v. Sichart a. a. O. II, S. 270.

8) = v. Rochow.
9) = Royelles.
10) = in.

11) Marlborough.
12) Theresa; vgl. S. 111, N. 11.

13) = München.

zu gefallen ist doch noch vil ihm[1]) lant verschont worden, aber man hatt doch sunsten ser übel gehauft, das zu beklagen ist. Ich verbleibe . . .

Sophie Churf.

297.

An die Raugräfin Louise in Frankfurt.

Herenhausen ben 29. Aug. 1704.

1704
Aug. 29

Ihre zwe schreiben vom Schlangenbatt habe ich ser wol erhalten neben die gedruckte zeidung, undt sicht man wol, daß unsere leute wenig an gazetten spendiren, daß sie nicht einmal in die zeidung genant werden. Doch hat sich der Duc de Malburg[2]) nun bequembt, sie in sein brif an Churfürst zu rhümen, so bas letzte mal nicht geschehen war undt wirdt Mr. Davenant ihm von die faute avertirt haben, ban ich hatte es ihm geschrieben: hir were unsere trübt viel grosser, hätten wir nicht so viel brave leute verloren. Der hoff ist schir gans in traur. Derleville[3]) hatt alle die Fransosen in ein dorf gefangen undt mit ihnen capitulirt, daß er sie nicht wolte plündern lassen, welges er ihnen auch gehalten undt mit seine lantsleute grosse conpassion hatt. Ich wolte gern mer sagen, aber die post wil wech. Ich habe sie zum beschluff herzlich lieb undt verlange nach Migeli[4]).

Sophie.

Maxsimilian hatt die cavaleri vom Prins Ugene[5]) commendirt, bas auch nicht in ber gazette stehett; Malboury[2]) undt P. Ugene haben allein die ehr.

298.

An die Raugräfin Louise in Frankfurt.

Herenhausen ben 4. Sept. 1704.

1704
Sept. 4

Es ist mir leit, daß mein liebe Bas ben brunnen nicht gans ausgebraucht hatt, ban ich wolte sie gern auf ehnmal gans gesundt haben, wan sie mit ihr schwester herkombt. . . . Unser Vitzkanseler ist mit grossem rhum gestorben[6]) wegen sein probitet undt christliches endt; hatt expres kein leigprebig wollen haben, die ihm alzeit missfallen wegen die schmeigeley, auch nichts anders auf sein grabsten als sein nham undt charge undt nur 4 bretter mit ehn krütz zum sarck ihm in die erdt ohne sermoni zu legen. Ein ihder stirbt wozu ihn Gott beruffen hatt. Tharmit mus ich mich auch über ben Conte Noville[7]) trösten,

---

1) = im.　　　　2) = Marlborough.　　　　3) D'Herleville.

4) = Michaelis.　　　5) Eugen v. Savoyen.

6) Der Vicekanzler Ludolf Hugo starb am 24. Aug. 1704.

7) = Graf v. Novelles? Vgl. S. 266, N. 9.

so von seine wunden gestorben ist.   Der Lantdrost Bouche[1]) hatt noch sein
elsten sohn verwundt undt ihm[2]) leben, aber so bedrübt wegen seins bruders
tobt, daß er schreibt, es schmerze ihn viel mer als seine wunden.   Inmittels
sage ich sie danck vor das schöne kuperstück; ich halte, sie würde es selber besser
gemalt haben.   Sie wolle doch Mr. Davenant sagen, qu'il n'a tenu qu'à
luy, de lire ma lettre à Mylord Duc de Bouquingam[3]), car je la luy avois
envoié en cachet volant[4]).   Dite luy aussi, que Mylord Duc de Malboury[5])
a escrit à mon fils l'Electeur, où il ce loue fort de ses troupes, ce qui l'a
un peu consolé d'avoir perdu tant d'honnetes gans, qui ornoient aussi
bien sa cour comme son armée. Mais comme la bonne cause va sur toute
les autres passions, la joye du gain d'une si glorieuse batalie a surmonté
de beaucoup tous les autres deplesirs et nous avons chanté le Tedeum de
bon coeur. . . . J'espere que le gain de la battalie fera un melieur effect
sur les mécontents et je crois que l'Empereur pourroit dire ce diction à
l'Electeur: »Medesin, gueris toy meme« . . . J'espere de vous revoir
bientost toute deux.

Sophie Electrise.

299.

An die Raugräfin Louise in Frankfurt.

1704
Sept. 25

Herenhausen den 25. Sept. 1704.

Ich habe zwe posten versümbt, an sie zu schreiben, den ehrsten hatte ich
nichts zu sagen, den andern hätte ich gern viel gesacht, aber die post versümbt,
dan den samstbag gingen in die statt zur vorbereitung undt sandt den Herrn
Bischauf von Osnabruc hir, ein recht gutter Herr, kam aber nicht apropo; ich
meditirte die nacht, was ich den bag versümbt hatte, ging den sunbag zum
abentmal undt den nachmittbag wider in die kirg, schlif also den monbag zu
lang, um zum schreiben zeit genung [zu haben]. . . Ehrgestern kam die Kilmanseckin mit ihr Man gans kranck zu haus von Lutzenburg mit ein brif
von mein tochter, mit instendig bitten, zu J. M. zu kommen, auch ein genedig
schreiben vom Graf von Wartenberg, so daß ich resolfirt bin, bis monbag von
hir zu gehen, undt mus wol Mad. Bellemont[6]) mit nhemmen; wan man keine

---

1) = v. d. Bussche.   2) = im.   3) = Buckingham.
4) Vgl. S. 249, N. 4.   5) = Marlborough.
6) Vgl. S. 34, N. 4.   Die Herzogin v. Orléans schreibt am 28. Jan. 1705 an die
Raugr. Amalie: „Mich deucht, daß Mad. de Bellemont in einem alter ist, worinnen sie
die masqueraden woll entberen könte. Mit dem heuraht, habe ich gehört, hette oncle
Rupert sie betrogen; da hat er nicht woll ahn gethan, solle einen camerdiner wie einen
pfarher gekleydt haben u. sie so geheuraht haben. Sie war gar jung, wie sie so ahngeführt
worden; oncle Rupert logirte in ihres vatters hauß"; vgl. Bibl. d. lit. B. in Stuttg.
88, S. 368.

valcken hatt, mus man mit eullen betzen. Die Königin wirdt es leit thun sowol als mir, daß sie nicht mitkombt; die Grefin Amali hätte auch mit können gehen; zu Luxburg ist weder rang noch sermoni. . . . Wir haben hir pagen undt junfern genung. Mein Schorlemer, so gar nichts hatt daugen wollen, habe ich die musslet bragen machen; habe wider einen Harlin[g], so recht schön undt artig ist, von 9 jhar alt. Eine orgel war wol bey der gemeine nötig, ban sunsten singen sie wie die katzen undt macht über uns spotten. Mr. Davenant wolle sie grüssen. Der arme Talar[1]) hatt auf alle weis ursag, betrübt zu sein, ob wir schon ursag haben, fro zu sein . . .

Sophie Courfürstin.

300.

An die Raugräfin Louise [in Frankfurt].

Luxburg[2]) den 1. Oct. 1704.

In 3 dag bin ich von Herenhausen hir gekomen undt habe zwe von meine liebe Bas auf ehnmal bekomen, undt hatt sie wol recht gerabten, daß Mad. Bellemont[3]) viel mer lachen macht, als sie; ich were aber viel wilkomner gewessen, wan ich sie beyde hätt mitgebracht. Man pflegt aber zu sagen: ce qui est diferé n'est pas perdu. Ich habe hir die gutte undt bugentsame Erb-princesin von Hessen gefunden, wie auch die schöne undt angnheme Princesin von Ansbach[4]), vor welge das verhendnus ein grossen undt wackeren Herrn beschert hatt, ban sie sich beyde gefallen, wie J. L. den König in Spanien gesehen haben. Also scheint es, daß J. L. disses vor eine göttliche schickung halten undt müchten sie die zukünftige Königin vielleicht balt durch Francfort nach Dusseldorf sehen reisen. Sie haben einen unvergleichlichen Jesuiter bey sich, Pater Urbanus[5]), so ein grosser mathematicus ist undt von herr Leibenitz ser admirirt wirdt. Weren alle Jesuiter wie er, würden sie nicht so viel bösses in der welt stifften.

Ich habe Mylord Homtinton[6]) ser hören loben, ist mir recht lieb, daß er nach Hanover wirdt kommen; ich bencke, Mr. Davenant kombt wol mit. Die Pelnitz[7]) hatt ein recht schöne opera gemacht, von lauter Indianer, so gekleit waren wie auf porcellenen stehett, recht artig undt possirlich. Der König hatt mir hir besucht undt ich J. M. wiber. Von affairen habe ich mich declarirt, daß ich nicht sprechen wil. Finde mich wol bey mein tochter, da ein ihber thubt, was er kan pour me randre bien aise, das mir wol gefallen mus.

1704
Oct. 1

---

1) = Tallard; vgl. S. 266, N. 7.
2) Vgl. S. 195, N. 2. 3) Vgl. S. 268, N. 6. 4) Karoline.
5) = Orban, Beichtvater des Kurf. Joh. Wilhelm v. d. Pfalz.
6) = Huntingbon? 7) v. Pöllnitz; vgl. S. 254, N. 7.

Ich hoffe, daß es mit ihr proces wol wirdt gehen, dan ich wünsche alles was ihnen beyde gefelt.

S.

Mad. de Salmour, so Marcgrafs Carl wittib ist, wirdt Wackerbart heirabten[1]), so Envoié von Polen zu Wien ist. Ich bin fro, daß die arme fraw ehnen wirdt haben, der ihr das brot gibt. Ich verlange zu hören, wie es vor Landau[2]) hergehet unbt ob der Römische König sich mer humanisirt unbt leute bey sich essen macht. Prins Rupert hat alzeit auff der jacht beim vorigen Keiser gessen. Ich möchte auch wissen, ob Maxsimilian es schön macht.

301.
An die Raugräfin Louise in Frankfurt.

1704
Oct. 21

Lutzburg den 21. Oct. 1704.

... Hir gehett es noch nicht an mit unsere collecte. Man ist zu mir kommen, vor eine zu contribuihren, so vor eine schul zu Hall gemacht wirdt; ich habe aber nichts wollen geben, bis man vor die kirg zu Hanover auch was thun wirdt. Aufs wenigste werden wir Gott mit einer orgel loben, die ich hir habe gekauft, dan es laudt lächerlich, wan man blerrt wie die katzen unbt der ehne hoch, der ander niderich singt. Die liebe Princes von Ansbach[3]) wirdt wol angfochten unbt sein J. L. gar nicht resolfirt, etwas gegen Dero gewissen zu thun, aber Pater Urbanus[4]) hatt mer verstandt, kan die albern Lutterische prister, so hir sein (:wie man sie mir beschreibt:) leicht überwinden. Were es nach meinem wunsch gangen, hätten J. L. die Anfechtung nicht gehatt unbt unsern hoff gelücklich können machen[5]); es scheint aber, daß es Gott nicht beliebt hatt, mich so gelücklich mit J. L. zu machen; besser werden wir zu Hanover nichts bekommen. Der König von Prussen hatt eine reiff nach Salsdal[6]) gethan, wirdt ehrst bis sondag wider zu haus sein. Von hir werde ich auf der gheür[7])

1) Der Marlgraf Karl Wilhelm, 3. Sohn des Gr. Kurf. aus 2. Ehe (welcher 23jährig 1695 in Savoyen starb), hatte sich zu Turin mit einer schönen Italienerin Katharina Balbiani, verwittweten Marquisin von Salmour, trauen lassen. Der Berliner Hof wollte ihn zwingen, diese Verbindung aufzuheben, der Gr. Kurfürst schickte deshalb 1695 e. Officier nach Italien ab u. die Trennung erfolgte mit Gewalt. Die Selmour ward in e. Kloster gebracht, verheirathete sich dann aber später zum 3. Male mit dem sächs. Feldmarschall Gr. Wackerbart in Wien. Vgl. Preuß. Jahrbücher 39, S. 48 ff.
2) Am 17. Sept. 1704 hatte sich Markgr. Ludwig v. Baden mit s. Armee vor Landau gelegt u. Marlborough u. der Prinz Eugen ihre Stellung an der Lauter genommen, um die Belagerung zu decken. 3) Karoline. 4) Vgl. S. 269, N. 5.
5) Durch eine (später noch zu Stande gekommene) Verheirathung mit ihrem Enkel Georg (II.) August; vgl. später Br. 303.
6) = Salzdahlum, Schloß des Herzogs Anton Ulrich von Wolfenbüttel.
7) = die Göhrde.

gehen zu dem Herzug von Zell unbt zu Hanover sein, wan ich werde wissen, daß mein sohn thar ist.

Es scheint, daß der Prins Louis alles so langsam lest hergehen vor Landau[1]), pour faire durer le plesir vor den Römischen König. . . .

S.

302.
An die Raugräfin Louise.

Lutzburg den 1. Novemb. 1704.

. . . Alhir ist es gans anders als vergangen jhar: dumals hatten wir die hochzeibt vom Marcgraf, der nun schon ein schönen Prins hatt, nun ist die vor mit die Princessin von Ansbach[2]). Balt sacht J. L. „jha“, balt sacht sie „nein“; balt meint sie, wir haben keine prister, balt sein die Catholische abgöttisch unbt verbamlich, balt sagen sie: unsere relion seye die beste. Was noch tharaus werden wirbt, sal de teit leren. J. L. wollen von hir, also mus es balt „jha“ oder „nein“ sein. Wan Pater Albanus[3]) bey J. L. kombt, ligt die Bibel auf der taffel, unbt disputiren sie braf, da der, [welcher] am meisten studirt hatt, recht behelt. Hernacher blerren J. L. leute, sagen, sie würde verbambt werden, zu enbern, [bann] ist es wider was anders. Gestern war der Königin geburtsbag; der König kam hin unbt wolte oben an sitzen, ich hatt aber den Durchlauf, wie ich sachte, kam ehrst hervor nach dem essen. J. M. verlangte die kleine opera wider zu sehen, so die Princessen gespilt haben, und wolte die Königin vor bisses mal selber ihm[4]) orquester mit Mr. Tettau accompagniren: es burfte aber nimans als der König unbt ich zusehen. Nach der opera ging der König nach Berlin, der Cronprins blieb aber hir unbt tantzte nach dem essen. Mr. de Mirmont[5]) wirbt mhüe haben, zu die Camisaren zu kommen, wirbt also nicht viel ausrichten können. Ich verbleibe . . .

Sophie Courfürstin.

303.
An die Raugräfin Amalie in Heidelberg.

Hanover den 1. Jeanw. 1708[6]).

Ihre werde schreiben, mein liebe Bas, emfange ich mit früben, wan ich sie lese, aber gar nicht, tharaus zu vernemmen, daß die fontenel noch nicht

1704
Nov. 1

1708
Jan. 1

---

1) Vgl. S. 270, R. 2. 2) Karoline.

3) Sic! = Orbanus; vgl. S. 269, R. 5. 4) = im.

5) Der Marquis Miremont entwickelte damals im Haag den Plan, den Kamisarden in den Cevennen von der Schwetz aus mit 8000 M. zu Hülfe zu kommen. Die Königin Anna von Engl. war bereit, zwei Drittel der Kosten zu zahlen.

6) Die Briefe aus den Jahren 1705. 6. 7. fehlen. Vgl. das Vorwort.

helffen wil unbt der lieben Rauwgrefin Louise ihre augen ſich noch auf eine weis
befinden. Ich hofte, baß le baume de Perou würbe geholfen haben ober baß
remedi von Madam, baß J. L. ſo hoch recommendiren. Es wundert mir
zwar nicht, baß ihr bie gebult etwas vergehett, boch wirbt biſſes baß beſte ſein,
ban mit ber zeit mus es boch beſſer werben; ſo kan es nicht bleiben unbt kan
bie fontenel auch nicht ſtarck helffen. Gott wolle geben, baß biſſes jhar ihnen
beyben gelücklicher mag ſein unbt ich ſie geſunbt wieber mag ſehen. Geſtern
kam bie Courprinſes[1] zu mir, riff: „Gutte zeibung, gutte zeibung!" Ich meinte,
es were was beſunbers, ſo war es, baß morgen bie redoute ſolte angehen,
unbt wirbt ber Wolfenbubeliſche hoff tharzu kommen, bie Grefin von Sinsendorf nicht ausbleiben. Ihnen werbe ich hirin nicht miſſen, aber wol, wan ich
zu haus bin. Sunſten iſt alles hir, wie ſie es gelaſſen hatt; allein höre ich
gern bie Beneſen[2] von Wien ſprechen unbt bie Pelnitz[3] von Berlin. Das
gutte Heydelberg werbe ich wol nicht wiberſehen, höre boch noch gern tharvon; unbt hatt mein ſohn noch alles thar gekant ihm[4] ſchloſſ, wo ein ihber
logirt hatt, ob er ſchon nicht thar iſt geweſſen ſeiber er ein klein kinbt war.
Alleweil hör ich tromelen, blaſen, violons zum Reuwenjhar, mus auffſtehen
unbt in bie kirg gehen, wunſche ihr zum beſchluff ein gelückſelig Reuwjhar unbt
einen reichen man mit ſchöne har; ich ambraſſire bie Grefin Louise in gebancken,
bin ihnen beibe ergeben.

Sophie Courfürſtin.

304.

An bie Raugräfin Amalie in Heidelberg.

Hanover ben 5. Janwari 1708.

1708
Jan. 5

Sobalt ich ihr ſchreiben emfangen, habe ich nach bem present von bie
Königin von Dennemarc geſchickt, es iſt raff unbt beren, bie man zum bratten
iſſt unbt vor geſunbt gehalten werben. Ich bencke, ich wil J. M. wieber
würſte von Göttingen ſchicken. Ihre ſchweſter banckt mir zwar, baß ich nach
ihr gefragt habe, aber ihr ſchreibt mir nicht, wie ihre augen ſich nun befinden.
Was bie kammer anlangt, hatt es wol gar kein nott, baß, wan Mad. Beneſen[2]
bie vorkammer brauchte, baß man meinen würbe, ſie were in ihren platz kommen,
ban ber Courfürſt wil nicht, baß ſie bey ſeine taffel eſſen ſoll; ich halte: um
ber Schullenburgin ihrer grandeur kein tort zu thun, ber ich ſie burch ihren
tittel vorziege. Die frailen Pelnitz iſſt aber mit wie vorhin. Man ſacht, bie

---

1) Karoline (von Anſpach) hatte bie Bewerbung bes Königs Karl II. von Spanien
(nachher. Kaiſer Karl VI) zurückgewieſen, weil ſie nicht zur kathol. Kirche übertreten wollte,
u. 1705 ben Kurprinzen Georg (II.) Auguſt von Hannover geheirathet.
2) = v. Bennigſen. 3) = v. Pöllnitz; vgl. S. 254, R. 7. 4) = im.

P[rinces] von Zolleren soll wieder kommen, ich weis aber Gottlob nichts tharvon. Die lateinische oration wil ich an Hr. Rodius [1]) schicken, dan ich verstehe
nichts tharvon. Alle meine kinder undt kindeskinder sambt ihre kinder befinden
sich wol. Ich verbleibe . . .

S.

305.

An die Raugräfin Louise in Heidelberg.

Hanover ben 15. Janw. 1708.

Ich sehe, daß des Herzug von Schunburg affairen ihr viel Mühe ver-
uhrsachen; die meinigen berhun alle auf dem gutten Galli [2]), der ser bauwfellig
wirbt, wil nun Graf werden durch den Herzug von Modene, dan das wirbt
ihm nichts kosten undt, wie er meint, ein fortheil vor seine kinder sein. Weie [3])
ist unverrichter sach wieder kommen, rhümbt die Königin [4]) ser, hatte ihm auch
ein brif vor mir versprochen; aber von Mylady Marlbourough hatt er die
ehr nicht können haben, abscheit zu nhemmen, die gans regirt undt alle charge
verkauft. Von der succesion darf man nicht sprechen, doch hatt das Parlement
nicht lassen können, meinen sohn den Courfürst offentlich zu rhümen wegen
seine conduite undt bravoure. Die Princesin Louise [5]) mit Dero Herr [5]) sein
hir; der Erbprins [6]) mit seine gemallin [7]) werden morgen kommen, der Marcgraf von Ansbach wirbt auch balt hir sein, wie auch der Lantgraf [8]) undt J. L.
beyde Prinsen, undt sacht man, daß der Lantgraf von Darmstadt [9]) auch
kommen wirbt. Der goltmacher [10]) mus mit sein bebrigerey viel gelt gewunnen
haben, daß er so viel bebinte unberhalten kan; der König von Prusen soll
sagen, er wolle ihm nichts thun, wan er nur weisen wolte, wie er es machte,
die leute zu bebrigen. Sie schreibt mir noch nichts von ihre eigenen affairen;
ich hoffe, daß gegen das ihre augen wieder wol sein werden, so werden die mit
Courpfalz auch ausgemacht, auf daß ich sie auf alle weis gans vergnügt balt
wieder hir mag sehen, auf daß unsere tränen beim abscheit mögen vergebens
gewessen sein undt wir uns wieder mit früben ambrasiren, die ich sie von
herzen liebe undt gans ergeben bin.

S.

---

1) Vgl. S. 241, N. 1.   2) Vgl. S. 265, N. 1.
3) = v. Weyhe.   4) Anna v. England.
5) Louise Christine (geb. Pr. v. Dettingen), die Gemahlin des Prinzen Ludw. Rudolf
v. Braunschw.-Wolfenb.   6) August Wilhelm von Braunschw.-Wolfenb.
7) Sophie Amalie (geb. Pr. von Holstein-Gottorp).   8) von Kassel: Karl.
9) Ernst Ludwig.   10) Cajetano.

306.

An die Raugräfin Amalie in Frankfurt.

Hanover den 25. Jeanw. 1708.

Es ist mir recht leit, mein liebe Bas, daß es noch nicht besser wirdt mit die augen von die Grefin Louise ... Daß Courpfalz so viel gelt an die Fransosen mus geben, ist mir herzlich leit. Die Histori vom ehnsibler auf dem heiligen berg ist possirlich; ich habe die walfart vor dissem oft gethan, es würde aber nun wol nicht mer so wol unbt leicht können geschehen. Madam[1] klagt ser über Dero kurzen atem, das zu beklagen ist unbt ich, Gott allein seye banck, nichts von entfinde; schnupen unbt husten haben alle leute, welges das schlime wetter veruhrsacht. Der Wolfenbudelsche hoff ist hir, wie auch der Marcgraf von Ansbach; man sacht, der Lantgraf von Cassel[2] werde mit Dero prinssen auch kommen. Hir ist ihnen wenig an gelegen, ich halte, sie hätten lieber, daß ich schreiben könte, daß es balt fribt wirdt werden, ban, wie sie selber urtheilen, so sein die financen von Courpfalz in schlechtem standt. Der Herzug von Wolfenbudel[3] pressirt ser, daß wir alle auf die Brunswigsche Messe sollen kommen; ich werde wol hin müssen schlenteren ihm zu gefallen unbt werde überal ihnen zu binen ergeben sein.

S.

307.

An die Raugräfin Amalie in Heidelberg.

Hanover den 12. Febr. 1708.

Ihre angnehme zeillen habe ich zu Brunswig emfangen, da ich vergangen monbag hin kam mit unsern lieben Lantgraf, den ich in die kutssche hatte mit die Grefin Platen unbt fr. von Benissen. Denselbigen abent war eine opera, den andern bag war alles von hir auch thar auf der redouten unbt warbt den abent getanzt; den 3. bag war wider ein andere opera von Jason[4]. Die spectaquelen waren über die massen schön unbt können in Italien nicht besser gemacht werden. Den bag tharnach warb die 3. opera agirt; den letzten bag war ein Italienisch bal. Ich bekam aber das fiber ordentlich, die kelte unbt die hitsse; der Herr Lantgraf ribt[5] zu ein ordinari pulver, so ich wol gewont bin zu nhemmen, tharbey faste ich, unbt kamen wir gestern zusammen alle mit einander wider zu haus. Vergangen sunbag bracht ich J. L. in die tütsche kirg unbt heute sein wir zusammen in die fransösche gewessen, da wir eben aus kommen, ihr dissen brif zu schreiben oder vielmer zu kratzen in eil ... Mein

---

1) Die Herzogin von Orléans.　　2) Vgl. S. 273, N. 8.　　3) Anton Ulrich.
4) „Jason. Singespiel", von F. C. Bressaud.　　　　5) = rieth.

ſohn unbt ich bedancken uns vor das ſaurkrut, welges ſer gutt war. Man
paukt ſchon, ich mus enbigen, ambrasſire ſie beyde in gedancken, werbe nicht
ruig ſein, bis ich vernemme, baß ihre fr. ſchweſter gans geſundt iſt.

S.

308.

An die Raugräfin Amalie in Heibelberg.

Hanover ben 19. Febr. 1708. 1708
Febr. 19

Ob wir ſchon das haus voll fürſtliche kinder haben, mein liebe Bas, unbt
ber gutte Lantgraf indem mit mir nach Herr Rodius [1]) in die kirg wil gehen,
mus ich ihr boch ſagen, baß es hir gar luſtig hergehett unbt wir alle Gottlob
geſundt leben. Die Dipenbruck [2]) aber brüt [3]) nicht mer, nach die fürſten zu
ſchiffen [4]), wan ſie ihr in die kammer bringen; ich kan nicht tharnach ſehen unbt
nach die Beneſen [5]) fragt ſie nichts nach. Ich bin bang, ſie wirbt ſich in ein
böſſen ruf bringen mit alle die junge fürſten; ich habe es ihr geſacht, mer kan
ich nicht thun.

Die ſchriften von Dr. My [6]) würden mir ſer angnhem ſein, wan ich copien
tharvon müchte haben.

Der Lantgraf von Darmſtadt [7]) unbt die Greſin von Sinzendorf machen
ſich ſo grob amour, baß es ein recht commedi iſt [8]); geſtern iſt ihr Herr

---

1) Vgl. S. 241, N. 1.   2) = v. Diepenbrock, Hoffräulein der Kurf. Sophie.
3) = brohet.   4) = ſchießen.   5) = v. Bennigſen.
6) Vielleicht iſt gemeint Joh. de Mey ober Majus, ein niederländ. Theolog, war Dr.
med., wie auch Prof. d. Theol. u. Prediger zu Mibbelburg in Seeland. Seine Werke
erſchienen holländiſch 1706 zu Leyden.   7) Vgl. S. 273, N. 9.
8) Nach d. Tode der Gräfin v. S. ſchreibt die Herzogin v. Orléans am 22. Sept.
1714 an die Raugr. Louiſe: „Der landgraff von Darmſtat tröſt ſich vielleicht über ſeiner
gräffin von Sinzendorf tobt wie Orphée über ſeine Euribice, weilen er ben prinz Taxis
ſo umbhalſt"; vgl. Bibl. d. lit. V. in Stuttg. 107, S. 455. Von Hannover begaben ſich
der Landgr. Ernſt Ludw. u. die Gr. v. Sinzendorf an den Hof in Wolfenbüttel (vgl. den
folgenden Brief). Über ihr bort. Leben ſchreibt der Herzog Anton Ulrich in einem (bisher
ungebruckten) Br. vom 12. März 1708 an die Kurf. Sophie: „Der Landgraf v. Darmſtatt
nebſt der gräfin v. Zinzendorf u. beren fromme Eheherren befinden ſich hir ganz vergnüget
unb halten die Rachmeſſe. Ihre meiſte Zeitvertreib beſtehet in der Liebe-arbeit, mit welcher
ber Landgraf oft ganze Nächte mit ſeiner gräfin zubringet, u. ſol bieſe arbeit zu tapeten
gebrauchet werden, wozu noch viele lappens von der Gräfin ſchönen Kleidern werben herhalten müßen. Die gräfin gab geſtern für, als heute nach Hamburg abzureiſen, der Land-
ſgra aber veranlaßte bei mir, u. das ſehr inſtändig, ich möchte ſie boch bitten, baß ſie
noch bliebe; ſo ich ban gethan u. in dieſer meiner bitte ſehr glücklich bin geweſen. Es
kommt der Landgraf mir fur als Hercules unter ben frawen, ban wie ſelbiger ſpann,
alſo klebet dieſer puppen; in welcher arbeit ban der landgraf ſowohl als wie die gräfin
wol reusſiren, u. bewundert der graf ihre ſchöne arbeit, bie ſie täglich verfertigen u. uns
ſehen laßen."

18*

kommen, wie es nun ablauffen wirdt, um die commedi complet zu machen, wirdt man heute sehen. Der Herzug von Brunswig[1] ist noch nicht hir, befindt sich übel. Ich beklage von herzen, daß der lieben Rauwgrefin augen noch nichts daugen, hoff, Gott wirdt es endern, der die natur regirt.

Ich habe ein brif von die Herzugin von Wirtenberg[2] bekommen, die über ihren bedrübten zustandt klagt. I. L. jammern mir, ich kan aber so wenig helffen, als mein sohn, den sie verlangt, sich der sach anzunhemmen; aber ihrs Herrn[3] sein herz kan Gott allein lencken. Ich bin ihnen beyde gans ergeben, wie auch alle die liebe geselschaft von Degenfelt, das sie bey sich haben. Hir ist der schne[4] 8 dag gelegen, das ist all den winter, so wir gehatt haben.

S.

309.

An die Raugräfin Amalie in Heidelberg.

Hanover den 1. Mertz 1708.

**1708
März 1**

Ihre brif weren mir angnhemer, wan sie mir könten sagen, mein liebe Bas, daß ihre schwester ihre augen wieder wol weren, als daß sie sagen, daß sie mich lieb hatt, dan das weis ich schon, ich habe aber nichts tharvon so lang sie nicht bey mir ist. Doch nhemme ich antheil, daß sie sich zu Heydelberg so wol divertiren undt in gutter geselschaft. Heute ist unser Carnaval ehrst gans vorbey, dan so lang wir fremde fürsten hir gehatt haben, hatt man bunte rey gemacht. Der Graf von Sinsendorf mit seine gemallin sein auch hir in grosser frünbtschaft zusammen, da doch böse meuller gesacht hatten, daß sie übel zusammen weren wegen den Lantgraf von Darmstatt[5], aber es findt sich gans anders, dan sie scheinen alle 3 ser content von einander zu sein. Heute ist der Lantgraf nach Brunswig undt morgen wirdt der Graf undt die Grefin auch thar sein[6], so daß nimans fremdes mer hir ist. Von Neuwes weis ich nichts zu sagen als daß der Conte Bergomi[7], envoié von Modene, die elfte Bar heirabten wirdt; heute werden sie sich versprechen. Er ist gans verliebt, sagt, es were nicht en jeune homme pour sa beauté, aber wegen ihr gutten humor, daß sie so accomodant ist undt sich nach sein humor schicken wirdt. Es ist war[8], daß es ein recht gutt Mättien ist; er sagt auch, er wil sie von der relion

---

1) Anton Ulrich.

2) Johanna Elisabeth (von Baden-Durlach), Gemahlin des Herzogs Eberhard Ludwig von Württemberg. Das Folgende bezieht sich auf die bek. traurigen Zustände am württemb. Hofe, hervorgerufen durch die, 1706 am Hofe zu Stuttgart erschienene, Mätresse des Herzogs: Wilhelmine v. Grävenitz.

3) Des Herzogs Eberhard Ludwig.   4) = Schnee.

5) Vgl. S. 273, N. 9.   6) Vgl. S. 275, N. 8.

7) Vgl. S. 180, N. 6.   8) = wahr.

nichts sprechen, sie müchte hirin thun was sie wolte. Er ist verstenbig unbt
weis mer von der relion, als er sagen barf, auf bie art wie mein gutter Galli[1]).
Ich verbleibe . . .

S.

310.

An die Raugräfin Amalie in Heidelberg.

Hanover ben 8. Mertz 1708.

1708
März 8

Ihr schreiben vom 29. Febr. habe ich vergangen binstag ehrst bekommen
unbt were es mir bie liebste zeibung, wan sie mir sagen könte, baß der lieben
Grefin Louise augen gans wiber wol weren unbt sie balt wiber würden
kommen. Unser Generalmajor Schulenburg sacht, wie er in Franckerich war,
hatt man ein mensch, das dasselbige ungemach an die augen hatte, bie augliber
halb wech geschnitten unbt wan sie schlaffen wolte, beckte man bem mensch bie
augen zu. Aber bisses hoffe ich nicht, baß hir von nötten wirbt sein, ban bas
were gar zu schlim. Es ist wol eine ser grosse medisance bie man von bie
schöne Herzugin von Wirtenberg[2]) sacht; ber Lantgraf von Darmstatt[3]) ist
J. L. oncle unbt eben nicht so schön, baß man verliebt von J. L. solte werden.
J. L. bie Herzugin ist alzeit liberal mit Dero pourtrait zu geben gewessen.
Der Herzug von Wirtenberg[4]) predentirt schon lang, mit bie zwete fraw[5])
geheirabt zu sein, unbt seiber bem hatt er noch mit seine gemallin wie vorher
gewessen, baß sie von nichts gewust hatt. Mr. Bar beschreibt bie fürstin ser
modest unbt gottfürgtig. Seine tochter ist nun mit bem Conte Bergomi,
Envoié von Modene, versprochen; sacht, er were nicht verliebt von ihre schönheit, sunbern von ihr humor, ber mit ihm sinpatisirte, unbt hielte er bisses
vor ein destin. Gestern kam Prins Wilhelm von Cassel[6]) von Schwerin
wiber hir, aß zu mittag bey uns unbt zu nacht bey Ernest Gustien, da bie
Grefin Platen, Kilmansec, Dibpenbruck unbt frailen Pelnitz auch waren,
unbt hernacher zogen J. L. wech nach Cassel, ban sie die campanien in
Hollant werben thun . . . Unser Courprincesin[7]) ligt seiber 3 dag zu bett,
was es bedüt, weis ich nicht. Der Herzug von Wolfenbüdel[8]) wirbt nicht
nach Acken[9]) gehen, sunbern wo J. L. vor ein jhar waren, da Galli[10]) auch

---

1) Vgl. S. 265, N. 1.   2) Vgl. S. 276, N. 2.
3) Vgl. S. 273, N. 9.   4) Eberhard Ludwig.
5) Mit der Grävenitz; vgl. S. 276, N. 2 u. später Br. 338.
6) Sohn bes Landgr. Karl; warb später, als s. Vater 1730 starb, für s. ältern Bruder
Friedrich, welcher seit 1720 König von Schweden war, Statthalter u. nach seines Bruders
Tode 1751 regierender Landgraf zu Hessen-Kassel.
7) Karoline (v. Anspach).   8) Anton Ulrich.
9) = Aachen.   10) Vgl. S. 265, N. 1.

hin wirbt gehen. Jch wolte, baß ein batt were, bas alte leute wiber jung
machte, aber bas hatt sich noch nicht gefunden, unbt ber gutte man kombt mir
mer verschliffen vor, als kranck. Der Herzug von Modene hatt ihn [1]) zum
Grafen gemacht, ich habe aber gerabten, nicht viel tharvon zu sagen, man
möchte tharüber lachen; boch peu à peu wirbt man es gewont werden. Jch
verbleibe . . .

                                                        S.

311.

An die Raugräfin Amalie in Heibelberg.

                      Hanover ben 22. Mertz 1708.

Weil ich bie vergangen post keine zeit hatte, zu schreiben, habe ich Gargan[2])
alles bericht. Der Bischauf von Spiga[3]) ist kranck, wie man sacht, hatt mir
auch auf mein leztes schreiben nicht geantwort, habe mich also an die Courfürstin adressirt; vom Courfürst hätte ich wol ein genebige antwort bekommen,
aber ba were es bey geblieben. Jch wünsche von herzen, baß bas batt ber
lieben Gresin Louise augen gans wieder mag helffen. . . . Jch halte, baß bie
Pfalz, wie sie schreibt, wol ser schön sein, aber es scheint, baß ich nicht beruffen
bin, thar zu wonnen unbt mich mit Herenhausen werde behelffen müssen, ba
man bie Rawgrefin-kammer gans verborben hat, wirbt wol mit eine anbere
vorlieb müssen nehmmen. Man weis nicht, wan ber Courfürst wech wirbt
gehen ober wo bie junge Herschaft sein wirbt, hir ober zu Herenhausen. Jn
ewer haus wirbt bie Sinsendorfin wonen. Der kleine Prins[4]) hatt nun schon
zwe zen[5]). Zu Berlin sein sie Gottlob alle gesunbt; bie Cronprinses[6]) ist aber
nicht schwanger. Der König wil nach Carlsbat, ber Cronprins, wie man
meint, nach Pirmont. Der Prins von Wallis ist zu Dunkerken[7]); wer weis,
ob Gott [ihn] nicht erheben wirbt, ber so unschulbig leibt[8]); seine schwester hatt
bie maselen[9]) unbt sacht man, er seye auch tharan kranck. Madam ist auf
ben tobt gelegen, nun aber wieder besser, boch bin ich in sorgen vor J. L.,
weil sie gar bick soll sein. Jch ambrassire bie Rawgresin Louise in gebancken
unbt verbleibe . . .

                                                        S.

1) Galli.   2) Secretär ber Kurf. Sophie.   3) Steffani; vgl. S. 256, N. 7.
4) Friebrich Ludwig, ber am 31. Juni 1707 geborne älteste Sohn bes Kurpr. Georg (II.)
August u. seiner Gemahlin Karolina; † 1751 als Prinz von Wales.
5) = Zähne.   6) Sophie Dorothee, Tochter bes Kurf. Georg Ludw. von
Hannover, welche 1706 mit b. Kronpr. Friebr. Wilhelm (I.) v. Preußen vermählt warb;
vgl. barüber Näheres bei Bobemann, J. H. v. Jlten 2c., S. 138—148.
7) = Dünkirchen.   8) Der Prätenbent, Prinz Jakob, versuchte im März
1708 eine Jnvasion in Schottland; bei seiner Abreise von St. Germain nahm er ben Titel
„Ritter von St. Georg" an. Das Unternehmen scheiterte bekanntlich.   9) = Masern.

312.

An die Raugräfin Louife.

Hanover ben 19. April 1708.

1708
April 19

Ich bin recht fro geweſſen, mein liebe Bas, wie ich ihre handt wiber geſehen, hofte, ſie weren ſo wol mit ihre augen, baß ich ſie ſelber auch balt wiber würde ſehen; nun ſcheint es aber, baß man ben gutten effect vom ſaurbrunnen ehrſt muß erwarten. Sie werben den gutten Graf Galli auch thar ſehen; ich habe ihm nicht tharzu gerabten, ban bie von jharen verſchliſſen ſein macht er nicht wiber jung, ſunſten wolte ich auch hinreiſen; boch lan ich Gott nicht genung bancken, baß ich vor mein alter noch ſo wol bin. Aus bem brif vom Biſchauf von Spiga[1]) ſehe ich ſowol als aus bem brif, ben ich von bie Courfürſtin emfangen, baß bie intention vom Courfürſt[2]) gutt iſt, man muß hoffen, baß ber effect auch folgen wirbt.

Den brif von bie Dibenbruck[3]) hatt ſie ſo wol geantwort, baß ich nicht anbers tharauf zu ſagen weis. Ich habe auch nur gegen ihr ſelber von ihre conduite gerebt zu ihr eigen beſten, bas ſie vor lein ungnab hätte nemmen ſollen, ſunbern vor ein zeigen, baß ich es gutt mit ihr meinte, ban an bie conduite von ein hüps jung mättien iſt am meiſten gelegen unbt ſtehet es nicht fein, ohne urlaub balt hir, balt thar zu gehen, bes abens eſſen unbt ſich bes nachts ſpatt von ein fürſt auf bie lammer füren zu laſſen; bas ſein ſachen, bie ſich nicht ſchicken, unbt ban ein ſchön mantau von brocard zu belommen, bas bie leute hatt ſagen machen, er were vom Marcgraf. Ob biſſes iſt, weis ich nicht, aber alle leute vermutten, baß er thar herlombt. Ich gelaube berhalben gar nicht, baß ſie was böſſes gethan hatt; bas letzte mal hatt ſie auch nicht bey Lescour[4]) ſein feſtin ſein wollen, ba ein ihber ſein gaſt ſolte mitbringen unbt ber Marcgraf ſie tharzu gewelt hatte; alſo war biſſes ſchon eine beſſere con-duite, alſo hoffe ich, baß ſie ſich beſſern wirbt. . . .

Ich hoffe, meine beybe enckelen, Cronprins unbt Cronprinces in wenig bagen hir zu ſehen. Des Curfürſt ſeine bagage gehett bis Dinsbag von hir; Gott wolle ihm nur gelück geben, ban bey ihm ſtehett alles[5]). Den Prins Eugene haben wir ein bag hir gehatt unbt gefallen J. L. in alles wol von verſtanbt unbt maniren, allein ber heſſeliche ſchnuptoback iſt gar nicht ſchön.

Die avanture vom Chevalier de St. George[6]) werben ſie ſchon aus bie

---

1) Steffani; vgl. S. 256, R. 7.   2) Joh. Wilhelm v. b. Pfalz.

3) = Diepenbrod; vgl. S. 275, N. 2.

4) Armand be Lescours, früher Oberhofmarschall in Celle? Vgl. Horric be Beau-caire a. a. D., S. 73.

5) In bem Felbzuge 1708 übernahm Kurf. Georg Lubwig ben Oberbefehl ber Reichs-armee am Oberrhein, während Prinz Eugen eine Armee an ber Moſel bilbete.

6) Vgl. S. 278, N. 8.

gazetten vernommen haben. Es were mich ser leit geweſſen, wan man ihn gefangen hätte; er ſoll ſchon wider zu St. Germain ſein. Ich halte, der König von Franckerich hatt ihn ihm[1] april geſchickt, um ein diverſion tharburcher zu machen, dan wan ſo ein anſchlag hätte ſollen anghen, hätte man ihn nicht ſo public müſſen machen, undt der König von Franckerich hatt es an alle ſeine ministers laſſen ſagen, es zu publiſiren, undt weder in Schotlant noch Englant wil man nichts tharvon wiſſen. . . . Ich meine, daß diſſer brif vor beyde binen kan, dan er iſt lang genung; ich kan aber nicht genung beſchreiben, wie ſer ich ſie liebe.

Sophie Churfürſtin.

313.

An die Raugräfin Louiſe in Heidelberg.

Hanover den 5. May 1708.

1708
Maj 5

Gegen mitbag werde ich die frühe haben, meine beyde Enquelen, Cronprins undt Cronprinceſin hir zu ſehen. Ihre reiſſ iſt verweilt worden, weil die Cronprinces die Maſelen hatt gehatt. Ich nheme diſſes augenblick in acht, um ſie vor Dero werde zeillen zu bancken, die mich doch ſehen machen, mein liebe Bas, daß Dero augen oft gans gutt ſein, undt hoffe, daß das balt alles wieder zurecht wirbt bringen. Mein gutter Galli iſt wie ein alter man, der abnimbt, bin alſo bang, daß ſeine reiſſ umſunſt wirbt ſein. Der Conte Bergomi[2] nimbt ſeine gemallin undt ihre ſchweſter mit nach Englant; weil ſie das betrübte exsempel geſehen vom gutten Harling, der ſo geſundt ſchien, wil ſie ſo lang bei ihrem Man ſein, als ſie kan.

Ihre ſchönen kammern zu Herenhauſen ſein gans verdorben, man wirbt aber ſchon andere finden, ſie wol zu logiren, wan ihre langſame affairen ein mal richtig werden ſein, da ich nach verlange, ſie content hernacher wieder zu ſehen. Meins ſohn ſeine bagage gehett heute weck; die visite vom Duc de Marlbourg[3] undt vom Prins Eugene hatte J. L. reiſſ zurück gehalten. Der Graff von Ellerer, hollenbiſcher extraordinari Envoié, war auch hir. Nun hatt die fürſtin von Zolleren wieder ihren platz hir genommen. Der Lantgraf von Darmſtatt[4] iſt auch hir. Beym abzug kommen die viſiten eben nicht wol apropo.

Wir haben hir auch ſo ſchön wetter gehatt als in der Pfalz; aber nun iſt es wieder gans kalt. Die verenberung macht die leute krank. Ich habe Gott zu bancken, daß ich gans wieder wol bin, aber die am beſten ſcheinen zu ſein,

---

1) = in. 2) Vgl. S. 180, R. 6. 3) = Marlborough.
4) Vgl. S. 273, R. 9.

wie Harling, sterben am ehrsten; bis die reie an mir kombt, werde ich sie lieben unbt gans ergeben sein.

S.

Den 6. May.   Gestern sein meine Enckelen ankommen: der Cronprins frisch unbt gesunbt, die Cronprincesin ser mager, dan J. L. sein todtkranck geweßen an die maßelen. Es ist ihr ser leit, daß ihr nicht hir seibt; ist sunsten ser reich belaben mit Clenodien, hatt allein 3 hunbert brillians ohne facetten, unbt Rubinen.   Ich hoffe, sie wieder hir zu meßten.

314.

An die Raugräfin Amalie in Schlangenbab.

Hanover ben 27. May 1708.

1708
Mai 27

... Meine frübe war ser groß, meine enckelen hir zu sehen, Cronprins unbt Cronprincesin von Prußen, wart aber, ehr 14 bag umwaren, in große betrübnus verwanbelt, weil die betrübte zeibung kam, daß Dero kleiner Prins[1]) an die scherger[2]) gestorben war, ben sie gesunbt unbt frisch verlaßen.   Die liebe Princesin[3]) fung erst an, sich in ber luft vom vatterlant etwas zu erhollen, ban J. L. sein so mager unbt elent worden, baß es mir recht betrübt hatt. Der Cronprins[4]) scheint ser gesunbt zu sein unbt hatt sich hir so artig unbt wol bey alle leute gestelt, baß ihn ihberman alhir admirirt, sunberlich hatt er mein sohn ben Courfürst gar lieb.   Sein grofter mangel ist, baß er meint, alle weiber sein huren, bas ihn jalous macht ohne bie gringste ursag, ban kein verhalten in ber welt beßer kan sein, als bie Princesin hatt.   Der König von Prußen ist nach bem Carlsbatt; Gott gebe, daß es J. M. gutt mag thun. Seine affliction vor Dero enckel ist ser groß geweßen.   Mein sohn ber Courfürst unbt Herzug Ernest August werben nach bem fest nach Caßel unbt von Caßel nach ber armée, ber Courprins wirbt in 14 bag nach bie armée in Flanbern[5]), Dero gemallin unbt ich werben nach Herenhausen mit Fritzien[6]), bas allebag frischer wirbt.   Mad. Bellemont[7]) gehett mit ihre nieße nach Franckerich wegen ihre affairen. Mad. Coppensten, bie 63 jhar alt soll sein, hatt sich einen Man gekauft, bem sie m/10 thaller giebt unbt tausent thaller bes jhars, er heist Belo, hatt eine vornehme charge bey mein sohn in ber

---

1) Das erste Kind des Kronprinzen — der König Friebr. I. gab ihm ben Titel „Prinz von Dranien" — war balb nach ber Geburt gestorben.

2) = Scheuerchen.   3) Kronprinzeß Sophie Dorothee.

4) Friebrich Wilhelm.

5) Der Kurprinz Georg (II.) August traf am 22. Juni 1708 bei der Armee in den Nieberlanben ein, um in ber Schule Marlborough's, bessen Hauptquartier er als Volontär zugetheilt wurbe, bie Kriegskunst zu erlernen.

6) Friebrich Lubwig; vgl. S. 278, N. 4.   7) Vgl. S. 34, N. 4.

Graffschaft Mansfelt, aber noch eine fraw im leben, da er kinder mit hatt, bregt aber alzeit sein scheidtsbrif ihm[1]) sack. Die Narrin hatt ihr heiradt hir notificirt; ich wil Gargan[2]) befhelen, ihr die relation von der hochzeit zu schicken. Die Grefin Bergomi ist mit ihr Man nach England undt hatt ihr schwester mitgenommen. Die fraw Harlin[g] beweint ihr ehrlicher man. Die fraw Benningsen ist wieder schwanger, wie auch die Kilmanseck. Unsere Courprinces rechnet nur noch 3 mont, aber auf J. L. rechnung ist nicht zu gehen. Man sacht, daß Galli etwas besser soll sein, das mich ser sollte frewen; seine fraw ist auch ser kranck gewessen, aber hirbey kan man ehr das sprichwort sagen: „Unkraut vergehet nicht“, als vor ihr. Sie wolle doch ihr schwester tausentmal grüssen; man leüt in die kirg, verbleibe . . .

S.

315.

An die Raugräfin Amalie.

Herenhausen ben 21. Juni 1708.

Ihre werde zeillen von Francfort habe ich emfangen undt bin von herzen fro zu vernhemmen, baß es mit den augen von die Grefin Louise besser wirbt. Ich werde gern gebult haben, wan ich sie zuletzt nur gesundt hir wider bey mir kan sehen. Der gutte Galli kombt mir mer vor als ein alter, als wie ein kranker man, ban er ist mer verschliffen als ich, ob er schon viel jünger ist. Er meint, sie würde balt hochzeit halten, konte aber nicht sagen, mit wem. Were es also, würde es mir lieb sein undt ich von herzen gelück tharzu wünschen; bis sie es aber selber schreiben, kan ich es noch nicht gelauben. Hir lebt man ein rhuich leben undt spaziren wir alle abent ihm[1]) garten, ba ban die Courprinsessin ihr dicker bauch nicht hindert. Wir haben ein hauffen Englander hir, die recht fein sein undt uns ihm[1]) garten undt an der taffel geselschaft halten. Madam Belo[3]) ist auch zu Hanover, um ihr haus zu vermitten; sie sacht, sie hätte kein heiradtscontract mit ihr Man gemacht, das ich ihrenthalben beklage, ban vor das gelt hatt er sie genommen, welges sie auch liebt, werben also übel zurecht kommen.

Man hatt zu Hanover eine coppelerin sitzen, die viel kinder abgedriben undt umgbracht soll haben. Es ist auskommen über ein ehrlich mättien vom lant, so zu Hanover binst suchte undt die hesseliche fraw ihn[4]) ihr haus brachte undt so voll in brandewein machte, baß sie von ihre sinnen nichts wuste undt so ein kerl bey ihr kommen lis, ba sie nichts von wuste. Den andern bag wolte

---

1) = im. 2) Secretär der Kurf. Sophie.
3) Geborene v. Coppenstein; vgl. ben vorigen Brief. 4) = in.

er wiber zu ihr, war sie böß undt schlug nach ihm, aber erfhur, wie es ihr die nacht zuvor gangen war, welges sie ihren verwanten klagte; ist hirüber die coppelerin ingezogen worden, soll aber sagen, sie hätte so viel geltbrüchte bezahlt, daß die statt viel bey ihr gewunnen hätte, soll aber tharbey sagen, sie hätte ben thobt verbint. Disses ist alles, was neuwes zu Hanover ist. Gott gebe, daß wir was bessers in der campagne mögen erfaren. Es soll doch nun alles richtig mit der Oberpfalz sein; aber ih[1]) mer der Courfürst zu Pfalz bekombt, ih[1]) weniger hatt er. Ich werde alzeit bestenbig vor ihnen beyden sein eine trüwe dienstwilge Bas. Wie ich meinen brif umwende, ist er gans beschmirt von tinte; ich hoffe aber, sie wirbt ihn doch noch lessen können.

S.

316.
An die Raugräfin Amalie in Heidelberg.

Herenhausen ben 5. Juli 1708.

1708
Juli 5

Nun ich hir allein bin, mein liebe Bas, undt das Meiste, so ich lieb habe, entfernt, habe ich so viel zu schreiben, daß ich ihr nun auf zwe brif zugeleichg werde antworten, da ich leider nicht in gefunden habe, was ich wünschte, nemlich daß die Rauwgrefin Louise wieder reisffertig were, hir zu kommen. Wer dem gutten Galli hatt weis gemacht, daß sie braut were, weis ich nicht; er wirbt vielleicht einen profetischen geist beim brunnen bekommen haben, ban sunsten sehe ich nicht, daß er viel besser thar ist geworden. Sie sacht zwar, daß sie keine verbesserung tharbey würde finden, sie weis aber leider, daß die Pfalz nicht überal ist undt sie nicht überal tractirt wirbt, wie sie es gewont ist undt ich es wünschte; auch ist es alzeit gutt, un che[2]) soy zu haben ... An Prins Eugene ist nicht viel zu sehen; man mus J. L. kännen, um ihn zu estimiren. Es wirbt mir eine früht sein, ihren neven zu sehen; ich hoffe, daß er von besser humor ist, als sein Hr. Vatter, der vor ser bizare gehalten wirbt. Es ist wol meins sohn sein schult nicht, daß Mad. Bellemont noch nicht nach Franckerich ist, J. L. haben gemeint, einen paß vor sie zu bekommen, undt einen trumpetter stracks tharvor an [ben] feindt vorgeschickt, der hatt aber sagen lassen, er bürfte keinen geben, der König müste ihn selber underschreiben, bas die gutte fraw ser betrübt macht ...

Alleweil bekomme ich ein handtschreiben von Courpfalz, der mir die ehr thubt zu notifisiren, daß J. L. nun in meins Herr Vatter stelle getretten sein, bas mir von herzen frübt. So gehett alles herum in der welt. Mein sohn soll jha nun auch ihm[3]) Courfürstlichen colleg introdusirt sein[4]). Hir ist alles in

---

1) = je.   2) = chez.   3) = im.
4) Die feierl. Introduction des kurhannov. Gesandten v. Limbach fand zu Regensburg am 7. Sept. 1708 statt.

gutter rhu unbt ist unsere Courprinces lustig unbt guttes mutts, hatt es ursag, ban ihr Herr ist ser zu sein avantage geenbert unbt rebt Englisch. Fritzien wirbt auch artig unbt werben wir balt noch ehnen . . .[1] Bey die Cronprincesin ist noch nichts zu thun. Der König ist von Carlsbatt gesunbt wieder kommen, hatt bie Cronprincesin wieder schön beschenckt.

Ich sehe, baß sie meint, baß bie Redoute alles bösses hir zu weg bringt. Es were gutt, wan bie ganße statt ohne ben ort rein were, aber bie böss sein, können es überal sein. Ich verbleibe . . .

S.

317.

An bie Raugräfin Amalie in Heibelberg.

Herenhausen ben 19. Juli 1708.

Hir ist frübe bie fülle, mein liebe Bas, baß bie Fransosen geschlagen sein[2]. Die ehrste zeibung bekamen wir burch ben Graf von Lotten[3] sohn, der bie post burcher Hanover genommen hatte, sie am König von Prusien zu bringen; welges uns in sorgen vor ben Courprins setze, ber verheissen hatte, ein courir zu schicken, wan was solte vorfallen; ber kam aber ehrst zwe bag tharnach, war gefallen unbt gans hinckent, boch war bas ser angnehm unbt kam bie liebe Courprinses morgens um 7 uhr vor mein bett mit J. L. Fritzien[4] unbt bem courir in ser grosser frübt, baß J. L. Herr sich so wol gehalten hatte unbt Gottlob so wol tharvon gekommen ist, hatt bie Braunschweigsche Dragoner[5] angfürt zur action unbt nachbem er unbt ber offisir vom feinbt sich reversen gemacht haben (: welges man mir sacht ber brauch were :), ist er auf mein enckel zukommen, ihm ben begen in bie rippen zu stossen, welges er aber parirt hatt unbt ist ber geheimrabt Els[6] tharzu kommen unbt haben ben offisir tobt gestochen. Des Courprins pfert ist verwunbt worben unbt ber Oberst Löbeken[7] bey ihm erschossen. „Was Gott bewart, ist wol verwart!" Ich hoffe aber, man wirbt nicht zugeben, baß er sich mer so wagt, es ist genung, baß er gewisen hatt, baß er nicht bang ist unbt pulver richen kan. [8]

---

1) Ecke vom Brief abgerissen.

2) In ber Schlacht bei Oubenarbe am 11. Juli 1708; vgl. v. Sichart a. a. O. II, S. 299 ff. 3) = Lottum. 4) Friedrich Ludwig; vgl. S. 278, N. 4.

5) Der Kurprinz warf sich, an der Spitze der Leib-Schwabron von Bülow's Dragonern bem Feinbe entgegen. 6) = v. Elz.

7) = Löfecke. Im Hanbgemenge stürzte bes Kurprinzen Pferd, von e. Kugel getroffen, unter ihm zusammen unb er wäre gefangen worden, wenn nicht ber Commanbant ber Schwabron, ber Oberst Jos. Albr. v. Löfecke, von s. Pferbe sprang unb ben Kurprinzen bas seinige besteigen half, wobei Löfecke e. töbtl. Hieb empfing, woran er nach wenig Tagen in Oubenarbe starb; erlag aber nicht einer Schußwunbe, wie bie Kurf. hier schreibt.

8) Marlborough schrieb bamals an ben Kurf. Georg Ludwig: »Mr. le Prince Electoral

Ich wil nicht hoffen, daß es mit der lieben Rauwgrefin augen so schlim bleiben wirbt, unbt mus ich zu ihre wiberkunft sagen: plustost tart que jamais. Sie wolle sie boch meinentwegen ambrasſiren; es ist mir wol leit, daß sie nicht hir sein, sich mit uns zu früwen. Jnmittels sein mir ihre lange brif ser angnhem, ob ich schon kurz wieder antworte . . .

S.

318.

An die Raugräfin Louise in Heidelberg.

Herenhausen den 26. Juli 1708.

1708
Juli 26

Alle gutte zeibungen kommen, mein liebe Bas, schir auf ehnmal unbt bin ich ser erfrübt worden, ihre hanbt wieder zu sehen unbt tharaus zu uhrtheillen, daß es mit ihre augen besser ist. Es mangelt mir zwar hir nicht an gesellschaft, aber alle ist nicht geleichg. Jch wolte aber boch gern, daß sie ihre sachen mit Courpfalz ehrst richtig machte, wie auch Dero gutten anschlag vor ihre schwester, ban allein zu wonen bint ihr nicht, unbt hir schmerzt es mich, wan man ihr bie ehr nicht anthubt, bie gewont sie ist unbt bie hir, wie es scheint, meinenthalben nicht geschehen wirbt. Die Courprinſes ist gans gutt unbt, wie es scheint, ist J. L. Herr auch gans gutt geworben unbt soll sich in ber armée bey bie Englanber unbt andern beliebt machen, insunberheit, nachbem er sich bey ber schlacht so wol gehalten hatt[1]). Mit bem gutten Galli stehet es schlecht unbt bin ich bang, baß bas verstanbt mit bie kräften auch abnimbt. . . . Die Königin von Portugal[2]) wirbt burch Hamelen ziegen; ber Courfürst left J. M. burch bas ganse lant defroiihren; ich wil J. M. zu Hamelen bie visite geben en robe, wan es sich so schicken kan. . . .

Sophie Courfürstin.

319.

An die Raugräfin Amalie in Heidelberg.

Herenhausen ben 16. Aug. 1708.

1708
Aug. 16

Sie werden nun schon wissen, mein liebe Bas, baß ich nicht zu Hamelen bin gewessen, unbt hatt Courpfalz die Königin von Portugal auch nicht gesehen. Sie hatt recht, mich nicht gern was betrübtes zu schreiben; ich habe aber boch burch andere vernhemmen müssen, baß ich bie gutte ehrliche unbt charitabele Mad. Bellemont[3]) verloren habe. . . . Die Courprinſes ist schon zu Hanover,

s'est extremement distingué, chargeant à la tête et animant par son exemple les troupes de V. A. E., qui ont eu une bonne part à cet heureux succès.«
1) Bgl. S. 284, R. 8.   2) Marie Sophie; vgl. S. 52, R. 7.
3) Bgl. S. 34, R. 4.

wir kommen aber allebag zusammen undt gelaubt sie selber nicht, daß sie vor
das endt von dissem mont niberkombt.   Der König von Prussen ist mit grosser
manifisence zum Herzug von Swerin undt sacht man, J. M. würden die
Princessin, schwester vom Herzug, heirabten[1].   Unsere liebe Cronprinses hatt
das siber, Gott gebe, daß die schwindtsucht nicht tharvon kombt.   Der Courprins gouvernirt sich recht wol, Dero gemallin undt wir alle haben frübt
tharvon.   Gott gebe, daß ihr schwester balt wiber wol mag werden. . . .

S.

320.

An die Raugräfin Louise in Heidelberg.

1708
Sept. 6

Herenhausen ben 6. Sept. 1708.

Ich finde, mein liebe Bas, daß wir gans eines sins[2] sein wegen alles
das zu Berlin vorgehett.   Ich habe auch an die Princes von Dennemarc
gedacht, aber unber grosse Herrn hatt eine allience mit ein König viel zu sagen
undt hätte man meinen sollen, daß disse geschwinde resolution auch geschwind
solte vor sich gehen.   Allein der inzug von der Königin[3] in Berlin soll ehrst
ben 26. November sein undt scheint es, daß es dem König am meisten um die
sermonien zu thun ist.   Mad. Sastot[4] undt alle die Courprinses frawenzimmer mus weichen; Mad. Sastot hatt aber ein Ihen von m/20 thaller tharvor
bekommen, undt continuihrt der König, so frübtlich gegen die Cronprinces
zu sein, daß J. L. mir schreiben, sie were dem König so obligirt, daß sie mit
alles zufriben were.   Die doctoren urtheilen aber gar übel vor dem König,
sein bang, daß eine junge gemallin J. M. tobt würde sein; das ich nicht hoffen
wil, es were noch zu frü.   Der König von Prussen hatt begert, seine braut
müchte reformirt werden, sie hatt aber nicht gewolt, haben J. M. also gefunden,
daß kein ober aufs wenigste wenig underscheit were. . . . Die Courprinces[5]
schleft seiber 4 wochen zu Hanover, um ein kindt zu bekommen, spazirt undt
esst alle abent bey mir.   Wir sein bang vor eine schlacht, weil man sacht, daß
die Fransosen Lille[6] wolten entsetzen undt der Duc de Bourgogne sich mit
bem Duc de Berwic gesetzt hatt.   Am Rhein hatt mein sohn genung gethan,
mit sein kleine macht zu hindern, daß der feint nicht ihm[7] Reich ist kommen.

---

1) Nach bem Tode des ersten Sohnes des Kronprinzen (vgl. S. 281, N. 1) soll der
Graf Wittgenstein, weil keine Hoffnung auf ein zweites Kind und die Succession in Gefahr sei, ben König Friedr. I. veranlaßt haben, zu einer britten Vermählung zu schreiten,
der König wählte die Tochter des Herzogs Wilhelm von Meklenb.-Schwerin: Sophie
Louise.   2) = Sinnes.   3) Sophie Louise; vgl. oben N. 1.
    4) Katharina v. Sacetot (geb. be la Chevallerie aus Hannover), Oberhofmeisterin der
Kronprinzeß Sophie Dorothee von Preußen.
    5) Karoline.   6) Marlborough u. Prinz Eugen begannen gemeinschaftlich
im Aug. 1708 die Belagerung der starken Festung Lille.   7) = in's.

Ich halte, J. L. werden sich schwerlich auf dise weis wider tharzu brauchen lassen[1]). Ob der gutte Galli[2]) schon redt wie Mr. Fadel undt thut wie le malade inmaginaire[3]), so hoffe ich doch, daß er nicht so balt sterben wirdt...

Sophie Courfürstin.

321.

An die Raugräfin Amalie in Heidelberg.

Herenhausen den 4. Oct. 1708.

Ich bin recht erfräbt worden durch ihr schreiben, mein liebe Bas, tharaus zu lesen, daß sie so wol mit meine kinder undt mit Dero hofstatt zufriden sein, undt habe herzlich gelacht, daß sie meint, daß die gutte luft undt der wein ein bessern effect thubt, als das bir[4]); es scheint recht so undt hoffe ich, sie werden mit von dem wein bringen, auf daß die gutte sitten währen mögen. Ich bekam eben ihren brif, wie ich zum heiligen abentmal gieng, konte derhalben nicht so balt antworten. Es wirdt wol das lezte mal sein, daß der gutte Herr Rodius es hir wirdt halten, dan er hatt ein fortheilhaftigen beruf nach Bremen[5]) bekommen, da seine familie in ein bessern standt gesezt wirdt, als er hir kan haben, ist ihm also nicht zu verdencken undt were es unbillig, ihn tharvon abzuhalten. Er hatt aber verheissen zu sorgen, daß seine stelle wieder wol sol ersezt werden. . . .

Nachdem ich sie geschriben, bekomme ich auch ein angnhemes schreiben von die Rauwgrefin Louise, der ich aber eine andere post antworten werde. Es währet ihr lang, bis ihre affairen mit Courpfalz zum ende kommen. Mit die Niderkunft von unsere Courprinses gehett es ebenso, wie auch mit Lille. Gott gebe, daß alles auf ehnmal ein gelücklich endt mag nhemmen undt ich sie beyde hir ambrassiren. Meine kinder finden sich beide auch viel luftiger in der Pfalz, als hir; das ist aber kein wunder, ban das Lant ist viel angnhemer, als bisses, aber man mus sein, thar man zu predestinirt ist, undt werde ich ihnen beyde zu binen alzeit beflissen sein.

S.

---

1) Als Kurf. Georg Ludwig am 14. Juni 1708 bei der Reichsarmee eingetroffen war, entsprach die Armee nicht seinen Erwartungen. Besonders aber erbitterte ihn der Abmarsch des Pr. Eugen von der Mosel nach den Niederlanden. Er sah sich auf die Defensive verwiesen, da alle Bitten um Unterstützung u. um Geld erfolglos blieben.

2) Vgl. S. 265, N. 1.   3) In Molière's »Le malade imaginaire«.

4) = Bier.

5) G. J. Rhobius, der erste Prediger an der von der Kurf. Sophie begründeten deutschen reform. Gemeinde in Hannover, ward 1708 an die Stephanskirche in Bremen berufen.

322.

An die Raugräfin Louise in Heidelberg.

Herenhausen den 7. Oct. 1708.

1708
Oct. 7

Jch bin sie wol ser obligirt, mein liebe Bas, daß sie hatt wollen hir kommen, wie ich kranck am husten unbt schnupen war, aber ich sehe sie lieber, wan ich gesunbt bin; wan man kranck ist, mus die gedult das beste thun. Jch werde in wenig bagen in das 79.jhar tretten, bas ist eine kranckheit ohne hülf. Wan ich nur nicht werde wie mein schwester¹), die soll nun wie gans kinbisch sein, kan weber gehen noch sprechen, als gans wenig, schleft unbt esst aber noch wol. Mich bücht, es ist mit ihre augen wie die schwebische solbaten haben, ban sie werden auch ihmer schlim gegen abent. Es frübt mir, baß sie so content von meine söhn unbt Dero hofffstatt sein. Es ist nicht ohn, baß man in der Pfalz viel lustiger unbt höfflicher ist, als hir, ich hoffe aber, baß es ihr nicht rebutiren wirbt, wiber zu kommen. . . . Unsere gutte Courprinces hatt sich wiber ser verrechent, die kamerrabtin von Ansbach²) meint nicht, baß J. L. vor Weinachten ein kinbt werben bekommen. Jch hoffe, baß es mit bie übergabe von Lille geschwinder wirbt gehen, weil bie Fransosen tharvor sein geschlagen worben³).

Der König von Prusen sol ser verliebt sein⁴), auch ein Oxsenkopf in sein wapen mit zwe grosse hörner bekommen haben⁵) burch bisse alliance zum voraus, ban bas lant mus auf bie andern Herzugen von Meckelborg kommen nach allen rechten. Der zwete Bruber vom regirenden Herzug⁶), so mit ein Princes von Nassau geheirabt ist, hatt ben tractat nicht wollen unberschreiben. Was man ihr aus Englant geschriben hatt, ist gar nichts an, wan aber discontenten sein von bie Königin⁷), machen sie J. M. bang, baß sie mir beruffen wollen, ba J. M. gans bang vor sollen sein. Sunsten benckt man wenig an mir in Englant. Herr Rodius⁸) hatt ein ser gutten beruf bekommen, ba, ich hoffe, er besser wirbt begegnet werben als hir; er wil vorehrst sorgen, seine stelle hir wiber zu ersetzen⁹).

S.

1) Louise Hollanbine, bie Äbtissin von Maubuisson.
2) Die Mutter ber Kurprinzessin Karoline.
3) Jn bem Gesecht bei Wynenbael am 28. Sept. 1708; vgl. v. Sichart a. a. O. II, S. 306 ff. 4) Jn Sophie Louise; vgl. S. 286, N. 1.
5) Bei Anlaß seiner Vermählung mit Sophie Louise nahm Friedrich I. auf Grunb bes Erbvertrags Wappen u. Titel von Mecklenburg an.
6) Karl Leopolb. 7) Anna. 8) Bgl. S. 241, N. 1.
9) An bes Rhobius Stelle kam Arnolb Stolle aus Wenze im Clevischen.

323.

An die Raugräfin Louise in Heidelberg.

Hanover den 13. Oct. 1708.

Weil ich sie selber noch nicht bey mir kan haben, sein mir doch ihre fründt-liche brif ein grosse vergnügun[g]. Ich wünsche wol allemal bessere zeidung tharaus zu vernhemmen, aber man mus die sachen von der welt nhemmen, wie sie kommen undt hatt man alzeit ursag, Gott zu dancken, daß man viel gelück-licher ist, als viel andere. Disse reflection tröste[te] mich, wie ich kranck war undt nicht vor husten essen noch schlaffen konte, daß es die solbaten vor Lille viel schlimer ging, als mir. Nun haben wir noch ein betrübt exsempel am jungen hoffcavelir Hamersten[1]), dem man 6 mont[2]) mit glüenden eisen ihm[3]) leib gebernet hatt undt mit brandewein, den sie ansteckt hatten, undt nach alle den marter, so er gebulbig ausgestanden, ist er verwundert worden, daß man ihm den todt angsacht hatt, undt wirbt es wenig stundt mit ihm weren[4]). Hiran sich[t] man, wie wenig auf balbirs undt doctors zu trauen ist, undt hoffe ich, daß die natur undt die zeit wirbt Ihre augen besser machen. Es ist mir herzlich leit, daß es mit disse cour so langsam gehett als mit Dero affaire. Sie hatt wol recht zu sagen, daß mein seliger bruder wol nicht gebacht hatt, daß es ihnen so gehen würde; tharum were es besser gewessen, J. L. hätten Dero kinder in ein standt gesetzt, nimans nach seinem todt nötig zu haben; aber J. L. sein durch den todt übereilt worden.

Der krig in Niderlant ist bisses jhar gar gelücklich vor sich gangen undt wirbt der Duc de Bourgogne mit schlechte ehr wiber nach haus kommen. Es ist gar nicht schimplich vor die Princesin von Zeitz, der Königin bey der hochzeit die schlep zu bragen, ban disses in Franckerich brüglich, daß die rechte verwanten dero schwester selber den schlep bei der hochzeit bragen, welges sowol die Königin in Spanien als Mad. de Guise geschehen ist. Mit die Grefin von Wartenberg haben J. L. es aber esvitiren müssen undt haben ihrent-halben vom tantz müssen bleiben, um nicht hinder der Grefin zu gehen, welge vor allen andern Princessen gangen ist, ohne die königliche hoheiten, berer so viel nun in der welt sein, daß ich es nicht wil sein. Ich bin bang, sie wirbt disses gekratz nicht lesen können. . . .

Sophie Churfürstin.

---

1) = v. Hammerstein.   2) = Monate.   3) = im.
4) = währen.

324.

An die Raugräfin Louise in Heidelberg.

1708
Oct. 21

Herenhausen den 21. Oct. 1708.

Ich habe beyde briffe zugleich emfangen, den ihrigen vom 15. unbt den von die Grefin Amali vom 10, wie auch die relation von Schwerin; kam alles ser apropo, dan ich lag ihm[1]) bett am husten unbt konte nichts angnhemeres haben, als ihre fründtliche brif zu lesen, ob ich schon schwissen alle periode husten unbt speien muste; das ich nheme mit gebult, wie Gott es schickt, unbt mus anhören alle remedi, die mir gesacht werden von alle die mir besuchen, die alle unberschieblich sein. Ich halte, daß die[, so] vor Lille sein, mer un-gemach haben, als ich. Gestern um 8 uhr des morgen kam der Courprins wiber frisch unbt gesunbt, war aber ser krank auf der she[2]) gewessen, ban sie sein über Ostende kommen[3]) mit Mr. Elz; alle anbere weg sein vom feinbt verspert. J. L. rhümen die Englanber ser; sie kamen gegen abent mit Dero gemallin hir, nachdem sie ausgeschlaffen hatten, ban sie waren in 3 tag in kein bett gekommen, erzelten unber anbern, baß der König von Prasen am General Lottem[4]) Dero heirabt hatt wissen lassen; wan J. L. aber mit ihnen tharvon wolte sprechen, antworteten sie: »Parlons du siège de Lille«. Ich mus bekennen, daß sie gar recht sagt, daß vom König in Schweben unbt von die Princesin von Schwerin viel guttes unbt viel bösses gesacht wirbt; es mag auch beybes wol war sein, aber wohl dem, der sich bessert. . . . Die grefflichen freilen, so der Königin sollen aufwarten, sein nicht alle weit her; die von Dona, Bartensleben unbt von Prusen (!) werben nicht vor von grosser calitet gehalten werben. . . . Vor ihr kan ich sie wol bey ihrem stanbt mainteniren, seiber baß aber bas frailen von Hohenlo hir ist, wil kein fraw aus der statt hir essen, noch ihr cediren; ich nheme mir nichts an; die nicht kommen wollen, mögen tharvon bleiben, so habe ich es mit ihr schwester auch gemacht. . . .

Herr Rodius[5]) finbt gutt, baß ich dem sohn, da mir vatter unbt groß-vatter das abentmal so viel ihare her gereicht haben, seine stelle haben lassen solte, unbt sagt, er prebige viel besser als beyde gethan haben unbt soll seinen eltern in nichts nachgeben in bugent unbt gutte sitten. Nun wil ich aufstehen unbt Herr Langschmit[6]) hören prebigen unbt versuchen, ob ich aufbleiben kan. Ich verbleibe . . .

Sophie Ch.

---

1) = im.   2) = See.
3) Der Kurprinz Georg August warb nach dem Gefecht bei Wynenbael von Thourout am 7. Oct. nach Ostende abgegangen, um von bort nach Hannover zurückzulehren.
4) = v. Lottum.   5) Vgl. S. 287, N. 5.
6) Hofprebiger Levin Burghard Langschmibt.

325.
An die Raugräfin Louise in Heidelberg.

Hanover ben 1. Nov. 1708.   1708
Nov. 1

Bey kopwhe undt husten ist ihr letztes schreiben mir ein recht cordial
gewessen, dan es hatt mich recht ergetzt, zu lesen, wie sie von ihre leute so wol
emfangen sein worden undt wie die guttherzige leute es so gutt mit ihnen gemeint haben, aber ich bin bang, daß disses alles sie so viel weniger lust wirdt
geben, wider nach Hanover zu kommen. Weil aber nun sie den hoff auf so
en gutten fuß gebracht haben undt auch wissen, wie ser ich sie liebe undt
estimire, hoffe ich nicht, daß sie mir gans außreissen wirdt, wan Dero affairen
mit Courpfalz richtig werden sein. Aber es scheint, daß alles an dem hoff ser
confus ist, undt ist es mir eine frübt, daß mein sohn der Courfürst es so macht,
daß man ihm[1]) Reich mit I. L. zufriben ist.... Unser Herr Rodius[2]) scheint
ser content, ich hoffe, daß er bessere christen hir lassen wirdt, als er gefunden
hatt, uns auch ein gutten prediger lassen. Gestern haben meine kinder zu
mittag bey mir gessen; ihnen zu gefallen war ich mit an taffel, ba ich sunsten
nicht an gehe, ban ich kan noch nicht essen. Disse husten sein wie eine con-
tagion burch die gansse statt, man behalt sie lang, man soll aber hernacher
gesunber tharvon sein als zuvor, weil man so schrecklich viel außwirft. Ich
muß das beste hoffen undt Gott alles heimstellen, der wirdt schon alles machen
wie es sein soll. Es ist mir eine rechte frübt, daß ihre augen wider wol sein.
Die Grefin von Wartenberg triomfirt[3]), wirdt über die Grefin von
Witgensten gehen undt vielleicht gar über die Herzugin von Holsten; zwe von
disser ihre töchter werden der neuwen Königin ben schlep bragen, undt noch
zwe Princessen, ehne von Coulenbach[4]), ich weis nicht, wer die firte wirdt
sein; sollen alle 4 in silberstück gekleit werden undt die 6 hofffreilen in weis
damast mit silber gebrembt; die gemacher in alle königliche heüsser werden
neuw meublirt vor die Königin. Madam Sastot[5]) schreibt, daß Salomon
seine herlichkeit nicht grosser seye gewessen als die vom König in Prusen.
Die hochzeit soll über 4 wochen weren. Zum voraus hatt der König von
Prusen zwe hörner in sein wapen setzen lassen, daß die wapen von Meckelborg sein: ein oxsenkopf[6]), Mylord Manchester wirdt in wenig bagen hir
sein. Es ist mir recht leit, daß ich nun eben nichts thue als husten undt speien;

---

1) = im.   2) Vgl. S. 287, N. 5.

3) Der König Friedrich I. hatte bei seiner britten Vermählung in einem neuen Rang-
reglement ein bamals großes Aufsehen erregendes Ceremoniel eingeführt: bem Graf Wartenberg warb der Rang vor allen nicht regierenden Fürsten ertheilt u. der Gräfin vor allen
unverheiratheten ober nicht an regierende Fürsten vermählten Prinzessinnen.

4) = Kulmbach.   5) = Sacetot; vgl. S. 286, N. 4.

6) Vgl. S. 288, N. 5.

19*

die gutte Grefin von Buckeburg mus das beste thun, nun sie[1]) nicht hir ist; ihre schwester wirdt bey die Königin in Saxsen verlangt, also seit ihr nicht die einzige puselle hoffmesterin[2]).

326.

An die Raugräfin Louise in Heidelberg.

Hanover den 11. Nov. 1708.

Ihre brif sein mir viel zu angnhem, mein liebe Bas, um es ihr nicht zu bezeugen, ob ich schon balt auf mus stehen, um in die Kirg zu gehen, des gutten Hr. Rodius[3]) lezte abscheidtprebig zu hören. Ich günne ihm alles guttes mit seine famillie, das artige kinder sein; er scheint auch mit mir zufriben zu sein. Gott gebe, daß [der,] den wir wieder bekommen[4]), so gutt mag sein als er.

Vergangen Dinstag habe ich die frübt gehatt, meine söhn wieder hir zu haben. Sie wolten meine köch aus die küche jagen, ich habe aber den sig behalten undt sie 3 malzeiten tracktirt. Mein husten ist Gottlob gans vorbey undt bin ich besser mit meine gebult tharvon kommen als viel junge leute, die viel tharzu gebraucht haben. ... Mein sohn wil noch nicht nachgeben, daß die Drauben[5]) durchgehens in die Pfalz so gutt sein als die zu Hanover vor sein fenster wacksen. Nun verlangt mich von herzen, daß ihre gescheften mit Courpfalz einmal zum endt mogen kommen, auf daß ich sie content wieder hir muchte ambrassiren undt sie vergnügt hir müchte sein, da wir sie alle missen, undt scheint mein sohn auch ser affectionirt vor sie zu sein. Mit Dero augen wirdt die zeit das beste thun, das sie hir so wol kan abwarten als zu Heydel-berg. Sie mus sich aber nicht meinentwegen chagriniren, ban ich gewis ihr wolergehen so ser wünsche als mein eigen. Ich bin alt, Gott wirdt es mit mir machen wie es ihm gefelt; er giebt mir ihm[6]) herzen, daß ich den tobt gar nicht fürgte undt mich nicht einbilde, daß er ein miracle an mir wirdt thun, mich länger leben zu lassen als andere.

Es were gutt, wan ihr schwager so viel an seine affairen undt an seine kinder gebechte, als sie; er benckt aber nur an seine lust undt um gelt zu sparen, wirdt er seine töchter keine männer geben. Wir haben Mylord Manchester hir, der ambazadeur von Franckerich undt lezt zu Venedig ist gewessen, ein ser ehrlicher feiner Man. Die liebe Grefin von Bückeburg undt ihre schwester sein noch hir bey mir. Das wetter ist schön, daß man noch ihm[6]) garten spaziren kan. Die liebe Courprinses ist noch ihmer schwanger; ich hoffe, daß es gehen wirdt wie das lezte mal. Ihre schwester wolle sie meinenthalben

---

1) Die Raugräfin Louise.   2) Unterschrift fehlt.

3) Vgl. S. 287, N. 5.   4) Vgl. S. 288, N. 9.

5) = Weintrauben.   6) = im.

ambrasſiren unbt ich verbleibe ſie beybe gans ergeben. Ich bin bang, ſie wirbt
mhüe haben, biſſes getraz zu leſen, bas in eil geſchriben wirbt; mus boch noch
eine boſſe unbt gutte zeibung ſagen, nemlich baß bie gutte Mad. Sacetot tobt-
tranck iſt unbt baß hoffnung iſt, baß die Cronprinces ſchwanger iſt.

S.

327.

An bie Raugräfin Amalie in Heibelberg.

Herenhausen ben 15. Nov. 1708. 1708
Nov. 15

Ihre brif, mein liebe Bas, ſein mir ausbermaſſen angnhem, aber nicht,
bie mhüe zu nhemmen, tharauf zu antworten, ban ich habe gar zu viel zu
ſchreiben; Herr Leibenitz[1]) iſt bang, es wirbt mein hirn ſchaben thun; mus
boch ſagen, baß ich ſelber gern ſehe, baß ihre affairen ein enbt hätten, ehr ſie
wiber kommen, ban ſunften wirbt nichts tharvon werben. Mein huſten iſt
Gott[lob] gans unbt gar vorbey, aber baß ich 78 jhar alt bin, wirbt zunhem-
men unbt nicht vergehen. Nun habe ich eine groſſe bitte an ſie: ſie wollen mir
boch ein ſack voll aus der Schweiz laſſen kommen von bie gebruckente kreüber,
bie man vor bie wunden wie the brinct unbt ber General Düngen[2]) vor bas
pottegra braucht. Es iſt ein junger ebelman hir, ber ſich unverſehen ſo hart
gegen ein hols vor bie bruſt geſtoſſen hatt, baß er blut ſpeit unbt gans elent
tharvon geworben iſt. Sie wirbt eine groſſe charitet hirin thun, ban ich
hoffe, baß biſe kreüber bey ihm werben thun, bas bie baber nicht haben thun
können. Der cavalir heiſt Hohors[3]). Ich verbleibe . . .

S.

328.

An bie Raugräfin Louiſe in Heibelberg.

Hanover ben 25. Nov. 1708. 1708
Nov. 25

Vor ben ſchönen Calender unbt bie reimen von ber hochzeit ſage ich
groſſen banck, hoffe, welge von Berlin zu bekommen, biſſe zu recompenſiren.
Wan bie braut ihre hiſtori in verſen weren, würbe man viel materi tharzu
haben; ber Graff von Wartenberg ſowol als alle leute zu Berlin wiſſen es
wol, er iſt aber fro, einen Camerad an ſeinem Herrn zu haben. Die Grefin
von Bückeburg iſt nun in ihr haus mit ihre kinber. Die Pelnitz wil nach
ber hochzeit wieber kommen; bamit mus ich mich ſo behelfen, bis ich bas gelück
unbt frübe werbe haben, baß ſie wieber kan kommen, unbt kan ich ſie mit
warheit verſicheren, baß ihr wolergehen unbt satisfaction ber meinigen weit

---

1) = Leibniz.   2) = v. Thüngen.   3) v. Hohnhorſt.

vorziege. Mein leben kan natürlicher weis nicht lang mer sein, kan aber Gott
nicht genugsam bancken, daß ich gesundt bin undt gar nichts vom husten entfinde; habe, wie wir noch zu Herenhausen waren, nach gewonheit ihm[1]
garten spazirt. Ich habe mich mit gebult undt diet geholffen. Es war ein
schreckliches, was ich dag undt nacht außgeworfen habe. Man helt es nun
vor gewis, daß unsere Cronprincesin[2] schwanger ist; Gott gebe, daß die
4wochige hochzeit J. L. kein schaden mag thun. Heute thun wir hir die traur
an vor Prins George[3]; es ist schadt, daß der König von Prusfen nicht gewart
hatt, J. M. zu begeren, dan sie haben die grandeur ser lieb.

Alleweil mus ich noch absunderlich bancken vor das artige spigelchen, so
ich ihmer an ihr zu bencken ihm[1] sack wil bragen undt oft meine runffelen[4]
tharin besehen undt ob die fontange[5] gerabt stehett. Es ist recht artig, ich
habe kein mer so gesehen, sunderlich frübt es mir, daß sie auf alle occasionen
an mir gebenckt. Unser Fritzien[6] wirbt all artig undt bücht mich nicht, daß
wir vor disses mal ein brudergen oder schwestergen tharzu werden bekommen;
über das jhar müchte es wol geschehen, nun ist es nur windt undt befindt sich
die Courprinsess recht wol. ... Die hofforbenung von Berlin ist in bruck,
tharin unber anber stehett, daß der Graf undt Grefin von Wartenberg über alle
fürsten undt fürstinen sollen gehen, die nicht regirende Herrn sein[7]; mit
bettelfürsten gehett es an, die ohne den König von Prusfen das brott nicht
haben, als der von Holsten mit seine famillie, die ser groß ist. Der König
hatt der Herzugin auch m/10 thaller vor ihr rang geschenckt, tharvor ist sie
selber zur Grefin von Wartenberg gangen, ihr zu sagen, daß sie ihr cediren
wolle. Der Herzugin von Zeitz tochter wil es aber nicht thun, noch die
von Coulenbach[8], die der Königin schlep follen bragen; disse letzte wirbt es
aber wol müssen thun, die gans vom König dependiren. Mein sohns bester
hauboi[9], so ein gar liberlicher jung war, ist ihm[1] wirbtshaus, da er ihmer
henbel durch bruncfenheit anfung, erstochen worden, auf die stundt undt dag,
da er ein anbern verwundte, der auch von seine wunden gestorben ist, undt
disses vertust warbt, aber nun durch Gottes gerechtigkeit an dag kombt. Ich
mus auffstehen in die kirg gehen undt mein neume traur anthun, verbleibe ihnen
beybe gans ergeben.

S.

---

1) = im.   2) Die Kronprinzessin von Preußen: Sophie Dorothee.

3) Prinz Georg (von Dänemark), der Gemahl der Königin Anna von England, war
am 2. Nov. 1708 gestorben.   4) = Runzeln.

5) Bgl. S. 165, N. 5.   6) Friedrich Ludwig; vgl. S. 278, N. 4.

7) Bgl. S. 291, N. 3.   8) = Kulmbach.   9) = hautbois.

329.

An die Raugräfin Louise [in Heidelberg].

Hanover den 2. Dec. 1708.

Ihre werde zeillen sambt die Treüber habe ich recht wol erhalten. . . . Ich fülle nichts mer, das mich incommodirt; vor ein alt weib kan man wol nicht gesunder sein, als ich bin; finde aber auch, daß [das] gesicht verschlist undt ich nicht mer so wol sehe, thar ich aber nicht vor brauchen werde, sundern der natur ihren lauff lassen. . . . Inmittels gehett das grosse manifisence zu Berlin vor [sich][1]; wie man bey grosse Herrn pflegt zu credensen, so wie man sacht, hatt es an der braut nicht gefelt undt wirdt der König viel arbeit verricht funden haben, das der grandeur gemeß ist. Die Princesin von Zeitz hatt expresse order von ihrem herr vatter, nicht hinder die Grefin von Wartenberg zu gehen. . . . Man leut in die kirg, ich gehe in die tütsche.

S.

330.

An die Raugräfin Amalie in Heidelberg.

Hanover den 19. Dec. 1708.

Sie haben nicht zu dancken, mein liebe Bas, wan ich ihnen beweise, so ser ich kan, die consideration, so ich vor beyde habe. Mein sohn, der Courfürst, hatt herzlich gelacht, daß sie schreiben, sie könten ehr ein faß saurkraut schicken, als die millionen werden kommen, den krig zu füren. J. L. wolten wol, daß sie den gutten Pfälzern so viel guttes könten thun, als sie affection vor ihm haben. Es ist nicht ohn, daß er viel von mein Herr bruder selig hatt, aber nicht die affabilitet, aber wol die gerechtigkeit, dan von unrecht ist er ein feindt. Wir haben beyde junge Herschaft von Wolfenbudel hir; der Herr Vatter kombt ehrst morgen; der Marcgraf von Ansbach kombt auch; ob der Lantgraf von Darmstat kommen wirdt, weis ich nicht; man macht uns hoffen, daß der Casselsche hoff kommen wirdt, das mir ser würde früwen, wan die Lantgrefin sunderlich würde mitkommen, die ich gar lang nicht gesehen habe. Ich mus endigen . . .

S.

---

1) Die dritte Vermählung des Königs Friedrich I.

331.

An die Raugräfin Amalie in Heidelberg.

Hanover den 23. Dec. 1708.

. . . Die festiviteten haben nun ein endt zu Berlin undt wirdt fr. Pelnitz heute hir fein undt ein hauffen erzellen können. Es ist alles mit die traur
beschloffen vor die fürstin von Anhalt undt vor Prins George, vielleicht ihm [1]
bett auch hatt die früh ein endt. Über uns ist der König von Prusfen böff,
hatt unser Neuwjharsbrif nicht wollen emfangen, weil nicht „Herzug von
Meckelburg" tharin stehett, undt leben noch ein hauffen Herzugen, deren 3
verheiradt sein, des zweten Herzugs von Schwerin gemallin soll schwanger
sein undt einer von seine vettern hatt neüwlich ein Princesin von Plön gehei-
radt, hatt auch noch ein bruder, ist also was neuwes, daß der König von
Prusfen schon Herzug von Meckelburg wil sein. Von J. M. gutte economi
habe ich nimals gehort, aber wol, daß seine leute groffe gage haben, die nicht
bezalt werden. Hir gibt man nicht so viel, man wirdt aber richtiger bezalt.
Ich habe mein brif an Courtpfalz [2] zwemal wegen meine klecksen müssen ab-
schreiben, bin also gans mütt zu schreiben; ihre schwester wolle sie meinentwegen
hundertmal ambrasiren.

S.

1) = ihm.
2) Derselbe liegt in Abschrift bei:

„Hannover den 23. Dec. 1708.

Durchleuchtigster Churfürst,
Hochgeehrter sehr werther Hr. Vetter u. vielgeliebter Hr. Sohn.

Ich nehme die Kühnheit bey dieser heyligen Zeit, E. L. nicht allein von Herzen ein glück-
liches fest zu wünschen, sondern auch Dero löbliche inclination anlaß zu geben, ein gutes werck
zu verrichten undt Ihrem generousen gemüth ein genüge zu thun, dann es E. L. beliebt
hat, mich so oft durch den Bischoff von Spiga versichern zu laßen, daß Sie die Raugräfinnen vergnügen wolten. Ich Ihnen auch mit meinem großen ungemach beßwegen er-
laubet von hier abwesendt zu seyn, umb Dero praetension allbar zu suchen. Es seindt
die einzigen in der Pfalz, die von E. L. waß zu fordern haben, welches doch ein gar geringes vor so einen großen Herrn alß E. L. seyn, undt gantz E. L. humor nicht ist, auf
ein so geringes zu sehen, alß Dero Cammer Dero Raugräfinnen disputiren will undt sie
so lang aufhält. Hoffe also, E. L. werden so gnädig seyn undt ein ende von dieser sache
machen, wovor Ich E. L. hoch verbunden seyn werde, die Ich nicht mehr wünsche alß durch
trewe dienste erweisen zu können, wie sehr Ich mit passion bin

Euer Liebben
gantz bienstwilligste trewe Baaß, Mutter u. ergebene Dienerin
Sophie Churfürstin."

332.

An die Raugräfin Amalie in Heidelberg.

Hanover den 10. Jeanwari 1709.

1709
Jan. 10

Sie müssen mich beyde nicht dancken, wan ich ihnen was zu gefallen thue, dan disses macht mich die mhüe, ein tütschen brif an Courfürst zu Pfalz zu schreiben, desto leichter, wan ich nur hoffen kan, daß es ihre affairen befobern wirdt unbt ich sie desto ehr wiber sehen werde.

Vor den schönen wunsch zum Neuwenjhar sage ich auch frundtlich banck. Madam schreibt, als es ist schabt, daß wünschen nichts hilft, boch sehe ich Dero affection tharburcher, bie mich ser angnhem ist.

Die histori vom hanere[1] ist auch auf ein eigen manhir, sunften finbt man sie überal. Was von Madam de Maintenon geschriben wirbt, ist gans inventirt; ber hoff ist gans ehnich unbt soll der Dofin[2] auch une femme de conscience haben, so Choin[3] genant ist, eine simple demoiselle, nicht schön unbt stinckquent, also kan man tharauf wol sagen: daß die son[4] sowol scheint auf ein khuflaben als auf eine ros. Hir ist es so kalt, daß mein tinte frirbt, indem ich schreibe, unbt kan bie finger kaum rüren, obschon mein offen in-gehist[5] ist unbt ich noch ihm[6] bett bin.

---

1) = Hahnrei.   2) = Dauphin.

3) Marie Emilie Joly de Choin. Die Herzogin v. Orléans schreibt über bieselbe an bie Kurf. Sophie in einem noch ungebruckten Briefe vom 23. Dec. 1710: „Der König ist mehr alß nie von seinem alten schäßgen [ber Maintenon] charmiret, alles geht burch sie unbt alles geht wie ber alten bame taille ist: nehmblich scheff unbt überzwerg; sie bencket ihre sache zu machen, zieht gelt von alles unbt lernet bas hanbtwerck ber duchesse de Bourgogne, auch sie hatt alle secreten vom staate. Mons. le Dauphin ist immer ver-liebt von seiner Chouin, bie er auch gar gewiß geheurahtet hat. Diese Chouin ist ein schlau mensch, will nie nach hoffe kommen, benn sie müste, wenn sie her keme, unter ihrer stiefschwigermutter férule sein unb ba hütet sie sich vor, weiset sich ahn Niemanbt alß ahn bie duchesse de B. unbt ihre favoritten unbt ahn Mad. la duchesse, welche favoritin von Mons. le Dauphin ist. Es sinb große gnaben, wenn bieße mitt ihr essen bürffen, unbt baß heißet man hier le parvulo. Diese Chouin hatt überall creaturen . . Der ganße hoff ist in 3 cabalen zertheilt; ich lebe ganß à part wie ein reichßstattel, lebe mit Jebermann höfflich ohne parthey zu nehmen, sehe bießem allen alß einer comedi zu"; u. an bie Prinßeß von Wales (Karoline) am 25. Apr. 1719: „Der erste Dofin hat seines Herrn Batters exempel gefolgt u. ein häßlich stinkenb mensch genommen, so Fräulein bei ber großen Princesse de Conti gewesen; sie hieß Mad^lle Chotin, lebt noch zu Paris, man hat gemeint, baß er sie clandestine geheirathet hat; ich wolte schwören, baß es nicht ge-schehen. Sie sahe aus wie eine boguin, war klein, hatte kurze Beine, ein runb gesicht, eine kurze aufgeworfene nase, groß maul voller sauler Zähne, so brav stunken, baß man sie eine Kammerlang riechen konte, abscheuliche bicke brüste, welche Monsgr. charmirten, benn er schlug barauf wie auf pauken"; vgl. [Braun], Anekboten vom franz. Hofe 2c., Straßb. 1795, S. 262.   4) = Sonne.

5) = eingeheizt.   6) = im.

Die Cronprincessin hatt das fiber gehatt, welges bei Dero schwangerschaft sich übel schickte, undt was noch schlimer ist, ist, daß J. L. Herr, wie der Herzug von Schonburg, jalus ist, das J. L. dan chagriniren mus. Der König ist aber J. L. fer fründtlich, ist wider besser, hatt nur ein wenig pottegra an der handt; die Königin[1]) helt sich noch fer eingzogen.

Alhir helt man gans allein carnaval, dan es ist nimans frembdes hir; man meint, daß der Lantgraf von Darmstatt[2]) kommen wirdt mit seiner Dolcinee[3]); der Herzug von Brunswig[4]) ist mit husten geplagt, gehett derhalben nicht aus. Ich gehe in die kirg mit mein masqueraderock, nemlich ein pelz, wie die Nobel Venesianer dragen, undt habe ihn auch ohne redoute an, dan die kälte, so nun hir ist, ist nicht zu beschreiben, ist in mer als in 10 jhar nicht so gewessen; die lust tharin haben, können braf auf schlitten faren.

Vom Duc de Marlbouroug wil ich nichts sagen, dan alle gazetten sein voll tharvon undt von der gelücklichen campagne. Ich verbleibe ...

S.

333.

An die Raugräfin Louise in Heidelberg.

1709
Jan. 19

Hanover den 19. Jeanw. 1709.

Es ist mir herzlich leit, daß es so journalier mit ihre augen ist undt so langsam hergehett mit ihre affaire, undt meint der Courfürst, wan sie eine gutte parti von ihre pretentionen den geheimen rebten verkaufte oder überlis, were es noch gutt, wan sie die helfte oder ein gutt theil tharvon bekommen könten, dan „ehn fogel in der handt ist besser als hundert in der luft", undt sicht man sunsten kein mittel zum Recht zu kommen, dan von bisses ist wenig in der welt. ...

Graf Platen ist gar schlecht, wirdt seinen kindern anstatt mittel ein tittel mer nachlassen, nemlich „Graf von Platen undt Allermunde[5])" undt, wie man sacht, viel schulden; er verlangt weder kinder noch kindeskinder zu sehen, vielleicht daß sie ihm jammern, daß er ihnen nicht mer lassen wirdt; die Grefin Platen hatt 3 undt die fraw Quilmanseck 4.

Mr. Staffhorst[6]) undt seine fraw sein von Stuckert[7]) hir, scheüwen nicht

---

1) Friedrichs I. dritte Gemahlin Sophie Louise.   2) Ernst Ludwig.
3) Gräfin v. Sinzendorf; vgl. S. 275, N. 8.   4) Anton Ulrich.
· 5) Dem Gr. E. A. v. Platen ward vom Kurf. Georg Ludw. 1706 die südwestl. von Hannover gelegene Grafsch. Hallermund verliehen; er ward aber erst 1708 in das reichsgräfl. Colleg zugelassen.
6) = v. Stafforst, Oberhofmarschall u. Geh. Rath des Herzogs von Württemberg, welcher mit seiner Frau dem Herzoge die Grävenitz als Mätresse zuführte.
7) = Stuttgart.

zu fagen, daß der Herzug [1]) die Herzugin [2]) underfcheitliche mal hatt vergeben [3]) wollen. . . . Hir helt man carnaval funder fremde; der Herzug von Wolfen-budel [4]) hatt huften undt fchnupen . . ., funften bin ich fo in genaden beim Herzug, daß ich ihmer prefenten bekomme. . . . Ich habe ein [defectes] buch von alle die carousellen undt . . . [5]), die bey der Königin meiner fraw mutter hochzeit fein gehalten worden. Ich müchte wiffen, ob es nicht zu Franckfort zu finden were [6]). Morgen wirdt unfer neuwer pfarer [7]) zum ehrftenmal predigen; ich wil biffen brif offen laffen, tharin zu fetzen, ob er es gutt wirdt machen; inmittels verbleibe . . .

S.

Den 20. Jeanw. Ich komme alleweil aus der predig, da ich gar keine langeweil habe gehatt, dan der pfarrer recht wol gepredigt hatt undt alle leute mit ihm zufriden fein geweffen, ob es fchon vors ehrfte mal was lang werte bey difer kälte.

334.

An die Raugräfin Amalie in Heidelberg.

Hanover den 7. Febr. 1709.

1709
Febr. 7

Weil wir hir gar keine fremde haben, ift das carnaval gar fchlecht undt contentirt mir ihr fchreiben viel mer als die redoute, da ich fer mütt von bin, ban ich fpille lieber in meine faubere prefens [8]), als in dem fchmutzigen ort. . . . Was mir fer betrübt, ift, daß der gutte Galli [9]) wie ein licht ift ausgangen, wolte noch nicht lang zuvor, die Keiferin folte ihn zum Grafen laffen machen, weil man zu Meilant die Grafen, fo der Herzug zu Modene macht, nicht achtet; nun hatt er die tittel erhalten von ein ehrlichen Man undt ein gutten chrift, da er mer vortheil von hatt. Der gutte man hatt nichts als fchulden hinderlaffen, die er mir fambt feine fraw aufs tobtbett recommendirt hatt, undt ich aus charitet forg vor mus bragen undt fans comparaifon thun wie unfer Herr Chriftus. Graf Platen hatt beffer profitirt von feine hörner [10]).

---

1) Eberhard Ludwig von Württemberg.
2) Johanna Elifabeth.   3) vergiften.   4) Anton Ulrich.
5) Ein Stück vom Brief abgeriffen.
6) Die Kurf. wird das jetzt feltene Buch meinen: [Weckherlin], „Befchreibung der Reiß-Empfahung deß Ritterlichen Ordens: Vollbringung des Heyraths . . gehaltener Ritterfpiel vnb Frewdenfefts: Deß Durchl. . . . Friedrichen deß Fünften, Pfaltzgraven bey Rhein . . . mit der . . . Elifabethen deß Großmechtigften Herrn . . Jacobi . . . . Mit feinen Kupferftucken gezieret. In Gottharbt Vögelins Verlag. Anno 1613." 4°.
7) Arnold Nolte; vgl. S. 288, N. 9.
8) Vgl. S. 244, N. 5.
9) Oberhofmeifter der Kurf. Sophie.
10) Diefe Äußerung ift bezeichnend für die wirkl. Stellung der Gräfin Platen!

Wir haben nun ein admirabelen prediger[1]); wan Mr. de la Bergerie[2]) von ein jalousen humor were, würde es ihn verdrissen, daß ich ihn nicht so oft höre, dan disser gefelt mir ausbermassen wol. . . . Die Rauwgrefin Louise felt mir ser, aber ich bin alt, hätte doch gern, daß ihre sachen mit Courpfalz ehrst ausgemacht weren. . . .

Sophie Churfürstin.

335.

An die Raugräfin Louise in Heidelberg.

1709
Febr. 21

Hanover ben 21. Febr. 1709.

Ihre brif sein mir alzeit von herzen angnhem, ist mir aber disses mal leit gewessen, zu vernehmmen, daß die liebe Grefin Amali noch nicht wider wol ist unbt kan ich nicht begreiffen, was vor eine Kranckheit es ist, daß ihr ein arm unbt ein fuss geschwollen ist. . . . Das unbeständige wetter verursacht viel kranckheiten, aber Graf Platen[3]) unbt Galli seint beyde wie ein licht ausgangen unbt werben ben himmel um zwe haneres[4]) vermeren unbt bero gebult recompensirt werden; der ehne in bissem leben zwar hatt genung bekommen, der anber aber nichts als schulben nachgelassen unbt mich disse sowol als seine fraw aufs tobtbett mit eigener hanbt recommendirt unbt ihmer von mir gerebt, bis ihm ber attem ausging. Die schulben zu bezallen habe ich 15 hunbert thaller geschenckt, es soll aber bey weittem nicht zureichen, unbt ihr gebe ich 200 thaller bes jhars. Ich hätte nicht geglaubt, daß sie so betrübt vor ihm solte sein, es scheint aber, daß es ihr selber quält, daß sie so wenig simpati mit ihm gehatt hatt, da er so verliebt von ihr war unbt, da er schon starb, wolte, sie solte vor sein bett spillen unbt sich mit dem gesicht so setzen, das er es an konte sehen; sie thabte es, sagte: „es ist wol was schönes anzusehen", ban sie ist noch viel magerer als ihr sie gesehen habet.

Was mein gelt anbelangt, nimbt die fraw Beningsen grosse mühe, nach alles zu sehen; also, mein liebe Bas, wan sie wider hir wirbt sein, wirbt sie kein grosse mhüe habe, als en gros zu vernehmmen unbt ihren gutten rabt mitzutheilen. Ich bin eben nicht so eilfertig, wider ein Oberhofmester anzunhemmen; La Chevallerie unbt; Coppensten kosteten mir nur 1000 thaller bas jhar, der gutte Galli hatt alle jhar um mer bis auf 1400 unbt bezalte ich ihm auch seine liverey. Wan ich ein jhar ohne hofmester bin, holle ich wider ein was ich vor Galli ausgeben habe, ban ich oft selber haus mus halten unbt es zuletzt schmalle bissen müchte geben unbt schulben wil ich nicht machen.

Hir hatt die kälte unb bas wasser auch viel schaben gethan unbt heute ligt

---

1) Vgl. S. 288, N. 9.   2) Vgl. S. 129, N. 1.
3) Graf Platen war am 24. Jan. 1709 gestorben.   4) = Hahnreis.

es wiber gans voll schnee. J. L. der Landgraf[1]) ist noch bey uns; seine leute meinen, daß die liebe vor die Grefin Sinsendorf[2]) aus ist. Sie soll ihn braf geplückt haben. Ich habe beym Neumjharswunsch, so Courpfalz mich eigenhenbig gethan, in ein postscript, so ich geantwort, gesetzt, J. L. müchten doch ein endt vor die Rauwgrefliche sache machen, auf daß ich J. L. nicht so oft beswegen inportuniren mechte, das mir selber zuwiber were. Ich bencke, daß der verweis hirauf wirbt gefolgt sein. Ich verbleibe ...

S.

336.

An die Raugräfin Louise in Heidelberg.

Hanover ben 27. Febr. 1709.

1709
Febr. 27

Ich kan leicht erachten, mein liebe Vas, ben schrecken [, ben] sie wirbt gehatt haben, daß ihre schwester so ser kranck ist gewessen; Gottlob, daß sie nun aus gefar ist. Die kerls werben sagen, daß die kranckheit kombt, daß sie keinen Man hatt; ich bin aber gar nicht der Meinung, obschon eine gutte parti ihr wol zu wünschen were. Ich hoffe auch, daß sie nicht mer uhrsag wirbt haben, zu weinen, dan das ist recht schlim vor die augen, unbt betrübt es mir, wan ich tharan bencke, daß sie nicht wieder solte kommen; ich habe gern gebult. Die Grefin von Bückeburg ist mir zwar auch gar lieb, aber es wirbt ihre gelegenheit nicht sein, sich bey mir zu engagiren.... Es würde mich zu ser bebrüben, wan ich bencken solte, euch nicht wieder hier zu sehen; ihre person ist solib unbt bugentsam unbt haben l'air de calité, bebürffen nicht, schön unbt was man artig nennt zu sein. Disses würde sich bey mir auch übel schicken. ... Es ist eine schöne gage, die Courpfalz bem Graf von Weilburg giebt von m/4 thaller; bey mir hatt ein hoffmester nur m/1, Galli bekam zwar 14 hunbert unbt liverey vor seine Laquaien unbt kutzscher, ban bem gutten Man konte ich nichts abschlagen was er begerte; aber hirvon würbe ein Reichsgraff schlechte figure machen, der sunsten nichts hette, unbt ein regirender Graf, der von sich selber mittel hatt, wirbt mich nicht binen. Auch haben die Graffen schlechte ehr hir, ban sie haben nur rang nach ihrer charge unbt würden die Geheime Rebt vielleicht pretendiren, vor ihm zu sein, also daß er unbt ich schlechte ehr von einander würben haben. Ist also besser vor mir, bey bem abel zu bleiben unbt einen zu haben, ber von sich selber auch mittel hatt unbt also sich wol halten kan. Es ist mir keiner vorgeschlagen, doch gehett meine inclination meist vor Bar, dan an ein hanere[3]) bin ich schon gewont. Der gutte Galli war so verliebt von seine fraw, daß er bis an sein endt wolte haben, daß sie

---

1) Ernst Ludwig von Hessen-Darmstabt.   2) Vgl. S. 275, N. 8.
3) = Hahnrei.

vor ihm solte stehen, daß er sie könte ansehen; sie sachte noch mit ihre brüsquen ordinaire: »cet [1]) un beau visage à regarder«, sie meinte nicht, daß er stürb. Ich habe nicht gehört, daß Mr. Staffhorst [2]) ein hanere [3]) ist, dan seine fraw ist in grosser genad bey die Herzugin von Wirtenberg [4]), da sie oft brif von bekombt. Er ist ein verschliffener man, da ich keine inclination vor habe. Meinen stall, da grosse desorder in vorging, habe ich Reden überlassen, der jha meint alles in besser order zu halten. Was extraordinari von mir zu kaufen ist, helt die Benningsen rechnung tharvon; bleibt was über, wirbt beygelegt undt gehett alles gar richtig, so lang ich kein eigen haus halte, habe also zeit genung, mich auf ein Grosshoffmeister zu bedencken, der figure macht undt mir nicht mer kost als ein ander. La Chevalleri undt Coppensten haben nur 1000 thaller gehatt. Aber ihr werdet mühe genung haben, disses gekratz zu lesen, verbleibe . . .

S.

337.
An die Raugräfin Louise in Heidelberg.

Hanover den 9. Mertz 1709.

1709
März 9

Durch ihren lez(t)en brif vom 2. habe ich ausfürlich vernhommen die gar geferliche kranckheit, die die liebe Grefin Amalie gehatt hatt, undt ihre standthaftigkeit tharbey, das ein effect von ein gutt gewissen ist undt das sich dem willen Gottes gans ergiebt, welges der groste trost in leben undt in sterben ist, wie uns der Heidelbergsche Cathekismes leret. Ich mus mich wegen meine haußhaltung nicht wol explisirt haben, ban die Benningsen kein gelt in händen wil haben, aber doch ein buch mus halten, wo das gelt hinkombt. Schießt was über, das selten geschicht, wirbt es in meine kist gethan undt alle 3 mont sicht man zu, wo das gelt hinkombt.

Der gutte Galli hat sich umsunsten viel bemüt. Solte ich alle seine schulden bezallen, würde ich viel zu thun haben; er hatt von viel leutte gelt gelent. Ich habe sein fraw vor die schulden zu bezallen 15 hundert thaller geschenckt, es reicht aber, wie man mir sacht, bey weittem nicht zu undt ich gebe ihr aus mittleiben 2 hundert thaller des jhars. Ich habe gelacht, daß sie sagen, wan ich so lang kein Oberhoffmeister habe, würde ich das gelt sparen. Es ist wol war, wan sie nur wieder kombt, ist alles gutt. Vor mein arme schwester [5]), sagt mein sohn, weil sie geistlich gewessen, were es kein brauch,

---

1) = c'est.   2) Vgl. S. 298, N. 6.   3) = Hahnrei.
4) Johanna Elisabeth.
5) Louise Hollandine, Äbtissin von Maubuisson, war im Febr. 1709, 86 Jahre alt gestorben.

zu trauren; aber Madam sowol als ber Duc de Bourgogne trauren unbt alle
verwantschaft. Ich mus enbigen, bin ihnen beybe gans ergeben.

Sophie.

338.

An bie Raugräfin Amalie.

Hanover ben 28. Mertz 1709.

Ob ich schon bise woche besser amploiihren solte, als zu schreiben, so sein
mich boch so viel brif aus Englant gekommen, bie ich antworten mus, baß ich
kaum bie zeit habe, mein liebe Bas, vor ihr angnhemes schreiben zu bancken,
bas mir besto mer erfrühet hatt, zu sehen, baß sie nun Gottlob wiber wol ist
unbt sich ihm[1]) leben unbt sterben auf Gott verlassen hatt; bas ist bas beste,
bas man thun kan unbt unserm gemütt bie beste rhu kan geben, sich in allem
in seinen willen zu schicken. Gottlob, nun ich wol bin, gibt er mir auch bie
kraft, wan aber bie organen oft burch eine kranckheit verrückt sein, weis man
nicht, wie man werben kan. Ich wil aber bas beste von seiner genab hoffen.

Der Herzug von Wirtenberg[2]), scheint es, hatt bas gehirn alzeit verrückt,
hatt schriftlich von sich gegeben an bie Envoiés von Wolfenbudel unbt Cassel,
er wolte bie Grebenitz[3]) nimmer mer sehen unbt sich mit seine gemahlin wiber
vergleichgen. Vor bie reimen sage ich ihr banck, schicke hinwiberum was in
Englant passirt ist. Es ist schabt, baß ich so alt bin, könte ihr sunsten noch
ein reichen Mylord zuweg bringen; an mein sohns des Courfürsten vorsprag
würbe es nimer vor ihnen gefelt haben. Verbleibe ihr unbt ihrer schwester
gans ergeben.

S.

339.

An bie Raugräfin Louise in Heibelberg.

Hanover ben 31. Mertz 1709.

In bissem augenblick baß ich aus der nachmitbagsprebig komme, mus ich
bezeugen, baß ich recht in sorgen vor bie Grefin Amali bin, ban alle rechen-
ten[4]) sein geferlich. Ich meinte, baß sie gans wiber wol were. Ich habe

---

1) = im.
2) Eberharb Lubwig. Derselbe hatte sich seine Mätresse, bie Grävenitz, 1707 zur
linken Hand antrauen lassen. Um bem Zerwürfnis mit seiner Gemahlin Johanna Elisabeth abzuhelfen, erschienen bei ihm, vom Kaiser beauftragt, im Febr. 1708 ein Braunschw.-
Wolfenbütt. u. ein Hessen-Kasselscher Gesanbter in Stuttgart.   3) = Grävenitz.
4) = rechutes.

auch mit mein sohn dem Courfürst gesprochen wegen eure affairen; J. L.
sagen, daß Dero vorschrift zwar ein höfflich antwortschreiben würde zuweg
gebracht haben, wie sie selber wegen die Reichsgelder auch bekommen haben,
unbt tharbey, daß J. L. schon order geben hätten an Dero kammer, zu bezallen, daß aber nichts tharauf gefolgt were, meinen J. L. also, es were gutt,
wan sie assination könten bekommen vor [das,] was Courpfalz ihnen geben
wil, auf daß es sicher müchte sein, dan der Courfürst ¹) ist genereux unbt gutt,
aber seine leute machen es, wie sie wollen. Sie hatt recht wol geantwort wegen
die Edelleute, die bey mir verlangen zu sein. Ich hoffe, sie wirbt balt selber
kommen, zu sehen. Das wetter ist nun gutt; wan nur die Grefin Amali wider
besser were. Ich mus an Madam auch schreiben, dan morgen gehett man
wider in die kirg. Ich verbleibe . . .

S.

340.

An die Raugräfin Louise in Heidelberg.

1709
April 18

Hanover den 18. April 1709.

Ich habe Dero zwe brif, mein liebe Bas, auf ehnmal bekommen; Gargan²)
hatt mir Dero pretentionen unbt suplic an Courfürst alle vorgelesen. In
dissem lant sein die rechten, daß der lhensfolger keine schulden bezalt, die er
nicht mit underschriben hatt. Die Herzugin von Zell ³) hatt auf ein Wolfen-
büdels ambt m/80 thaller gethan, welges nicht allein der Herzug von Wolfenbüdel hatt müssen underschriben, sundern auch J. L. beyde söhn unbt Dero
vettern von Beveren, sunsten were der lhenerb nicht schulbig, das gelt der
Herzugin wider zu geben oder die rendte tharvon geniessen zu lassen. Ich hoffe
aber, daß [es] mit ihnen eine andere bewantnus hatt unbt Courpfalz, Herr
vatter sowol als der itzige Courfürst, die schulden vom lant werden auf sich
genommen haben, unbt sie beswegen justice pretendiren können. Mein sohn
der Courfürst bezalt keine schulden von sein Herr bruder selig, als die J. L.
mit underschriben haben; weil man aber noch gar vil mer schulden gefunden
hatt, haben die stende vom lant sie auf sich genommen. . . . Ich bin recht fro,
daß die Grefin Amali wider besser ist; alle, die hören, daß ihr tranckheit mit
hojanen⁴) unbt nissen⁵) anfangt, urtheilen, daß viel mutterwhe tharbey ist.
Gott gebe, daß ich sie beyde wider gesunbt sehen mag unbt einmal mag hören,
daß ein gewünstes enbt von ihre sachen mag kommen.

Reden warbt⁶) mir nun gar fleissig auf, dan ich habe noch kein andern,

---

1) Johann Wilhelm v. d. Pfalz.
2) Secretär der Kurf. Sophie.   3) Eleonore, geb. d'Olbreuse.
4) = gähnen.   5) = niessen.   6) = wartet.

ob sich schon die hül unbt füll cavalirs angeben, die auch etwas mittel haben, sich wol zu unberhalten.... Der Courprins meint nicht, baß man ihn in Englant wirbt haben wollen, so lang die Königin lebt. Man gibt uns auch tein gelt von thar. Wan man mich tractirte, wie es einer Princesin von Galli[1] gebürt, wolte ich mein hoff mit Englische freillen unbt cavalirs ein= richten, wie die Princes Anne gethan hatt, unbt würden Sie viel Englische dames unber sich haben. Aber bisses sein chatans en Espagne[2], ich bin von ein alter, sie balt in Sion zu thun (?). Der Cronprins[3] wirbt ben 27. hir sein, um nach die armée zu gehen, left seine gemallin grob schwanger. Ich werde J. L. halber galla machen unbt die traur[4] abthun, ban der Courfürst ist sie mütt, wil sie nicht langer bragen. Verbleibe ...

S.

341.

An die Raugräfin Louise in Heidelberg.

Hanover ben 27. April 1709.

1709
April 27

Ich fange heute an, ihr auf Dero angnheme Zeillen zu antworten, müchte morgen tein zeit tharzu haben, ban wir erwarten ben Cronprins, der hir burcher nach der armée in Flandern gehett unbt sich wol nicht lang wirbt lassen auf= halten. Es ist mir herzlich leit, baß es mit der Grefin Amali gesunbtheit gar tein bestanbt hatt, doch bilbe ich mich gans ein, es komme von der Mutter, bas zwar gar beschwerlich ist, aber boch nicht zum tobt. Die geschwollene bhen hoffe ich baß tein wassersucht ist, sunbern baß die humoren tharhin fort wollen unbt die tranckheit sich tharhin gezogen hat. Ich rebe aber wie die blinde von der farben von so weitem, es kombt mir aber so vor, weil es oft besser unbt ban wieder schlimer ist: bas thubt teine wassersucht, die wirbt ihmer schlimer. Es ist mir auch recht leit, baß sie tein antwort von Dusseldorf betombt.

Hir zu Hanover sein ihre tammern wie sie alzeit sein gewessen, unbt zu Herenhausen sein bie vor die Cronprinces auch fertig. Es scheint, bey alle grosse Herrn hatt man die sermonien lieb: zu Berlin, Dusseldorf unbt Dres= den, aber hir left man es beym geleichgen bleiben. Ich bencke als an die verwittibte Herzugin[5], die sagte: »On est si fort contre la seremonie icy, qu'on en est désobligant«, unbt bas ist oft gar war. Die Herzugin von Holsten hatt man ihm[6] wirbtshaus logiren lassen... Reden mus ich rümlich nachsagen, baß er gar fleissig bey mir ist. Es sein ein hauffen Ebelleute, die

---

1) = Wales. 2) chateaux en Esp.: Luftschlösser.
3) Von Preußen: Friedrich Wilhelm.
4) Um ben am 2. Nov. 1708 gestorb. Prinz Georg von Dänemark; vgl. S. 294, N. 3.
5) = Benedicta. 6) = im.

gutte mitteln haben undt gern mit 600 thaler wollen zufriben sein, mich aufzuwarten, könte also zwe vor ehn hoffmester underhalten; ich habe mich aber
zu nichts resolfirt; es sein zwar feine leute, warte aber auf ihren gutten rabt,
undt wüste ich nicht, warum ich Englische solte nhemmen ohne englisch gelt...

Sophie.

342.

An die Raugräfin Louise in Heidelberg.

Hanover den 11. May 1709.

Ich bin recht in sorgen, mein liebe Bas, vor die Greffin Amali; ich kan
mich nicht einbilden, was es vor eine kranckheit sein mus, hatte nicht gemeint,
daß sie ihr so schwag gemacht hätte, daß man ihr das essen in den munt mus
thun. . . . Auf disse weise werde ich sie so bald nicht zu Herenhausen zu sehen
bekommen, da ich mich eine frübe von hatte gemacht, dan man meint doch noch,
daß mein sohn in campagne wirbt müssen gehen zum Reichs besten, aber eben
nicht vor seine ehr, mit eine grosse armée viel auszurichten. Man redt viel
vom friden; Gott gebe, daß er bald gemacht mag werden.

Der Cronprins von Prussen[1]) ist hir gewessen undt ist der abscheit mit
Dero gemallin ser tendre gewessen. J. L.[2]) schreiben mir, sie were nun gar
nicht mer von ihre oppinion, daß man nicht verliebt von seinem Herrn müste
sein, undt wünschte sie die Raugrefin geheirabt zu sehen, um zu sehen, ob sie
nicht auch verliebt würde sein; sie hätte gesprochen wie die blinden von die
farben. Dissen brif von der Cronprincesin habe ich dem Cronprins gewisen
undt so grossen banck tharmit verdint, daß ich J. L. dissen brif habe müssen
lassen, klagten, die Cronprinces were, wie sie schon versprochen war, so kalt-
sinich gegen ihn gewessen, daß er gemeint hätte, sie hätte ihn nicht lieb; nun
ist er gans content.

Auf Englant mache ich wenig reflection, ban seider sie von hir ist, höre
ich nichts mer aus dem lant als was in die gazetten stehett. Die Herzugin
Louise[3]) mit Dero Herr[4]) gehen nach dem Schlangenbatt undt der alte Herzug[5])
undt die Erbprinses[6]) nach Acken[7]).

S.

---

1) Friedrich Wilhelm.   2) Die Kronprinzeß Sophie Dorothee.
3) Louise Christine (v. Oettingen).   4) Ludwig Rudolf.
5) Anton Ulrich.
6) Sophia Amalia (v. Holstein-Gottorp), zweite Gemahlin des Erbprinzen August
Wilhelm von Brschw.-Wolfenbüttel.   7) = Aachen.

343.

An die Raugräfin Louise in Heidelberg.

Hanover ben 16. May 1709.

Die liebe Grefin [Amalie] hatt wol kein ursag, Hanover zu lieben, als meinentwegen, dan hir bestehett die grandeur in plumpheit. Ich wolte aber hoffen, wan ihr ehrst hir weret, disser mangenet sie auch (wan sie besser wirdt sein) wirdt ziegen. Man weis noch gar nicht, ob der Courfürst in campagne wirdt gehen. Es gehen unbt kommen oft Courirs nach unbt vom keiser-lichen hoff; wovor, weis ich nicht. Der Courfürst ist mit mein sohn Erneste August auf ber jacht zu Weihausen[1]), bie freilen Schullenburg, fraw von Enhausen[2]), Madam Schoullenburg unbt Mad. Galli sein mit zur gesellschaft. Inmittels habe ich zeit genung gehatt, ihre schrift mit Herr Leibenitz[3]) zu überlesen, der bie rechte besser verstehett, als ich, unbt der ihre pretentionen gar klar findt, aber vermeint, bie expressiones hätten können glimpflicher aufgesetzt sein ohne piquanteri. Es scheinet aber tharaus, daß Baron Degen-felt[4]) ihr interes bey Courfürst Carls zeiten gar schlecht hatt in acht ge-nommen. . . .

Der Courprins[5]) ist seiber seine campagne so zu sein advantage geendert, daß er mir gestern, ba es fastbag war unbt zu nacht kein taffel bey hoff gespeist wirbt, mich in sein kammer zu gast des abens laden unbt burch sein kochg ser delicat tractirt, ist nun gar höfflich. Man erwardt ben König von Dene-marc[6]) zu Dresden mit verlangen unbt preparirt der König August zeitverbreib auf 20 bag, alle bag was anders. Hernacher wollen J. M. wiber nach Polen, ba bie stände ihn verlangen; mit m/10 pfert werden J. M. hin marchiren, wie man gans vor gewis sagt, unbt pretendirt bie Republic von Polen, daß man ihnen ihren König nicht hatt können absetzen. Inmittels sein J. M. zu Leibsich nicht aus ber kammer gewessen, sundern alzeit ihm[7]) venster mit seine Grefin Cosel[8]), bie ihn umhels[9]) hatte; hatt ihmer mit ihr allein gespeist. Die fürsten, bie zu Leibsig sein gewessen, haben nur ehnmal audience bey J. M. gehatt unbt sunsten in sein vorkammer aufgewart. Mein sohn der Courfürst helt gar viel vom General Düngen[10]), es ist schabt, baß er so

---

1) = Wienhausen.   2) = Oeynhausen.   3) = Leibniz.
4) Frhr. Ferdinand v. Degenfeld.   5) Georg (II.) August.
6) Friedrich IV.   7) = im.
8) Constanze v. Hoym, geb. v. Brockdorf, bie (1705—1715) allmächt. Mätresse des Kurf. Friedr. August v. Sachsen, von ihrem bisher. Manne, dem Geh. Rath u. Finanz-minister M. A. v. Hoym, dem Kurf. abgetreten; später zur Reichsgräfin von Cosel erhoben. Hoym blieb nach ber Scheidung von s. Frau in voller Gnade des Kurf. u. erhielt ein Silberservice für 50 000 Thlr.   9) Sic! = umhalst.
10) Felbmarschall Thüngen bei der Reichsarmee, welchem der Kurf. Georg Ludwig, als er am 3. Nov. 1708 in Unmuth bie Armee verließ, bas Commando übergeben hatte.

trancklich iſt, Merci[1]) helt er auch vor ein gutt ſolbadt, wie ich aber von andern
höre, ſoll er ſchlechte order halten undt [ſollen] ſeine leute morden undt ſtelen;
ich halte, wan mein ſohn bey die armée iſt, geſchehen ſolge exceſſen nicht.
Gott gebe ein gutten friden undt daß ich ſie beyde geſundt wider mag ſehen.

S.

Sie wirdt mühe haben, biſſes gekritzel zu leſen.

344.

An die Raugräfin Louiſe in Heidelberg.

1709
Mai 25

Hanover ben 25. May 1709.

Ich bekam ihre angnhemmen zeillen geſtern undt bin recht betrübt, daß
ihre ſchweſter noch nicht aus dem bett kan kommen, ban ich leicht bencken kan,
daß Sie ſie ihn[2]) dem ſtandt nicht gern verlaſſen wirdt undt ich ſie inmittels
nicht hir werde haben. Von mein ſohn ſeine reiſſ nach der armée weis ich
noch nichts von; er ſpricht auch nicht von nach Herenhauſen zu gehen, da es
doch nun die beſte zeit iſt. Ich finde I. L. ſer reveux, welges bey biſſe con-
jouncturen kein wunder iſt. Der Biſchauf von Spiga[3]) wirdt balt hir ſein,
ich werde ihm von eure affairen ſprechen undt den Courfürſt bitten, ſie ihm
auch zu recommendiren. . . . Es ſein wol 4 Cavalirs undt mer hir ihm[4])
Lant, die gufte mittel haben undt all ſein ſein undt gern bey mir weren; ich
habe mich aber vor keinen declarirt; ich habe lieber die ich känne bey mir, als
die frembt ſein undt ich nimals geſehen habe. Bar verwalt nun die gütter von
die Princes[5]) von Allen[6]), das, wie man ſagt, ihm viel einbringt, undt hatt
ben tittel von Geheimer radt, um ihm ein rang zu geben. Meine leute werden
wenig hir geacht; der Benigſen wil man gar kein rang geben; ſie kan allein
die ehr bey mir verwaren undt mich etwas anſehen geben. . . .

König Auguſtes wil wieder nach Polen gehen, ban die Republic ſagt,
es were gegen ihre libertet, baß man ihren König abgeſetzt hatt undt ihnen
mit zwang einen andern König gegeben hatt. Um ſich zu dieſer herrlichkeit
zu bereibten, ſitzt er allebag bey ſein Grefin Coſel[7]), die grob ſchwanger iſt,
undt hatt zeitverbreib angeſtellt, das 20 bag weren ſoll, mit groſſe unkoſten,
vor ben König von Dennemarc. Wie es mit dem friden ſtehett, werden die
gazetten berichten; man mus hoffen, daß die Noth die Franſoſen tharzu
bringen werde. Ich verbleibe . . .

S.

---

1) Feldmarſchall-Lient. v. Mercy.
2) = in.   3) Steffani; vgl. S. 256, N. 7.   4) = im.
5) Sophie Dorothee, die geſchiedene Gemahlin des Kurf. Georg Ludwig.
6) = Ahlden.   7) Vgl. S. 307, N. 8.

345.

An die Raugräfin Louise in Heidelberg.

Herenhausen den 6. Juni 1709.   1709
Juni 6

Es ist wol recht verdrißlich undt bedrübt, daß die liebe Grefin Amalie so lang kranck bleibt, dan ich leicht kan erachten, daß sie nicht gern in so ein standt sie wirdt verlaßen, um hir zu kommen. . . . Wan ich groſſen gelauben an docters hätte, wolte ich Dr. Bruner, ein wackeren undt ſer berümbten man, bey die Grefin Amali wünſchen, aber was die gutte leute geben, iſt als wan man in ein gelücksbott greift, bißweillen trifft es ein. . . . Wie ſol ich mein brif an Courpfalz einrichten? Sie wolle mir doch ein brif aufſetzen, undt wan der ſcribt wirdt gemacht ſein, da man alle ſtundt auf wart, wil ich mich mit J. L. tharüber durch ein brif frümen undt Dero affairen mit einflicken; dan die nott iſt ſo groß in Frankerich, daß am friden nicht gezweivelt wirdt[1]), der König in Franckerich wirdt die preliminarien underſchreiben, die ſeine abgeſanten ſchon eingangen ſein, nemlich abandonirt er den König Philip[2]) gans, undt heiſſen die Envoiés von Franckerich ſelber ihn Duc d'Enjou[3]); das doch zu beklagen iſt, dan der gutte junge König hatt nichts verſchuldt.

Die gutte Grefin von Bückeburg[4]) iſt mit ihre kinder zu Hanover, undt hatt ihr Herr durch gelt ein order erhalten, daß ſie aus dem lant ſoll undt ihre kinder von ihr. Der Graf hatt auch posſeſſion vom ſchloß Statthagen wollen nhemmen, das ihr wittum iſt, aber der Courfürſt hatt ein major mit ſoldaten hingeſchickt, ſo daß die belegerung aufgehoben iſt. Herr Leibenitz[5]) ſacht, ich verderbe mich mit zu viel ſchreiben, kan doch nicht laßen, ihnen zu bezeugen, wie ſer ich ſie beyde ergeben bin.

S.

---

1) So ſchreibt die Herzogin v. Orléans am 8. Juni 1709 an die Raugr. Louiſe: „Hir hört man nacht u. tag nichts als lamantiren. Hir iſt nun die hungernoht ſo violent, daß kinder eins das ander ſchon gefreſſen haben. Der König iſt aber ſo reſolvirt, den krieg fortzuführen, daß er heutte morgen alß ſein goltſervice in die münz geſchickt, Louisdor davon zu münzen"; vgl. Bibl. b. litt. B. in Stuttg. 107, S. 107.

2) Ludwig XIV., von Eugen u. Marlborough überall geſchlagen, bot Frieden an, aber man verlangte von ihm, er ſelbſt ſolle ſeinen Enkel, Philipp V. von Spanien, für deſſen Erbrecht er den ganzen Krieg begonnen, nun aus Spanien, wo ſich derſelbe bereits feſtſetzte, mit franzöſ. Waffen verjagen; was der König verweigerte. (Vgl. Ranke, Franzöſ. Geſch. IV, S. 256). Dte Herzogin v. Orléans ſchreibt am 22. Juni 1709 an die Raugr. Louiſe: „So kan der frieden nicht werden, die propoſitionen ſeindt gar zu barbariſch. Einen großvatter gegen ſein leibliche enckel hetzen zu wollen, iſt etwas barbariſch u. unchriſtlich"; vgl. Bibl. b. lit. B. in Stuttg. 107, S. 112.

3) = Anjou.   4) Vgl. S. 107, N. 1.   5) = Leibnitz.

346.
An die Raugräfin Louise in Heidelberg.

Herenhausen ben 13. Juni 1709.

Ihr leztes schreiben vom 6. Juni hatt mich recht geschmerzt, tharaus zu sehen, daß es mit der Gräfin Amali kranckheit so schlecht stehett, daß, wan ich hoffe zu hören, daß sie besser ist, ich leider das contrari mus erfaren, undt ist es ein bedrübte sach, wan man in so viel Docktoren hände felt, die nach dero regel curiren, um kein reproche ehn von dem andern zu haben, undt nicht nach die raison oder die Rott, die sie vor augen sehen, undt hilft oft ein alt weib-remedi, da man experiens von hatt, mer als was alle Docktoren geben. Ich kan ihr gar nicht verdencken, daß sie ihre schwester nicht will ver-laßen in so ein schlechten zustandt, da sie wol all ihr trost ist sambt Mad. Degenfelt, undt, wie es scheint, wan sie etwas wol ist, noch ihr gutt humor spüren macht . . .

Es ist noch ungwis, ob mein sohn nicht wirdt müssen in campagne gehen. Was sie mir in Druck geschickt hatt, sein von wordt zu wordt die Pre-liminarien vom friden, wie der König von Franckerich sie hatt ratificiren sollen[1]), ist aber bißhero nichts tharvon geworden. Der Pensionaire[2]) soll die zwe Commissarien Roulie[3]) undt Torci[4]) in ein kammer audience geben haben, die voll papiren gesteckt war, undt ihnen eine gansse rhei[5]) gewisen von lauter tracktaten von friden, die der König von Franquerich gemacht undt gebrochen hatt. Also were es nun kein wunder, daß die Alliirten nun ihre sicherheit wolten haben. Was ist es vor ein Graff von Sarbruck, der Kammer-President ist? Der Graf von Nassau-Sarbruck ist schwager von die gräsin von Bückeburg. Die gutte Gräsin hatt auch chagrin genung: ihr Herr wil sie nicht ihm[6]) Lant haben undt ihre kinder von sie nhemmen. Die gutte fraw macht es wie sie: left sich kein weltlich gut melancolisch machen, traut zu Gott und ist zufriden, wie er es mit ihr macht . . .

S.

---

1) Über die damal. Friedensverhandlungen u. Präliminarien vgl. Ausführliches bei Klopp. Der Fall des Hauses Stuart, 13, S. 214 ff.
2) Der holländ. Rathspensionär Heinsius.
3) Rouillé, französ. Friedensunterhändler.
4) Torcy, französ. Staatssecr., gleichfalls Friedensunterhändler im Haag.
5) = Reihe.   6) = im.

347.

An die Raugräfin Louise in Heidelberg.

Herenhausen ben 20. Juni 1709.

Dero leztes schreiben hatt mich recht betrübt unbt in sorgen gesezt vor die Grefin Amali, ban anstatt baß ich ihmer hoffe, es sol besser werden, höre ich nun, baß sie gar die wassersucht hatt, die boch besser ist als die bumelsucht, ba mein schwester[1]) selig von Herfort an ist gestorben ... Hir hört man noch nichts, ob der Courfürst in campagne wirbt gehen, unbt redt man von nichts als von die zeitverbreib von Dresden; es kombt mir nicht viel mer apropo, als die belegerung von Negroponti in bisser zeit[2]), ba so viel wichtige sachen vor sein. Ich habe so viel zu schreiben, mus bisses enbigen; sie wissen schon, wie ser ich ihnen beybe ergeben bin.

S.

348.

An die Raugräfin Louise in Heidelberg.

Herenhausen ben 22. Juli 1709.

Ich wil mich nicht unberstehen, sie zu trösten, mein liebe Bas, ban ich bin selber recht bestürzt, ben unverhofften verlus zu vernhemmen[3]), ben wir gethan haben ... Ein ihbem ist sein ziel gesezt unbt mus ein ihber zufriben sein mit [bem,] was Gott gefelt. Ich hätte wol nicht gebacht, langer zu leben, als die liebe Grefin. Nun hoffe ich, baß Ihr trost bey mir werdet suchen unbt ich sie balt hir werde sehen, welges hoffentlich ihr verlus besto ehr wirbt machen vergessen, die ich in eben bem fall bin wie sie: baß ich alle meine liebe brüber unb schwestern verloren [habe] unbt allein bin übrig geblieben. Müssen uns also zusammen trösten unbt auf ein besser leben hoffen, bas die selige Grefin schon besizt. Auf recht gutte predigen kan ich sie vertrösten, obschon ein langweillige conversation bey mir, wie es bey alte leute pflegt zu sein, die es zwar von herzen gutt mit ihr meint, aber oft übel vorbringt. Ich hoffe aber, baß sie bissen winter ihren neveu Mylord Leister[4]) werden hir sehen, der bey bie alliihrte armée ist. Ich habe grosse ursag, Gott zu bancken, baß ich noch gar kein ungmach von ein alte fraw habe. So lang es Gott wirbt gefallen, mich leben zu lassen, werde ich ihr zu lieben unbt binen ergeben sein und hoffe, sie balt zu sehen.

Sophie Churfürstin.

---

1) Elisabeth, Äbtissin von Herford. 2) Vgl. Br. 62, S. 61, N. 3.
3) Am 13. Juli war die Raugräfin Amalie zu Heidelberg gestorben.
4) Den Sohn bes Gr. Mainhart v. Schomberg (Schönburg), Duke of Leinster: Karl, Marquis de Harwich, welcher unter Marlborough ben Feldzug in Flanbern mitmachte, † 1713; vgl. S. 142, N. 6.

349.

An die Raugräfin Louise in Heidelberg.

Hanover ben 27. July 1709.

Ihre gefühlen[1]) kan ich leicht bey mich selber abnhemmen, wil aber nichts mer tharvon sagen. Alles was Gott gutt findt, sein wir schuldig uns gefallen zu lassen. Ich bekänne, ich hatte mich bissen vall[2]) nicht vermutt undt haben wir uns alle hir tharüber verwundert, da meine söhn die selige Grefin so gesundt undt frölig haben gesehen. Ihre meiste sorg war, zu erlangen was sie nun hatt; so lang der Allerhöchste uns aber disses leben noch günt, mus man es sich nach seinem Willen zu nutz machen. Mir wirdt sie auch wol nicht lang können behalten, doch wolte ich gern, daß sie trost bey mir könte finden. Der Courfürst wirdt in wenig dagen von hir gehen; sie wirdt ihn vielleicht noch zu sehen bekommen; bin versichert, daß er sie binen wirdt, so viel er kan, bey Courpfalz. Sie wolle mir doch schreiben, ob sie nicht balt hir wirdt sein. Die kammer von die fürstin von Zolleren ist vor ihr destinirt; solte sie aber nicht dissen summer kommen, wolte ich Prins Fritsien tharin logiren.

Der Baron Imhoff[3]) aus Spanien ist nun hir; erzelt, wie lieb König Carl undt seine gemallin sich haben. Er rümt den König gar ser; soll devot ohne superstition sein undt selber viel schreiben undt ser raigulirt in alles sein. Ich werde bestendig sein . . .

S.

Mein Enckel, die Cronprincesin undt Dero Princessien sein Gottlob gar gesundt. Hir erwarten wir auch was junges am endt von September; nun ist es Ernst. Der ehn wirdt geboren, der andere stirbt; Gott hatt es so geordnet undt hatt alles wol gemacht, wan wir es nur begreiffen wollen.

350.

An die Raugräfin Louise in Heidelberg.

Herenhausen ben 25. Aug. 1709.

Ich habe meine visite nach Brunswig undt Salsbal[4]) ser beschleunicht, um wider bey meine enckelen zu sein, die sich gar schön gegen mich stellen, undt habe gehoft, sie villeicht hir zu finden, wie auch daß die Cronprinzessin balt

---

1) = Gefühle.   2) Den Tod der Raugräfin Amalie.

3) R. C. v. Imhof, Kaiserl. Kammerherr, Reichshofrath, u. Braunschw.-Wolfenb. Geh. Rath. Derselbe leitete die Unterhandlungen wegen der Heirath der Prinzeß Elisabeth Christine, der Tochter des Herzogs Ludw. Rudolf von Braunschw.-Wolfenb., mit dem Könige Karl III. von Spanien (nachher. Kaiser Karl VI.) 1707, u. begleitete die junge Königin nach Spanien.

4) = Salzdahlum, damal. Schloß bei Wolfenbüttel.

würde kommen. Dißes beftehett aber auf die übergab der citadelle von Tournay [1]), dan J. L. dem Cronprins hir wollen entgegen kommen. Wegen freilen
Offerenville [2]) wil ich nach Brunswig schreiben. Solte die hochzeit von der
elften Princesin [3]) undt dem sohn vom Zar [4]) vor sich gehen, würden J. L.
wol fro sein, so eine perfohn bey sich zu haben, aber ob sie gern nach Moscovien würde gehen, stehett tharhin. Der Princes leute sollen alle tütsche sein
undt sie soll ihren evangelischen pfarer haben, von unser relion sol auch ein
frei excercice sein. Es ist aber so weit von hir, daß der courir, der die zeidung an den Keiser gebracht von die große batallie, so der Zar gegen den
König von Schweden [5]) gewunnen hatt [6]), 5 wochen auf der reiff gewessen ist.
Wo der König von Schweden sich salvirt hatt, weis man noch nicht. Also ist
es gar weit, weis ich also nicht, ob die Offranville luft hirzu werde haben.
Aber ich wil fragen, ob sunften keine stelle thar lebig were. Sunften ist die
Princeslin [7]) recht sein, fer gottesfürchtig undt fer wol erzogen, daß sie amitié
vor ihr könte haben, undt dan sein alle örter geleichg. Der Courprins hoft,
daß der Courfürft ihn wirbt kommen lassen, wan was vor solte gehen . . .

S.

351.

An die Raugräfin Louise in Frankfurt.

Herenhausen den 7. Sept. 1709. 1709
Sept. 7

Ich bin recht fro, daß ich sie die zukünftige woche wider sehen werde, undt
hoffe ich, daß die verenderung von objects ihr desto ehr wirbt ihr verlus vergessen machen, doch wirbt sie es auch hir missen, mus aber mit mir zufriden
sein, so lang es Gott belieben wil, mich leben zu lassen, das nach mein alter
wol nicht gar lang kan sein. Ein Englischer Envoié von Wien, der mit seine
fraw undt kinder hir durcher nach Englant gehett, sagt, sein Vatter were 86
jhar alt undt so frisch aufs wenigste als ich; Madam schreibt mir von ein
ribter, der 96 jhar alt ist undt gehett zu fuss von St. Germain nach Versaille.
Aber dißes sein rariteten, da man als wie ein wunder von spricht undt selten

---

1) Über die Belagerung u. Einnahme von Tournay (27. Juni bis 30. Juli 1709)
vgl. Näheres bei v. Sichart a. a. O. II, S. 319 ff.
    2) Später „Offranville" geschrieben.   3) Charlotte, Tochter des Herzogs
Ludwig Rudolf von Braunschw.-Wolfenb., Enkelin des Herzogs Anton Ulrich.
    4) Alexei. Über diese, auch in den folgend. Briefen öfter erwähnte Heirath vgl.
[Guerrier], Die Kronprinzessin Charlotte von Rußland, Bonn 1875; E. Herrmann, Peter
d. Gr. u. der Zarewitsch Alexei, Leipz. 1880, u. A. Brückner, Der Zarewitsch Alexei, Heidelb.
1880, u. besond. d. Briefwechsel zwischen d. Herzoge Anton Ulrich u. Leibniz, herausgeg.
von Ed. Bodemann in d. Ztschr. d. hist. V. f. Niedersl., Jahrg. 1888.
    5) Karl XII.   6) Schlacht bei Pultawa 8. Juli 1709.
    7) Charlotte; vgl. N. 3.

geschehen. Ich habe 4 kammern bey einander hir vor sie zurecht lassen machen; es wirdt aber hir nicht lang weren, dan am endt von bissem mont wirdt die Courprincesin niderkomen undt wir nach Hanover gehen ...

S.

352.

An die Raugräfin Louise in Frankfurt.

Hanover den 13. April 1710.

Wir haben hir die predig von schereferel[1]) in tütsch vertirt, Rom undt Geneve wirdt geleichg tharin tractirt undt keine kirg gutt als die episcopale, die doch nur in eusserliche sermonien anders ist, undt habe ich nimals gewust, daß underscheidt were, also hatt er (?) in meinem sinn Sacheferel recht sedition geprebigt. Vom Herzug von Wolfenbüdel[2]) hört man nichts. Es kam ein Jesuiter zum Feltmarschalck Sumerfelt[3]), sagte, wie der Herzog catholisch worden were[4]); er antworte: „Ein Mensch hatt 5 sinne, der Herzug aber nur 3, da habet ihr leicht mit können zurecht kommen". Da kombt mein choquelate undt wirdt man balt in die kirg leuten, verbleibe sie gans ergeben.

S.

---

1) = Sachewerell, ein Geistlicher der Hochkirche. Derselbe hatte an einem der hauptsächlichsten Jahrestage der Umwälzung von 1688 in der Paulskirche vor dem Lord Mayor u. den Albermännern geprebigt über die Gefahren vor falschen Brübern in Kirche u. Staat (in beutsch. Übersetz., Hamb. 1710, 4º, in d. Kgl. Bibl. zu Hannover), u. diese Preb. brucken lassen, welche durch d. scharfen Gegensatz ihrer Behauptungen gegen die Meinungen der Whigs u. das System der Regierung, das höchste Aufsehen erregte. Es warb 1709 e. Anklage gegen ihn anhängig gemacht u. d. Streit warb ein allgem. Volksstreit zwischen Whigs u. Tories. Eine erneute Anklage mit Gefangensetzung S.'s erregte e. Volksaufstand u. bewog die Königin Anna, das Whig-Ministerium zu entlassen, worauf die Tories ans Ruber kamen. 2) Anton Ulrich. 3) = Sommerfeld.

4) Der 77jähr. Herzog Anton Ulrich, welcher schon aus ehrgeizigen polit. Motiven seine Enkelin Elisabeth Christine, um diese mit dem Bruder des Kaisers Joseph I., dem späteren Kaiser Karl VI. zu vermählen, hatte katholisch werden lassen, war jetzt selber, 1709 zu Braunsch. heimlich u. am 11. Apr. 1710 zu Bamberg öffentl. zur kathol. Kirche übergetreten. — Der König Friedrich I. von Preußen schrieb barüber am 21. März 1710: „Die unverhoffte zeitung von des herzogs v. Braunschw. Abfall von der evangel. Religion habe ungern mit großer bestürzung u. betrübnis vernommen. Sr. L. arme Seele ist am meisten zu beklagen u. hernacher alle consequence, so solches nach sich ziehet. Waß saget doch der Abt Molanus bazu? Möchte wol wißen, ob es nicht endtlich gereuen wirdt. Das heißet wol recht: baß alter schabet der thorheit nicht. Aber wie kömmt es mit benen siebern, so der Herzog selber gemacht hat, überein?" Vgl. Havemann, Gesch. b. L. Braunschw. u. Hann., III, S. 198.

353.

An die Raugräfin Louise in Frankfurt.

Hanover ben 17. April 1710.

Ich schicke die schachtel mit die 3 wol gearbeitte crützier [1]) wiber, zwe von brilians undt ehn von rubinen. Hir wil man sie nicht vor wolfel [2]) halten; bin doch fro, daß ich sie gesehen habe, wan occasion tharvor kommen solte. Mein beutel ist eben nicht wol gespickt, sie voraus zu lauffen. Die toilette, sacht man, wirdt bissen abent kommen; weil ich aber morgen zur vorbereitsprebig gehe, werde ich wol kein zeit haben, tharvon zu schreiben. Man sacht, daß die gansse fürstliche familie zu Wolfenbüdel auch bey die Evangelische zum nachtmal werden gehen, zu weisen, daß sie nicht catholisch sein. Vom alten Herzug wissen wir nichts. Die Grefin von Bückeburg helt mir fleisig geselschaft, sunsten ist alles, wie sie es hatt gelassen, undt ich auch, sie alzeit zu lieben.

S.

354.

An die Raugräfin Louise in Frankfurt.

Hanover ben 24. April 1710.

Mein herzliebe Bas. Ihre zeillen sein mir alzeit lieb und angnhem, würden es aber noch mer sein, wan sie mir was guttes von ihre beschwerliche affairen berichten könte. .... Das canallie zu Brunswig hatt sich zwar über eine Lutterische kirg, die man nicht brauchte undt der Herzug an die Catholische papfen [3]) geben hatte, mausig gemacht, ist aber stracks gestilt worden undt hatt der Herzug ihnen die kirg gelassen undt den papfen [3]) ein platz geben, selber zu bauwen, da er ban selber behilflich zu sein wil [4]). J. L. werden am enbt von bisser wochen wider zu haus erwart. Von seiner fraw dochter, der abdisfin [5]), habe ich nichts gehört; aber alle die andere Wolfenbubelsche herschaft haben offentlich das heilige abentmal genommen. Was unser pfarer zu Lemer [6]) nun

---

1) = Kreuze.   2) = wohlfeil.   3) = Pfaffen.

4) Herzog Anton Ulrich ließ die unbenutzte Jakobi-Kirche der kleinen kathol. Gemeinde in Braunschw. einräumen. Als aber der erste Gottesdienst daselbst gehalten werden sollte, widersetzten sich Bürgerschaft u. das geistl. Ministerium; ein heft. Auflauf fand Statt, der Herzog nahm seine Verfügung zurück u. kaufte einen zwischen dem Magni- u. Steinthore geleg. Platz am Walle, auf welchem vermöge einer in der kathol. Welt aufgebrachten Collecte der Bau der kathol. Kirche erfolgte.

5) Die Tochter des Herzogs Anton Ulrich: Henriette Christine, geb. 1669, evangel. Äbtissin zu Gandersheim, trat bann zur kathol. Kirche über u. warb Äbtissin von Rure-monde; † 1753.

6) = Limmer, Dorf bei Hannover. Der bek. originelle Pastor daselbst, Jacobus Sackmann, hatte, in Folge des Übertritts Anton Ulrichs, im Sept. 1709 in e. Prebigt

wirdt sagen, weis ich nicht. Sunsten ist die relation, die sie mir von ihm schickt, nicht weit gefelt. Was nun in allen kirgen zu Hanover indireckt gesagt wirdt, konte man eine viel grössere schrift von machen unbt kan man auch zu so eine grosse Dorheit nicht still schweigen, die weder vor diesen noch jenen leben gutt ist. Ich habe herzlich gelacht, daß sie schreibt, es were die Hanoversche mode, daß man alles inwendig behalten mus; es ist wol war, man mus von einem als das beste dencken, ban die worten sein wenig. Bey mir ist es nicht viel besser, wan es aber zum klappen kombt, wirdt sie mir alzeit finden, mit früben unbt gutten herzen ihr binst zu thun. Ich finde mein alter in nichts mer, als in meine indiference vor allen sachen, das sie auch wol wirdt gespürt haben. Es scheint, daß Gott mich vor was bessers preparirt. Ohne rhum zu melden, thue ich noch gern so viel guttes, als ich kan, sunderlich an [die,] die ich estimire, unbt sege [1]) euch gern gelücklicher, als ihr seit. In alles, so ich tharzu kan contribuihren, werdet ihr mich euch alzeit ergeben finden.

S.

355.

An die Raugräfin Louise [in Frankfurt].

Hanover ben 5. May 1710.

1710
Mai 5

Wir wollen einander nicht schreiben, mein liebe Bas, als wan es uns gemachlich ist, aber es ist verdrifslich, wan bose augen tharan hindern; bey mir ist es nur faulheit; habe aber doch ehrgestern aber gelassen par precaucion, wie Madam als schreibt, daß es mode ist; mangelt nichts tharan als eine purgation, die ich ben à la mode leuten gern allein lasse sowol als die fontanges [2]). Was Courpfalz befollen, sie zu contentiren, kombt mir vor, wie in der commedi, da einer sagt: »Je vous ay bien dit de les contenter, mais non pas de les paier«. Ich schicke hirbey copia vom brif von Courpfalz an mir; ich wil mit meiner antwort warten, bis ihr mir sagt, was ich schreiben soll. Ihr thut recht wol, zu suchen, einmal ein enbt von der sach zu machen; weil aber kein gelt in der kammer ist, mus man sich sicherheit zu haben wol vorsehen, unbt wil ich gern gebult mit ihrer widerkunft haben, ban ich ihre satisfaction vor alles zige. . . .

---

vor den Gefahren der Zeit gewarnt, bes. vor der Sünde des Abfalls vom luther. Glauben, wo jetzt aus den angesehensten luther. Fürstenhäusern Töchter an Papisten u. Moscowiter verheirathet werden sollten. Dies, entstellt, warb Veranlassung zu e. Untersuchung von Seiten des Consistor. gegen Sackmann, die mit e. Verweise endete. Vgl. Mohrmann, Jac. Sackmann, Hann. 1880, S. 26 ff.

1) = sähe.   2) Vgl. S. 165, N. 5.

Der Herzug von Wolfenbüdel lift **tamas aquempes**[1]) unbt **toleres**[2]); das hätten J. L. wol thun können ohne catholisch zu werden. Der Zarowitz[3]) wirbt nun balt kommen auf ehn besehens. Der Zar hätte gern, daß sein sohn der Princesin gefil unbt sie ihm, wan es ein par sein sol. Der Zarowitz sol ser übel erzogen sein, aber nicht übel aussehen. Der Herzug von Brunswig[4]) hatt seine stänbt schriftlich unbt münbtlich versichert, ihm[5]) lant noch hoff nichts zu enbern, hatt auch nur ein prister bey sich, so Hamelton heist unbt ein Schottlanber ist. Es ist mir eingefallen, ob es nicht gutt were, wan ich das gelt, so ich vor die krig vermacht, in Englant schicke; aber das lant ist so viel revolutionen unberworffen, daß ich nicht weis, ob es so sicher thar were als hir. Sacheferel[6]) sol auch in bruck sein, wie er aussicht, ban er sol so schön sein, daß alle dames in Englant verliebt von ihm sein unbt sein parti halten; sie wolle es boch kommen lassen aus London in ein brif. Ich ver-bleibe . . .

S.

356.

An die Raugräfin Louise in Frankfurt.

Hanover ben 22. May 1710.

1710
Mai 22

Ich bin recht fro, mein liebe Bas, aus ihr letztes schreiben zu sehen, baß ihre reiff nicht gar umsunst wirbt gewessen sein unbt aufs wenigste mit ein vergeleichg zum enbt wirbt kommen sein. Gott gebe, baß es mit bem vor-nemsten auch so mag gehen. Inmittels verbrist es mich, baß ihr ein borf verkauft habet; so reich bin ich noch wol, euch tharin beystehen zu können, ohne baß ihr eure gütter verkauft. An Courpfalz werde ich nicht wiber schreiben, bis ihr es gutt finbet. Den gutten Baron Degenfelt beklage ich ser[7]), ich weis nicht, ob er ein testament gemacht hatt noch wen er tharin bebacht hatt; ich bencke, seine leute werben wol bas beste tharvon zigen.

Ich wil nach Wolfenbudel wegen die Grefin Reus schreiben. Wie ich aber habe vernommen, so hatt die Königin von Polen[8]) schon eine gefunden, bie mit nach Moscovien wil, wan bie heirabt fort soll gehen mit bie Princesin Charlotte von Wolfenbeudel. Heute wirbt ber Zarowitz zu Dresden sein,

---

1) Sic! = Thomas a Kempis.
2) Sic! = Tauler, Joh., b. ber. Mystiker u. Prebiger?
3) Vgl. S. 313, N. 4.   4) Anton Ulrich.   5) = im.
6) Vgl. S. 314, N. 1.
7) Der Frhr. Ferbinand v. Degenfeld war am 25. Apr. 1710 zu Venebig gestorben; vgl. Gr. Thürheim a. a. D. S. 101; Kazner a. a. D. III, S. 42 f.
8) Christiane Eberharbine.

da J. L. zwe jhar sollen bleiben undt man ban sehen wirdt, wie sie einander gefallen undt die heirabt, so der Zar verlanget, bestehett. Wie ich aus euren brif sehe, so werdet ihr zu Franckerich[1]) so viel mit betteleyen geplagt als ich hir. Wan man schon den beuttel von Cresus hätte, könte man nicht mit auskommen. Die Gresin Eck gehett mit Weie[2]) nach dem Schlangenbatt, den ich mit 3 hundert thaller beschencken wil. Der Courfürst hatt sein abscheit vom Keiser und bekombt Prins Eugene an J. L. platz, wirdt aber in Niderlant disse campagne bleiben undt der Graf von Grunsfelt[3]), wie man sacht, commendiren. Ob man sich ihm[4]) Reich besser hirbey befinden wirdt, weis ich noch nicht, zweivele ser tharan. . . . Der Erbprins von Wolfenbudel[5]) ist ehr getröst, als der stanck aus seiner krummen gemallin kammer gangen ist, bekombt eine wittib von Plön[6]), die ser gerümbt wirdt undt fruchtbar ist, dan J. L. haben ein sohn gehatt, sein nicht so alt als unsere Courprinces. Ich verbleibe . . .

S.

357.

An die Raugräfin Louise in Frankfurt.

Herenhausen den 15. Juni 1710.

1710
Juni 15
Ich höre mit früden, mein liebe Bas, daß sie Gottlob wider wol ist, aber von ihre affairen sacht sie nichts. Ich habe mit dem Bischauf von Spiga[7]) geredt, er aprobirt alles was sie vorgeschlagen hatt, findt, daß der Courfürst[8]) selber vortheil tharbey würde haben, aber sagen, J. L. hätten gar kein gelt, würden alles verheissen undt nichts geben, wie J. L. es bey der Reichsarmée auch gemacht haben. Disses ist eine elende sache, daß der Herr so gar übel bedint wirdt, helt ein grossen statt undt bezalt nimans. Ich habe J. L. gar nicht geantwort, ban zu was binen die complementen? Wan nichts thar ist, verlirt der Keiser sein recht. Es ist alles keiserlich thar, ban vor operen undt divertissementen zu machen kan man alzeit gelt finden undt zu was anders nichts.

Der bauw zur catholischen kirgen, da der Bischauf von Spiga vor hir ist, ist noch nicht angfangen; die Catholischen sollen auch nicht ser tharnach verlangen, ban nun haben sie die mess an drei örter undt werden es ban nur an

---

1) So im Orig. verschrieben für „Frankfurt".   2) = v. Weyhe.
3) = Gronsfeld.   4) = im.   5) August Wilhelm.
6) Die 2. Gemahlin des Erbpr. Aug. Wilhelm war im Febr. 1710 zu Hannover gestorben; in demf. Jahre heirathete er zum 3. Male, u. zwar die Prinzeß Elif. Sophie Marie von Holstein-Norbburg. — Aug. Wilhelm starb aber 1731 kinderlos u. es folgte ihm in d. Regierung s. Bruder Ludw. Rudolf.
7) Steffani; vgl. S. 256, N. 7.   8) Von der Pfalz: Joh. Wilhelm.

ein ort haben unbt nur durch prifter unbt keine ordenspapfen unbt werden mer eingefchrenckt fein als nun. Zu Wolfenbudel bleibt auch alles, wie es gewefen ift. Der Zarowitz ift zu Carlsbatt, ftelt fich gar nicht verliebt unbt die Princesin von Wolfenbudel ift es auch eben nicht; was tharvon werden wirbt, weis ich nicht. Die Catholifchen arbeiten fer vor die Princes von Weisenfelt[1]). Hir werdet ihr fer wol logirt fein, unbt zu Hanover laffe ich die ratzen unbt meuff[2]) veftören unbt wolte ich es gern gutt machen unbt beweifen, daß ich fie von hertzen lieb habe.

S.

358.

An die Raugräfin Louife in Frankfurt.

Herenhaufen ben 30. Juli 1711.

Ihre beyde fchreiben unbt alles was fründtliches tharin ftehett, mein liebe Bas, dringet mir ins hertz unbt ift mir leit, daß ich die lieb, die ich vor fie habe, nicht fo wol kan vorbringen, mus auf occafion warten, biffes durch effecten zu beweifen. . . . Daß die Grefin von Wartenberg[3]) noch fo viel pretendirt unbt fo hoch gehalten wirbt, mus bebübten, daß, weil man die unbeftenbigkeit vom Berlinifchen hoff weis, daß man vermutt, daß fie wiber heim wirbt kommen, da doch keine aparence zu ift. Mein fohn der Courfürft ift noch in ungenaben bey dem König in Prusfen; wil fich vom Graf von Dedmolt tracktiren laffen, das bem Graf, wie man facht, 20 taufent thaller wirbt koften. Der groffe ftabt[4]) von Courpfalz bebübt nichts guttes vor euch. . . . Hir ift alles wie ihr es gelaffen habet, ohne die betrübnus von die Benefen[5]), die ihr kranck töchtergen verloren hatt, das ihr fer fchmertzt; funften mangele[6]) ich euch an allen ecken unbt fehe wol, daß ihr die feit, die mir am liebften habet. . . .

Sophie.

---

1) = Weißenfels.   2) Mäufe.

3) Der Graf Wartenberg war im Dec. 1710 vom Könige Friedrich I. entlaffen, ihm aber e. Penfion von 23 000 Thlr. ausgefetzt, mit der Weifung, fortan in Frankfurt a. M. zu leben; bort ftarb er fchon 4. Juli 1711. Die Gräfin hatte bann fehr bewegte Schickfale u. verkam fchließlich im Haag. Vgl. Droyfen a. a. O. 4, 1, S. 355 ff.

4) = Staat.   5) = Bennigfen.   6) = entbehre, vermiffe.

359.

An die Raugräfin Louise in Frankfurt.

1711
Aug. 15

Herenhausen den 15. Aug. 1711.

Ihre zwe grosse brif habe ich, mein herzliebe Bas, mit grossen vergnügen gelessen. Wan ich aber auf alle pungten antworten müste, wie Madam es thudt, müste ich auch eine grosse antwordt machen, aber ich bin versichert, daß ihr mit mir werdet zufriden sein, wan ich euch nur ihmer meine bestendige affection versichere undt wie fro ich alzeit werde sein, euch preuven tharvon geben zu können. Die Grefin von Wartenberg hatt recht, man kan ihren Man noch sie nicht beschulbigen, den König bedrogen zu haben. I. M. haben ihnen gar viel gegeben, undt haben auch von andern gar grosse presenten bekomen, bas so viel jhare gebaurt hatt, baß sie wol haben reich können werben ohne stellen [1]. Es ist genereux von euch, sie nun nicht zu verachten, da man sie ihm [2] vorigen standt hatt ehren müssen. Der König von Prusfen wil ins Courfürsten Lant nicht schlaffen, nur zu Quackenbruc [3], bas am fürst von Nasfau war; von da wil er ins Hildesheimische undt so fort nach haus, ba I. M. grosse unruh in ber nachbarschaft wirbt wissen: es sein Zarische, Polnische undt Danische völcker, so nach Pomeren gehen, bas zwar Schweben hört, aber gans an I. M. lant grenzt. Sunsten ist hir alles, wie ihr es habet gelassen. Hatt man nicht viel früdt, hatt man auch kein leit. Der Courfürst lest die orangeri [4] illuminiren mit unslichter [5], also spazirt man thar undt spilt, wan es regent. Ich bin Mad. Degenfelt obligirt, baß sie an mir gebenckt, ihr wollet sie boch meinentwegen binstlich grüssen undt nimals an meine trüwe affection vor euch zweivelen, bie bis ihm [2] grab weren wirbt.

S.

Die gutte fraw Benningsen hatt zwe ungelück nach einanber: hatt ihr zwetes töchtergen nicht allein verloren, sundern ihr Man hatt ein grossen vall gethan aus eine kutzsche, ba bie pfert mit durchgiengen, hatt ein groff loch ihm [2] kopf undt eine schulber undt die brust übel zugericht. Der Graf Platen [6] ist wiber komen, logirt in bie statt in ehn haus undt seine fraw [7], bie schwanger ist, in ein anber; mus also bie tendresfe nicht groff sein.

Ich arbeite fleissig undt wirbt mich keine zeit lang; verlange aber zu hören, wie es mit euren affairen gehett. Ich bencke, ihr werdet viel mühe haben, biffen brif zu lesen.

---

1) = Stehlen.   2) = im.
3) Quakenbrück, Städtchen im Hochstift Osnabrück, an der Haase.
4) Das grosse Orangerie-Gebäude zu Herrenhausen.
5) Sic! = Unschlitt-Lichter = Talglichter.   6) Vgl. S. 154, N. 3.
7) Vgl. S. 154, N. 3.

360.

An die Raugräfin Louiſe in Frankfurt.

Herenhauſen ben 27. Aug. 1711.   1711
Aug. 27

... Der General Schullenburg iſt hir mit ein poſſtrlichen abt von
calitet, ber Bückquoi[1]) heiſt, ber ihmer ſchreyt unbt ſagt recht gutte ſachen,
iſt aus der Baſtille ausgeriſſen, da er ſtundenlang von erzellen kan ohne aufhören. Heut wirbt der Courfürſt wiber nach haus kommen. Man helt hir
den fribt vom Zar mit den Türcken vor war[2]). Sie wolle boch mein complement an königlichen Prins von Saxsen machen, ich hoffe, daß J. L. nicht
catholiſch ſein[3]). Mad. Degenfelt unbt ihre ſchweſter unbt kinder wollet ihr
grüſſen unbt mich alzeit lieb haben ...

S.

Diſſes iſt ſo heſſelich gekrazt, baß ihr alles werdet rabten müſſen.

361.

An die Raugräfin Louiſe in Frankfurt.

Herenhauſen ben 3. Sept. 1711.   1711
Sept. 3

... Jch wolte, ihr hättet das Gedructe von die sermonien[4]) mitgeſchict,
aber tharin wirbt euer urtheil über alles nicht ſo wol beſchrieben ſein. Jch
bin boch fro, baß Mr. Goritz[5]) ſein esquipage nicht von ben ſchlechteſten ge-

---

1) Jean Albert b'Archambanb, Comte be Buquoy, Abbé; that erſt franzöſ. Kriegs-
bienſte, gerieth bann auf Abwege, warb aus e. Solbaten u. Freigeiſt ein Karthäuſer, Trappiſt
u. Menſchenfeinb, bann ein büßenber Wanbersmann, bann ein Weltmann u. wieber Solbat.
Beſchulbigt, einen Aufruhr gegen Lubw. XIV. angeſponnen zu haben, warb er in die
Baſtille geſetzt. Hieraus befreite er ſich 1709 u. ging nach Hollanb; machte bann die Be-
lanntſchaft mit bem Generalfelbmarſchall v. Schulenburg, welcher ihn mit nach Hannover
nahm, wo er vom Kurf. Georg Lubwig Schutz u. Unterhalt ſanb, welcher ihn wegen ſeiner
intereſſanten Unterhaltungen oft zur Tafel zog u. ihn bis an ben Tob verſorgte. Jn ben
letzten Jahren lebte er wie ein Einſiebler zu Herrenhauſen u. verfaßte verſchiebene theol.,
moral., politiſche u. ſatyriſche Schriften. Er ſtarb 19. Nov. 1740 im 90. Lebensjahre; bie
kathol. Kirche zu Hannover warb Erbe ſeiner Hinterlaſſenſchaft von etwa 1000 Thaler. Jn
bem Leibniz-Nachlaſſe in b. Kgl. Bibl. zu Hannover finben ſich auch einige Briefe beſſelben
an Leibniz.
2) Jm Juli 1711 warb ber Friebe am Pruth geſchloſſen.
3) Der Kurprinz Friebr. Auguſt (II.), geb. 17. Oct. 1696, wurde anfangs unter ben
Augen ſeiner frommen Mutter u. Großmutter ſtreng lutheriſch erzogen, allein Papſt Clemens XI. erreichte von ſ. Vater bas Verſprechen, auch ihn zum Übertritt zu bewegen, was
1711 auch geſchah.
4) Am 17. Apr. 1711 war Kaiſer Joſeph I., 33 J. alt, an ben Blattern geſtorben.
Jm Auguſt verſammelten ſich in Frankfurt die Kurfürſten ober beren Stellvertreter zur
neuen Kaiſerwahl; Kurhannovers Vertreter war ber Miniſter v. Görtz.
5) = Görtz.

weſſen iſt. Ich wünſche, daß [der,] der die blinde ſehent kan machen, das miracle bey ihm auch thun mag. Ich habe nicht können laſſen, der Cour-princes zu ſagen, wie höfflich mein Saxsiſcher Courprins¹) gegen euch iſt, der hiſige²) ſpricht nur mit die, ſo es ihm gefelt, unbt ſagte die gutte Courprinſeß, ſie wolte euch reprochiren, daß ihr mir das [geſſacht]; ich antworte: es iſt jha kein secret, er macht es mit mir ebenſo. Ich habe Gargan³) beſholen, euch copi von der Herzugin Louiſe⁴) brif zu ſchicken, tharin ſie ſehen werden, wie alles, was man vom Zar geſagt hatt, war⁵) iſt. Ich wolte, daß ihr mich ſo gutte ſachen von eure affairen mit Courpfalz köntet verſichern, aber es iſt weder gelt noch gerechtigkeit bey dem Herrn, nur lauter complementen. Der Duc de Schonburg hatt gutt ſagen: von pretentionen wirdt man nicht reichg. Ehrgeſtern kam der Courfürſt zu mir, ſag⁶) gans ſaur; nicht lang hernacher erfhur ich, daß Mylord Rivers hir kommen wirdt⁷), alſo ſagte ich: „nun ver-wundere ich mich nicht, daß ihr ſo ſaur ſicht‟, ſo fung er an wider zu lachen. Nun preparire ich mich zur hochzeit⁸); die Benniſen leſt mich ein ſameten mantau mit golt bordiren, unbt ihr wolt mir jha auch was ſchönes mitbringen. Wan es ſein ſoll, weis ich noch nicht. . . . Die Cronprincesin von Praſen iſt nun gans gewis ſchwanger, da der König ſer fro über iſt.

Der Graf von Wartenberg iſt ein recht gutter menſch, es iſt wol ſeinent-wegen, daß ihr mit ſeine fraw ſowol als andern fründtſchaft helt; aber die Grefin von Donna⁹) iſt es mer werdt, das ein recht gutte fraw iſt; ihr wolt ihr doch amitié meinentwegen verſicheren; ihr Herr iſt auch recht angnehm, wirdt nun wol viel mit ſeiner grandeur zu thun haben. Hir iſt alles, wie ihr es habet gelaſſen; ich arbeitte ſo fleiſſig, daß ich des morgens mein arbeit ihm¹⁰) bett habe. . . .

S.

362.
An die Raugräfin Louiſe in Frankfurt.

1711
Sept. 20

Herenhausen den 20. Sept. 1711.

Ob ihre zwe brif mir ſchon ſer angnehm ſein geweſſen, mein liebe Bas, ſo habe ich doch nicht alſo balt tharauf geantwort, dan hir iſt alles auf ehn

---

1) Friedr. Auguſt (II.).   2) Georg (II.) Auguſt.
3) Vgl. S. 304, N. 2.   4) Vgl. S. 306, N. 3.
5) — wahr.   6) — ſah aus.
7) Graf Rivers traf im Octob. 1711 in Hannover ein, um die Zuſtimmung des Kurf. Georg Ludwig als des muthmaßl. Thronfolgers zu der Friedenspolitik des britiſchen Miniſteriums zu gewinnen.
8) Der Wolfenb. Prinzeß Charlotte mit dem Zarewitſch Alexei.
9) — Dohna.   10) — im.

manihr unbt tubt man auch alzeit basselbige; weil aber meine hoffdames zum
theil verschliffen oder andere occupationen lieber haben, als aufwarten, habe
ich eine junge angenommen, die mir die freillen Schullenburg recommendirt
hatt, nemlich ihre niesse, die junge Schullenburgin, die, hoffe, ich wirdt
die Dippenbruck[1] ihr exsempel folgen, die, wie es scheint, sich ein lust
von ihr devoir macht. Was ihr mir von mein königlichen Prins von Saxsen
schreibt, hatt mir herzlich erfrübt; ich habe den Herrn recht lieb. . . . Der Zar
ist nun zu Elbingen; was der König von Schweden anfangen wil, weis man
noch nicht. . . . Heute gehe ich nach Hanover, Voldenius[2] zu hören prebigen,
meine uhrenckelen zu sehen unbt meine presens[3] zu Hanover, die Sigr. Tomaso[4] ser schön soll gemacht haben. Sunsten bin ich gans verpicht auf eine
neuwe arbeit, die ich aus dem kopf mache, unbt finde ich, baß meine augen
besser sehen ih[5] mer ich sie gebrauche. Es schlegt 9, ich mus auffstehen. . . .
S.

363.

An die Raugräfin Louise in Frankfurt.

Herenhausen den 7. Oct. 1711.

1711
Oct. 7

. . . Ich wolte die mode von der Courfürstin von Pfalz auch gern
anfangen, nicht zu küssen, wan man es zu Berlin auch thun wolte, sunberlich
wegen des ponder, so man ihm[6] gesicht unbt augen bekombt. . . . Wir gehen
bis Dinstag nach der Ghör, eben mit die leute wie vergangen jhar, allein ihr
werde ich missen, wie auch meine kinder von Berlin. Mein enckel die Cronprincessin soll bisses mal bicker bey Dero schwangerheit sein als vor bissem,
aber sich boch wol befinden. Der Herzug von Brunswig[7] hatt mich von
Amsterdam geschriben, J. L. eilten so ser nach haus, baß sie nicht würden
hir kommen, um mit bem Zar abzureben, wo bas beylager vom Zarewitz sein
soll, baß J. L. gern in Dero lant hätten. Wan bas nicht sein solte, werbe
ich nicht tharbey sein. Mich bücht, baß die manifisence von Courpfalz boch
nicht hindern solte, baß J. L. aufs wenigste bekänten, was sie schulbig sein.
Mylord Strafford[8] hatt mir sein heirabt notifisirt mit ein reiche, schöne unbt
junge fraw; also mus die Grefin von Wartenberg nicht mer auf ihn hoffen[9];

<hr>

1) Vgl. S. 275, N. 2.
2) Die Kurf. meint wol „Roltenius"; vgl. S. 299, N. 7.
3) Vgl. S. 244, N. 5.
4) Dieser Italiener Tomaso hatte auch das 1692 von bem Architekten Münter er-
baute untere Orangerhaus zu Herrenhausen mit Gemälden al fresco aus dem trojan.
Kriege geschmückt. 5) = je. 6) = im.
7) Anton Ulrich. 8) Strafforb, = Raby; vgl. S. 255, N. 6.
9) Ilgen u. Grumbkow beschulbigten die Gräfin Wartenberg beim Könige Friedrich I.,
baß sie sich von England u. Holland mit Geld bestechen lasse u. baß sie mit dem engl.

21*

man sagt, daß die junge Göritz solt nun ser in genaden bey ihr sein. . . . Es wirbt gesagt, daß der papstliche noncius sich hätte verlauten laßen, er wolte gegen des König von Prusen cron protestiren [1]) unbt gegen Cour Brunswig; der Graf von Donna soll aber tharauf gesagt haben: wan er das herz hätte, gegen seinen König zu sprechen, wolte er ihn so tractiren laßen nicht weniger als mit coups de batton, daß er wol schweigen würde. Disses sol zwar dem nontius wider vorgebracht sein, aber er sich disses nicht angnhommen, sundern in eine assemblée den Graf von Donna doch mit ein reverens gegrüst haben. Ob disses war ist, weis ich nicht. Alleweil bekomme ich ein brif von Herzug von Brunswic, der ist schon zu Ippenburg im Münsterschen, da er ein courir vom Zarowitz bekommen, der J. L. in seines Herr Vatters nhamen instenbig bitt, mit die braut nach Carlsbatt zu kommen unbt ohne sermonien borten das beylager zu halten [2]); das wol mus geschehen, weil der Zar es ser verlangt,

---

Gesandten, Lord Raby, 1712 zum Grafen von Strafford erhoben, in e. Liebesverhältnis stehe; was den Sturz der Gräfin mit herbeiführte; wonach Raby 1711 sich von Berlin abberufen ließ.

1) Am 21. Apr. 1701 hielt Papst Clemens IX. (Albani) ein geheimes Consstorium u. protestierte gegen den preuß. Königstitel, indem er erklärte: „Ihr habt vernommen, daß Friedrich, Markgraf von Brandenburg, mit Verachtung der Autortät der Kirche Gottes sich öffentl. den Namen u. die Insignien eines Königs von Prenßen angemaßt hat, ein wahrhaft profaner u. bei den Christen unerhörter Gebrauch. So hat er sich denen beige-sellt, von denen es in der Schrift heißt: „Sie haben regiert, aber nicht durch mich, sie waren Fürsten, aber ich kannte sie nicht"". Bei der Kaiserwahl Karls VI. 1711 wollte der päpstl. Nuntius, Kardinal Albani, ebenfalls protestieren; der preuß. Wahlbotschafter, General Graf Christof Dohna, erklärte ihm aber, er werde es bereuen, die Zeiten seien vorüber, wo man den Päpsten dabei Einmischung gestattet habe. Dabei drohte Dohna, sich eines so handgreifl. Beweises bedienen zu wollen, daß der päpstl. Nepote daran kein Vergnügen haben werde.

2) Das Original dieses Briefes des Zarewitsch an Anton Ulrich, von Letzterem wol an die Kurf. Sophie übersandt, befindet sich in d. Kgl. öffentl. Bibliothek zu Hannover; die Handschrift des Alexei gleicht der eines Kindes; die Buchstaben schwanken ohne Zusammenhang auf den von Bleistift gezog. Linien. Der Brief lautet:

„Durchlauchtigste Hertzog
gnabigster Herr Groß Vatter.

Weilen Ihro Cz. Maj. mein Herr Vatter mier anbefohlen unb auf getragen, Ew. Durchl. auff beste unb beweglichste vorzutragen, Seiner Maj. keine fehlbitte zu thun laßen unb ihm den gefalen zu erweisen, mit meiner Pri. braut, Schwieger Vatter unb Frau Mutter naher Carlsbatt zu kommen, umb alborten ohne Weitläustigkeit die Volzihung un-serß bey Lager zu bewerckstelligen, weilen ihro Maj. unmöglich anhero kommen können unb nicht länger anhaltung werden, umb gleich nach vollenber Cur nach Dero Reiche zu kehren, alß bitte ich Ew. Durchl., zum Zeichen Dero gegen mihr tragenden Affection solche Freude unb Vergnügen zu gönnen unb ja nicht abschlagen, indem mein unb Dero Enkelin meine braut glüg unb Wolsahrt bran gelegen. Weilen Ihro Maj. verlangen, so bald ich Ew. Durchl. resolution haben werde, ohne seumich nacher Carlesbabt zu komen befelen, baß ich also umöglich vorhero naher Hannover komen kan. Wan eß immer müglich, so bitte ban J. Z. M. wollen nach Dero cour geleichg wider nach Mosco. Also ist mein putz umsunst, den die Bengsisen¹) vor mich hatt bestelt. Ich verbleibe . . .

S.

364.

An die Raugräfin Louise.

Herenhausen den 11. Oct. 1711.

1711
Oct. 11

. . . Madam schreibt von ein neuwe mode: ein gebrembt mützien²) auf ehn ohr, mit eine Regersfeder³) tharauf; wan ehne zu Franckfort ist, wolle sie mir doch ehne vor die Courprinces schicken, ein Regersfeder haben J. L. schon selber. Die drauben sein ser wol überkommen, ich habe bey dem Courfürst tharmit braviren wollen, unbt waren auch recht gutt, aber J. L. hatte welge hir aus dem garten unbt aus den kleinen garten zu Hanover vor sein fenster, bas gans voll drauben ist, die, mus ich bekännen, waren auch ser gutt unbt konte man wenig unberscheit finden. . . . Dissen brif zu lesen wirbt ihr viel mhüe geben, ban man macht mich alle augenblick ihre⁴), um mich den hals zu gargarisiren⁵) unbt inzuspriffen⁶), ban ich hätte ihn gern gut, um bis Dinsbag nach der Ghör zu gehen, unbt habe bie zung voll blasen, aber gutten appetit tharbey unbt könte auch wol wie eine katze mauen, wan ich mit die Courfürstin zu Pfalz mauen solte. . . .

S.

365.

An die Raugräfin Louise in Frankfurt.

Zour gheur⁷) ben 20. Oct. 1711.

1711
Oct. 20

. . . Ihr pretendirt von Courpfalz keine genad, sunbern nur recht; wan J. L. euch bisses wolte geniffen lassen, were es schon genung. Die Courfürstin

---

ich Ew. Durchl., balb anhero zu komen, weilen mier höchst nötig, personlich mich mit ihnen vor meiner abreisen zu unterreden. Berbleibe

Ew. Durchl.

Braunschweig b. 2. Octo.
1711.

gehorsamster Diener unb Sohn

Alexiuß.

P.S. ich habe vergesen zu sagen, baß Jhro Maj. noch befolen, baß sie alß eine besonbere freinbschafft aufnehme, wan sie ihn ben gefallen erweisen werden, nach Carlsbad zu komen, Jhro Maj. werben aufß längste biß ben 10. alten stihl in KarleßBab verbleiben."

1) = v. Bennigsen.   2) = verbrämtes Mützchen.
3) = Reihersfeder.   4) = irre.   5) gurgeln.
6) = einzuspritzen.   7) Jagbschloß Göhrbe.

thut inmittels wol, sich mit so schöne clenodien undt perlen zu versehen; J. L. werden bencken: „ein ihder vor sich, Gott vor all".

Ich hätte zwar ben schönen aufzug von ben Courfürsten[1]) gern gesehen, es würde mir aber nichts neuwes gewessen sein, ban ich habe es zu Ausburg auch gesehen, aber es sein nun gans andere Herrn als bie bumals bie sermoni hielten. Die gutte Königin[2]) von Spanien ist wol betrübt, hir nicht mit Dero König in Tütschlant zu kommen. J. M. schwester[3]) wirbt morgen zu Torgo[4]) mit dem Zarowitz hochzeit halten undt ber Zar tharben sein, ber ser wiber nach sein lant verlangt undt nicht vermeint, schulbig zu sein, sein fribt zu halten, wan bie Türcken nicht ben König von Schweben[5]) wech schicken[6]), wie sie ihm sollen verheissen haben. Der Courfürst hatt J. Z. M. durch ben jungen Berndorf lassen complementiren in tütsch, undt ob er bisses schon wol verstanbt, lis er es verbollmetschen undt auch wiber durch ben bollmetscher antworten. Wie man gelück zum friben wünschte, soll er ben kopf etwas geschübtelt haben, undt soll von seinem krig possirlich sagen: „Ein junger general wie ich mus lhergelt geben".

Hir sehen wir nichts als alte schilbereyen von mein sohns vorfaren, von Heinrich ber Löwe her, so J. L. nach bie ihm[7]) rabthaus von Luneburg[8]) hatt lassen copiren; bie wunderlichste posturen von ber welt. Pickelhering[g][9]) ist auch wiber hir; sunsten sicht man nimans frembdes. Die liebe Grefin von Buckeburg[10]) ist mein beste geselschaft, hatt bie conplaisance, mir vorzulesen undt ist in alles angnhem. Ich verlange nun zu hören, baß einmal ein gewünstes enbt von ihre affairen mag werben, auf baß ich sie wiber content hir mag sehen.

S.

---

1) Am 12. Oct. 1711 warb zu Frankfurt von ben versammelten Kurfürsten ober beren Stellvertretern ber König Karl III. von Spanien einstimmig zum römischen Könige mit bem Anspruche auf bas Kaiserthum erwählt als Karl VI.

2) Elisabeth Christine (von Braunsch.-Wolfenb.).

3) Charlotte.   4) = Torgau.   5) Karl XII.

6) Von Benber fort.   7) = im.

8) In bem sogen. Fürstensaale bes Rathhauses zu Luneburg finben sich 47 in Lebensgröße bargestellte, von Wappen u. Inschriften besettete Abbilbungen fürstlicher (bes. welfischer) Personen von „Keyser Heinrich d. Vögeler" bis „Ernst Hertzogen zu Braunschw.-Luneb.", vgl. Mithoff, Kunstbenkmäler u. Alterth. im Hannoverschen, IV, S. 188.   9) = Hanswurst.

10) Vgl. S. 107, N. 1.

366.

An die Raugräfin Louise in Frankfurt.

Gheor[1]) den 22. Oct. 1711.

Ich habe zwar; mein liebe Bas, auf ihr leztes schreiben nicht viel zu antworten, mus aber doch durch disse zeillen erweisen, daß ihre brif unbt relation angnehm sein, würden es aber weit mer sein, wan sie mir könte berichten, daß ihre eigen sachen mit Courpfalz wol giengen. Inmittels bin ich Baron Görz ser obligirt, daß er so gutt ist unbt sich tharvor interessirt; ihr wollet ihm doch meinentwegen tharvor dancken. . . . Die Courprinces ist recht curieux, das neuwe à la mode kepien[2]) zu sehen. Madam schreibt, es bragen nur gar junge leute auf ehn ohr; es hatt kein nott, daß ich es auffetze. Hir gehett alles her wie ihr es vor ein jhar habet gesehen. Gott gebe, daß es lange jharen so gehen mag. Die bauren schlagen sich ihm[3]) krug: wer ihren Courfürst am liebsten hatt. Sie wissen, wie es ihren nachbaren gehett, unbt meint man, daß die pest zu Coppenhagen mer aus armutt ist, als aus bösse luft, ban wenig leute von condition, die wartung haben, sterben tharan. Ich halte, daß die hochzeit vom Zarowitz nun schon zu Torgo wirbt vorbey sein, dan sie hatt gestern oder ehrgestern sollen sein. Mein puz, so ich wenig nach frag, ist umsunst. Verbleibe . . .

S.

367.

An die Raugräfin Louise in Frankfurt.

Ghor[1]) ben 10. Nov. 1711.

Wir haben hir Mylord Revers unbt die Herzugin von Cell gehatt. Der ehrste hatt handtschreiben von die Königin unbt von Mylord d'Oxford mitgebracht[4]), die ich habe müssen antworten unbt viel andern, sunderlich an Madam, bie alzeit grosse brif wil haben, sunsten hätte ich viel vom Zar zu erzellen, da die Herzugin Louise charmirt von ist unbt mir ein hauffen von seine bon mots unbt schöne reden geschriben hatt[5]). Könte ich aber was schönes von

---

1) = Göhrde. 2) = Käppchen. Vgl. den Anfang von Br. 364.

3) = im.

4) Der Graf Rivers traf in Hannover mit den Friedens-Präliminarien u. mit den Betheuerungen der Anhänglichkeit von Shrewsbury u. Oxford ein. Rivers begleitete dann den Kurf. Georg Ludwig auf den Jagden in der Göhrde.

5) Diese Briefe der Herzogin Louise haben sich nicht erhalten, wohl aber findet sich im Kgl. Staatsarchiv zu Hannover ein bisher ungedruckter Br. des Herzogs Anton Ulrich an die Kurf. Sophie d. d. Schöningen b. 30. Oft. 1711 mit folgenden interessanten Mittheil. über die Hochzeitsfeier zu Torgau: „Bei unserer ankunft zu Torgau war der Zar noch

Courpfalz erzellen, were es besser. . . . Der Courfürst schickt Bottmer wider
nach Englant. Mylord Rivers hatt ein geschenck mitgebracht vor die kleine

nicht da, sondern zu Dresen, da er sich im ringrennen auf einen sthul (!) divertiret, wie
E. L. wol ehmalen im Lechelholtz [bei Wolfenbüttel] für vielen jahren auch gethan. Am
Sonnabend fruhe kam er zu fus auf das schlos, und wie wir in seinem gemache bei ihme
waren, erzeigete er sich nicht allein gar gnädig gegen uns sämbtlich, sondern bezeigete auch
sofort eine sonderbahre tendrese gegen seine schwiegertochter, deren hand er nahm u. sie in
seines Sohnes hand legete: sagend: »Gy höret nun tohope, Gott la ju in frede tho-
samen wohnen«. Mit dem Cronprintzen kan er gar zu gutt thun, den er ohn unterlas
embrassirte, u. kan kein Vatter gütiger, noch ein Sohn ehrerbietiger sich erzeigen, als wie
der Zar u. Zarowitz gegen[einander] sich erwiesen. Der Zar, als er zur Königin kam,
sagte: »Ich bin mit mine niß freunde sehr thofreden un liebe mine tochter glick
minen Sohn«. Als wir zur taffel gingen u. die Cavalier häufig umbherstanden u. ehe
nicht weggehen dorften, ehe er den ersten trunck gethan, ließe er sich gleich ein glas geben,
so er auf der Königin gesundheit mir zutranck, worauf, als sich die Cavalier retiriret,
sagte er zu der hertzogin Louise, die bei ihme saße: »Gott loff, nun hebbe wy luft«. Den
abend in der Comedie ordinirte er, wie die lichter müsten weggethan sein, so die deco-
rationen blendeten, urtheilete auch von denen violons gantz recht, welcher der beste were.
Die nacht ging er in die stadt schlafen, vorwendend, auf dem Schlos were zu viel geräusch,
da könte er nicht für schlafen. Als ich ihme einen grus von E. L. brachte, schlug er in
die hände, sagend: »Dat is my lief, dat de noch lebet, et is ene kloke froue un
er angedencken my sehr angenehme«. Er versicherte dabei, da es jetzo nicht sein
können, auf den früling wieder zu kommen »un sine niß fründe tho Hannover un
Wolfenbüttel tho besoken«. Den Sontag war die trauung, da aus der Königin gemach
die procession ging. Der Zar führete seinen Sohn, ich führete die brautt, der drei fräuleins von der Königin den schlep nachtrugen, mein Sohn führete die Königin und der
Reichs Cantzler die hertzogin Louise. Im saal standen auf dem tisch zwei Cronen, die
der priester dem bräutigamb u. der brautt aufsetzete. Wie er aber die Crone über der
brautt bereits habenden Crone auf dem haubte nicht wol setzen kunnte, wolte solches der
Zar verrichten; wie aber solches auch nicht angehen wolte, muste der Reichs Cantzler die
Crone so lange der brautt übers haubt halten, als wie die Ceremonie werete, da hernach
der priester die beide Cronen wieder auf den tisch setzete, die von rohten sammet waren,
mit dem reichsappel oben auf, wie die Königes Cronen zu sein pflegen. Nach geendigter
trauung ginge die glückwünschung an, u. ward nach der taffel getantzet, welches der Zar
mit sonderbahrer geschicklichkeit verrichtete. Als man die brautt zu bette brachte, legete der
Zar seinen Sohn u. die brautt in das bette. Wie nun der Zar seinen Sohn gesegenet,
legete er sich gantz über ihn hinüber, umb die brautt zu segenen u. zu embrassiren; dabei er dan so viel tendre worte sagte, daß man daraus seine hertzliche Liebe satsamb erkennen konte. Als er hinweg ging, sagte er zu beiden: »Nu schlapet wel, Gott sei mit
euch«. Den anderen tag muste die Cronprintzeßin in des Zars gemach mit ihme, dem
Cronprintzen u. allen Moscowitern allein essen, da die thüren verschloßen wurden. Die
princessin hat nach Moscowitischen gebrauch jedweden bei der taffel müßen zu trincken
aus der schencke bringen u. mit dem credentzteller serviren, des dan dem Zar sehr wol
gefallen, daß sie sich dazu bequemet u. hat manchen tuß dafür bekommen. Die artigen
u. sinnreichen reden des Zars habe ich der hertzogin Louise E. L. zu schreiben überlaßen,
die gewis E. L. werden angenehm gewesen sein zu hören, u. mus man diesen Monarchen
lieb haben, der so viel ungemeines u. sonderbares besitzet. Er wil die jungen Eheleuthe
nur noch wenig wochen bei uns laßen, dan sollen sie nach Thoren, umb Moscau näher
zu sein; u. da der Cronprintz mit in die campagne solte gehen u. nicht müßen nach

Princes Anne 1) unbt ehns vom Courfürsten bekommen in medaillen vor 2000 thaller. Der Courfürst ist gern hir, findt die jacht gesundt, also werden wir noch wol lang hir bleiben. Gott gebe nur, baß Courpfalz ein gutt endt macht von eure affairen, wie ichs von herzen wünsche. Mit bisses gekratz müst ihr vor bisses mal vorlieb nhemmen.

S.

368.

An die Raugräfin Louise in Frankfurt.

Hanover ben 30. Nov. 1711.

Ob ich schon ein hauffen brif zu schreiben haben, mein liebe Bas, so bin ich doch nun um 7 uhr wacker, um ihr vor alle Dero angnheme brif zu bancken, ba ber letzte vom 24. Nov. war. Dan bisses ist alles bas ich von ihr habe, wan sie nicht bey mir ist. Ich bin Gottlob die ganze zeit, baß man mir gar todt gesagt, gar nicht kranck gewessen undt bin ich fro, baß mein kochg sich so wol helt undt mir so lieb hatt, so vor mir geweint zu haben. Aber an meinem lieben Cronprins 2) ist mir noch viel mer gelegen, baß der liebe Prins mich noch nicht vergessen hatt; ich wünsche J. L. alles was Dero herz begert undt sie meritiren, undt bin recht fro, baß J. L. noch gutt Lutterisch sein undt bey die andern Courfürsten auch in die Lutterische bibel werden kommen wie Dero voreltern; aber in mein Cabinet werben J. L. alzeit ben besten plaz haben. Wan die gedruckte zeibungen vom friden solten gehalten werden, würden wir alle sclaven von Franckerich werden. Die Wigs sollen ser tharwiber sein. Der Graf von Wartenberg kan vor ein exsempel von ein gebulbigen man passiren, so ein gar wunderliche fraw auf alle weis zu behalten, die so wenig bugent hatt undt so viel laster. Die Courfürstin zu Pfalz sol zwar ben armen spendirt haben, vor Dero Herrn zu betten, ob es aber von guttem herzen

---

Moscau reisen, wie für ist, sol die Cronprinzeßin so lange wieder zu uns kommen . . . Nach Wolfenbüttel barf ich S. L. u. den Curfürsten wol nicht bitten, ba, wan wegen bes Rangs von seiten der Moscowiter bispute furfallen solten, kan solches alles mit Zettelgreiffen verhütet werden . . . Eine rebe vom Zar fellet mir noch ein, bie mögte die herzogin Louise vergeßen haben: als vom König [Karl XII.] in Schweben gesprochen u. neben anberem erwehnet wurde, er wehre boch ein christlicher Herr, schlug er in bie hänbe, sagenb: »Behöde Gott, isse en Christ, en braf man is he wel, aver he wil den kop bör de müre lopen, bat geit nich an«. Mr. Bernstorf u. Hr. Leibnitz, wie auch ber herzogin Louise ihr brief werben S. L. mehr sagen.«

1) Der Kurf. Sophie war kurz zuvor biese Urenkelin geboren, für welche die Eltern (Kurpr. Georg August u. Karoline) bie Königin Anna um die Pathenschaft ersucht hatten. Diese erfolgte mit einem reichen Geschenke, welches mit seinen anberen Aufträgen ber Gr. Rivers überbrachte.

2) Von Sachsen; vgl. S. 321, N. 3.

geschehen ist, weis ich nicht. Es dürffen die underthanen ihm[1]) nott Dero
Herrn nicht klagen. Von hir ist nichts zu sagen als daß die gutte fraw von
Ilten[2]) das gesicht, hals undt händt verbrant hatt: die fontange ist angangen,
tharüber sie sich erschreckt hatt, ist gefallen, hatt die resolution nicht gehatt, es
abzuwerfen, wie ich pflege zu thun; ist also ser übel zugericht, kan vor schmerzen nicht schlaffen. Sunsten werdet ihr alles hir finden wie vorher. Nach die
Redoute werdet ihr wol nicht eillen. Die Zarowizin undt ihr Herr haben
sich ser lieb, er soll von ser gutt gemütt sein. Den Czar rhümen alle leute,
sunderlich seinen verstandt undt probitet. Ich bancke sie vor die Relation
von der hochzeit, sehe in alles meine liebe Rauwgrefin, daß sie an mir denckt
undt mir lieb hatt, die ich ihr von herzen zu binen auch ergeben bin.

S.

369.

An die Raugräfin Louise in Frankfurt.

1711
Dec. 10

Hanover den 10. Dec. 1711.

Ich habe sie, mein liebe Bas, auf zwe brif zu antworten, die mir alzeit
ser angnhem sein, wan ich schon nicht gar fleissig tharauf antworte.... Ich
verlange ser, daß einmal ein endt aus eure affairen mit Courpfalz müchte
kommen; ich wil gern gebult haben und euer interes dem meinigen vorzigen.
Das Carnaval von Hanover ist doch nicht vor euch undt wirdt der Wolfen-
bübelsche hoff alsban hir sein. Man sagt, daß mein sohn Maxsimilian auch
nach Franckfort wirdt kommen; weil er so nha wirdt sein, wolte ich ihn gern
sehen. Meinen Courprins von Saxsen habe ich eben so lieb undt wünsche
ser, J. L. einmal wieder zu sehen. Ehrgestern undt gestern hatt Sophi von
Bruckhausen hochzeit gehalten, ist hir zusammen gegeben worden, undt hinaus ein meil von hir gegessen undt zwe dag nach einander getanzt. Der auszug
war so schön, daß der Courfürst befhal, sie solten durch den vorplatz faren.
Die musekanten furen voraus undt 8 kutschen hernach, dan die gansse tribe
von kammerdiner undt kammerweiber mit fraw undt kinder, wie auch andere
bedinten furen alle mit. Das pöpel ward es gewahr undt war ein zulauf,
um Herzug Maxsimilan seine Princes zu sehen, daß man nicht durch die gassen
gehen konte. Wie sie vorbey Linden kommen, lis Graf Platen seine kleine
stuck 4 salven geben. Also ist es fürstlich hergangen. Die Mutter hatt aber
nicht tharbey dürfen sein.

Mylord Staffort[3]) hatt mir ein grossen brif vom friden geschriben, der,

---

1) = in.
2) Hedwig Lucie, geb. Grote, die Frau des Jobst Herm. v. Ilten; vgl. ihre Briefe
bei Bobemann, J. H. v. Ilten ꝛc., S. 251 ff.
3) = Stratford; vgl. S. 255, R. 6.

wie man sagt, ser desavantageux vor den Keiser ist; mer wil ich nicht tharvon sagen, dan man mus in der welt zufriden sein mit was Gott gefelt, da ich mich in alles gans auf verlasse. Ich bin zwar gesundt durch seine genad, aber was alt, kan nicht lang weren. Ich halte, ich mache euch viel zu thun, meine brif zu lesen. Alle, die meiner gedencken, grüsse ich gans fründtlich, sunderlich die fraw von Degenfelt; die Grefin von Wartenberg kan ich nicht leiden, beklage ihren gutten Man; von Berlin schreibt man, sie hätte ihn in feüwer geworffen, das ist noch schlimer als die junffer zu schlagen.

S.

370.

An die Raugräfin Louise in Frankfurt.

Hanover den 19. Dec. 1711.

1711
Dec. 19

Weil meiner lieben Bas meine brif „ein balsam" sein, schreibe ich sie gern, wan ich schon nicht viel zu sagen habe. Es ist wol ohne zweivel, daß der liebe Courprins von Saxsen hir angnehm würde sein ihm [1] Carnaval, aber ob wir so gelücklich werden sein, I. L. zu sehen, ist wol an zu zweivelen. Ich wolte meinen sohn Maxsimilian ihm [1] Carnaval auch gern sehen, aber ich halte nicht, daß man mir zu gefallen wirdt thun, nur zu tesmoigniren, daß er angnehm hir würde sein. Der Wolfenbudelsche hoff wirdt sich sambt undt sunder einstellen. Die Herzugin Louise ist kranck gewessen, soll sich ser betrübt haben über Dero tochter [2] abreiß, die doch ser gelassen tharbey geschienen ist undt Dero Herrn ser lieb hatt. Aber wo mir mer an gelegen ist, daß eure gerechte sach nicht besser gehett, aber man mus mit den güttern disser welt zufriden sein, die Gott ehnem günt; die meinigen wil ich ihr gern mittheilen.

... In Englant soll eine grosse division sein schwischen Wigs undt Toris; daß das Parlement so oft verschoben wirdt, gefelt auch nicht. Ich werde keine succession erleben, mache mich deswegen gar keine sorgen, aber wol: ihr caffe undt choquelate zu schicken, auf daß disses ihr nicht kosten soll als die feldthüner undt hasen. ...

371.

An die Raugräfin Louise in Frankfurt.

Hanover den letzten tag von disses [Jahr 1711].

1711
Dec. 31

Ich habe alle ihre angnehmme brif, mein liebe Bas, mit grosser satisfaction gelessen, ob ich schon nicht so exact bin, auf alle pungten zu antworten

---

1) = im.   2) Charlotte, Gemahlin des Zarewitsch Alexei.

wie Madam. . . . Der frid ist noch nicht gar gewis. Das memorial, so Mr. Botmer vom Courfürst übergeben hat an der Königin ministers[1]), ist stracks ohne sein wissen gedruckt worden in London [in] mer als tausent exemplaren undt soll es an die meiste leute in Englant gefallen haben . . . Das Carnaval ist disses jhar kurtz, also hoffe ich tharnach euch wieder zu sehen, mit etwas vergnügung von Courpfalz, wan es nicht vollkommen kan sein, dan etwas ist doch besser als nichts. . . . Hir ist alles wie ihr es gelassen habt; allein ich gelaube, daß die tütsche Commedianten euch besser gefallen würden, als die Redoute. Prins Eugen hatt grosse reputation in Englant, ich bin aber bang, wan sie ihn sehen, werden sie sagen wie die Hollender: »Het is gen fray man«. Daß viel leute in Englant vor den Prins de Galles[2]) sein, mus man nicht zweivelen; alles stehett bey Gott, der wirdt es machen, wie es sein soll. . . .

Inmittels wünsche ich sie ein gelückselig Neuwjhar von ganssem herzen, die ich ihmer ihre truwe Bas werde sein.

Sophie Courf.

372.

An die Raugräfin Louise in Frankfurt.

1712
Jan. 7
Hanover den 7. Jeanw. 1712.

. . . Es wundert mir, daß ihr so viel werck tharvon macht, daß ich euch choquelate undt caffe habe geschickt, ich meinte, es werde euch früwen, daß ich tharan dechte, euch nach euren schmack ein gefallen zu thun, ob ich schon gar nicht von caffe aprobire, aber er ist nun à la mode sowol als schnuptoback, mus also die ich altfrenckisch bin tharzu still schweigen. Madam meint, daß ihr wol eure gerechte sag an Cour Mains köntet verkaufen, aber das gehett gar nicht an, an König von Prusen noch ehr, der überal gern zu pretendiren hatt, bezalt aber übel. . . . Von hir ist nicht viel zu berichten, dan ihr wisset, wie wenig verenderun[g] hir ist. Die fraw Schlennitz[3]) ist nun mit ihr man hir, so moscovitischer envoié ist. Ihr werdet vielleicht den Herzug von Brunswig zu sehen bekommen, der zum Keiser inconito gereist ist. Von die zwe Heros, den König von Polen undt von Dennemarc hat man nichts als daß sie alles verwusten, wo sie hinkommen. . . .

S.

---

1) Vgl. Ausführliches über diese, von Bothmer auf Grund der ihm in Hannover gegebenen Instruction ausgearbeitete u. den britischen Ministern übergebene Denkschrift u. deren Abdruck bei Klopp, Der Fall des Hauses Stuart, 14, S. 210 ff.

2) = Wales.

3) Frau des früher sächs.-gothaischen, nachher kaiserl. russischen Ministers v. Schleinitz.

373.

An die Raugräfin Louise in Frankfurt.

Hanover ben 14. Jeanw. 1712.

Ich bin gans gewis, mein liebe Bas, von alle das gutt, das ihr mir wünschet sowol bisses jhar als alle andern; ich mus aber bencken, wan man in das 82. jhar gehett, daß es nicht lang mer weren kan unbt daß [die,] die mir lieben nicht viel statt[1]) mer auf mich machen können. Tharum bin ich in sorgen vor euch unbt wünsche wol von herzen, baß es mit eure gerechtmeffige voberung von Courpfalz boch ausgemacht müchte werden. . . . Es verbrist mich, baß **Maximilian** nicht hatt wollen hir kommen; sein **papf**[2]) ist wol schuldt tharan. Ich beklage ben lieben Courprins von Saxsen von ganssem herzen, ban ich habe ben Herrn recht lieb; were] sein Herr Vatter ihm[3]) himmel, were es ein groff gelück vor Dero ganßes lant; er hatt nun seine **metres**[4]) zur fürstin lassen machen, unbt wirbt die meß von Leibsig ben beschluß von sein veltzug sein. Er soll auch mit dem König von Dennemarc übel zufriben sein. Man sagt, baß der Zar fribt mit dem König von Schweden wil machen unbt soll ben krig mütt sein. Wie es mit dem friben zu Uterich[5]) wirbt hergehen, wirbt die zeit geben. Der abbé de Bouquoi[6]) ist nun hir mit dem general Schulenburg; ich mus bekännen, baß es ein gar rar **personage** ist, er hatt mir eine schrift zugeschickt auf die Divinitet, die Mr. de la Bergeri unbt andere mer admiriren müffen, unbt rebt recht wol von der **morale** unbt **vertueux** unbt wol zu leben, unbt ban kombt er wiber in sein **entousiasme**, baß man meint, er sei gar ein narr, wie ich sehe, baß sie ihn vor helt. Zur Ghör hatt die Grefin von Bückeburg ihm zugehört, ban kein pfarer eine schönere prebig konte thun; er war aber gans brucken unbt musten wir ihn mit eine kalte schal bey der taffel wiber erhollen. Der Courfürst kiste mit uns, sagte, wir würden ihn umbringen, ban er hatte etliche stundt gerebt, aber recht wol. Also mus ich wiber sagen, baß er ein rar **personnage** ist, ba so viel . . .[7]) unbt so viel borheit beysammen ist. Ich bin in sorgen vor **Madam**, bie ser klagt, baß sie ihmer schlumert unbt ein kurtzen attem hatt, bas die Doctoren vor geferlich halten; ich halte es aber vor viel geferlicher, in ihre hanbe zu fallen, ba uns der liebe Gott vor behüten wolle; ich sage wie der pfarer Hodam zu Leiden: »Je veux mourir de ma propre mort«. Bis es an mir kombt, wil ich ihr ergeben sein.   Sophie.

---

1) = Staat.   2) Der Jesuit Wolf; vgl. S. 239, N. 3.   3) = im.
4) Um biese Zeit war die Gräfin Cosel die Hauptmätreffe, welche aber nicht zu e. Fürstin erhoben warb; bieses geschah mit der früheren Mätreffe Lubomirsky, welche zur Reichsfürstin v. Teschen erhoben warb, als sie 1700 ben Sohn Georg, ben sogen. Chevalier de Saxe, geboren hatte.   5) = Utrecht.
6) Bgl. S. 321, N. 1. Ein Berzeichnis seiner Schriften siehe in Abelungs Supplem. zu Jöcher I, 2425.   7) Eine Ecke vom Briefe abgeriffen.

374.

An die Raugräfin Louise in Frankfurt.

1712
Jan. 18/
(28)

Hanover ben 18/(28). Jeanw. 1712.

Ich weis, ihr werdet euch mit mir früwen, mein liebe Bas, baß bie
Cronprinces von Prusfen ein sohn[1]) hatt. Wan nur Gott ihm bas leben
günnt unbt vor bie Doctoren behütt! Er soll schön unbt starck scheinen. Die
liebe Cronprinces ist ben 24. Jeanw. um 8 uhr krand worden unbt schwischen
elf unbt zwelf uhr ist bas kindt thar geweffen, unbt weil es ein groß kindt ist,
hatt J. L. es boch viel mühe gekost; aber nun ist bie frübe besto gröffer. Weil
ber Brunswigsche hoff nun hir ist (boch ohne bie Princesin Louise unbt J.
L. Herr), waren wir bunte rhei an zwe taffelen unbt war ber Graf von Donna[2])
von Francfort auch beh uns. Wie ber kammerherr Brant[3]) unvermutt kam
unbt bracht uns bie gutte zeibung, brunken wir alle aus groffe glaffer gefunt-
heiten. Dr. Gonbelsheim (?) soll bie gutte zeibung bem König von Prusfen
gebracht haben; ber gutte Herr soll vor frübe gezittert haben. Ich hoffe, baß
biffer Prins wirbt leben unbt gelücklicher sein als ber liebe Prins von Saxsen,
ben ich von grunb bes herzens bellage. . . .

Sophie.

375.

An die Raugräfin Louise in Frankfurt.

1712
Jan. 21/
(31)

Ha[nover] ben 21/(31). Jeanw. 1712.

. . . Die schilberey von mein sohn Maxsimilian hatt wol ihr attestation
nötig, baß er geleichg sicht, hir hatt es nimans gekant, ich hatte es wol nimals
rabten können, baß er es sein solte. Daß er nicht hir ist kommen, weist wol
bas sprüchworbt, baß bie lieb descent et ne monte pas, baß ich ihn lieber
habe als er mir. . . . Die Englische zeibungen werben euch fer verwunbern;
ber Duc de Marlburoug ist aller seiner chargen entsetzt; man sagt, baß ber
Duc b'Ormont in sein platz wirbt kommen unbt Mylord Rivers bie artolleri
soll commendiren[4]). Frib soll bie Königin haben wollen; wan bas fort-
gehett, werben bie neuwe generals nicht viel zu thun haben.

S.

---

1) 1709 war bem kronprinzl. Paare e. Tochter geboren, Friederike Sophie Wilhelmine
(bie nachher. Markgräfin v. Baireuth) u. 1710 ein Sohn, welcher im folgenb. Jahre wieder
starb, enblich am 24. Jan. 1712 warb Friedrich b. Große geboren.

2) Dohna. 3) Christof Wilhelm v. Brand.

4) Marlborough war einer Unterschlagung von Gelbern beschulbigt, entlassen u. warb
über seine Ämter anberweitig verfügt: sein Regiment zu Fuß u. bas Commanbo ber Armee
erhielt ber Herzog von Ormonb, bas Amt bes Felbzeugmeisters ber Artillerie erhielt Gr.
Rivers.

376.

An die Raugräfin Louise in Frankfurt.

Hanover den 4. Febr. 1712.

. . . Das carnaval ist nun Gottlob bald vorbey. Der Herzug von Brunswig hatt uns alle auf die Meß zu Brunswig geladen, aber ich werde mich entschuldigen bey dissem bössen wetter zu reisen. Ich finde den gutten Herrn[1]) nicht geendert. Aus Englant hatt der contrari windt gemacht, daß wir nichts neumes von thar wissen. Der Duc de Marlburoug hatt wenig banck vor alle die reputation, so die Englische wapen erworben hatt. Ihr habet gar recht zu sagen, daß es besser zu Hanover vor mir ist, als in Englant. Die meisten sollen doch das Memorial von mein sohn dem Courfürst[2]) gutt gefunden haben. Man sagt, daß Englant und Franckerich ursag sein, daß die Türcken mit dem Zar werden brechen undt dem König von Schweden beystehen. Ich bin vor Madam in sorgen, J. L. sein ihmer schlummerich undt haben ein ser kurtzen attem; das hindert, daß J. L. nicht viel gehen können, da sie doch excersise gewont sein; J. L. faren noch gern, haben den Englischen hoff zu St. Germin besucht undt alle Königliche personen lustig undt gesundt gefunden; sie haben auch in langer zeit kein besser spill gehat. Wan die Cron von Groß Bretagne zu kauf ist, wie es scheint, kan Franckerich sie besser bezallen als wir, die es nicht machen werden wie König August. Ich verbleibe . . .

S.

377.

An die Raugräfin Louise in Frankfurt.

Hanover den 12. Febr. 1712.

Mr. Reden hatt mir ein fründtlichen gruß von ihr mitgebracht undt mir ihr wolergehen versichert, das mir so wol erfrüht als ihr schreiben vom 8. Febr., da doch nichts tröstliches wegen ihre affairen mit Courpfalz in standt, also noch keine hoffnung tharin finde, sie so balt wieder zu sehen, das ich doch ser wünsche. Dan es wirdt ein Envoié von Englant kommen[3]), der schriften mit soll bringen, die ich mit golt bezallen werde müssen, wie vor dissem geschehen[4]). Was es bedeuten soll, weis ich nicht, dan ich habe schon ein groß

1) Herzog Anton Ulrich.
2) Welches der Gesandte v. Bothmer am 9. Dec. 1711 den britischen Ministern überreicht hatte; vgl. Br. 371. 3) Thomas Harley.
4) In dieser Beziehung schreibt die Kurf. Sophie an Leibniz schon am 20. Nov. 1706: »La cour d'Angleterre ne me fera plus payer d'envoyés, quand même elle nous combleroit de plusieurs titres, et je trouve Mr. Howe fort propre pour un

patent vom König Wilhelm, das Mylord Mackesfild gebracht hatt[1]); der Courprins soll eins bekommen von »premier Prince du sang«, ein Harlay soll al disses bringen, cousin germin von Mylord d'Oxfort[2]). Ich mus auf-stehen, es schlegt ehn uhr. Ich bin ihr gans ergeben, mein liebe Bas.

S.

378.

An die Raugräfin Louise in Frankfurt.

Hanover den 3. Mertz 1712.

1712
März 3

Wan ich schon, meine herzliebe Bas, ser unfleissig auf ihre angnheme brif antworte, so dencke ich doch ihmer an sie, bin aber gar nicht mit Courpfalz zu-friden, daß J. L. Dero gutt genereux gemütt durch seine leute verderben left, undt werdet ihr durch J. L. antwort an mir sehen, daß ich gar wenig ausge-richt habe. Ich dencke als daß Gott alles was in der welt ist, vor die menschen gemacht hatt undt man alles, das man tharvon haben kan, mit ihm tharvor zu dancken sich mit trübe kan zu nutz machen; aber es ist leider übel getheilt, wan [die,] die es besitzen, so übel anwenden undt mer verthun, als sie haben. Der Commendeur Reden erzelte mir von Courpfalz sein grossen statt undt alle das schön silber, so in J. L. kammeren ist, viel prachtiger als wir es hir haben. Ich halte aber mer tharvon, nichts schuldig zu sein undt daß mein sohn der Courfürst sein gewölb wol gefüllt ist ... Der Zar, der ser frey ihm[3]) sprechen ist, hatt an die Herzugin Louise auf hollendisch gefragt, ob die Kö-nigin von Polen[4]) verstandt hätt? dan ihm ist sie nicht so vorkommen, als wan viel vorhanden were. Aus J. M. inresolution solte man es auch wol gelauben, dan die fraw von Gemmingen ist die dritte hoffmesterin, die J. M. auf disse weis begert hatt . . . Mylord Straffort[5]) undt ich corespondiren fleissig, sein aber nicht in alles ehns. Aus Englant sein in zwe posten keine brif gekommen; man wirdt auch nicht viel tröstliches tharin finden; sie dürffen wegen das volck nicht anders bey hoff sagen, als daß sie die succession aus dissem hoff verlangen, aber wan Franckerich die oberhandt hatt, wirdt wol nichts tharvon werden. Vor mir werde ich es doch nicht erleben undt bin

---

honneur qui ne conte rien«, u. am 21. Dec. 1706: »Je ne vous parleray point des affaires d'Angleterre et d'Ecosse. Comme je n'en tire rien, je n'y suis point in-teressée«, u. am 5. Jan. 1707: »J'aurois mieux aimé un nouveau revenu, mais il ne vient rien pour nous d'Angleterre que des compliments et des titres«.

1) Vgl. S. 213, N. 1.
2) Der Kanzler der Schatzkammer, Sir Robert Harley, am 4. Juni 1711 zum Grafen v. Oxford ernannt.
3) = im.   4) Christiane Eberhardine; vgl. S. 117, N. 8.
5) Graf Stratford, vorher Raby; vgl. S. 255, N. 6.

mit meinem standt fer wol zufriden undt dancke Gott, der mich bißhero gesundt leben left. . . . Ich höre noch nichts von dem expresfen, der aus Englant hir solt kommen, verlange auch nicht tharnach, dan er wirdt mer hollen als bringen[1]). Gott gebe, daß ich euch balt wider möge sehen undt muntlich ver-fichern, daß ich fie gans ergeben bin.

S.

379.

An die Raugräfin Louise in Frankfurt.

Grünen Donberdag den 25. Mertz 1712.

1712
März 25

Anstatt sie hir zu sehen, mein liebe Bas, habe ich ihren brif bekommen mit der einlag mit [dem,] was Courpfalz sie geben wil; ich habe es dem Cour-fürst auch gewisen, J. L. sagten, wan es nur richtig bezalt würde, were es gutt. Man mus doch zusehen, daß die assignationen, das gelt zu emfangen, richtig mügen sein. Mein liebe Bas, man mus sich mit den güttern der welt vergenügen, wie Gott sie uns beschert, die nach unfern verstandt übel aus-getheilt sein, aber alles mus geschehen, wie er es versehen hatt. Ich bin recht gutt Calvinisch undt gelaube die predestination in alles. Ich wil J. L. dem Courfürst zu Pfalz nicht ehr dancken, bis ihr hir seit undt es gutt findt. Der Duc de Schonburg bekümmert sich wenig um seine famillie, wirdt wol thun, zufriden zu sein mit [dem,] was ihr tharvor thut, das euch mhüe genung giebt. Man sagt noch, daß der Cavalier Harlay hir wirdt kommen mit schöne acten. Es wirdt dem Duc d'Argeil[2]) vielleicht nicht lieb sein, daß die gröste chargen in Flandern zu commendiren an Duc d'Ormont undt an Mylord Rivers gegeben sein[3]), dan er sol auch viel meriten haben; ich länne aber seine person nicht, aber wol den Duc d'Ormont, der mir alzeit höfflichkeit erzeigt. Die kranckheit in Franckerich were nicht so schlim, wan die Doctoren die leute nicht umbrüngen undt die Dophine undt ihren sohn auf eine weis umgebracht hatten undt aber gelassen, wie die maseren ausschlugen undt sie in schwiß lagen. Das kleine Prinsien, so nun noch lebt, haben seine weiber von die Doctoren errebt, die es auch aber wolten lassen[4]). In eur brif vom 5. Mertz sagt ihr mir so fründlich, daß der mensch nicht allein vom brott lebt; ich müchte wünschen, daß meine wordt alzeit also müchten sein, daß sie euch müch-ten gefallen undt euch anzeigen, wie ser ich eure satisfaction wünsche undt von herzen zu binen ergeben bin.

Sophie Courfürstin.

---

1) Vgl. S. 335, N. 4.   2) Herzog von Argyle.   3) Vgl. S. 334, N. 4.
4) Vgl. Näheres hierüber in d. Br. der Herzogin v. Orléans an die Kurf. Sophie vom 10. März 1712 bei Ranke a. a. O. 13, S. 294.

Register.

meisters v. Galli 334; sie schenkt dessen arm hinterlassenen Wittwe 1500 ℔ u. giebt derselben jährlich 200 ℔ 335; ihrem Kammerherrn v. Wehße schenkt sie zu einer Reise nach Schlangenbad 300 ℔ 356; die Gräfin Platen, welche ihr vielen Kummer verursacht, besucht sie täglich, als dieselbe unglücklich u. elend darniederliegt 198.

Ihre Unterhaltungen und Vergnügungen: sie geht sehr viel spazieren 59. 100. 106. 120. 125. 145. 315; Spazierengehen erhalte sie gesund u. mache sie wieder jung 145. 202; sie gebe im Garten alle Leute müde 227; sie spaziert u. spielt bei Regenwetter in der Herrenhäuser Orangerie 359; sie vertreibt die Zeit mit Kartenspielen 54. 100. 125, und mit Handarbeiten 106. 125; ihre Reisen: nach der Göhrde 54, Ebstorf 100, Lützenburg 251 f., Lineburg 258, ist mit ihrem Gemahl auf dem Harze in die Silbergruben gestiegen, sie seien ganz steif u. müde wieder herausgekommen, als wenn sie geprügelt wären 60; der Garten in Herrenhausen sei ihre einzige Freude, in die Orangerie kämen auch Zimmer, für deren Möbeln sie schon sticke 149; über die Karnevalsvergnügungen schreibt sie 1684: „Wir haben einen Haufen Fremde u. einen Haufen Wesens hier gehabt, schier ein wenig auf Heidelbergisch, denn wir uns auch dreimal maskiert haben. Weil mein alt Gesicht sich aber nicht mehr zum Puß schickt, bin ich einmal wie ein Türk u. einmal wie Scaramouche's Frau gekleidet gewesen, das dritte Mal habe ich nur zugesehen" 39; 1687: „Allhier vertreibt man die Zeit, Komödien zu sehen; es sind französische u. italienische hier, wenn es aber schön Wetter ist, spaziere ich lieber" 59; 1688: „Hier ist nun eine Redoute wie zu Benedig u. gehen alle Leute in Masken" 67; 1688: „Wir haben gestern den Karneval in großer Compagnie mit viel bruit geschlossen. Der Herzog Anton Ulrich hatte inventiert, daß wir 4 Banden Scaramouches bilden sollten, jede von 30 Paaren, jede mit einem großen Triumphwagen. Die Edelleute waren zu Pferde als Harlequins; Bauker und Trompeter waren auch verkleidet auf einem Wagen voraus. So fuhren wir über die Straßen. Ein Zuschauer hat gesagt: früher hätten wol die Unterthanen die Herren lachen gemacht, jetzt sei es umgekehrt. Nach diesem Aufzuge ging es in die Redoute, wo ba an die Tafel, darauf tanzte man oder spielte Bassef" 70; sie spielt „im Garten im Brett à la poule" 292; man müsse sich mit den Gütern der Welt vergnügen, wie Gott sie uns bescheert, die nach unserm Verstande übel ausgetheilt seien, aber Alles müsse geschehen, wie Gott es versehen habe 379.

Politische Äußerungen (in Betreff der Succession in England siehe die Einleitung); 1687: Brandenburg solle wieder gut mit Frankreich stehen u. die Subsidien würden fortgesetzt; es stehe schlecht um die deutsche Fürsten-Libertät, wenn ihr sel. Bruder, der Kurf. Karl Ludw. v. d. Pfalz, noch lebte, würde es anders im Reiche stehen 64; 1689: „die Hoffart werde immer größer in der Welt u. was die Kurfürsten anfingen, machten die Fürsten nach, wollten nicht weniger sein" 79. 95; ihr Unwille u. Schmerz über die Gräuelthaten der Franzosen in der Pfalz, namentl. in Heidelberg 80. 107; 1702: „Was die [Opponenten gegen die hannov. Kur] zu Frankfurt ausrichten werden, weiß ich nicht, aber mir deucht, man thäte besser, einig im Reiche zu sein, um Frankreich zu widerstehen, als sich unter einander zu zanken" 227; 1703: „Will Gott der Macht u. Hoffart des Königs von Frankreich steuern, wird er schon Mittel dazu finden, wenn nur nicht die französ. Armee sich mit Bayern vereinigt u. in Deutschland Meister wird" 272; 1703: es sei keine Zeit im Reich, sich unter einander zu zanken 272; 1704: sie erklärt zu Berlin, von Politik nicht sprechen zu wollen 300. — Von December 1692 an, wo ihr Gemahl mit der Kurhut belehnt war, unterschreibt sich Sophie als „Kurfürstin" u. fügt dieser Unterschrift einmal hinzu: „Diesen Titel vergesse ich ja nicht zu setzen, denn es ist alles, was ich vom Kurfürstenthum habe" 106.

Sophie Amalie, Gemahlin des Erbprinzen August Wilhelm von Braunschw.-Wolfenb., 305. 342.

Sophie Charlotte, Tochter des Kurf. Ernst August siehe unter Preußen.

Sophie Dorothee, Tochter des Herzogs Georg Wilhelm von Celle u. der Eleonore (d'Olbreuse), Gemahlin des Kurf. Georg Ludwig; ihre Hochzeit »sans ceremonie« (1682) mit dem hannov. Kurprinz Georg Ludwig 30; 31. 34; sie habe (1683), „ohne lange krank zu sein, einen großen Jungen (Georg II) zur Welt gebracht" 37; 88. 102. 104; sie habe (4. Juli 1694) „das andertägige Fieber", während ihr Gemahl in Berlin sei, 123. 121. 122; die Katastrophe mit Königsmarck (1694) 125. 126 (vgl. Einleitung); sie wird nach Lauenau u. dann nach Schloß Ahlden verbannt 127. 131; sie wird von Georg Ludw. geschieden 130; am 14. März 1695 schreibt die Kurf. Sophie, daß Sophie Dorothee auf Schloß Ahlden festgesetzt sei und — man zu Celle italienische Opern »en bourlesque agire« 131; 140. 344.

Sophie Dorothee, Tochter des Kurf. Georg Ludwig, siehe unter Preußen.

Karl Leopold, Bruder des Herzogs Wilhelm, 324.

Sophie Louise, dessen Schwester, 3. Gemahlin des Königs Friedr. I. v. Preußen, siehe unter Preußen.

Wilhelm, Herzog, 319.

Mercy, v., Feldmarschall-Lieutenant, 343.

Meren (?), Baron v., 84.

Mey, Joh. de, holländ. Theolog, 308.

Michael, Erzengel, 86.

Miremont, Marquis de, 302.

Modena:

Charlotte Felicitas, Gemahlin des Herzogs Rainald, siehe unter Braunschw.-Lüneburg.

Rainald, Herzog, 137. 141. 149. 191. 198. 201. 232.

Molanus, Gerh. Wilhelm, Abt von Loccum, 174. 266. 352.

Molière, Jean Baptiste Poquelin, 119. 320.

Moncenigo, venetian. Botschafter, 140.

Montaigne, Michel Eyquem de, 188.

Montalban, Graf, 70. 105. 131.

Montargis, im Gefolge des Pr. Maxim. v. Hannover, 71.

Morcheln 27.

Morea, Campagne in (1686), 56. 58 f.

Morel, Abbé, französ. Parlamentsrath, 48.

Morosini, venetian. General, 67. 70. 71.

Morvas, de, französ. Commissär, 50. 59 f. 63. 65. 67. 73—76. 79.

Mosel, Baron v., siehe unter List.

Münd, Madame, 70.

Münster, Stift:

Christof Bernhard von Galen, Bischof, 112.

Napoli di Romania, Belagerung u. Eroberung der Stadt 1686) 53.

Nassau-Weilburg, Graf von; wird (1703) von den Franzosen am Speyerbach geschlagen: „man sieht, daß er den Krieg gar nicht versteht" 285.

Navarino, Schlacht bei (1686), 51.

Neerwinden, Schlacht bei (1693), 110. 111.

Negroponte 62. 73. 347.

Reitschütz, Sibylla v., nachher. Gräfin Rochlitz, Mätresse des Kurf. Joh. Georg IV. von Sachsen, 108. 109. 112. 114. 118. 119. 217.

——, v., deren Bruder, sächs. Oberst, 109. 117. 118.

——, Ursula Margar. v., geb. v. Haugwitz, deren Mutter, 121. 125. 217.

Rienhoven (= Rienover im Fürstenth. Göttingen?) 27.

Nolte, Arnold, Prediger an der deutschen reform. Gemeinde in Hannover, 333 f., 362.

Nort, van, Kaufmann, 166.

Noyelle, Charles de, Jesuiten-General, 46.

Noyelles, Graf v., 296. 298.

Oberg, Bodo v., hannov. Gesandter, 147. 282.

Deynhausen, Frau v., geb. v. Schulenburg, 232. 252. 343.

Offelen, Sophie v., nachher. Frau des Grafen

Ernst Aug. v. Platen, 163. 195. 212. 310. 333. 359.

Offelen, v., 261. 263 f.

Offener, v., hannov. Generalmajor, 48. 110.

Ohr, v., hannov. Generalmajor, 61. 70. 72. 110.

Ohripotabile (?) 121.

Oliva, J. P. de, Jesuiten-General, 46.

Opdam, siehe unter Waffenaer.

Orban (= Urbanus), Jesuit, Beichtvater des Kurf. Joh. Wilh. v. d. Pfalz, 300—302.

Orléans siehe unter Frankreich.

Ormond, Herzog von, 375. 379.

Österreich:

Amalie, Gemahlin Kaisers Joseph I., siehe unter Braunschw.-Lüneburg.

Eleonore, 3. Gemahlin Kaisers Leopold I, 144. 147. 199. 209.

Joseph I, Kaiser, 181. 189. 193. 197. 199. 212. 232. 250. 253. 275. 287. 291. 300.

Karl VI, Kaiser (siehe auch unter Spanien als Karl III), 365.

Leopold I, Kaiser, 36. 46. 198. 199.

Ostfriesland:

Christian Eberhard, Fürst, 235.

Christine Charlotte, Fürstin, 88. 89. 91. 105. 125. 128. 138. 140. 141. 143. 176 f. 183. 201. 204.

Eberhardine Sophie, Gemahlin des Fürsten Christian Eberhard, 235.

Öttingen, Prinzessin Christine Louise v., Gemahlin des Herzogs Ludw. Rudolf v. Braunschw.-Wolfenb., siehe unter Braunschw.-Lüneburg.

Oudenarde, Schlacht bei (1708) 317.

Oxenstiern, Graf, 112.

Oxford, Mylord, 367. 377.

Paar, Graf v., 286. 287.

Papst:

Clemens IX; protestiert (1701) gegen den preuß. Königstitel 363.

Parma:

Dorothea Sophia, Gemahlin Herzogs Odoardo III, 85.

Odoardo III, Herzog, 85.

Patras, Schlacht bei (1687), 62.

Paulus, Apostel, 62.

Pegolotti, Graf, Gesandter des Herzogs v. Modena, 197.

Pfalz, Kur-, :

Anna Maria Louise, 2. Gemahlin des Kurf. Joh. Wilhelm, 164.

Charlotte, Wittwe des Kurf. Karl Ludwig, 4—7; sie schreibt, sich nicht an den raugräfl. Kindern rächen zu wollen, die Kurf. Sophie traut ihr aber nicht, 8; 10. 12. 15; sie habe keine Macht über ihren Sohn, den Kurf. Karl, 17; ihre Briefe seien Heuchelei u. ihre bösen Launen noch dieselben 17. 18; 20. 22. 23. 27. 28. 30. 31; ist freundlicher gegen die Raugräfinnen

Lightning Source UK Ltd.
Milton Keynes UK
UKHW021637021218
333216UK00011B/1104/P

9 780656 211340